Das große Ravensburger

MODELLBAU HANDBUCH

Albert Jackson
David Day

Das große Ravensburger
MODELLBAU HANDBUCH

Tips und Tricks für den Bau
von Auto-, Flug- und Schiffsmodellen,
von Modelleisenbahn-Anlagen
und Landschaften

Otto Maier Verlag
Ravensburg

CIP-Kurztitelaufnahme der Deutschen Bibliothek

Jackson, Albert:
Das große Ravensburger Modellbauhandbuch:
Tips u. Tricks für d. Bau von Auto-, Flug- u. Schiffsmodellen,
von Modelleisenbahn-Anlagen u. Landschaften /
Albert Jackson; David Day.
[Aus d. Engl. übertr. von Heinz Johnen u. Roland Michael]. –
Ravensburg: Maier, 1983.
Einheitssacht.: The modelmaker's handbook ‹dt.›
ISBN 3-473-42358-0

NE: Day, David

Bildnachweis:
Umschlag: Faller, Fleischmann, Simprop
Arnold (S. 8), Faller (S. 10), Graupner (S. 5), Hegi (S. 12),
Märklin (S. 80, 81), Revell (S. 14), Simprop (S. 13),
Wik-Modelle (S. 11).

Die englische Originalausgabe wurde unter dem Titel „The Modelmaker's Handbook" von Dorling Kindersley Limited, London, herausgegeben und bei Pelham Books veröffentlicht.

Aus dem Englischen übertragen von Heinz Johnen und Roland Michael

Satz: Bauer & Bökeler Filmsatz GmbH, Denkendorf
Gesamtherstellung: Kösel, Kempten/Allgäu
Printed in Germany

86 85 84 83 4 3 2 1

ISBN 3-473-42358-0

Inhalt

Vorwort

Modellbau ist heute ein sehr verbreitetes, ernst zu nehmendes Hobby, das zudem sehr vielseitig ist. Ob Figuren, Eisenbahnen, Flugzeuge, Schiffe, Autos, Fernsteuerungen oder Dioramen – jedes Teilgebiet übt seine ganz spezielle Faszination aus. Darüber hinaus findet zwischen den einzelnen Betätigungsfeldern aber auch ein lebhafter Austausch von neuen Ideen und Arbeitstechniken statt.

Dem Modellbauer stehen heute schon eine unerschöpfliche Auswahl von Bausätzen und entsprechendem Zubehör sowie eine Vielfalt von Materialien zur Verfügung. Woran es bis jetzt fehlte, das ist die Möglichkeit, seine Fertigkeiten und Talente zu schulen, mehr aber noch, sich die nötige Sachkenntnis anzueignen.

Wir hoffen, daß dieses Buch jeden Leser unterstützen wird, tiefer in die „weite Welt" des Modellbaus vorzudringen, und ihm dazu verhilft, daß diese Entdeckungsreise nicht nur nützlich, sondern auch angenehm und reizvoll wird. Wir wünschen uns aber auch, daß unser Buch dem Modellbauer nicht nur jede erforderliche technische Information liefert, sondern daß er diesem schöpferischen und befriedigenden Zeitvertreib zusätzlich neue und schöne Seiten abgewinnt.

Albert Jackson / David Day

Ein Dampflokomotivenbetriebswerk ist immer ein Blickfang jeder Modellbahnanlage. – Ringlokschuppen bei einer Drehscheibe (oben), Großbekohlungs- und Besandungsanlage mit Wasserkran (unten). Fotos: Arnold

Realistisches Modell einer alten alpenländischen Holzbrücke. Foto: Faller

Sägemühle aus dem Schwarzwald. Foto: Faller

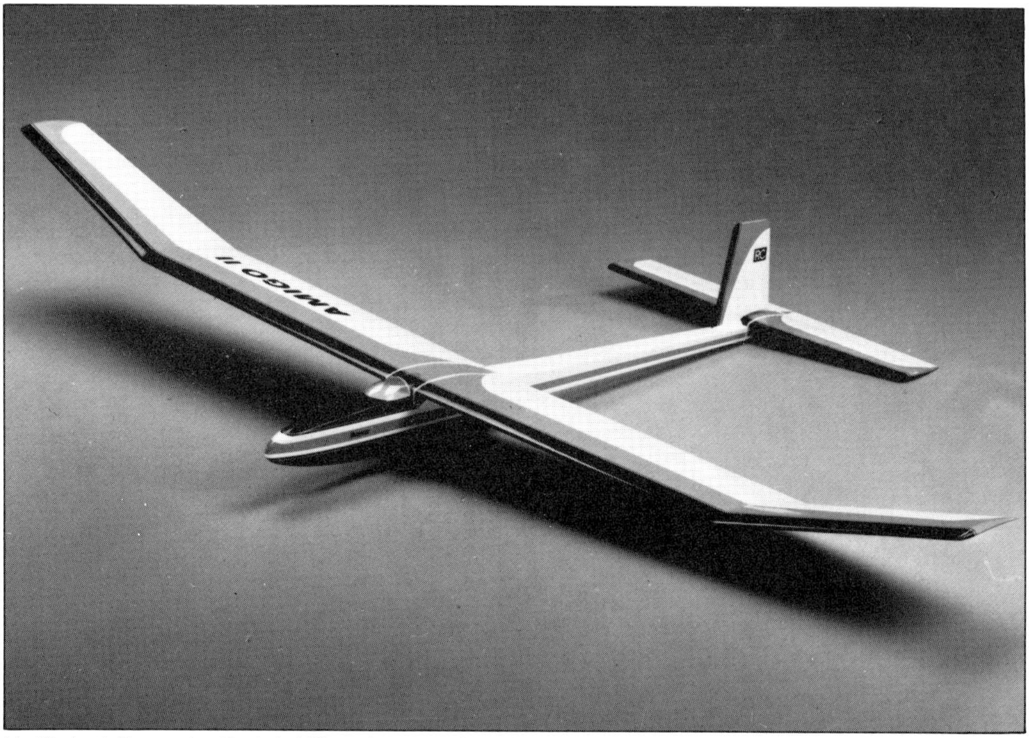

Ideal für den Anfänger und zur Fernlenkeinführung bestens geeignet sind diese beiden leicht zu bauenden und robusten Modelle. Fotos: Graupner

Ein sogenanntes „Semi-scale"-Modell der De Havilland Tiger Moth; nur für erfahrene Flugmodellbauer zu empfehlen.

Hubschrauber sind zweifellos die anspruchsvollsten Modelle und deshalb ausschließlich dem Könner vorbehalten. Foto: Wik

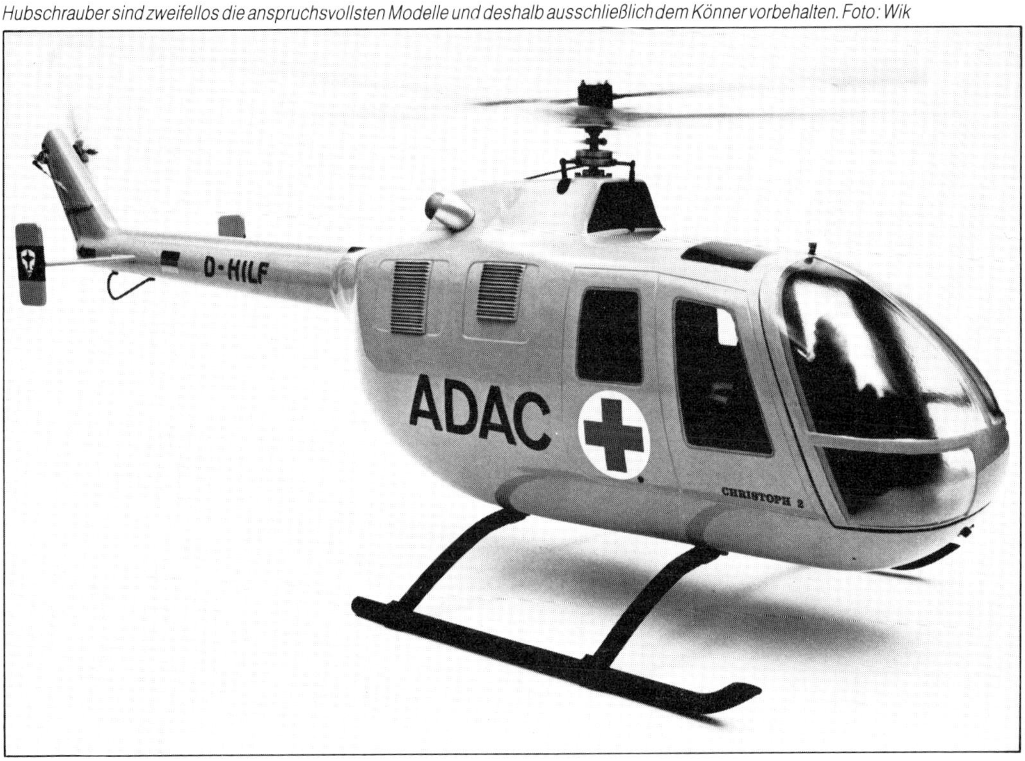

Dieses Modell einer alten griechischen Galeere ist fachmännisch bearbeitet worden, so daß man es nicht mehr als Plastikbausatz erkennen kann.

Die sehr sorgfältig ausgearbeiteten Aufbauten und Ausrüstungsdetails tragen wesentlich zum Gesamteindruck des Modells bei. Foto: Hegi

Um große Originaltreue zu erreichen, wurde bei diesem Fischkutter richtiges Segeltuch verwendet.

Vorbildgetreue Modelle wie diese moderne Motorjacht sind durch den fertigen Kunststoffrumpf gar nicht schwierig zu bauen. Foto: Simprop

Diese hervorragend detaillierten Motorradmodelle sind von ihren großen Vorbildern kaum zu unterscheiden.

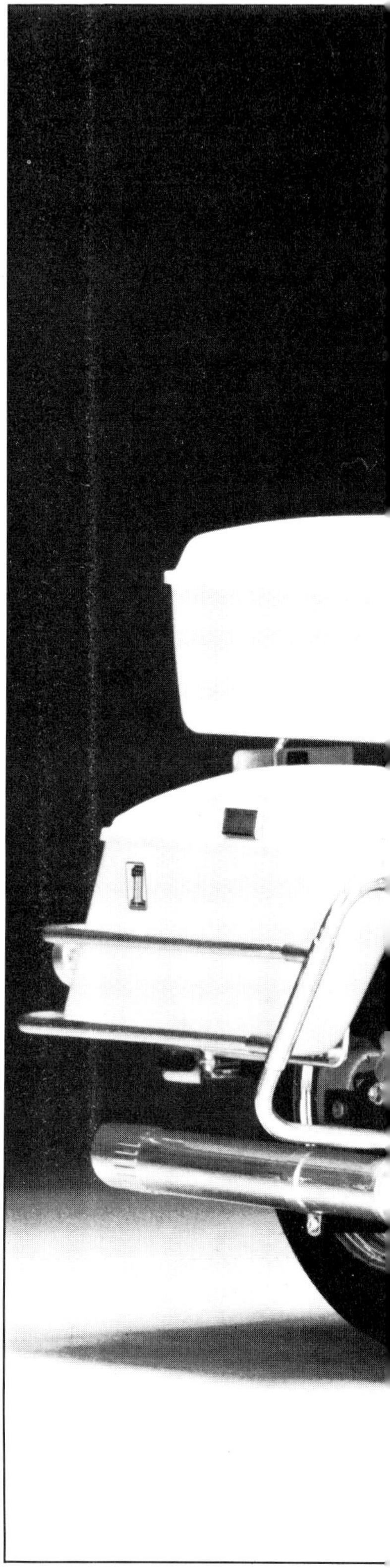

Dieser Rennwagen (Maßstab 1:8) hat eine sehr schön gearbeitete Formel-I-Karosserie.

Dasselbe Chassis kann mit verschiedenen, schnell auszuwechselnden Karosserien verwendet werden.

Porsche-Turbo-Karosserie auf einem Chassis mit Elektromotor im Maßstab 1:12.

Grundtechniken

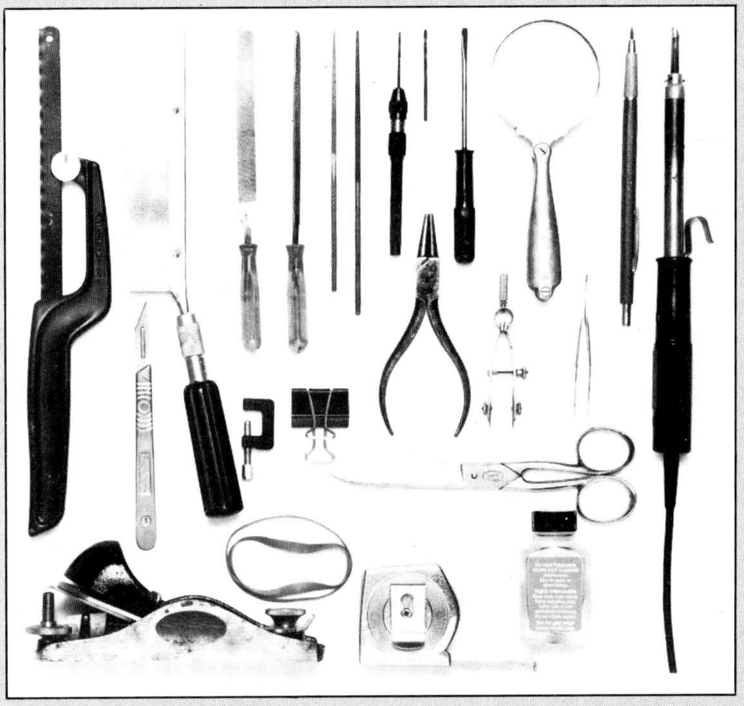

Baupläne

Bauanleitungen für Standmodelle gibt es als Explosionszeichnungen. Man studiere sie gründlich vor dem Bauen und entscheide dann, in welcher Reihenfolge man die Einzelteile am besten zusammensetzt. Wer eine besondere Bemalung beabsichtigt oder zusätzliche Einzelteile montieren will, muß die empfohlene Reihenfolge unter Umständen ändern.

Baupläne für Funktionsmodelle enthalten meist sehr viel mehr Informationen und sehen auch komplizierter aus. Deshalb muß man sich zuvor mit dem Bauvorgang vertraut machen, sich gründlich mit den verschiedenen Gesamt- und Teilansichten befassen und darauf achten, wie die einzelnen Bauteile zusammengefügt werden müssen. Im allgemeinen enthält die Bauanleitung auch einen 1:1-Plan des Modells sowie eine ausführliche Stückliste der einzelnen Detailzeichnungen. Manche Pläne enthalten auch Explosionszeichnungen der einzelnen Bauabschnitte. Diese Anleitungen sind besonders für jene Modellbauer geeignet, die nicht gewohnt sind, nach technischen Plänen zu arbeiten.

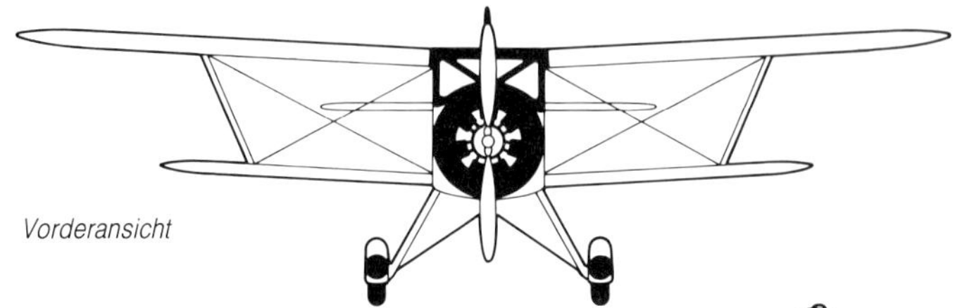

Vorderansicht

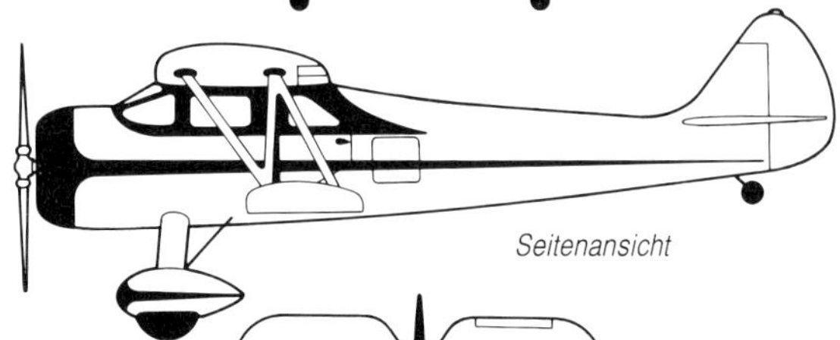

Seitenansicht

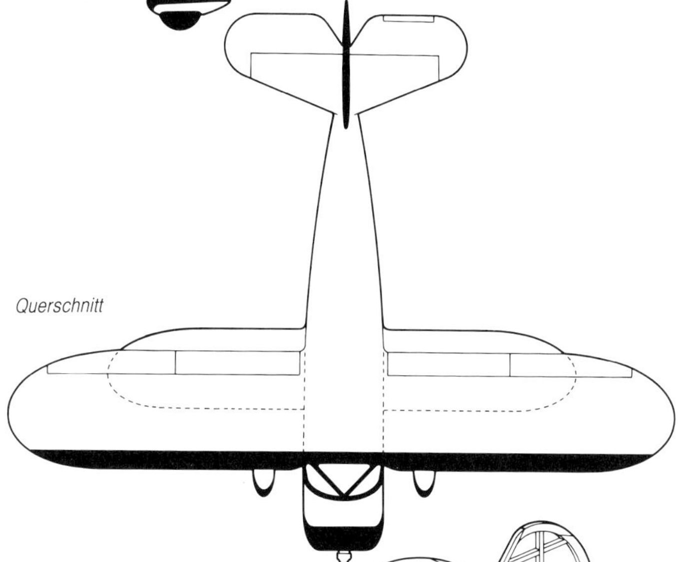

Querschnitt

Dreidimensionales Schnittbild

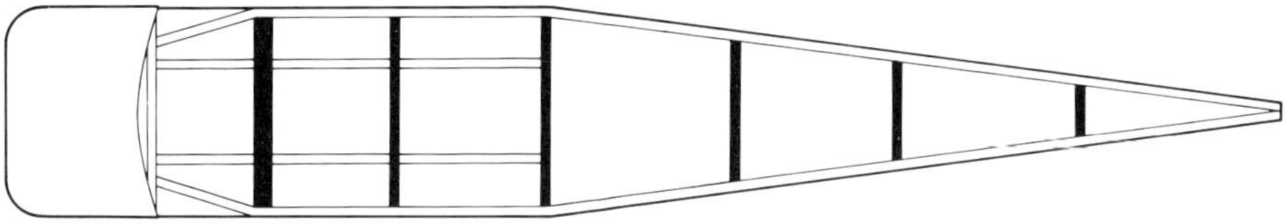

Teilansichten im Querschnitt

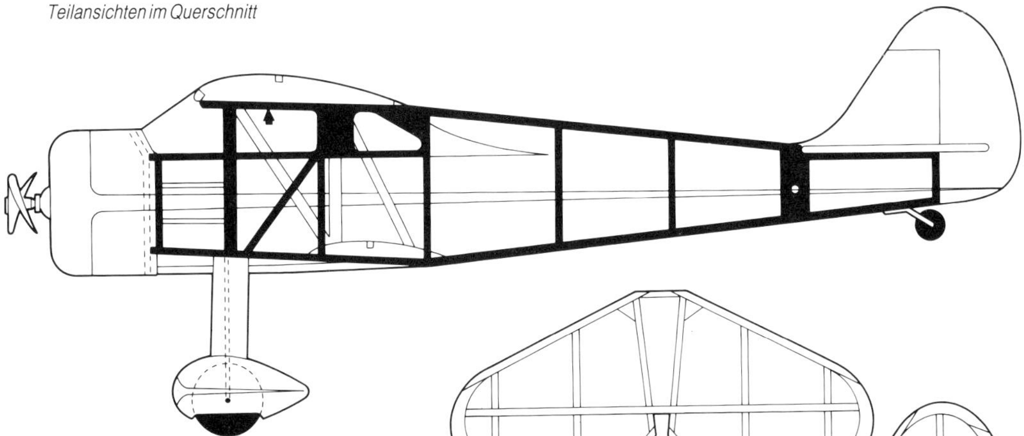

Teilansichten im Seitenschnitt

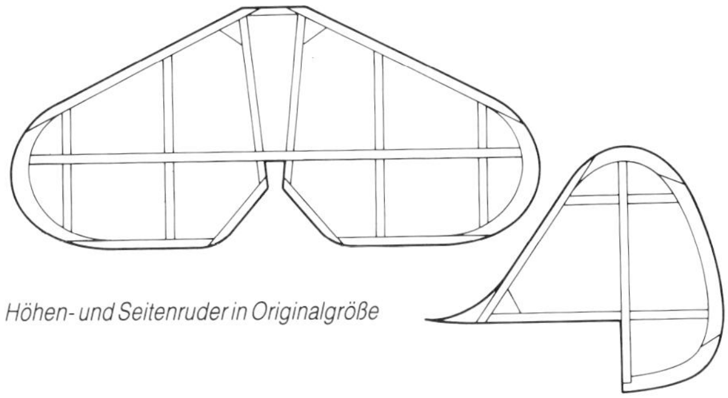

Höhen- und Seitenruder in Originalgröße

Gebräuchliche Symbole und Zeichen

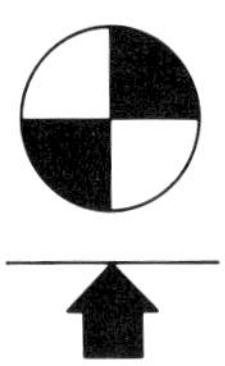

Schwerpunkt oder Gleichgewichtszentrum ist der Punkt, in dem das Modell sich im Ruhestand befindet, d. h. sein statisches Gleichgewicht hat. Wenn man ein Flugzeug an den gezeigten Punkten unter den Tragflächen aufstützt und es in der Balance bleibt, ist der Schwerpunkt an der richtigen Stelle (siehe auch Seite 270).

Mittellinie

Durchgehende Linie: bezeichnet jeweils die äußere Grenze eines Gegenstandes.

Unterbrochene oder gestrichelte Linie: bezeichnet ein nicht sichtbares Detail.

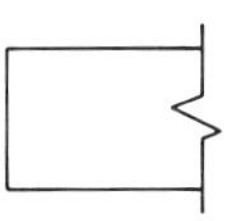

Geschnittene Linie: Das Teil setzt sich hinter dieser Linie weiter fort. An anderer Stelle im Bauplan findet man diese weitere Zeichnung.

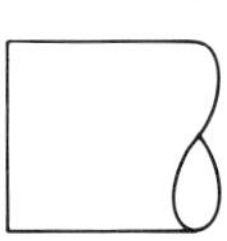

Geschnittene Linie an einer Welle oder einem Rohr.

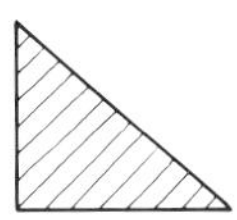

Hartholz-Schnitt: Schnittfläche eines Stücks, das an einem bestimmten Punkt durchgeschnitten ist.

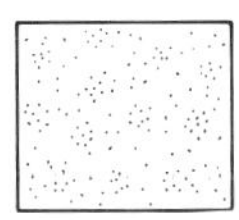

Schnitt mit Endmaserung (Kopfmaserung) an Balsaholz

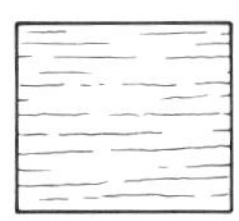

Schnitt durch Balsaholz mit Längsmaserung

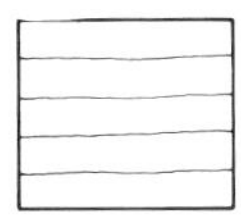

Schnitt durch Furnierholz mit Endmaserung

Schnitt durch Furnierholz mit Längsmaserung

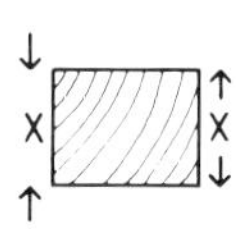

Schnittmarkierungen geben die Größe des Stücks an.

Maßstab

Der Maßstab ist die Beschreibung der Größe eines Modells in Beziehung zur wahren Größe des Originals; er wird in Zahlen ausgedrückt. Ein Beispiel: Ein Verhältnis von 1 : 72 drückt aus, daß einer Einheit des Modells 72 Einheiten des Originals entsprechen. Eine Angabe im Maßstab ¼ besagt dann also, daß das Original exakt viermal so groß wie das Modell ist. Größen von Figuren werden in Millimetern angegeben. Modelleisenbahner dagegen benutzen Buchstaben und Verhältniszahlen. Der Spurweite von 1,435 m entsprechen im Maßstab H0 (1 : 87) 16,5 mm. Eine Liste der gebräuchlichen Eisenbahnmaßstäbe ist auf Seite 172 zu finden). Funktionsfähige Flugzeug-, Schiffs- und Automodelle werden häufig nicht in einem wirklichkeitsgetreuen Maßstab gebaut, obwohl sie Nachbildungen der entsprechenden Originale sind.

Manche Modellbauer sammeln nur Stücke von ein und demselben Maßstab. Andere Sammler bauen dasselbe Original in verschiedenen Maßstäben nach, so daß jedes Modell um so mehr Details enthält, je größer es ist. Modelle in kleinen Maßstäben sind sehr beliebt, weil sie entsprechend preiswert sind. Sie haben zusätzlich den Vorteil, daß man relativ große Stückzahlen auf kleinem Raum aufbewahren kann.

Handelsübliche Bausätze gibt es in einer Reihe von Standardmaßstäben. Dadurch ist es möglich, Modelle verschiedener Hersteller zu kombinieren. So kann man zu Fahrzeugen einfach Figuren nehmen, die fast denselben Maßstab haben. Beispiele sind Fahrzeuge im Maßstab 1:87 und 20-Millimeter-Figuren, die gemeinsam im selben Diorama oder bei einer H0-Modelleisenbahnanlage benutzt werden können. So paßt auch die gebräuchlichste Figurengröße von 54 mm zu Fahrzeugen im Maßstab 1:32 oder 1:30.

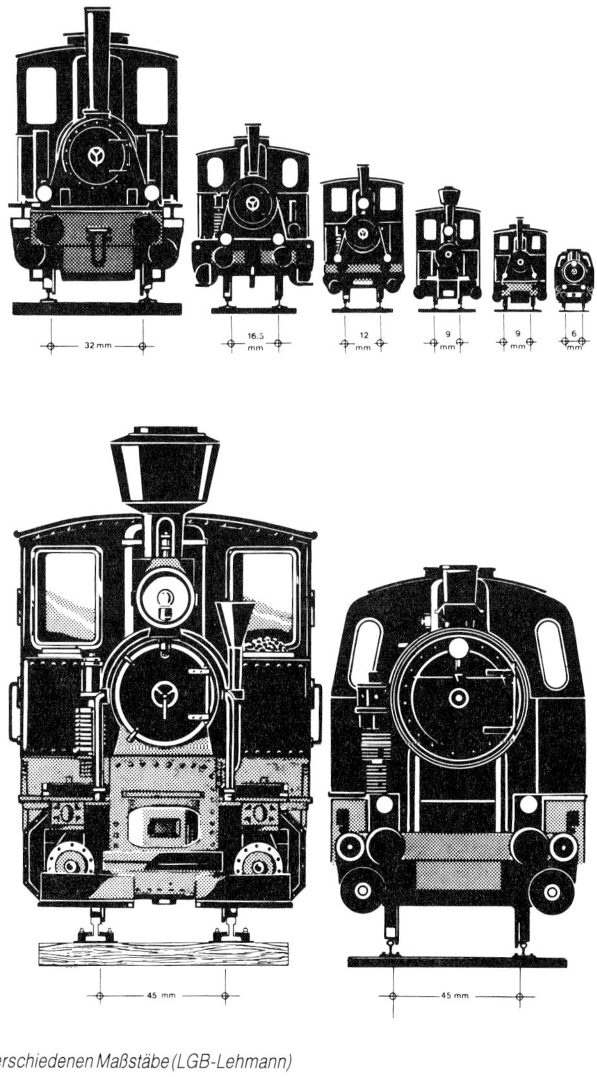

Ein Größenvergleich der verschiedenen Maßstäbe (LGB-Lehmann)

Arbeitsraum

Im Idealfall hat jeder Modellbauer einen Raum, der ausschließlich für sein Hobby zur Verfügung steht. Wer allerdings eine Eisenbahnanlage aufbauen will, benötigt ein separates Zimmer. Schreibtische mit Rolladenfach oder Klappdeckel sind bei Modellbauern sehr begehrt, um so mehr, wenn der Schreibtisch über geräumige Schubladen und Fächer für Werkzeug verfügt. Er läßt sich nach Gebrauch verschließen, und man kann so ein halbfertiges Modell in seinem Innern getrost liegen lassen. Um die Tischplatte vor ungewollten Beschädigungen zu schützen, legt man ein Stück Hartfaserplatte darauf.

Wer nicht über eine solche eigene Arbeitsecke verfügt, muß eine transportable Arbeitsplatte verwenden. Man kann ein einfaches Tablett benutzen, oder man fertigt sich seine Arbeitsplatte aus Hartholz oder Sperrholz an. Dabei hängt die Größe davon ab, ob man darauf große oder kleine Modelle bauen will. Sinnvoll aber ist in jedem Fall, an drei Seiten der Platte breite Holzleisten anzubringen.

Die Platte des Flugzeugmodellbauers muß absolut eben sein. Man nimmt deshalb eine Spanplatte, denn Sperrholz oder ähnliches Material würde sich verziehen. Die Platte sollte von Anfang an groß genug sein, damit auch das größte Modell Platz hat. Beide Seiten werden dann mit Polyurethan-Lack gestrichen; für Stifte und Reißzwecken leimt man ein 12 mm dickes Stück Isolierplatte auf eine Seite. Auf dieser Platte sollte nicht geschnitten werden. Dazu verwendet man ein Sperrholzbrett, das an der Kante übersteht.

Richtige Beleuchtung ist wichtig. Man sollte möglichst bei Tageslicht arbeiten. Im anderen Fall kann man verstellbare Schreibtischlampen oder Deckenlampen benutzen.

Kleinteile bewahrt man am besten in Dosen auf, kennzeichnet sie mit Klebeetiketten und bringt sie in Regalen oder Schränken unter.

Werkzeuge sollte man stets sorgfältig aufbewahren, denn nur so bleiben sie in gebrauchsfähigem Zustand. Wer keinen eigenen Hobbyraum hat, dem leistet eine kleine Werkzeugkiste gute Dienste. In jedem Fall sollte man aber dafür sorgen, daß die Schneidkanten der Werkzeuge geschützt sind.

Arbeitsplatten

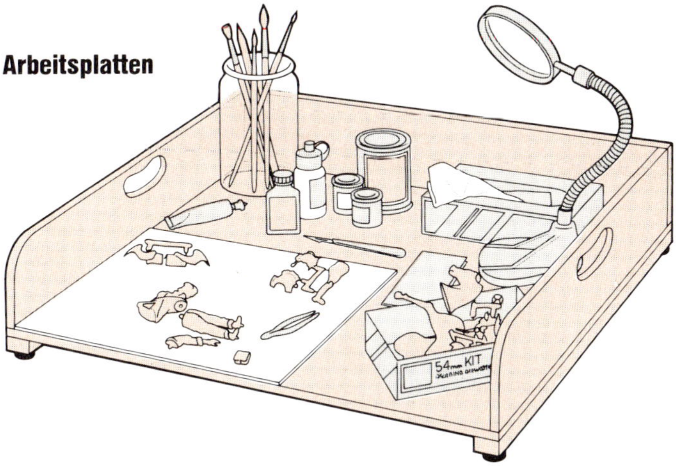

Normale Arbeitsplatte *Sie muß groß genug sein, damit sie Platz für das übliche Werkzeug, für die Einzelteile des Kunststoffbausatzes und noch Raum zum Zusammenbauen des Modells bietet.*

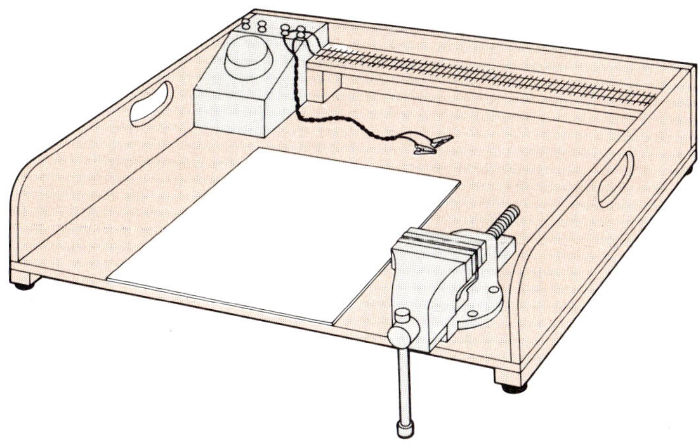

Arbeitsplatte des Modelleisenbahners *Auf die Platte ist ein Stück Gleis montiert, das an einen Fahrschalter zum Überprüfen von Loks angeschlossen werden kann. Trafo und Schienen können mit Krokodilklemmen verbunden werden.*

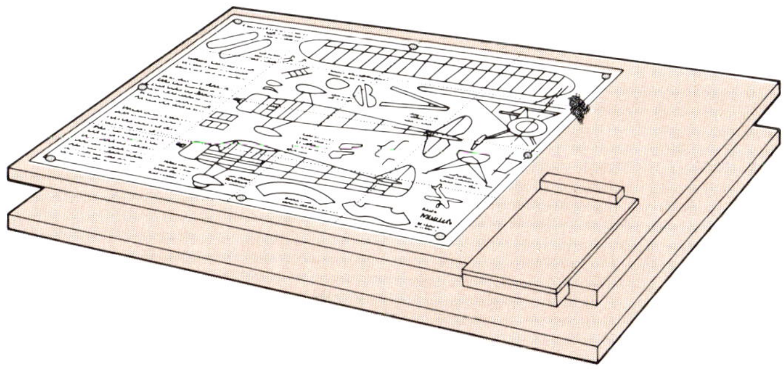

Arbeitsplatte des Flugzeugmodellbauers *Mit Reißzwecken den Bauplan auf der Platte befestigen. Dort, wo das Modell zusammengebaut wird, den Bauplan vor Leim schützen, indem vorher diese Stellen mit einer Kerze eingerieben werden. Man kann statt dessen auch eine Kunststoffolie straff über den Plan spannen. Diese Platte benötigt keine Randleisten.*

Werkzeuge

Jeder Modellbauer braucht einen Satz Werkzeuge. Im einzelnen hängt die Auswahl davon ab, welche Modellbausparte er ausüben will.

Im folgenden wird ein Sortiment von Werkzeugen beschrieben, wie es für jeden Modellbauer empfehlenswert, wenn nicht gar unbedingt notwendig ist. Die Ausrüstung zum Bemalen und Anstreichen wird in einem gesonderten Kapitel auf den Seiten 58 bis 63 vorgestellt.

Werkzeuge zum Zeichnen und Reißen

Um auf Papier, Pappe, Plastik und den meisten Holzarten zeichnen zu können, nimmt man einen spitzen HB-Bleistift. Für Balsaholz ist ein Filzschreiber mit kleiner Spitze am besten, und für Acetatseide gibt es Spezial-Filzschreiber. Eine andere Möglichkeit bietet der Gebrauch eines Fettstiftes, dessen Schrift auch leicht ausgelöscht werden kann (siehe Seite 72 unter Zeichenfedern).

Reißnadel Um Linien auf Metall zu reißen, benutzt man eine scharfe und spitze Metallreißnadel. Eine Ausführung, die an einem Ende über eine Messerklinge verfügt, eignet sich aber auch zum Reißen auf Holz.

Zirkel Um Kurven auf Papier und Pappe zeichnen zu können, genügt schon ein billiges Modell. Um aber Ungenauigkeiten zu vermeiden, sollte man darauf achten, daß das Zirkelgelenk fest genug sitzt und die Stechspitze scharf ist.

Stechzirkel Um Kreise und Kurven auf einer Metalloberfläche beschreiben zu können, verwendet man am besten einen Stechzirkel, der mit einer justierbaren Festeinstellung ausgestattet sein sollte.

Körner Dieses möglichst gehärtete Stahlwerkzeug dient dazu, in Metall den Ausgangspunkt zu markieren, der zum Bohren nötig ist.

Stahllineal Stahllineale werden zum Messen und zum Ziehen gerader Linien gebraucht.

Stahlwinkel Dieses Gerät ist erforderlich, um beim Modellbauen rechte Winkel zu zeichnen oder diese zu überprüfen; Winkel aus Stahl sind empfehlenswert.

Fettstift

Spezialfilzschreiber für Acetatseide

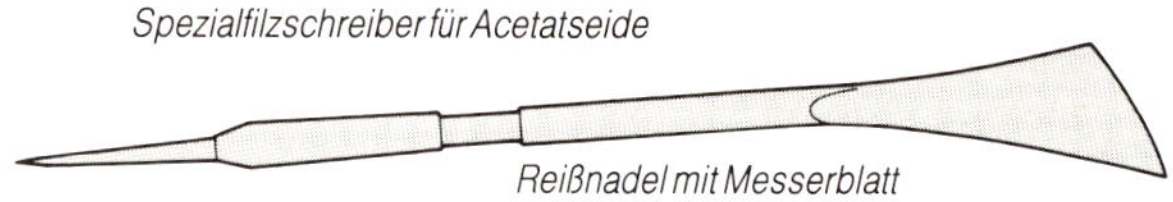
Reißnadel mit Messerblatt

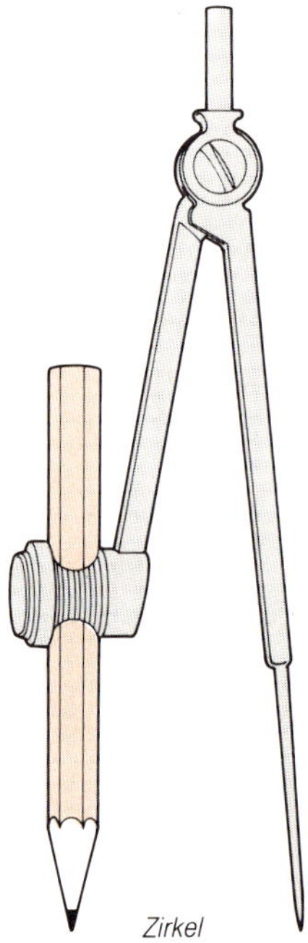
Zirkel

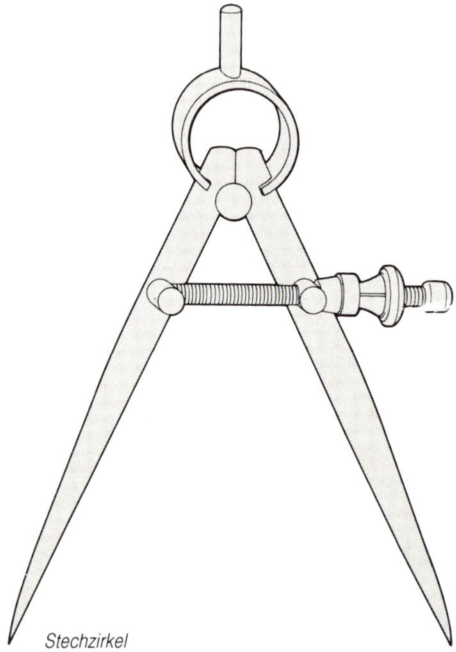
Stechzirkel

Körner

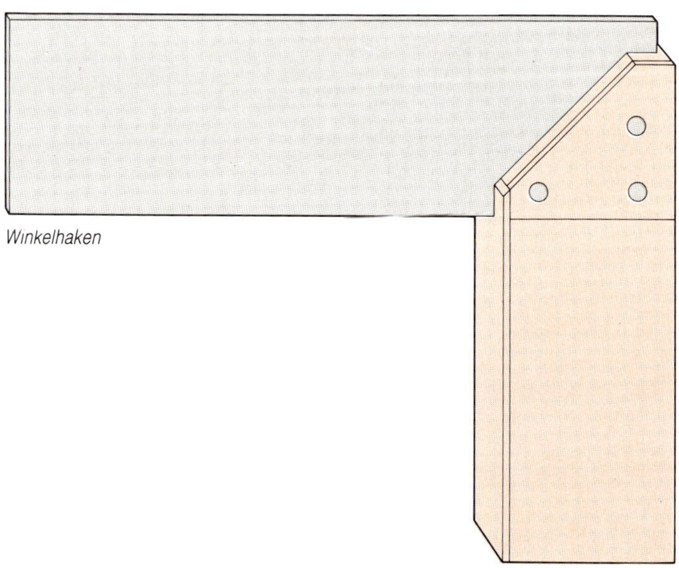
Winkelhaken

Schneidwerkzeuge

Schneidwerkzeuge sind ein wichtiger Bestandteil der Werkzeugausrüstung. Dabei sollte man immer mit scharfem Werkzeug arbeiten. Die meisten Klingen kann man an einem Ölstein schärfen, ansonsten sollte man sie durch neue ersetzen.

Modellbaumesser Ein Messer guter Qualität, am besten auch mit verschiedenen auswechselbaren Klingen, ist eines der nützlichsten Werkzeuge, die ein Modellbauer besitzen sollte. Viele Bastler finden es bequemer, zwei Messer zu verwenden: eines mit dünnem Heft für schwierigere Arbeiten und ein Messer mit großem Griff für gröbere Schnitte. Zu einem guten Satz Messer gehören verschiedene Griffe und eine Reihe unterschiedlich geformter Klingen.

Feinsäge Ein Feinsägeblatt paßt in die größeren Griffe der Modellmesser. Es dient zu feinen Schnitten in Holz und Plastik.

Rasierklingenschneider Sie sind herkömmliche und äußerst nützliche Werkzeuge für den Modellbau. Ihre Klinge ist dünn und scharf und daher ideal für das Bearbeiten von Balsaholz. Die Metallhalterung an der Rückseite sorgt dabei für einen sicheren Griff.

Schere Zum Schneiden von Papier, Pappe und Plastikmaterial ist eine scharfe und robuste Schere unentbehrlich.

Blechschere Zum groben Vorschneiden von Blechen ist eine Blechschere unerläßlich. Um eine ungewollte Verformung des Werkstückes zu vermeiden, sollte sie allerdings beidseitig geschliffen sein.

Leistenmesser Bei diesem Werkzeug wird die Klinge in einer besonderen Spannvorrichtung gehalten, die es ermöglicht, gleich starke Balsaholzleisten unter größtmöglicher Ausnutzung des zur Verfügung stehenden Materials zuzuschneiden. Das Messer ist besonders für den Flugzeugmodellbau geeignet.

Balsahobel Dieser leichte, handliche Hobel hat eine justierbare Klinge, um Balsaholz sorgfältig bearbeiten zu können.

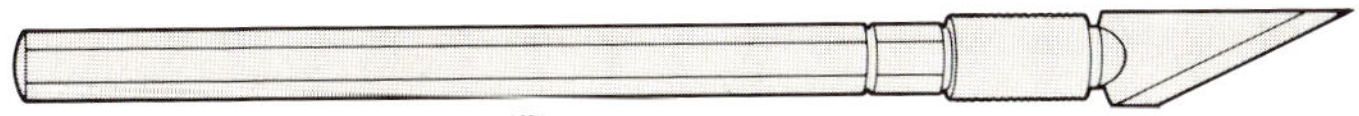

Modellmesser mit „Federhaltergriff"

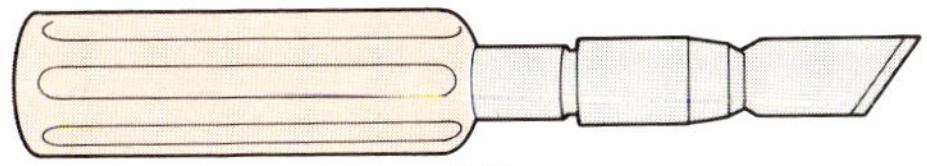

Modellmesser mit stärkerem Griff

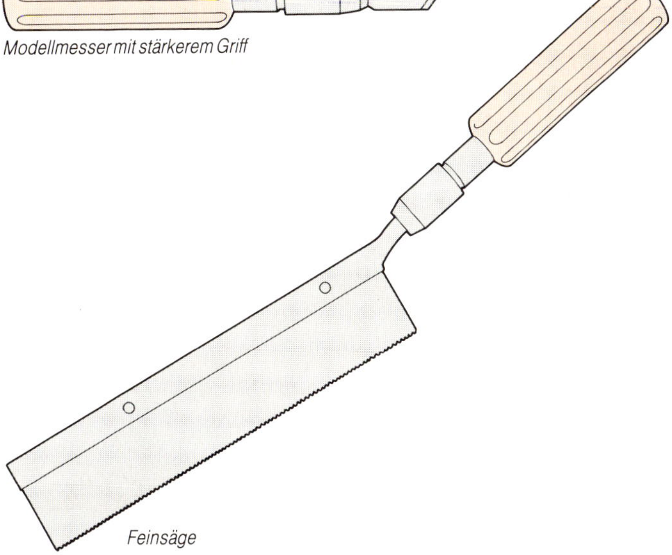

Feinsäge

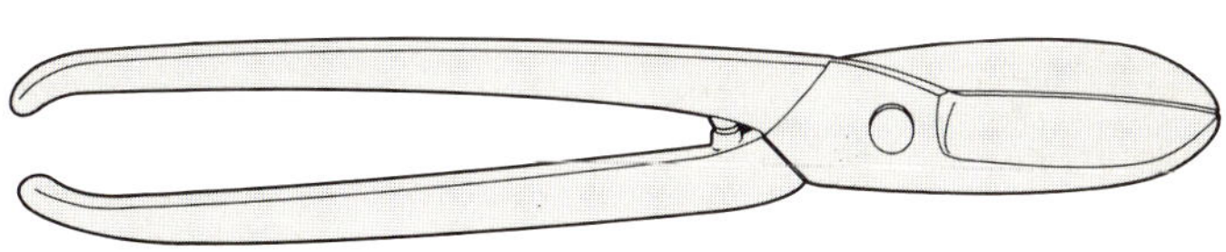

Blechschere

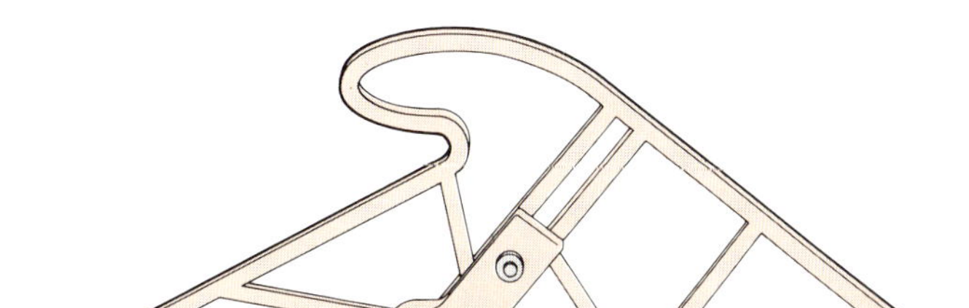

Balsaschneider

Feinhobel

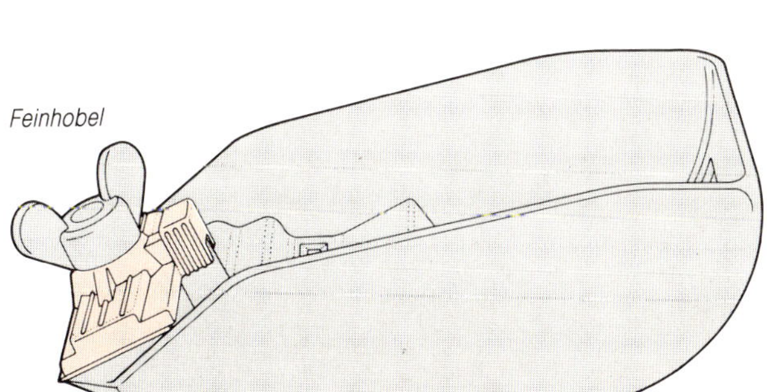

Feilen Für die Oberflächenbearbeitung von Holz, Metall und Kunststoff benötigt man eine Auswahl kleiner und fein gehauener Feilen. Für den allgemeinen Gebrauch kauft man am besten Flach-, Rund- und Halbrundfeilen mit einer Länge von 100 bis 150 mm. Für Feinarbeiten in Metall und Kunststoff legt man sich einen Satz Nadelfeilen zu. Sehr nützlich ist auch eine Feinraspel, die sowohl mit wie gegen die Maserung verwendet werden kann.

Handsäge Handsägen haben eine kleine, enge Zahnung und an der Blattrückseite eine Verstärkung aus Blech und Stahl. Man benutzt diese Sägen für tiefere Schnitte in Holz.

Laub- und Bügelsäge Für kurvige Figurenschnitte in Holz sind diese beiden Sägenarten besonders geeignet. Beide Sägeblätter können in jedem gewünschten Schneidwinkel eingespannt werden. Die Laubsäge hat ein feines Sägeblatt, mit dem man tief in dünne Holzbrettchen hineinsägen kann. Die Bügelsäge dagegen besitzt wesentlich stärkere Zähne und ist damit für dickeres Holz geeignet.

Fuchsschwanz Will man Löcher in eine Platte schneiden, nimmt man am besten einen Fuchsschwanz. Auch er hat verschiedene auswechselbare Sägeblätter.

Stichsäge Dieses Werkzeug sollte man für enge Kurven in feinem Blech verwenden.

Bügelsäge Bei den Bügelsägen gibt es verschiedene Ausführungen. Für dünne Metallrohre, Stangen und Stäbe nimmt man die kleinere Ausführung, während für größere Arbeiten eine stabilere Säge nötig ist, mit der man auch rechteckige Blechstücke zusägen kann. – Bügelsägen sind aber auch für Plastikmaterial geeignet.

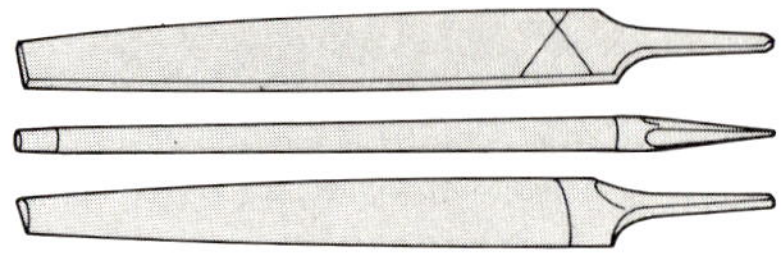
Flachfeile
Rundfeile
halbrunde Feile

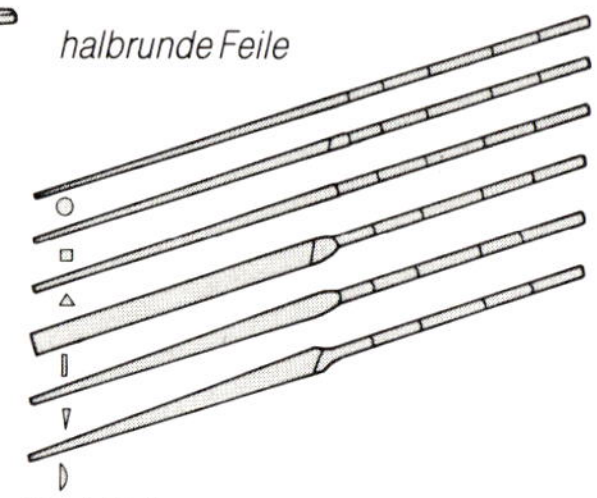
Nadelfeilen

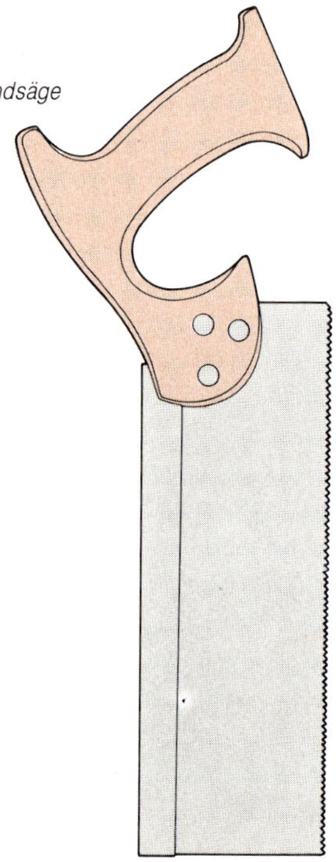
Handsäge

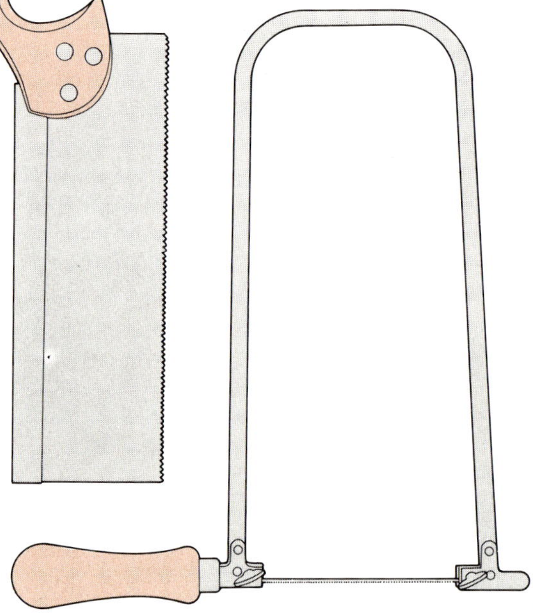
Laubsäge

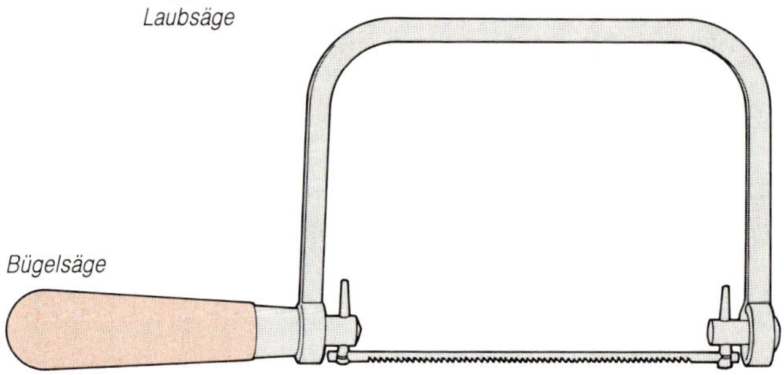
Bügelsäge

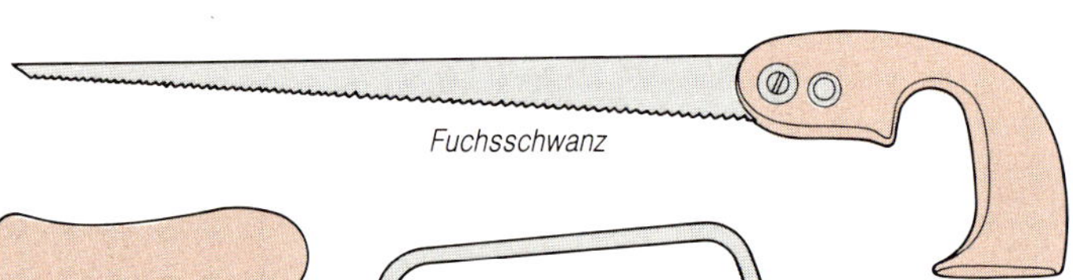
Fuchsschwanz

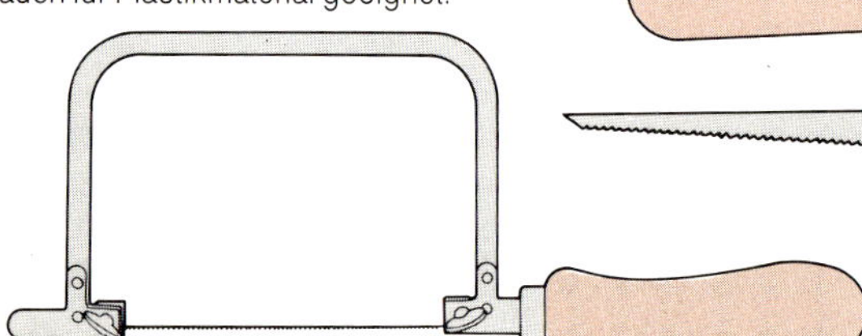
kleine Bügelsäge

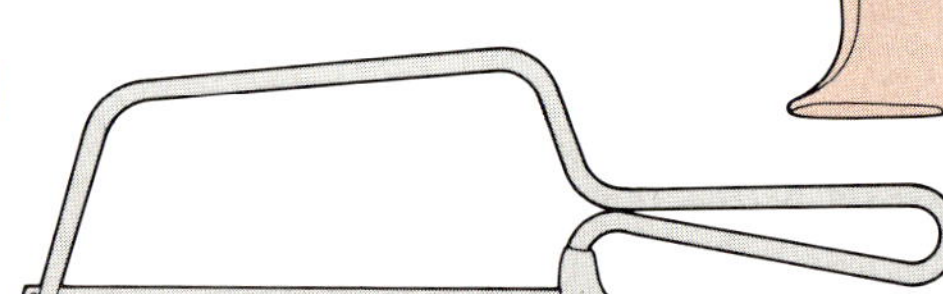
kleine Eisensäge

Elektrobohrer Ein Kleinbohrer mit Zusatzgeräten sowie eine kräftige Bohrmaschine für gröbere Arbeiten gehören auch zur Grundausrüstung eines Modellbauers. Im Gegensatz zu der Handbohrmaschine ist beim Elektrobohrer die Gefahr geringer, daß man beim Ansetzen des Bohrers verrutscht. Eine weitere Erleichterung bietet eine Bohrmaschine mit regelbarer Drehzahl und einem Umschalter für Rechts- und Linkslauf.
Verschiedene Zusatzgeräte machen die Bohrmaschine zu einem vielseitig einsetzbaren Werkzeug. Das Einspannen des Gerätes in einen festen Ständer dient dazu, das Modell mit beiden Händen fest und sicher halten zu können.

Handbohrer Um in größeren Modellstücken langsam und genau kontrolliert bohren zu können, braucht man einen Handbohrer. Für Holz und Metall kauft man einen Satz HSS-Bohrer von 1 bis 6 mm Stärke.

Stielbohrer Der Stielbohrer dient zum Bohren kleinster Löcher (1 mm und darunter) und wird zwischen den Fingern einer Hand gedreht.

Stanzgeräte Große Löcher sind in Balsaholz schwierig zu bohren. Sie müssen daher gestanzt werden. Stanzer sind im Handel erhältlich. Man kann sie aber auch selbst aus einem dünnen Metallrohr herstellen.

Stanzer

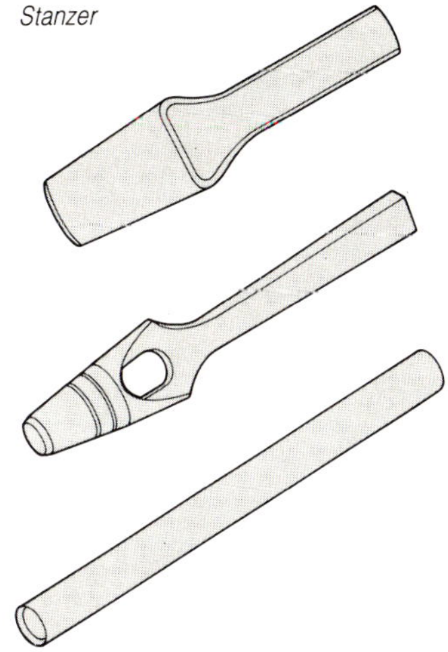

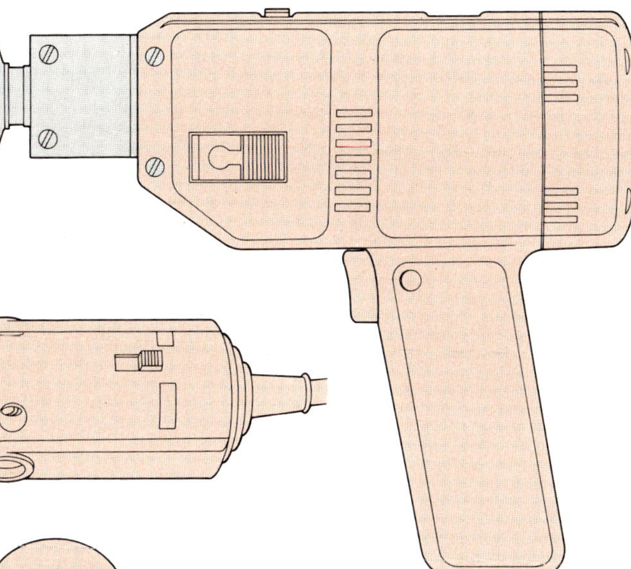

Elektrobohrer

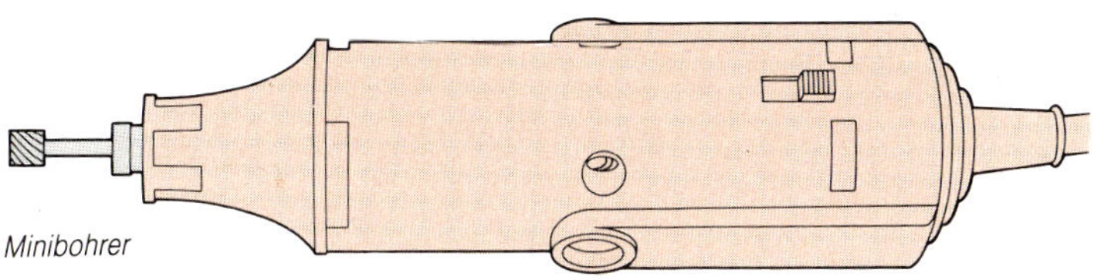

Minibohrer

Handbohrer

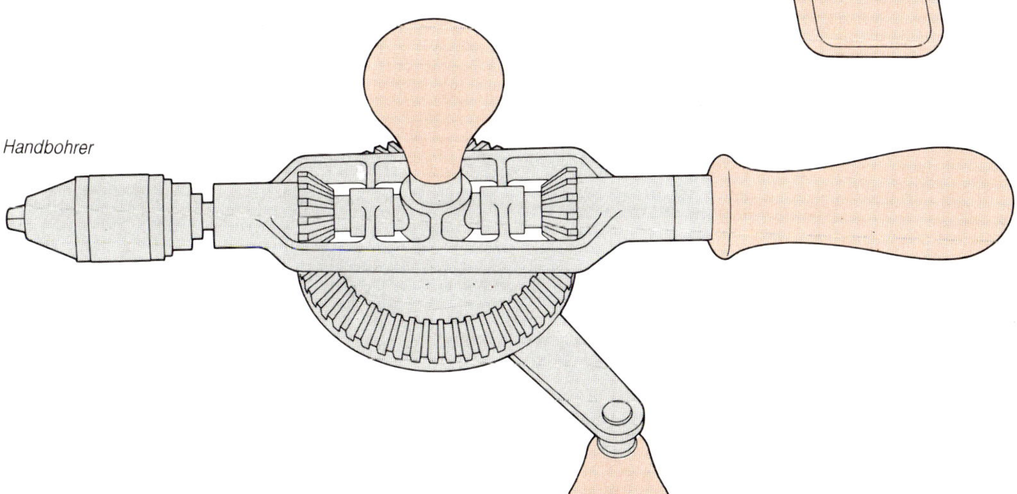

Stielbohrer

Halte- und Spannwerkzeuge

Zange Empfehlenswert ist eine sogenannte Kombizange, mit der man Werkstücke greifen und festhalten, aber auch Draht schneiden kann.

Spitzzange Diese Zange hat spitz zulaufende Backen, mit denen man kleine Gegenstände festhalten kann. Rundzangen dienen dazu, kleine Drahtösen zu biegen.

Pinzette Eine Pinzette mit spitz zulaufenden Enden ist nützlich, um kleinste Gegenstände zu halten. Um Platten und Plättchen zu greifen, nimmt man besser eine Pinzette mit abgeflachten Enden.

Zwingen und **Klemmen** Außer den sogenannten „G"-Klemmen gibt es für den Modellbau spezielle kleine, verstellbare Klemmen aus Nylon. Gummibänder halten die beiden Backen zusammen. Als sehr praktisch haben sich auch einfache Wäscheklammern erwiesen. Wenn man vorübergehend zwei Teile aufeinanderpressen muß, oder wenn ein Modell auf der Arbeitsplatte befestigt werden soll, kann man auch mit Klebeband oder Gummistropps arbeiten. Manchmal genügen auch einfache Stecknadeln, um die Teile zu befestigen, bis der Leim angetrocknet ist.

Schraubstock Man benutzt entweder einen kleinen Maschinenschraubstock oder einen Holzschraubstock. Er wird mit einer Zwinge an der Arbeitsplatte befestigt, so daß man sein Werkstück einspannen und mit beiden Händen weiterbearbeiten kann. Dabei muß man bei der Verarbeitung von weichem Material darauf achten, daß die Klemmbacken nicht zu stark angezogen werden. Kleine Gegenstände kann man auch einspannen, indem man einfach ein Paar Krokodilklemmen auf eine Grundplatte montiert. Solche Kleinklemmen sind auch gut geeignet, wenn man Kleinteile beim Verleimen zusammenhalten will.

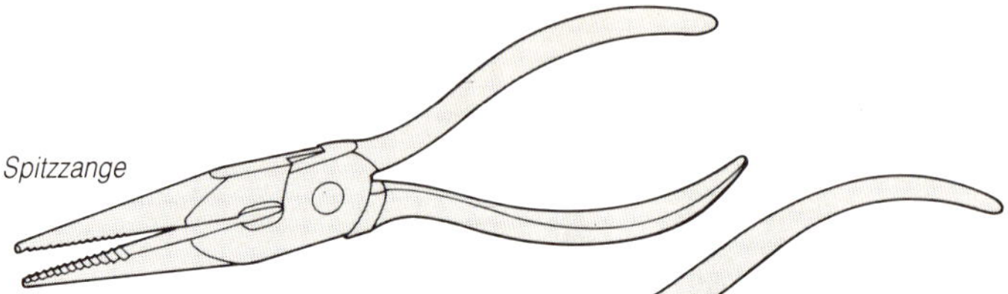

Spitzzange

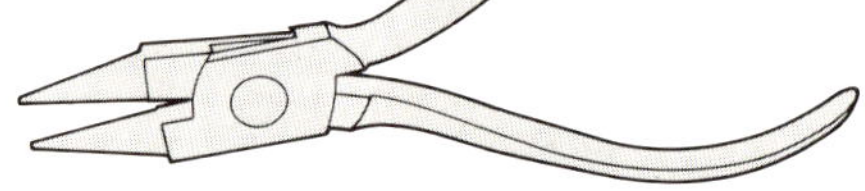

Rundzange

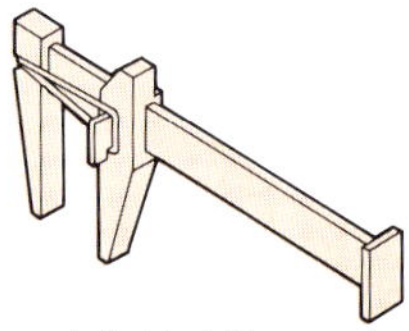

spezielle Modellbauerzwinge

Sichern eines Modells mit Gummistropps *Das Modellstück auf eine Schaumgummiunterlage legen, Gummistropps benutzen, die mit Reißzwecken befestigt werden, und das Werkteil auf die weiche Unterlage drücken.*

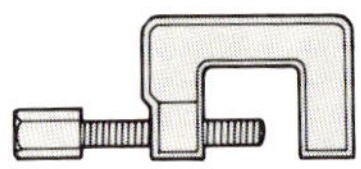

„G"-Zwinge

Maschinenschraubstock

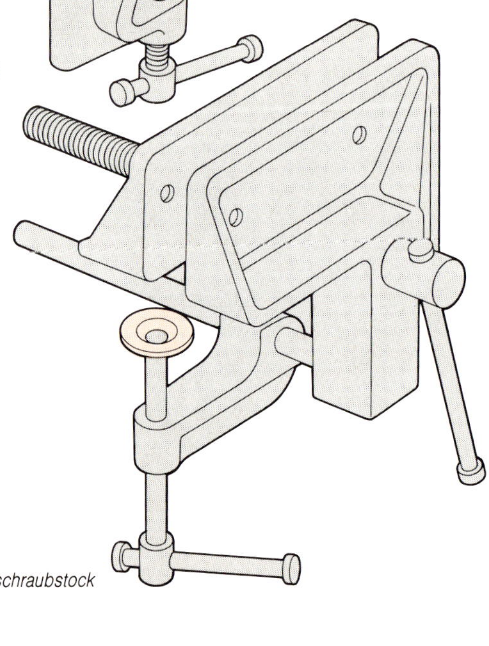

Holzschraubstock

Andere empfehlenswerte Werkzeuge

Lupe Die Auswahl reicht von der üblichen Handlupe bis zum Vergrößerungsglas auf einem biegsamen Ständer. Man kann eine Lupe auch mit einem Gelenk an einem Stirnband befestigen. Bei Nichtgebrauch wird sie dann wieder nach oben geklappt.

Haarfön Praktisch sind Föne mit abschaltbarer Heizung. So kann man mit ihnen Plastikbespannfolie auf die Tragflächen eines Flugmodells straff aufbringen. Mit der Kaltluftschaltung kühlt man dann die Flächen wieder ab.

Bügeleisen Mit einem regulierbaren Bügeleisen lassen sich die Tragflächen und Rümpfe eines Flugmodells ebenfalls mit einer Plastikfolie elastisch bespannen.

Lötkolben Lötkolben gibt es in verschiedenen Leistungsstärken. Sie müssen so stark sein, daß sie die Werkstücke bis zur Schmelztemperatur des Lötzinns aufheizen können. Um zum Beispiel einen Treibstofftank aus Metall löten zu können, benötigt man einen relativ starken Lötkolben. Weißmetallstücke brauchen dagegen eine niedrigere Löttemperatur. In diesem Fall genügt ein schneller schmelzender Lötdraht und ein kleinerer Lötkolben. Um einen Lötkolben regulieren zu können, schließt man ihn an einen gewöhnlichen Lichtdimmer an. Auswechselbare, unterschiedlich geformte Lötspitzen ermöglichen die verschiedenartigsten Lötungen.

Pyrograph Auf den ersten Blick sieht das Gerät wie ein Lötkolben aus, doch im Gegensatz dazu erwärmt es sich nur sehr wenig und dient hauptsächlich zum Gravieren in Plastikmaterial. Die sehr feine Gravurspitze macht es möglich, auf die Figuren Haare oder ähnliches aufzubringen.

Schraubendreher Ein Schraubendreher mit isoliertem Griff – gewöhnlich als Schraubenzieher bezeichnet – gehört üblicherweise zur Grundausstattung eines Modellbauers. Nützlich, aber nicht unbedingt erforderlich, ist ein Satz Feinmechanikerschraubendreher.

Zahnstocher Zum Anrühren und Mischen von Lacken und Leimen sind Zahnstocher sehr nützlich.

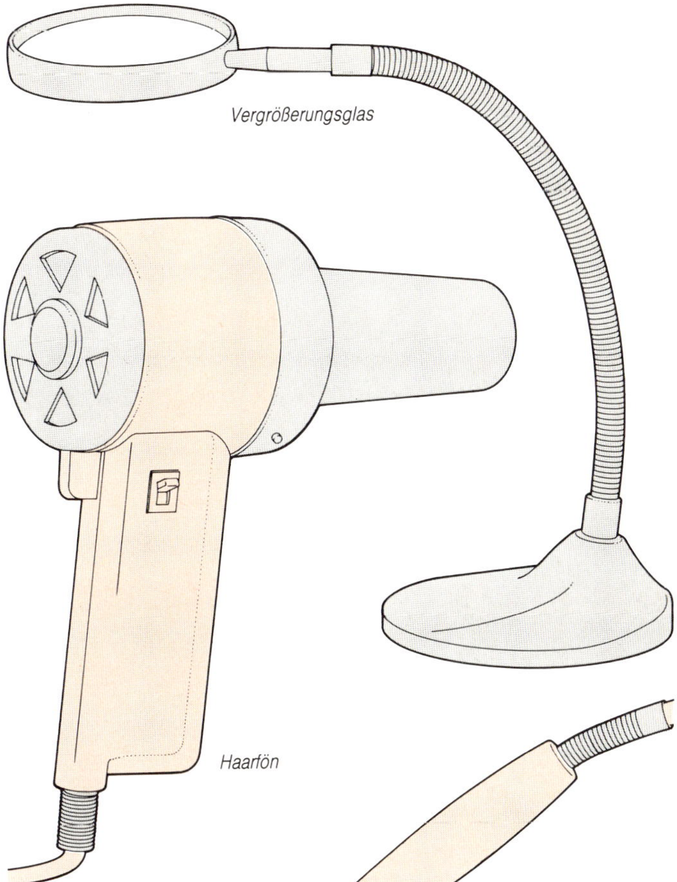

Vergrößerungsglas

Haarfön

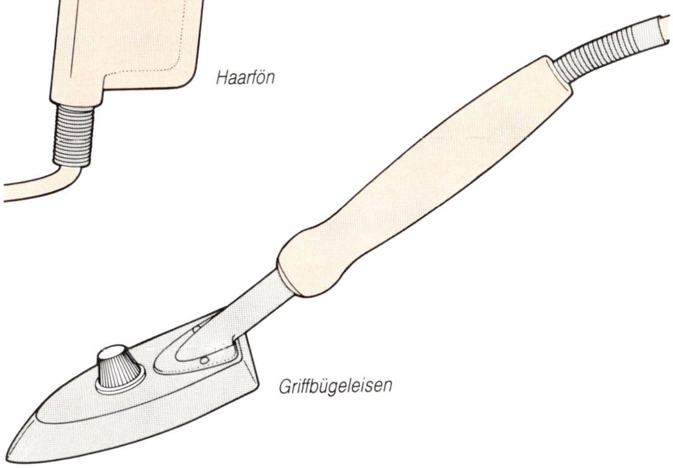

Griffbügeleisen

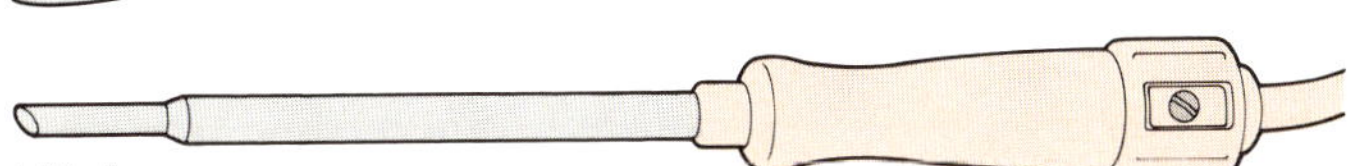

Lötkolben

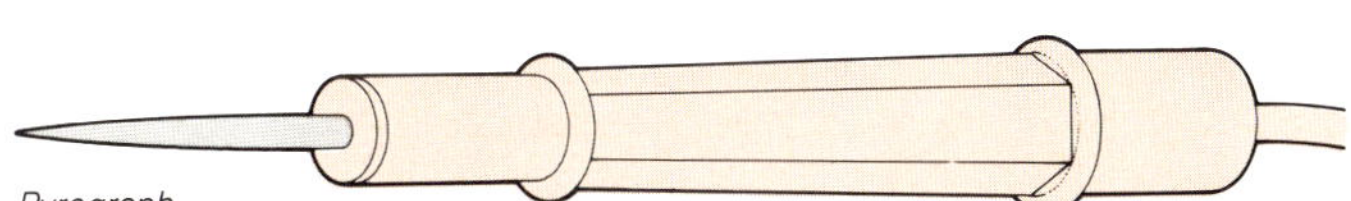

Pyrograph

Schraubendreher

Feinmechanikschraubendreher

Schleifmittel

Schleifpapier braucht man überall dort im Modellbau, wo die Oberfläche bearbeitet werden muß. Man verwendet dazu je nach Material und Arbeitsziel ein entsprechend gekörntes Schleifpapier. Unterschiedliche Materialien verlangen aber auch unterschiedliche Körnungen. Man unterscheidet extra grob, grob, mittel, fein und extra fein mit Zwischenstufen. Schleifpapier kann auch nach der Dichte der Körnung ausgewählt werden. Ein Schleifpapier mit dicht beieinander liegenden Körnern setzt sich schnell zu. Für lackierte Oberflächen nimmt man ein Papier mit weiter auseinander liegenden Körnern.

Um müheloser arbeiten zu können, klebt man das Schleifpapier um ein handliches Stück Metall, Holz oder dicke Pappe, oder man wickelt es einfach um ein Stück Holz. Dies empfiehlt sich besonders dann, wenn man beim Schleifen großflächiger Werkstücke Unebenheiten vermeiden will.

Sandpapier Richtiges Sandpapier gibt es kaum noch. Der Ausdruck hat sich aber gehalten, auch wenn man heute meist Glas- oder Granatpapier damit meint. Glaspapier, gelblich gefärbt und relativ preiswert, wird meist zur Bearbeitung von einfachen Nichtedelhölzern verwendet. Granatpapier hat eine härtere, rötliche Körnung und ergibt eine glattere Oberfläche. Beide Arten kann man zum Schleifen von Balsa- und Sperrholz sowie aller Hart- und Weichholzsorten benutzen.

Schmirgelpapier und Schmirgelleinen Die natürliche, schwarze Körnung ist hierbei auf eine Unterlage aus Papier oder Leinen gestreut und wird durch ein Bindemittel festgehalten. Der Verwendungszweck ist das Bearbeiten von Metalloberflächen. Für ebene Flächen nimmt man meist das Schmirgelpapier, während Schmirgelleinen sehr fest ist und sich daher besser für gekrümmte Flächen eignet.

Naßschleifpapier Bei diesem dunkelgrauen Schleifpapier ist die Körnung, synthetisches Silikon-Karbid, wasserfest verklebt. Obwohl Naßschleifpapier auch trocken verwendbar ist, erzielt man mit feuchtem Papier noch besser eine sehr glatte und feine Oberfläche. Wasser übernimmt dabei die Funktion eines Schmiermittels, so daß sich beim Schleifvorgang ein feiner Schlamm absetzt. Daher sollte man auch das Werkstück sowie das Papier gut naß halten.

Außerdem gibt es aber auch Silikon-Karbid-Schleifpapier, das nur trocken verwendet wird. Bei ihm ist das Schleifmittel auf normales Papier aufgetragen und dann mit einem feinen Zinkoxyd-Pulver überzogen, das dann wie ein Trockenschmiermittel wirkt. Diese etwas feinere Körnung des Papiers eignet sich hervorragend zum Schleifen von Kunststoffoberflächen. Es gibt sogar noch feinere Sorten von diesem Silikon-Karbid-Schleifpapier. Sie eignen sich besonders für Plastikmodelle. Da sie statt Papier einen Plastikträger haben, können sie beim Schleifen ohne zu brechen um feinste Konturen und Details geführt werden. Naß wie trocken sind diese Schleifpapiere zwar relativ teuer, dafür halten sie aber auch recht lange.

Oberflächenbehandlung

Will man eine extrem glatte und makellose Oberfläche ohne jegliche Kerben und Kratzer erhalten, so nimmt man stufenweise immer feiner gekörntes Schleifpapier.

Holz schleift man immer längs der Maserung. Schleift man quer dazu, gibt es häßliche Kratzer, die auch noch nach dem Lackieren zu sehen sind. Um Holz zu glätten, das mit farblosem Lack gestrichen werden soll, gibt es einen kleinen Trick: Man befeuchtet das Holz nach dem ersten Schleifen, damit die Maserung hervortritt. Wenn es dann trocken ist, schleift man es erneut mit der feinsten Papierkörnung. Bevor man aber ein so „offenfaseriges" Holz wie Balsaholz lackiert, trägt man einen Porenfüller auf, der die Poren in der Maserung schließt. Um eine möglichst gute Wirkung zu erzielen, sollte man den Füller mehrmals auftragen, damit er völlig in das Holz einziehen kann.

Auch hier schleift man nach dem Trocknen mit feinem Papier nach. Je öfter man diesen Vorgang wiederholt, um so besser wird die Oberfläche.

Kunststoff hat keine Maserung und kann folglich auch in jeder beliebigen Richtung geschliffen werden. Nachdem man sämtliche Kratzer aus einer Kunststoffoberfläche geschliffen hat, poliert man mit einer Metallpolitur nach; so erhält man das bestmögliche Ergebnis.

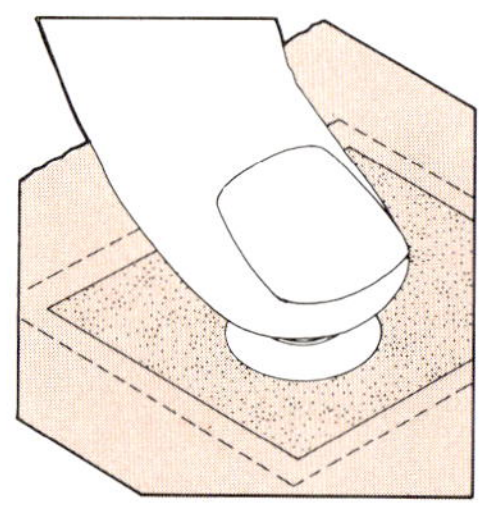

Schleifen eines winzigen Teiles *Mit dem nassen Finger auf das Objekt drücken, dann mit der Fingerspitze über das Schleifmittel bewegen. Bei Kunststoff Naßpapier und reichlich Wasser nehmen.*

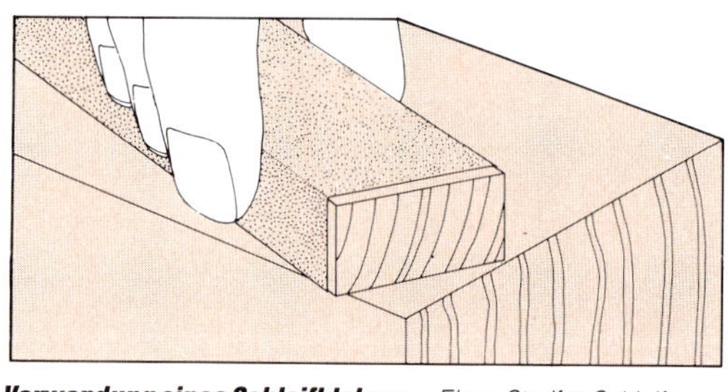

Verwendung eines Schleifklotzes *Einen Streifen Schleifpapier um einen Klotz aus Holz wickeln, wenn man ebene Flächen schleifen will. Das verhindert – im Gegensatz zum Schleifen mit der bloßen Hand –, daß Vertiefungen eingeschliffen werden. An den Kanten den Klotz fest in der Richtung der Fläche halten, damit die Kanten nicht abgerundet werden.*

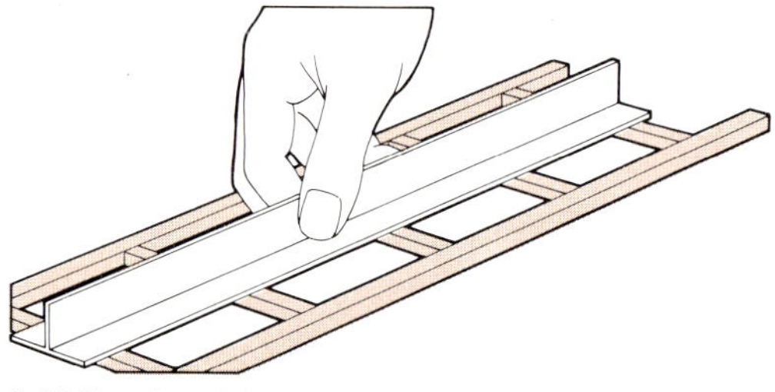

Schleifen eines Balsa-Rahmens *Das Schleifpapier auf ein T-förmiges Metallstück kleben. Dieses Schleifgerät parallel zum Holz halten und nun mit langen Hin- und Her-Bewegungen in diagonaler Richtung schleifen.*

Klebstoffverbindungen

Klebstoffe müssen immer entsprechend dem zu verklebenden Material ausgewählt werden. Im folgenden werden die Eigenschaften der verschiedenen Kleber und ihre Anwendungsmöglichkeiten beschrieben. Polyesterharz und -lacke werden auf den Seiten 41 und 46 sowie 264 bis 266 erläutert.

	Balsaholz	*Weich- u. Hartholz*	*Sperrholz*	*Gaze*	*Polystyrol*	*ABS*	*Acryl*	*Pappe*	*Papier*	*Leinen*	*Polystyrol-Schaum*	*Polyurethan-Schaum*	*Metall*	*Kork*	*Glas*	*Gummi*	*Fiberglas (GFK)*
*Fiberglas (GFK)**	LN	LN	LN		L	L	L	LN		JN	EK	LN	LN	JL	LN	IJ L	LN
Gummi	J	J	J		K	IL	IL	IL	J	J	K	JN	IL	JL	JL	IJ	
Glas	L	L	L		IL	IL	IL	IL		J	EK	JL	IL	JL	L		
Kork	JL	JL	JL		L	L	IL	IL	EK	JK	EK	EK	JL	EJ N			
Metall	L	L	L		IL	IL	IL	IL	EK	J	EK	JL	IL				
Polyurethan-Schaum	EK	EK	EK		EK L	EK L	EK L	EK	EK	EK	EK	EJ KL					
Polystyrol-Schaum	E	E	E		EK	EK	EK	E	E	EK	EK						
Leinen	JK	JK	JK		J	J	J	JK	EK								
Papier	E	E	E	EF	E	E	E	DE F	DE F								
Pappe	DE	DE	DE	EF	EI L	EI L	EI L	DE									
Acryl	IL	IL	IL	E	BI L	BI L	C										
ABS	IL	IL	IL	E	BI L	BI L											
Polystyrol	IL	IL	IL	E	AI L												
Gaze	FG M	FG M	FG M	EF													
Nylon + Seide (Flugzeug-Bespannung)	FG M	FG M	FG M														
Sperrholz	EH	EH	EH														
Weich- u. Hartholz	EH	EH															
Balsaholz	DE																

**Glasfaserverstärkter Kunststoff*

Schlüssel:

A Polystyrol-Kleber
B ABS-Kleber
C Acryl-Kleber
D Balsa-Kleber
E Weißleim
F Gaze-Kleister
G Gaze-Kleber
H Kunstharz-Kleber (UF Leim)
I Cyanoacryl-Leim
J Kontaktkleber auf Gummi-Basis
K Latex-Kleber
L Epoxyd
M Klarlack
N Polyester-Harz

Klebstoffe

Eine große Auswahl an Klebstoffen hat die früheren mechanischen Verbindungen weitgehend verdrängt, heute ersetzen oft Klebstoffe sogar Löt- und Schweißnähte. Alleskleber sorgen für feste Verbindungen zwischen unterschiedlichsten Materialien, Spezialkleber sind „Kaltschweiß-Verbindungen“ für bestimmte Werkstoffe.

Kunststoffkleber werden aus Kunststofflösungsmitteln hergestellt; sie sind normalerweise nur für einen bestimmten Kunststoff geeignet und kleben auch nur Kunststoff mit Kunststoff. Das chemische Lösungsmittel weicht die beiden sich berührenden Flächen auf, die sich in dem Maß verflüssigen, wie das Lösungsmittel verdampft. Die beiden Flächen werden also miteinander verschweißt, ohne daß zwischen ihnen ein Film des Klebemittels zurückbleibt. Im Gegensatz zu diesen chemischen Klebeverbindungen arbeiten mechanische Kleber so, daß der Kleber – wenn er „abbindet“ – eine ineinandergreifende Bindung herstellt mit den beiden Oberflächen der Materialien. Diese Art von Kleber ist sehr wirkungsvoll bei porösem Material. Bei nicht porösen Oberflächen sollte man diese zuvor etwas aufrauhen, damit sich der Klebefilm besser „verankern“ kann. Es gibt jedoch auch spezielle Kleber für nicht poröse, glatte Oberflächen.

Doch dabei gilt zu bedenken, daß die ganze Klebeverbindung nur so stark wie die Verbindung an der Klebestelle ist, an der der Klebefilm als Bindeglied sitzt. Für flexibles Material nimmt man meist den elastischen Kleber. Starre Materialien erfordern hingegen eine starre Klebeverbindung, da sie stärker ist. Wenn eine starre Verbindung jedoch Vibrationen unterworfen ist, die den Klebefilm brechen könnten, sollte man besser einen elastischen Kleber wählen.

Polystyrol-Kleber

Dies ist ein Kleber, der hauptsächlich beim Kleben von Kunststoffbausätzen verwendet wird. Deshalb nennt man ihn auch häufig Plastik- oder Kunststoffkleber. Er besteht aus einer Lösung von Polystyrol in Chlorobenzin oder Azeton – die einzigen Lösungsmittel für Polystyrol.

Der Polystyrol-Kleber ist in zwei Formen erhältlich: zähflüssig in Tuben und dünnflüssig in kleinen Fläschchen. Beide Arten sind stark lösungsmittelhaltig, ganz besonders der Tubenkleber. Will man ihn von einer Klebestelle wieder entfernen, würde man eher das Werkstück beschädigen und den Kleber samt anhängendem Material abreißen. Außerdem sollte man sich hüten, zuviel davon aufzutragen, da sonst an der Klebestelle Verwerfungen entstehen können, sogar noch nach dem Auftragen des Klebefilms, denn der Prozeß der Anlösung hält lange Zeit an. Diesen Kleber setzt man deshalb meist dort ein, wo die Gefahr der zu starken Anlösung der Oberfläche keine oder nur eine geringe Rolle spielt. Wenn die Klebestelle keinesfalls Schaden nehmen darf, zum Beispiel bei einem feinstrukturierten Bauteil, nimmt man den Flüssigkleber. Beide Arten sind jedoch für Polystyrolschaum ungeeignet, da sie ihn auflösen würden. Hier nimmt man Weißleim.

Anwendungsmöglichkeiten von Polystyrolkleber

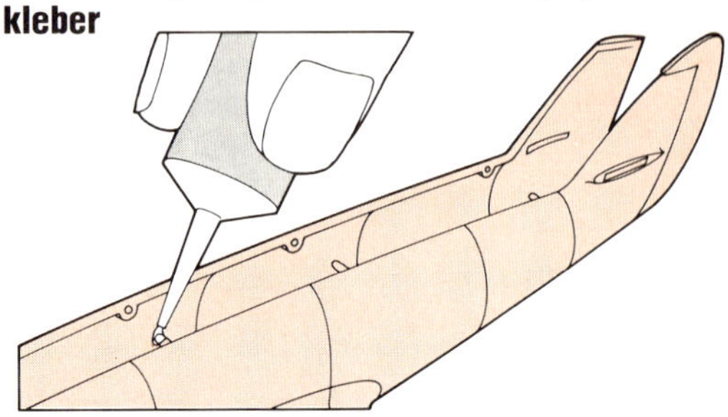

Kleben zweier Modellhälften *Einen kleinen Tropfen aus der Tube auf die Verbindungsnoppen der beiden Hälften geben. Vorübergehend die Hälften mit Klebeband oder Gummistropps zusammenpressen.*

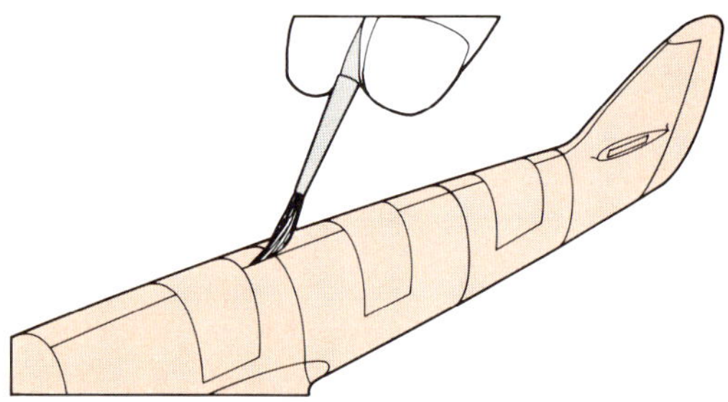

Mit einem Pinsel Flüssigkleber auf die Klebestellen auftragen (dabei nicht das Klebeband betupfen). Das Klebeband entfernen und dann die noch trockenen Stellen bestreichen.

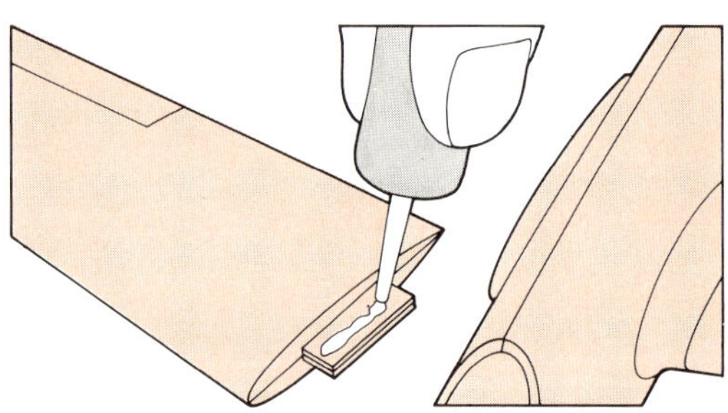

Das Kleben von Konstruktionsteilen *In diesem Fall Tubenkleber benutzen, um eine Flugzeugtragfläche an den Rumpf zu kleben. Nur wenig Kleber nehmen. Mit Flüssigkleber später die Spalten zwischen den Teilen versiegeln.*

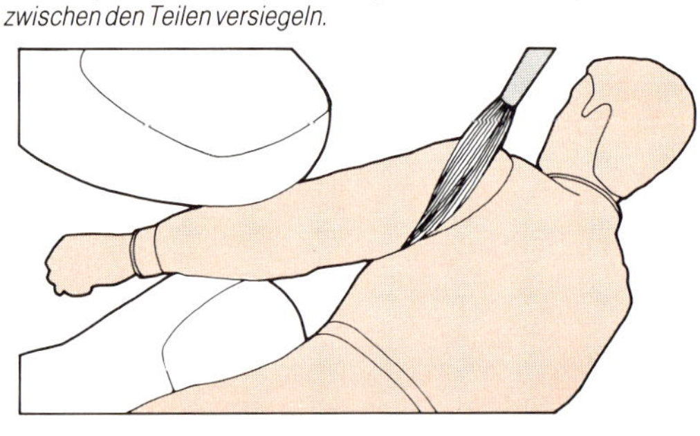

Befestigen von Kleinteilen *Mit Flüssigkleber die Kleinteile in Position bringen. Erst dann den Kleber rundum auftragen. Eine andere Methode ist, man trägt Kleber auf beide Werkteile auf, löst die Klebeflächen an und preßt sie dann zusammen.*

ABS-Kleber

Acrylbutyl-Styrol (ABS) wird mit einem speziellen ABS-Kleber verbunden.

Er enthält ABS plus Klebemittel und kann – im Gegensatz zu den meisten Klebern – auch andere Kunststoffe wie Polystyrol und Acryl kleben.

Acryl-Kleber

Dieser Kleber enthält Acryl, das in Dichlormethan gelöst ist. Er ist in verschiedenen Flüssigkeitsgraden erhältlich. Für den Modellbauer ist eine dünnflüssige Art zu empfehlen, die mit dem Pinsel aufgetragen wird. Man achte nur darauf, daß keine Luftblasen entstehen. Zuvor reinigt man jedoch die Klebestelle mit Leichtbenzin und wäscht mit klarem Wasser nach. Die zu verklebenden Teile werden mit Kreppband wie mit einem Scharnier miteinander verbunden. Dann klappt man sie auseinander und trägt den Kleber auf. Nach 30 Sekunden kann man beide Teile wieder zusammenklappen. Bis der Kleber anzieht, dauert es mindestens drei Stunden, frühestens nach drei Wochen erreicht die Klebestelle ihre Endfestigkeit.

Balsaholzkleber

Ähnlich wie bei den anderen porösen Materialien greift der Balsaholzkleber durch mechanische Adhäsion. Deshalb dürfte man strenggenommen auch nicht vom Kleben sprechen.

Balsaholzkleber enthalten Kunstharzverbindungen zur Verstärkung und um Hohlräume auszufüllen. Außerdem verlängern diese Kunstharzverbindungen die Abbindezeit, aber wiederum nicht lange genug, wenn es sich um große Klebeflächen handelt. In diesem Fall ist Weißleim effektiver. Balsaholzkleber muß stets auf beide Klebeflächen aufgetragen werden. Schnittflächen quer zur Maserung saugen viel Kleber auf. Hier wird die Technik des Doppelklebens angewendet: Man streicht dazu den Kleber auf beide Flächen auf, preßt sie zusammen und trennt sie wieder. Dann läßt man den Kleber antrocknen, aber nicht abbinden! Anschließend bringt man eine zweite Schicht Kleber auf und preßt die beiden Flächen erneut zusammen.

Weißleim (PVA oder Polyvinyl-Acetat)

Weißleim ist das gebräuchlichste Klebemittel bei der Arbeit mit Holz, da mit ihm verschiedene Holzarten miteinander verbunden werden können. Weißleim bindet auch mit vielen anderen Materialien ab, gleichgültig, ob sie starr oder flexibel sind. Dabei wird ein dünner, elastischer Film gebildet, der selbst unter Druck nicht „kriecht". Man kann Weißleim ganz nach Belieben pur verwenden oder mit Wasser verdünnen.

Der Leim wird mit einem Pinsel auf beide Klebeflächen gestrichen. Dann läßt man beide Teile 24 Stunden lang zusammengepreßt, damit der Leim genügend abbinden kann. Je größer dabei der Preßdruck ist, desto fester wird auch die Verbindung. Genau passende Aussparungen wie Nuten und Winkel brauchen nicht unbedingt zusammengepreßt zu werden, da sie aufgrund ihrer ineinandergreifenden Passung von selbst zusammenhalten. Leimspritzer werden mit einem Tuch abgewischt. Da Weißleim wasserlöslich ist, lassen sich die Arbeitsgeräte zwar leicht reinigen, die Klebestellen dürfen aber nicht feucht werden.

Gaze-Kleister

Hierbei handelt es sich um ein Dextrin-Klebemittel. Man nimmt es, um die Gazebespannung an Tragflächen und Flugzeugrümpfen zu befestigen (siehe Seiten 265 und 266). Gleichfalls geeignet sind aber auch Gaze-Kleister und Gaze-Spannlack.

Kunstharzkleber

In besonderen Fällen nimmt man für die Holzverarbeitung auch einen Kunstharzkleber. Es gibt ihn in mehreren handelsüblichen Formen, wobei der Karbamid-Kleber am gebräuchlichsten ist. Der Kleber ergibt einen festen Film, ist wasserfest und eignet sich daher vorzüglich zum Bootsbau. Weiterhin ist er aber auch zum Reparieren von Rissen gut verwendbar.

Kunstharzkleber hat zwei Komponenten: das Harz und einen Härter. Vermischt man beide, tritt eine chemische Reaktion ein, die die Klebeverbindung ergibt. Die Abbindezeit ist temperaturabhängig. An einem heißen Tag ist die Klebestelle schon nach ein paar Stunden belastbar. Bei niedrigen Temperaturen kann die Härtezeit dagegen einen Tag oder länger dauern. Deshalb sollte man bei Temperaturen unter 10 Grad Celsius nicht mehr damit arbeiten.

Der Kleber wird auf beide Klebeflächen aufgetragen. Bevor man die beiden Teile zusammenpaßt, läßt man den Kleber noch etwas einziehen. In jedem Fall sollte man die Klebestelle gegen Verrutschen sichern, indem man ein paar Klemmen ansetzt und das Ganze eine Nacht lang stehenläßt.

Cyanacrylat-Kleber

(„Sekundenkleber")

CNA-Kleber sind meist Alleskleber und finden daher im Modellbau auch vielfältige Verwendung. Ihr Hauptvorteil liegt in der extrem kurzen Abbindezeit von 10 bis 15 Sekunden, wobei es genügt, die Klebestelle mit den Fingern zu halten. CNA-Kleber sind zwar teuer, aber dafür genügt schon der kleinste Tropfen des klaren, flüssigen Klebstoffes, um eine gute Verbindung zu erreichen. – Zuviel davon ergibt sogar eine schlechtere Verbindung.

Da der CNA-Kleber nur sehr schlecht Spalten und Risse überbrücken kann, muß man darauf achten, daß die beiden zu verklebenden Teile überall exakt zusammengesetzt sind. Wenn man dennoch schlecht zueinander passende Teile miteinander verkleben will, fixiert man die Teile mit dem Kleber an den sich berührenden Stellen und füllt später die Zwischenräume mit Epoxyd-Harz auf, um so die Verbindung zu verstärken.

Die Klebeflächen müssen absolut sauber und fettfrei sein. Für große Flächen trägt man den Kleber direkt aus der Tube auf, bei kleineren Flächen nimmt man einen Zahnstocher zu Hilfe. Poröses Material wird vorher mit Wasser angefeuchtet, um zu verhindern, daß zuviel Kleber aufgesogen wird. Wenn eine Verklebung nicht halten will, läßt man den aufgetragenen Kleber trocknen und versucht es noch

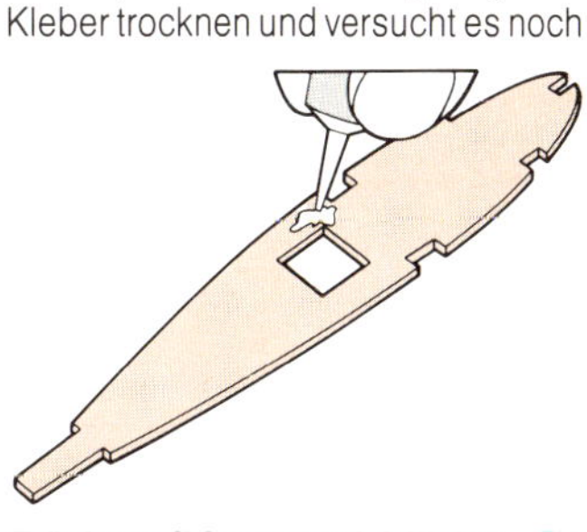

Tränken mit Cyanoacrylat-Kleber *Ein Riß in sehr porösem Material wie z. B. Balsaholz kann repariert werden, indem man ihn mit CNA-Kleber tränkt. Ebenso läßt sich eine Schwachstelle durch ein paar Tropfen CNA verstärken.*

einmal. Beim Hantieren mit der Tube oder dem Fläschchen ist äußerste Vorsicht geboten. Kontakte mit Fingern oder Augen sind unbedingt zu vermeiden. Verklebte Finger sind nur mit großer Mühe wieder sauber zu bekommen.

Kautschuk-Kleber

Kautschuk-Kleber gibt es in zweierlei Formen: in Alkohol gelöste sind brennbar und zähflüssig, die Latexkleber sind dagegen weiß und dünnflüssig, beide sind gute Alleskleber. Da sie elastisch bleiben, sind sie für flexible und starre Verbindungen gleichermaßen geeignet und können mit den verschiedenartigsten Lösungen verdünnt werden.
Kautschuk-Kleber sind Gummilösungen mit Harzzusätzen, um Löcher und Spalten zu füllen und die Klebkraft zu erhöhen. Latexkleber können mit Wasser verdünnt werden.
Viele Klebstoffe auf Kautschukbasis sind Kontaktkleber. Man streicht sie dünn und gleichmäßig auf beide Klebeflächen und läßt sie antrocknen. Drückt man beide Flächen aufeinander, kommt die Klebeverbindung unmittelbar zustande. Die Stärke der Verbindung wächst in dem Maß, in dem sich die Lösung verflüchtigt. Der Vorgang ist nach einem Tag abgeschlossen.

Epoxyd-Kleber

Epoxyd-Kleber sind sehr vielseitige Alleskleber mit vorzüglichen Fülleigenschaften. Sie sind sowohl für poröse als auch für nicht poröse Werkstoffe geeignet. Bei diesem Kleber werden zwei Komponenten zu einer Art Paste gemischt, die beim Abbinden eine sehr feste, gegen Wasser und Lösungsmittel unempfindliche Verbindung ergibt. Je nach Klebertyp variiert die Abbindezeit zwischen 4 Minuten und 24 Stunden. Wärme beschleunigt hierbei den Vorgang, daher sollte man die Kleber stets an einem kühlen Ort aufbewahren. Leider haben Epoxyd-Kleber nur eine kurze Verarbeitungs- oder Topfzeit. Man muß daher schnell arbeiten und immer nur so viel anrühren, wie man gleich verarbeiten kann.
Verbindungen mit Epoxyd-Kleber sind so fest wie gelötete Verbindungen, daneben sind sie aber auch ziemlich elastisch. Ein weiterer Vorteil ist, daß der Kleber beim Trocknen nicht schrumpft.

Papier und Pappe

Abgesehen von speziellen Papieren, die noch näher erläutert werden, gibt es Papier und Pappe meist in Form von Zeitungspapier, Verpackungsmaterial, Schreib- und Zeichenblocks. Für Modellbauzwecke haben sich preiswertes braunes Packpapier und einfaches Umschlagpapier als besonders brauchbar erwiesen.

Makulaturpapier Makulaturpapier ist grauweiß und billig. Dabei ist besonders nützlich, daß es im Handel in Endlosbahnen erhältlich ist. Ursprünglich wurde es als Untertapete verwendet. Im Modellbau eignet es sich aber sehr gut, wenn man umfangreiche Baupläne oder etwa eine Eisenbahnanlage in Originalgröße zeichnen will.

Pauspapier Pauspapier wird in Form von Einzelbögen, Blocks oder Rollen angeboten und ist je nach Papierstärke mehr oder weniger durchsichtig. Man gebraucht es, um Pläne und Konstruktionszeichnungen vom Original auf das Material, wie zum Beispiel Balsaholz, zu übertragen. Modellbauer benutzen es häufig auch, um damit andere Materialien zu imitieren.

Zeichenpapier Zeichenpapier und Papier zum Aquarellmalen gibt es in verschiedenen Qualitäten, manche davon sind sehr teuer. Sie nehmen Farbe, vor allem Wasser- und Aquarellfarben, sehr gut an und werden häufig benutzt, wenn man besondere Effekte erreichen will.

Haushaltsrollen Normale Haushaltsrollen sind ganz brauchbar, wenn es darum geht, das Innere von Modellen beim Bemalen vor Farbe zu schützen, oder wenn man Accessoires an Figuren machen will. Um Balsaholzrahmen von Modellflugzeugen abzudecken, sollte man jedoch eine gute Papierqualität nehmen.

Kreppapier Für Kreppapier gibt es zwar im Modellbau nicht viele Anwendungsmöglichkeiten, wenn man zum Beispiel aber eine echt wirkende Bekleidung für größere Figuren schneidern will, läßt sich dies mit Kreppapier gut verwirklichen.

Wellpappe und Pappe Wellpappe und Pappe gibt es in einfacher, doppelter oder mehrlagiger Ausführung. Die einfache Lage läßt sich leicht falzen und rollen, während die verstärkten Sorten steifer sind und daher leichte Bauteile gut verstärken können.

Bilderrahmenkarton Um Bilder einrahmen zu können, gibt es einen speziellen Bilderrahmenkarton. Er ist in unterschiedlichen Stärken und in mehreren Farben erhältlich. Meist ist er aber nur auf einer Seite gefärbt. Der Bilderrahmenkarton besteht aus einer Kartonschicht, die mit einer zweiten Schicht aus weichem, gefärbtem Papier überzogen ist. Er eignet sich gut für Tusche- und Tintenzeichnungen. Das Material ist teuer, aber man kann etwas einsparen, indem man nur das Papier kauft und es dann selbst mit billigem Karton verstärkt.

Falten von Papier und Pappe

Um einen scharfen Knick in dickes Papier zu bekommen, fährt man mit dem Fingernagel der Falte entlang. Dünne Pappe oder dickes Papier läßt sich leichter falten, wenn man den Knick vorher mit einer Stricknadel oder dem stumpfen Ende einer Nähnadel ankerbt. Um eine gerade Linie zu erhalten, zieht man diese Nadel an einem Lineal vorbei.
Um dicke Pappe zu falten, nimmt man am besten ein Messer zu Hilfe und schneidet mit diesem ebenfalls an einem Lineal entlang leicht ein. Bei dünnerem Metall sollte man nicht zu stark eindrücken, da hier das Eigengewicht des Messers genügt. Die Schnittlinie legt man genau deckungsgleich auf die Kante der Arbeitsplatte. Das über den Rand der Platte hinausragende Stück wird nun vorsichtig entlang der Kante nach unten abgeknickt.
Um eine Rundung in einen Bogen Papier zu bekommen, hält man ein Lineal mit der einen Hand fest auf dem Papier und rollt mit der anderen das Papier auf. Bei der Bewegung wird nun das Papier unter dem Lineal hindurchgezogen, so entsteht eine enge Rundung. Dicke Pappe oder einen größeren Bogen zieht man über die Kante des Arbeitstisches. Man drückt dabei leicht auf und vermeidet scharfe Knikke. Dreht man das Ganze um und wiederholt den Vorgang, verschwindet die Rundung wieder.

Schneiden von Papier und Pappe

Wenn man einen geraden Schnitt machen will, benutzt man ein scharfes Messer und ein Lineal oder eine Richtlatte. Vorsichtig führt man das Messer erst am Lineal entlang, bevor man endgültig schneidet. Rundungen schneidet man am besten freihändig mit dem Messer oder der Schere. Beim Arbeiten mit einem Messer macht man ganz leichte Einschnitte, um die Kurve zu markieren. Erst dann schneidet man zu, und zwar möglichst in einem durchgezogenen Schnitt: So wird vermieden, daß das Messer ausrutscht und krumme Linien schneidet. Wie man eine enge Kurve schneidet, wird noch beschrieben.

Kleine Löcher in Pappe und Papier kann man mit einem Stanzer machen, wie er für Leder benutzt wird. Für größere Löcher (zwischen 6 und 20 mm) ist ein Stanzer nötig, den man selber anfertigt: Man nimmt dazu ein entsprechend dickes Stück Rohr und feilt den Innenrand scharf. Kommt es nicht auf das Loch, sondern die herausgestanze Scheibe an, muß man an dem Rohrstück den Außenrand schärfen. Ein großes Loch in dünnem Material wird so geschnitten, wie weiter unten beschrieben. Man kann dazu auch ein Modellmesser in einen Zirkel einspannen.

Um ein eckiges Loch zu schneiden, markiert und schneidet man zuerst die Ecken, dann werden alle weiteren Schnitte von den Ecken weg ausgeführt. Soll das Loch abgerundete Ecken haben, werden die Ecken mit dem Stanzer ausgeschlagen, dann markiert und schneidet man die Verbindungslinien zwischen den Löchern mit Hilfe eines Lineals.

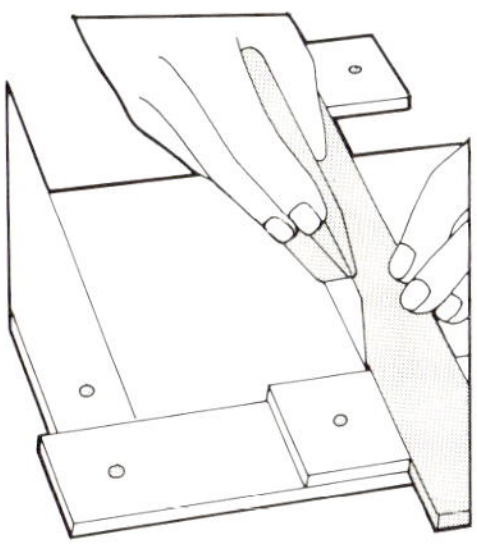

Gleich große Stücke aus einem Bogen schneiden *Aus dicken Pappstreifen einen Rahmen in der entsprechenden Größe herstellen.*

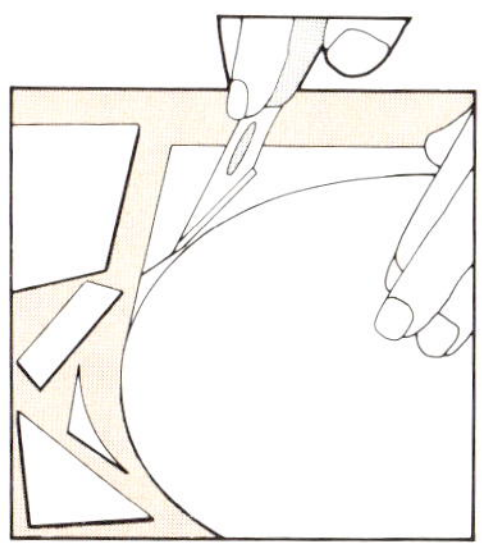

Enge Kurven oder Scheiben schneiden *Kurve zeichnen, dann ein Lineal als Tangente an die gekrümmte Linie anlegen und an dem Lineal entlang schneiden. Die Kurve mit Schleifpapier nachbehandeln.*

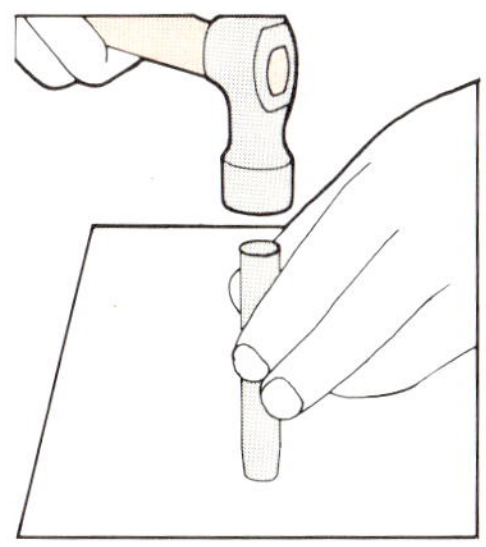

Stanzen eines Loches *Stanzer genau auf die Mitte setzen und mit dem Hammer einen kurzen, festen Schlag ausführen.*

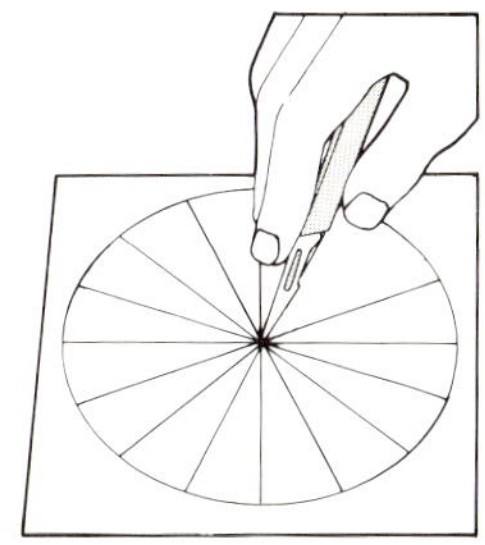

Ausschneiden eines großen Loches *Mehrere radiale Schnitte durchführen. Die Rundung mit Schleifpapier, das man um ein Rundholz wickelt, sauber ausarbeiten.*

Verbindung von Papier und Pappe

Um eine feste Verbindung zu bekommen, legt man ein Stück Papier auf das andere. Die Verbindungsstelle wird mit Kleber oder selbstklebendem Band gesichert. Sollen die beiden Stücke genau winklig zueinander liegen, zeichnet man eine Linie parallel zum äußeren Rand und läßt den Rand des zweiten Papiers gegen diese Linie stoßen. Um zwei Bogen Papier „zu stoßen" bzw. zu schäften, das heißt mit den Rändern zusammenzufügen, legt man sie mit der Vorderseite auf den Tisch und klebt sie provisorisch am Tisch fest, damit sie nicht verrutschen. Die Nahtstelle wird dann mit einem Klebeband verbunden.

Pappe wird wie Papier geschäftet. Nötigenfalls muß man die Naht verstärken, indem man noch ein Stück Pappe darüberklebt. Eine Ecke wird verstärkt, indem man ein Stück Balsa hineinklebt oder sie mit zusätzlichem Kleber ausfüllt.

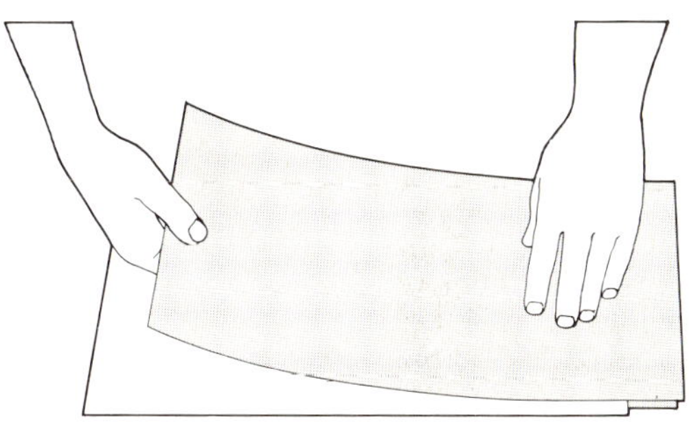

Papier mit Pappe verstärken *Beide Flächen mit Kautschukkleber bestreichen und trocknen lassen. Dann Wachspapier auf die Pappe legen, wobei an einem Ende ein schmaler Streifen Pappe vorstehen sollte. Nach einiger Zeit das Wachspapier etwas hervorziehen und das Papier abreiben.*

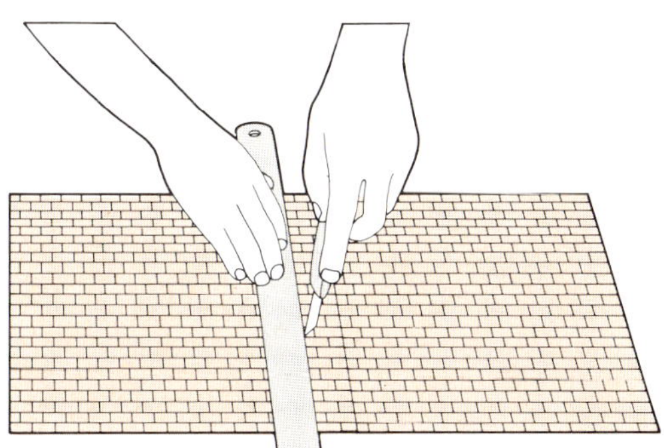

Schäften von Mustern *Den Rand des gemusterten Papiers mit dem anderen Bogen Papier überlappen. Die sichtbaren Teile des Musters einander anpassen und in der Mitte der Überlappung den Schnitt ansetzen. Zum Schluß die überflüssigen Stücke entfernen.*

Pappmaché

Dies ist eine Mischung aus Papier, Wasser und Tapetenkleister. Wenn das Wasser verdunstet, wird der Brei hart. Um gute, solide Formen herstellen zu können, muß man einen dicken Brei verarbeiten: also das Papier klein genug schneiden oder reißen. Will man Hohlkörper mit guter Festigkeit herstellen, schneidet man das Papier in größere Streifen oder Rechtecke, legt die Papierstücke dann so auf das Untergerüst, daß sie sich überlappen, und bestreicht das Ganze dann mit Klebstoff. Erst wenn das Pappmaché völlig hart geworden ist, wird Farbe oder Lack aufgetragen.

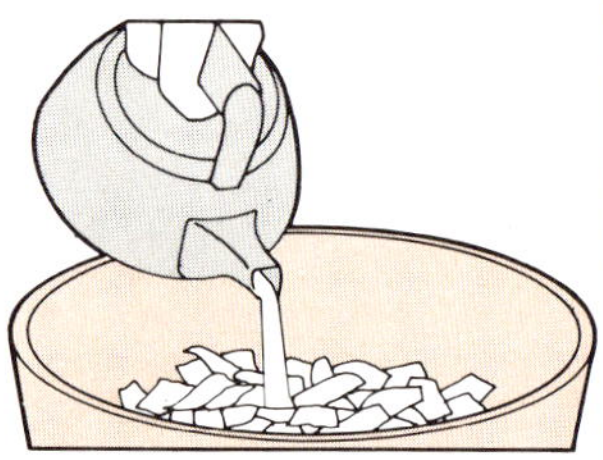

Herstellen von Pappmaché *Das Papier in kleine Stückchen schneiden und in einen Eimer geben, dann heißes daraufschütten.*

Mit einem Stock umrühren und etwa eine Stunde ziehen lassen.

Dann den Tapetenkleister hinzugeben und zu einem gleichmäßigen Brei verrühren

Balsaholz

Balsaholz ist eine Holzart, die leicht, weich und einfach zu schneiden und zu bearbeiten ist. Zum Kleben kann man Balsakleber oder auch andere Klebstoffe verwenden. Wegen seines günstigen Verhältnisses von leichtem Gewicht zu großer Festigkeit ist Balsaholz das bevorzugte Material im Modellflugzeugbau. Andere, noch leichtere Baumaterialien wie etwa Polystyrolschaum, sind nicht so fest. Abgesehen davon ist Balsaholz auch das meistverarbeitete Material für fein detaillierte, kleinstmaßstäbliche Standmodelle, wie etwa nichtschwimmfähige Schiffe. Schließlich findet man es noch beim Eisenbahnmodellbau.
Balsaholz ist hauptsächlich in vier Arten erhältlich: als Leisten, Brettchen, Bohlen und Klötze. Leisten werden in verschiedenen formgefrästen Ausführungen angeboten, wie zum Beispiel als Dreikant- und Vierkantleisten oder als Nutleisten. Für den Flugzeugmodellbau gibt es für den Tragflächenbau speziell profilierte Nasen- und Endleisten.

Im Vergleich zu anderen Holzarten gibt es bei Balsaholz viele unterschiedliche Festigkeitsgrade. Im allgemeinen gilt die Regel, daß ein dichteres Holz auch entsprechend fester ist. Seine Dichte – und damit auch seine Festigkeit – wird in drei Grade unterteilt: leicht, mittel und hart, mit den Zwischengraden ultra-leicht, leicht, mittel-leicht, mittel, mittel-hart, hart und extra-hart. Diese Untergruppierung ist vor allem für den Flugzeugmodellbauer wichtig, da es hier auf die exakte Holzauswahl ankommt.

Insbesondere Flugzeugmodellbauer sollten ihr Holz nach dem Verlauf der Maserung an der Schnittfläche aussuchen. Ein längs der Maserung geschnittenes Holzstück ist leicht zu biegen, also auch brauchbar, um gekrümmt zu werden. Holz mit Quermaserung würde brechen, wenn man versucht, es längsseitig zu biegen. Obwohl man den Verlauf der Maserung vor allem bei dünnen Brettern oft nur sehr schwer erkennen kann, kann die gemusterte Oberfläche dennoch ein gutes Merkmal sein. Die Schnittart wird vom Hersteller nur bei ausgesuchten Qualitätshölzern angegeben. Meist wird jedoch ein nicht gekennzeichnetes und damit preiswertes Holz zweiter Wahl angeboten.

Übertragen von Bauzeichnungen auf Balsaholz

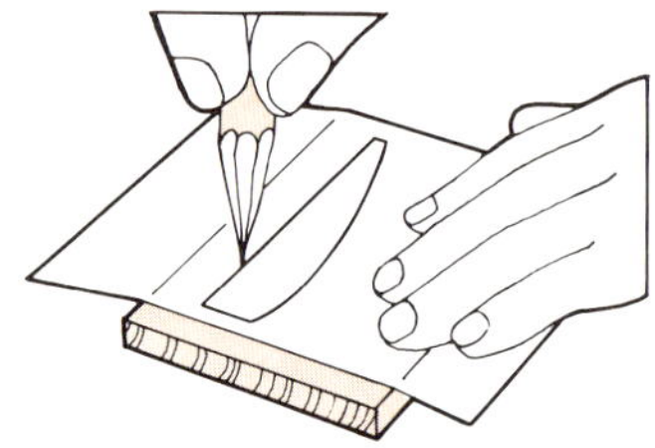

Den Umriß auf Pauspapier durchpausen; dann das Papier umdrehen und auf das Balsaholz legen. Den Umriß erneut durchpausen und so die Umrißlinien übertragen (nicht anwendbar bei weichem Balsaholz).

Zwischen Balsaholz und Bauzeichnung ein Blatt Kohlepapier legen. So muß der Umriß nur einmal nachgezeichnet werden, was unsaubere Linien vermeidet. Das Ergebnis in diesem Fall ist jedoch eine dickere Linie, die dadurch ungenauer ist.

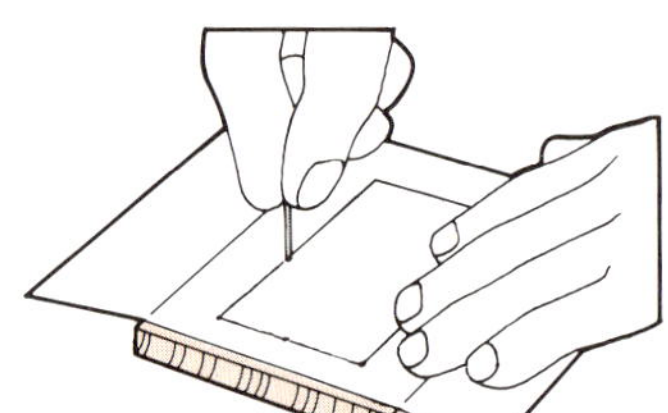

Methode für rechteckige Umrisse: die Eckpunkte des Plans mit der Nadel durchstechen und die Markierungspunkte dann auf dem Holz mit der Reißnadel verbinden. Bei gekrümmten Linien die Krümmung sorgfältig mit der Nadel markieren und dann die Punkte nach Augenmaß verbinden.

Ein Stück Pauspapier auf das Holz kleben (mit Gummikleber), dann den Umriß mit einem Messer ausschneiden. Dann das Papier wieder entfernen.

Anreißen auf Balsaholz

Rechte Winkel reißt man mit einem Kunststoff- oder Metallwinkeldreieck an. Braucht man eine Bezugslinie, beginnt man an der Längsseite des Bretts, die schon vom Händler geradegeschnitten wurde. Das Blatt wird fest auf die Blattoberfläche gedrückt, und mit einem weichen Bleistift wird nun an der Blattkante vorbei die Linie markiert. An diese Markierungspunkte legt man ein Stahllineal an und zieht mit einem scharfen Balsaholzmesser daran vorbei. Bei einem sehr dünnen Brettchen kann man auch gleich ein Messer zum Durchtrennen nehmen. Will man einen Balsaklotz quer zur Maserung durchtrennen, zeichnet man nicht erst mit dem Bleistift die Markierungslinie an, sondern nimmt sofort ein scharfes Messer oder eine feine Säge. Der Bleistiftstrich würde nämlich eine ausgefranste Trennlinie ergeben. Kurven und Kreise werden mit dem Zirkel oder einer Schablone markiert. Auch hier gilt es, jedes Anreißen, das nicht genau längs der Maserung verläuft, besonders durchzuführen.

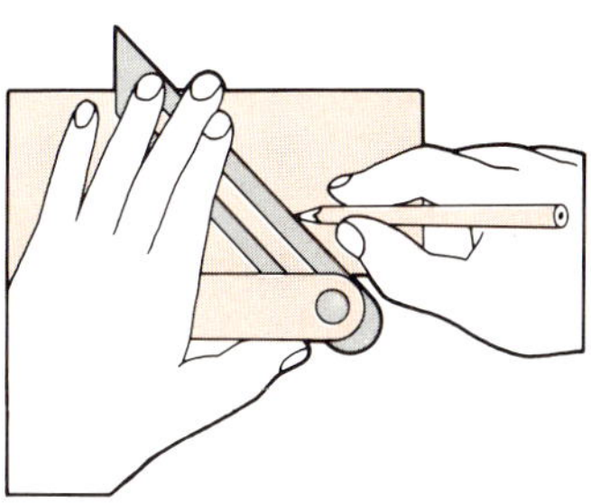

Winkelzeichnen auf einem Balsabrett *Eine Winkelschmiege benutzen oder den benötigten Winkel auf ein Stück Pappe zeichnen, ausschneiden und es für die Markierung auf Holz als Schablone benutzen.*

Schneiden von Balsabalken

Ein Schnitzmesser genügt in der Regel, besser ist jedoch eine scharfe, dünne Klinge. Für größere Stücke nimmt man eine Feinsäge.

Schneiden von Balsabrettern

Man benutzt ein Schnitzmesser oder eine Feinsäge. Um Löcher oder Scheiben zu schneiden, benutzt man einen Stanzer aus Metallrohr. Man dreht den Stanzer ins Holz oder treibt ihn mit einem Hammerschlag hinein (siehe Seite 33).

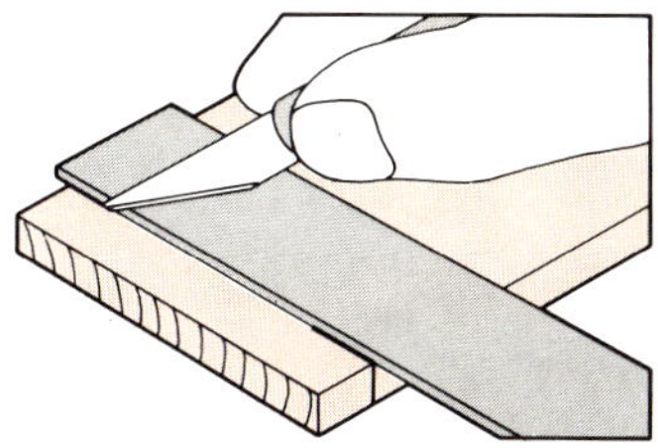

Schneiden quer zur Maserung *Für Balsabretter und -platten, die weniger als 5 mm dick sind, genügt ein Schnitzmesser. Die Klinge an einem Lineal aus Metall oder an einem Stahlwinkel von den beiden Kanten aus zur Mitte vorbeiziehen; so werden Absplitterungen vermieden. Dickere Bretter mit der Feinsäge schneiden.*

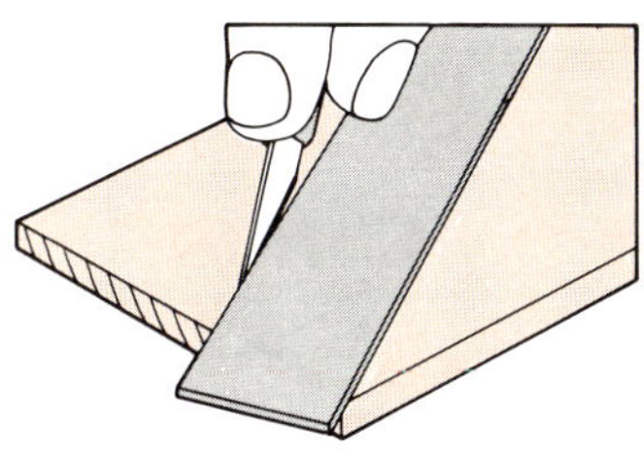

Diagonale Schnitte *Wenn ein Schnitzmesser benutzt wird, legt man das Lineal so, daß die Messerklinge quasi von der Maserung gegen das Lineal gedrückt wird. Das ist auf einer Seite des Holzes leichter als auf der anderen; deshalb vor dem Anzeichnen den Verlauf der Maserung prüfen! Bei dickerem Holz eine Feinsäge nehmen. Hier kommt es auf die Richtung des Schnitts nicht an.*

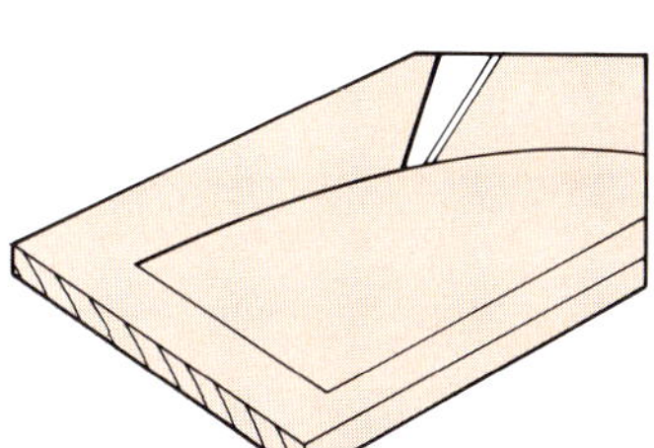

Krumme Schnitte *Das Schnitzmesser so halten, daß die Maserung die Klinge weg vom Schnitt drückt. Bei dickeren Holzstükken das Brett so einklemmen, daß es über die Arbeitsplatte hinausragt, und eine Laubsäge benutzen.*

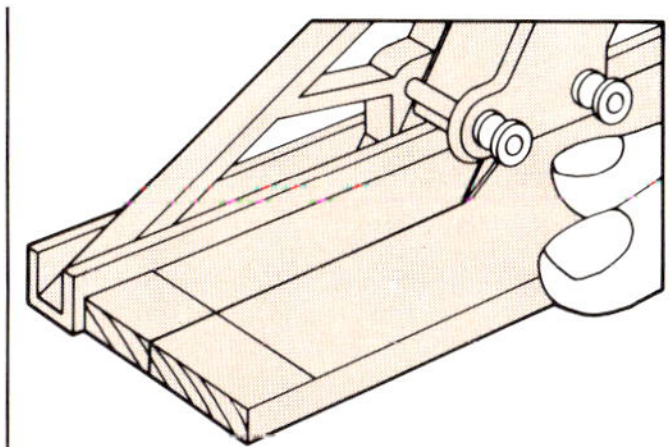

Schneiden von genau gleichen Balsaleisten *Zuerst eine Linie anzeichnen, die am Brettende quer verläuft. Dieser Querstrich gibt später die Möglichkeit, die Leisten akkurat nebeneinanderzulegen und zu messen. Zum Schneiden am besten einen Balsaschneider nehmen. Nimmt man ein Messer, ist darauf zu achten, daß die Klinge genau senkrecht gehalten wird. Ein Metall-Lineal gibt Hilfestellung.*

Schneiden von Balsabalken

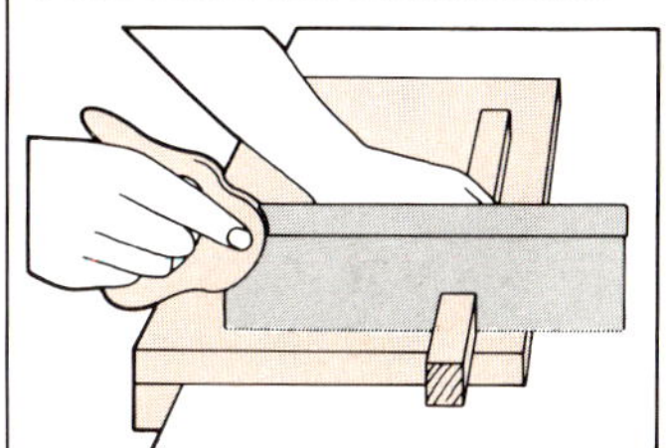

Rechtwinklige Schnitte *Das Balsastück auf einen Bankhaken als Unterlage legen und eine Feinsäge benutzen. Die ersten Sägeschnitte werden „gezogen", wobei das Blatt mit dem Daumen der anderen Hand geführt werden muß, bis die Säge nicht mehr verrutschen kann.*

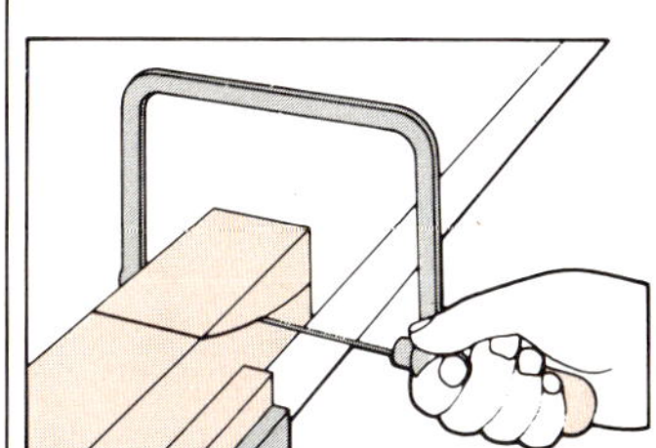

Krumme Schnitte *Den Block oder Balken einspannen. Gesägt wird mit einer Laubsäge oder Bügelsäge.*

Bearbeiten von Balsaholz

Für eine erste grobe Vorbereitung genügt ein Messer, das jedoch entsprechend scharf sein muß.
In den meisten Fällen muß man jedoch das Holz mit Raspeln, Feilen oder Schleifen bearbeiten. Längs der Maserung muß man dabei vorsichtiger als quer dazu vorgehen, da das Holz hier wesentlich empfindlicher ist. Um das Holz noch völlig zu glätten, nimmt man ein feines Schleifpapier.

Biegen von Balsaholz

Obwohl Balsaholz schon eine gewisse Flexibilität besitzt, ist es notwendig zu wissen, wie es leicht und ohne zu reißen gebogen wird.

Handelt es sich um eine dünne Platte Balsaholz, genügt es meist, wenn man die Oberseite der zu krümmenden Fläche mit einem nassen Lappen anfeuchtet. Soll das Holz jedoch stark gebogen werden, taucht man es am besten in heißes Wasser ein. Mit Gewichten wird das Holz in der gebogenen Form festgehalten, wobei darauf zu achten ist, daß es nicht beschädigt wird. Besser aber geht es, wenn man das Holz, vor allem Leisten, in den Dampf über einen Wasserkessel hält und mit den Fingern in die gewünschte Form biegt. Zum Trocknen befestigt man das gebogene Holz mit Stecknadeln auf der Arbeitsplatte. Man kann Balsa auch biegen, indem man es laminiert, das heißt also mehrere dünne Schichten aufeinanderleimt. Man befestigt die Schichten so, wie es auf Seite 254 für den Bau einer laminierten Tragfläche beschrieben wird. Balsa hat die Eigenschaft, sich beim Trocknen wieder leicht zu strecken. Wenn man es also nicht gerade irgendwo einbauen muß, sollte man Balsa etwas stärker biegen als nachher nötig. Um dickes Balsa zu biegen, sägt man in die Innenseite der Krümmung Kerben mit der Handsäge.

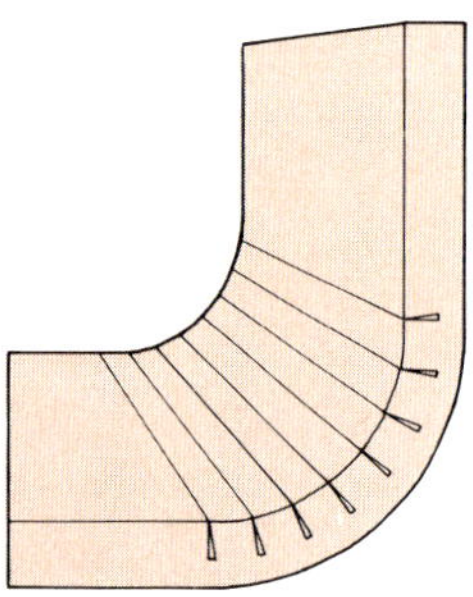

Biegen von dickem Balsa *V-förmige Schnitte bis zur Hälfte oder drei Viertel der Dicke des Holzes machen. Je enger die Schnitte, desto leichter läßt sich das Holz biegen.*

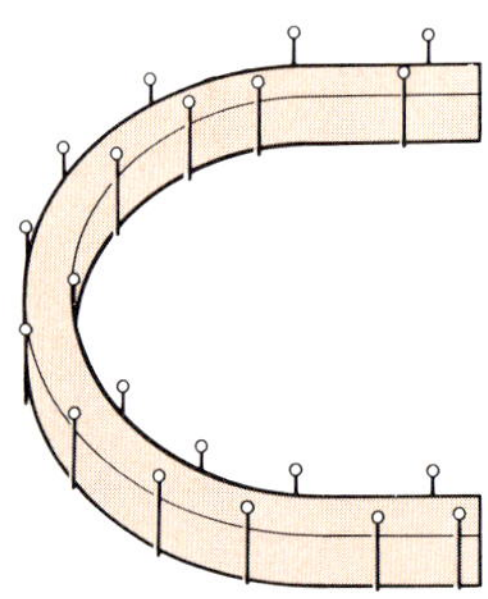

Befestigen eines nassen Balsastreifens *Die Holzleiste mit Stecknadeln auf der Arbeitsplatte befestigen, so daß das Holz beim Trocknen seine gewünschte Form behält.*

Balsaverbindungen

Balsa wird meistens geschäftet. Man benutzt Balsakleber oder andere Holzkleber, weil Nägel und Schrauben das Holz quetschen würden.

Bei größeren Holzstücken kann man Maschinenschrauben benutzen, wenn man Köpfe und Muttern mit Scheiben unterlegt, um die Kraft auf größere Flächen zu verteilen. In jedem Fall muß Balsaholz vor Beschädigungen durch die Backen der Zangen oder Klemmen geschützt werden. Dazu schiebt man zwischen Balsa und das Werkzeug jeweils kleine Holzplättchen.

Wenn man dicke Balsastücke mit den Kanten aneinanderleimen will, klemmt man sie zuerst zusammen und schleift die Kanten gemeinsam ab; so erreicht man eine einheitliche Stoßfläche (die keineswegs rechtwinklig sein muß).

Eine rechtwinklige Eckverbindung kann man verstärken, indem man in die Ecke kleine Balsaleisten oder dreieckige Stücke einklebt. Sauberer sieht das Ganze aus, wenn man auf Gehrung arbeitet.

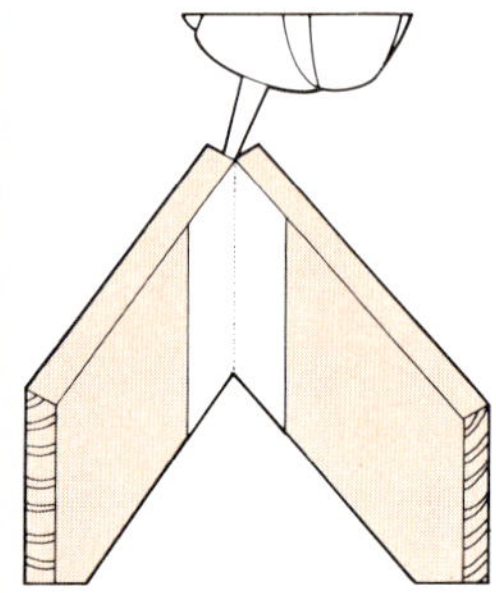

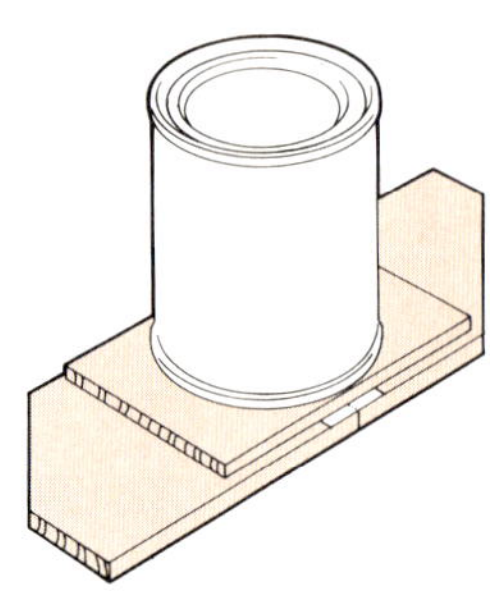

Kanten stoßen stumpf aneinander *Die beiden Kanten zusammenlegen und mit Klebeband provisorisch festkleben. Die Verbindung öffnen, Weißleim darauf streichen und sie wieder schließen. Hervorquellenden Leim entfernen. Auf flacher Unterlage die verleimten Stücke mit einem Gegenstand beschweren, bis der Leim gebunden hat.*

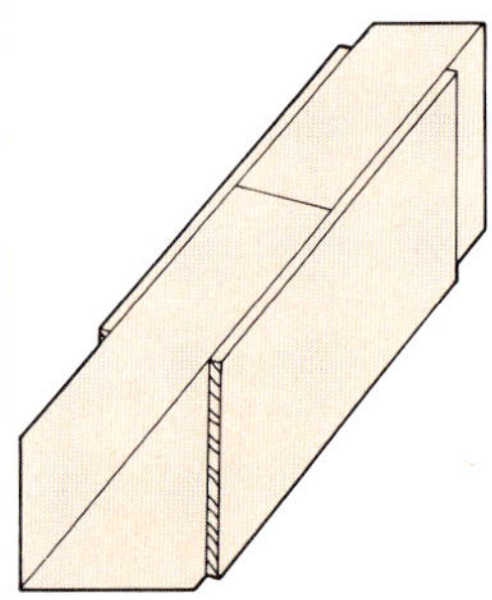

Enden stoßen aneinander *Zur Unterstützung des Balsaklebers beidseitig noch ein Stück Sperrholz nehmen.*

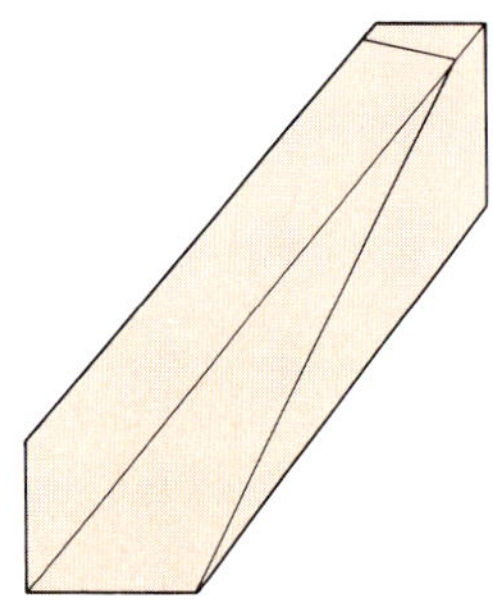

Geschäftete Verbindung *Durch diese Verbindung wird die Klebestelle vergrößert und ein Ausbrechen der Maserung vermieden. Beide Stücke zusammenhalten und einen Schrägschnitt machen, der viermal so lang wie die einfache Dicke des Holzes ist.*

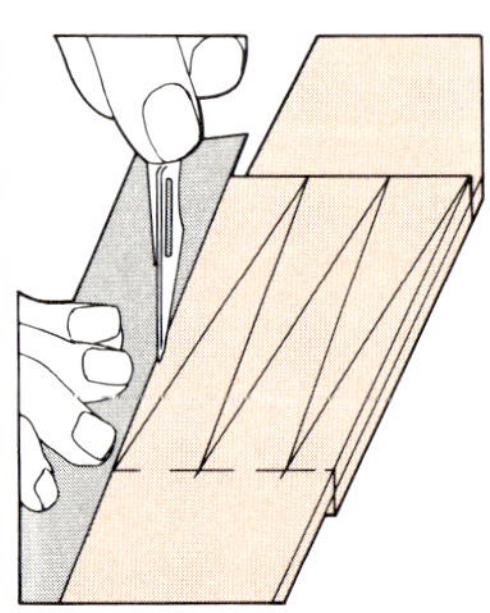

Schäften von Balsaplatten *Um die Klebeflächen zu vergrößern, die beiden Enden um die doppelte Stärke der Platten überlappen und durch beide Platten V-förmige Schnitte machen.*

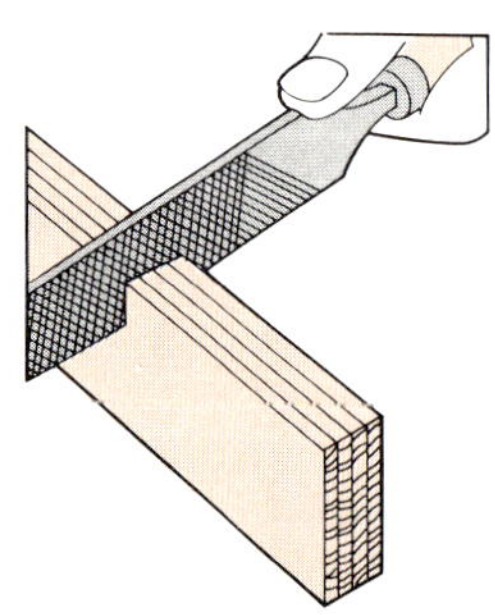

Nutverbindungen *Eine Verbindungsart bei der Befestigung von Tragflächenspanten und -sparren. Zwei parallele Sägeschnitte machen und das mittlere Stück herausbrechen. Damit der Einschnitt gerade und sauber wird, kann auch eine Feile benutzt werden.*

Weich- und Harthölzer

Modellbauer sprechen meistens von „Hartholz", wenn sie ein Holz meinen, das härter als Balsa ist. In diesem Buch soll aber die korrekte Bezeichnung benutzt werden. Im folgenden werden die verschiedenen Eigenheiten und Anwendungen von Weichhölzern, Harthölzern und zusammengesetzten Hölzern wie Spanplatten und Sperrholz beschrieben.

Fichte Ein starkes, schön gemasertes und flexibles Weichholz, ideal zum Modellbau zu verwenden. Leicht zu bearbeiten, gut für Nägel und Schrauben. Modellbauer nehmen es für kritische Teile in Modellen, etwa für Sparren in Tragflächen, oder im Bootsbau als Spanten, Streben, Masten und Stringer.

Hemlock Manchmal an Stelle von Fichte genommen, hat es jedoch eine weniger schöne Maserung.

Abachi Dieses Hartholz hat eine glatte, gleichmäßige Struktur; es läßt sich leicht schnitzen und schleifen und hat etwa das doppelte Gewicht von Balsaholz. Im Schiffsmodellbau wird es häufig benutzt, um Decks und Rümpfe zu beplanken, daneben wird es aber auch beim Sandwichbau von Bootsrümpfen verwendet (siehe Seiten 285 und 286).

Birke und Buche Birke und Buche sind extrem feste, kurzfasrige Harthölzer, die häufig dort Anwendung finden, wo Maschinen eingebaut werden. Buche nimmt man für schwere Maschinen und für Flugzeugpropeller; Modellbaugeschäfte haben es aber im Gegensatz zu den meisten Holzgroßhändlern meist nicht immer vorrätig. Als Ersatz bietet sich Esche oder Ahorn an, die auch zu den Harthölzern gehören.

Ramin Ramin ist ein billiges Hartholz, das in kleinen Stücken, aber in vielerlei Formen verkauft wird. Es handelt sich um ein zähes, glattfasriges Holz, das leicht zu bearbeiten ist.

Mahagoni Seine attraktive Rotfärbung ist der Grund, warum Mahagoni so gern im Bootsbau für den Innenausbau und die Beplankung genommen wird. Obwohl es für die Verwendung bei Maschinenteilen nicht stark genug ist, nimmt man es häufig für Flugzeugpropeller. Manche Mahagonisorten sind leicht zu bearbeiten, während andere mit „wilder" Maserung das Beschneiden und Endverarbeiten erschweren.

Linde Ein Hartholz mit extrem gleichmäßiger Struktur und praktisch ohne Maserung, das sich hervorragend zur Herstellung von Hohlformen und Schalen eignet. Es ist aber normalerweise nur bei größeren Spezialholzhandlungen erhältlich.

Sperrholz Sperrholz ist ein aus mehreren miteinander verleimten Schichten zusammengesetztes Holz. Die Maserung jeder Schicht läuft rechtwinklig zur Maserung der aufgeleimten Schicht; Sperrholz ist ein festes Material, das sich nicht so schnell wie ein Naturholz gleicher Dicke verwirft.

Sperrholz aus Birke oder Mahagoni wird im Modellbau am häufigsten verwendet. Obwohl Birkensperrholz fester als Mahagonisperrholz ist, wird Mahagoni wegen seiner dekorativen Wirkung doch mehr genommen. Für den Bootsbau gibt es ein spezielles Bootsbausperrholz, das mit einem kochfesten Kleber verbunden sein muß, denn jedes andere Sperrholz würde sich im Wasser verwerfen oder in seine einzelnen Lagen auflösen.
Bei diese Qualität bleibt das Holz selbst zumindest in dem Maße wasserempfindlich, daß seine Oberfläche leicht rauh wird, wenn sie nicht durch eine dichte Lackierung geschützt wird.

Spanplatte Spanplatten sind preiswert, überall erhältlich und eignen sich für eine Arbeitsplatte besonders gut. Die Spanplatten werden aus kleinen Holzspänen hergestellt, die mit Leim vermengt zusammengepreßt werden. Die Platten sind daher nicht gemasert und können sich also auch nicht verziehen. Der Rand bröselt leicht auf und sollte deshalb durch eine stabile Leiste geschützt werden.

Tischlerplatte und laminierte Platten Diese Platten werden dort benutzt, wo man stabile Bauelemente braucht, wie zum Beispiel als Plattform für ein Diorama. Die Platten bestehen aus festen Holzleisten, die in Sandwichbauweise miteinander verbunden und zwischen Schichten aus Furnierholz verleimt sind. Laminierte Platten enthalten dünnere Stücke Kernholz und ergeben dadurch eine größere Festigkeit.

Anzeichnen von Holz

Alle Hölzer können mit einem Winkelhaken oder einer Winkelschmiege angezeichnet werden (siehe Seite 35). Will man eine Linie parallel zur Kante ziehen, benutzt man eine Reißlehre. Um die Mittellinie eines Holzstücks zu markieren, stellt man den Dorn der Reißlehre ungefähr auf die halbe Dicke des Holzes ein; sind die Reißlinien eng zusammen, muß man die Lehre noch verstellen.

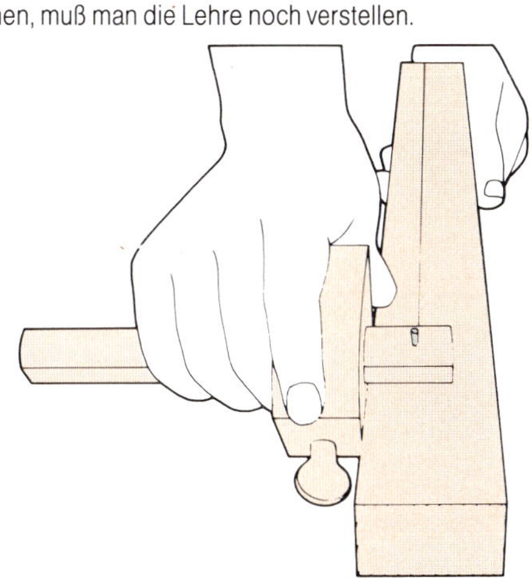

Benutzen der Reißlehre *Den Klotz des Werkzeugs so gegen die Holzkante halten, daß der Stiel mit dem Reißdorn im rechten Winkel zum Holz steht. Um die Linie zu markieren, die Lehre von sich wegschieben.*

Schnitte im Holz

Die meisten Weich- und Harthölzer können nicht mit einem Holzmesser geschnitten, sondern müssen gesägt werden. Um Streifen oder Leisten zu schneiden, nimmt man eine Feinsäge, ebenso für Platten oder kleine Blöcke und Klötze (siehe Seite 35). Beim Sägen macht man langsame, kräftige Bewegungen, wobei man das Sägeblatt in seiner ganzen Länge benutzt. Mit dem Zeigefinger der anderen Hand wird die Säge geführt. Kleine elektrische Tischkreissägen eignen sich zwar, um winklige und schräge Schnitte in Weich- und Harthölzer auszuführen sowohl längs wie quer zur Maserung, ihr Anwendungsgebiet bleibt jedoch begrenzt.
Sehr dünnes Sperrholz kann man mit einem starken Modelliermesser mit großem Griff und kräftiger Klinge bearbeiten. Mit einer dünnen Klinge sollte man nie schneiden, denn sie rutscht ab oder bricht.
Für gekrümmte Schnitte benutzt man eine Laubsäge und arbeitet so, wie es beim Schneiden von Balsaholz auf Seite 35 beschrieben wurde. Eine Arbeitserleichterung ermöglichen die kleinen Motorlaubsägen, mit denen sich dünne Bretter und auch Platten leichter als von Hand sägen lassen, sogar dicke Stücke Massivholz können damit gesägt werden.
Wenn man Löcher von weniger als 2 mm Durchmesser bohren muß, sollte man einen Stielbohrer benutzen, damit der Bohrer nicht ausrutscht. Manche Modellbauer halten den kleinen Bohrer lieber direkt zwischen den Fingern; mit dem festen Handgriff dazu kann man aber den Bohrer fester halten und genauer arbeiten. Beim Bohren wird der Bohrer vor- und rückwärts geführt, wobei der Druck nach vorn nur so stark wie nötig ist, damit ein Loch entsteht. Drückt man zu stark, würde sich der Bohrer verbiegen. Löcher mit bis zu 6 mm werden mit dem Handbohrer gemacht. Damit ein sauberes Loch entsteht, dreht man schnell bei leichtem Druck. Einen Handbohrer kann man sowohl senkrecht wie waagerecht benutzen. Damit die Bohrung auch lotrecht zum Werkstück erfolgt, benutzt man einen rechten Winkel.
Für größere Löcher in massivem Holz nimmt man einen Holzbohrer mit Zentrierspitze; das ist an der Bohrerspitze eine kleine Führungsschraube, die für exakte Zentrierung des Bohrers sorgt. Damit das Holz nicht wegsplittert, wird nur so weit gebohrt, bis die Zentrierspitze die untere Seite erreicht. Dann wird das Werkstück herumgedreht und die Bohrung von der entgegengesetzten Seite aus vollendet.
Für größere Löcher nimmt man spiralförmige Hohlbohrer.
Arbeitet man an größeren Modellen, leistet ein Elektrobohrer gute Dienste. Dazu gehört dann auch ein Satz Bohrer für größere Löcher, darunter auch solche mit langer Zentrierspitze zum Bohren in Ecken. Wenn es auf haargenaue Bohrungen ankommt, benutzt man einen Bohrständer, in den die Maschine eingespannt wird.
Von einem bestimmten Durchmesser an kann man die Löcher nicht mehr bohren, sondern muß sie heraussägen. Spezielle Lochsägen, die noch in eine Bohrmaschine eingespannt werden können, sägen Löcher von bis zu 100 mm, wobei eine gewöhnliche Bohrspitze an der Säge für die nötige Zentrierung sorgt. Mit Lochsägen kann man auch Ringe aus dem Holz sägen.
Größere Löcher in Weich- und Hartholz muß man entweder elektrisch oder von Hand sägen, wobei man eine Laubsäge oder einen Fuchsschwanz benutzt. Dabei muß man zuerst ein Loch bohren, an dem die Säge angreifen kann. In jedem Fall muß ein gesägtes Loch entweder mit der Feile oder mit Schleifpapier sauber ausgeschliffen werden.

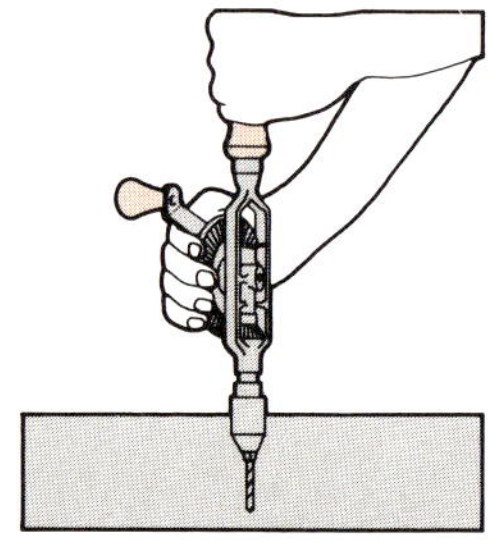

Benutzung des Handbohrers *Die Bohrung beginnen, indem das Zahnrad mit der Hand vor- und rückwärts gedreht wird. Erst dann packt man am Handgriff an und dreht zügig.*

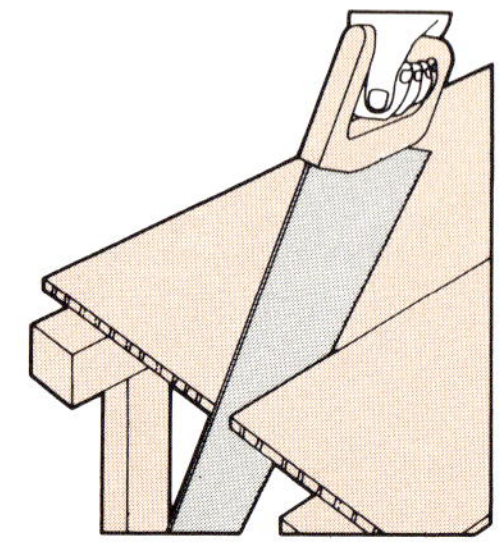

Gerade Schnitte in einer Platte *Eine Handsäge (Fuchsschwanz) mit langem Blatt nehmen. Damit die Säge nicht eingeklemmt wird, wird die Platte auf beiden Seiten des Schnitts unterlegt.*

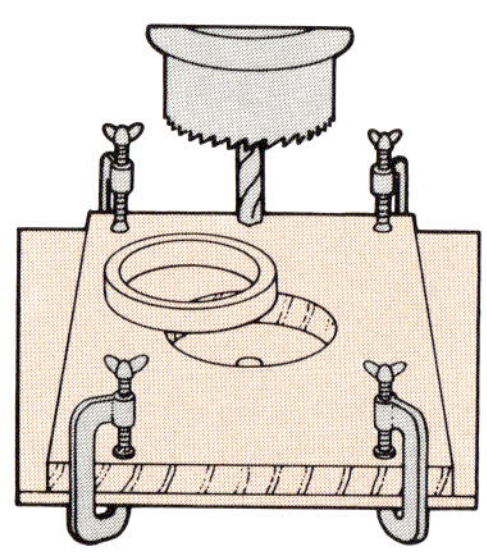

Heraussägen eines Ringes *Das Werkstück auf ein Stück Abfallholz klemmen. Mit einer Lochsäge das kleine Loch sägen. Mit dem größeren Sägeblatt erfolgt der nächste Schnitt. Die obere Platte dabei nicht verrutschen, damit das Zentrierloch auf der darunter liegenden Platte genau wieder getroffen wird.*

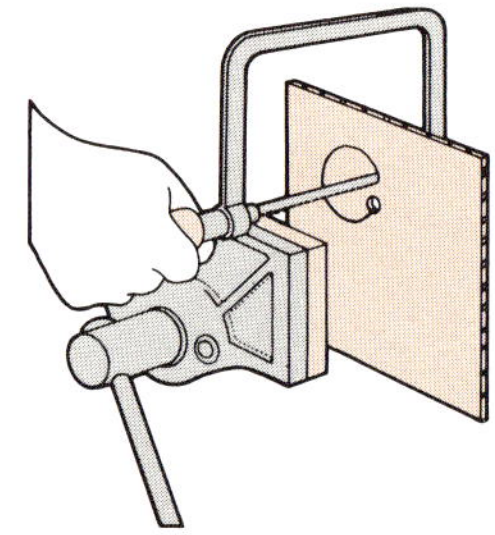

Lochsägen mit der Laubsäge *In die markierte Schnittlinie ein Loch bohren, durch das das Sägeblatt hindurchgesteckt wird. Das Blatt wieder in den Rahmen spannen, und es kann gesägt werden. Man sägt entlang der Innenseite der Markierung. Um exakte Kurvenschnitte zu machen, muß das Sägeblatt rechtwinklig zum Holz stehen!*

Sägen einer rechteckigen Öffnung *An jeder Ecke der markierten Öffnung ein Loch zum Durchstecken des Sägeblatts bohren. Damit der Schnitt exakt auf der Linie bleibt, ein möglichst breites Sägeblatt nehmen.*

Formen und Glätten von Holz

Jedes Holz, das härter als Balsa ist, wird am besten geglättet, indem man es schneidet oder hobelt. Auch schon vom Händler vorgehobelte Stücke erhalten eine bessere Oberfläche, wenn man sie selbst noch einmal mit einem scharfen Hobel bearbeitet. Ein Bankhobel ist dabei für größere Stücke brauchbar, zum Bearbeiten von kleineren Modellen ist ein Stirnhobel von Vorteil. Dieser kleine, leichte Spezialhobel für Stirnholzflächen (die Endflächen quer zur Maserung) nimmt man besonders zum Hobeln und Finishen von Kanten und Kopfseiten. Beim Hobeln einer Kante sorgt die zweite Hand dafür, daß der Hobel exakt geführt wird. Das Werkzeug muß entsprechend einem bestimmten Winkel gehalten werden, wenn man die Kante abschrägen will.
Kleine Rundungen formt man mit einer Raspel oder Feile. Die Raspel glättet grobe Sägeränder; der feineren Bearbeitung dient die Feile.
Verschiedenartig ineinandergreifende Formen mit unterschiedlichen Krümmungen stellt man mit Feinhobeln und Beiteln (Stemmeisen) her. Für lange Hobelstriche, beispielsweise beim Hobeln eines Bootskörpers, muß das Werkstück auf eine stabile, kräftige Hobelbank gespannt werden. Eine solche Hobelbank verfügt über spezielle Schraubstöcke. Sind solche nicht vorhanden, kann man sich behelfen, indem man zum Schutz seines Werkstücks ein paar Weichholzstücke mit einspannt und statt der großen Bank einen Holzschraubstock oder ein paar Zimmermannszwingen nimmt. Entweder sägt man überflüssige Randstücke zuerst weg oder fängt sofort die Arbeit mit dem Stemmeisen an. Mit einer Feinraspel werden gekrümmte Linien soweit wie möglich vorgearbeitet, ehe Feile und Schleifpapier den Rest besorgen.

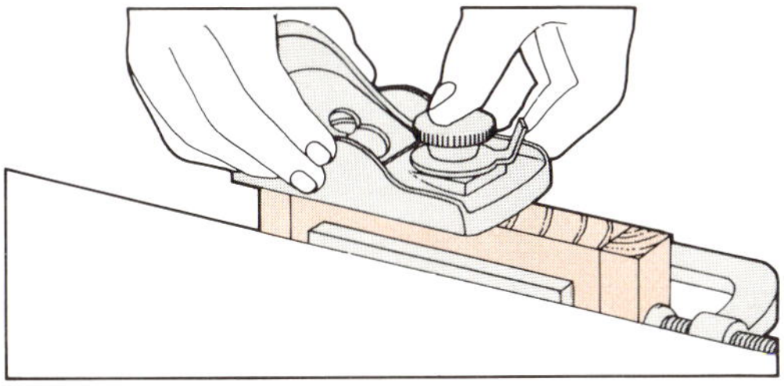

Hobeln einer Stirnfläche *Das Werkstück in einen Schraubstock oder eine Zwinge klemmen, wobei auf beiden Seiten zum Schutz zwei Abfallholzstücke miteingespannt werden. Beim Hobeln besteht Gefahr, daß die Kanten der Stirnseite ausbrechen. Um das zu vermeiden, arbeitet man von den Kanten aus jeweils zur Mitte hin.*

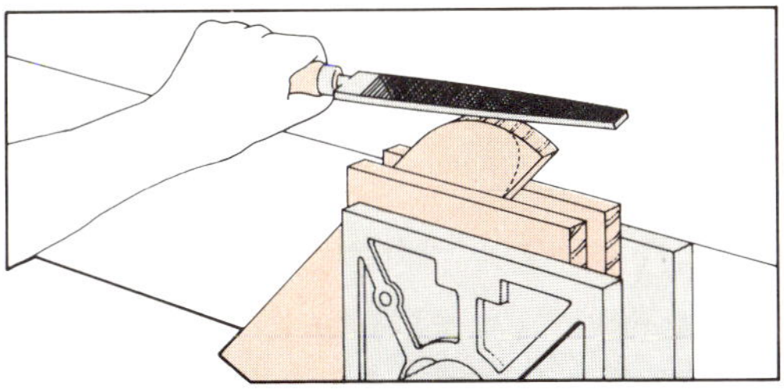

Feilen einer Krümmung *Das Werkstück in den Schraubstock spannen und mit einer flachen Feile in Richtung des Verlaufs der Maserung schleifen, bei Bedarf das Werkstück drehen. Falls man eine Elektroschleifmaschine besitzt, kann damit auch eine Krümmung gefeilt werden.*

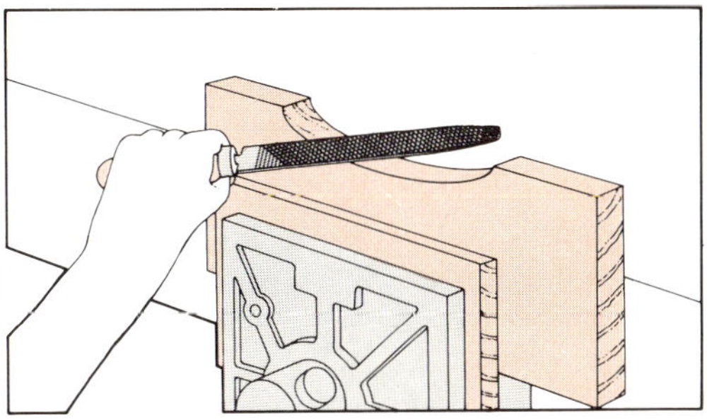

Feilen einer konkaven Krümmung *Halbrunde oder runde Raspeln und Feilen verwenden, mit denen von beiden Seiten aus mit dem Maserverlauf gearbeitet wird. Dabei kombinierte Vor- und Seitwärtsstriche machen. Saubere Ränder entstehen dadurch, indem das Werkzeug mit beiden Händen geführt und beim Feilen „gezogen" wird.*

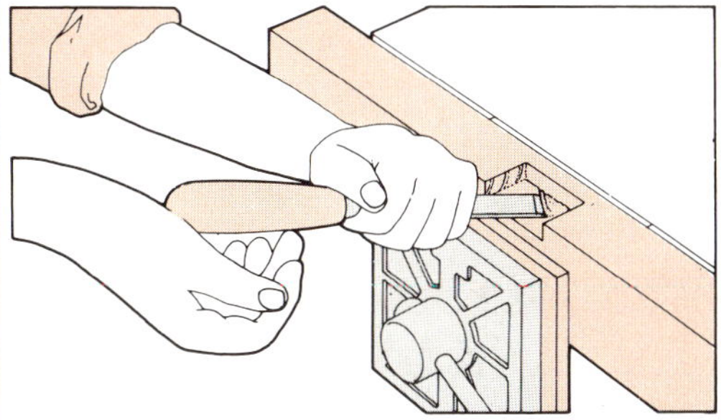

Mit dem Stemmeisen von Hand schlagen *Das Stemmeisen auf Weichholz von Hand führen. Besonders harte Maserungen schneidet das Eisen durch, wenn man es leicht mit dem Handballen schlägt. In härterem Holz einen Holzhammer nehmen.*

Biegen von Holz

Feste Stäbe und Platten aus Holz kann man biegen, indem man sie mit Wasser tränkt oder dampft. Sperrholz läßt sich besser biegen, wenn man es parallel zum Maserverlauf der obersten Furnierschicht biegt. Bei größeren Holzteilen muß man auf die Innenseite der Biegung zuvor Einschnitte schneiden. Einzelne Furniere oder sehr dünne Stücke Sperrholz kann man laminieren. Kleine Laminierstücke befestigt man zum Trocknen so, wie es auf Seite 257 zum Laminieren einer Tragflächenspitze beschrieben ist. Größere Stücke müssen mit Zwingen und Klemmen festgehalten werden.

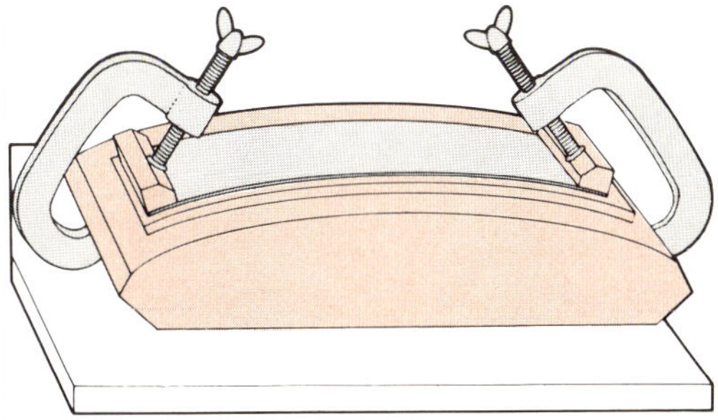

Einspannen von größeren Laminierteilen *Weichholzklötzchen werden auf einen Streifen Blech geschraubt. Diesen Bügel auf die Laminierung spannen.*

Holzverbindungen

Für Weich- und Harthölzer gilt hier grundsätzlich das gleiche, was auf Seite 30 für Balsaholz beschrieben wurde. Anders als Balsaholz können diese Holzarten jedoch außerdem sowohl durch Kleber wie durch mechanische Verbindungen zusammengefügt werden. Wenn möglich, sollte eine Klebestelle während des Trocknens zusammengespannt werden, wobei man zum Schutz des Werkstücks zwischen die Spannbacken der Klemmen Holzstücke einschieben sollte.
Manche Verbindungsstellen müssen verstärkt werden. Wo Endstücke stumpf zusammenstoßen, leimt man an den Seiten Holzlaschen auf und sichert sie zusätzlich durch Schrauben oder kleine Bolzen. In eine Ecke wird zur Verstärkung eine kleine Holzleiste eingesetzt.

Verstärken von Gehrungsecken *Auf ein schmales Eckenstück kleine, quadratische Furnierplättchen setzen. Das Holzteil in einen Schraubstock spannen, die Gehrung aus mehreren Stellen einschneiden und in die Schnitte die mit Leim bestrichenen Furnierstückchen setzen. Die Leimreste erst nach dem Antrocknen entfernen.*

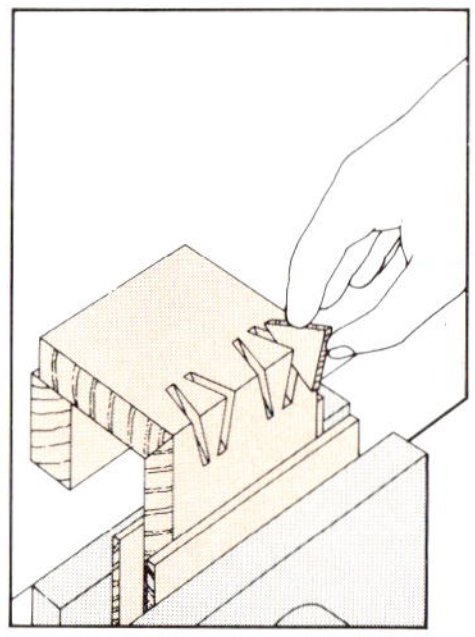

Das Werkstück kann auch in eine sogenannte Gehrungszwinge gespannt werden, Löcher in die Gehrung bohren und in Leim getauchte Holzdübel in diese Löcher treiben.

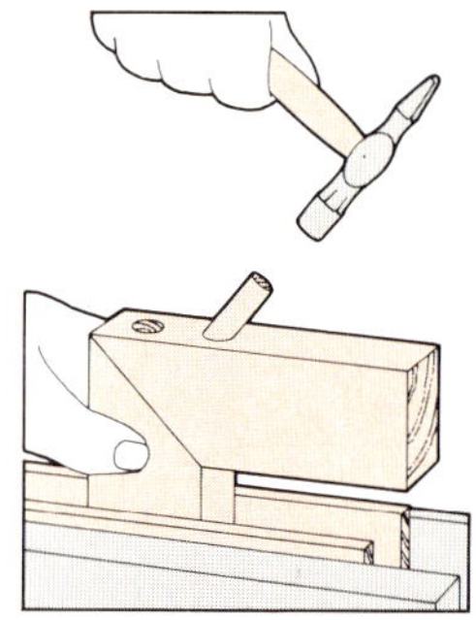

Mechanische Holzverbindungen

Mechanische Holzverbindungen dienen als provisorische Befestigung zu verleimender Teile oder eben ausschließlich als feste Verbindung. Bei kleineren Modellen braucht man selten größere Nägel, es genügen hier vielmehr kleine Stifte, die man mit einem leichten Hammer einschlägt.
Kleine Holzschrauben, wie sie im Modellbau verwendet werden, sind gegen Beschädigungen sehr empfindlich. Deshalb sollte man darauf achten, daß die Spitze des Schraubendrehers intakt ist und die Klinge genau zur Nut der Schraube paßt. Wenn man Hartholz nagelt oder schraubt, sollte man zuvor „Pilotlöcher" vorbohren und dann erst die Schraubenköpfe versenken. Blechschrauben beziehungsweise Eisenschrauben sind viel weicher als Stahlschrauben. Man kann daher auch zuerst eine Stahlschraube eindrehen und sie dann gegen eine Eisenschraube austauschen.
Schloßschrauben und Muttern sollen eine Verbindung stärker machen, als dies mit Holzschrauben möglich ist. Man verwendet sie ebenfalls, wenn die Einzelteile später wieder auseinandergenommen werden. Bei kleineren Modellen nimmt man Schlitzschrauben, das heißt, Schloß- oder Maschinenschrauben mit Kopf für einen Schraubendreher (siehe auch Abbildung unten). Soll die Mutter sich nachher nicht mehr lösen können, schlägt man an diesem Ende mit einem Körner auf den Schraubbolzen. Andere Möglichkeiten, Muttern festzuziehen, werden auf Seite 52 gezeigt. Damit die Bohrlöcher genau in Linie sind, klemmt man beide Holzstücke einfach über den Bohrer und nimmt Maß.

Nageln einer rechtwinkligen Ecke *So nageln, daß ein „Schwalbenschwanz-Effekt" entsteht.*

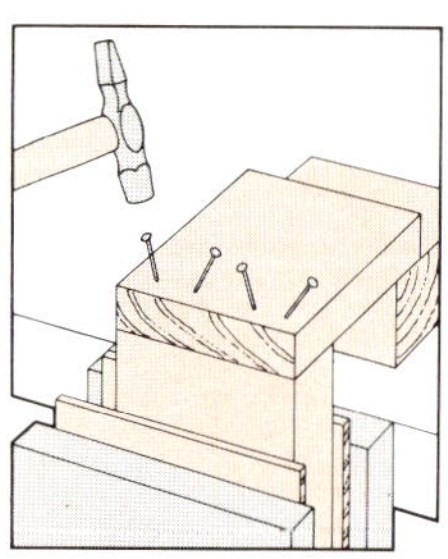

Nageln von sich überschneidenden Stücken *Die Nägel so versetzen, daß das Holz nicht spleißt.*

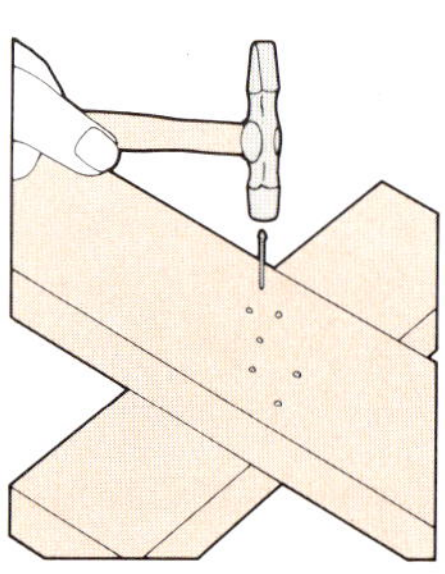

Geschlitzte Maschinenschrauben *Um die Holzoberfläche zu schützen – aber auch für ein besseres Aussehen –, benutzt man diese Schrauben mit Unterlegscheiben. Senkkopf- und Linsenkopfschrauben können entweder etwas vorstehen oder ganz versenkt werden. Rundkopfschrauben bekommen eine Unterlegscheibe.*

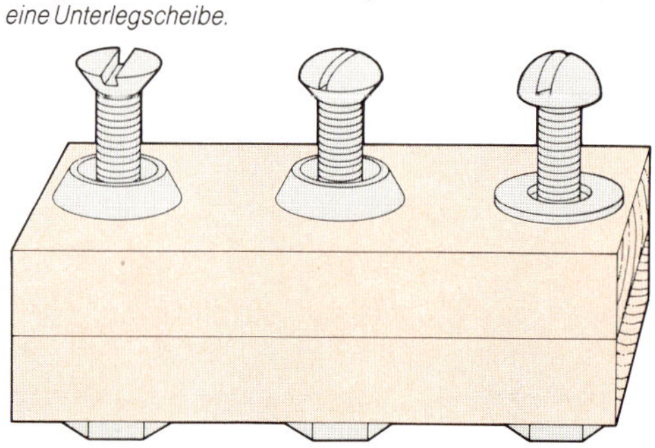

Kunststoffe

Kunststoffe werden im Modellbau sehr oft verwendet. Thermoplastische Kunststoffe, wie zum Beispiel Polystyrol, Acrylbutylstyrol, Acetat, Acryl, Polyäthylen, PVC, Nylon und Polykarbonat, können immer wieder neu erhitzt und neu verformt werden.

Polystyrol Dieser Kunststoff wird meist benutzt, um Formstücke zu gießen, ist aber auch in Plattenform oder in Streifen erhältlich. Im Urzustand ist Polystyrol ein harter, sprödbröckliger Kunststoff, mit dem man Cockpitüberdachungen oder Windschutzscheiben basteln kann, sonst aber kaum Verwendung findet. Um das Basismaterial weicher zu machen, wird Kautschuk hinzugegeben, dadurch erhält man das sogenannte Hochdruck-Polystyrol, jenes Material, das allen Modellbauern vertraut ist. Es wird in vielen Farben hergestellt; in transparenter Form aber nicht. Polystyrol ist auch als Schaumkunststoff erhältlich (siehe rechts).

Acrylbutylstyrol Häufig auch unter der Bezeichnung ABS angeboten, ist er neben Polystyrol ein häufig angewendeter Kunststoff, um Hohlräume auszugießen und Hohlkörper zu bilden. Das Material ist zwar teurer als Polystyrol, hat aber den Vorteil extremer Druckfestigkeit, die es erlaubt, auch sehr dünne Schalen zu formen. Außerdem gibt es ein Sortiment verschiedener Formen wie zum Beispiel Miniaturbalken, Doppel-T-Träger, Winkel sowie runde und rechteckige Rohre.

Acetat Wird in transparenten Lagen angeboten. Aus Cellulose-Acetat lassen sich Fenster, Cockpitbespannungen oder Autowindschutzscheiben basteln, oder man verwendet es auch zur Hohlraumfüllung.
Cellulose-Acetat ist ziemlich reißfest. In flüssiger Form ist es das Grundmaterial für Flugzeugspannlacke.

Acryl Acryl ist als transparentes, halblichtdurchlässiges oder undurchsichtiges Material in einer ganzen Reihe von Farbtönen erhältlich. Obwohl es sehr spröde und bröcklig ist, kann man es unter Hitze sehr gut biegen und formen. Acryl hat mehr Ausdehnungsfähigkeit als die meisten anderen Kunststoffe, die deshalb auch meist nur dazu verwendet werden, um daraus Schaukästen oder Plattformen zum Aufbau für Modelle zu machen.

Polyäthylen Polyäthylen ist ein weicher, glitschig-schmieriger Kunststoff, aus dem man Flaschen, Plastikgefäße und auch Treibstofftanks für motorgetriebene Modelle herstellen kann. Er läßt sich schlecht schneiden und erst recht nicht kleben oder polieren. Aus Polyäthylen werden kleinere Billigmodelle hergestellt, die von Liebhabern bemalt oder nachgebaut werden können.

Silikongummi Silikongummi ist der gängige Werkstoff bei der Herstellung von Röhren, Pumpleitungen oder flexiblen Treibstoffleitungen an Motormodellen. Das Material ist hitzebeständig und unempfindlich gegen Chemikalien und wird nicht brüchig. Kaltklebendes Silikongummi gibt es im Modellbau zum Bau von Gießformen für Gips, Harz und Metallen mit niedrigem Schmelzpunkt.

Polyvinylchlorid Bekannt als PVC, ist als elastischer Schlauch erhältlich und wird für Treibstoffleitungen verwendet. Man kann auch PVC-Gefäße zum Gießen von Harz und Gips kaufen; nicht verwendbar ist PVC zum Metallgießen.

Nylon Nylon ist ein extrem festes, beständiges Material, das im Modellbau zum Herstellen von Antriebrädern jeder Art benutzt wird. Solche Räder laufen sehr geräuscharm und benötigen keine Schmierung. Nylongewebe wird zur Bespannung von Flugzeugrümpfen und -tragflächen verwendet.

Polycarbonat Polycarbonat ist ebenfalls ein sehr fester Kunststoff, der manchmal statt Nylon vor allem für kleinere Bauteile genommen wird. Er eignet sich auch für Karosserieschalen von Rennautos, wo es auf hohe Druckfestigkeit ankommt. Polycarbonat stößt viele Farben ab, die dann abblättern, wenn das Material sich biegt. Dagegen hilft die Anwendung von speziellen Acryllacken.

Kunststofflaminate Kunststofflaminate sind sehr feste Materialien, die aus einer Verbindung von Fiberglas und Kunstharz bestehen. Im Handel gibt es das Material meist in Plattenform, die sich für den Bau von Bootsdecks oder Installationstafeln für Elektroanlagen und Maschinen eignen. Daneben lassen sich aber auch Kleinteile wie Klampen, Signalhörner und Bugbeschläge daraus fertigen.

Schaumstoff Flexibler Schaumkunststoff, manchmal auch Schaumgummi genannt, wird im Modellbau zur stoßsicheren Lagerung von Fernsteuerungen benützt; festere Sorten wie Polystyrol und Polyurethanschaum bieten noch andere Anwendungsmöglichkeiten. Vor allem Polystyrol wird meist zum Bau von Landschaften verwendet. Es muß jedoch mit einem heißen Draht oder einem sehr scharfen Messer geschnitten werden. Man kann auch Tragflächen für Plastikflugzeuge oder Versuchsmodelle daraus darstellen. Polyurethanschaum ist fester und wird in Platten- oder Tafelform hergestellt. Er ist leicht zu schneiden und zu formen und wird daher gern zum Gestalten von Landschaften mit glatten Konturen genommen. Obwohl er für tragende Teile nicht stark genug ist, wird er dennoch häufig benutzt, um Bootsrümpfen Unsinkbarkeit und eine gewisse Festigkeit zu verleihen.

Gießharz Unter den vielen Kunstharzsorten ist die gebräuchlichste Polyesterharz, die zusammen mit Glasfasern zum Herstellen von Formen genommen wird. Ohne Zusätze läßt sich mit Gießharz beim Landschaftsbau Wasser imitieren.

Anzeichnen auf Kunststoff

Um auf undurchsichtigem Kunststoff einen geraden Schnitt oder eine krumme Linie anzuzeichnen, genügt ein weicher Bleistift. Für durchsichtigen Kunststoff nimmt man am besten einen Filzschreiber oder eine Reißnadel. Acrylplatten sind meistens mit einem Bogen Papier abgedeckt, damit die Oberfläche vor Kratzern geschützt ist. Hier kann man nun die Markierungslinien direkt aufs Papier zeichnen.
Um auf einer zylindrischen Form einen querlaufenden Schnitt anzuzeichnen, wickelt man ein rechteckiges Papier um den Zylinder (siehe Stufe 1 Seite 111). Dann zeichnet man mit dem Bleistift, der Tintenfeder oder der Reißnadel am Rand des Papiers entlang.
Soll eine Schnittlinie auf einem unregelmäßig geformten Körper angezeichnet werden, markiert man die Linie mit einem Stift oder der Reißnadel frei aus der Hand. Man kann auch die Linie mit Hilfe eines Klebebandes markieren, das erst nach dem Schnitt und dem darauffolgenden Glattfeilen entfernt wird.

Schneiden von Kunststoff

Sehr dünner Kunststoff kann frei aus der Hand mit einem Messer oder der Schere geschnitten werden (siehe Seite 33). Bei dickerem Polystyrol oder Acrylbutylstyrol verfährt man nach der geschilderten Methode entsprechend; auch krumme Schnitte werden so ausgeführt.
Spröde Kunststoffe wie Acryl oder Laminate würden bei dieser Methode an der falschen Stelle brechen. Deshalb muß man sie mit dem Messer oder, wie meist bei Acrylplatten, mit der Feinsäge trennen. Als Schutz legt man ein Stück Holz auf den Kunststoff und klemmt die Kunststoffplatte in die Werkbank.
Der Schnitt wird auf der „falschen", das heißt der Abfallseite der Markierungslinie, durchgeführt. Die Schnittkante muß geglättet und poliert werden. Für gekrümmte Schnittlinien nimmt man eine Laubsäge oder Bogensäge und hält das Werkstück an der Werkbank fest (siehe Abbildung rechts).
Papierdünner Kunststoff wird wie Papier beschnitten (siehe Seite 33). Um einen Kreis anzuzeichnen, nimmt man den Zirkel. Bei dickeren Stücken ist ein Bohrer nötig; kleine Löcher bohrt man mit dem dünnen Einhandbohrer, größere mit dem Handbohrer. Das Werkstück wird auf ein Stück Holz geklemmt und die Oberfläche zum Schutz mit Pappe abgedeckt. Beim Bohren von Acryl gießt man etwas dünnflüssiges Öl auf die Bohrstelle, damit diese geglättet wird. Für ein größeres Loch nimmt man eine Lochsäge oder eine Laubsäge (siehe Seite 38), oder man bohrt ringsum kleine Löcher, um dann das Mittelstück herauszusägen. Die Kanten werden mit feinen Feilen oder Schleifpapier geglättet. Damit die Kanten nicht rundgeschliffen werden, wickelt man das Schleifpapier um einen Holzklotz. Schmale Kunststoffstreifen, Rundstäbe und Röhrchen werden mit einem Messer oder einer Rasierklinge auf Länge geschnitten. Ein großes elastisches Rohr wird durchgetrennt, indem man ein spitzes Messer in die Wandung stößt und dann von diesem Punkt aus den Schnitt führt, wobei man das Rohr in der Hand weiterdreht. Bei sprödem Kunststoff oder größeren Werkstücken wird dazu eine Säge genommen. Man hält dabei das Rohr gegen einen Bankhaken und dreht es beim Sägen von sich weg.

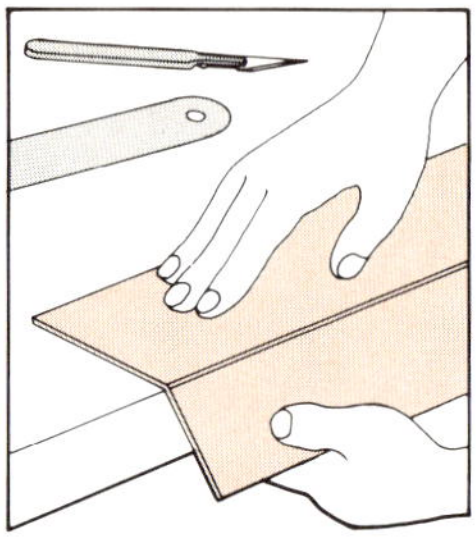

Schneiden von Gußstücken *Das komplette Gußstück auf einen Holzklotz legen, dann das Einzelteil abschneiden, wobei der kleine Gießstutzen mit abgeschnitten wird. Er wird erst dann entfernt, wenn das Einzelteil vom Gesamtgußstück losgelöst ist.*

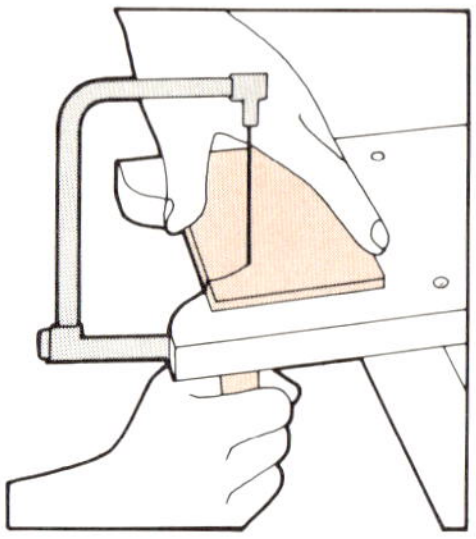

Beschneiden von Hohlkörpern *Die Schale auf ein Holzbrett legen, das an der Werkbank übersteht. Mit dem Messer die Markierungslinie einkerben. Der Schnitt muß durchgehend, also nicht unterbrochen sein. Die überflüssigen Teile entfernen.*

Schneiden von geformten Stücken

Jedes vorgeformte Teilstück wird von der Platte mit einer Schere oder einem Messer abgetrennt. Das überstehende Stückchen wird direkt am Formstück abgeschnitten und geglättet, indem man es auf Schleifpapier reibt, das man auf eine Platte geklebt hat. Übrigens empfiehlt es sich, bei der Arbeit ständig auf die Paßform der Stücke zu achten.

Schneiden von Kunststoffplatten *Die Schnittlinie mit einem Messer anzeichnen und die Platte entsprechend auf die Kante der Werkbank legen. Der Bruch wird genau entlang dieser Schnittlinie erfolgen.*

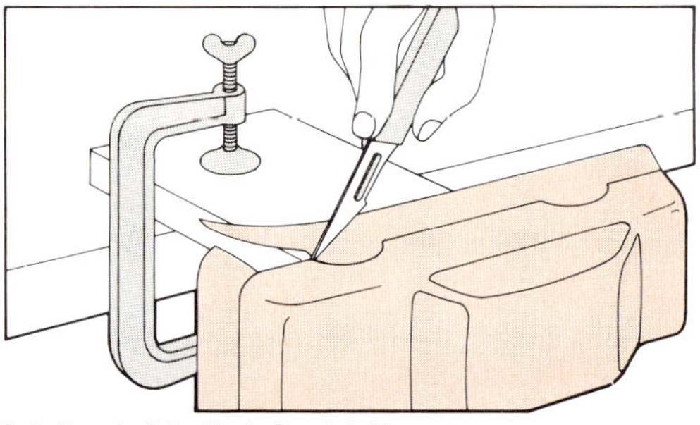

Gekrümmte Schnitte in Acrylplatten *Das Kunststoffstück auf ein Sperrholzbrettchen mit V-Ausschnitt legen, das auf die Werkbank geklemmt oder geschraubt ist. Der Schnitt soll immer nah an diesem Brettchen vorbeigehen. Das Werkstück beim Sägen drehen.*

Schneiden von Schaumkunststoff

Polyurethanfolie und dünne Polystyrolplatten können mit dem Messer geschnitten werden. Größere Stücke aus Polyurethanplatten kann man auch sehr gut mit Holzsägen schneiden. Größere Stücke Polystyrol schneidet man mit dem speziellen Heißschneidedraht, einem straffgespannten Schneidedraht aus Chromnickel. Dieser Draht steht unter Storm, der ihn so stark erhitzt, daß der Kunststoff an der zu „schneidenden" Stelle schmilzt und so sauber durchgetrennt wird (siehe 259 und 260).

Kunststoffverbindungen

Fast alle Kunststoffe werden mit Kunststoffklebern verbunden (siehe Seiten 30 und 31). Polyäthylen klebt jedoch schlecht. Kleine Stücke kann man mit Hilfe eines heißen Messers miteinander verschweißen, größere Stücke mit einem Epoxydkleber verbinden, wobei man zur Sicherheit die Klebestelle noch durch einen Stift verstärkt.

Ist eine Polystyrol-Klebestelle hart geworden, kratzt man den überflüssigen Kleber mit dem Messer ab, glättet die Nahtstelle mit Naßpapier und reibt mit weichem Tuch etwas flüssige Metallpolitur darüber, damit die Stelle wieder Glanz bekommt.

Laminieren von Kunststoff

Kleinteile kann man dadurch herstellen, indem man aus mehreren Kunststoffschichten einen Block bildet und diesen zurechtformt. Die einzelnen Lagen werden mit Flüssigkleber aufeinandergeschichtet. Damit man sichergeht, daß auch alle Luftbläschen entweichen, wird der geklebte Klotz zum Trocknen eingespannt. Um zum Schleifen und Feilen das Werkstück anpacken zu können, läßt man ein Stück überstehen, das erst nach dem letzten Arbeitsgang abgeschnitten wird. Zum Bearbeiten kann man das Werkstück auch mit doppelseitigem Klebeband auf ein Balsabrettchen kleben.

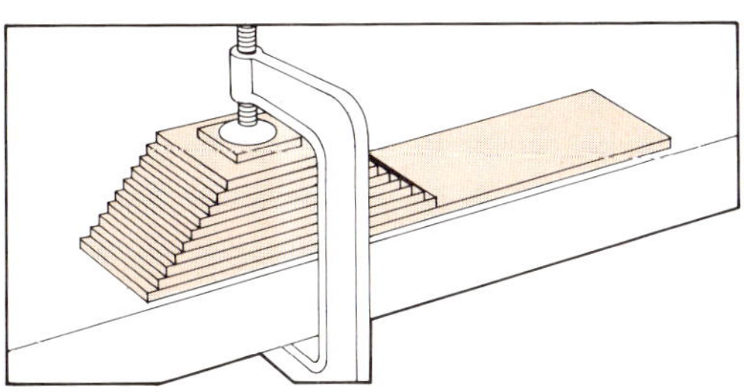

Herstellen eines Kunststoffblocks *Mehrere Lagen Kunststoff mit Flüssigkleber aufeinanderkleben. Den Block erst dann mit einer Klemme spannen und trocknen lassen.*

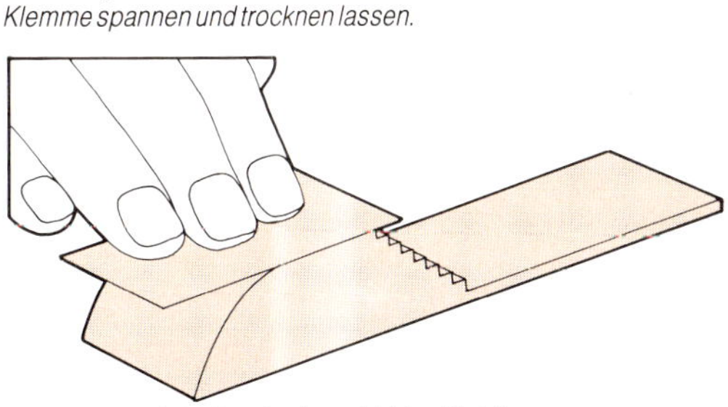

Mit Feilen und Schleifpapier den geklebten Klotz formen.

Kunststoff als Füllmaterial

Auch die erfahrensten Modellbauer tun sich schwer, wenn eine Klebestelle in festem Kunststoff wie Polystyrol oder Acrylbutylstyrol unsichtbar bleiben soll.

Dünne Spalten können gefüllt werden, indem man Mattglasurlack hineinpinselt. Wenn der Lack trocken ist, wird mit Naßschleifpapier nachgeschliffen.

Für größere Spalten benutzt man eine spezielle Epoxydpaste, die in zwei Formen erhältlich ist: gebrauchsfertig und als Zwei-Komponenten-Kleber zum Mischen. Man braucht nur eine sehr kleine Menge davon, und das Klebematerial härtet so schnell, daß man es unmittelbar neben dem Werkstück anmischen sollte. Da dieser Füller auch beim Härten sehr verdichtet, muß man ihn mit einem Spatel, einem alten Messer oder einer dicken Nadel sehr fest in die Füllstelle stopfen. Mit der angefeuchteten Fingerkuppe bestreicht man dann die Klebestelle, um sie zu glätten. Das Ganze sollte erst über Nacht liegen bleiben, bevor man am anderen Tag mit Sandpapier glättet. Epoxydpaste wird auch zum Ausbessern von Kerben und Beulen genommen.

Umgekehrt dient die Paste auch dazu, bestimmte Teilstükke eines Modells zu vergrößern. Dabei sollte man darauf achten, daß man schon beim Modellieren der gewünschten Form möglichst nahekommt. Mit Wasser wird dann geglättet. Wenn nötig, kann man das angefüllte Stück auch in derselben Weise wie den die Füllung umgebenden Kunststoff sägen, feilen oder schleifen.

Flüssigkunststoff, der sich vorzüglich zum Füllen von Spalten wie auch zum Herstellen von Kleinteilen eignet, kann selbst hergestellt werden, indem man Polystyrolschnitzel in Flüssigkleber oder Verdünner auflöst (Trichloräthylen). Man schneidet die Kunststoffteilchen sehr klein und schüttet sie in ein Schraubdeckelgefäß. Dann schüttet man die Lösung hinzu, schraubt den Deckel auf und läßt es über Nacht stehen. Je nachdem, ob man mehr Lösung oder Kunststoffspäne nimmt, beeinflußt man die Konsistenz (Flüssigkeitsgrad). Dickere Konsistenz ist nötig, wenn man Spalten auffüllen will, mit mittlerer Konsistenz werden Kleinteile angesetzt, und mit der dünnflüssigen Lösung werden Gaze oder Papier getränkt, wenn man zum Beispiel Kleider für Modellfiguren herstellen will (siehe Seiten 127 und 128).

Flüssigkunststoff hat sich besonders bewährt beim Ausfüllen größerer Spalten, die beim Umbau von Modellen entstehen. Er füllt nicht nur die Nahtstellen aus, sondern bindet die Einzelteile auch fest zusammen. Man streicht die Flüssigkeit einfach in die Öffnungen und läßt jede Schicht und jeden Tropfen anhärten, bevor man das nächste hinzugibt beziehungsweise aufträgt. Nach dem Hartwerden wird geschliffen. Den Pinsel reinigt man durch Eintauchen in Flüssigkleber.

Ausfüllen von Kerben und Beulen *Flache Löcher in verschiedene Richtungen in die Eindruckstelle bohren, damit die Füllung verankert wird. Die Stelle leicht auffüllen und sie glattschleifen.*

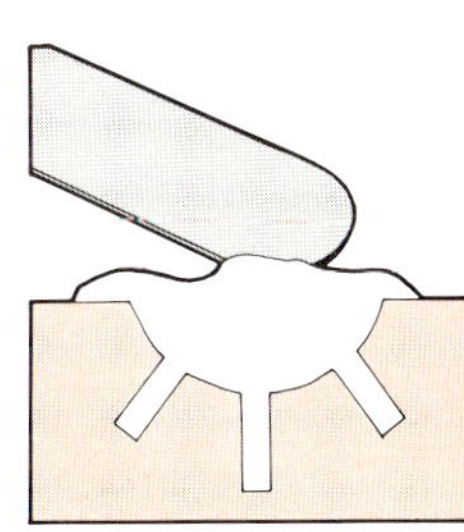

Glätten von Kunststoff

Alle festen Kunststoffarten mit Ausnahme von Polyäthylen können mit feinen Nadelfeilen und entsprechenden Schleifmitteln geglättet werden. Überschuß wie zum Beispiel der dünne Film, der auf schlecht passenden Bauteilen sitzt, kann weggeschliffen oder weggeschnitten werden. Kunststoff neigt dazu, feine Feilen schnell zuzusetzen, aber sie lassen sich leicht mit einer weichen Bürste wieder reinigen.

Größere Kunststoffteile und dicke Acrylplatten werden erfolgreich auf einem Schleifstein bearbeitet, den man auf der Werkbank montiert. Um ein Überhitzen des Kunststoffs zu vermeiden, wird er nur leicht gegen den Schleifstein gedrückt.

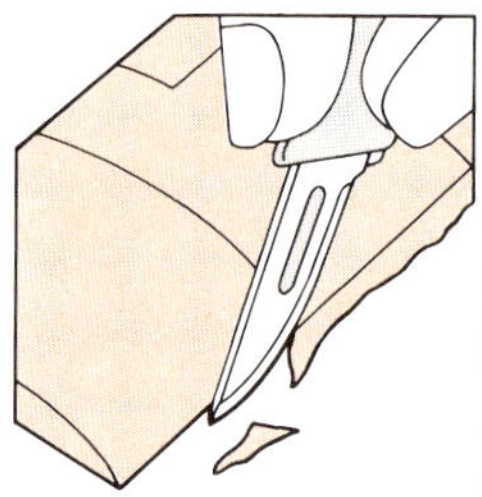

Überschuß entfernen *Ein scharfes Messer benutzen und so nahe wie möglich am Rand des Werkstücks vorbeischneiden. Mit einer Nadelfeile oder Schleifpapier die Schneidkanten glätten.*

Gravur und Reliefs in Kunststoff

Eine elektrische Heißnadel mit Thermostat, ein sogenannter Pyrograph, ist das ideale Werkzeug für Gravuren in Kunststoff (Beschreibung siehe Seite 116 bis 134).

Ebenso lassen sich kleine Reliefformen wie Nieten oder Schalttafeln an nichtfahrtüchtigen Modellen durch Bearbeiten der Rückseite der Flächen herstellen. Zuerst wird die für das Relief vorgesehene Stelle mit Bleistift angezeichnet. Dann klebt man das Werkteil mit der Außenseite nach unten auf ein Stück Pappe. Der Reliefentwurf wird jetzt mit einem Kugelschreiber in die Kunststofffläche eingedrückt.

Strecken durch Hitze

Wenn man Kunststoffstreifen durch Hitze weich macht, lassen sie sich bis zu haarfeinen Fäden strecken, die man zum Beispiel für das Tauwerk am Rigg eines Segelschiffs verwenden kann. Auch Plastikröhren kann man auf diese Weise langziehen, um ihren Durchmesser zu verengen, aber das ideale Material zum Strecken ist der Überschuß, jenes Material, das anfällt, wenn man die vorgegossenen Plastikteile von den Verbindungsstegen abbricht. Diese Reststükke werden über einer Kerzenflamme gleichmäßig erhitzt. Um ein dünnes „Tau" zu erhalten, muß man das Stück unmittelbar, nachdem man es nicht mehr in der Flamme hält, auseinanderziehen. Dabei geht man nicht ruckartig vor, sonst würde es reißen. Bis es hart wird und ausgekühlt ist, muß es außerdem senkrecht hängen.

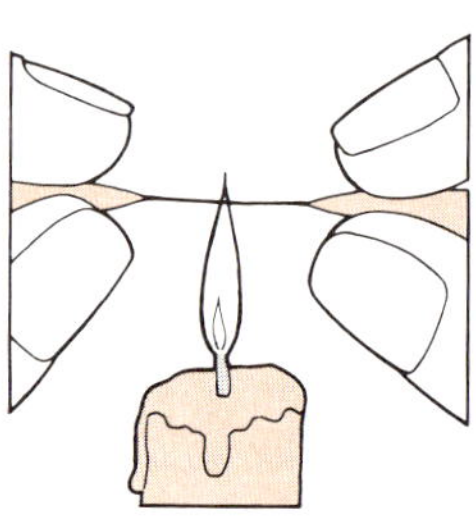

Strecken eines Stegrestes
Das Stegstück etwa 25 mm über der Flamme halten. Wenn es weich und glänzend wird, nimmt man es aus der Hitze und zieht es bis auf den gewünschten Durchmesser in die Länge.

Biegen von Kunststoff

Kunststoffplatten oder -stäbe lassen sich leicht biegen. Dazu hält man sie fest auf glatter Fläche und biegt sie mit rundem Werkzeug – je fester der Druck, desto stärker ist die Krümmung. Sehr dünne Plastikplatten kann man beispielsweise um den runden Stiel eines Pinsels herum krümmen. Eine exaktere Methode ist, auf die zu biegende Stelle etwas Flüssigkleber zu tropfen, denn dadurch wird die Stelle leicht angelöst.

Nach einigen Minuten läßt sich das Werkstück bequem biegen, dabei besteht keine Gefahr, daß es bricht. Um mehrere Stücke in dieselbe Form zu biegen, benutzt man ein einfaches Gestell aus Nägeln, die man im betreffenden Winkel zueinander in eine Sperrholzplatte schlägt. Man bindet zuerst ein Ende des zu biegenden Stabes an einem der Nägel fest. Dann trägt man etwas Lösungsmittel auf die zu biegende Stelle auf, läßt es einwirken, dann biegt man den Stab um den nächsten Nagel, wobei man ihn unter leichtem Druck gegen den Nagel hält. Dabei nicht in die Länge ziehen! Hinter der Krümmung bindet man den Stab wieder fest und wiederholt den Vorgang des „Einweichens" und Biegens.

Kunststoff läßt sich auch in heißem Wasser weich machen und biegen. Wie man größere Platten biegt, zeigt untenstehende Abbildung. Bei der Arbeit sollte man Schutzhandschuhe tragen und eine elektrische Heizplatte benutzen, weil eine Gasflamme das Material versengen würde. Für Kleinteile nimmt man einen Lötkolben. Dabei stützt man das Werkzeug so auf, daß man beide Hände frei hat, und hält den Kunststoff direkt über der Spitze, ohne sie zu berühren. Sobald das Material weich wird, biegt man es um ein Rundholz, um beste Paßform zu erreichen.

Um dickes, sprödes Material wie zum Beispiel Acryl biegen zu können, muß es je nach Form und Materialstärke bis zu 15 Minuten bei 150 bis 170 Grad im Backofen erhitzt werden. Als Hilfsform sollte man dann jedoch keinen kalten Gegenstand nehmen, denn dadurch würde dem Material zuviel Wärme entzogen, bevor man es gebogen hat. Das Werkstück wird so lange auf der Form gehalten, bis es genügend hart geworden ist, dann kühlt man es vollständig in Wasser ab.

Rechtwinklig biegen *Folie mit der glänzenden Seite nach außen leicht um die Kunststoffplatte wickeln, jedoch entlang der Biegelinie einen 3 mm breiten Streifen freilassen, damit nachher eine scharfe 90-Grad-Krümmung entstehen kann. Das Werkstück über eine Heizplatte halten und es unter kreisenden Bewegungen erwärmen. Wenn es weich genug ist, erfolgt das Biegen an einem Holzblock, dessen Kante leicht entschärft ist. Das Stück so lange festhalten, bis es erkaltet ist.*

Kunststoff in eigenen Paßformen

Diese Technik wird angewandt, um ein nicht maßstabgerechtes Teil selbst herzustellen oder für einen Bausatz ein zusätzliches Teil anzufertigen. Polystyrol, Acrylbutylstyrol und Azetatplatten eigenen sich jeweils für diese Selbstbauformen. Für das Formen durchsichtiger Platten folgt man am besten nachfolgender Anleitung. Um die Platten milchig oder undurchsichtig zu machen, streicht man sie an. Bei undurchsichtigen Platten leimt man hölzerne Stifte an deren Unterseite, um die gewünschte Krümmung zu erhalten und sie später leicht aus der Form freizubekommen.
Eine Gießform kann aus Holz hergestellt werden, etwa aus Balsa oder auch aus Acryl. Sie sollte eine makellose Oberfläche haben, denn Unsauberkeiten oder Maserungen würden nachher stets zu sehen sein.
Ein einfaches Detail, beispielsweise die Kuppel eines Flugzeuges, kann in einem Stück, ein kompletter Rumpf dagegen muß aus zwei symmetrischen Hälften geformt werden. Um die Paßformen herzustellen, leimt man zwei Stücke Holz zusammen, wobei man ein dünnes Stück Papier dazwischenklebt. Die Klebstelle stellt die Verbindung der beiden Rumpfhälften dar. Mit Hilfe von Pappschablonen schnitzt man die Form, dann spaltet man sie wieder in die beiden Hälften. Insgesamt sollte die Größe der Paßform ein wenig kleiner als das fertige Modellstück sein, wobei die Stärke des Kunststoffes berücksichtigt werden muß. Diese Schichtstärke hängt wiederum davon ab, wie stark sich der Kunststoff beim Formprozeß dehnt und streckt.

Formen einer Flugzeugkanzel

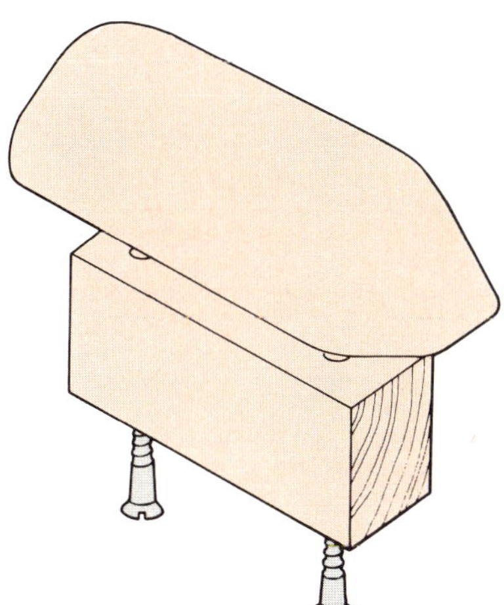

1 Einen Block Holz für die Paßform schnitzen. An diesen Block zum besseren Anfassen einen zweiten Klotz schrauben. Die hölzerne Paßform tiefer als das Modellstück fertigen, so daß es später besser abgeschnitten werden kann.

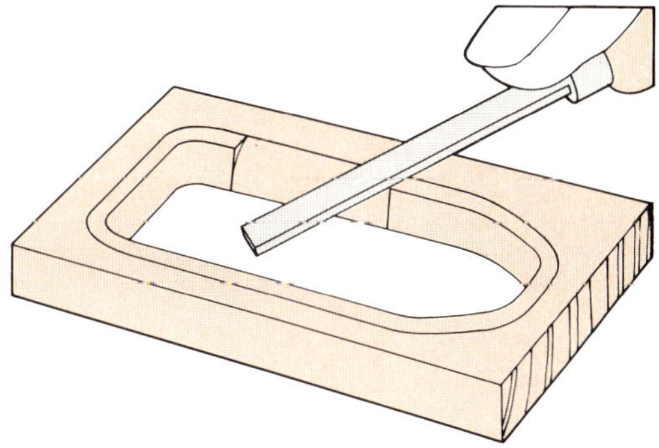

2 Das Formholz auf ein Stück Sperrholz legen und den Grundriß nachzeichnen. Dabei wird dieser Umriß noch etwas größer, als es die Stärke der Plastikschicht erfordert. Dann wird diese gezeichnete Form ausgesägt. An einer Seite der ausgesägten Öffnung die Kante abschrägen. Überall sonst die Sägekante glätten. Dann die Sägekante noch mit dem Graphit eines Bleistifts einreiben, damit sie „geschmiert" ist.

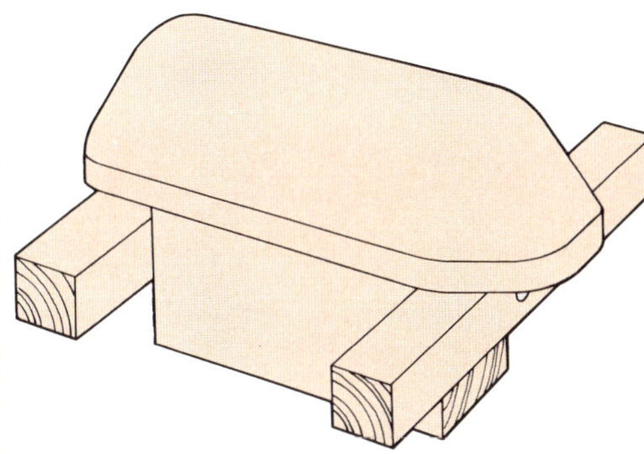

3 Auf dem zuerst hergestellten Holzblock, also auf der Paßform, die Sägelinie des Sperrholzes nachzeichnen. Dann den Sperrholzrahmen über die Paßform stülpen, und zwar zuerst mit der abgeschrägten Seite, so daß die gerade Sägelinie an der Oberseite liegt. An jedem Ende des Klotzes ein Balsaholz anleimen, wo die Paßform während des Formvorgangs gut aufliegt.

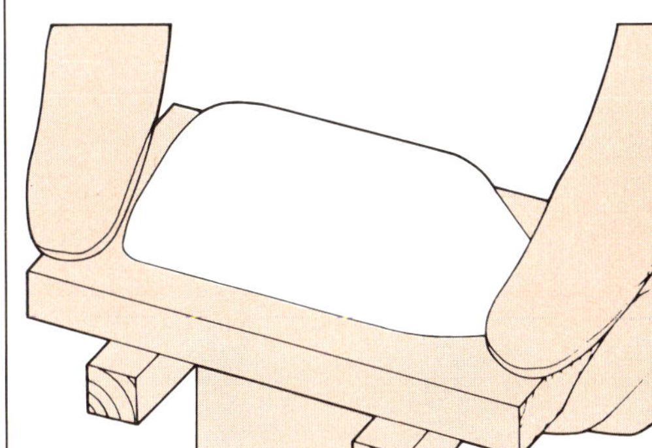

4 Die Kunststoffplatte mit doppelseitigem Klebeband (Teppichklebeband) auf den Sperrholzrahmen kleben und über einer Heizplatte erwärmen, bis es anfängt, Falten zu werfen. In dem Augenblick, in dem der Kunststoff sich wieder spannt, den Sperrholzrahmen auf die hölzerne Paßform drücken und ihn einige Sekunden lang festhalten, bis der Kunststoff hart genug ist. Stellt man fest, daß die Kunststoffschicht die nötige Fläche auf der Paßform nicht ganz bedeckt, muß der Kunststoff erneut erhitzt und der Formvorgang wiederholt werden.

Polieren von Kunststoff

Polystyrol, Acrylbutilstyrol oder Acryl werden mit flüssiger Metallpolitur und einem Baumwolltuch poliert, indem man das Tuch einige Male faltet und dann leicht über die Oberfläche reibt. Dabei sollte man die Tuchseite öfter wechseln und niemals mit einer trockenen Stelle des Tuches reiben. Den letzten Hochglanz erzielt dann schließlich das Polieren mit einem sauberen Baumwolltuch.

Feine Kratzer kann man mit einer Polierscheibe entfernen, die man in eine Kleinbohrmaschine spannt. Zur Arbeitserleichterung nimmt man ein Poliermittel. Sind die Kratzer verschwunden, poliert man von Hand mit einem sauberen Baumwolltuch nach. Tiefere Kratzer müssen mit Naßschleifpapier entfernt werden, dabei geht man stufenweise zu einer immer feineren Körnung über. Zuletzt erfolgt wieder die Politur von Hand. Große Kunststoffteile wie etwa Acrylplatten poliert man mit einer 150-mm-Schwabbelscheibe, auf die man ein Poliermittel gibt. Den Kunststoff preßt man fest gegen den unteren Teil der Scheibe; das Teil muß dabei ständig gedreht werden, da sonst die Scheibe auch die Kanten abrunden könnte. Auch hier wird zum Schluß von Hand nachpoliert.

Glasfaser

Unter Glasfaser, auch Fiberglas genannt, versteht man eine Materialgruppe, die dadurch entsteht, daß Stränge von Glasfasern in Kunstharz eingebettet werden. Diese Kombination ergibt ein sehr starkes, leichtes Material, das auf vielfältige Weise geformt und zudem in sich gefärbt werden kann, wodurch dann ein späterer Anstrich überflüssig wird. Glasfaser ist in vorgefertigten Formen wie zum Beispiel Schiffsrümpfen und Flugzeugrümpfen oder in Tafeln erhältlich. Man kann sie aber auch aus den einzelnen Bestandteilen wie Glasfasermatten und -gewebe, Harz und Härter („Katalysator") mit Beschleuniger, aus denen man die gewünschte Zusammensetzung mischt, selbst herstellen. In den meisten Fällen wird Glasfaser in Form eines groben, filzähnlichen Materials benutzt, das aus unregelmäßig verlegten, kurzen Glasfasern (Fiber) besteht, die eine Matte kleingehackter Stränge bilden. Daneben gibt es Fiberglas als Gewebe in langen, zusammenhängenden Strängen (Rovings); diese Sorte ist stärker als die kurzfaserige Matte, dafür aber auch teurer und nicht so einfach zu verarbeiten. Glasfasergewebe (Gaze) kann man benutzen, um die Flächen von Formstücken zu verstärken und dabei die Mattenstruktur auszugleichen.

Für die Herstellung von Glasfaser gibt es Kunstharz als sirupähnliche Flüssigkeit. Auf dem Markt sind viele verschiedene Typen vertreten, die jeweils verschiedene Eigenschaften aufweisen. Daneben gibt es aber auch Standardkunstharze, die den meisten Anforderungen genügen. Für Gelcoats, wie man die äußere Lage zum Beispiel von Booten nennt, gibt es besonders feste Harze. Sie müssen während der Abbindezeit mit einer Cellophanfolie bedeckt werden, sonst bleiben sie klebrig. Der Katalysator, meist Härter genannt, ist eine Flüssigkeit, die zugesetzt wird, um den Vorgang des Abbindens auszulösen. Man gibt den Härter zu einer kleinen Menge Kunstharz erst kurz bevor man damit arbeitet; dabei aber nur sehr kleine Mengen davon nehmen und die Gebrauchsanleitung strikt befolgen.

Harze, die vom Hersteller ohne Beschleuniger angeboten werden, müssen nachträglich noch mit einem flüssigen Beschleuniger gemischt werden. Dieser Zusatz dient dazu, den Vorgang des Abbindens zu beschleunigen, nachdem der Härter zugefügt wurde. Wichtig ist, daß dabei nie unmittelbar Härter und Beschleuniger vermischt werden, was zu heftigen und gefährlichen Reaktionen führen könnte. Deshalb muß stets zuerst einer von den beiden dem Kunstharz beigemischt werden. Damit die Glasfasern an der Form nicht ankleben, gibt es auf dem Markt verschiedene Substanzen, die dies vermeiden sollen. Eine gute Methode ist es auch, eine Schicht von silikonfreiem Wachs in die Bauform zu streichen und darauf Polyvinylalkohol aufzutragen. Das Wachs kann später mühelos aus der Form entfernt werden.

Um eine gewisse Farbwirkung zu erzielen, nimmt man gebrauchsfertige Pigmentpasten und fügt diese jeder Harzschicht oder nur dem Gelcoat bei. Das Farbpigment bietet die Möglichkeit, genau zu erkennen, wo schon Gelcoat verteilt wurde, was natürlich nicht möglich ist, wenn man die Farbe zuvor beigemischt hat. Hinzu kommt, daß sich schlecht erkennen läßt, ob die Glasfasermatte genug Harz besitzt. Zuviel Farbstoff hat außerdem auch eine ungünstige Wirkung auf die Festigkeit des Harzes.

Herstellen eines Objekts aus Glasfaser

Ein solcher Vorgang kann in drei Stufen erfolgen: Man stellt ein Modell des späteren Bauteils her, macht von diesem einen Abdruck, der dann wiederum als Form für das glasfaserverstärkte Bauteil dient. Ein schon vorhandenes Teil ist nur dann als erste Form brauchbar, wenn sein Material sich mit Kunstharz verträgt. Aufpassen sollte man bei jenen thermoplastischen Kunststoffen, die durch Wärme Schaden leiden, durch jene Wärme nämlich, die beim Abbinden des Kunstharzes frei wird (eine Reihe solcher Thermoplastiks steht auf Seite 41). Einfacher ist es eventuell, mit dem Hobel oder Schnitzmesser ein Holzmodell zu formen, das man als Musterstück nimmt und daraus dann ein Formteil herstellt. Ein gutes Beispiel für einen solchen Produktionsablauf ist der Knickspantbootskörper auf Seite 290.

Manchmal ist es auch möglich, den gesamten Produktionsablauf stark zu verkürzen, wenn man ein Originalmodell findet, das sich als Paßform benutzen läßt. Gute und einfache Paßstücke können kleine Schüsseln, Lebensmitteldosen und Schraubkappen sein, besonders dann, wenn sie aus Polyäthylen bestehen und deshalb keine Trennmittel erfordern.

Was man auch als Vorlage der Form benutzt, stets sollte deren Oberfläche makellos sein, denn sonst findet man die geringste Unsauberkeit auf dem GFK-Bauteil wieder.

Herstellen der Form Es sind Materialien wie Ton, Knetmasse, Gips, Holz oder auch Pappe verwendbar. Knetmasse ist empfindlich gegen Kunstlack, deshalb muß man sie erst mit Schellack oder Polyurethan lackieren. Ton oder Gips müssen absolut trocken sein, bevor sie als Form benutzt werden können. Um Holzformen zu bauen, nimmt man Balsa, Kiefer, Abachi oder auch Holzkitt.

Einige Methoden zur Herstellung von Formen werden auf den Seiten 290 und 291 beschrieben. Mit Hilfe der Bauanleitung macht man sich Schablonen, um Maße und Linienführung der Form zu kontrollieren.

Herstellen des Formstücks nach einer Form

Die Form wird mit einem Lösungsmittel behandelt, dann ein wenig Kunstharz gemischt und auf die Form sowie auf einen Teil der Arbeitsplatte gestrichen, um sie darauf zu befestigen.

Wird eine Form aus Thermoplastik benutzt, arbeitet man sehr langsam und vergewissert sich, daß das Harz nicht zuviel Härter oder Beschleuniger enthält, um eine übermäßige Wärmeentwicklung zu verhindern. Man laßt die erste Schicht trocknen, streicht die nächste Schicht auf, läßt diese aber nun nicht abbinden.

Dann schneidet oder reißt man ein Stück Glasfasermatte auf die richtige Größe und legt es auf den noch nassen Kunstharz. Mit einer kurzborstigen, harten Bürste wird die Glasfasermatte getupft. Oder man nimmt einen speziellen Roller und rollt die Matte, bis sie gänzlich mit Harz getränkt ist. Dabei ändert die weiße Glasfaser ihre Farbe – sie wird durchsichtig, und zwar um so mehr, wie das Harz sie durchdringt. Man legt nun weitere Stücke Fasermatte auf, läßt sie miteinander etwa 50 mm überlappen und verarbeitet sie zu einem Ganzen. Die Fasermatte wird bis auf die Unterlegplatte (Arbeitsplatte) gereckt und so eine Art Flansch hergestellt. Dieser überstehende Rand versteift den Rand des Modellstücks und ist beim weiteren Bearbeiten und Anfassen ein gutes Hilfsmittel.

Wenn das Formstück abgebunden hat, nimmt man es von der Form, legt es flach auf die Werkbank und läßt den Flansch überstehen. Mit der Blechschere oder einer Feinsäge werden nun die Kanten sauber bearbeitet (s. Seite 48). Zum Schluß werden die Kanten mit einer Feile geglättet.

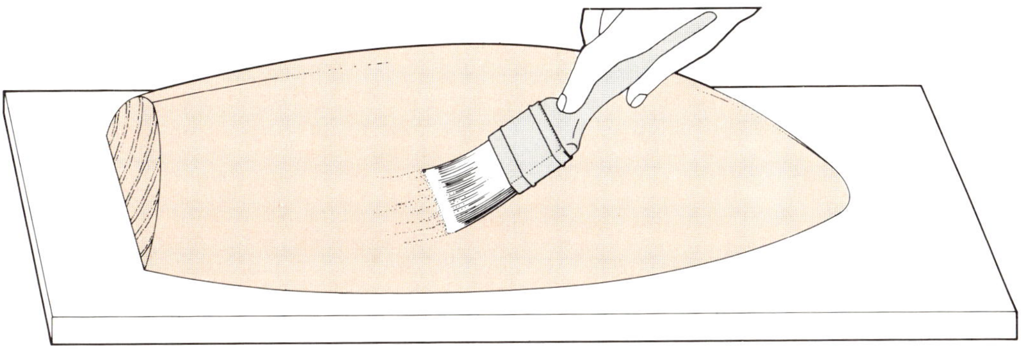

Stufe 1: Gelcoat auftragen

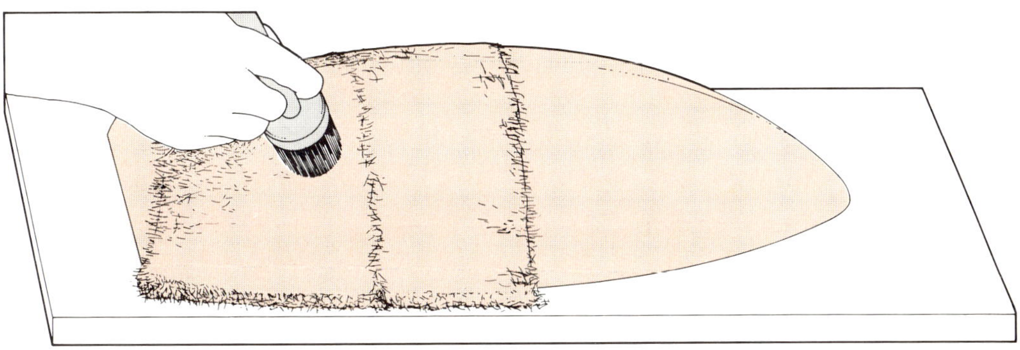

Stufe 2: Auflegen der Glasfasermatten

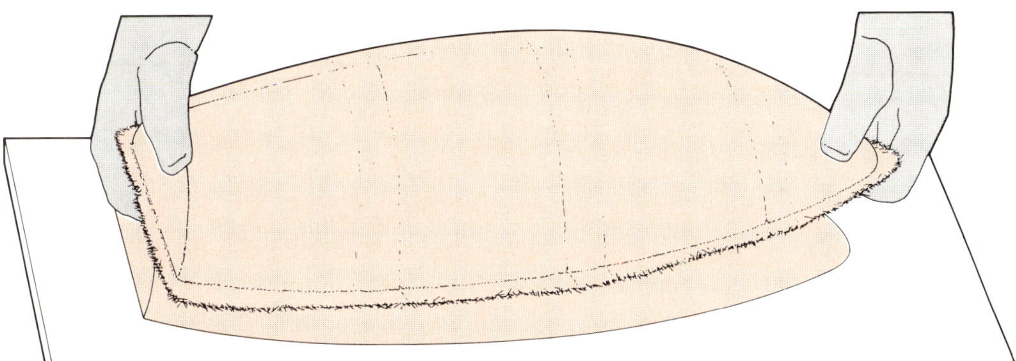

Stufe 3: Bauteil von der Form abheben.

Herstellen einer geteilten Form Wenn ein Bauteil von der Form umschlossen werden muß, stellt man sie in zwei Hälften her. Dazu wird zuerst an der vorgesehenen Trennlinie eine Trennleiste aus Pappe gefertigt, die auf der einen Seite mit Plastilin verstärkt wird. Dann legt man auf eine Seite der Form bis zur Pappe Glasfaser. Ist sie abgebunden, wird die Pappe entfernt; mit Lösungsmittel werden nun Glasfaser und Form behandelt, dann baut man die zweite Hälfte der Form. Ist auch diese Hälfte trocken, bohrt man Löcher in den Flansch und schraubt die Hälften zusammen.

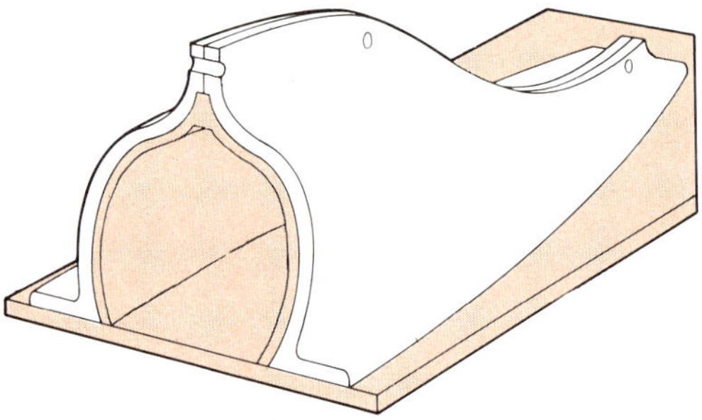

Löcher in den Flansch bohren, bevor die Paßform vom Formstück abgehoben wird.

Herstellen der Paßform Bevor die Glasfasermatte aufgelegt wird, bestreicht man das Originalstück mit einem Trennmittel (siehe Seite 47). Kanten und konstruktiv wichtige Stellen werden mit zusätzlichen Faserstücken verstärkt. Wenn nötig, leimt man eine Balsaleiste oder eine Papierkordel auf die Paßform und legt die zusätzlichen Glasfaserstücke auf diese Kante.

Schneiden von Glasfaser

Vor der endgültigen Aushärtung kann man ein Glasfaserstück noch mit der Schere schneiden, danach muß man allerdings eine Feile oder Säge nehmen. Gekrümmte Linien werden mit einer Feile oder Schleifscheibe bearbeitet.
Um kleine Löcher zu bohren, nimmt man schnell drehende Stahlbohrer. Größere Löcher werden mit einer Lochsäge hergestellt, oder man bohrt erst eine Reihe von kleinen Löchern und entfernt dann das Mittelstück daraus. Die Kante wird anschließend mit einer halbrunden Feile geglättet. Wichtig ist, immer von der Gelcoatseite aus zu arbeiten.

Glasfaserverbindungen

Bevor man zwei Flächen zusammenklebt, werden sie erst mit einem feinen Schleifpapier aufgerauht, dann bestreicht man sie mit Kunstharz. Dann legt man Glasfaser auf die Stelle und betupft sie mit einer Bürste, so daß sie mit Harz getränkt wird. Um eine starke Verbindung zu erhalten, muß man unter Umständen mehrere Lagen Fasergewebe auflegen. Damit die verschiedenen Teile beim Trocknen zusammenhalten, kann ein Selbstklebeband verwendet werden. Glasfaserstücke können auch mit Aluminium oder Kunststofflaminaten verbunden werden, indem man selbstsichernde Schrauben oder Bolzen nimmt. Falls erforderlich – und um sie wasserfest zu machen –, legt man Glasfaserstückchen auf die Enden der Schrauben. Die Schraubspitzen können in Epoxydkleber getaucht werden.

Reparaturen

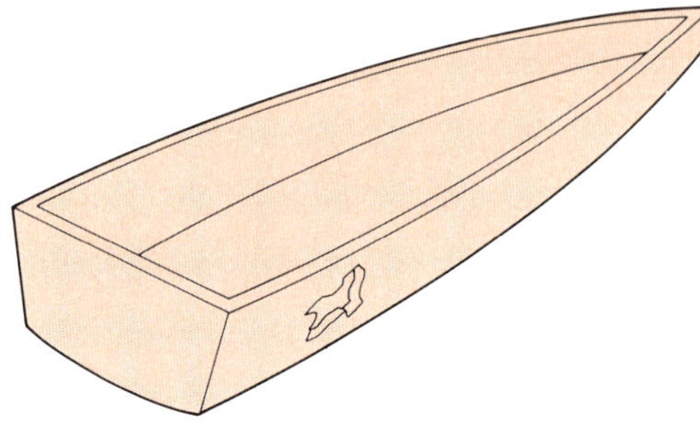

1 *Mit der Feinsäge, einem Bohrer oder einer Feile die beschädigte Glasfaser abschneiden.*

2 *Kanten glattfeilen, von außen ein Stück Zellophan auf das Loch kleben und das Ganze möglichst mit einem flachen Brett unterlegen.*

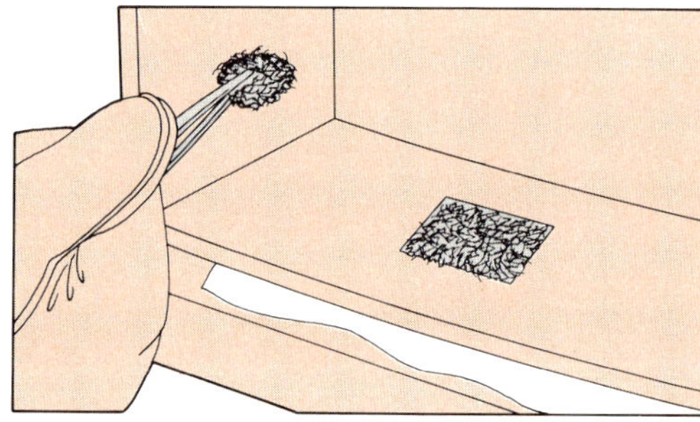

3 *Von der Innenseite aus arbeiten. Das Kunstharz auf das Zellophanpapier pinseln und es antrocknen lassen. Dann Glasfaserstückchen in das Loch legen, um die Schicht aufzubauen. Anschließend das Loch mit einem größeren Glasfaserstück überdecken.*

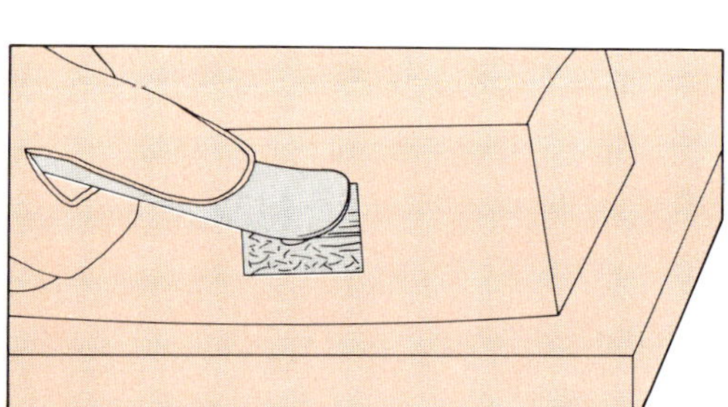

4 *Ist die Reparaturstelle ausgehärtet, werden etwaige Poren auf der Außenseite mit Harzfüller ausgeglichen. Nach dem Trocknen die Fläche mit Naßpapier schleifen und nachpolieren.*

Metalle

Metalle werden in zwei Gruppen gegliedert: reine Metalle wie Kupfer oder Zinn, und Legierungen wie Messing oder Stahl. Die Eigenschaften von reinem Metall bleiben gleich, während sich die der Legierungen dadurch unterscheiden, wieviel sie jeweils von einer Metallart enthalten.
Arbeitstechniken und Materialien, die in diesem Kapitel beschrieben werden, gelten insbesondere für Boots- und Flugzeugmodellbauer und bedingt auch für die Herstellung von Metallfiguren.

Kupfer Kupfer ist ein reines Metall von rötlicher Färbung, das beim Oxydieren eine braune oder grüne Färbung annimmt. Es ist sehr weich, und durch Biegen oder Hämmern wird es jedoch schnell härter. Kupfer hat die höchste Wärmeleitfähigkeit und von allen Metallen (außer Silber) die beste elektrische Leitfähigkeit. Kupfer kann gelötet oder hartgelötet werden.
Kupfer ist in Form von Platten, Stäben, Vierkantstäben oder Rohren, aber auch als Elektroleitungen und -kabel in den verschiedensten Durchmessern erhältlich. Es dient im Modellbau zur Herstellung von Dampf- und Treibstoffleitungen sowie Treibstofftanks für alle möglichen motorgetriebenen Modelle.

Blei Auch dies ist ein reines Metall. Seine Farbe ist silbrig, die beim Oxydieren Grau oder Schwarz wird. Es ist ein weiches Metall mit der größten Dichte (spezifisches Gewicht) aller Metalle (außer Gold) und hat einen sehr niedrigen Schmelzpunkt, wodurch es sehr gut zu bearbeiten ist. Deshalb eignete es sich früher auch zur Herstellung von Bootskielen und kleinen Figuren, die heute meist aus einer Legierung hergestellt werden.
Blei gibt es in Form von Folien und Platten, außerdem kommt es in zahlreichen Legierungen vor, unter denen das Lötzinn (Weichlot) die bekannteste ist.

Aluminium Unter Aluminium versteht man entweder das Metall in seiner reinen Form oder eine der zahlreichen Legierungen mit Aluminium. Reines Aluminium hat eine sehr geringe Dichte, ist von silbriger Farbe, oxydiert weißlich und ist weich. Die Legierung, eine sogenannte Leichtlegierung, hat dieselben Eigenschaften wie Aluminium in seiner reinen Form, außer seiner wesentlich größeren Festigkeit. Obwohl einige Legierungen sehr leicht zu biegen sind, muß man andere zum Biegen erhitzen. Aluminium und seine Legierungen sind sehr schwierig zu löten und zu schweißen.

Zinn Zinn ist ein anderes Reinmetall, das einen niedrigen Schmelzpunkt hat, korrosionsbeständig und von silberner Farbe ist. Es wird als Schutzverkleidung für andere Metalle verwendet und ist einer der Bestandteile von Lötmetall und Bronze. Zinn läßt sich zusammenlöten.
Eine Mischung aus Zinn und Blei dient zum Gießen von Metallfiguren und ist im Handel in Form von Barren und Gießformen erhältlich.

Weißblech Weißbleche sind dünne Platten beziehungsweise Bleche aus Stahl, die auf beiden Seiten mit Zinn überzogen sind, wodurch man sie sehr leicht löten kann. Dieses Metall eignet sich zur Herstellung von Treibstofftanks und Bootskörpern. An den Kanten besteht Rostgefahr, weil dort der Stahl freiliegt.

Zink Zink ist ein silbergraues, korrosionsbeständiges Metall mit niedrigem Schmelzpunkt. Man benutzt es häufig, um andere Metalle, die korrosionsanfälliger sind, zu schützen. Zinküberzogene Metalle nennt man auch galvanisierte Metalle. Zink läßt sich leicht löten und auch gut biegen, wenn es vorher erhitzt wird.

Messing Messing ist ein Oberbegriff für eine ganze Reihe von Legierungen aus den Hauptbestandteilen Kupfer und Zink. Messing ist von mittlerem Gewicht und gelb. Wenn es oxydiert, wird es braun oder grün. Festigkeit und Härte sind sehr groß, was von der Legierung und der Art der Herstellung abhängt. Messing ist für Maschinen und tragende Teile gut geeignet. Messingteile lassen sich löten, hartlöten und schweißen.
Messing ist in Rund- oder Vierkantstäben, als Platten (quadratisch und sechseckig), als runde oder halbrunde Barren und als Leisten im Handel erhältlich.

Bronze Der Name Bronze gilt für verschiedene Legierungen aus Kupfer und Zinn. In Farbe und Zusammensetzung ähneln sie Messing; sie sind ziemlich korrosionsfest und werden meist im Schiffsmodellbau für Zubehörteile verwendet. Die meisten Bronzelegierungen können verlötet und verschweißt werden.

Gußeisen Gußeisen wird in Stabform angeboten, wobei das Material einen relativ hohen Anteil an Kohlenstoff enthält. In der üblichen Handelsform ist Gußeisen ziemlich weich und brüchig, eignet sich aber dennoch sehr gut zur Herstellung von Konstruktions- und Maschinenteilen und wird daher auch entsprechend häufig verwendet.

Stahl Die Bezeichnung „Stahl“ gilt für eine Reihe von Legierungen aus Eisen und Kohlenstoff mit anderen Metallen. Durch Hitze und Veränderung der Bestandteile dieser Legierung werden unterschiedliche Eigenschaften erreicht. Weicher Stahl enthält einen kleinen Anteil Kohlenstoff, ist silbergrau und relativ weich. Er kann gut gelötet und verschweißt werden. Wenn es auf möglichst wenig Gewicht ankommt und keine allzu große Festigkeit erforderlich ist, bietet sich der Weichstahl als Allzweckstahl an. Es gibt ihn in einer ganzen Reihe von Handelsformen bis hin zum galvanisierten Draht. Kohlestahl hat einen höheren Anteil Kohlenstoff als Weichstahl. Er ist ein sehr hartes, sprödes Metall, das durch mehrmaliges Erhitzen unter ganz bestimmten Bedingungen gehärtet werden kann. Hartstahl ist gut zu löten, hartlöten und schweißen und wird für Spielzeug und stark belastbare Einzelteile verwendet.
Silberstahl ist ein spezieller, stark kohlenstoffhaltiger Stahl, der manchmal mit Chrom legiert ist. Er ist meist nur in Standardlängen von Rund- und Vierkantstäben erhältlich.
Stahllegierungen sind Kohlenstoffstähle mit Zusätzen, die die Festigkeit und die Korrosionswiderstände erhöhen.
Rostfreier Stahl enthält Zusätze von Nickel und Chrom, kann gelötet und geschweißt werden, wobei Hitze jedoch seine Korrosionsbeständigkeit verringert. Rostfreie Stähle sind schwieriger zu bearbeiten als gewöhnlicher Stahl.

Anzeichnen auf Metall

Um eine gerade Linie zu markieren, werden ein Stahllineal und eine gehärtete Reißnadel aus Stahl benutzt. Damit sich die eingeritzte Linie deutlich vom Metall abhebt, reibt man etwas Graphit hinein. Um zwei parallele Linien zu ziehen, nimmt man der Einfachheit halber einen feststellbaren Stechzirkel. Das Lineal kennzeichnet den Verlauf der neuen Linie: Die eine Spitze des Zirkels wird durch die alte Linie, die andere am Lineal vorbei gezogen.

Zirkel und Stechzirkel eignen sich auch, um Kurven auf Metall zu zeichnen. Der Mittelpunkt wird mit einem Körner angeschlagen. Man kann auch ein Stück Klebeband auf das Metall kleben, damit der Zirkel einen nicht verrutschbaren Drehpunkt erhält. Um ein Quadrat zu markieren, benutzt man eine Reißnadel (siehe Seite 34). Um eine runde Form anzuzeichnen, geht man wie bei der Verlängerung eines Flugzeugrumpfes vor (siehe Seite 111). Man kann das Metallstück auf eine Unterlage stellen und legt den Markierungsstift auf einen Holzklotz, so wie es die untenstehende Zeichnung zeigt. Kleine Justierungen der Höhe des Metallstücks erfolgen durch Pappstreifen oder Blechstücke, die man unterlegt.

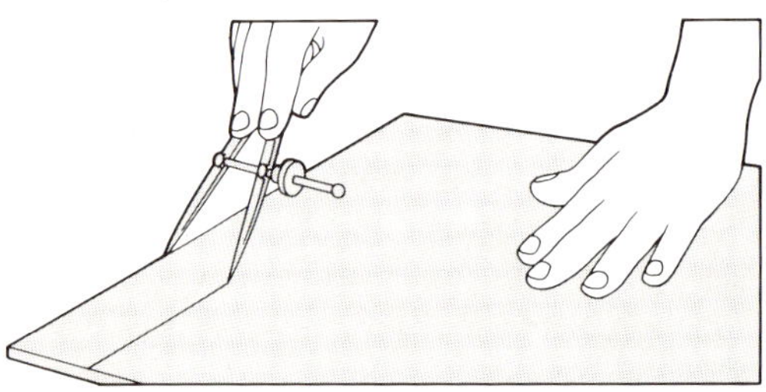

Zeichnen einer Linie parallel zur Kante *Ein Schenkel des Stechzirkels fährt die Kante entlang, der zweite Schenkel ritzt die Markierungslinie.*

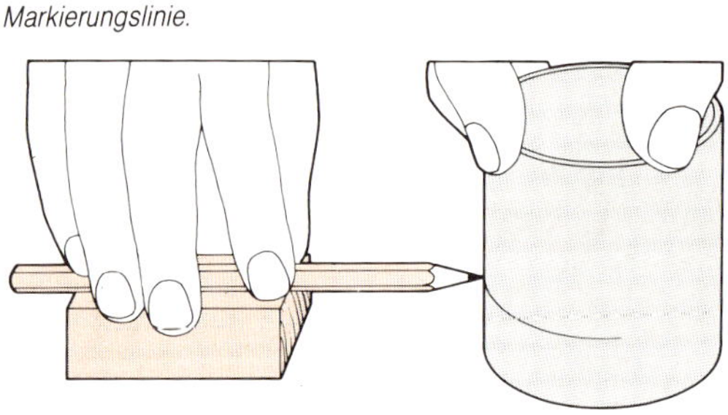

Anzeichnen auf einem runden Werkstück *Bleistift (oder Reißnadel) wird mit einer Hand festgehalten, die andere dreht das Werkstück.*

Biegen von Metall

Um einen scharfen, zum Beispiel rechtwinkligen Knick in Metall zu erhalten, klemmt man es in einen Schraubstock zwischen zwei Holzblöcken, deren Kanten die Knicklinie angeben. Am besten nimmt man einen Holzhammer, um das Metall zur Seite zu schlagen. Ist kein Holzhammer zur Hand, geht es auch mit Hammer und einem Holzklotz.

Um ein langes Stück Metall zu biegen, nimmt man „G"-Zwingen. Man fängt an einem Ende an und arbeitet sich vor. Wichtig ist, immer nur ein Stück zu biegen, nie auf einmal versuchen, die ganze Länge zu krümmen. Wenn die Biegung nicht rechtwinklig ist oder in sich gekrümmt sein muß, fertigt man am besten vorher eine Schablone an. Hat man es mit „elastischem" Metall zu tun, muß man den Biegewinkel zuerst etwas größer als erforderlich machen. Das Metall federt dann etwas zurück, und der gewünschte Knick ist erreicht. Dünne Drähte lassen sich sehr gut freihändig mit der Zange biegen; dabei nimmt man den Draht in die eine, die Zange in die andere Hand. Für kurze Stücke, wie sie oft beim Modellbau gebraucht werden, nimmt man zwei Zangen, die eine zum Halten, die andere zum Biegen. Damit die Krümmung exakt wird, preßt man die beiden Klauen der Zange so fest wie möglich zusammen.

Dicke Drähte oder dünnere Stäbe spannt man in den Schraubstock. Damit die Biegung rund wird, benutzt man einen Hammer. Wenn man den Draht damit über die Schraubstockbacken schlägt, hat man auch die ständige Kontrolle, ob die Krümmung gleichmäßig wird. Will man eine besonders geformte Kurve herstellen oder eine Krümmung wiederholen, macht man sich vorher eine Biegelade. Man nimmt dazu einen Metallbolzen, dessen Durchmesser etwas kleiner als der innere Durchmesser der beabsichtigten Krümmung ist. In eine Hartholz- oder Sperrholzplatte wird ein Loch gebohrt, in das der Bolzen so eingesetzt wird, daß er dann stramm sitzt. Die gewünschte Krümmung wird auf der Platte angezeichnet, so daß man sie beim Biegen nach der Markierung richten kann. Wenn man eine Reihe von aufeinander folgenden Krümmungen braucht, setzt man erst einen Zapfen in die Platte, biegt, schlägt dann den nächsten Zapfen ein und so weiter. Von Hand wird das Werkstück nötigenfalls so gebogen, daß alle Krümmungen in einer Ebene liegen. Ist der Draht zu steif, klemmt man ihn in die Zwingen und nimmt einen Holzklotz zu Hilfe, um ihn in die andere Richtung zu verbiegen. Soll eine Spirale entstehen, biegt man den Draht mehrere Male eng um ein und denselben Metallbolzen.

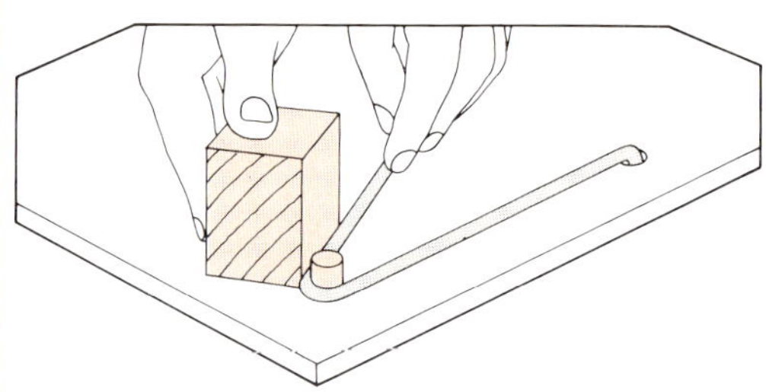

Gebrauch einer Biegelade *In die Bodenplatte ein Loch bohren, darin ein Ende des zu biegenden Stabes einhaken. Der Draht oder Stab muß so lang wie möglich gelassen werden, damit eine gute Hebelwirkung erzielt wird. Um den Draht fest gegen den Bolzen aus Metall zu pressen, ist ein Holzblock nötig.*

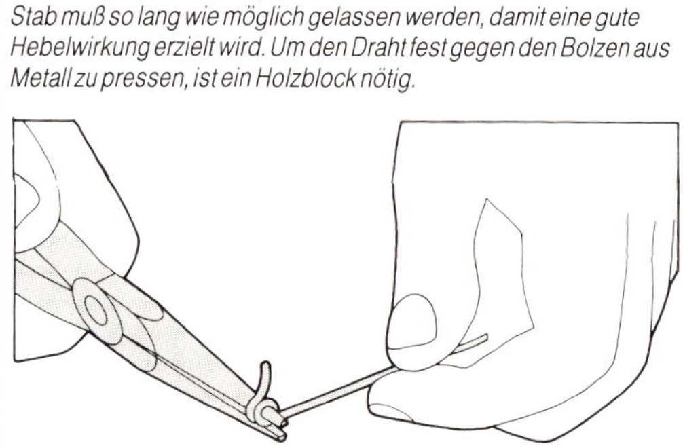

Bilden einer Öse *Eine langschnäblige Spitzzange benutzen. Eine Hand hält den Draht, während mit der Zange gedreht wird. Die letzten Feinheiten besorgt der spitze Zangenschnabel.*

Schneiden von Metall

Beim Schneiden von Metallplatten oder Blech müssen Schutzhandschuhe getragen werden. Sehr dünne Metallplatten wie dünne Bleche und Folien können mit der Blechschere geschnitten werden. Dabei muß die Schere senkrecht, das heißt in diesem Fall „aufrecht" gehalten werden. Man schneidet korrekt entlang der vorgezeichneten Linie. Dabei werden die beiden Schneiden der Schere in der vollen Länge ausgenutzt, allerdings wird die Schere nie vollständig geschlossen, denn das würde Scharten ergeben.
Für dickere Bleche verstärkt man die Hebelkraft der Schere dadurch, daß man sie in einen Schraubstock spannt. Doppelschnittscheren, sogenannte Knabber, schneiden einen geraden, schmalen Streifen aus dem Metall heraus, wobei auf beiden Seiten das Material flach und nicht verbogen stehen bleibt.
Man sollte immer auf der „Abfallseite" schneiden, also auf der „falschen" Seite der Markierungslinie, damit auf der „richtigen" Seite das Werkstück nicht beschädigt wird.
Dickes Metall sollte mit einer Eisensäge geschnitten werden. Das Stück wird zum Schutz vor Kratzern zwischen zwei Holzstücke in den Schraubstock gespannt. Deren Kanten sollen so nahe wie möglich an die Schnittlinie reichen. Für dünnere Metalle nimmt man ein feingezacktes Sägeblatt. Falls nötig, hält man die Säge so winklig, daß mindestens drei Zähne zugleich anpacken. Auf diese Weise kann sich das Blatt nicht verklemmen. Man sägt mit ruhigen, gleichmäßigen Bewegungen, wobei nur beim Vorwärtsschub Druck ausgeübt wird. Die Schnittfläche wird anschließend mit einer Feile geglättet.
Bei tieferen Schnitten wird das Werkstück gedreht, so daß der Spannbogen der Säge nicht hinderlich ist. Beim Sägen faßt eine Hand den Bogen zur Führung, so daß der Schnitt gerade bleibt.
Soll der Sägeschnitt besonders breit ausfallen, spannt man mehrere Sägeblätter nebeneinander in den Sägebogen.
Beim Schneiden von Vierkantstäben oder -hohleisen wird der Schnitt auf allen vier Seiten begonnen. Nach jedem erfolgten Schnitt dreht man das Werkstück von sich weg, dann folgt die anschließende Seite, auf diese Weise hat man immer den korrekten Anfang für den folgenden Schnitt. Das innere Stück des Metalls wird von dort weggesägt, wo man den ersten Schnitt angesetzt hatte.
Beim Schneiden dünner Aluminiumrohre nimmt man die Spitze einer Messerklinge. Man preßt das Messer auf das Rohr und dreht es mit dem Ballen der anderen Hand von sich weg, bis die Schnittlinie die ganze Rundung erreicht hat. Nachdem die Schnittlinie überall gleichmäßig tief genug ist, kann man das Rohr von Hand durchbrechen. Die rauhen Schnittflächen werden mit Messer oder Feile geglättet.
Die meisten Drähte können mit der Zange durchgeschnitten werden. Man nimmt dazu den Seitenschneider, wobei man entweder nur die vorderen Schnittflächen benutzt oder die Zange ganz öffnet und mit den inneren, verstärkten Schnittbacken schneidet. Manchmal läßt sich Draht, zum Beispiel Klaviersaiten, nicht mit der Zange durchkneifen. In dem Fall spannt man ihn in den Schraubstock und sägt ihn direkt oberhalb der Klemmbacken mit der kleinen Eisensäge durch. Sehr dünne Drähte kann man mit dem Messer oder sogar mit der Nagelschere schneiden.

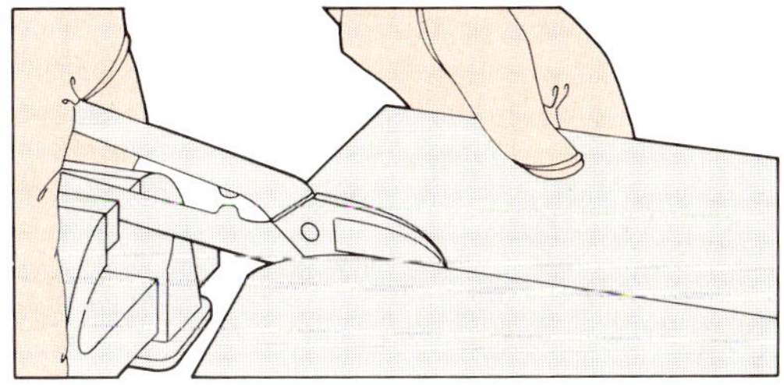

Schneiden von Metallplatten mit der Blechschere *Wenn der Druck verstärkt werden muß, wird die Schere in den Schraubstock gespannt; der freie Griff braucht nur herabgedrückt zu werden, während die zweite Hand das Werkstück hält.*

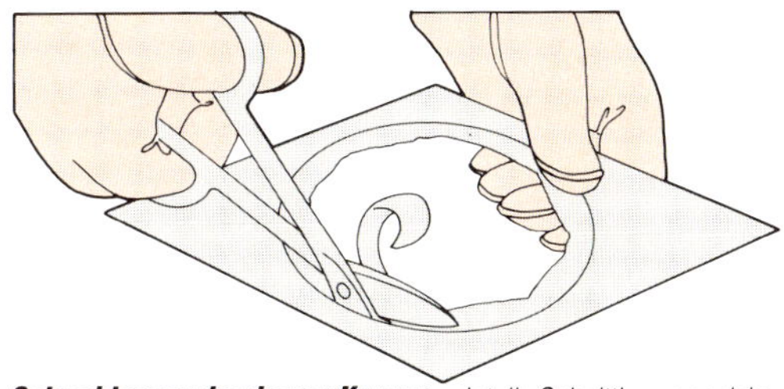

Schneiden von konkaven Kurven *Ist die Schnittkurve nach innen gekrümmt, benutzt man eine Kreisschere, deren Schneiden gekrümmt sind. Ist sie nicht zur Hand, schneidet man mit einer Säge.*

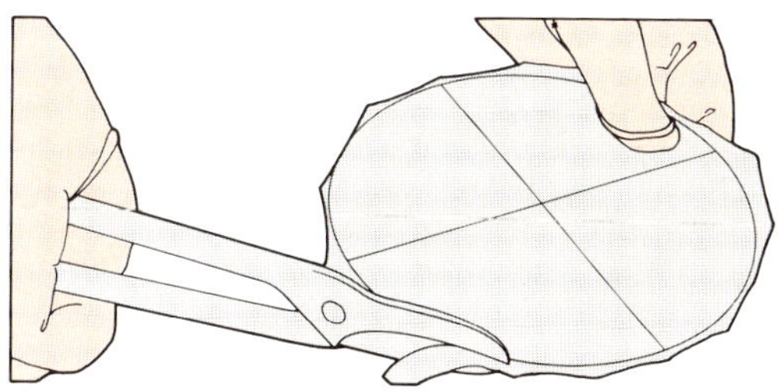

Schneiden von konvexen Kurven *Von den überstehenden Rändern soviel wie möglich wegnehmen. Den Rest schneidet die Blechschere ab. Dabei versuchen, den Abfall in einem einzigen Stück abzuschneiden, da dies einen glatteren Rand ergibt.*

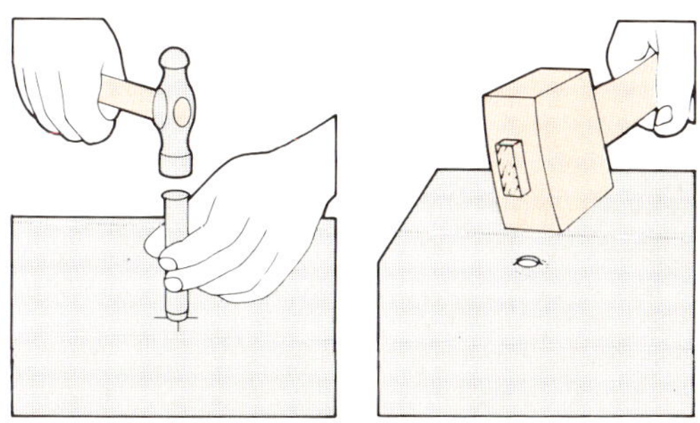

Benutzung des Lochstanzers *Den Stanzer in Position bringen; wichtig ist dabei, daß er genau die Mitte trifft. Mit einem einzigen, starken Hammerschlag die Platte durchschlagen.*
Rings um das Loch verbiegt sich das Metall. Es wird auf eine Hartholzunterlage gelegt und mit dem Holzhammer wieder glattgeklopft. Statt dessen kann man sich auch mit einem normalen Hammer und einem Holzklotz behelfen.

Bohren in Metall

Für Metall nimmt man immer einen Hochgeschwindigkeitsbohrer. Vor dem Bohren markiert man mit einem Körner den Mittelpunkt des Bohrloches, denn so kann der Bohrer nicht mehr verrutschen. Der Körner sollte dabei einen stumpferen Winkel als der Bohrer haben, um zu verhindern, daß der Bohrer beim Ansetzen im Werkstück festklemmen kann. Bevor das Bohrloch angekörnt wird, sollte es exakt angezeichnet werden.
Benutzt man beim Bohren eine elektrische Maschine, hält man sie immer mit beiden Händen. Das Werkstück sollte dabei in einen Schraubstock oder in „G"-Zwingen eingespannt werden.
Wird in Aluminium gebohrt, schmiert man mit Paraffin, andere Metalle verlangen als Schmiermittel gewöhnliches Öl, außer Messing, das nicht geschmiert zu werden braucht.
Will man ein großes Loch in ein dickes Metallstück bohren, bohrt man zunächst kleine Löcher, die dann schrittweise erweitert werden. Es ist dabei darauf zu achten, daß genügend Schmiermittel verwendet wird, da sich sonst Werkstück und Bohrer zu sehr erhitzen.

Mechanische Befestigung bei Metall

Schrauben, Muttern, Bolzen

Selbstschneidende Schrauben werden speziell zum Verschrauben von Blechen hergestellt; man nennt sie daher meist auch Blechschrauben. Durch beide Bleche zugleich wird ein Loch gebohrt. Die Schraube dreht sich beim Anziehen ihr Gewinde selbst.
Soll eine Verbindung eventuell später wieder gelöst werden, nimmt man Schrauben mit Bolzen und Muttern. Sechseckige Mutterkopfschrauben zeigt die Abbildung unten, Maschinenschrauben wurden schon auf Seite 40 vorgestellt.
Damit eine Mutter sich nicht von selbst löst, gibt es verschiedene Möglichkeiten. Man kann das überstehende Gewinde mit Farbe streichen, oder man legt eine Profilscheibe unter. Man kann auch den Schraubbolzen durchbohren und die Mutter dann mit einem Splint sichern. Eine andere Methode ist die, daß zwei Muttern übereinander fest angezogen werden und sich gegenseitig am Lösen hindern. Schließlich gibt es im Handel auch speziell selbstsichernde Muttern, bei denen eine Einlage aus Nylon oder Kunstharz zwischen Muttern und Gewindebolzen eingeklemmt wird und ein Drehen der Mutter verhindert.

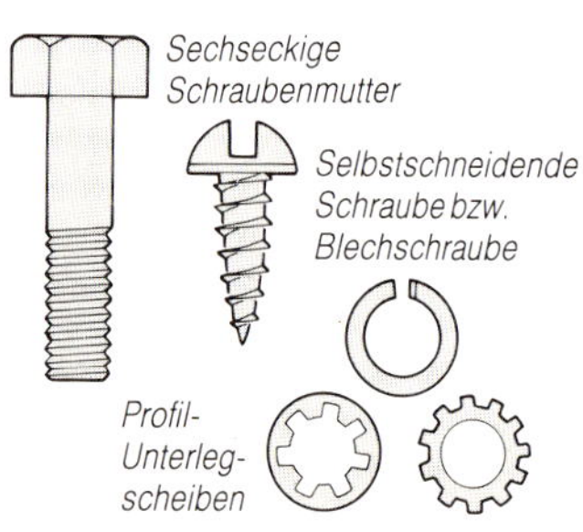

Nieten werden aus weichem, verformbarem Metall hergestellt. Man kann damit Metallplatten verbinden. Es gibt sie als Rundkopf- und als Flachkopfnieten. Für Rundkopfnieten gilt die Arbeitsmethode, wie sie in der untenstehenden Abbildung gezeigt wird. Dann wird der Kopf abgeflacht und geglättet. Sogenannte Blind- oder Popnieten werden verwendet, wenn man Teile verbindet, die nur von einer Seite her zugänglich sind. Sie werden mit einer speziellen Nietzange (Pop- oder Nietpistole) gesetzt. Durch beide Platten wird ein Loch gebohrt, die Niete in die Nietzange eingesetzt. Dabei steckt die Niete auf einer Art Dorn. Preßt man nun die beiden Schenkel der Nietzange zusammen, zieht der Schließdruck den Dorn hoch, und der Schaft der Niete wird breitgepreßt. Die Länge zwischen Niete und der Gegenseite sollte nicht kleiner sein als der doppelte Nietdurchmesser.

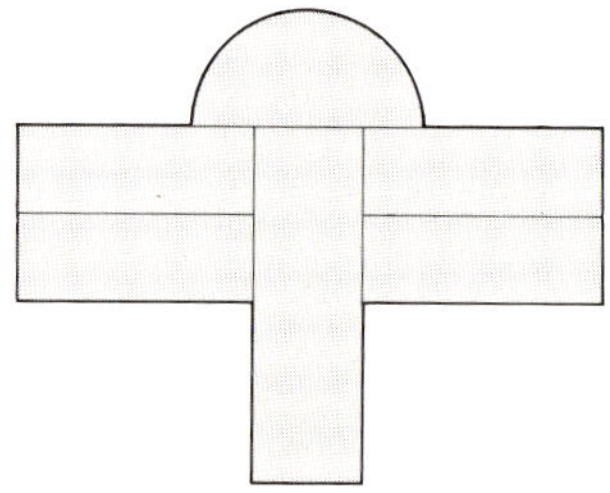

Verbindung mit Rundkopfniete *Die Metallplatten zusammenpressen und durch beide ein Loch bohren. In das Loch die Niete einsetzen. Man achte darauf, daß die Niete um das Anderthalbfache seines Durchmessers übersteht.*

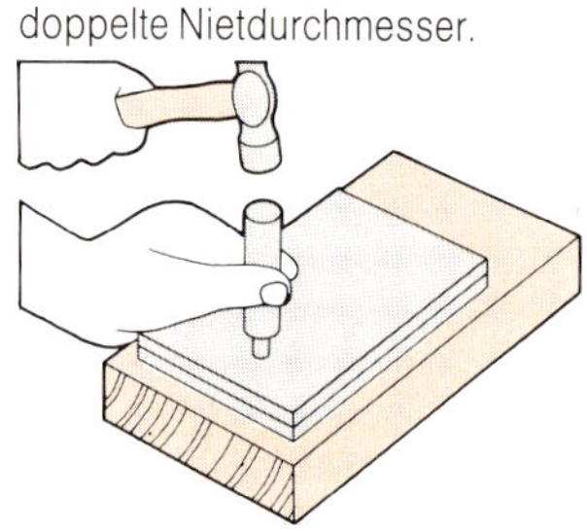

Das Werkstück umdrehen, der Nietkopf liegt auf einer Hartholzplatte auf. Von oben ein Röhrchen über den Nietschaft stülpen, darauf mit dem Hammer schlagen, dadurch werden die beiden Metallplatten zu einer engen Verbindung zusammengepreßt.

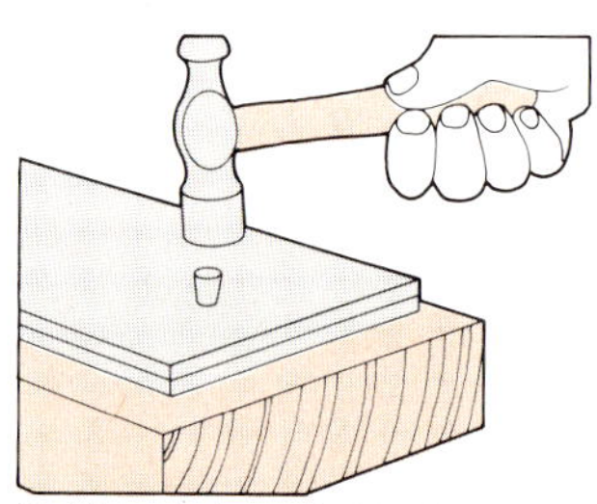

Die Niete mit einem Flachkopfhammer anschlagen.

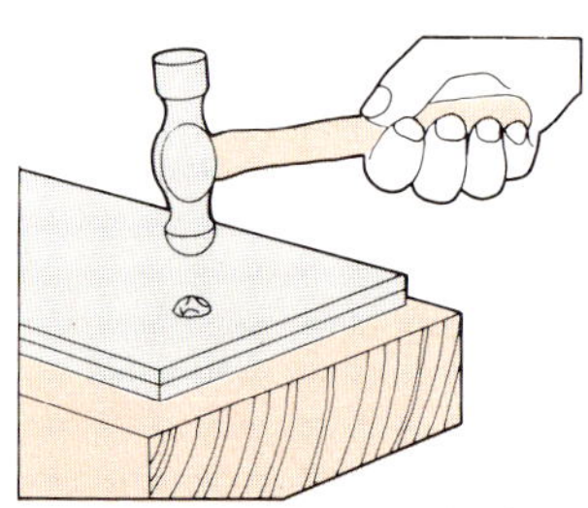

Den Nietkopf mit einem Kugelkopfhammer breitschlagen.

Löten von Metall

Löten nennt man das Verbinden zweier Metallstücke durch eine flüssige Metallegierung, das Lötmetall. Das Lötmetall hat dabei einen niedrigeren Schmelzpunkt als die beiden zu verbindenden Teile. Lötmetalle bestehen meist aus Blei und Zinn, man kann damit Messing, Kupfer, Stahl und Zinn verbinden.

Um Lötzinn zu schmelzen, gebraucht man meist einen Lötkolben. Er muß für die zu bearbeitende Fläche stark genug sein. Die meisten Lötkolben sind heute elektrisch und von 15 bis 240 Watt Leistungsaufnahme erhältlich. Vereinzelt gibt es noch Lötkolben, die mit Haushalt- oder mit Propangas beheizt werden. Damit das Metall vor dem Löten frei von jeder Oxydschicht ist, muß man auf beide Lötflächen zuvor ein Flußmittel auftragen. Hier gibt es zweierlei Flußmittel: aktive und passive. Aktives Flußmittel gibt es im Handel in flüssiger Form oder als Paste, es reinigt die Oberflächen und löst den Oxydbelag. Nach dem Lötvorgang entfernt man es mit heißem Wasser, sonst korrodiert das Metall. Passives Flußmittel verhindert die Oxydation und wird dort verwendet, wo man nach dem Löten nicht oder nur sehr schwierig mit Wasser die Lötstelle abwaschen kann, beispielsweise an Elektrokabeln. Es ist als Harzkern im Lötdraht erhältlich, aber auch in reiner Form als Flüssigkeit oder Paste. Bevor man Flußmittel aufträgt, muß die Lötstelle immer erst mechanisch gereinigt werden. Besonders beim Gebrauch von passivem Flußmittel ist besondere Sorgfalt erforderlich. Die Flächen werden mit Schmirgelleinen poliert, und jede Berührung mit den Fingern muß unbedingt vermieden werden.

Wenn das Flußmittel aufgetragen worden ist, müssen die Spitze des Lötkolbens sowie die beiden zusammenzulötenden Flächen mit einer dünnen Schicht Lötzinn versehen werden. Dann werden die beiden Teile zusammengefügt. Dieser Arbeitsgang ist das „Verzinnen".

Wenn die beiden Flächen verbunden sind, wird das Lötzinn erneut mit dem Lötkolben erhitzt, dabei muß sich entlang der Lötnaht das Zinn gleichmäßig verteilen. Kann der Lötkolben nicht genug Hitze entwickeln, schmilzt das Lötzinn nicht vollständig und bildet Kristalle. Wenn man aber mit einer Gasflamme über die Stelle streicht, kann man dem Vorgang etwas nachhelfen. Sollten sich dabei Lotperlen bilden, ist die Arbeit meist mißglückt.

Während die Lötstelle erkaltet, sollte das Werkstück zusammengepreßt bleiben. Um die Reste des aktiven Flußmittels zu beseitigen, wird dann das Stück unter fließendem Wasser abgebürstet.

Löten

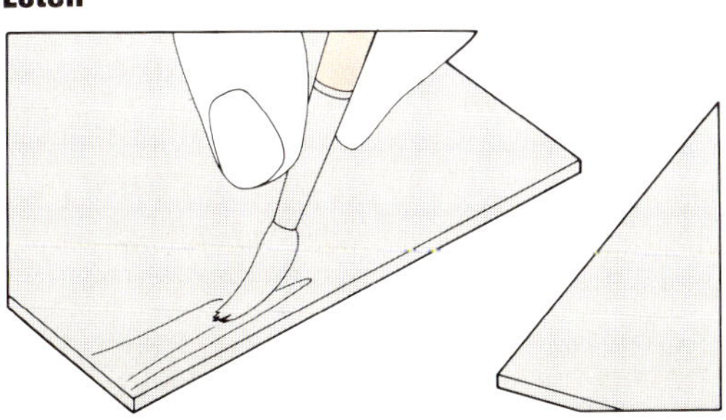

1 Die Oberfläche reinigen und mit einem Flußmittel bestreichen (Pinsel oder Metallstab dazu nehmen)

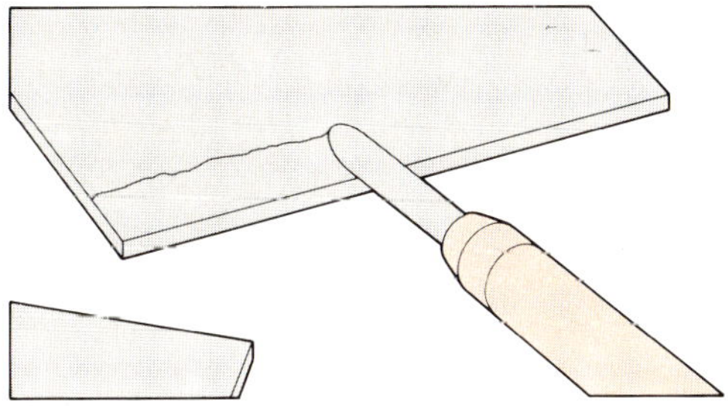

2 Nun beide Flächen „verzinnen". Den heißen Lötkolben in Flußmittel tauchen, dann den Lötzinn an die Kolbenspitze halten. Ein gleichmäßiger Überzug von Lötzinn wird mit dem Lötkolben auf der gesamten Lötfläche verteilt, wobei die notwendige Menge Lötzinn jeweils auf die Kolbenspitze gegeben wird. Die beiden Werkteile zusammensetzen und mit Zwingen verbinden.

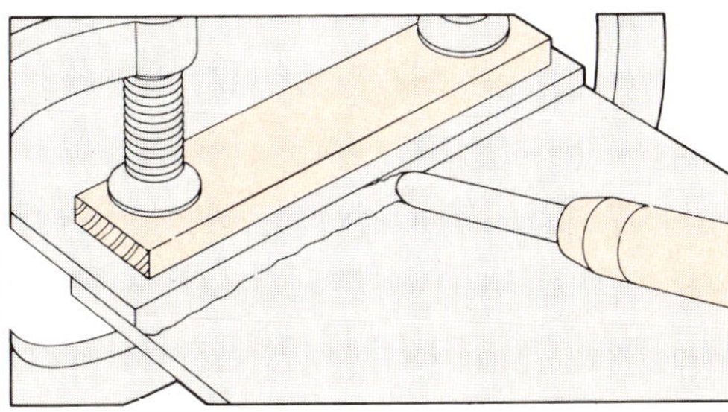

3 Der Lötkolben fährt die Naht entlang, um das Lötzinn wieder zu erhitzen und erneut schmelzen zu lassen. Während des Erkaltens bleibt das Werkstück unter Druck.

Löten eines Flugzeugfahrwerks aus Draht

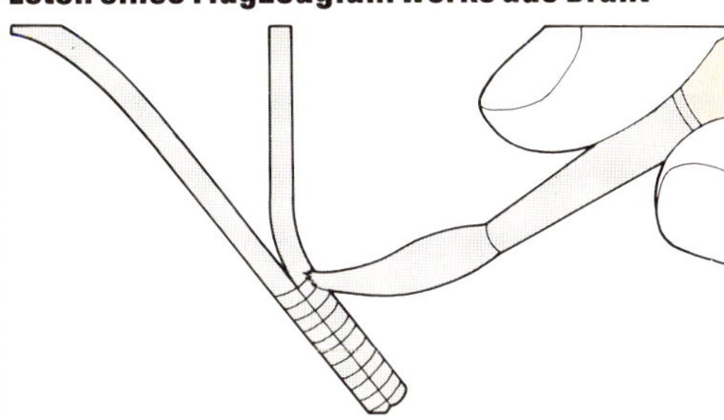

1 Mit Schmirgelleinen den Fahrgestelldraht und ein Stück Klingeldraht säubern. Die Verbindungsstelle mit dem Klingeldraht fest umwickeln. Dann Flußmittel hinzugeben.

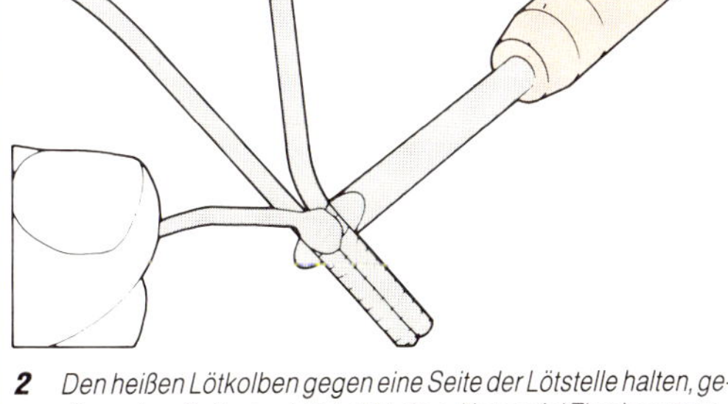

2 Den heißen Lötkolben gegen eine Seite der Lötstelle halten, gegen die andere Seite den Lötdraht halten. Nur soviel Zinn benutzen, wie für die Verlötung der Drähte nötig ist. Die fertige Verbindung mit heißem Wasser reinigen.

Hartlöten

Der Arbeitsablauf ähnelt dem Weichlotverfahren. Doch hier müssen Lötlegierungen mit höherem Schmelzpunkt verwendet werden. Um die größere Hitze zu erzeugen, ist eine Lötlampe nötig. Hartlöten ergibt festere Verbindungen als das gewöhnliche Weichlöten. Die Arbeitstechniken sind dieselben, unterschiedlich sind lediglich die Lötlegierungen. Es gibt eine ganze Reihe davon, die man jeweils nach dem Grad ihrer Schmelzpunkte auswählt. Silberlotdraht, zum Beispiel, enthält bis zu 60 Prozent Silber und schmilzt bei ungefähr 600 Grad Celsius. Für diese Legierungen nimmt man gewöhnlich ein aktives Flußmittel. Man sollte immer nur das Flußmittel nehmen, das speziell für das verwendete Lot empfohlen wird.
Zuerst wird die Lötstelle gründlich gereinigt, dann wird das Flußmittel mit Wasser zu einer Paste gemischt und auf die Lötstelle aufgetragen, dann werden die beiden Werkstücke zusammengefügt. Sie sollten so eng wie möglich zusammenpassen und außerdem mit Zwingen zusammengepreßt oder wenigstens mit Draht fest zusammengebunden werden. Außerdem empfiehlt es sich, das Werkstück zwischen Schamottesteine zu packen, damit möglichst wenig Hitze abgeleitet wird. Mit einer Gasflamme wird die Lötstelle erhitzt. Wenn das Flußmittel geschmolzen und auseinandergeflossen ist, wird die heiße Lötstelle mit dem Hartlot bestrichen. Das Lot sollte so wegschmelzen, daß es in alle Spalten und Ritzen eindringt.

Metallgießen

Jeder Modellbauer möchte vielleicht einmal kleine Figuren aus Metall oder einen Ballastkiel für ein Segelboot selbst gießen. Dazu kann man einen Gegenstand aus Holz oder Keramik als Reproduktion in Metall anfertigen. Für einfache Formen gibt es auch relativ billige Gußformen aus Holz oder Gips.

Herstellen einer Gießform aus Silikongummi Zuerst besorgt man sich eine Kiste aus Sperrholz ohne Deckel. Man bedeckt den Boden mit einer etwa 12 mm dicken Schicht Knetmasse und drückt das Muster hinein, von dem man einen Abguß machen will. Sorgfältig wird die Knetmasse bis an die Seitenkanten des Musterstücks aufgefüllt. Es kommt darauf an, daß das Musterstück zu zwei gleichen Hälften auf zwei halbe Gießformen verteilt wird. In jeder Form muß die Hälfte des Musters sein. Damit die Gießform später in zwei symmetrische Hälften zu öffnen ist und um eine Öffnung zu behalten, durch die man das Metall eingießen kann, preßt man ein abgeschnittenes T-Stück gegen die Grundplatte des Musters. Um sicherzugehen, daß das Gießmetall auch jeden Winkel der Gießform erreicht, legt man kleine Wülste aus Knetmasse, sogenannte „Läufer", von der Bodenplatte aus hin zu den Extremitäten des Musters wie zum Beispiel den Gliedmaßen einer Figur. In den gegenüberliegenden Ecken der Kiste werden ganz einfach mit einer Bleistiftspitze oder einem ähnlichen Werkzeug Kerben gemacht. Dadurch wird später garantiert, daß die beiden Hälften der Gußform genau übereinandersitzen.
Der nächste Schritt ist das Herstellen der Gußform. Ein Lösungsmittel aus fünf Prozent Vaseline und 95 Prozent Terpentin oder Mineralöl wird angesetzt. Man stellt den Behälter in heißes Wasser und rührt so lange, bis sich die Vaseline auflöst (diese Mischung kann in einem Gefäß mit Schraubverschluß aufbewahrt werden, vor Gebrauch muß aber die Vaseline jedesmal neu aufgerührt werden). Nun wird etwas von dieser Lösung gleichmäßig auf die Knetmasse gestrichen, am besten mit einem Pinsel. Auch die Musterfigur und die Innenwände der Kiste werden bestrichen. Um Luftblasen zu vermeiden, wird die erste Schicht Gummi mit einem Pinsel aufgetragen, dann schüttet man die Gummimasse vorsichtig in eine Ecke der Kiste. Man füllt etwa eine Schicht von 20 mm ein. Wenn das Gummi steif geworden ist, dreht man die Kiste um und schält die Knetmasse heraus. Darunter kommen das Musterstück und die Gummigießform zum Vorschein. Auch sie werden herausgenommen und gereinigt, dann wieder in die Kiste gelegt. Die Durchlaßöffnung zum Metallgießen und die „Läufer" werden wieder an ihre vorgesehene Stelle gebracht, dann wird die Lösung und danach das Gummi für die andere Hälfte der Gießform hinzugegeben. Nach dem Abbinden trennt man beide Formhälften und reinigt sie gründlich.

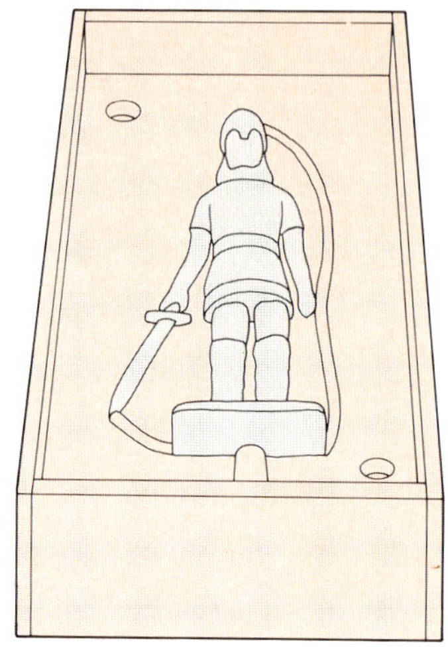
Stufe 1

Stufe 2

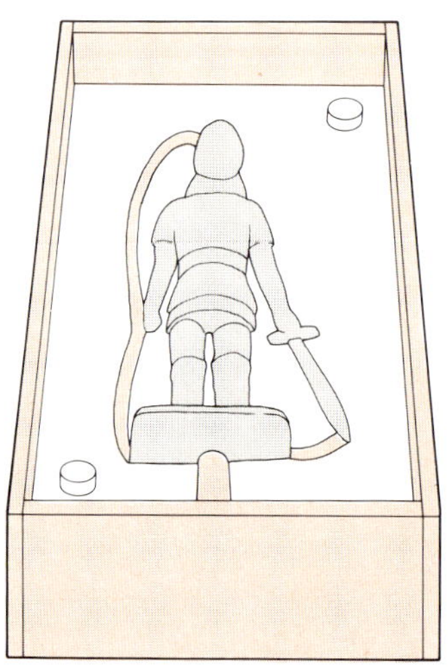
Stufe 3

Gießen einer Gummiform Um die Form zum Gießen vorzubereiten, wird sie mit Talkum eingepudert. Damit auch die tiefer liegenden Ecken bestäubt werden, nimmt man einen Baumwollball oder eine Puderquaste. Um überflüssiges Talkum zu entfernen, klopft man beide Hälften leicht gegeneinander. Zwischen zwei Stükke Hartholz wird die Form in den Schraubstock gespannt. Damit die Teile nicht oben auseinanderklaffen, nimmt man zusätzlich zwei „G"-Zwingen, denn flüssiges Metall würde sonst durch die kleinsten Ritzen nach draußen dringen.

Das zu schmelzende Metall wird in kleine Stücke geschnitten und kommt in einen Schöpflöffel, der am besten eine Ausgußtülle haben sollte. Über einer Gasflamme wird er erhitzt; sobald es sich verflüssigt, gießt man es in die Form. Man läßt es ein oder zwei Minuten erkalten und nimmt dann den fertigen Guß aus der Form heraus.

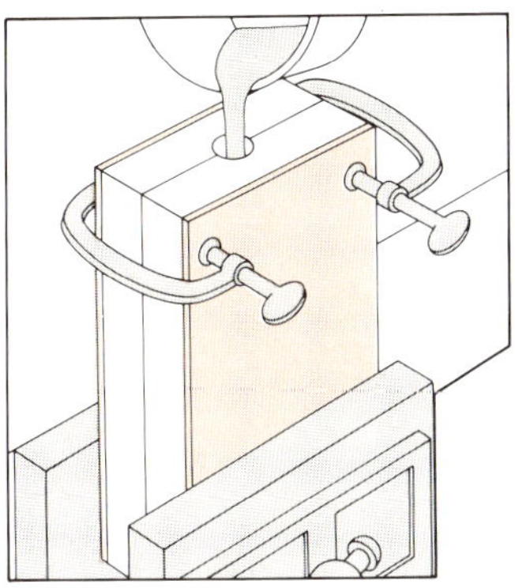

Gebrauch der Gummiform *Das heiße Metall sorgfältig in die Gießform gießen. Damit das Metall auch in die Ecken kommt, die Seiten zusammenpressen.*

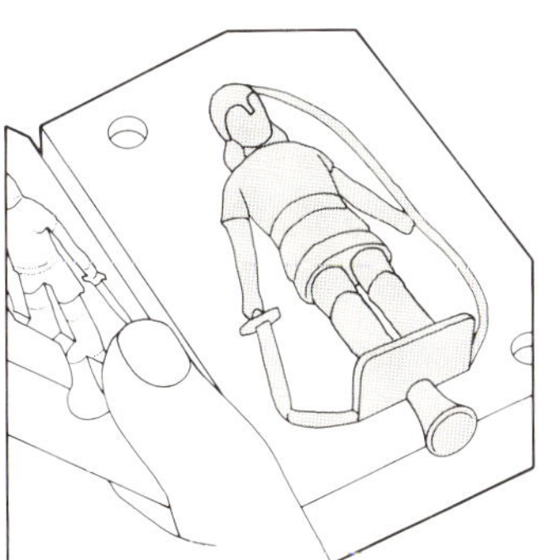

Das Oberteil der Form abheben. Mit einer Zange die gegossene Form herausnehmen. Das geht leichter, wenn man die Gummiform etwas verbiegt. Mit einer feinen Eisensäge die Gußnoppen so eng wie möglich an der Figur abschneiden.

Gießen in Gipsform Große und einfache Formen, wie beispielsweise Ballastkiele für Schiffe, sind billiger und einfacher in Gipsformen zu gießen. Die Gußform entsteht wie eine Form aus Silikongummi, nur mit einem Unterschied: Genau wie die Eingußöffnung für das heiße Metall wird an der Oberseite der Form eine zweite Öffnung gemacht, der sogenannte Abzug. Durch diese Öffnung nämlich kann Luft entweichen, damit das Metall in jeden Winkel dringen kann.

Wichtig ist, daß die Gipsform vor dem Gießvorgang vollkommen trocken ist, sonst wird das verbleibende Wasser durch das einströmende heiße Metall plötzlich erhitzt, und es bilden sich beim Gießen Luftblasen. Es besteht sogar die Gefahr, daß die Luft sich derartig schnell erhitzt und ausdehnt, daß sie das heiße Metall die Gußlöcher hinauspreßt und die Gußform beschädigt. Um dieses Risiko so gering wie möglich zu halten, sollte man trockenen Sand und Gipspulver im Verhältnis 50 zu 50 mischen und dem Wasser, mit dem man den Gips anrührt, etwas Gelatine zufügen. Das verzögert die Abbindezeit und ergibt auch eine festere Formmasse. Die Form wird dann noch etwa zwei Stunden lang in einem Ofen bei 140 Grad Celsius getrocknet.

Die Form wird mit einer Zwinge zwischen zwei Hartholzstücke gespannt und aufrecht gestellt. Ein Lösungsmittel ist nicht erforderlich, wenn man in einer Gipsform Blei gießen will. Man gibt Bleistücke in eine alte Pfanne aus Eisen, die am besten eine Ausgußnase besitzen sollte. Nun wird das Blei auf annähernd 400 Grad erhitzt (wobei man selbstverständlich immer Schutzhandschuhe trägt). Ob die richtige Gießtemperatur schon erreicht ist, kann man an der Oberfläche des Metalls erkennen. Bei 400 Grad Celsius oxydiert Blei nur sehr langsam. Wenn man von der Oberfläche des flüssigen Metalls mit einem alten Löffel etwas Blei abschöpft, dauert es eine ganze Zeit, ehe sich das Metall verfärbt. Ist das Metall dagegen zu heiß, wechselt es sehr schnell seine Farben von Blaßgrün über Rot bis Purpur.

Vorsichtig wird das Gießblei dann in die Gußöffnungen der Form geschüttet. Wenn es an der Öffnung herauskommt, ist die Form gefüllt.

Ist das Metall nach einigen Sekunden an dieser Öffnung hart geworden, sollte man die Form öffnen. Wartet man nämlich zu lange, wird das Metall oben an den Öffnungen zu hart und setzt sich zu sehr an den Formrändern fest. Die Form wird natürlich nicht mit der Hand geöffnet, es versteht sich wohl von selbst, daß man dazu eine Zange nimmt. Eventuell entstandene kleine Löcher im Guß werden mit einem Epoxydfüller ausgebessert.

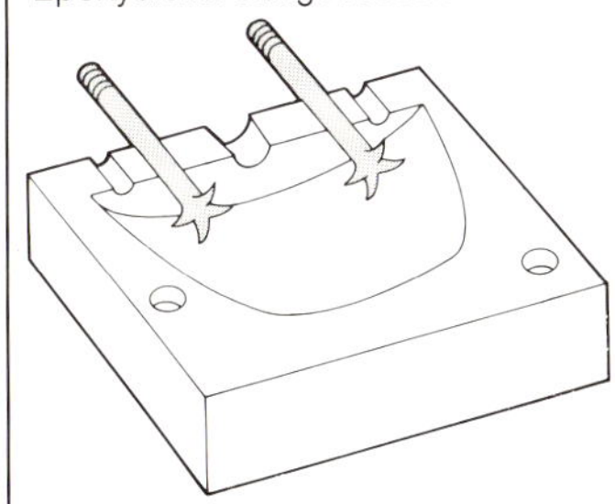

Gießen zweier Kielbolzen am Ballastkiel *Zwei Kerben in die Gußform schneiden, in die man die beiden Bolzen legt, dann das Metall für den Kiel gießen.*

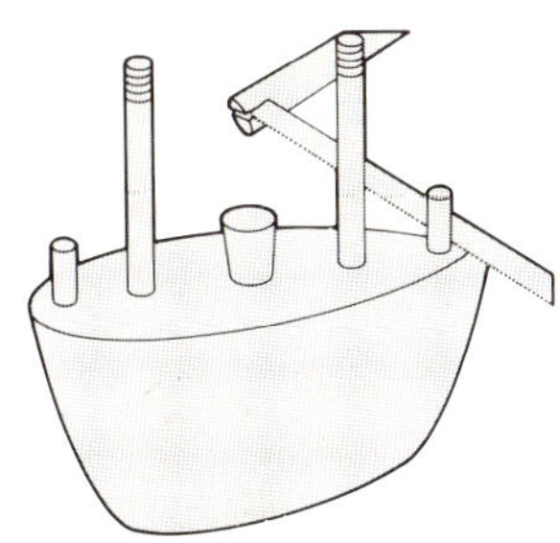

Die überstehenden Teile nach Entfernung der Form absägen.

Offene Holzgießformen

Sehr schlichte Formen – etwa ein Ballastkiel für Boote – kann man in offenen Formen gießen, die aus Holz geschnitzt werden. Dazu höhlt man in zwei gleich große quaderförmige Holzstücke jeweils die linke und die rechte Seite der Form des späteren Gußstückes, schraubt sie fest auf eine Unterstellplatte zusammen, gießt dann das Blei in die Öffnung und läßt es abkühlen. Durch das glühende Metall verkohlt das Holz zwar ein wenig, doch das ist völlig bedeutungslos. Um das fertige Gußstück vom Holz zu lösen, wird leicht mit der Form auf die Werkbank geschlagen.

Feilen von Metall

Um eine Kante gerade zu feilen, nimmt man eine Flachfeile, eine Rundfeile eignet sich dagegen besser, wenn die Kante gekrümmt sein soll. Bevor mit der Arbeit begonnen wird, sollte man sich vergewissern, ob die Schuppen der Feile nicht von Metallspänen verstopft sind. Ist dies der Fall, müssen die Feilflächen zuerst mit einer Bürste gereinigt werden. Um zu verhindern, daß sich wieder Metall in den „Poren" festsetzt, reibt man zuvor etwas Kreide hinein.

An Stellen, bei denen mit einer Eisensäge geschnitten wurde, bleibt am Rand oft ein kleiner Grat zurück. Um diesen Grat zu entfernen, spannt man das Metallstück so auf die Werkbank, daß nur die Kante übersteht. Nun wird die Feile an der Kante entlang geschrubbt.

Um eine Oberfläche sauber und eben zu feilen, wird das Werkstück relativ weit nach unten in den Schraubstock gespannt; je weniger oben hervorsteht, um so geringer sind die Vibrationen. Das Heft der Feile wird mit der einen Hand gehalten, die andere stützt das andere Feilenende.

Beim Vorwärtsschub wird die Feile leicht angedrückt, sollte der Druck verringert werden, zieht man die Feile zu sich heran. Ist die zu feilende Fläche breiter als die Feile selbst, wird mit einer Kombination von Vorwärts- und Seitwärtsbewegungen über das Metall gestrichen, wobei regelmäßig die Richtung des Feilenstrichs umgekehrt wird. Dadurch wird erreicht, daß die gesamte Oberfläche gleichmäßig gefeilt wird. Schließlich wird die gefeilte Oberfläche abgezogen; man hält dazu eine ziemlich feine Feile quer mit beiden Händen und zieht sie auf sich zu, wobei man sie gleichmäßig andrückt. Zum Schluß wird die Oberfläche mit Schmirgelleinen bearbeitet, das man um die Feile wickelt.

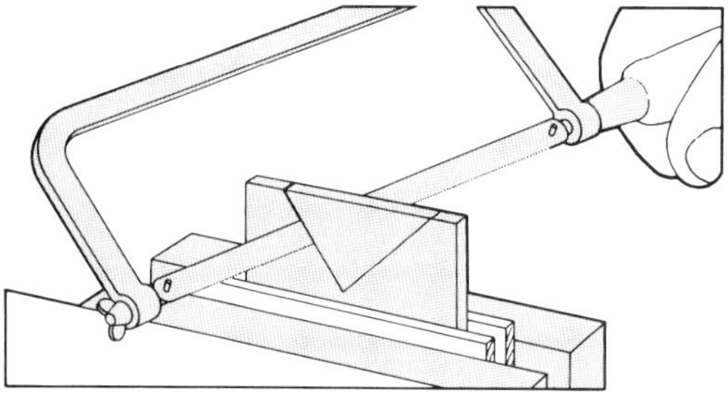

Herstellen einer konkaven Kurve in Metall *Mit der Eisensäge zuerst soviel Metall wie möglich wegnehmen.*

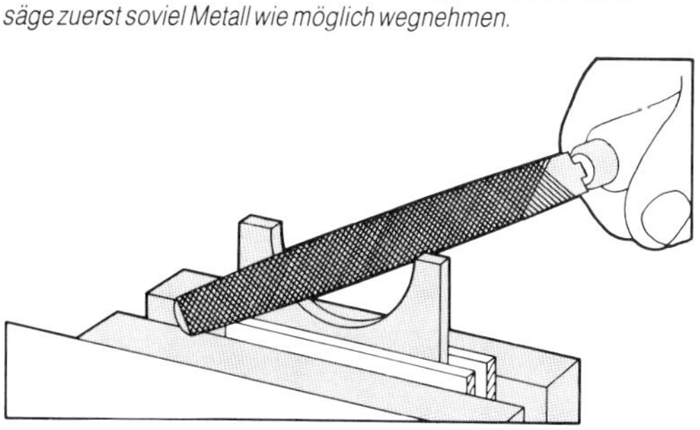

Mit einer Grobfeile die Krümmung vorfeilen, dann mit einer feineren Feile bearbeiten. Zum Schluß Schmirgelpapier nehmen.

Feinarbeiten an Metallfiguren Jede Metallfigur muß noch einer Feinbearbeitung unterzogen werden, denn beim Gießen entstehen meist kleine Grate oder überflüssige Kanten. Diese entstehen oft an den Stellen, an denen die beiden Hälften einer Gießform zusammenstoßen. An manchen Gußstücken ist diese Liniennaht vollständig zu sehen, an sauber gegossenen und fein bearbeiteten Modellen dagegen läßt sich die Naht nur noch erkennen, wenn man die Figuren ins Licht hält. Bevor Farbe oder Lack aufgetragen wird, sollte diese Spur des Gusses in jedem Fall sorgfältig entfernt werden. Weißmetallgußstücke lassen sich mit einem Messer bearbeiten, bei härteren Oberflächen ist eine Nadelfeile besser. Dabei muß man sehr sorgfältig entlang der dünnen Nahtlinien feilen und darauf achten, daß die Feile nicht ausrutscht und unerwünschte Kratzer verursacht. Ein prüfender Blick gegen das Licht zeigt dem Modellbauer, ob auch keine häßlichen Feilspuren zurückgeblieben sind. Sind dennoch einige zu bemerken, werden sie mit Schmirgelpapier beseitigt.

Endbearbeitung des Metalls

Rotierende Drahtbürsten säubern Metall oder rauhen es zum Kleben oder Löten auf. Größere Stücke werden mit Bürsten bearbeitet, die elektrisch betrieben werden und fest an der Werkbank montiert sind. Kleinere Werkstücke werden mit einem Minibohrer bearbeitet, für den es kleine, auswechselbare Drahtbürsten im Handel gibt. Für Hartmetall nimmt man eine Stahlbürste, für weicheres Metall wie etwa Messing oder Aluminium, das von den Stahlborsten verkratzt werden würde, eine Messingbürste.

Bei der Arbeit mit rotierenden Metallbürsten trägt man unbedingt Schutzhandschuhe. Am besten spannt man das Werkzeug in einen Ständer, so daß die Bürste auf einen zu und von oben auf das Werkstück arbeitet. Das Stück hält man etwas unterhalb der Mitte gegen die Bürste. Damit es nicht plötzlich nach unten oder zur Seite wegschlagen kann, nimmt man es mit festem Griff. Auf keinen Fall sollte man eine scharfe Kante in die Drehrichtung der Bürste halten, denn die Kante könnte sich in der Bürste verfangen, und das Werkstück würde einem in gefährlicher Weise aus der Hand gerissen.

Kratzer, die durch Feile oder Metallbürste entstehen, werden beseitigt, indem man nacheinander feinere Schleifpapiere oder Schmirgelleinen verwendet.

Metall läßt sich sehr schnell polieren; man spannt dazu eine Schwabbelscheibe aus Baumwolle oder einen Mop in eine Bohrmaschine. Bei größeren Stücken muß das Werkzeug eingespannt und das Werkstück mit der Hand dagegengehalten werden.

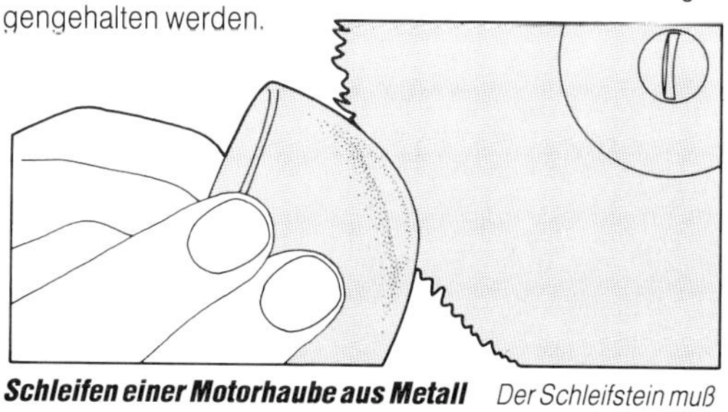

Schleifen einer Motorhaube aus Metall *Der Schleifstein muß seine höchste Drehzahl erreichen, bevor man mit ihm arbeitet. Unterhalb der Achse das Werkstück gegen die Schleifkante drücken.*

Oberflächenbearbeitung

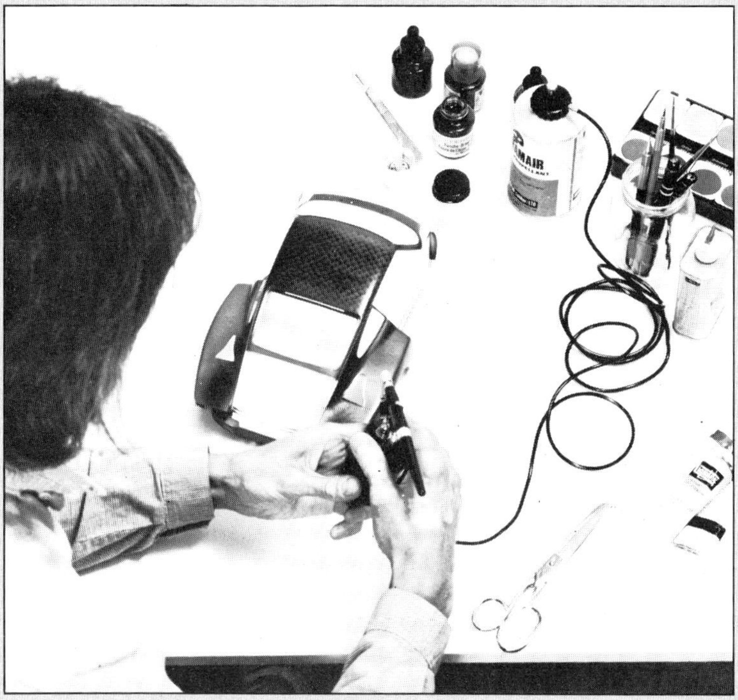

Gebrauch der Farben

Für die Wirkung eines Modells ist die Bemalung entscheidend. Einige wichtige Punkte gilt es dabei zu beachten.

Es gibt keinen Gegenstand, der überall die gleiche Farbgebung aufweist. Die Wirkung des Lichts spielt dabei eine große Rolle, denn Licht betont die Konturen eines Gegenstandes, indem es manche Teile in Schatten taucht, andere dagegen stärker hervorhebt. Im hellen Sonnenschein kommen Farben besser zur Geltung als im dunklen Schatten. Wenn ein Modell besonders natürlich aussehen soll, kann der Modellbauer diese Wirkung auch auf seinem Modell erzielen.

Farbe sieht auf verschiedenen Distanzen unterschiedlich aus. Gegenstände in der Nähe haben mehr Leuchtkraft als Gegenstände, die weiter entfernt sind. Außerdem macht der atmosphärische Dunst die Farben diffus, sie werden fahl und grau. Damit ein Modell ebenso aussieht wie ein Gegenstand, der weit entfernt ist, muß man bei seiner Bemalung weiße oder blaßgraue Farbe in den Grundanstrich geben.

Weiche Oberflächen glänzen, weil sie das Licht in den Augen des Betrachters reflektieren. Matte Oberflächen dagegen sind rauh und reflektieren das Licht in alle Richtungen. Auch die Atmosphäre hat auf die Lichtstrahlen eine diffuse Wirkung. Eine glänzende Oberfläche sieht daher auch auf größere Entfernung matt oder halbmatt aus. Um diesen Eindruck an Modellen hervorzurufen, nimmt man matte Farben und Lacke oder gibt in die jeweilige Farbe etwas Lösungsmittel. Allerdings verändert sich die Farbe auch mit der Zeit und durch Abnutzung. So setzen zum Beispiel Fahrzeuge, die der Witterung ausgesetzt werden, Rost an. Damit die Modelle also realistisch aussehen, müssen sie entsprechend bemalt werden. Dazu gibt es aber keine genauen Richtlinien, entscheidend ist nur, ob das Modell möglichst echt wirkt. Eine wichtige Voraussetzung ist dazu eine gut vorbereitete Oberfläche.

Malpinsel

Malpinsel sind ein wichtiger Bestandteil der Modellbauausrüstung. Sie werden in vielen Größen und Formen für die verschiedenen Anwendungszwecke von der feinsten Malerei bis hin zum Auftragen von Leim angeboten. Beim Kauf sollte man immer auf beste Qualität achten, denn ein guter Pinsel hält sehr viel länger als ein billiger, er verliert weniger Haare, und man kann damit auch viel exakter malen.

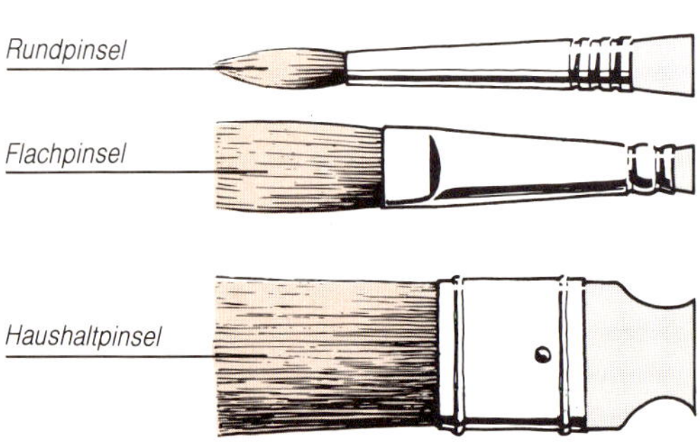

Als Allzweckpinsel eignet sich am besten ein Pinsel aus Zobelhaar. Er hat die richtige Elastizität und Spannkraft und ist für Öl- und Wasserfarben brauchbar. Daneben gibt es aber auch gute Pinsel aus Nylon oder einer Mischung aus Zobel und Haaren. Für bestimmte Spezialeffekte nimmt man Pinsel aus steifen Schweinsborsten, kleine Haushaltpinsel können dagegen nützlich sein, wenn große Flächen bemalt werden müssen. Wenn ein guter Pinsel Verschleißerscheinungen zeigt, benutzt man ihn besser für Zwecke, bei denen es auf sauberste Arbeit nicht mehr ankommt.

Größe und Form eines Pinsels hängen stark von der persönlichen Vorliebe ab. Sehr feine Arbeit wird meist mit einem Pinsel der Größe 00 oder 01 ausgeführt, was jedoch eigene Erfahrung voraussetzt. Es gibt wohl die Regel, daß eine flache, glatte Farbschicht mit einem breiten Pinsel aufgebracht werden soll, doch viele Modellbauer nehmen dazu eher einen Flachpinsel. Ungeeignet ist dafür jedoch ein Rundpinsel, da er beim Streichen keilförmig wird und ständig seine Form verändert.

Reinigen und Aufbewahren von Pinseln Nach Gebrauch werden Pinsel in einem Gefäß mit Verdünner gereinigt, damit auch der letzte Rest von Farbe aus den Borsten entfernt wird. Dann wird der Pinsel in warmem Wasser ausgewaschen, dem ein Reinigungsmittel zugesetzt wird. Die Borsten sollten aber nicht zu kräftig zwischen den Fingern geknetet werden. Zum Schluß trocknet man den Pinsel mit einem Lappen gut ab, bevor man ihn leicht zwischen den Fingerspitzen durchzieht, um ihm wieder seine alte Form zu geben.

Werden gute Pinsel längere Zeit nicht gebraucht, schützt man ihre Borsten durch eine aufgesteckte Plastikkappe.

Aufbewahren der Pinsel
Die Spitzen der Pinsel durch Plastikröhrchen schützen. Die Pinselgriffe in ein Einmachglas stellen oder in eine flache Dose legen.

Paletten

Auf einer Palette werden Farben angerührt. Eine traditionelle Malerpalette besteht aus einem dünnen ovalen oder rechteckigen Brett. Obwohl es die verschiedensten Paletten im Fachhandel gibt, kommt es billiger, wenn man sich die Palette selbst anfertigt. Wer mit dicken Farben, etwa mit Ölfarben, arbeitet, nimmt am besten ein dünnes, glattes Brett mit einer weichen, nichtsaugenden Oberfläche. Ideal dazu ist ein Stück kunststoffüberzogenes Holz oder eine glasierte Fliese. Für dünnere Farben genügt eine kleine Keramikschale oder Untertasse.

Ausrüstung zum Spritzlackieren

Bei der Bemalung eines Modells ist die Spritzlackierung sehr vorteilhaft, da die Farbe dünn und gleichmäßig selbst auf sehr detailliert ausgearbeitete Modelle aufgetragen werden kann. Eine Spritzlackierung ist schnell fertig, vorausgesetzt, der Untergrund ist richtig vorbereitet. Die Farbe trocknet in kurzer Zeit, so daß kaum die Gefahr besteht, nasse Farbstellen mit den Fingern zu berühren. Im Handel gibt es drei verschiedene Geräte zum Spritzlackieren: Sprühdose, Spritzpistole und Spritzgriffel. Da sie im Preis sehr unterschiedlich sind, sollen die folgenden Gerätebeschreibungen die Wahl beim Kauf erleichtern.

Sprühdose

Sprüh- oder Spraydosen sind die einfachsten Geräte zum Spritzlackieren. Es handelt sich dabei um Lackdosen mit Sprühgas. Auf Knopfdruck wird die Farbe versprüht. Es besteht allerdings nicht die Möglichkeit, Farbmenge und Spritzdruck zu regulieren. Da eine solche Spraydose auch nicht wieder aufzufüllen ist, ist man darauf angewiesen, jedesmal eine neue Dose zu kaufen und sich auf die Farbe zu beschränken, die im Händlersortiment angeboten wird.
Sprühdosen müssen nach Gebrauch nicht gereinigt werden. Ist der Spritzvorgang beendet, dreht man die Dose auf den Kopf und sprüht einfach den Rest Farbe in eine alte Zeitung, bis die Dose völlig leer ist. Es kommt schon einmal vor, daß die Düse beim Spritzen verstopft. Um sie zu reinigen, legt man die Düse in Verdünnung. Um aber immer gleich einen Ersatz zu haben, bewahrt man besser immer einige intakte Düsen von leeren Sprühdosen auf.

Spritzpistole

Die Abbildung rechts zeigt eine Spritzpistole, wie sie im Prinzip überall erhältlich ist. Das Gerät besteht aus einer Düse mit einem Knopf für die Feineinstellung, einem Luftschlauch, einem Farbbehälter aus Metall oder Glas und einem Kompressor beziehungsweise einer Druckluftflasche. Die Farbe wird durch den Luftstrom aus dem Farbbehälter gesogen und durch die Düse zu einem feinen Sprühnebel aufgelöst. Ein Abzugshebel sperrt oder öffnet dabei die Düse.
Eine Spritzpistole läßt sich leicht handhaben. Es lassen sich mit ihr interessante Effekte erzielen, insbesondere durch die Benutzung verschiedener Schablonen (siehe Seiten 70 bis 72). Obwohl die Spritzpistole zum Lackieren von Flächen ideal ist, eignet sie sich keineswegs, um dünne Linien zu zeichnen oder gar Muster aus der freien Hand zu spritzen.
Farbe trägt eine Spritzpistole so exakt wie ein Spritzpinsel auf, doch muß die Farbdüse immer exakt eingestellt sein, da sich sonst Tropfnasen auf der Farbfläche nicht vermeiden lassen.

Reinigen der Spritzpistole Eine Spritzpistole sollte immer unmittelbar nach Gebrauch gereinigt werden. Dabei muß auch der letzte Farbrest aus dem Behälter entfernt werden. Der Farbbehälter wird deshalb mit einem Lappen oder einem Stück Papier ausgerieben und anschließend mit Verdünner gereinigt. Dieser Verdünner wird wie beim Farblackieren durch die Düse auf eine alte Zeitung gespritzt, so daß Düse und Leitungen gereinigt werden. Zum Schluß wird die Farbdüse abgeschraubt und eventuelle Farbspuren auf dem Gewinde entfernt.

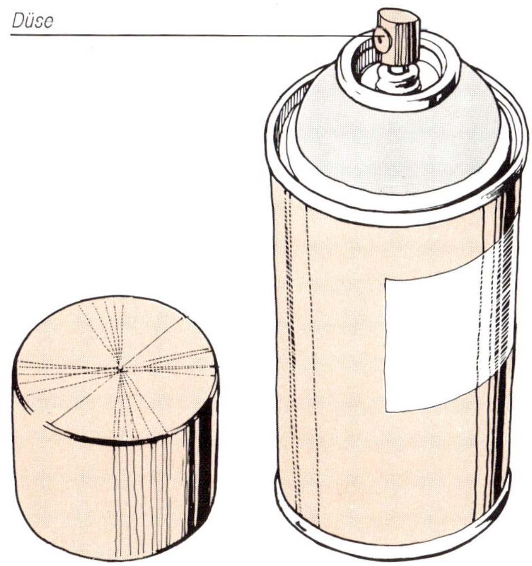

Sprühdose

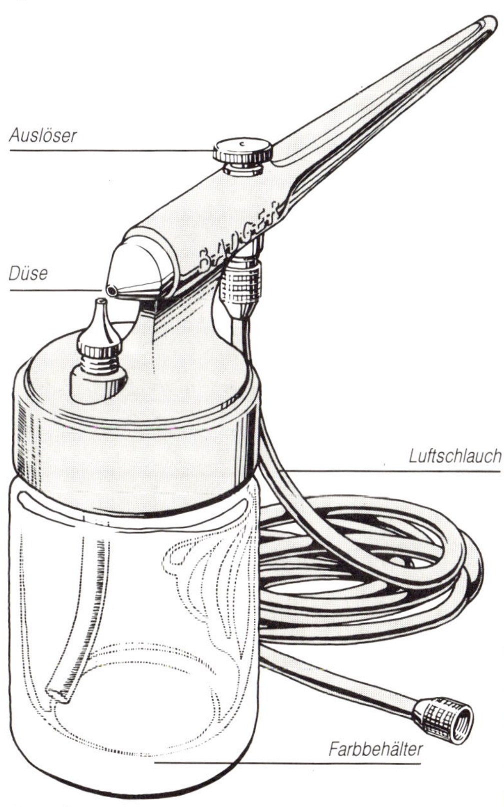

Kleine Spritzpistole

Spritzgriffel

Im Gegensatz zur Spritzpistole wird beim Spritzgriffel die Farbe mit der Luft im Farbbehälter gemischt. Dadurch wird, anders als bei der weniger genau sprühenden Pistole, das Sprühgemisch feiner, und die Düse kann genauer sprühen, also exaktere Linien zeichnen. Der Anwendungsbereich des Spritzgriffels ist dadurch ungleich größer als der einer Spritzpistole. Zwei Ausführungen von Spritzgriffeln sind erhältlich: Einfach- und Doppelgriffel.

Einfach-Spritzgriffel Es handelt sich dabei um die gebräuchlichste Ausführung. Der Spritzgriffel verfügt über einen Druckauslöser zur Regelung der Preßluft und eine davon separate Regulierung, meist in Form einer Schraube unterhalb der Farbspritze oder auch am Ende des Handgriffs. Sie dient dazu, die Farbmenge einzustellen. Vor allem für den Anfänger ist die Handhabung dieses Geräts sehr einfach, da er die Farbmenge vorher einstellen und sich ganz auf den Spritzvorgang konzentrieren kann. Bei etwas Erfahrung läßt sich dann schon beim Spritzen die Regulierschraube mit der anderen Hand verstellen. Der erfahrene Heimwerker kann mit einem solchen Einfach-Griffel die feinsten Lackierarbeiten ausführen. Das Gerät gibt es in großer Auswahl und allen Preisklassen im Handel.

Doppel-Spritzgriffel Beim Doppel-Spritzgriffel sind beide Reguliermöglichkeiten zusammengefaßt; an einem einzigen Knopfauslöser werden Farbmenge und Luftdruck reguliert. Meist ist das Gerät so konstruiert, daß der Auslöser nach unten gedrückt und somit die Preßluft ausgelöst wird. Schiebt man den herabgedrückten Knopf nun nach hinten, wird die Farbe versprüht. Da hier Farbe und Luft mit einem Finger reguliert werden, ist das Gerät sehr vielseitig. Ein Doppel-Spritzgriffel kostet dafür auch mehr als ein Einfach-Griffel, und vom Heimwerker wird auch mehr Erfahrung verlangt.

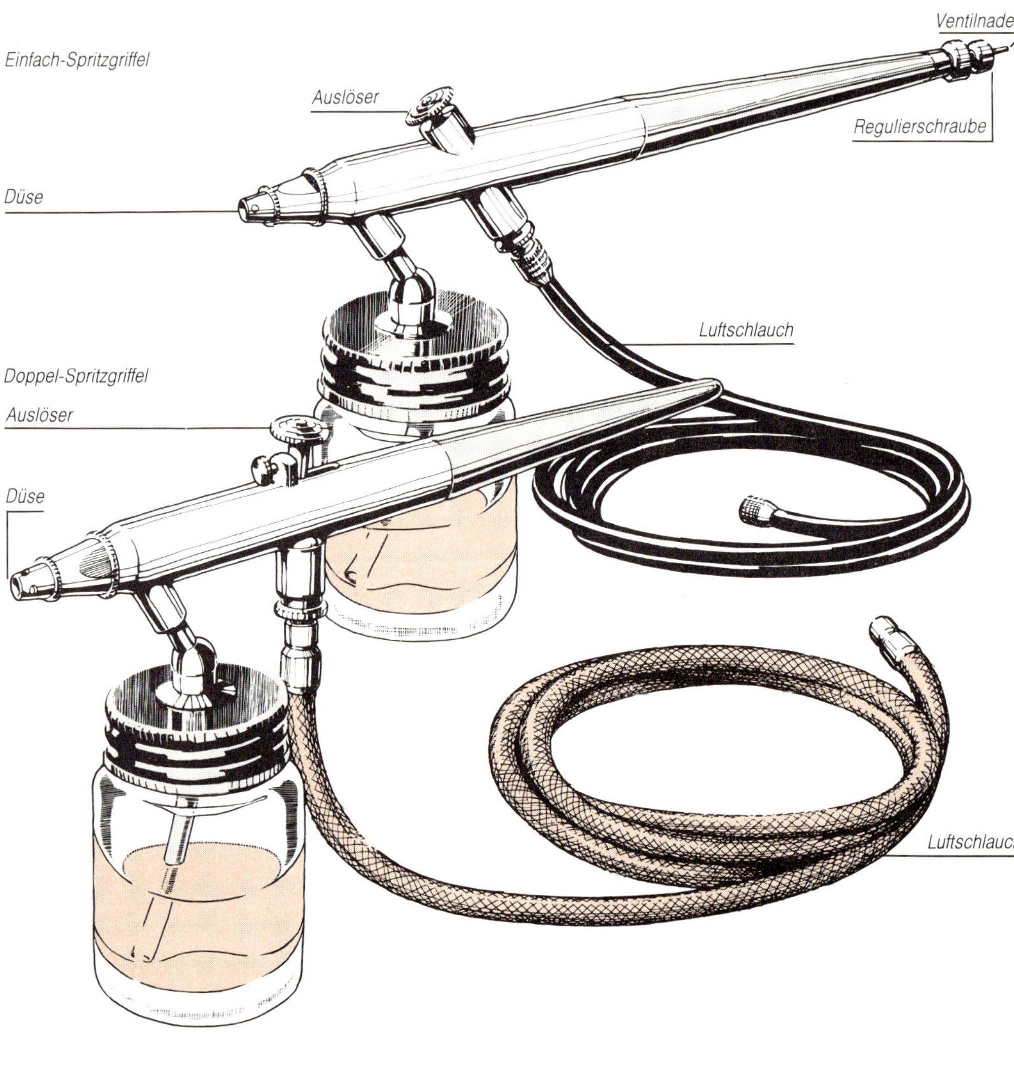

Handhabung eines Spritzgriffels Den Spritzgriffel hält man wie einen Bleistift oder einen Füllhalter, wobei der Zeigefinger leicht auf dem Auslöser aufliegt. Dabei nimmt für jeden verschiedenen Spritzgriffeltyp der Zeigefinger eine andere Position ein. Damit man nicht Gefahr läuft, daß der Luftschlauch mitten bei der Arbeit den Spritzgriffel aus der Hand reißt, schlingt man besser vorher den Schlauch einmal um das Handgelenk.

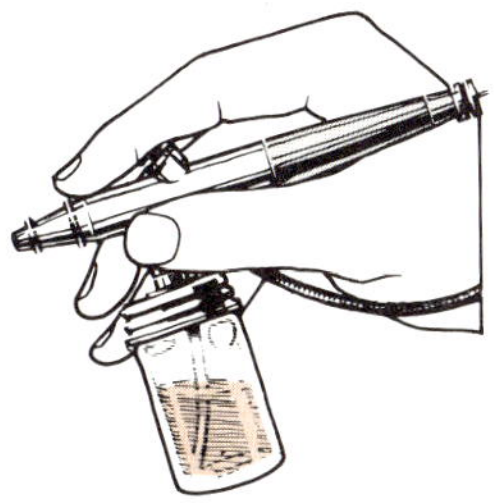

Handhabung des Einfach-Spritzgriffels *Das zweite Glied des Zeigefingers drückt auf den Auslöser, die Fingerspitze liegt vorne auf zur besseren Kontrolle.*

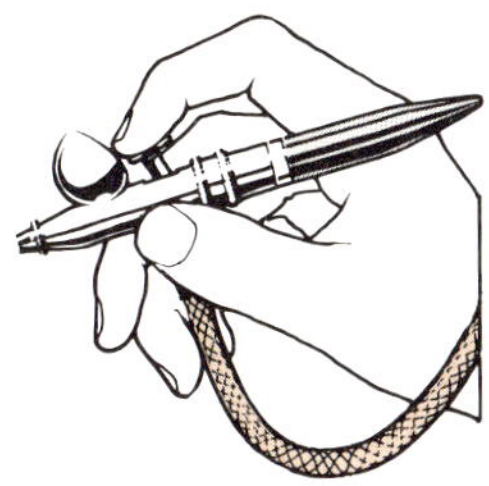

Handhabung des Doppel-Spritzgriffels *Den Auslöser mit der Spitze des Zeigefingers bedienen, so kann er nach unten und nach hinten bewegt werden.*

Abstellen des Spritzgeräts
Bei Nichtgebrauch den Luftpinsel beiseite stellen.
Damit er aufrecht stehenbleibt, steckt man ihn in einen Halter, der gekauft oder selbst gebaut wird, zum Beispiel aus einem Stückchen Kupferrohr, das auf eine schwere Platte geklebt oder auf die Werkbank geklemmt wird.

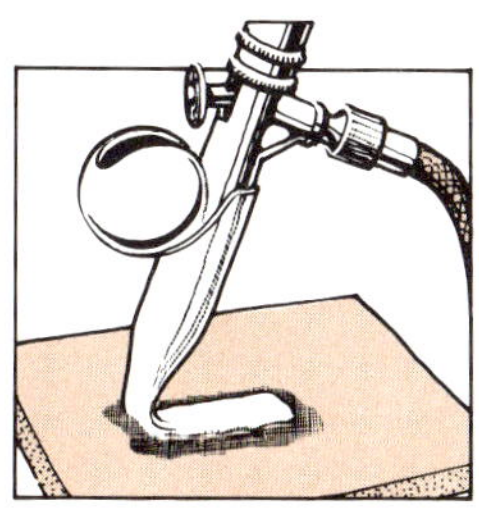

Reinigen eines Spritzgriffels Es ist sehr wichtig, daß der Spritzgriffel nach Gebrauch so bald wie möglich gereinigt wird, denn selbst der kleinste Farbrest kann seine Funktion empfindlich stören. Deshalb wird der Farbbehälter mit einem Lappen ausgewischt und dann halb mit Verdünner gefüllt. Der Verdünner wird so lange durch die Dose gesprüht, bis er keine Farbpartikel mehr enthält. Schließlich hält man die Düse mit einem Lappen zu, so daß die Luft in den Farbbehälter gepreßt wird; die Verdünnung brodelt dann im Behälter und in der Farbleitung, so daß auch diese gereinigt werden. Dies sollte nach jeder Benutzung wiederholt werden, damit der Spritzgriffel in gutem Zustand bleibt. Wenn man ihn längere Zeit benutzt, sollte man Ventilnadel und Düse eine Nacht lang in Verdünner stehenlassen. Keinesfalls darf der Griff auf die Nadel gestellt werden.

Richten einer verbogenen Spitze *Die Nadel auf eine ebene Fläche legen und mit dem Fingernagel vorsichtig glätten.*

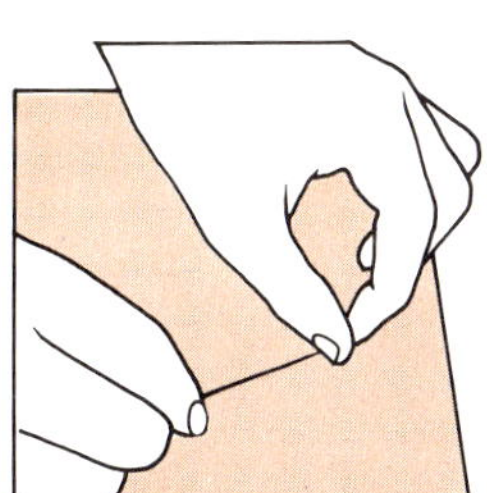

Farbbehälter für Spritzpistolen und -griffel

Farbbehälter sollen die Farbe vorrätig und einsatzbereit halten. Im Handel sind verschiedene Arten erhältlich. Die einen bestehen aus Glasbehältern mit Schraubdeckel und werden von unten an das Werkzeug angesetzt, andere sind Becher, fest montiert oder auswechselbar, für kleinere Farbmengen.
Spritzpistolen sind dagegen durchweg mit Schraubglas versehen. Auswechselbare Farbbehälter bieten einen großen Vorteil. Wenn zum Beispiel eine Farbe versprüht ist, sprüht man die Leitung und Düse mit Verdünner durch und setzt dann einen anderen Farbbehälter an. Die verschiedenen Farben in den Schraubgläsern können sicher verwahrt werden, indem man die nicht benutzten Gläser mit Schraubdeckeln abdichtet.

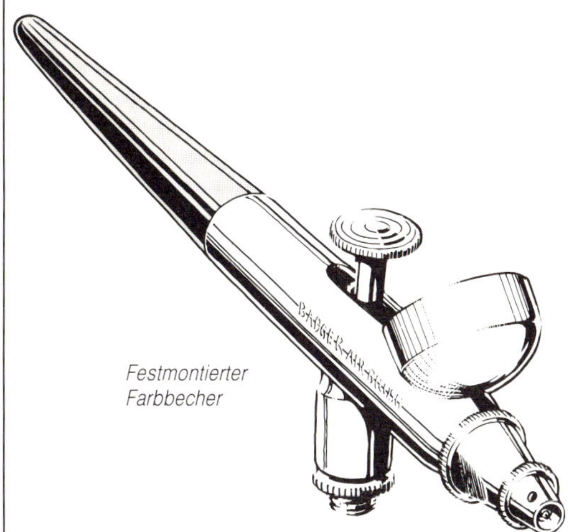

Festmontierter Farbbecher

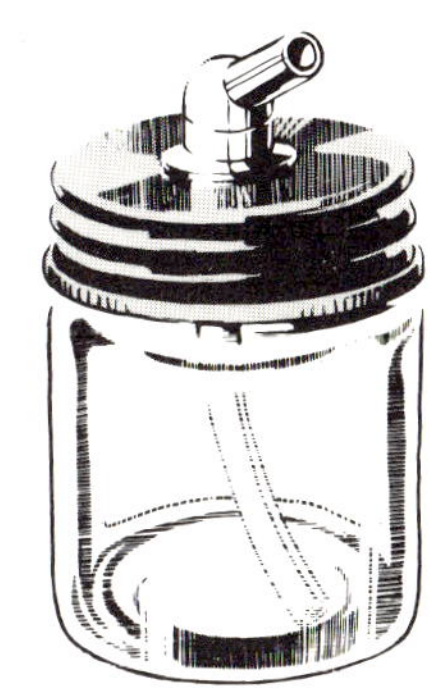

Schraubglas mit Deckel

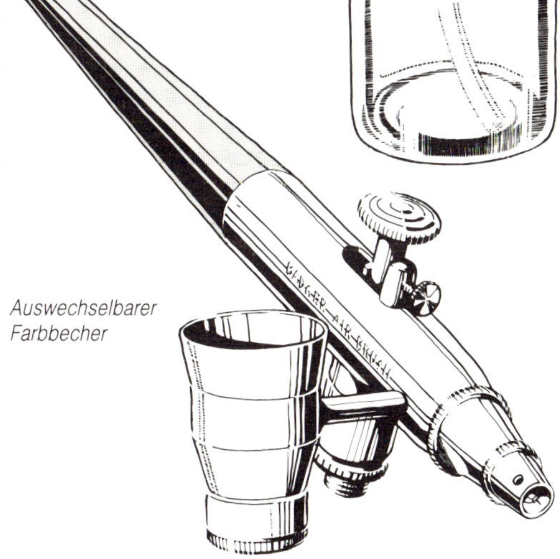

Auswechselbarer Farbbecher

Luftversorgung von Spritzpistolen und -griffeln

Spritzpistolen und -griffel benötigen eine bestimmte Menge von Preßluft oder Treibgas.

Flüssiggas Am gebräuchlichsten ist Flüssiggas in Dosen oder Kartuschen. Man kann diese Dosen überall hin mitnehmen, sie sind sicher, solange sie nicht angebohrt oder direkt der Hitze ausgesetzt werden, und außerdem sind sie wirtschaftlich für gelegentlichen Gebrauch. (Kompressoren sind zwar auf Dauer noch billiger, lohnen sich aber nur, wenn sie ständig benutzt werden.) Treibgas wird auch benötigt, um Spritzpistolen und -griffel zu reinigen, daher sollte man immer eine Dose in Reserve halten. Entgegen einer weitverbreiteten Meinung ist der Gasdruck an einer vollen Dose nicht stärker, als wenn die Dose nur halb voll ist. Wenn eine Gasdose mit Unterbrechungen benützt wird, reicht der Druck so lange aus, wie Gas in der Dose ist. Ein merklicher Druckabfall tritt jedoch dann ein, wenn das Ventil über eine längere Zeit offen bleibt. Es ist etwas umständlich, aber nützlich, wenn man bis zu 20 Minuten sprühen will, die Dose vorher in lauwarmem Wasser zu erwärmen, denn dadurch wird der Druckabfall gemindert. Tritt solch ein Druckabfall mitten bei der Arbeit ein, sollte man die Dose mit der freien Hand leicht schütteln, so daß sie erwärmt wird.

Druckregler Auf die Gasdose oder Gasflasche kann ein Druckregler aufgesetzt werden, damit das Treibgas gleichmäßig ausströmt. Das hilft nicht nur Treibgas sparen, sondern ist für manche Arbeitsvorgänge sogar nötig, wenn Genauigkeit verlangt wird. Eine Hochglanzlackierung erfordert zum Beispiel einen mittleren Druck, wogegen der volle Dosendruck dazu führen würde, daß die Lösemittel in der Farbe zu schnell austrocknen. Um einen körnigen Farbeffekt zu erzielen, muß der Druck auf ein Minimum eingestellt werden, damit die Farbe nicht ganz zerstäubt wird. Das Schraubgewinde oben an Gasdosen beziehungsweise Kartuschen ist genormt, so daß der Regler auf jede Dose paßt. Zu manchen Spritzgriffeln gehört der Regler als Teil der Ausstattung dazu.

Kompressoren Ein Kompressor ist fast immer die wirksamste Lösung, wenn es darum geht, einen Spritzgriffel ausreichend mit Luft zu versorgen. Gewiß sind die Anschaffungskosten hoch, aber zusätzliche Kosten müssen dann nicht mehr aufgebracht werden, und der Luftvorrat ist unbegrenzt. Es gibt viele Arten von Kompressoren, aber für den Modellbau ist ein elektrisch betriebener, ölfreier Membran-Kompressor, der einen Druck von 1,5 bis 2 bar liefert, am besten geeignet. Ein solcher Kompressor ist leicht, handlich und geräuscharm.
Ein Fußschalter ist ein nützliches Zubehör. Man kann damit die Maschine bequemer bedienen, und er gewährleistet gleichzeitig, daß der Kompressor auch wirklich ausgeschaltet ist, wenn man ihn nicht braucht – was seine Lebenszeit wesentlich verlängert.

Wasserabsorber In der nicht ganz trockenen Luft verdichtet sich die Feuchtigkeit in den Schläuchen zu Wasser, die dann als Tropfen versprüht wird. Um die Feuchtigkeit aus der Luft herauszufiltern, wird ein Feuchtigkeitsabsorber eingesetzt. Es gibt Einbau- und Aufsetzfilter, die mit Schlauch an den Kompressor angeschlossen werden. Nicht zu empfehlen ist, direkt am Kompressor einen Filter anzusetzen, denn erhitzte Luft, die Wasserdampf enthält, durchströmt den Filter ungehindert und scheidet das Wasser dann erst später aus.

Luftregler Luftregler werden in Verbindung mit einem Feuchtigkeitsfilter benutzt; sie erlauben wie ein Gasregler auch die Regulierung des Luftdrucks.

Autoreifenadapter Mit einem Autoreifenadapter kann man Preßluft aus einem Autoreifen entnehmen – eine preiswerte Zusatzmöglichkeit. Obwohl nicht sehr bequem, bietet sich diese Lösung doch an, wenn ein Modell noch unbedingt fertig werden soll oder zum Geräte- und Düsenreinigen noch etwas Preßluft fehlt. Dazu wird einfach ein Gasregler auf einen Adapter geschraubt, der wiederum auf das Schlauchventil gesteckt wird. Der Schlauch beziehungsweise Reifen muß noch in gutem Zustand und auf der Felge montiert sein, so daß er bis zu 2,5 bar aufgepumpt werden kann. Der Druck verringert sich beim Abzapfen der Luft; das Regulierventil muß diesen Druckabfall entsprechend ausgleichen.

Treibgas-Regler

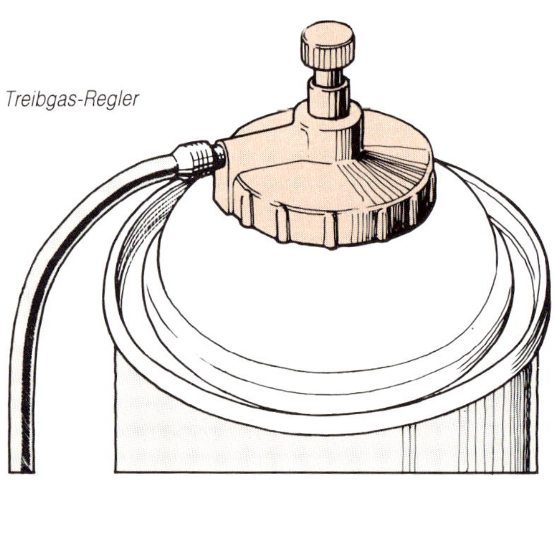

Autoreifen-Adapter

Kompressor und Zubehör

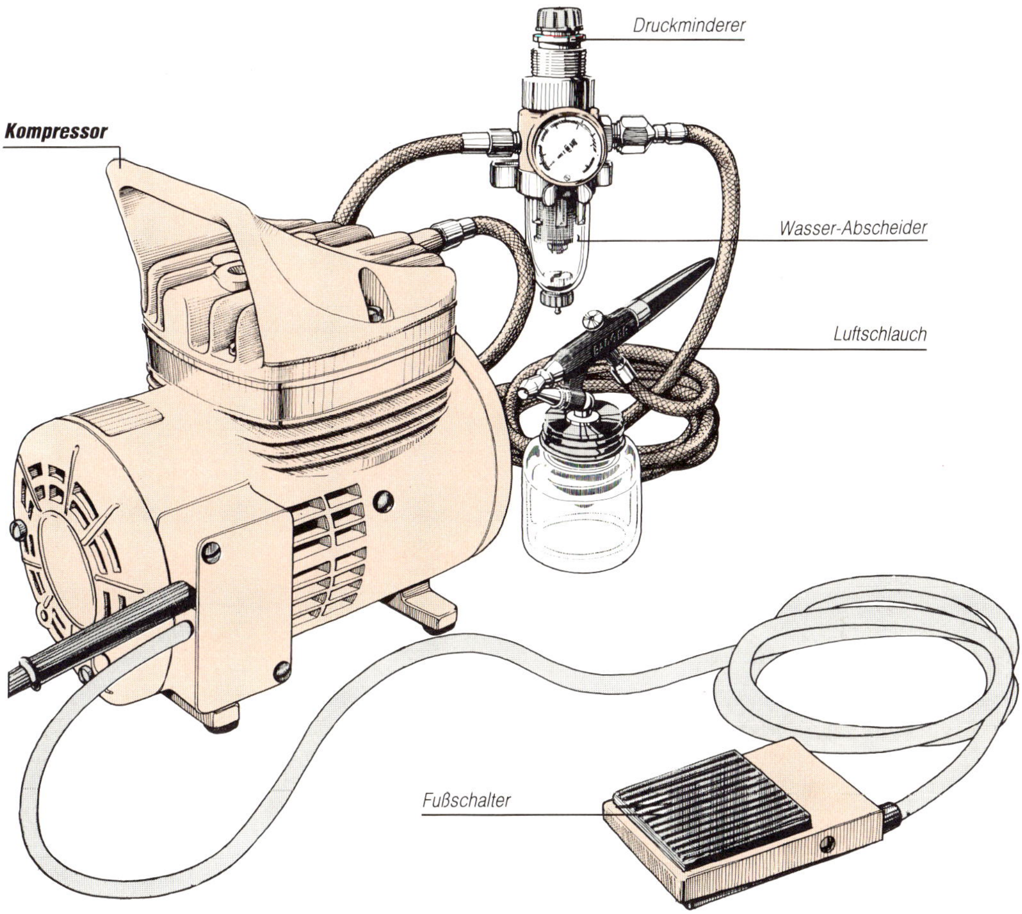

Kompressor mit Fußhebelbetrieb

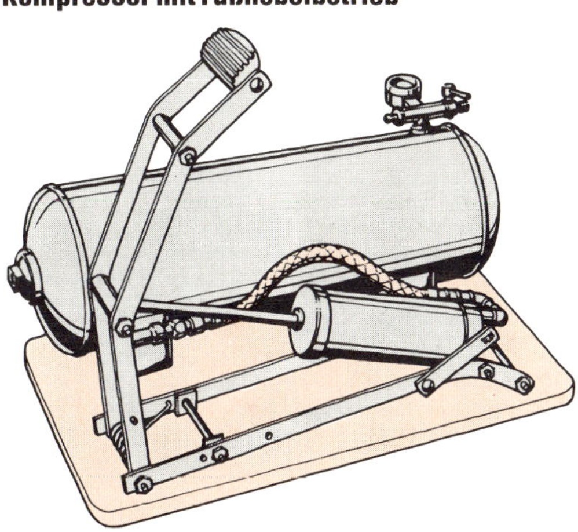

Dieses Gerät ist sehr geeignet für den Modellbauer, der nur gelegentlich farbspritzt. Die Arbeitsweise ist dieselbe wie beim Prinzip des Autoreifenadapters. Der Zylinder wird aufgepumpt, dann wird gespritzt, bis der Luftdruck absinkt. Der Luftvorrat läßt sich durch erneutes Aufpumpen wieder herstellen.

Luftschläuche Luftschläuche stellen die Verbindung zwischen Spritzgerät und Luftbehälter dar. Es gibt sie in den unterschiedlichsten Längen als dünnwandigen Kunststoffschlauch oder hochdruckfesten Gummischlauch mit Textilummantelung. Manche aber sind für einen Kompressor nicht geeignet. Kunststoff ist sehr flexibel und kann beim Spritzen bequem ums Handgelenk geschlungen werden. Manche Modellbauer wiederum finden Textilgummischläuche zu steif. Weil sie auch schwerer sind, besteht Gefahr, daß der Gummischlauch unbeabsichtigt die leichte Gasdose umkippen kann.

Plastikschlauch

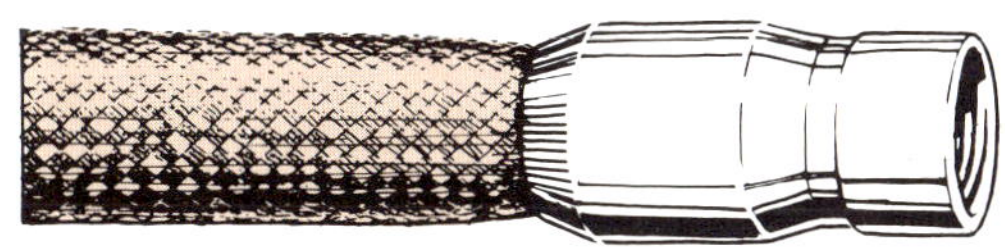

Gummischlauch

Verschiedene Farbtypen

Für jede Farbe gibt es spezifische Verdünner oder Lösungsmittel. Ölfarben zum Beispiel gehören zur Gruppe der Farben auf Ölbasis, weil ihr Farbstoff in Leinöl gelöst ist; verdünnt und vermischt wird Ölfarbe mit Flüssigkeiten wie Terpentin. Folgende Tabelle gibt einen Überblick über einzelne Farben und deren Eigenschaften. So eignen sich einige Farben für Malerleinwand, andere speziell für Modellbau, Haushalt oder zur Autolackierung – sämtliche Farben aber werden im Modellbau verwandt, wenn es darum geht, einen realistischen Eindruck zu erreichen. Lack ist im eigentlichen Sinn nur eine durchsichtige Flüssigkeit, die zum Schutz der Farbe, um deren Glanz zu verstärken und die Oberfläche völlig glatt zu erhalten, aufgetragen wird. Meistens ist dieser Lack schon in der Farbe enthalten.

Wasserfarben	***Eigenschaften***
Wasserfarbe	*Erhältlich in Näpfchen und Tuben. Näpfchen ergeben nur relativ schwache Farbtöne, werden deshalb hauptsächlich für transparente Farbtönungen verwendet. Wasserfarbe nimmt Farbtöne vom Untergrund an; matte Oberfläche. Saugfähigen Untergrund verwenden. Verdünnungs- und Lösungsmittel: Wasser.*
Plakatfarbe*	*Erhältlich als Paste, Pulver und in Näpfchen. Eine Deckfarbe (undurchsichtig), nimmt Farbe vom Untergrund an; matte Oberfläche. Verdünnungs- und Lösemittel: Wasser.*
Tempera*	*Erhältlich als Paste, flüssig, in Pulverform und in Näpfchen; nimmt Farbtöne vom Untergrund an; matte Oberfläche. Verdünnungs- und Lösemittel: Wasser.*
Gouache*	*Erhältlich in Tuben; wird in undurchsichtigen wie in transparenten Wasserfarben aufgetragen, nimmt Tönung des Untergrundes an; matte Oberfläche; weniger beständig als Wasserfarbe, Öl oder Acryl. Verdünnungs- und Lösemittel: Wasser.*
Tusche	*Erhältlich in flüssiger Form, durchsichtig, nimmt Untergrundfarben an; matte Oberfläche. Verdünnungs- und Lösemittel: Wasser.*
Wasserfeste Tusche	*Erhältlich in flüssiger Form; transparent, seidenglänzende Oberfläche, nach dem Trocknen wasserfest. Verdünnungsmittel: Wasser, Lösungsmittel: Äthylalkohol, Wasch-Soda mit Wasser oder Seife mit Wasser.*
Acryl	*Erhältlich in Tuben; Harz auf Wasserbasis, Oberfläche glänzend bis matt. Verdünnungsmittel: Wasser. Lösungsmittel: Äthylalkohol, nicht wasserlöslich.*
Emulsion	*Erhältlich in flüssiger Form oder als Gel; undurchsichtiger, deckender Farbton, matte Oberfläche. Verdünnungsmittel: Wasser. Lösungsmittel: Äthylalkohol, nicht wasserlöslich.*

** Um die Wasserbeständigkeit zu verbessern, kann PVA medium hinzugegeben werden.*

Farben auf Öl- und Harzbasis	Eigenschaften
Öl	Erhältlich in Tuben, Oberfläche halbglänzend. Verdünnungsmittel: Leinöl, Terpentin oder Öl-Copalharz mittel, letzteres beschleunigt die Trockenzeit. Lösungsmittel: spezielles Ablaugmittel.
Email	Erhältlich als Gel oder flüssig in Dosen und Sprühdosen. Oberfläche glänzend oder matt. Verdünner: Terpentin. Lösungsmittel: spezielles Ablaugmittel.
Polyurethan	Erhältlich in Dosen; Spitzenqualitäten haben einen hohen Harzanteil, es gibt sie nur in zwei Komponenten, die vor Gebrauch gemischt werden müssen. Beständig gegen Benzin; harte Oberfläche. Darf nicht auf Ölfarbe aufgetragen werden. Verdünner: wird jeweils auf dem Dosenetikett empfohlen. Lösungsmittel: spezielles Ablaugmittel.
Epoxid	Erhältlich in Dosen; wird in zwei Komponenten geliefert als Farbe und Härter, die vor Gebrauch gemischt werden. Wird nur auf Zelluloseuntergrund oder Epoxid aufgetragen. Trocknet schnell, wird deshalb am besten gespritzt. Widerstandsfähig gegen Benzin, harte Oberfläche. Verdünner: wird jeweils auf dem Dosenetikett empfohlen. Lösungsmittel: spezielles Ablaugmittel.

Farben auf Cellulose-Basis	Eigenschaften
Cellulose	Erhältlich in Dosen und Sprühdosen, glänzende und matte Oberfläche, greift manche Kunststoffe an, besonders Polystyrol. Verdünner: Cellulose-Verdünner. Lösungsmittel: Azeton oder Amylacetat.
PVC	Erhältlich in Dosen, glänzende Oberfläche, elastisch, platzt nicht leicht ab. Verdünner: Cellulose-Verdünner. Lösungsmittel: Azeton oder Amylacetat.

Holzbeizen	Eigenschaften
Auf Wasserbasis	Erhältlich als Pulver und gebrauchsfähige Flüssigkeit, nimmt Farbe vom Untergrund auf, Oberfläche matt. Lösungsmittel und Verdünner: Wasser.
Auf Alkoholbasis	Erhältlich in Dosen, Oberfläche matt. Verdünner: Naphtha-Lösung. Lösungsmittel: Naphtha-Lösung oder Terpentin.

Vorbehandeln und Grundieren

Kunststoff

Um ein Modell aus Kunststoff vorzubehandeln, wird es so lange mit feinem Sandpapier geschliffen, bis man eine absolut glatte Fläche erreicht hat. Mit einem weichen Pinsel staubt man sie nun systematisch von oben nach unten ab. Hat man eine Pistole zur Verfügung, bläst man mit ihr – natürlich ohne Farbe – die Oberfläche mit Preßluft ab. Dann wird das Modell mit lauwarmem Wasser abgewaschen, wobei man in das Wasser etwas Spülmittel gibt, um die Oberfläche zu entfetten, und reinigt es mit einer weichen Bürste nach. Anschließend trocknet man dann das Modell mit einem fusselfreien Tuch ab. Die so gereinigte Oberfläche sollte man nun nicht mehr mit den Fingern berühren. Man hält das Modell von nun an mit einem Leintuch oder mit einem weichen Baumwolllappen.

Polystyrol, das Material, aus dem die meisten Kunststoffmodelle gefertigt sind, braucht nicht grundiert zu werden. Polyäthylen, ein weicher, glatter Kunststoff, muß in jedem Fall mit verdünntem Weißleim vorgestrichen werden, da er sonst die Farbe abstößt. Zwei Lagen werden sehr dünn aufgetragen, um nicht die kleineren Einzelheiten des Modells zuzukleistern.

Metall

Nachdem die Flußmittel, die zum Löten benötigt wurden, mit Seifenlauge neutralisiert sind, wird das Metallmodell in warmem Wasser gewaschen, das etwas Waschmittel enthalten sollte. Mit einer alten Zahnbürste werden kleine Vertiefungen und Erhebungen gereinigt. Dann spült man es ab und läßt es trocknen.

Um ein Rosten zu vermeiden, werden Metallmodelle grundiert. Nichteisenmetalle werden am besten mit einem chromatischen Grundierer gestrichen. Auch Cellulose-Acetat und Polyurethan-Lacke eignen sich zum Grundieren von Weißmetall. Stahl und Zinn werden mit einem normalen Metallgrundierer gestrichen.

Holz

Holz – Balsa eingeschlossen – muß vor dem Lackieren geschliffen und grundiert werden. Nach dem Schleifen wird das Holz abgestaubt wie im Abschnitt Kunststoff beschrieben, dann streicht man die Holzgrundierung auf, um zu verhindern, daß nachher die Farbe vom Holz aufgesaugt und damit matt wird. Wenn die Grundierung trocken ist, wird noch einmal geschliffen als Vorbehandlung für die erste Farbschicht.

Pappe

Modelle aus Pappe werden mit einer Lackschicht grundiert. Der Lack überzieht die gesamte Fläche, die dann geschliffen wird. Wenn nötig, wird eine zweite Lackschicht als weitere Grundierung aufgebracht, um einen guten Untergrund für den endgültigen Anstrich zu bekommen.

Glasfaser

Glasfaser muß gereinigt und grundiert werden. Man wäscht die Oberfläche mit einem Lappen ab, der zuvor mit Verdünner getränkt worden ist. Dann trägt man einen Grundierungsanstrich auf, um eventuell noch zurückgebliebene Poren zu schließen.

Polystyrolschaum

Um Polystyrolschaum nicht durch Verdünner oder Farbe zu zerstören, muß er vorher mit einem Grundiermittel geschützt werden. Besonders wichtig ist dies bei Flugzeugmodellen, die dadurch beispielsweise gegen Leimspritzer geschützt werden. Nach dem Grundieren wird die Oberfläche leicht mit Sandpapier geschliffen, wobei man darauf achten muß, nicht zu stark zu schleifen. Für Flugmodelle gibt es spezielle leichtgewichtige Grundierer in Dosen und Sprühdosen.

Voranstrich

Ein Voranstrich hat verschiedene Aufgaben. Er bereitet die zu streichende Fläche für die folgenden Farbschichten vor und soll gleichzeitig die ursprüngliche Farbe des Gegenstandes überdecken. Die zum Voranstrich gewählte Farbe soll dem endgültigen Anstrich ähnlich sein. Bei einer mehrfarbigen Lackierung nimmt man als Voranstrichfarbe ein neutrales Grau oder Weiß, bei Metalliclacken für Silber oder Stahl Weiß und Gelb für Gold, Messing oder Bronze. Wichtig ist, daß der Lack für den Voranstrich denselben Aufbau wie der Endlack hat. Beim ersten Voranstrich lassen sich Unebenheiten an der Oberfläche noch gut erkennen. Daher werden Erhebungen abgeschliffen und Löcher zugespachtelt, bevor der endgültige Anstrich oder ein zweiter Voranstrich aufgebracht wird.

Anstrich von Hand

Um einen einwandfreien Anstrich zu erhalten, arbeitet man immer in einer sauberen, staubfreien Umgebung. Vor dem ersten Pinselstrich muß daher die Arbeitsplatte gründlich gereinigt werden, sie wird dazu abgekehrt und dann mit Zeitungspapier belegt.

Wichtig ist, das Modell so hinzulegen, daß einmal frisch gestrichene Flächen nicht mehr berührt werden müssen. Man überlegt also vorher, an welchem Ende des Modells begonnen wird,

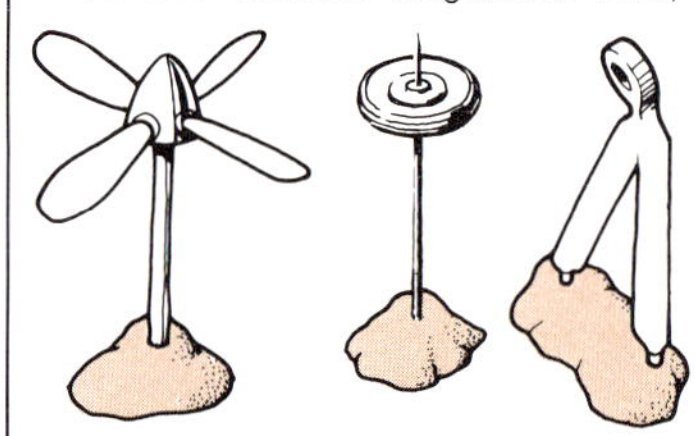

Ständer für Kleinteile *An das Kleinteil einen Zahnstocher kleben, kleine Räder auf eine Nadel schieben oder Kleinteile wie Zahnstocher oder Nadel direkt selbst auf Knetmasse stecken.*

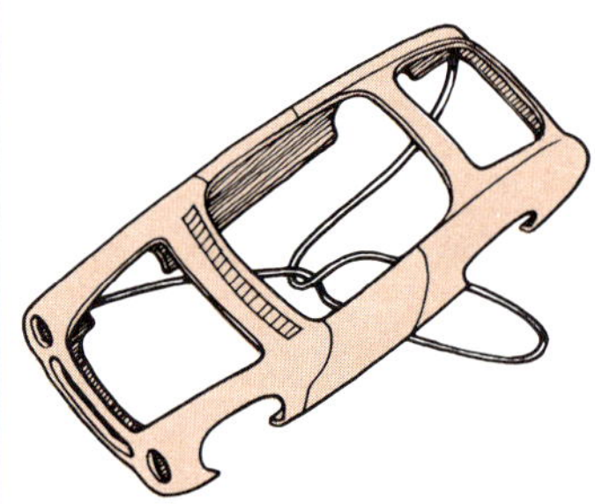

Ständer für größere Teile *Aus steifem Draht gefertigt, dessen größerer Bogen als Bodenstütze dient.*

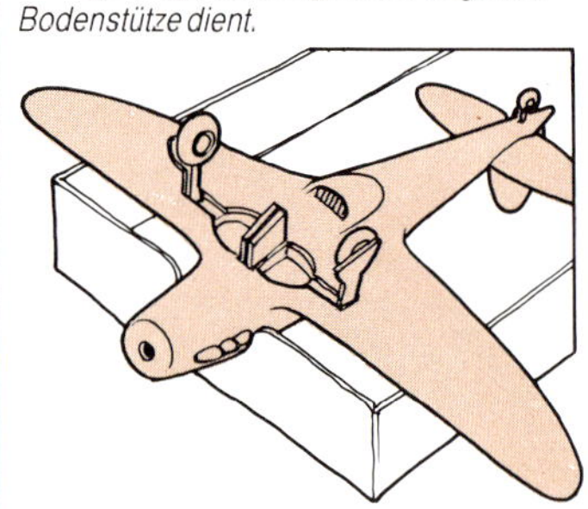

Das Werkstück kann auch auf den Bausatzkarton oder dessen Deckel gelegt werden.

und sorgt dafür, daß es dort entsprechend unterlegt oder abgestützt ist. Für Kleinteile fertigt man sich Ständer aus Zahnstochern. Für größere Teile biegt man sich Ständer aus Draht zurecht. Manche Bastler ziehen es vor, die Kleinteile schon zu bemalen, bevor sie am Modell befestigt sind. Doch dann ist es nicht mehr möglich, jene Stellen zu streichen, an denen sie später angebracht werden sollen.

Mischen und Verdünnen von Farben

Manchmal braucht man die Farbe direkt aus der Tube oder der Dose. Oft muß man sie jedoch verdünnen, entweder weil der Färbegrad zu satt ist oder einfach deshalb, damit sie sich auf der Modelloberfläche besser verteilt. Eine sehr stark verdünnte Farbe nennt man ein Farbbad.

Ölfarbe ist die bekannteste Tubenfarbe. Etwa erbsengroße Stücke werden von den Farbtuben rings auf den Rand einer Palette gequetscht. Die endgültige Farbe wird in der Mitte gemischt, wobei man immer nur wenig verwendet. Für die richtige dünne Streichfähigkeit rührt man das Farbengemisch mit etwas Leinöl an. Für stärkere Verdünnung, etwa für ein Farbbad, nimmt man Terpentin. In den meisten Fällen reicht die Menge an Verdünner aus, die man mit dem Pinsel aufnehmen kann. Wenn man ein Farbbad für eine größere Fläche benötigt, wird die Farbe in eine flache Schale gegeben und der Verdünner mit einem Tropfröhrchen (Pipette) hinzugerührt.

In jedem Fall ist wichtig, immer nur kleine Mengen Ölfarbe auf einmal zu nehmen. Die Farbe bleibt sogar auf der Palette für einige Tage gebrauchsfertig. Überzieht sich die Ölfarbe mit einem Häutchen, wird es durchstochen, damit man an die Farbe darunter gelangen kann. Wird die Palette nicht länger gebraucht, schabt man sie mit einem Messer sauber ab.

Wasserfarben in Tuben werden wie Ölfarben angerührt, zum Verdünnen wird jedoch Wasser genommen. In den meisten Fällen werden Wasserfarben transparent aufgetragen.

Emailfarben gibt es in Dosen. Sie müssen vor Gebrauch stets gut durchgerührt werden, sonst sind Farbpigmente und Farbträger nicht gut vermischt, und der fertige Anstrich zeigt häßliche Schlieren. Farben sollen nicht in der Dose gemischt werden, sondern man nimmt von jeder Farbe etwas auf die Palette und mischt sie dann in der Mitte mit dem Pinsel zurecht.

Emailfarbdosen sollten übrigens sofort nach dem Entnehmen der Farbe wieder verschlossen werden.

Auftragen eines Flächenanstrichs

Um eine Fläche glatt zu streichen, muß sie zweimal lackiert werden. Man taucht den Pinsel höchstens zur Hälfte in die Farbe ein und streift überflüssige Farbe an dem Rand der Palette ab. Die Farbe wird entsprechend der untenstehenden Abbildung aufgetragen, wobei man zügig und so schnell wie möglich die betreffende Fläche streicht. Der Pinsel wird mit leichten Streichbewegungen angesetzt, dadurch vermeidet man, mit einem Pinseltupfer unbeabsichtigt wieder Farbe abzuheben. Wenn der erste Anstrich trocken ist, kann normalerweise unmittelbar darauf die zweite Schicht aufgetragen werden. Sollten jedoch Staubflusen in die noch feuchte Farbe gefallen sein oder sich Nasen gebildet haben, entfernt man sie durch vorsichtiges Reiben mit nassem Schleifpapier und Wasser.

Auftragen der Flächenfarbe *Mit den Details anfangen, danach Ecken und Ränder.*

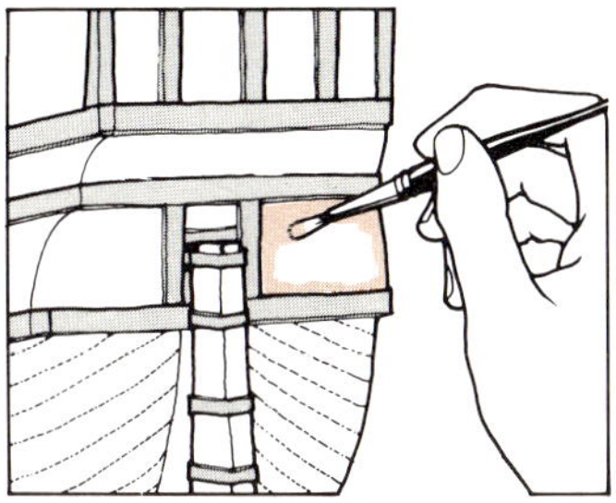

Nun folgen die Flächen, wobei die Farbe aus den Ecken aufgetupft wird, bevor sie trocknen kann.

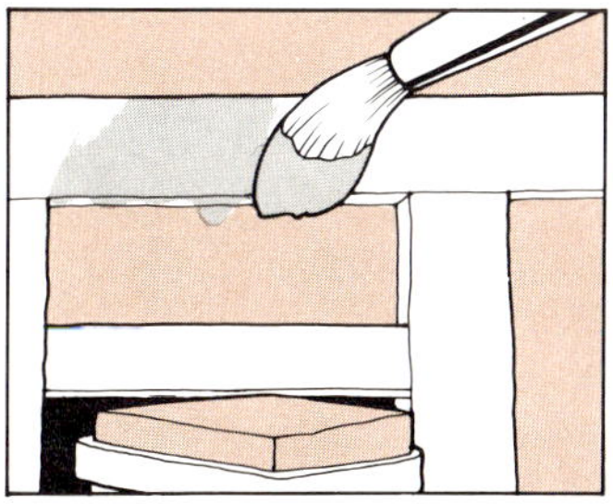

Niemals quer zu den Kanten pinseln, denn dabei wird die Farbe vom Pinsel abgestreift.

Mischen von Farben

Wird die Farbe auf dem Modell selbst gemischt, kann man einen allmählichen Übergang von einer Farbe zur anderen herstellen. Diese Mischtechnik ist hauptsächlich für Hautfarben oder Bekleidung erforderlich. Genauso werden aber auch Farbschattierungen oder Farbnuancen hergestellt. Ölfarben sind sehr gut zum Farbmischen geeignet, obwohl einige Modellbauer denselben Effekt am besten mit Wasserfarben erzielen. In jedem Fall wird jeweils nur eine kleine Farbmenge aufgetragen, und dann wird vom Rand einer Farbe zur anderen hingearbeitet.

Malen eines Schattens *Eine winzige Menge etwas kräftigere, dunklere Farbe hinzugeben und mit dem keilförmig gedrehten Pinsel die dunklere Farbe einmischen.*

Hervorheben bestimmter Farbstellen

Das Hervorheben bestimmter Farbstellen dient dazu, vor allem die Ränder, ein besonderes Detail oder ein Muster zu betonen. Am besten geschieht dies mit einem möglichst hellen Farbton, in den meisten Fällen genügt ein einfaches Weiß. Man tupft mit der Pinselspitze nur ganz leicht in die Farbe und streicht fast alles dann auf der Palette wieder ab. Der Pinsel weist nun kaum noch Farbspuren auf und wird nun vorsichtig leicht über die Fläche gezogen.

Spritzlackieren

Beim Spritzlackieren muß man bestimmte Vorsichtsmaßnahmen treffen, da die meisten Farben feuergefährlich und ihre Dämpfe gesundheitsschädlich sind. Deshalb gilt als wichtigste Regel: niemals in der Nähe einer offenen Flamme spritzlackieren oder in einem Raum rauchen, in dem spritzlackiert wird! Ein offenes Fenster sollte stets für ausreichende Raumbelüftung sorgen. Aus Sicherheitsgründen ist anzuraten, eine zusätzliche Gazemaske zu tragen.
Bevor mit der Spritzarbeit angefangen wird, breitet man ein paar alte Zeitungen aus, damit die Farbe, die am Modell vorbeisprüht, nicht den umgebenden Raum verschmutzt. Wenn man direkt von der Seite auf das Modell zielen muß, sollte auch die Wand hinter dem Arbeitstisch mit Zeitungspapier abgeklebt werden. Es kann auch ganz praktisch sein, wenn das Modell in eine kleine Lackierkammer gestellt wird, und zwar drehbar auf einer Drehscheibe.

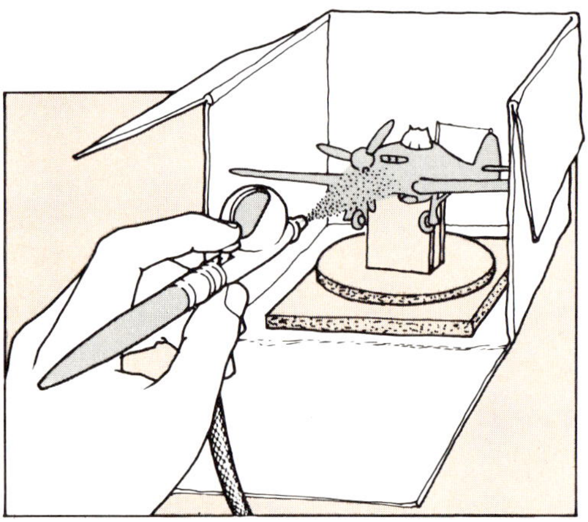

Spritzlackieren in der Kammer *Das Modell wird in einer Schachtel gespritzt, die an einer Seite offen ist. Damit der Sprühnebel in dieser „Spritzkammer" nicht auf das Modell zurückfällt, werden die Kartonwände zuvor angefeuchtet. Nach dem Sprühvorgang den Karton zuklappen, so daß der Lack staubfrei trocknen kann.*

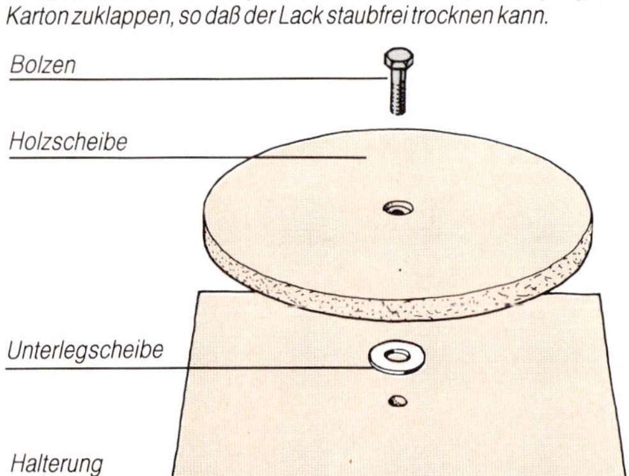

Drehscheibe *Die Drehscheibe: Aus 12 mm dicker Spanplatte eine kreisrunde Scheibe aussägen, die nicht zu fest auf eine Grundplatte, ebenfalls aus Spanplatte, geschraubt wird. Zwischen Boden und Scheibe einen Unterlegring einschieben.*

Verdünnung von Farbe

Sämtliche Farben eignen sich zum Spritzlackieren – mit Ausnahme der Posterfarben, die zu dickflüssig sind. Zum Sprühen muß die Farbe so dünnflüssig wie Milch sein; ist dies nicht der Fall, muß sie auf diese Konsistenz verdünnt werden – entweder im Farbbehälter oder auf der Palette. Mit einem Pinsel oder einer Pipette wird die fertige Farbe in den Behälter an der Spritzpistole gegeben. Ist die Farbe zu dünn, wird sie sofort an der glatten Fläche des Modells ablaufen. Ist die Farbe dagegen zu dick, wird die Spritzdüse stottern und ungleichmäßig sprühen. Zu dicke Farbe hinterläßt eine Farbfläche mit Falten und Runzeln. Sollten einmal Flusen in der Farbe sein, muß sie zuvor durch ein feines Nylonsieb gefiltert werden.

Spritzen einer glatten Fläche

Dazu benutzt man entweder eine Sprühdose, eine Spritzpistole oder einen Spritzgriffel. Der Arbeitsgang ist stets der gleiche. Das Werkzeug wird in einer gleichbleibenden Entfernung von der zu spritzenden Fläche gehalten, der Spritzgriffel 15 bis 20 cm entfernt, eine Sprühdose etwas mehr. Beim Spritzen bleibt die Düse stets in Bewegung und zeigt immer geradewegs auf die Fläche. Wenn das Gerät kurvenförmig bewegt wird, gibt es Unregelmäßigkeiten. Mit dem Spritzen beginnt man am Rand des Modells. Streicht dann die Düse über das Modell hinweg, kommt vom Rand der Fläche an schon der volle, gleichmäßige Farbstrahl.
Diese Technik sorgt dafür, daß ein gleichmäßig glatter Farbüberzug hergestellt wird. Damit auf gekrümmten Modellflächen überall genug Farbe aufgetragen wird, macht man den flächigen Durchgang zuletzt, zuvor müssen Ecken, Kanten und Löcher gespritzt werden. Gibt es Nasen oder Tropfen, ist die Farbe zu dick aufgetragen worden. Man muß darauf achten, daß die Spritzpistole ständig in Bewegung bleibt, daß die Bewegung nicht zu langsam ist und die Pistole nicht zu nah ans Modell gehalten wird. Bilden sich trotzdem Nasen, läßt man sie erst hart werden, bevor sie mit Naßschleifpapier entfernt werden.

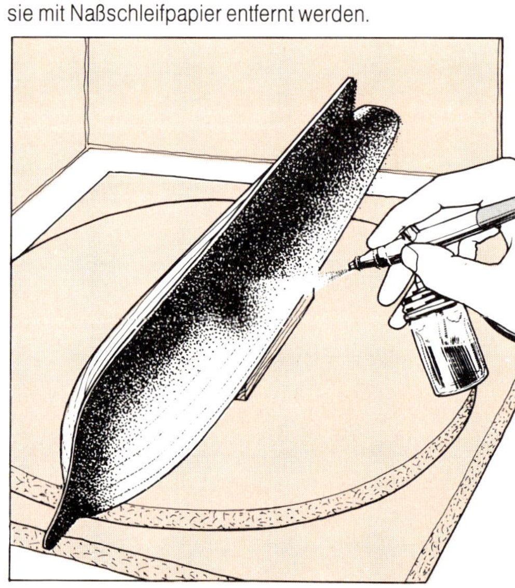

Auftragen eines Flächenanstrichs *Der Spritzgriffel wird zügig mit der Hand hin- und hergeführt, damit der Farbstrahl die Fläche möglichst gleichmäßig deckt.*

Metallanstrich

Viele Modelle wie Flugzeuge und waffentragende Figuren verlangen einen metallischen Anstrich, der mit Farbe, Paste oder Folie erreicht wird.

Rumpf und Tragflächen wurden mit dünner Metallfolie beklebt; das ergab an den Modellen der F 100 D Super Sabre (oben) und der RF 101C Voodoo (unten) den realistischen Effekt.

Farbe

Metallische Farbtöne gibt es in Gold, Silber, Aluminium und Kupfer; jeder Farbton läßt sich auf einfache Weise mit anderen Farben mischen, so daß man eine weite Farbskala erzielt. Einige Techniken, die sich zum Bemalen von Kleinteilen besonders gut eignen, sind auf den Seiten 66 bis 68 beschrieben. Um aber auf einer relativ großen Modellfläche eine schöne Oberfläche zu erzielen, wird die Farbe besser aufgesprüht als mit dem Pinsel aufgetragen.

Paste

Mit einer Metallpaste läßt sich sehr einfach auf Fahrzeugen ein Metallicüberzug aufbringen. Die Paste wird in Hobby- und Bastelbedarfgeschäften in Gold, Silber und einer Reihe von anderen Farben angeboten. Um die Farbtöne zu variieren, kann man verschiedene Pasten vermischen, beispielsweise um anzudeuten, daß Hitze die Oberfläche des Motors dunkler werden läßt.

Um die Paste aufzutragen, quetscht man ein wenig aus der Tube auf ein Stück Pappe und streicht etwas auf das Modell. Dann wickelt man einen Lappen um den Finger oder um einen Löffelstiel und verteilt die Paste dünn, aber gleichmäßig. Anschließend wird eine zweite, aber dünnere Lage aufgetragen, die leicht mit dem Lappen verrieben und poliert wird, bis sie ausreichend glänzt. Kleinteile kann man auf dieselbe Weise behandeln, oder man verdünnt die Paste sofort mit Verdünnungsmittel und streicht sie mit dem Pinsel auf. Wichtig ist, daß Verbindungsnoppen, die verleimt werden müssen, nicht gefärbt werden. Wurden sie doch einmal versehentlich gefärbt, sollte man sie reinigen.

Folie

Dünne Folie, in Streifen aufgeklebt, kann einen sehr realistischen Effekt erzielen. Man kann dazu spezielle Metallfolien nehmen, die selbstklebend sind und sich auch auf gekrümmten Flächen nicht verziehen; Haushaltsfolie ist aber auch geeignet. In dem Fall nimmt man entweder selbstklebende Folie oder lackiert die Oberfläche des Modells und wartet, bis der Lack antrocknet, und klebt dann die Folie auf. Folie hat einen Strich. Wenn man nun die Richtung der einzelnen Streifen ändert – sie mal senkrecht und mal quer klebt –, dann erreicht man eine Wirkung, die in ihrem Farbtonwechsel dem des Originals gleicht.

Will man das ganze Modell mit Folie bekleben, ist es praktischer, die einzelnen Teile getrennt zu bekleben. So sollte man an einem Flugzeug die Tragflächen und den Rumpf zuerst bekleben und dann erst zusammensetzen. Ist eine Folie beim Kleben verrutscht, oder sitzt sie nicht richtig, wird sie mit einem Messer entfernt. Beim neuen Versuch wählt man dann das Stück etwas kleiner. Gibt es mal kleine Falten, kann man sie mit einem Pinselstiel plattdrücken, ohne daß man dabei aber deutlich sichtbare Druckstellen in der Folie hinterläßt.

Die Nahtstellen der Folienüberzüge legt man möglichst an die unauffälligeren Unterseiten eines Modells. Oder an die Übergangsstellen von Rumpf und Tragflächen.

Auftragen der Folienstreifen

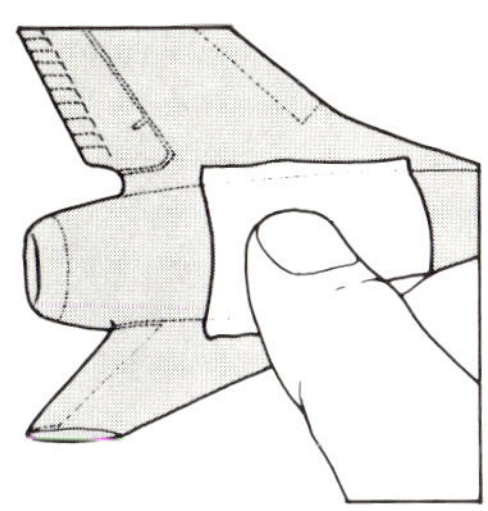

1 *Das Stück Folie soll ein bißchen größer sein als die abzudeckende Fläche. Die Folie mit dem Finger von der Mitte zum Rand hin drückend auf das Modell kleben.*

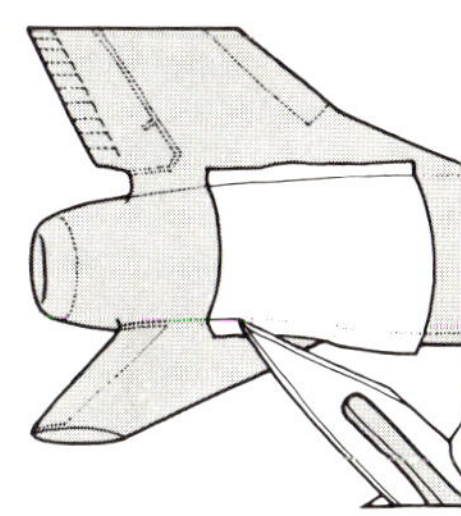

2 *An den Knickkanten die überstehende Folie abschneiden. Durch sehr vorsichtigen Druck wird ein Verrutschen der Folie vermieden.*

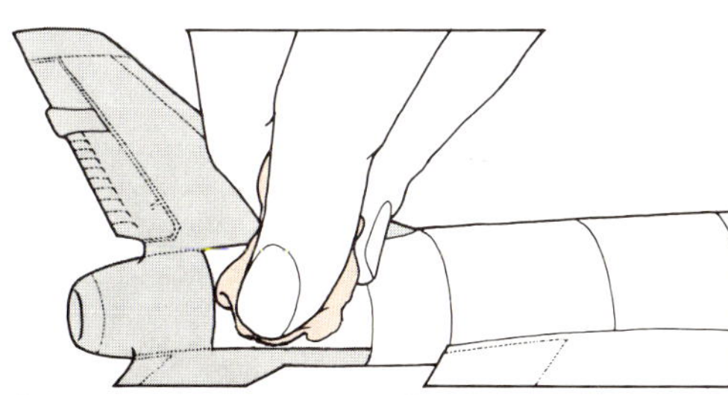

3 *Mit einem weichen Lappen den Streifen Folie blank reiben. Dann das zweite Stück Folie nach der beschriebenen Methode mit den überstehenden Folienrändern daneben kleben.*

Abklebetechniken

Mit einer Schablone wird verhindert, daß bestimmte Stellen des Modells mit Farbe bedeckt werden. Die Schablone der „Abklebemaske" wird oft in Verbindung mit einem Pinsel oder einem Spritzpinsel benützt. Dies ist vor allem bei Fahrzeugen der Fall, die mit dekorativen Streifen oder Schriftzügen bemalt werden sollen. Hergestellt werden diese Schablonen und Masken aus vielen Materialien, die vom einfachen Klebeband und Seidenpapier bis hin zu Flüssigschablonen reichen.

Klebeband

Klebeband ist das gebräuchlichste und einfachste Schablonenmaterial, wenn eine Farbfläche eine gerade oder geschwungene Kantenabgrenzung erhalten soll. Obwohl das Klebeband für Modelle an den Seiten etwas rauh ist, kann es dennoch gut an den Kanten glattgeschnitten werden; Plastikband wie auch Isolierband haben sowieso schon glatte Kanten. Vor dem Aufkleben allerdings sollte man sich davon überzeugen, ob das zur Verfügung stehende Band auch leicht wieder abzulösen ist und ob es auf dem Modell keine Rückstände hinterläßt (siehe auch Seite 72).

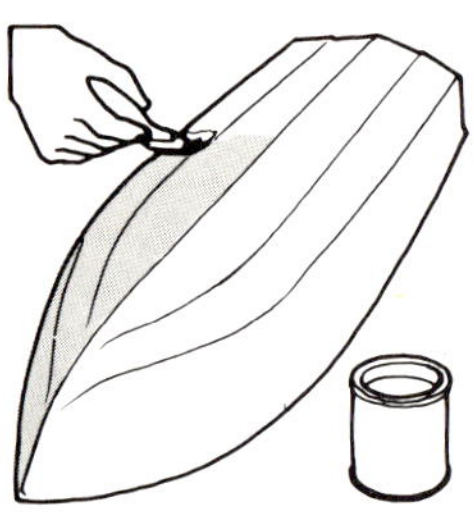

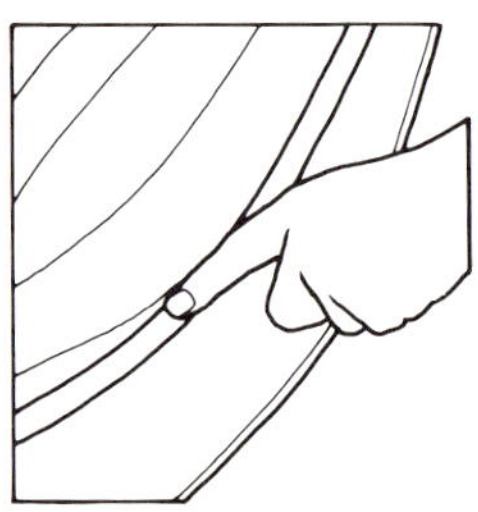

Malen an einer geraden Kante entlang *Grundsätzlich das ganze Modell zuerst mit der helleren Farbe bemalen. Dann 24 Stunden warten, bis die Farbe vollkommen trocken ist. An den Stellen, an denen die zweite Farbe aufgetragen werden soll, wird ein Stück Band geklebt und gut angedrückt. Mit Papier den übrigen Teil des Modells abkleben.*

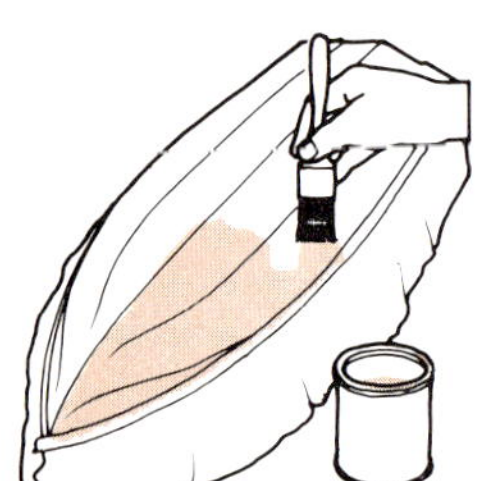

Nun die zweite Farbe aufpinseln oder aufsprühen. Beim Pinseln vom Klebeband wegstreichen, man vermeidet so zu dicke Kanten. Nun das Ganze trocknen lassen.

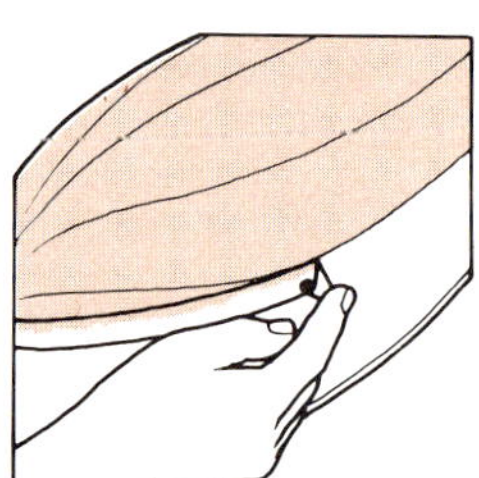

Beim Entfernen des Bandes in Richtung der gemalten Kante ziehen, wobei das Band mit der Fingerspitze aufgerollt wird.

Folie

Sehr gebräuchlich sind spezielle Dekorklebefolien, die den Vorteil haben, daß sie wieder abgezogen und aufs neue verwendet werden können, etwa für die Schwungbänder mit perspektivischer Zeichnung. Diese Folie ist ziemlich durchsichtig, leicht zu kleben und so dünn, daß die Farbe an der Kante nicht zu dick aufträgt. Mit einem Messer wird die Form auf dem Modell ausgeschnitten, wobei man nur aufpassen muß, daß durch die Klinge nicht die Lackierung des Modells beschädigt wird.

Folie eignet sich sehr gut als Schablone für die Liebhaberfahrzeuge.

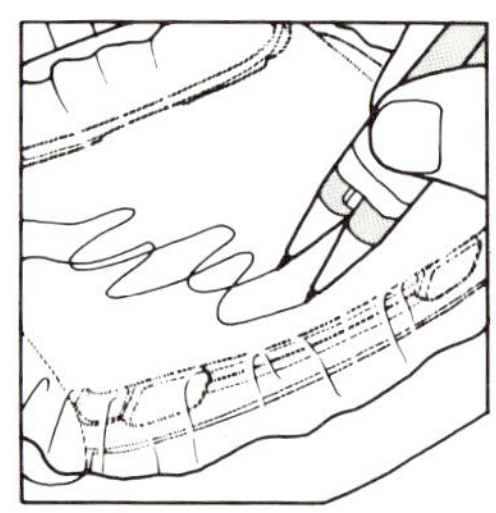

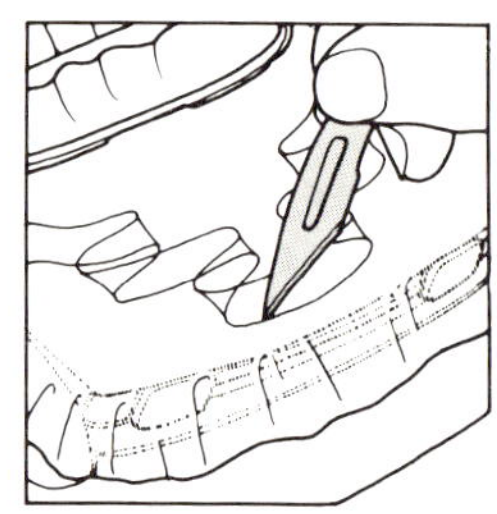

Malen eines Schmuckbandes *Die Folie auf die Fläche kleben und mit zwei Bleistiften das Schmuckband zeichnen. Soll es ein breites Band werden, zwängt man zwischen die Stifte ein Klötzchen oder Pappe. Mit einem scharfen Messer die Bleistiftlinien nachschneiden. Die Untergrundfarbe darf nicht beschädigt werden.*

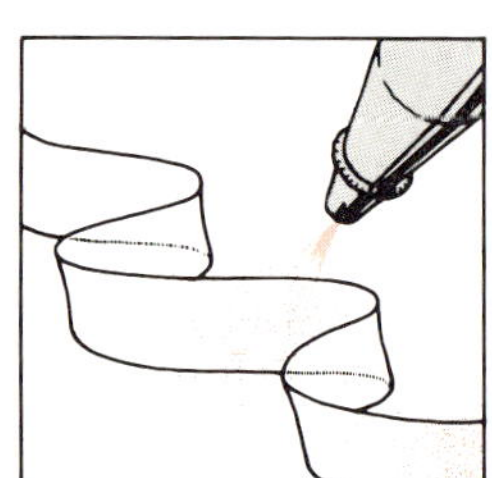

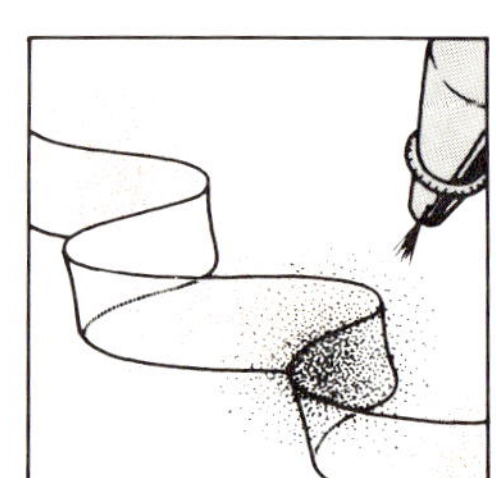

Die „Vorderseiten" des Schmuckbandes entfernen. Beim Spritzlackieren entsteht durch ungleichmäßiges Spritzen der perspektivische Effekt. Ist die Farbe trocken, werden die „Vorderseiten" des Bandes wieder aufgeklebt und die „Rückseite" entfernt. Damit der Farbeffekt echt wirkt, für die Rückseite einen etwas dunkleren Farbton nehmen.

Papier und Pappe

Einfach herzustellen und leicht anzubringen, eignen sich Papier und Pappe sehr gut als Schablone für Zeichenformen, die wiederholt werden müssen. Damit die Farbkante scharf bleibt, muß die Schablone fest auf die Unterlage gedrückt werden. Umgekehrt kann man beim Farbsprühen einen Effekt erzielen, indem man die Schablone an der Kante leicht anhebt, wobei dort die Sprühfarbe einen leicht verlaufenden Rand bildet.

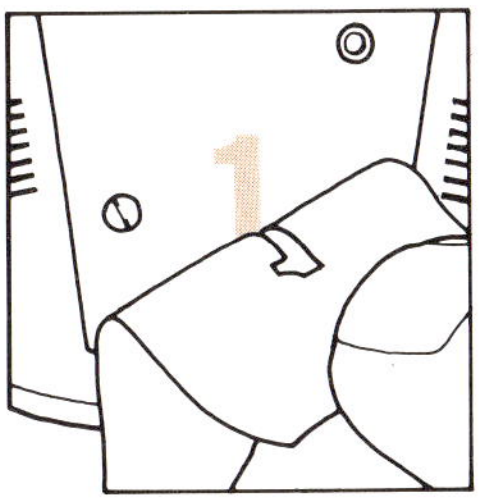

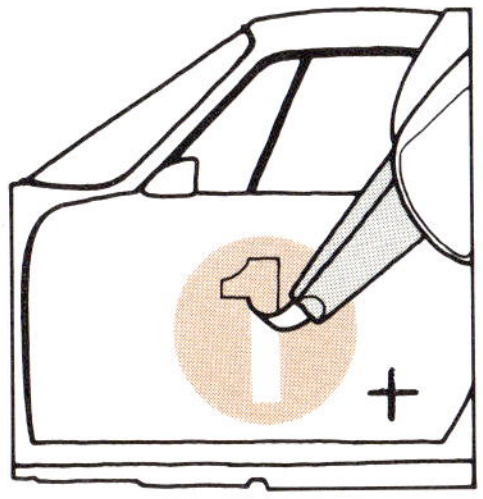

Verwendung einer Wechselschablone *In die Mitte eines Stücks Papier die gewünschte Form schneiden. Diese Positivform auf das Modell aufzeichnen. (Für die Negativform auf die ausgeschnittene Zahl spritzen.)*

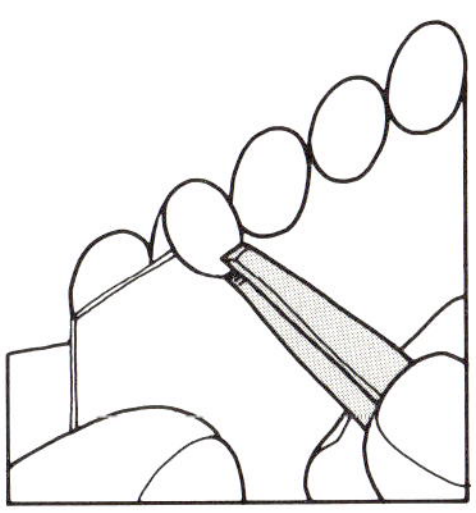

Herstellen einer Fischschuppenmaske *Runde, selbstklebende Punkte auf einen Streifen Papier kleben, die Punkte aber halb überstehen lassen. Von der Gegenseite ebenfalls Punkte gegen die erste Reihe kleben.*

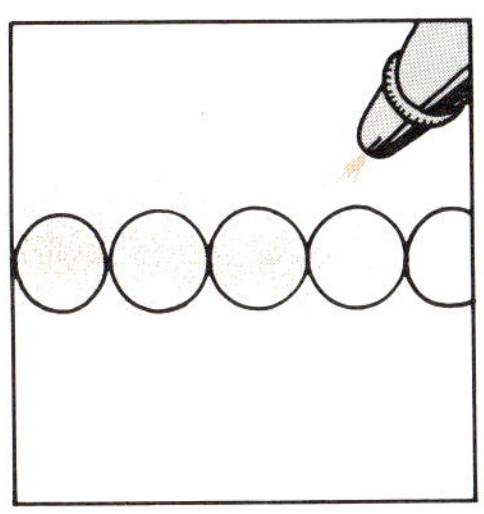

Die Maske anlegen, beim Farbsprühen die Düse jedoch mehr auf die Maske als auf den Untergrund richten, so daß relativ wenig Farbe neben die Punktreihe fällt.

Die Maske um den halben Punktdurchmesser nach unten verrutschen. Wieder sprühen, dafür dieselbe Farbe oder einen anderen Farbton nehmen.

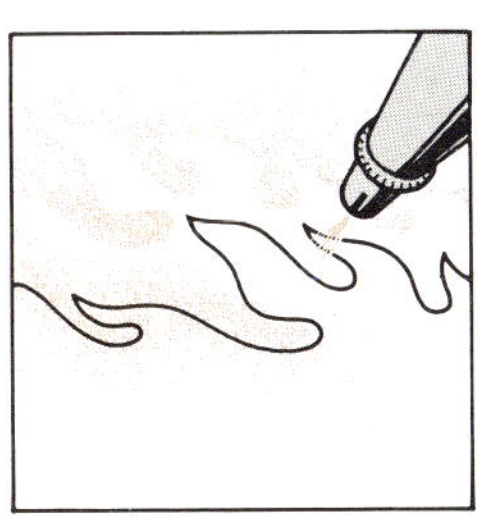

Flammenmuster malen
Die Flammenformen ausschneiden, dann die Maske auf den Untergrund halten und die Farbe aufsprühen, wobei der Farbstrahl stärker auf die Maske gerichtet wird. Die Maske nach unten verrutschen, den Sprühvorgang wiederholen.

Flüssigmasken

Flüssigmasken werden häufig dort eingesetzt, wo Kleinteile vor Farbe geschützt werden sollen, etwa an Eisenbahnfensterscheiben. Dort trägt man Weißleim auf – ein Beispiel für eine Flüssigkeitsmaske auf Metallicfarbe.
Die Flüssigmaske wird auf eine saubere Fläche gepinselt. Ist sie angetrocknet, kann man mit dem Messer bestimmte Formen, Linien oder Muster herausschneiden. Dann wird die Farbe aufgetragen. Zum Schluß wird die Maske selbst wieder entfernt, wobei man sie entweder mit einem Klebeband abzieht oder an der Kante mit einer Messerschneide oder den Stahlspitzen des Zirkels abhebt.

Seidenpapier

Seidenpapier wird nur benutzt, um Innenteile wie Flugmotoren oder Steuerräder abzudecken. Das Papier wird mit Wasser angefeuchtet und mit Zahnstochern oder dem Pinselstiel angedrückt.

Andere Materialien

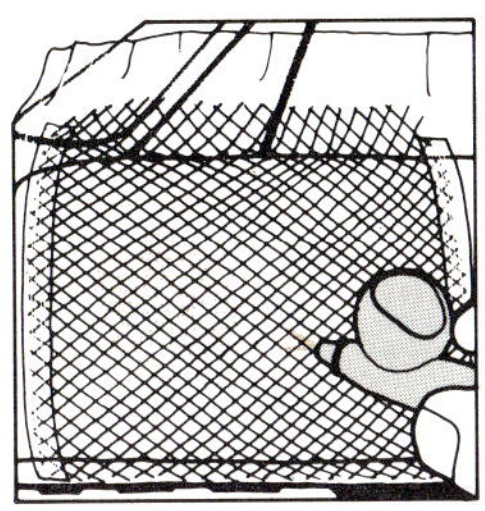

Schlangenhautmuster
Auf das Modell mit Klebeband ein Netz aufkleben, dann die Farbe aufsprühen.

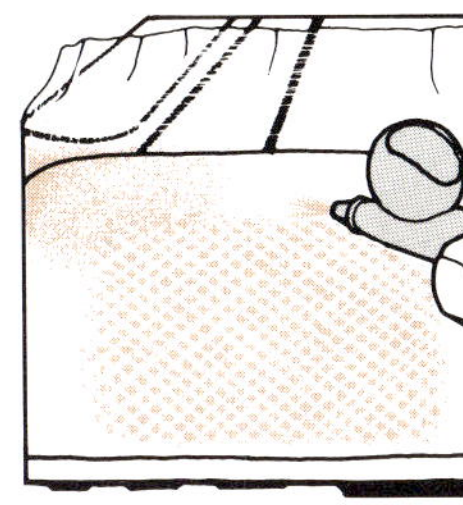

Das Netz entfernen, den noch freien Rand ansprühen.

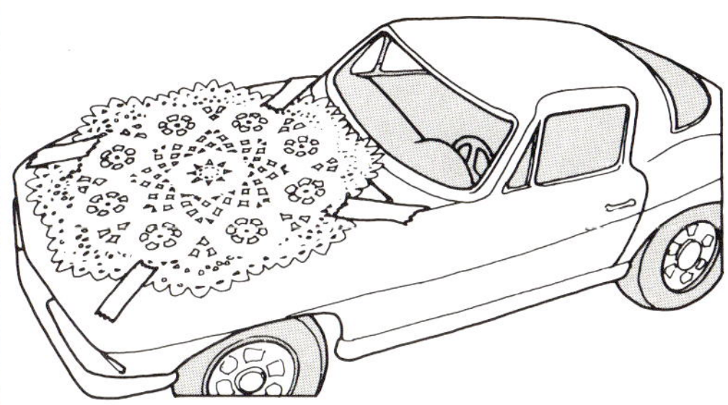

Spitzenmuster *Ein Stück Spitze oder ein Deckchen auf das Modell legen und am Rand ankleben.*

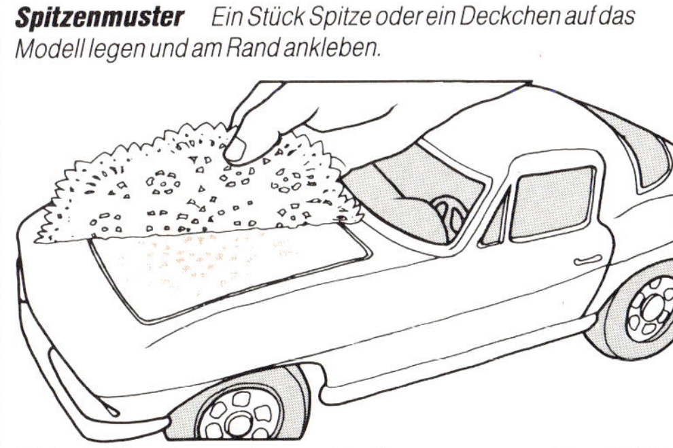

Mehrere dünne Lagen Farbe aufsprühen, um zu vermeiden, daß der Lack die kleinen Löcher verstopft. Ist das Farbmuster trocken, die Maske entfernen.

Streifen und Linien

Streifen und dünne Linien verleihen vielen Fahrzeugen eine dekorative Wirkung. Es gibt verschiedene Möglichkeiten, sie anzubringen.

Klebeband selbst kann als Streifenschmuck verwendet werden, solange seine Materialdicke nicht störend wirkt. Schmales, farbiges Klebeband findet viele Verwendungsmöglichkeiten in den Breiten von 0,4 bis 12,7 mm. Falls die Oberfläche völlig glatt ist, kann das Band abgehoben und neu angeklebt werden. Mit einigen speziellen Klebebändern lassen sich auch Kurven kleben.

Streifen und Linien sind im Handel für die Naß- und Trokkenmethode auch als Abziehbilder erhältlich. Beim Kleben sollte man aber sorgfältig darauf achten, daß die Ränder nicht beschädigt werden oder Falten erhalten (siehe auch Seite 76).

Streifen und Linien aufmalen

Streifen und Linien lassen sich aufmalen, wobei schmales Klebeband und die verschiedenen Schablonentechniken angewandt werden. Negative oder positive Streifen klebt man so auf, wie es untenstehende Abbildungen zeigen. Eine interessante Variation der Negativmethode ist, die Farbe mitten auf das Klebeband zu sprühen. Dabei wird auch beiderseits neben das Band Lack gesprüht. Zieht man das Band wieder ab, hat man zwei Farbstreifen beiderseits einer scharf begrenzten, nicht lackierten Fläche. Diese Art wird häufig an Autos angebracht, die als Sonderanfertigung gebaut werden.

Malen von positiven Streifen

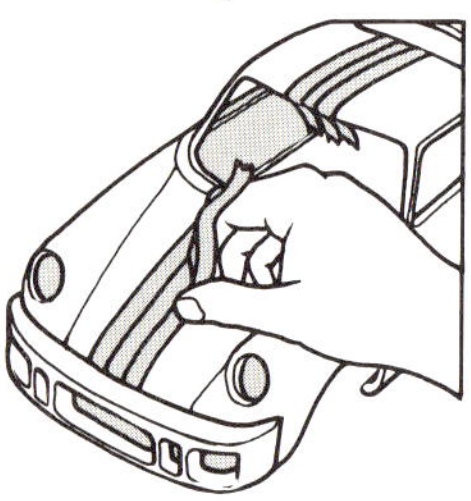

1 *Ein Band in der Breite des gewünschten Streifens dreifach nebeneinanderlegen.*

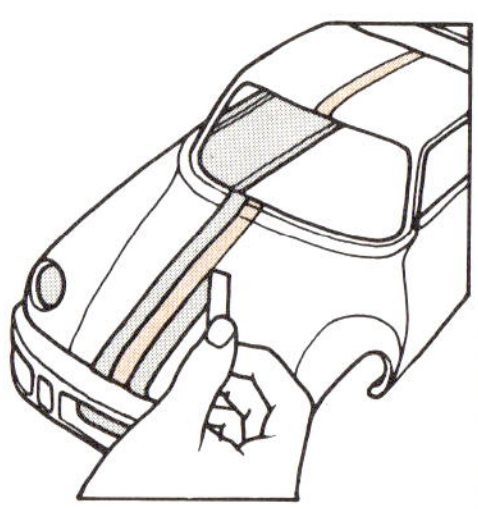

2 *Die mittlere Lage entfernen, dann sprühen und schließlich die beiden äußeren Bänder abziehen.*

Malen von negativen Streifen

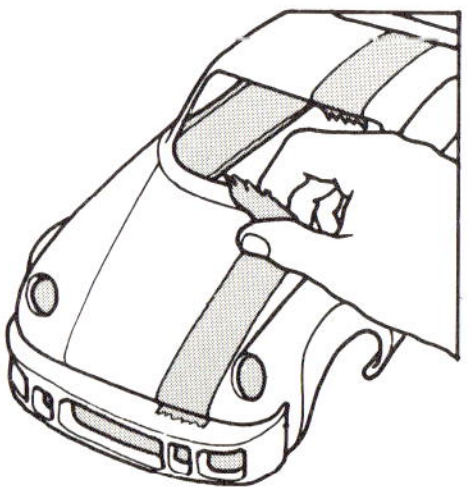

1 *Das Modell in der Farbe des Streifens lackieren. Dann ein Klebeband in der Breite des Streifens ansetzen.*

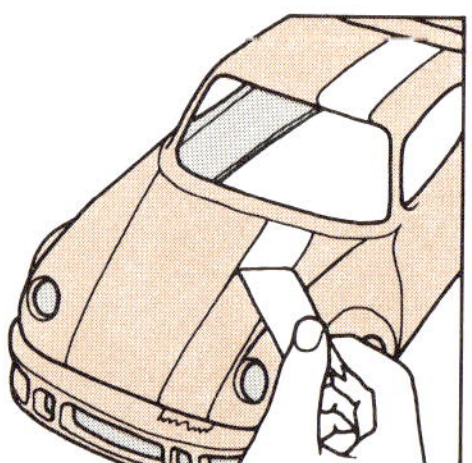

2 *Nun das Modell in der endgültigen Farbe lackieren. Dann das Klebeband abziehen – es erscheint der Negativstreifen.*

Zeichnen von Linien

Das Zeichnen von Linien am Modell erfordert mehr Geschicklichkeit als die anderen Methoden. Oft ist es die beste Technik, um Streifen oder Zahlen darzustellen, weil Klebeband dazu neigt, sich an den Rändern aufzuwerfen.

Einfacher ist es, auf einer matten Fläche zu zeichnen. Wenn man aber ein Fahrzeug mit Hochglanzoberfläche haben will, streicht man zuerst mit matter Farbe vor, zieht darauf dann die Linien und überzieht das Ganze erst zum Schluß mit Hochglanzlack. Damit beim Zeichnen nichts verrutscht, befestigt man das Modell am besten mit Gummiband auf einer Schaumgummiunterlage oder einem Stück Brett.

Bei den Zeichenfedern gibt es zweierlei Arten: den früher gebräuchlichen Federhalter mit Feststellschraube und den modernen Tuschezeichner. Der alte Halter ist mit einer Schraube versehen, mittels derer die Breite des Tuschestrichs variiert werden kann. Dieser Zeichnertyp ist billig und kann für jede Art von Tinte, Tusche und Farbe benutzt werden; er verlangt aber auch schon einige Erfahrung, ehe man richtig damit umgehen kann. Gefüllt wird die Feder mit dem Pinsel oder einer Pipette. Der moderne Tuschezeichner hat eine dünne Spitze mit auswechselbaren Zeichenfedern für Linien von 1 bis 2 mm Stärke. Dieser Federhalter ist sehr einfach zu handhaben, dafür aber relativ teuer und nur mit bestimmten Tuschen verwendbar. Der Modellbauer benötigt für gerade Linien ein Lineal mit schräger Kante. Benutzt er die traditionelle Tuschefeder, muß er das Lineal beim Zeichnen schräg nach unten halten. Zeichnet er mit dem modernen Halter, muß er das Lineal schräg nach oben und den Federhalter senkrecht halten.

Für krumme Linien benötigt man einen Zirkel. Um die untere Farbschicht nicht zu zerkratzen, wird die Zirkelspitze immer mit einem Stückchen Klebeband unterlegt. Um Kurven zu zeichnen, die nicht immer denselben Kreisradius haben, empfiehlt sich die Anschaffung eines Kurvenlineals, denn ein solch handliches Kunststofflineal ermöglicht schnelles Zeichnen von Kreisbögen und Ovalen. Es ist allerdings nur beim Zeichnen mit einem modernen Tuschezeichner brauchbar.

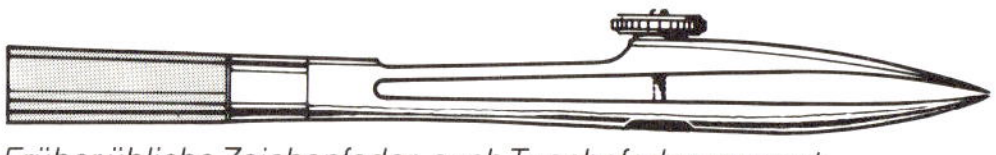

Früher übliche Zeichenfeder, auch Tuschefeder genannt.

Moderner Tuschezeichner

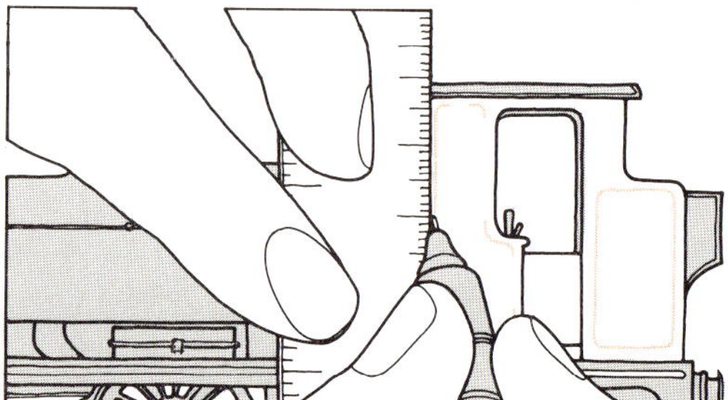

Ausziehen eines Feldes *Mit einem Zirkel die Ecken und Rundungen vorzeichnen; die geraden Linien dazwischen mit dem Tuschezeichner am Lineal entlang.*

Abziehbilder

Farbige Typenzeichen, Seriennummern und Modellkennziffern werden im Fachhandel in großer Auswahl angeboten. Um ein Modell zu verschönern, bringen viele Modellbauer oft noch zusätzliche Abziehbilder auf. Bei den Abziehbildern gibt es zweierlei Arten: Naßbilder und solche, die sich trocken übertragen lassen (Rubbelbilder). Beide haben allerdings gemeinsam, daß sie erst zum Schluß, wenn der Anstrich fertig ist, aufgeklebt werden. Hat man die Absicht, die Fahrzeuge mit Patina zu versehen, müssen die Abziehbilder selbstverständlich auch vorher aufgebracht werden.

Die Schiebebilder an diesem Tyrrell Ford sind sehr gut angebracht worden. Man beachte besonders die Ziffer 2 an der Seite des Wagens, die an dieser Stelle sehr exakt auf einer gekrümmten und dazu kantigen Fläche sitzt. Im allgemeinen gehören Schiebebilder zum Bausatz dazu. Doch wer zusätzliche oder anderer Klebebilder braucht, findet sie im reichen Angebot der Fachgeschäfte.

Naß-Abziehbilder

Dies ist der gebräuchlichste Typ: Das Zeichen ist auf eine Lackschicht aufgedruckt, die von hinten mit wasserlöslichem Kleber überzogen ist. Der wiederum haftet auf einem Blatt Papier, das man in Wasser taucht. Dadurch löst sich der Kleber, und das Bild kann „abgezogen" werden. Im Fachhandel gibt es zwei spezielle Hilfsmittel; natürlich kann man Abziehbilder auch nach der Gebrauchsanleitung der Hersteller aufziehen, aber es empfiehlt sich doch, die speziell im Handel erhältlichen Aufweich- und Klebemittel zu nehmen. Das Klebemittel soll die Klebekraft verstärken und die Bildung von Luftbläschen verhindern. Das Aufweichmittel dagegen wird auf das Abziehbild aufgetragen, nachdem es an seine vorgesehene Stelle gegeben wurde; es weicht den Lackfilm auf und zeichnet gewissermaßen das Abziehbild auf die Modellfläche, wobei es dessen Konturen noch stärker hervorhebt. Benutzt man diese beiden Hilfsmittel nicht, muß das Abziehbild erst aufgeklebt werden, dann entfernt man den Teil des Trägerfilms außerhalb der Zeichen, so daß nur die Reihe der Schriftzeichen stehenbleibt. Die Trägerschicht wird mit sehr feinem Sandpapier abgerieben, wobei man eine Kreisbewegung macht, um überall gleichmäßig anzugreifen. Weiße Abziehbilder sollten zuerst beschnitten werden; man nimmt von dem Trägerfilm soviel wie möglich weg und läßt an einer Seite nur noch einen Streifen stehen. Dann hält man das Bild an diesem Streifen fest und streift ihn mit dem Sandpapier ab. So vermeidet man, daß das Abziehbild beschädigt wird.

Ist das Abziehbild beim Aufziehen doch beschädigt worden, setzt man die Stücke auf der Montagefläche des Modells sorgfältig wieder zusammen. Nach dem Trocknen werden noch verbliebene Risse mit Farbe ausgebessert. Wenn sich das Abziehbild nach dem Trocknen am Rand lösen sollte, kann man es mit etwas Lack oder weißem Leim wieder festkleben. Vorausgesetzt, daß man nicht die vorhin erwähnten beiden Mittel benutzt hat, kann man ein nicht richtig aufgesetztes Abziehbild innerhalb 30 Minuten wieder ablösen, indem man es vom Rand her mit Pinsel und Wasser behandelt, damit der Kleber sich löst.

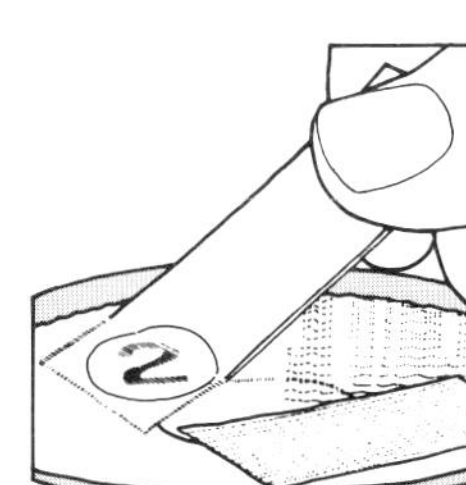

Naß-Abziehbild *Wenn das Abziehbild zu lange im Wasser liegt, trennt es sich vom Trägerpapier. Man nimmt es mit einem Stück Plastik vom Wasser auf.*

Lackieren von Liebhaberfahrzeugen

Der Farbeffekt, wie er an Liebhaberfahrzeugen und damit sonderlackierten Wagen anzutreffen ist, kann auch auf Modelle übertragen werden, indem man die Freihandtechnik und die Methode kombiniert (siehe Seiten 71 und 72). Um eine solche Lackierung aufzubauen, müssen nacheinander mehrere Lackschichten aufgetragen werden, wobei jede Lage leicht angeschliffen wird, damit die nachfolgende Schicht gut haftet. Nach dem Aufsprühen des Decklacks können noch feine Einzelheiten wie Muster oder dergleichen aufgebracht werden. Zum Schluß wird das ganze Modell mit einer Klarlackschicht überzogen. – Das Modell der Corvette rechts im Bild wurde mit einem rötlichen Lack gespritzt, der den Farben noch zusätzliche „Tiefe“ verleiht.

Das Ziermuster auf der Corvette (rechts) wird nach der Methode hergestellt, wie sie auf Seite 72 für das Beispiel des Schmuckbandes beschrieben ist. Für die Schrift wurden Abreibebuchstaben verwendet. Ist der gewünschte Schrifttyp nicht erhältlich, kann er selbst hergestellt werden, indem er aus einer Schablone ausgeschnitten, auf das Modell geklebt, besprüht und anschließend wieder abgezogen wird.

Dieses Muster entstand, indem Netzstücke aufgezogen wurden.

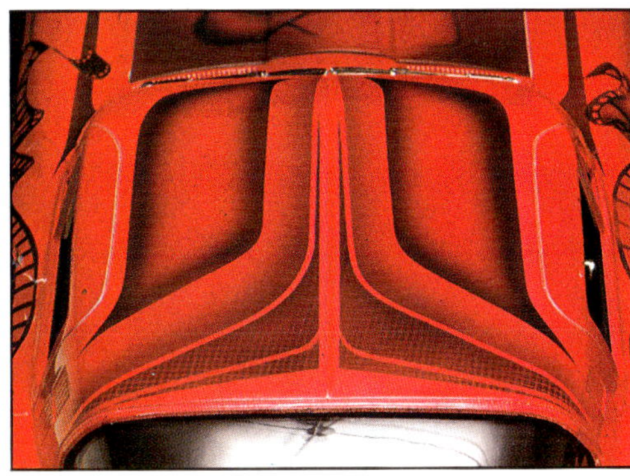

Um die weichen Übergänge zu erhalten, mit der Spritzpistole an einem Abklebeband vorbeizielen. Diese Arbeit erfordert allerdings viel Übung.

Die scharfen Kanten im Design links und oben wurden mit sogenannten Masken hergestellt; sonst wurde freihändig gearbeitet.

Anbringen eines Naß-Abziehbildes

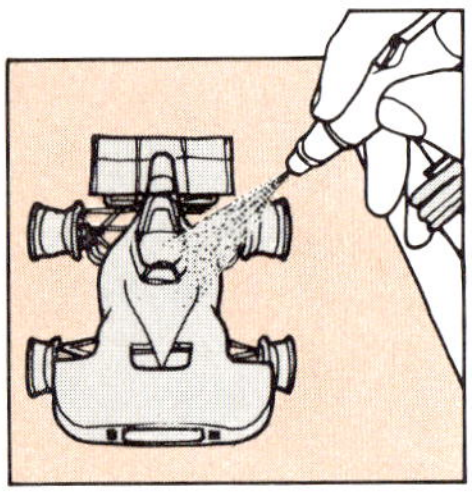

1 *Das Modell mit Glanzlack besprühen, wodurch eine glatte Fläche entsteht. Diese trocknen lassen.*

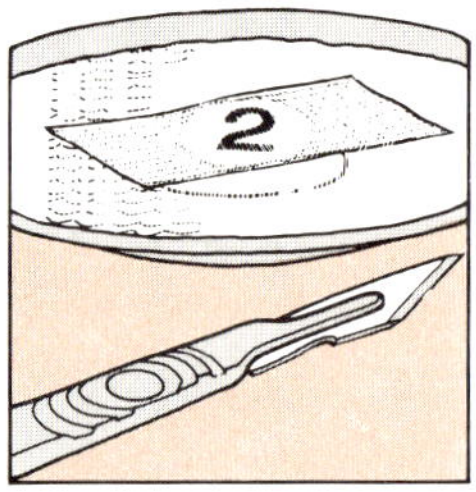

2 *Das Bild ausschneiden und einige Sekunden in eine Wasserschale legen.*

3 *Aus dem Wasser genommen, wird das Bild eine Minute auf Mull (Gaze) gelegt; die Feuchtigkeit kann so in die Deckschicht eindringen.*

4 *Inzwischen ein paar Tropfen Klebemittel auf die Modellfläche geben.*

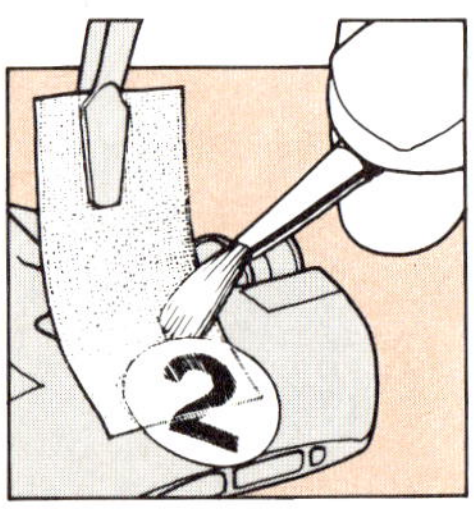

5 *Die Deckschicht mit einer Pinzette halten, das Abziehbild mit einem trockenen Pinsel von der Deckschicht auf das Modell streifen und leicht andrücken.*

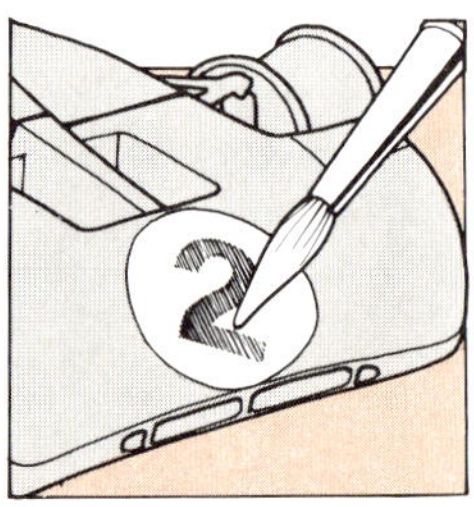

6 *Ein paar Tropfen Aufweichmittel auf das Abziehbild geben. Ungeachtet etwaiger Beschädigungen das Abziehbild erst trocknen lassen.*

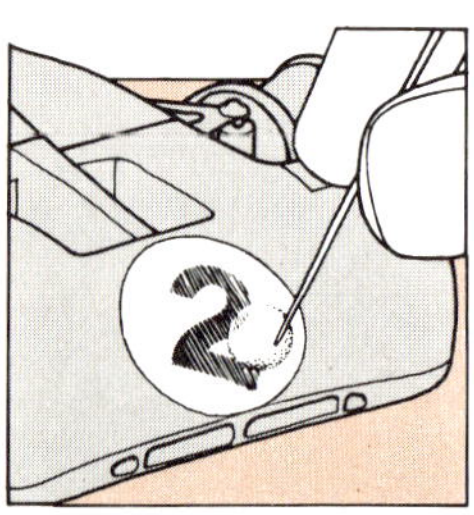

7 *Nach dem Trocknen, wenn sich Luftblasen gebildet haben, hineinstechen und noch etwas Aufweichmittel auf das Bild geben. Zum Trocknen eine Nacht lang stehen lassen.*

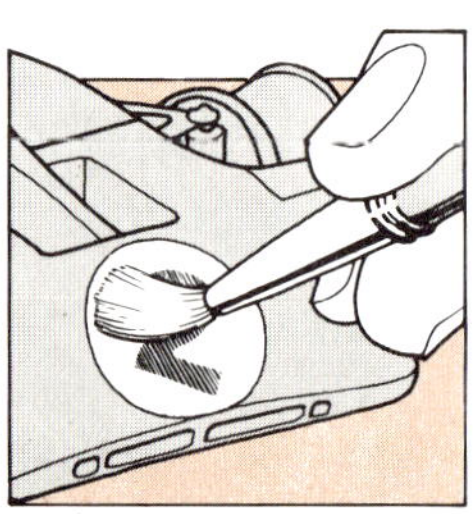

8 *Mit einem angefeuchteten, weichen Pinsel etwaige Kleberreste abwischen. Schließlich das Abziehbild durch Übersprühen mit einem matten oder Glanzlack versiegeln.*

Trocken-Abziehbilder (Rubbelbilder)

Bei diesem Typ von Abziehbild werden die Zeichen auf einen transparenten Trägerfilm gedruckt und von einer separaten Papierschicht geschützt. Die Bilder werden wie folgt auf das Modell übertragen: Der Trägerfilm wird, die Seite mit dem Zeichen nach unten, auf das Modell geklebt. Dann wird die Oberseite, das Deckpapier also, mit einem stumpfen Gegenstand gerieben („gerubbelt"). Diese Art von Abziehbild, sehr dünn übrigens, hinterläßt im Gegensatz zum Naßbild keinen Film auf dem Modell.

Aufziehen von Rubbelbildern

Um Beschädigungen des Anstrichs zu vermeiden, wird das Bild mit der sogenannten Vorablösetechnik übertragen. Schon bevor man das Bild auf das Modell legt, rubbelt man schon leicht mit einem stumpfen Gegenstand, etwa einem Kugelschreiber, über den Filmträger. Um Beschädigungen zu vermeiden, wird der Druck gleichmäßig über das ganze Bild verteilt. Das Zeichen wird, sobald es sich vom Trägerfilm abzulösen beginnt, seine Farbtönung ändern. Sobald man dies merkt, legt man das Bild aufs Modell und reibt leicht mit der Fingerspitze über das Bild. Man entfernt den Trägerfilm, legt das Schutzpapier auf das Bild und poliert es mit festem Fingerdruck. Wenn das Bildzeichen bei dieser Prozedur kaputtgeht und man es nicht mehr zusammensetzen kann, muß es mit einem Stück Klebeband ganz abgezogen werden.

Damit man Schriften genau aufsetzen kann, sind Schriftfolien unter den einzelnen Buchstaben mit einer Markierung versehen. Um die Buchstaben in gerader Linie aufzukleben, macht man sich mit Klebeband eine Richtkante, an der die Markierungen anstoßen. Ebenso kann man anhand der Markierungen den genauen Abstand der Buchstaben bestimmen, aber in der Regel kann man sich da auf sein Augenmaß verlassen. Wenn es zu umständlich ist, die Buchstabenfolie am Stück zu benutzen, schneidet man sie vorher in Blocks oder Streifen, aber keinesfalls in Einzelbuchstaben, weil die zu schwierig auszurichten sind.

Rubbelbilder werden mit einem Lacküberzug versiegelt, nachdem man sich an einem Probestück davon überzeugt hat, daß das Material den Lack verträgt.

Improvisierte Zeichen

Wenn man ein Zeichen haben will, das es im Fachhandel nicht zu kaufen gibt, kann man sich auf mehrere Arten behelfen. So kann man ein übriggebliebenes Abziehbild mit Schriften in einzelne Lettern zerschneiden und die dann erneut in anderer Reihenfolge zusammensetzen. Man kann auch einzelne Buchstaben verändern, zum Beispiel läßt sich aus einem „E" ein „F" schnippeln, oder aus der Zahl 8 kann man eine 3 schneiden. Man kann auch Buchstaben und Zahlen kombinieren. Wenn man sorgfältig zuschneidet, können sich die Lettern so überschneiden (und neue Buchstaben bilden), daß sie sich an der Nahtstelle nicht einmal mehr in der Dicke von den anderen Buchstaben unterscheiden.

Will man eine andere Farbe haben als auf den zur Verfügung stehenden Bildern, dann kann man entweder ein Abziehbild mit dünner Emailfarbe übermalen, oder man malt die gewünschte Farbe auf den durchsichtigen Rand des Abziehbildes.

Patinieren von Fahrzeugen

Patinieren ist der Fachausdruck für den Vorgang, bei dem ein Modell das Erscheinungsbild eines alten, verwitterten Gegenstandes annimmt. Mit nur ein paar Arbeitsgängen kann der geschickte Modellbauer unter Zuhilfenahme von einigen guten Materialien an einem Modell diesen Eindruck hervorbringen. Auf den folgenden Seiten wird beschrieben, mit welchen Methoden Fahrzeuge, Flugzeuge und Eisenbahnen patiniert werden können. Natürlich lassen sich diese Techniken auch entsprechend auf alles andere anwenden.
Ob ein Fahrzeug überhaupt dem Vorgang unterliegt, hängt von Bauart, Alter, Temperatureinflüssen, aber auch davon, wie gut es gewartet worden ist, ab.
Bevor man sich an die eigentliche Arbeit macht, sollte erst einmal das Modell gründlich gesäubert werden, dann erhält es seinen speziellen Anstrich, danach die Aufklebebilder – und nun erst kann man mit dem Patinieren beginnen. Soll nur eine Staubschicht aufgetragen werden, müssen alle Details natürlich vorher gemalt sein. Soll ein Modell jedoch einen stark verwitterten Eindruck machen, ist es einfacher, die Einzelheiten zusammen mit den Alterungsspuren aufzumalen.
Die größte Wirklichkeitstreue erzielt man, wenn man die Witterungsspuren in der Reihenfolge anmalt, in der sie auch in der freien Natur sich einstellen. Wenn man also das Modell so vor sich hat, wie es fabrikneu angestrichen ist, blättert man zuerst etwas Farbe ab, dann trägt man die Spuren von Regen und Sonne auf, zeigt an einigen Stellen metallischen Untergrund, weil dort scheinbar jede Farbe schon abgewittert ist. Will man das Modell auf eine Grundplatte stellen, geschieht dies vor dem Patinieren.

1. Stufe: Abblättern der Farbe Wenn Fahrzeuge altern, wird ihr Lack schmutzig und fahl. Um eine fabrikneue Farbe altern zu lassen, streicht man einfach Weiß, gebranntes Umbrabraun und fahles Gelb – jeweils Ölfarben – auf das Fahrzeug, und zwar nicht in einer besonderen Reihenfolge, sondern wie es gerade so paßt und aussehen soll. Beim Witterungsüberzug beginnt man oben am Fahrzeug, und zwar mit viel reinem Terpentin, das man auch an der Seite herunterlaufen läßt – aber erst dann, wenn die Ölfarben zwei, drei Tage angetrocknet sind, sonst greift das Terpentin sie zu stark an. Dann nimmt man etwas Farbe auf den Pinsel und streift ihn oben am Modell so ab, daß die Farbe an der Seite heruntertropft. Auf keinen Fall darf der Pinsel so über die Oberfläche streichen, daß er regelrechte Pinselstriche hinterläßt. Wenn das Terpentin sich verflüchtigt hat, bleiben nur leichte Farbflecken zurück. Die Buchstaben und Kennzeichen sind immer noch zu sehen.
Bevor man weitere Farbe hinzugibt, wird das Fahrzeug noch einmal mit Terpentin behandelt. Man mischt die Farben, hell oder dunkel – ganz nach Belieben. Mit fahlen, fast weißen Farbstrichen werden Wasserspritzer simuliert. Wirkt eine Farbe zu intensiv, gibt man etwas mehr Terpentin drauf. Man sollte nicht versuchen, die ganze Oberfläche gleichmäßig zu behandeln, sondern eher die Fläche auflokkern durch verschiedenartige Farbtöne und durch Stellen, an denen weniger Farbstriche gemacht werden.
Nach dieser Prozedur muß das Modell über Nacht gründlich trocknen, erst dann kann Stufe 2 beginnen.

2. Stufe: Rost Genaugenommen müßte der Rost wie im natürlichen Prozeß auch am Modell später erst aufgetragen werden. Aber das kann auch mit viel Terpentin nach der folgenden Methode wettgemacht werden. Man rührt eine sehr dünne, helle Farbmischung aus Chrom-Orange-Ölfarbe an. Soll es älterer Rost werden, muß man die Farbe dunkler mischen. Von oben nach unten vorgehend, wird nun überall an den „Roststellen" diese Rost-Farbe aufgetragen. Dabei gilt zu beachten, daß Rost sich dort stärker bildet, wo Platten aneinanderstoßen oder wo das Regenwasser von oben nach unten in Rinnen abläuft, dort nämlich bildet auch der Rost Rinnen und Furchen. Hier kommt es nicht darauf an, daß die Rostspuren bis ins letzte Detail ausgemalt werden, aber der Gesamteindruck muß stimmen. Dafür ist es zum Beispiel wichtig, daß die Rostbrühe an den unteren Kanten entlangläuft und man sie durch Pinseltupfer, ohne die Spuren des Pinselstrichs zu hinterlassen, überallhin verlaufen läßt. Dieses Rostfarbbad muß an den Kanten und Nähten abwärtssickern können. Reste von Orangefarbe werden mit dem Pinsel herausgetupft, und dort, wo das Terpentin vorzeitig austrocknet, wird der Rost mit ein wenig neuem Terpentin wieder flüssig gemacht. Erst wenn er überall zur Zufriedenheit verteilt ist, läßt man ihn über Nacht trocknen, wobei er dann seine realistische rostbraune Farbe annimmt.
Wenn man an einem Lastwagen oder einem Personenauto den Eindruck von Rost erwecken will, der die Farbe von unten her blasenartig abblättern läßt, geht man wie folgt vor. Bevor das Fahrzeug lackiert wird, werden die späteren Roststellen mit Weißleim gestrichen, der ein wenig mit Polyfüll-Puder bestäubt worden ist. Nicht vermischtes Puder wird weggeblasen. Dann trägt man den Rost auf wie beschrieben.

3. Stufe: Allgemeine Patinierung Allgemeine Patinierung trübt die Lackierung, macht sie stumpf und matt. Um diesen Effekt hervorzurufen, gibt man etwas Farbe, und zwar reines Weiß oder Blaßgelb, auf einen Pinsel mit kurzen, harten Borsten. Die Farbe wird nun auf das Fahrzeug aufgebracht, wobei die Pinselborsten tupfend und kreisend die Farbe abgeben. Es darf einerseits nicht zuviel Farbe aufgetragen werden, auf der anderen Seite sollte der Pinsel dennoch ständig Berührung mit der Fläche haben. Dabei wird die Dichte der aufgetragenen Farbe variiert, mal wird sie stärker, mal weniger stark aufgetragen. Am meisten altern, so muß man sich vor Augen halten, nämlich abstehende Flächen wie Werkzeugkästen, Stangen und Riegel. Wenn dabei ein Stück von einem Abziehbild beschädigt ist, nutzt man das zum Vorteil und tut so, als ob an dieser Stelle der Prozeß besonders stark war – man nimmt gleich noch etwas Farbe weg. Eine Technik übrigens, die auch dort angewandt wird, wo eine Fläche gegenüber einer anderen etwas aufgehellt werden soll.

4. Stufe: Blankes Metall In einem fortgesetzten Stadium wird die Farbschicht zerstört, und es tritt das blanke Metall hervor. Am stärksten tritt dieser Effekt an Stellen auf, die besonders stark in Anspruch genommen sind. Um diesen Effekt zu erzielen, trägt man zuerst eine dünne Schicht Metallfarbe auf die betreffenden Stellen auf. Die frische Farbe wird mit einer Hühnerfeder oder einem feinen Lappen so weit wieder weggetupft, daß nur eine Spur von Farbe zurückbleibt; man sieht sie nur, wenn man das Modell ins Licht hält. Wenn das Terpentin verdampft ist, bleibt ein dünner Film aus kleinen Metallteilchen zurück, die leicht metallisch schimmern. Man muß nur darauf achten, daß die Metallfarbenbrühe nicht in Ritzen oder dorthin läuft, wo solche Abnutzung keinesfalls in Wirklichkeit möglich ist. Geschieht dies doch einmal, tupft man die noch frische Metallfarbe mit einem Pinsel ab und streicht die Stelle mit Dunkelbraun oder Grau nach.

Wenn das Terpentin noch feucht ist, gibt man mit einem kleinen Pinsel kleine Tupfer Silberfarbe auf die „Stahlflekken". Das Terpentin sorgt dafür, daß das Silber an der Stelle gut eingemischt wird. Das Silber wird aber sparsam verwendet, zum Beispiel nur dort, wo Gelenkstücke, Schrauben und Muttern, Handgriffe und Hebel oder Radachsen vorstehen. Man kann auch ganz leicht über Kanten hinwegstreichen, wie etwa über den Rahmen einer Windschutzscheibe oder den Deckel einer Werkzeugkiste. Dabei muß stets darauf geachtet werden, nicht zuviel Silber aufzutragen, denn Silber ist nur sehr schwierig wieder zu entfernen.

Wenn man blankes Metall simulieren will, kann man auch an Stelle von Metallfarbe und Silber Graphit verwenden. Besonders gut kommt Graphit an den blankgescheuerten Stellen zur Geltung. Graphit läßt sich übrigens auch von jeder Farbe überdecken, besser ist es aber, wenn man Graphit als letztes auf die Farben aufträgt.

Man schabt von einem weichen Bleistift etwas Pulver auf eine Palette. Man tippt die Fingerspitze in das Graphitpuder und reibt es dann aufs Modell. Beim Verreiben wird das Graphit glatt und schmiert gleichzeitig auch die Poren des Untergrunds zu. In die Ecken, in die man mit der Fingerspitze nicht kommen kann, schmiert man das Graphit mit einem Pinselstiel, um den man ein Stück Mull wickelt.

5. Stufe: Ketten Wenn man ein Kettenfahrzeug lackiert, nehmen auch die Raupenketten und die Räder dieselbe Farbe wie das Chassis an. Doch die Ketten müssen dann so bemalt werden, damit sie aussehen wie noch nicht lakkiert, und die Räder müssen wie Gummi aussehen.

Mit einer Rostfarbe werden zuerst die rostigen Stellen der Ketten gemalt. Dann kommen sehr kleine Flecken Orange hinzu, wofür man gebrannte Siena nimmt. Während diese Farben noch feucht sind, gibt man eine dünne Schicht Metallic-Farbe auf die vorstehenden Teile der Ketten. Man läßt das Terpentin eine Zeitlang einwirken, dann werden die Ekken und Kanten mit einer sehr kleinen Menge Silber aufgehellt, ebenso die Teile, die mit dem Erdboden in Berührung kommen.

Nun werden die Gummiteile gestrichen; sie bekommen graue Schatten, niemals dürfen sie schwarz gemalt werden, schon gar nicht nach starkem Gebrauch. Man kann den realistischen Effekt dadurch steigern, daß man von Rad zu Rad den Grauton variiert: Ein Rad ist dann eben nicht so „alt" wie das andere. Dort, wo die Räder in der Spur der Kette laufen, werden sie durch einen fahlen Farbton aufgehellt. Man sollte auch nicht vergessen, die Reserveräder zu streichen, die meist unter dem Chassis angebracht sind. Räder an Lastwapen, Jeeps und Motorrädern werden wie die Kettenräder bemalt, wobei man allerdings darauf achten muß, daß das Reifenprofil gut herausgearbeitet wird.

Die Reifen an Motorrädern haben ein sehr ausgeprägtes Profil. Man malt die Räder und Reifen grau, dann wird das Profil aufgehellt, um es deutlich hervorzuheben; dazu eine fahle Farbe nehmen.

Patinieren von Flugzeugen

Die meisten Flugzeuge werden ständig gewartet und tragen deshalb nur wenig Alterungsspuren. Aber jene Stellen am Flugzeug, die nicht ständig einer Wartung bedürfen, werden schnell schmutzig oder sind ölverschmiert, auch Sonneneinstrahlung kann die Farben ausbleichen und verfärben.

Alte Farbanstriche

Um den Eindruck zu erwecken, es handle sich um einen alten Anstrich, macht man den Lack durch verschiedene Farbbäder stumpf. Dann kann man bestimmte Stellen noch besonders behandeln, indem man unverdünnte Farbe mit einem kurzgeschnittenen, steifen Pinsel aufreibt. Die Maßnahmen konzentriert man auf die Oberseite der Tragflächen und die Pilotenkanzel, wobei darauf zu achten ist, daß auch die Abziehbilder entsprechend mitbehandelt werden.
Um Alterungsspuren an Flugzeugen aus Metall zu imitieren, stellt man Metalleffekte her, wie sie auf Seite 78 beschrieben sind. Damit der Eindruck auch wirklichkeitsgetreu wird, bemalt man die betreffenden Stellen zuerst mit Metallfarbe, bevor man die Grundfarbe aufträgt. Entweder malt man die Grundfarbe dann sorgfältig um die Metallflekken herum, oder man sprüht den Grundlack auf und reibt dann an den Metallstellen mit Naßpapier vorsichtig und so lange, bis das „Metall" zum Vorschein kommt.
Silberfarbe kann matt sein oder stumpf werden, daß sie wie Aluminium aussieht. Man überzieht sie einfach mit einer matten Lackschicht. Oldtimermodelle mit Leinenbespannung, die ständig vom Bodenpersonal gewartet und durch Anfassen beschmutzt werden, behandelt man durch graubraune Farbe.

Schlamm und Staub

Flugzeuge, die von einer Startbahn mit Grasnarbe aus starten, tragen leichte Schlammspuren. Die Räder werden wie die von anderen Fahrzeugen behandelt (siehe Seite 78), ebenso die Fahrgestellstützen, die Radabdeckungen und die Unterseite des Rumpfes, besonders auch die Gleitkufe bzw. das Rad am Schwanzende. Eine dünne Staubschicht kann jedes Flugzeug aufweisen, besonders Maschinen in der Wüste.

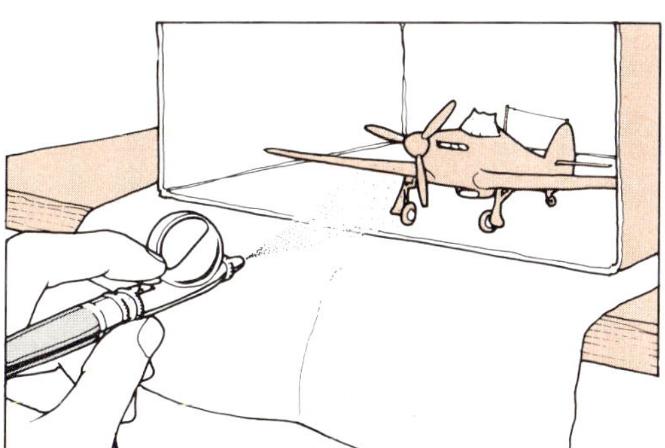

Aufsprühen von Staub auf Flugzeuge *Die Umgebung des Modells abdecken und mit der Spritzpistole fahle Farbe aufsprühen. Das Gerät sollte dabei in einiger Entfernung und zudem etwas flach gehalten werden; dadurch ist die Farbe schon fast trocken, bevor sie auf das Flugzeug trifft.*

Abgenutzte Farbe an der Tragfläche *Wo der Pilot ständig auftritt, nutzt sich die Farbe an der Tragfläche ab, so daß blankes Metall zum Vorschein kommt.*

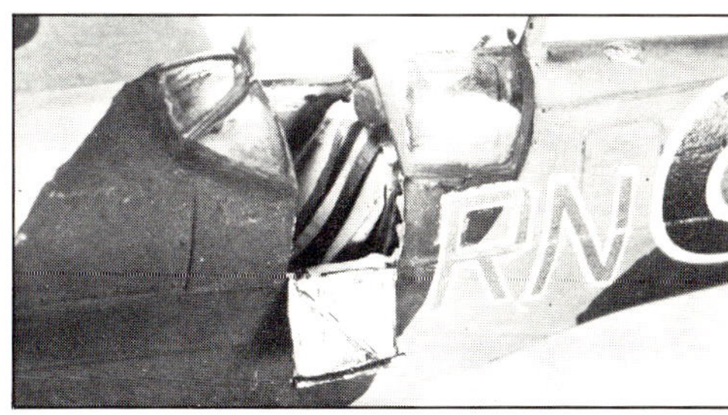

Abgeblätterte Farbe am Cockpit *Auf die Grundfarbe Metallflecken malen. Diese markieren die Stellen an der Einstiegluke des Cockpits, an denen die Farbe abblättert.*

Metalleiter *Auch Ausrüstungsteile und Zubehör wie beispielsweise diese Metalleiter müssen bearbeitet werden, wenn der Gesamteindruck stimmen soll.*

Diese P8 wurde lediglich mit mattschwarzem Lack gespritzt. Aufschriften und Lampen wurden natürlich abgedeckt.

Lok und Abteilwagen wurden in mühevoller Arbeit farblich nachbehandelt.

Ein Weg mit gleichartigen Kesselwagen wirkt erst dann richtig vorbildgetreu, wenn die einzelnen Wagen verschiedene Farbbehandlungen erhielten.

Bei dieser Lok wurde besonderen Wert auf die realistische Darstellung der Kalkspuren an den Außenflächen gelegt.

Patinieren von Eisenbahnen

Heute gibt es schon sehr schöne bis ins kleinste Detail gebaute Eisenbahnmodelle. Man kann sie in wirklichkeitsgetreue Miniaturen verwandeln, indem man sie auf „alt frisiert": Die Waggons sind von der Sonne ausgebleicht, haben durch Sand und Rost und Wasser gelitten. Man kann fast alles anbringen, das reicht von der dünnen Staubschicht auf einem Personenwaggon bis hin zu Schmutz und Verwitterung eines alten Güterwaggons. Wenn man an einer Lokomotive, die noch in Betrieb ist, den Anstrich patiniert hat, müssen Farbreste von den Rädern entfernt werden: Der elektrische Kontakt muß hergestellt bleiben.

Chassis und Räder

Chassis und Räder an jedem Modell werden gleich behandelt. Fast ausnahmslos sind diese Teile an jedem Modell aus schwarzem Kunststoff hergestellt. Gute Wirkung erzielt man, wenn man folgende Mischung aufträgt: Auf dem Boden einer Stahlfarben-Dose sammeln sich Farbpigmente an. Die vermischt man mit Rostfarbe. Diese Farbmischung tupft man leicht auf, so daß die Farbe mit einem leichten Muster trocknet. Danach werden Chassis und Räder mit gebrannter Siena-Ölfarbe bestrichen (dazu benutzt man einen harten Pinsel) und die Details aufgehellt.

Personenwaggon

Ein ständig gewarteter Personenwaggonpark sieht so aus: eine leichte Staubschicht (mit dem Spritzgriffel aufgesprüht wie auf Seite 79 beschrieben) auf dem Dach, eine dünne Schicht „rußiger" Partikel aus schwarzer Ölfarbe, und Luftrohre wie Ofenrohre sind ringsum schmutzig.

Dampflokomotive

Dampfmaschinen sind die idealen Patinierungsobjekte. Zu den normalen Alterungsspuren können noch Kalk-, Öl-, Ruß- und Kohlespuren hinzugefügt werden.

Diesellok

Mit Verdünnung den Lack abstumpfen, dann die Fahrwerke entsprechend altern. An den Seiten Farbe von vorn nach hinten auftragen. Das Dach und die Lüftungsrohre schwarz bemalen.

Güterwagen
Zuerst mit Verdünnung abstumpfen, dann mit unverdünnter Ölfarbe nachhelfen. Mit Weiß die oberen Wagenteile ausbleichen, mit gebrannter Siena kommen die Schmutzteilchen am Chassis hinzu. Auch die Metallstützen zeigen Alterungsspuren.

Kohlewagen aus Holz
Auch solch ein an sich schon schöner Waggon kann noch durch Alterungsspuren verschönert werden. Holzkohle-Grau-Verdünnung wird auf die Oberseite gegossen, an den Seiten rinnt die schmutzige Spur herab; das Ganze sieht aus wie Kohlestaub, der bei Regen herunterläuft. An den Metallstreben, die der Witterung besonders stark ausgesetzt sind, mit Stahl- und Silberfarbe arbeiten.

Tankwagen
Wo Staub und Flecken sich ansammeln, wird mit Farbverdünnung der Lack ausgebleicht. Mit gebrannter Siena die Rückstände besonders an den Seiten betonen. Nach oben hin geht das Braun in helles Weiß über. Um zu zeigen, wo der Regen seine schmutzigen Spuren durch das Braun gewaschen hat, einen Pinsel mit Terpentin nehmen.

Viehwagen
Zuerst das Fahrgestell aus schwarzem Kunststoff mit Ölfarbe anmalen. Eine Farbe anrühren, die möglichst nach „Waggon-Rotbraun" aussieht und am besten kein Terpentin enthält. Indem andere Farben auf dem Modell hinzugemischt werden, variiert der Anstrich. Dicke Kalkrückstände durch weiße Farbe simulieren.

Bemalen von Figuren

Die im folgenden beschriebene Technik bezieht sich auf Ölfarbe, gilt aber auch für andere Farben. Ölfarbe ist dennoch zum Bemalen von Figuren am besten geeignet, denn sie läßt sich so mischen, daß Farbnuancen erreicht werden, wie sie keine andere Farbe bieten kann. Die meisten benutzen Pinsel aus Zobelhaar, besonders zum Mischen.

Bevor man darangeht, eine Figur anzumalen, sollte sie fertig ausmodelliert sein, da die vollständige Figur die besten Anregungen zum Anmalen gibt. Dennoch kann es in einzelnen Fällen günstiger sein, von dieser Regel abzuweichen. Zum Beispiel dann, wenn solche Details wie beispielsweise Waffen oder Ausrüstungsstücke deshalb separat bemalt werden müssen, weil sie nachher nur noch schwer zu erreichen sind. Für die Reihenfolge der Bemalung gibt es deshalb auch keine starre Regel. Als Faustregel gilt aber: Am besten arbeitet man von oben nach unten, damit eventuelle Farbspritzer schon gemalte Flächen nicht verderben. Die meisten Modellbauer werden der Behauptung beipflichten, daß das Gesicht einer Figur auch ihren Charakter bestimmt und die Art und Weise, wie danach das übrige der Gestalt bemalt werden soll.

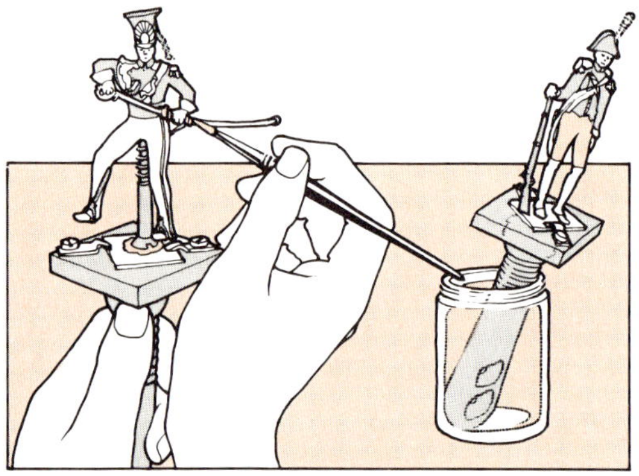

Haltegriff für Figuren *Einen Griff mit Gewinde basteln, der an eine Holzplatte geschraubt werden kann. Darauf kann die Figur gestellt werden. Für eine Figur ohne Grundplatte eine Holzschraube auf das Holz leimen, die die Figur abstützt.*

Grundierung

Auch Figuren benötigen – wie jedes andere Modellstück – eine Grundierung, bevor sie ausgemalt werden. Ein weißer Grundanstrich läßt eine Figur wie die andere aussehen und erkennen, wo jede von ihnen noch im Detail gemalt werden muß. Besser aber ist eine graue Grundierfarbe, vor allem dann, wenn sie als Basis für dunklere Details dienen soll.

Matter Autogrundlack eignet sich für Figuren besonders gut. Die Lackstruktur hebt nämlich nicht nur besonders gut jene Stellen hervor, an denen Leinen oder Leder bemalt werden soll, sondern ist auch geradezu ideal für Pferdekörper. Emailgrundfarbe kann sowohl auf Kunststoff wie auf Metallfiguren aufgetragen werden, während sich Cellulosegrund nur für Metall eignet. Wenn an Metallfiguren die Hautpartien geglättet werden sollen, wird der Farbgrund nach dem Trocknen leicht mit einer Zahnbürste gerieben.

Bemalen des Gesichts

Das Gesicht ist die wichtigste Stelle der Figur, und deshalb soll es soviel wie möglich vom Charakter der Figur verraten, und das in möglichst vielen Einzelheiten. Die Farbe sollte auf das Gesicht einer Figur aufgetragen werden wie die Schminke auf das Gesicht eines Schauspielers: Formen und Einzelheiten müssen dadurch hervorgehoben und betont werden.

Manche Bastler malen die Hautpartien einer Figur in einem Arbeitsgang an. Besser aber ist es, die Hände – sie können nämlich beim Arbeiten leicht verschmutzen – bis zuletzt frei zu lassen.

Grundfarbe

Man nimmt pure weiße Ölfarbe, legt sich aber auf die Palette daneben etwas Gelb und Siena. Um eine möglichst naturgetreue Hautfarbe zu bekommen, mischt man dann nach und nach etwas von den beiden Zutaten unter das Weiß. Am besten rührt man die Mischung sogar etwas dunkler getönt an als in Wirklichkeit; denn nachher beim Auftragen mit dem Pinsel wird die Hautfarbe von den Borsten meist etwas dünn ausgestrichen und hellen dadurch auf. Für Figuren mit brauner oder schwarzer Hautfarbe wird dieselbe Farbmischung angerührt, aber dann mehr gebrannte Siena genommen. Und für typisch orientalische Teints wird das Gelb verstärkt. Mit dem Pinsel werden alle Einzelheiten im Gesicht gemalt wie Augen, Nase, Mund und Ohren, auch der Haaransatz und der Hals am Kragenrand. Dabei muß die Farbe gleichmäßig aufgetragen werden, es dürfen also keine einzelnen Farbschichten zu erkennen sein. Auf dem Muskelballen der linken Hand wird der überflüssige Farbrest vom Pinsel abgestreift. Mit Daumen und Zeigefinger der Rechten wird der Pinsel dann spitz geformt. Mit der Pinselspitze werden jetzt die Farbklümpchen vom Gesicht abgehoben. Statt mit kräftigen Pinselstrichen, geschieht das äußerst vorsichtig, und jeder Farbtupfer wird einzeln an der Handfläche abgestreift. Die überflüssige Farbe wird soweit wie möglich entfernt, so daß das Gesicht schließlich weniger mit Farbe bestrichen wirkt als eigentlich mehr von innen her gefärbt. Spuren der Pinselborsten dürfen im Gesicht keinesfalls zu sehen sein. Nach dem Anstrich muß die Figur über Nacht trocknen.

Schattieren und Aufhellen

Wo sich am Modell Schattierungen zeigen sollen, muß es nachgedunkelt werden. Zum Schattieren verwendet man Sienabraun, das sich mit dem helleren Hautton vermischt. Als erstes wird eine dünne Linie am Haaransatz entlang markiert. Zuvor wird der Pinsel auf der linken Hand gesäubert, dann die braune Linie zum Gesicht hin auseinandergestrichen. Die braune Farbe wird dabei mit dem Hautton vermischt, so daß schließlich der Eindruck des dunklen Haaransatzes mit der daran anschließenden dunkleren Hautpartie entsteht.

Von den Augenwinkeln aus wird mit der Pinselspitze ein winziger Strich zu beiden Seiten der Nase gezogen. Dadurch wird der Nasenrücken besonders betont. Zu den Wangen hin wird die dunkle Farbe ausgestrichen und geht in die Wangenfarbe über. Auch die Augenhöhlen werden dunkel betont: Von den inneren Augenwinkeln beiderseits der Nase aus wird eine dünne, dunkle Linie bis zu den äußeren Augenwinkeln gezogen, und zwar unter dem Auge wie darüber, unterhalb der Brauen. Auch diese Linien werden fein auseinandergemischt.

Schattierung wird auch unterhalb der Unterlippe aufgetra-

gen, ebenso auf die Stellen unterm Kinn, unter der Nase und unterhalb der Ohren. Auch hier muß die dunklere Farbe jeweils weich in die helleren Partien übergehen. Zuletzt werden die dunklen Falten gemalt, die sich von der Nase bis zu den Mundwinkeln herabziehen. Als nächstes werden die Backenknochen und die obere Stirnpartie aufgehellt. Dazu wird unverdünntes Weiß in kleinen Mengen benutzt. Die weiße Schicht bleibt so dünn, daß die Farbe darunter noch durchscheint.
Zuerst wird eine dünne Linie von der Nasenwurzel aus nach unten gezogen, über jedes Nasenloch dann noch ein Tüpfelchen Weiß. Mit äußerster Vorsicht, damit nur ja nicht wieder zuviel Farbe abgenommen wird, muß das Weiß nun vermischt werden. Außer dem Nasenrücken werden auf diese Weise Stirn, Kinn und Wangenknochen aufgehellt.
Durch einen winzigen Fleck Rot auf den Wangen direkt unterhalb der Backenknochen bekommt die Figur die gesunde Farbe: Der rote Tupfer wird in dem Dreieck unterhalb des Backenknochens bis hinab zu den Ecken am Mundwinkel verteilt. Dabei reicht schon die kleinste Menge Rot aus, um dem Gesicht die gesunde Frische zu verleihen.

Augen

Mit Weiß wird die Mandelform der Augen umrissen, die Iris dann hellbraun oder blau gemalt. Damit die Iris oben und

Grundfarbe

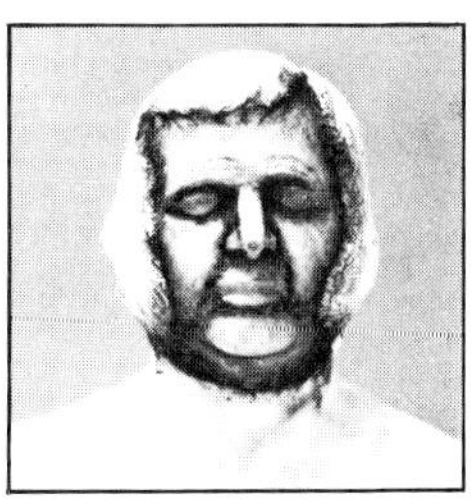

Konturen

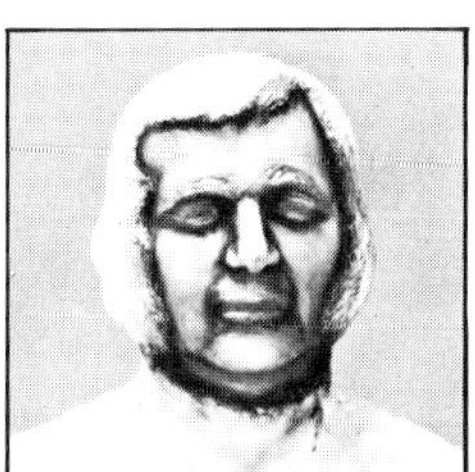

Aufhellen

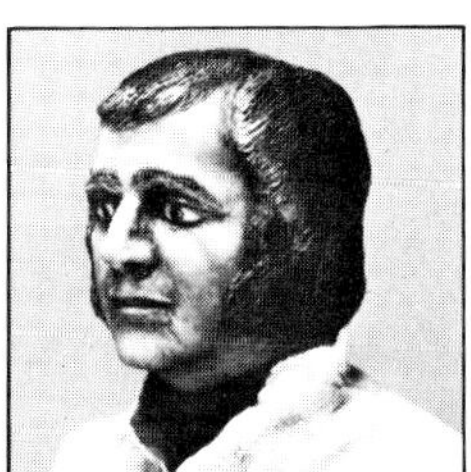

Fertiges Gesicht

unten an die Grenzen der Mandelform stößt, wird die Spitze eines feinen Pinsels leicht aufgesetzt und etwas gedreht. In die Mitte der Iris wird ein Flecken Braun gesetzt: die Pupille. An einer größeren Figur – es kommt ganz auf den Modellmaßstab an – können die Augen mit etwas Weiß auch aufgehellt werden, wobei dann noch das obere Lid und der untere Augenrand mit einer dünnen Linie Braun gezeichnet werden können. Die äußeren Augenwinkel werden dann etwas aufgehellt.

Lippen

Das dunkle Lippenrot ist ein Pflaumenrot, gemischt aus Rot und dunklem Blau. Die Pinselspitze wird zwischen den Lippen angesetzt, und beim Strich quer über den Mund zittert der Pinsel ein wenig; anstatt selbst eine gerade Linie zu versuchen, sollen die Lippen die Pinselspitze führen. Schließlich werden nur noch die Lippen am Mundwinkel betont: Je nach Charakter und Stimmung der Figur werden die äußeren Lippenenden ein wenig nach oben oder unten gezogen. Dann wird die Farbe vom Pinsel gestreift und mit dem farblosen Pinsel die Unterlippe ausgedünnt. Die Unterlippe wird jetzt auffallend heller als die Oberlippe. Wo ein Flecken entsteht, wird er ausgeglichen mit Farbe, die der Pinsel sich dazu von der Oberlippe nimmt. Am Ende bleibt die obere Lippe als dunkle Linie, die hellste Stelle an der helleren Unterlippe ist vorn in der Mitte.

Haare

Die vorgesehene Farbe wird angerührt und ins Haar gepinselt. Dabei muß man darauf achten, daß die Farbe auch in jede der modellierten Ritzen der Frisur eindringt und gleichmäßig sich verteilt. Der Haarstreifen kurz vor dem Haaransatz wird nicht bemalt, denn er soll später aufgehellt werden.
Wenn das Haar vollständig gefärbt ist, wird soviel Farbe wie möglich wieder mit dem Pinsel abgehoben, das Haar wird „ausgebürstet".
Dabei bleibt die Farbe in den Vertiefungen der Frisur zurück, die dadurch auch stärker betont werden. Mit einer etwas dunkler gehaltenen Haarfarbe wird dann die Umrißform der Frisur nachgearbeitet, wobei man noch etwas Blau oder Rot beimischen kann.
Mit einer etwas helleren Mischung der Haarfarbe dagegen wird aufgehellt. Pures Weiß wird nur für die Haare eines alten Mannes verwendet. Dabei darf die helle Farbe beziehungsweise das Weiß nicht einfach als Strich am Haaransatz entlang gemalt werden, sondern es muß von dort aus aufgestrichen werden: einmal ist das natürlich in der Haarfärbung, zum anderen wird die vorher aufgemalte Haut dabei nicht bekleckst. Je nachdem, ob viel hellere Farbe oder Weiß vorgesehen ist, sollte man quer zu den Haarsträhnen pinseln, so daß nur die oberen Haarpartien eingefärbt werden. Der Scheitel wird markiert, indem man dort jeweils die einzelnen Haare nur an der Wurzel einfärbt.
Wenn durch ein Mißgeschick Farbtupfer dort aufs Gesicht kommen, wo sie nicht hingehören, werden sie mit einem Pinsel entfernt, der zuvor mit Terpentin befeuchtet worden ist. Greift das Terpentin die Farbe darunter an, muß diese Stelle sorgfältig nachgebessert werden, nachdem der Verdünner restlos verdunstet ist.

Bemalen des Körpers

Andere Stellen am Körper werden genau wie das Gesicht behandelt. Das heißt, zuerst wird eine Grundfarbe aufgetragen, dann folgen die Schattierungen und Aufhellungen an den Knochen. Ein rötlicher Ton, der so gemischt wird wie beim Anmalen der Wangen beschrieben, kann dabei sonnenverbrannte Haut markieren. Dabei kann der Effekt noch verstarkt werden, indem die Haut noch durch Ränder betont wird, wo sonst das Hemd den Körper bedeckt.
Auch die Hände werden in derselben Tönung gemalt, dann wird zwischen den Fingern und rings um die Manschette beziehungsweise am Ärmelloch schattiert. Um die verschiedenen Glieder der Finger zu erkennen, malt man die Grundfarbe in unterschiedlichen Tönungen auf.

Bemalen der Kleidung und Ausrüstung

Hier werden Techniken für die verschiedensten Farben und Muster vorgestellt. Metallische Effekte verlangen viel Aufmerksamkeit, da Metallik-Emailfarben allein nicht den typischen Schimmer von richtigem Metall hervorrufen.

Knöpfe und Riemen *Sogar winzige Details können den Realismus eines Modells steigern.*

Leder *Um glänzendes Leder zu imitieren, trägt man Hochglanzfarbe auf und unterbricht die Fläche durch Flecken matter Farbe. Das Ganze dann mit seidenglänzendem Lack überziehen.*

Epauletten, Tornister und Helm *Die stark gemusterten Flächen müssen besonders betont werden. Die Vertiefungen sind dunkel, die Erhebungen heller gemalt. Besonders hervorgehoben werden die Fransen der Epauletten.*

Muskete *Die Konturen von Lauf und Schaft hervorheben, dann die Metallteile aufhellen.*

Samurai-Panzer *Dieser Typ einer Panzerung verlangt größte Sorgfalt im Malen der Details. Jedes Stück der Panzerung zuerst in Gold ausmalen. Dann mit Blau die Gelenke malen, die die Panzerteile zusammenhalten. Die Schmuckzeichen in der Mitte der Platten mit Silber ausarbeiten.*

Kettenpanzer *Für die Kettenstruktur mehrere Farben verwenden (siehe Seite 88).*

Bronzeschild *Dünne Farbüberzüge mit Metallpuder bewirken das Bronze-Finish (siehe Seite 89).*

Glatte Panzerung *Um einen metallischen Glanz zu erzeugen, wird die glatte Fläche mit Silberfarbe aufgehellt.*

Aufmalen von Kleidung

Jeder Stoff wirft Falten. Die Vertiefungen in den einzelnen Stoffalten in einem dunkleren Farbton (derselben Grundfarbe) ausmalen.

Es gibt keine bestimmten Regeln, wie Kleidung angemalt werden muß, denn das hängt im einzelnen von der Art des Modells ab. Für größere Metallfiguren ist es praktisch, die betreffenden Flächen mit einer Grundierung anzustreichen und sie über Nacht trocknen zu lassen. Das bedeutet für das Modell eine gute Farbgrundlage, für die folgenden Anstriche eine gute Ausgangsbasis. Kleinere Figuren kann man mit der Basisfarbe anstreichen, und für das Gesicht pinselt man die zusätzlichen Farbtöne auf (siehe Seite 100). Wichtig ist dabei: immer mehrere Farbschichten nacheinander auftragen, die Farbe wird nie dick aufgestrichen, wenn ein kräftiger Ton erforderlich ist.

Wenn die Grundfarbe einmal aufgetragen worden ist, können die dunkleren Töne hinzugefügt werden, auch in den Vertiefungen und Stoffalten. Die Oberseiten der Kleidung werden aufgehellt, besonders die oberen Falten, und zwar mit einem sehr lichten Farbton. Das soll natürlich nicht übertrieben werden, besonders nicht auf mattem Leinen. Man muß vorher überlegen, auf welche Faltenwürfe überhaupt genug Licht fällt, daß sie sich aus dem Körperschatten heraus hell abheben.

Nun werden Litze, Knöpfe und Gürtel modelliert. Schatten und Lichtstreifen werden als Mittel benutzt, um zu zeigen, wo ein Teil das andere überlappt, oder ein winziger heller Fleck kann einen blanken Knopf andeuten. Man kann einzelne solcher kleinen Details auch stärker betonen, indem man ihre Umrisse mit einer dünnen, dunklen Linie zeichnet. Diese Linie selbst darf gar nicht ins Auge fallen, denn sie hat nur die Aufgabe, die Stärke des betreffenden Materials anzugeben und das Licht hervorzuheben, das darauf fällt. Eine sehr dünne Linie um einen Knopf herum gibt dem Beobachter zum Beispiel die Illusion, daß der Knopf in das Material hineingedrückt ist. Die dunklen Linien werden meistens nur mit dem Pinsel aufgezeichnet.

Fell, Schaffell und Leder

Um Fell und Schaffell zu malen, nimmt man Pinselfarben mit einem helleren Ton für die Stellen, wo sich die Haare oben gegenüber den dunkleren Stellen weiter unten vom Licht abheben. Die Struktur von weichem Leder und Wildleder kann mit dem Pinsel nachgeahmt werden. Man streicht erst die Grundfarbe, dann modelliert man die Lederstruktur auf die übliche Weise, wobei dann die Farbe mit einem weichen Pinsel getupft wird. Damit die Struktur auch fein genug ausfällt, tupft der Pinsel immer nur in einer Richtung. Auch die Aufhellflecken werden in der üblichen Weise aufgesetzt. Wichtig ist, daß der Pinsel nicht durch die Farbe streicht, das würde Pelz und Fellstruktur zerstören.

Kettenpanzer

Dieser Typ der Panzerung besteht aus Hunderten ineinandergewebter Kettenglieder, und an einem Modell ist ganz besondere Sorgfalt erforderlich, um seine metallischen Eigenschaften und die Eigenart der Struktur herauszuarbeiten. Die Basisfarbe für einen Kettenpanzer ist ein Überzug aus schwarzer Tusche, den man einen Tag trocknen läßt. Die Tusche trocknet zu einem dichten Schwarz und ist beständig gegenüber dem Terpentin, das in den folgenden Bemalungsstufen noch reichlich gebraucht wird.

Aus einer Dose mit Stahl- und Silberfarbe nimmt man etwas von dem dicken Sediment heraus und mixt es mit Terpentin zu einer gutverlaufenden Flüssigkeit. Diese Tinktur wird über die ganze Panzerung gestrichen, wobei man darauf achtet, daß auch jede Stelle bedeckt wird. Man hält die Flüssigkeit „in Fluß", damit sie auch überallhin und in die kleinsten Ecken fließt. Dann läßt man das Ganze trocknen, wobei man das überflüssige Terpentin vorsichtig mit einem Pinsel abtupft. Nach fünf bis zehn Minuten sieht man einen Schimmer; die Metallteilchen aus der Farbe sind hauchdünn über die gesamte Fläche verteilt. Während diese Fläche noch feucht, aber keinesfalls naß ist, werden die wichtigsten hellen Stellen der Panzerung gemalt, die dann schimmern sollen, wenn man das Modell ins Licht dreht. Das ist der Fall auf den Schultern und vorn auf der Brust. Dazu nimmt man pure Silberfarbe in winzigen Mengen, wobei man an den betreffenden Stellen von der Mitte aus vorgeht und zum Rand hin verlaufen läßt. Man pinselt leicht über die Stelle hinweg, damit die Aufhellung auch verschieden stark schimmern kann. Die Fläche hat immer noch genug Terpentin, damit das Silber während dieser Arbeitsgänge flüssig bleibt.

Für die dunkleren Flächen fügt man etwas dunklere Farbe hinzu, und mit feinen Linien hebt man die Ränder der Gürtel und anderer Gegenstände ab. Man kann dazu ein dunkles Blau oder auch Grün nehmen, aber Braun ergibt auf Metall den wärmsten Farbton und trocknet mit einem grünlichen Schimmer. Wenn das Terpentin in der Farbe schon so weit wegtrocknet, daß die Farbe nur noch schlecht eine andere Mischung annimmt, wird der Pinsel etwas angefeuchtet. Sorgfalt bei der Arbeit in diesem Stadium macht den Erfolg des fertigen Modells aus.

Ein stark verdünntes Blau verschönert den Schimmer der Panzerung. Man malt diese verdünnte Farbe auf die kleinen Stellen unterhalb der hellen Schimmer, damit sie dort nur eine Andeutung von Farbe hervorrufen.

Plattenpanzerung

Die glatte Metallpanzerung wird in ähnlicher Weise mit einem Untergrund aus schwarzer Tusche überzogen. Dann folgt ein Farbauftrag, der den Metallschimmer erzeugt. Bestimmte Stellen werden mit einem dunkleren Ton hervorgehoben, auch die Ränder der Platten und die Verbindungsstücke durch dünne Linien. Ein sehr helles Blau oder auch Grün, hauchdünn auf die dunkleren Stellen aufgetragen, sorgt für charakteristische Farbgebung. Wenn es ein blanker Panzer werden soll, sind bestimmte Aufhellungen erforderlich. Man läßt einen kleinen Tropfen Silber auf das Modell laufen. Der Pinsel bleibt unbenutzt, denn der Tropfen entwickelt beim Trocknen von selbst einen glatt schimmernden Überzug, genau das, was bezweckt wurde. Wenn der helle Schimmer sich am Rande nicht weich mit dem Untergrund vermischt, berührt man die Stelle leicht mit einem in Terpentin eingetauchten Pinsel. Nun kann die Panzerung trocknen.

Messing und Bronze

Für Messing nimmt man Metallpuder wie Rosengold oder Altgold. Um das Puder anzurühren, braucht man eigentlich ein spezielles Mittel, im Modellbau aber genügt Terpentin. Man gibt eine Prise Puder auf die Palette und fügt das Terpentin hinzu, so viel, daß eine gut verlaufende Konsistenz erreicht wird. Diese dünne Farbe läßt man auf die betreffende Fläche laufen.

Der Pinsel darf dabei nicht benutzt werden, denn er würde das Metallpuder abheben.

Mit Ölfarbe aus ungebranntem Umbra-Braun werden die Schattenstellen markiert, solange die Fläche noch feucht ist. Durch Rühren mit der Pinselspitze werden die Farben am Rand vermischt. Wie beim Plattenpanzer beschrieben, werden helle Flecken mit Silber hergestellt, auch hier wieder werden die Farben vermischt durch leichtes Pinselrühren. Ein wenig Stahlfarbe täuscht hinter einer Aufhellung auf Messing zudem noch reflektierendes Licht vor. Für Bronze nimmt man keinen Stahl, sondern ein wenig Grün, für Gold Gelb.

Waffen

Die Klingen der Hieb- und Stichwaffen werden mit einem schwarzen Überzug versehen, darauf kommt dann dünne Stahlfarbe. Man hält das Modell ins Licht, um festzustellen, wo die hellen Schimmer hingehören; dort trägt man dann etwas Silber auf. Die Rillen in den Klingen werden mit etwas Braun markiert, zu diesem Braun fügt man eventuell einen winzigen Hauch Gold hinzu, das gibt den Schattenstellen etwas Wärme. Auf das Metall in der Nähe des Knaufes kommt etwas Blau, und zur Markierung der gekrümmten Schneide eines Säbels oder einer Axt wird mit Weiß aufgehellt. Damit die Waffen ihren natürlichen Glanz auch behalten, kann man sie blankputzen und dann mit Glanzlack überziehen.

Eine Figur sollte in ihrem Erscheinungsbild mit der Situation übereinstimmen, in der sie dargestellt ist. Ein Offizier bei einer Parade ist nun mal fesch herausgeputzt mit blankem Metall und blitzendem Leder. Und wenn ein Soldat in die Schlacht zieht, sieht er entsprechend aus.

Eine Figur in einer sehr trockenen Szene muß staubige Stiefel haben. Deshalb wird, wenn der Erdboden hergerichtet wird, auch gleich die Figur mit bestäubt. Aber auch hier muß der Eindruck stimmen; eine Figur, die in der Marschkolonne hinter den Pferden her marschiert, ist staubig am ganzen Körper, besonders vorne. Weiße Pastellkreide wird geschabt – und man hat den nötigen Staub. Mit einem kleinen Baumwollbällchen tupft man etwas von dem Kreidepulver auf und reibt es auf die Figur. Das Pulver bleibt bis auf die Vertiefungen an den „erhabenen" Stellen haften, genau wie in Wirklichkeit der Staub. Bevor man jedoch den Staub in dieser Weise markiert, muß die Farbe völlig trokken sein. Dabei muß man sich vor Übertreibungen hüten, und auch das Gesicht der Figur darf nicht bestäubt werden.

Die Ausrüstung malen

Bodenpersonal bei der Arbeit. Die Männer wirken durch Schmier- und Schmutzflecken sehr realistisch.

Damit eine Figur in eine schlammige Landschaft paßt, werden ihre Stiefel entsprechend gefärbt. Wenn man es ganz genau machen will, müssen auch die Hosenbeine hinten bespritzt sein. Diese Spritzer werden sparsam aufgetragen.

Regen läßt Stoffe dunkler werden; entsprechend werden die Schulterpartien, die Hüte und Hosenbeine dunkler. An den Rändern muß dieser Effekt sorgfältige Übergänge bekommen. Ebenso malt man einen dunkleren Farbton auf, wenn es um einen Mann geht, der schwer arbeitet und dabei schwitzt, besonders in heißem Klima.

Soll ein Soldat eine Verwundung aufweisen, wird das Blut nur um die Wunde herum aufgemalt. Damit es nicht übertrieben wirkt, malt man es nicht zu dick auf und nimmt auch ein helles Rot dazu.

Nicht zu vergessen ist auch, daß die Kleidung nach einiger Zeit nicht mehr wie neu aussieht. Dies gilt zum Beispiel besonders für Uniformen, die recht schnell ein abgetragenes Aussehen haben.

Bemalen von Pferden

Ein Schimmel wird nach der Technik angemalt, wie sie auf der nebenstehenden Seite beschrieben wird. Als Grundfarbe nimmt man Grau.

Das Pferd dieses holländischen Ulans ist sorgfältig gemalt; Schatten und Aufhellungen lassen die Muskeln erkennen.

Die Pferderasse und die Modellandschaft sind maßgebend dafür, wie die Bemalung aussehen muß. Bei der Parade zum Beispiel wird ein Pferd immer fein gestriegelt aussehen, und sein Fell wird einen ganz leichten Schimmer haben, während sein Zaumzeug makellos sauber ist und blankgeputzt aussieht. Ein Pferd in der Schlacht dagegen ist voll Staub oder mit Dreck bespritzt.

Um das glänzende Fell zu bekommen, malt man das Pferd so an, wie es auf der nächsten Seite beschrieben wird, und läßt es gründlich trocknen. Dann wäscht man es mit einer Mischung aus Leinöl und Terpentin (1 : 1) mit einem großen, weichen Pinsel ab. Um Dreck und Staub nachzuahmen, wendet man die Methode an, wie sie für das Anmalen von Figuren geschildert ist (siehe Seite 89). Stets werden Pferd und Reiter getrennt angemalt. Zügel und andere Ausrüstungsgegenstände kann man am Pferd nach der Bemalung noch anbringen, auf diese Weise stören sie nicht beim Bemalen. Das Pferd auf der nächsten Seite hat ein dunkelbraunes Fell, aber die Arbeitsanleitung gilt für jede andere Farbe auch.

Auftragen der Grundfarbe

Überall auf den Pferdekörper trägt man reichlich Umbra-Ölfarbe auf. Da diese Arbeit den Pinselborsten nicht gut bekommt, nimmt man dazu nur alte Pinsel. Mit einem kleinen trockenen Schwamm wird dann die überschüssige Farbe entfernt. Dabei wird die Farbe von den vorstehenden Stellen abgenommen, in den Vertiefungen dagegen bleibt sie erhalten. Dadurch wird eine natürliche Modellierung nachgeahmt. Man verstärkt die Wirkung noch, indem die tieferen Schatten durch dunklere Farbtöne betont werden, zum Beispiel unterhalb der Mähne. An der Mähne selbst aber wird die Farbe sorgfältig ausgewaschen, damit die feine Modellierung sichtbar wird. Um die Stellen zwischen den Beinen und unterm Schwanz zu erreichen, klemmt man ein Stück Schwamm mit einem Gummi an die Spitze des Pinselstiels, oder man nimmt ein paar harte Pinselborsten.

Malen der Haare und Hufe

An den meisten Pferden sind Mähne und Schwanz dunkler als der Körper. Man nimmt also die Körperfarbe als Grundfarbe, mischt daraus einen dunkleren Ton für die Haare (Schwarz wäre zu dunkel), dann pinselt man die Mähne, daß nur noch in den tiefen Ritzen die dunkle Farbe zurückbleibt. Schließlich wird ein hellerer Farbton auf die Mähne gepinselt, damit die Haarsträhnenstruktur zur Geltung kommt.

Die Hufe werden mit einem hellen Ockerton angemalt, wenn das Pferd weiße Fesseln hat. Wenn die Fesseln dunkel sind, malt man die Hufe in der dunklen Körperfarbe an.

Aufhellen und Schattieren

Die nächste Stufe beim Anmalen ist das farbliche Modellieren. Zuerst werden die oberen Stellen mit einem fast durchsichtig dünnen Gelb aufgehellt, und zwar wird die Farbe mit einem Stückchen Schwamm aufgetupft. Besonders betont werden dabei die Muskeln, Adern, Knochen und Sehnen.

Als nächstes werden die dunklen Körperstellen betont. Man gibt dazu mit einem weichen Pinsel Farbe vom selben Ton zur Grundfarbe auf. Die Adern am Bauch werden dadurch betont, indem man eine feine Linie malt, die an den Seiten mit der Grundfarbe verläuft. Damit der Kopf des Pferdes besser zur Geltung kommt, wird der Hals vorne abgedunkelt.

Die Fesseln weiß, die Hufe mit hellem Ocker anmalen; oben die Hufe etwas abdunkeln, die Vorderseite aufhellen. Die Hufeisen mit einer sehr leichten Verdünnung von Chrom-Orange und anschließend mit Stahlfarbe streichen. Mit kleinen Strichen Silber die Kanten aufhellen.

Bemalen des Kopfes

Die beiderseitigen Grübchen werden abgedunkelt, die Mähne vorne mit feinen Pinselstrichen und heller Farbe betont. Mit unverdünnter weißer Farbe hellt man den langen Nasenknochen, die vorstehenden Adern und die Augenbrauenpartien auf. Die Nüstern werden mit Weiß und Umbra nachgezeichnet. Die Lippen des Pferdes müssen mit einem dunklen, warmen Grau ohne scharfe Ränder gemalt sein. Zuerst wird der Unterkiefer bemalt, dann trägt man ein sehr dunkles Purpur am Maul auf, das in die Lippen übergeht. Ist das Maul offen, hat es innen eine gelblich-rosa Farbe, die Zunge sollte dunkler und die Zähne gelb-braun bemalt werden. Die Mandelaugen haben gewöhnlich eine gelb-weiße Farbe. Die große Iris ist dunkelbraun und berührt den Rand oben und unten. Zum Schluß wird noch eine dunkle Pupille aufgemalt und ein winziger, weißer Fleck am Augapfel. Sind die Farben trocken, gibt ein wenig glänzender Klarlack dem Auge einen natürlichen, wäßrigen Ausdruck. Die Augen werden hervorgehoben, indem man unterhalb des Oberlids einen dunkelbraunen Strich zieht, ebenso an der Unterseite des Unterlides. Im letzteren Fall muß der braune Strich mit der Gesichtsfarbe verlaufen.

Flecken

Die Flecken (Ringe), wie sie ein Apfelschimmel üblicherweise hat, überdekken nicht immer den ganzen Pferdekörper, sondern oft nur Flanken und Hinterhand. Auch braune Pferde sind manchmal so gefleckt. Zuerst wird die Grundfarbe aufgetragen, dann die Flekken, die aber unscharfe, verlaufende Ränder haben müssen. Auch die Form der Flecken ist unregelmäßig. Um dies zu erreichen, nimmt man am besten einen Pinsel mit sehr kurzen Borsten. Damit der Effekt realistisch bleibt, darf man die eng zusammenstehenden Flecken nicht zu dick auftragen, sondern muß sie dünnschichtig „aufbauen". An großen Pferden kann man die Flecken auch aufspritzen.

Interessanter wird der Ausdruck, wenn das Pferd noch eine weiße Blesse bekommt.

Dieses galoppierende Pferd ist gut angemalt; seine Augen wirken sehr wild.

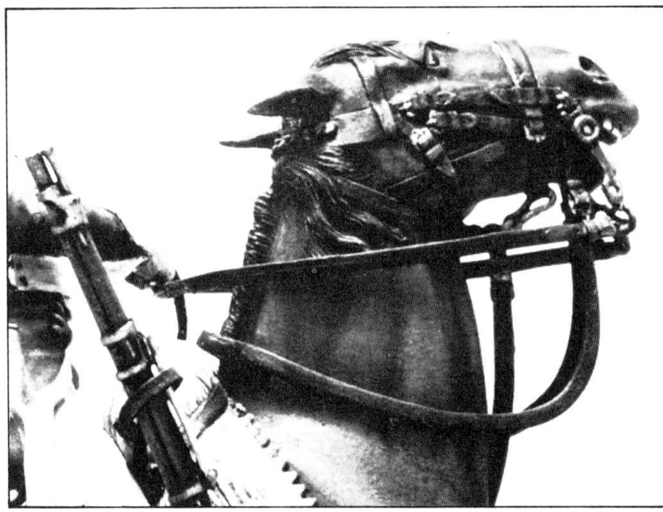

Um den Ausdruck des „Erschrockenseins" zu demonstrieren, malt man das Pferd mit weit offenen, starr blickenden Augen. Bei diesem Schimmel konzentrieren sich die Flecken (Ringe) auf die Seiten des Kopfes und auf die oberen Partien an Vorder- und Hinterhand.

Verbesserung der Fahrzeugausstattung

Fahrzeugbausatz

Handelsübliche Bausatzmodelle lassen sich fast immer noch verbessern und verschönern. Manche Herstellerfirmen berücksichtigen nicht jedes Detail des Originals, bei anderen sind wiederum Einzelheiten nicht maßstabsgetreu. Der Modellbauer hat also die Möglichkeit, nicht nur das ungenau wiedergegebene Detail zu korrigieren oder ein fehlendes Teil anzubringen, er kann auch zusätzliche Teile an- und einbauen. So wird aus einem überall erhältlichen Modell ein einzigartiges Stück.

Verbessert und verfeinert werden kann alles, von der Maschine bis hin zu den äußeren Teilen. Ja man kann sogar ein ganzes Bauteil auseinanderschneiden und neu wieder zusammensetzen.

Die im folgenden geschilderten Techniken sind nicht auf das jeweils beschriebene Fahrzeug beschränkt, sondern sollen allgemeingültige Anregungen geben.

Bei vielen Fahrzeugen, vor allem bei Motorrädern, ist der Motor frei sichtbar. Fast jedes Einzelteil des Motors kann auf irgendeine Weise verbessert werden.

Sobald aber der Maßstab vergrößert wird, können Verkleidungsbleche, Motorhaube oder das Verdeck von allen Fahrzeugarten entfernt werden, um den Motor freizulegen. Selbst wenn das Antriebsaggregat versteckt liegt, können Außenteile wie der Auspuff gesehen werden.

Ein Motor muß sorgfältig bemalt werden, um ihn realistisch aussehen zu lassen. Wenn es möglich ist, sollte man versuchen, Notizen und Farbfotos von dem originalen Motorgehäuse zu machen; ansonsten sollte man aber den verschiedenen gewöhnlichen Merkmalen folgen, die von vielen Herstellern angenommen wurden.

Motorrad

1 Bremsen *Oft sind die Bremsen zu groß dargestellt. Deshalb werden sie am besten abmontiert und neu gebaut; dazu einen weichen Draht flachklopfen, zurechtfeilen und im richtigen Winkel biegen.*

2 - Bowdenzüge und Elektroleitungen *Nur an größeren Modellen können diese Leitungen vollständig verlegt werden. An Kleinmodellen werden nur die wichtigsten gezeigt. Als Material dient Kunststoffabfall, der erhitzt und langgezogen wird, auch Draht sowie Nylonschnur ist geeignet.*

3 Benzinleitungen *Treibstoffleitungen werden aus weichem Draht gebastelt. Soll es eine durchsichtige Leitung sein, nimmt man Nylonschnur, heißgemachtes und gelängtes Abfallmaterial oder leere Füllfederersatzpatronen. Damit die realistische Gelbfärbung erreicht wird, besprüht man das Kunststoffstück mit Lack, in den ein wenig Farbe gemischt wurde.*

4 Gummischläuche *Dicken Draht nehmen und matt dunkelgrau malen. Schlauchklemmen markieren, indem an den Schlauchenden ein Stück nicht bemalt oder ein Silberband aufgemalt wird. An größeren Modellen den Draht mit Klebe- oder Isolierband umwickeln und verdicken; Streifen Metallband dienen als Schlauchklemmen.*

5 Federung *Aus Draht die Spiralfedern zurechtbiegen. Manchmal kann man auch richtige Spiralfedern gebrauchen, aber wenn sie beim Festkleben zusammengedrückt oder auseinandergezogen werden, stehen sie unter Spannung und sind womöglich für das Kunststoffmodell zu stark.*

6 Auspuff *Das Bauteil aus dem Bausatz wird aufgebohrt oder das Endstück gegen ein Rohr aus Alu oder Plastik ausgewechselt, das denselben Anstrich wie das Vorderstück erhalten muß.*

LKW-Motor *Größere Motoren, wie beispielsweise in LKW's, sind leicht zu verschönern. Der Auspuff aus Kunststoff kann aufgebohrt oder mit Folie beklebt werden. Mit Lackfarbe kann das Rohr auch verchromt werden. Ebenso gibt es die Möglichkeit, das Plastikrohr gegen eines aus Metall auszuwechseln.*

Dampftraktor *Die sorgfältige Bemalung macht den Erfolg dieses Modelltyps aus. Jedes Teil der Maschine einschließlich des Schwungrades und des Kessels wurde mit leuchtenden Farben sowie Gold und Silber verziert.*

Fahrzeuginnenraum

Der Sitz eines Fahrzeugs bietet die Möglichkeit, feine Details auszuarbeiten, die dem Modell den Eindruck der Vollkommenheit verleihen können. Vor allem kleinere Modelle haben sehr wenige Details im Innenraum. Weil es unmöglich ist, jedes Detail einzubauen, ist es wichtig, dasjenige auszusuchen, das Stil und Charme hinzufügt, ohne einen überladenen Eindruck zu erwecken.

Armaturenbrett

Das Armaturenbrett wird normalerweise als getrennt geformtes Stück eingefügt; bei kleineren Modellen kann dies auch mal nicht möglich sein. Für den Modellbauer gibt es verschiedene Möglichkeiten, das Teil aus dem Modellbaukasten noch zu verbessern. Daher beginnt man immer zuerst damit, das Modell auf seine Exaktheit hin zu überprüfen, denn wichtige Instrumente könnten falsch angeordnet oder sogar vergessen worden sein. Es könnte auch notwendig werden, daß man die Techniken überarbeitet, um ein ganz neues Armaturenbrett herzustellen. Flugzeuge, zum Beispiel, haben unter dem Hauptarmaturenbrett noch ein zweites und moderne Jets auf beiden Seiten des Cockpits noch Konsolen angebracht.

Wenn Armaturenbrett oder Konsolen fehlen, formt man sie aus Plastikfolie und bringt Löcher für die Instrumente an. In einem modernen Jet können die Sichtscheiben aus durchsichtigem Plastik hergestellt werden. Ein neues Ziffernblatt wird angefertigt, indem man durch das Original des Ziffernblatts bohrt und dann die Form des Armaturenbretts abzeichnet. Diese Form wird dann ausgeschnitten und, um das Plastik zu versteifen, auf ein dickeres Stück Papier geklebt. Für noch mehr vergessene Instrumente und um ein außergewöhnlich realistisches Armaturenbrett zu erhalten, bohrt man durch die Ziffernblätter und fügt ein zweites Ziffernblatt hinter das erste (siehe unten).

Die meisten Armaturenbretter können noch durch gemalte oder dreidimensionale Schalter verbessert werden, oder indem man noch Metallringe um die Ziffernblätter legt.

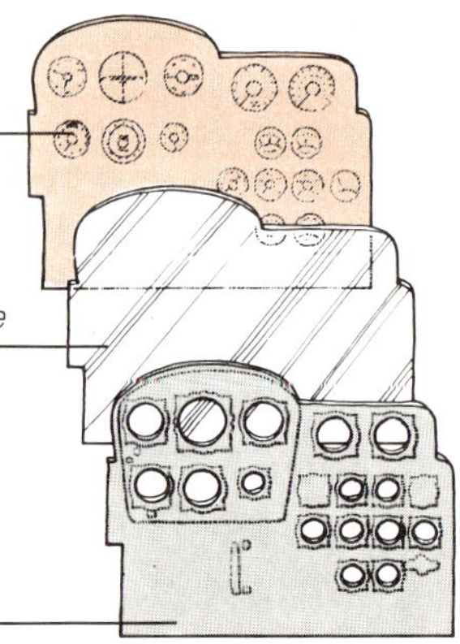

Einlassen der Armaturen *Die Instrumente ausheben, die Umrißformen auf eine dünne Plastikscheibe übertragen. Neue Armaturen als Klebebilder auf den Kunststoff setzen. Das Armaturenbrett streichen, dann auf die Kunststoffplatte kleben. Dazwischen als Schutzgläserimitation eine dünne durchsichtige Kunststoffplatte oder -folie legen. Überstehendes Material an den Rändern sauber entfernen.*

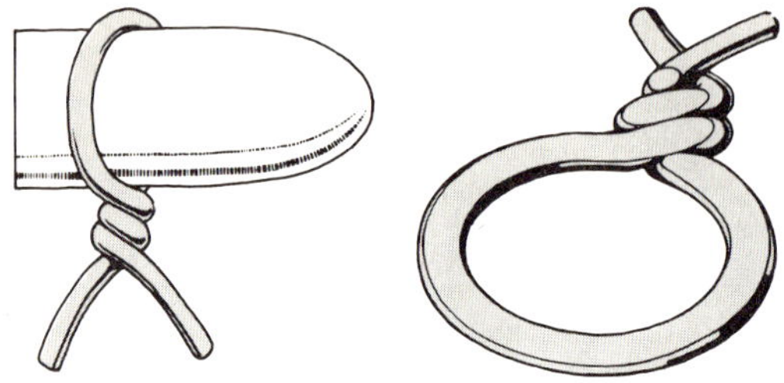

Herstellen einer Metalleinfassung *Dünnen, weichen Draht um einen Pinselstiel wickeln und verzwirnen.*

Danach den Ring behutsam vom Pinselstiel anziehen. Mit einem Hammer den Ring vorsichtig flachklopfen.

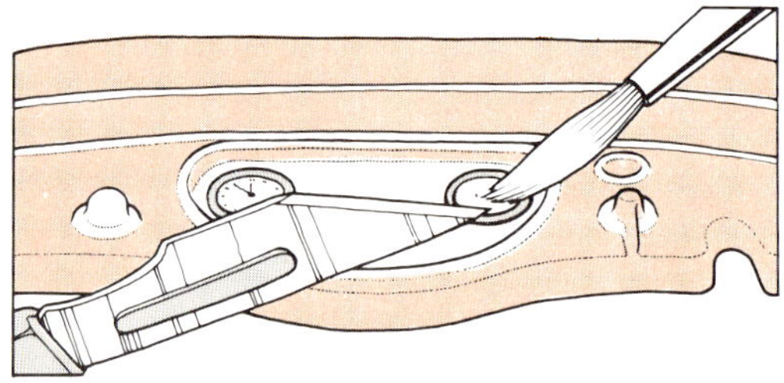

Die verdrehten Enden abschneiden, die beiden Enden des Kreises mit einem Metallkleber verkleben. Den abgeflachten Metallring, der als Glasersatz dient, nun auf das Armaturenbrett mit Leim oder Lack kleben.

Malen der Instrumententafeln

Beim Bemalen geht man immer auf dieselbe Art und Weise vor: Die ganze Instrumententafel, auch die Instrumente, werden mit einer Farbe bemalt, bevor man die Vorderseite und die Ränder, die sie umgeben, bemalt. Um die hervorstehenden Konturen um die Instrumente zu bemalen, bürstet man einfach über die überstehenden Punkte und nimmt dazu sehr wenig Farbe. Man sollte aber dabei vermeiden, daß sich die Farbe an den Rändern ansammelt.

Es hat sich bewährt, für die Instrumente selbst Abziehbilder zu verwenden; sie selbst zu machen, gerät nie so exakt wie ein fertiges Abziehbild. Manche Bausätze enthalten schon das komplette Instrumentarium. Es gibt aber im Fachhandel auch spezielle Klebefolien als Armaturenbretter für die verschiedenen Fahrzeugarten und -typen. Diese Vorlagen lassen sich auch nach eigenen Vorstellungen zurechtschneiden und abändern.

Flugzeugcockpits enthalten oft bunte Instrumente, um dem Piloten bestimmte Warn- und Überwachungssignale zu geben. Diese Armaturen werden ebenfalls mit bunten Farbtupfern gekennzeichnet. Das sieht gut aus und erhöht den farblichen Effekt. Wenn die Instrumententafel angemalt ist, wenn zusätzliche Armaturen als Klebebilder montiert sind, legt man das Brett auf eine flache Unterlage und tropft etwas Klarlack auf jedes Klebebild: er stellt das Armaturenglas dar. Der Lack wird nicht mit dem Pinsel aufgestrichen, allenfalls kann er mit der Pinselspitze aufgetropft und so vorsichtig verteilt werden, daß er das Instrument vollkommen abdeckt. Bis die aufgelackten „Gläser" trocken sind, wird das Instrumentenbrett abgedeckt, damit sich kein Staubkorn festsetzen kann.

Armaturenbretter aus Holz

Armaturenbretter aus Holz gibt es vor allem an älteren Autos und Flugzeugen. Auch auf dem Plastikinstrumentenbrett eines Kleinmodells kann man die Holzmaserung aufmalen. Man quetscht einen Pinsel aus, daß er nahezu ganz trocken ist, und dreht die Borsten zu einem spitzen Keil. Wenn man nun damit über die Kunststofffläche streicht, teilen sich die zusammengedrehten Pinselhaare wieder und ziehen parallele Linien, welche die Maserung darstellen.

Man kann aber auch aus richtigem Furnierholz für größere Modelle ein Armaturenbrett selber bauen. Zuerst klebt man das Furnier auf eine hölzerne Verstärkung, so daß man es mit Schleifpapier bearbeiten kann, das um einen Schleifklotz gewickelt ist. Zum Kleben nimmt man Kleber auf Gummibasis, der später wieder gelöst werden kann. Aus dem dünn geschliffenen Furnier werden die Armaturen herausgestanzt, dann wird das Furnier wieder von der Verstärkungsplatte abgelöst, indem der Kleber mit einer Verdünnerlösung aufgeweicht wird. Die letzten Klebstoffreste kratzt man mit der Fingerspitze vom Furnier. Der Vorteil des originalen Holzfurniers ist, daß es gefärbt und lackiert werden kann.

Rückspiegel

Autos und manche Flugzeuge haben Rückspiegel. In modernen Jets sind sie an der Oberkante der Cockpitkanzel montiert. Um einen individuellen Eindruck zu erreichen, kann man an einigen Autos zusätzlich noch Rückspiegel am Armaturenbrett anbringen. Der Spiegelrahmen wird aus Kunststoffplättchen und -abfall gemacht, als Spiegel nimmt man dünne Metallfolie.

Rückblickspiegel aus Kunststoff wurden hier in das Cockpit einer Corsair II eingesetzt.

Schalter und Kontrollhebel

An jedem Armaturenbrett befinden sich Schalter der unterschiedlichsten Art und Größe. Die meisten davon kann man durch Farbtupfer kennzeichnen. Für größere Modelle, besonders Oldtimerautos und -flugzeuge, lassen sich die Schalter dagegen sehr gut aus Draht basteln. Größere Schalter am Armaturenbrett, etwa den Choke oder die Benzinpumpe bei Oldtimern, stellt man durch den abgefeilten Knopf einer Stecknadel dar. Dazu nimmt man die Nadel so in einen Schraubstock, daß der Nadelkopf oben etwas übersteht, und feilt diesen an.

Obwohl viele Bausätze schon die wichtigsten Hebel und Pedale vorgefertigt enthalten, sollte man sie noch einmal genau überprüfen, ob sie auch maßstabgerecht und exakt gearbeitet sind. Ist dies nicht der Fall, kann man sich neue basteln. Schalt- und Bremshebel sind leicht aus Draht herzustellen. Mit einem Tropfen Weißleim läßt sich am Ende ein Knauf darstellen. Soll dieser eine bestimmte Form haben, nimmt man einfach das Endstück des Hebels aus dem Bausatz oder schneidet den Griff aus Plastik zurecht.

Der Gasgriff befindet sich meist auf der linken Seite des Fahrersitzes. Er läßt sich wie die Kontrollschalter herstellen.

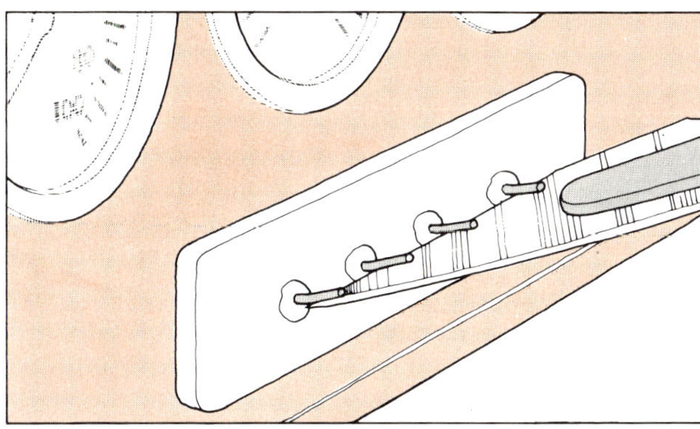

Basteln von Schaltern *Ein kleines Stück Draht in ein dafür gebohrtes Loch kleben und für den Knauf auf das Drahtende etwas Weißleim geben. Damit die Reihe der aus weichem Draht gebauten Hebelchen gerade ausgerichtet ist, hält man eine Messerklinge als Bezugskante daran.*

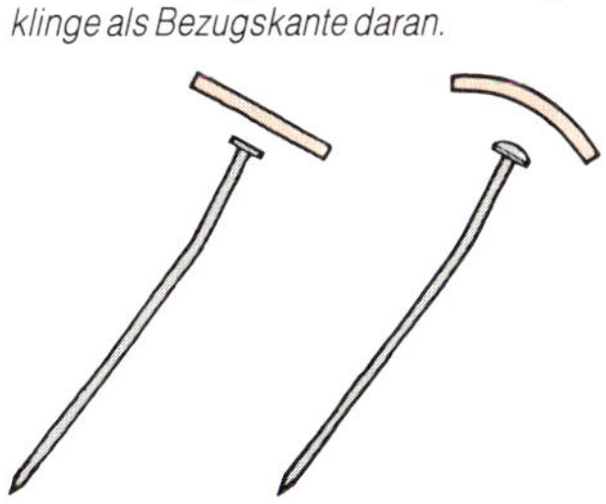

Pedale selber bauen *Brems-, Gas- und Kupplungspedal aus einer Stecknadel zurechtbiegen. Entweder wird der runde Stecknadelkopf flachgefeilt und die Fußplatte aus Kunststoff daraufgeklebt, oder man läßt den Nadelkopf rund und klebt die Pedalplatte etwas gebogen darauf.*

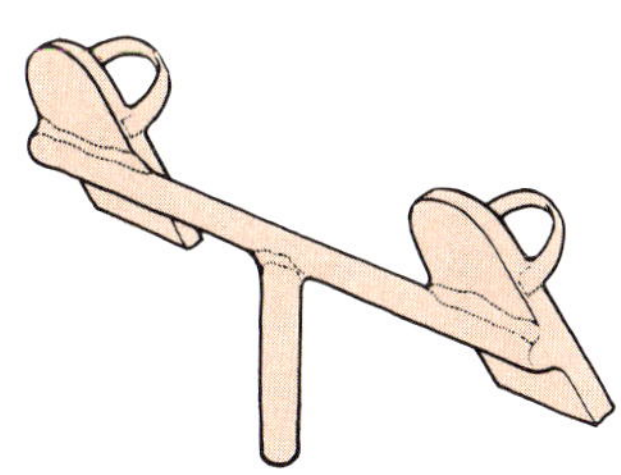

Rudergestänge bauen *Ein Rudergestänge kann aus Kunststoffplättchen und -stücken, die man erhitzt und in die Länge zieht, selbst hergestellt werden. Auf die Trittflächen für den Piloten sowie das Gestänge Metallikfarbe aufmalen.*

Sitze

Sicherheitsgurte sollten ganz natürlich auf dem Sitz herumliegen oder -hängen. Hier als Beispiel das Cockpit einer Grumman A6 Intruder. Man sieht auch deutlich den selbstgemachten Handgriff für den Schleudersitz.

Die meisten Bausätze enthalten einen Sitz für das Cockpit oder die Kabine. Manche sind sehr gute Nachahmungen, in den meisten Fällen aber fehlt dem Modellsitz doch einiges an Detaillierung, oder er ist nicht maßstabsgerecht; dies sollte man dann ändern. Oft ist der Sitz auch deshalb kleiner gehalten oder anders geformt, um die Figur des Piloten mehr zur Geltung zu bringen.

Sicherheits- und Fallschirmgurte sind ein wichtiges Detail, das häufig fehlt. Sind sie schon am Sitz fest anmodelliert, wirken sie sehr hübsch, wenn sie sorgfältig angemalt sind, dennoch können sie in der Wirkung nicht mit originalgetreu dargestellten Gurten konkurrieren. Dazu schneidet man Streifen aus Papier, Plastik oder einer alten Zahnpastatube heraus, biegt sie zurecht und klebt sie passend an. Sie müssen nicht alle dieselbe Länge haben oder im gleichen Winkel liegen. Sitzgurte zum Beispiel können ganz unordentlich auf dem Sitz herumliegen oder sogar am Cockpit oder an der Tür ein Stück heraushängen. Klemmen und Schnallen werden entweder aus dünnem Draht gebogen oder mit feinem Pinsel aufgemalt.

Schleudersitze in Düsenflugzeugen werden meistens mit einem Griff oder einer Schlaufe bedient, die sich über dem Kopf des Piloten befinden. Oft ist dieses Detail in einem Bausatz nicht maßstabgetreu. Daher ist es am besten, man schneidet es ab und bohrt an der Stelle ein kleines Loch, in das man den Ersatzgriff hineinsteckt.

Räder, Achsen und Federung

Alle Fahrzeuge sollten wirklichkeitsgetreu auf dem Boden stehen. Dies kann man eindrucksvoll dadurch darstellen, indem man zum Beispiel dem Fahrgestell die Belastung durch das Gewicht wie beim Original ansieht, dabei kann man die Aufmerksamkeit noch auf alle typischen Einzelheiten lenken, wie untere Abplattung eines Reifens, eine zusammengedrückte Federung oder die Spannung der Kette eines Baggers.

Die Räder an dieser Corsair II sind unten abgeschliffen worden, dadurch sieht es aus, als ob das Gewicht der Maschine die Reifen zusammendrückt.

Entsprechend der Wirklichkeit zusammengedrückte Reifen

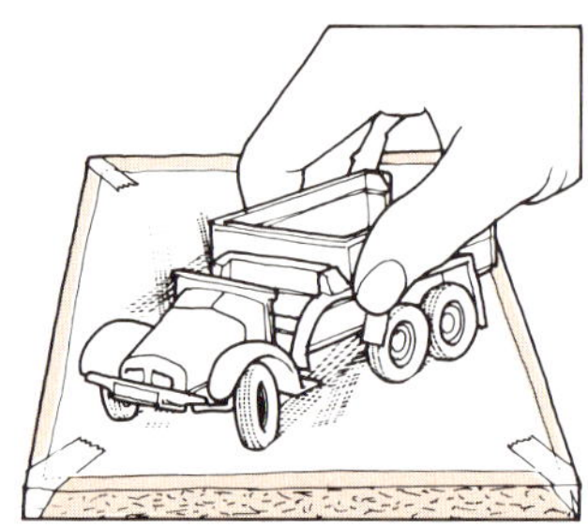

Räder aus Vollkunststoff können an der Unterseite abgeschliffen werden, so daß der Eindruck erweckt wird, als ob das Fahrzeuggewicht die Reifen plattdrückt. Dazu die Räder feststellen und mit dem Fahrzeug über ein Stück Schleifpapier reiben, das dazu auf ein Brett geklebt wurde. Man kann auch jedes Rad einzeln abschleifen, muß dann nur darauf achten, daß beim Aufstellen alle Schleifstellen gleichmäßig nach unten gedreht werden.

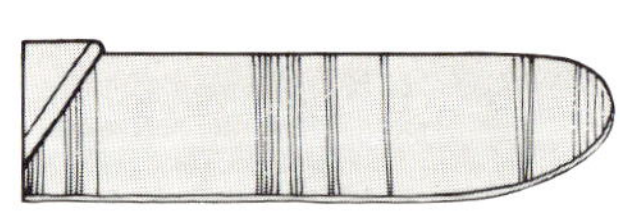

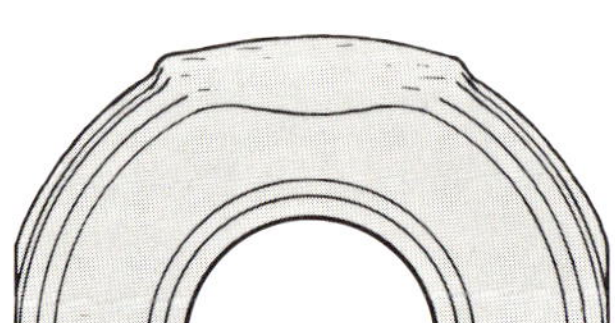

Um einen Reifen etwas auszuwulsten, erhitzt man eine Messerklinge und preßt sie auf den Reifen. Dies sollte an einem nicht verwendeten Rad geübt werden, bis gesichert ist, daß man alle Reifen auch gleichmäßig verformen kann. Diese Methode eignet sich für Reifen oder Räder, die innen hohl sind.

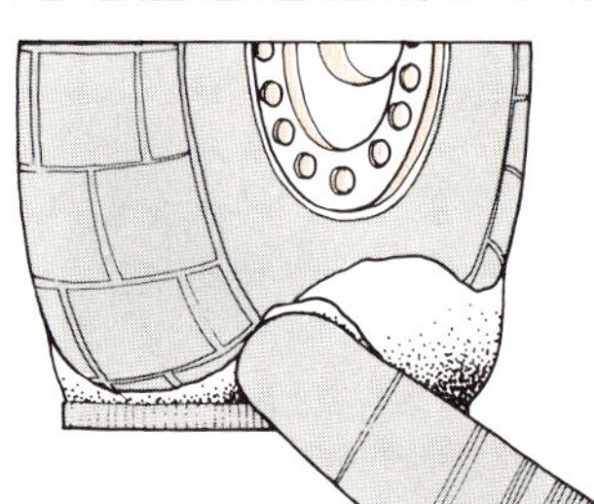

Eine andere Möglichkeit, einen Reifen an der Unterseite etwas plattzudrücken, ist folgende: Der Reifen wird zuerst abgeschliffen, dann klebt man auf die Stelle ein dünnes Kunststoffstück auf und modelliert die Auswulstung seitlich durch Füllmasse. Diese Technik eignet sich jedoch nicht für kleine Räder.

Sicherer Stand des Modells

Das Chassis eines Straßenfahrzeugs muß beispielsweise in sich so ausgerichtet sein, daß alle Räder mit dem Boden Kontakt haben. Am einfachsten ist es, das Chassis zusammenzukleben, wenn es auf dem Boden steht. Dazu fixiert man es provisorisch mit Klebeband oder beschwert es durch Gewichte. Wenn die Federung montiert ist, macht man erneut eine Kontrolle, ob das Chassis auch symmetrisch montiert wurde. Weiter prüft man den gleichmäßigen Stand beim Ansetzen der Räder und wiederum, wenn sie festgeklebt worden sind.

Der Kunststoffkörper eines Fahrzeugmodells ist selbst nicht schwer genug, die Federung des Fahrzeuges wirklichkeitsgetreu zusammenzudrücken. Um dem abzuhelfen, kann man das Fahrzeug so belasten, daß die Federung wie beim Original aussieht. Einfacher ist es, die Federn gleich so anzukleben, wie wenn sie unter Druck stehen würden. Lose Räder, die sich drehen können, verhindern unter Umständen den korrekten Stand eines Fahrzeugs. In den meisten Fällen bieten drehbare Räder an einem Modell keinen Vorteil, man sollte sie daher fest ankleben.

Bei Flugzeugmodellen ist besondere Sorgfalt erforderlich. Die meisten Modelle sind zu schwer, als daß das Fahrgestell beim Ankleben von selbst in der korrekten Stellung bleibt und das Modell trägt. Daher wird das Flugzeug mit Klötzen unterlegt, erst dann wird das Fahrwerk angeklebt und kann so beim Trocknen in der richtigen Stellung bleiben.

Ein Flugzeug mit Dreibeinfahrwerk erfordert unter Umständen ein Zusatzgewicht am Bug, damit es nicht hinten abkippt. Man klebt die wichtigsten Teile der Maschine zusammen und beschwert den Bug mit etwas Knetmasse, gerade so viel, daß das Bugrad nicht abhebt. Dann wiegt man die Knetmassenmenge ab und ersetzt sie durch entsprechende Metallgewichte, beispielsweise Bleikügelchen, die man mit Knetmasse an Ort und Stelle einbaut.

Früher zeigten Modellbaupläne meistens das Fahrgestell mit entlasteter Federung, so wie sie kurz vor der Landung oder kurz nach dem Start zu sehen ist. Wird das Flugzeug auf einem Gestell gezeigt, ist dies durchaus in Ordnung. Steht es aber auf dem Boden, ergibt die nicht belastete Federung einen falschen Eindruck: Die Maschine wird vom Fahrgestell vorn zu hoch gehoben. Man achte also darauf, daß das Modell die richtige Position hat, wenn nicht, muß man die Federung entsprechend umbauen. Den Eindruck eines schwer auf dem Fahrwerk lastenden Flug- oder Fahrzeuges kann man sehr gut durch zusammengedrückte Reifen erwecken (siehe vorherige Seite).

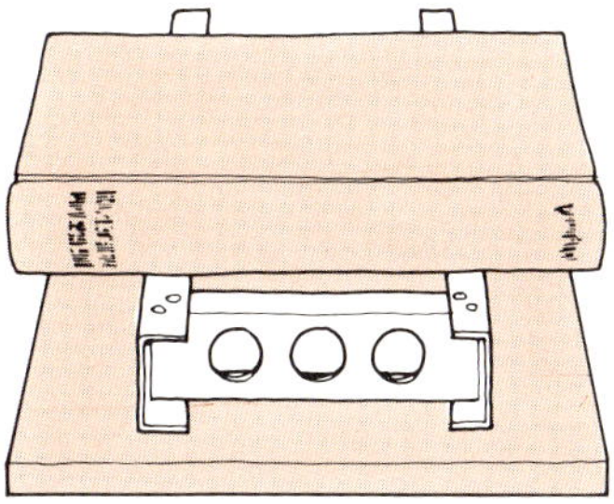

Montage des Chassis *Wenn das Chassis nicht zusammenhält, wird es auf einer geraden Unterlage so lange beschwert, bis der Kleber getrocknet ist.*

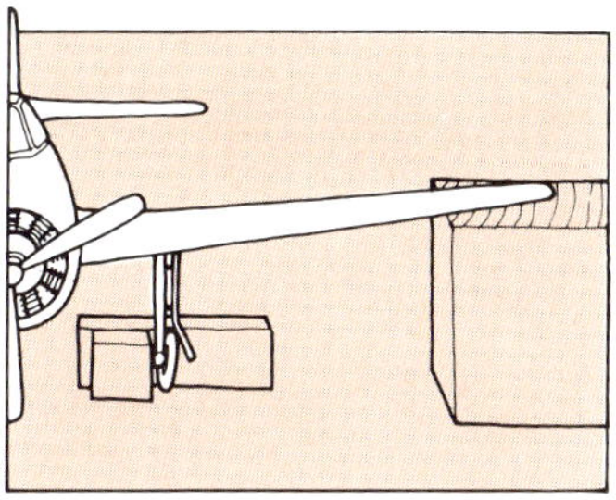

Montage des Fahrwerkes *Das Flugzeug so weit aufbocken, daß die Räder genau auf dem Boden sind. Um ein Verrutschen beim Trocknen des Klebers zu vermeiden, die Räder mit kleinen Gewichten sichern.*

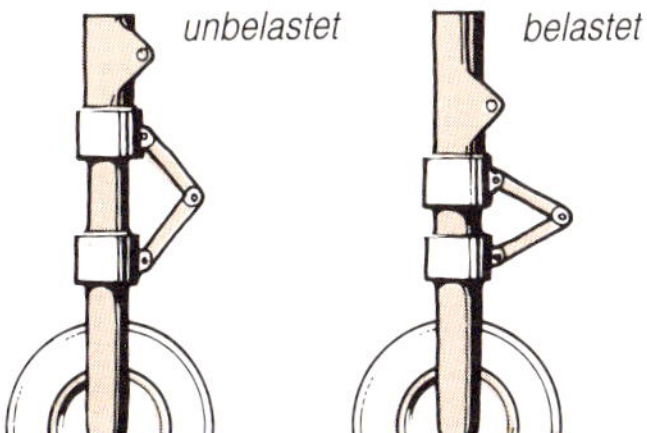

Fahrgestellfederung nach dem Landen *Um zu zeigen, wie die Federung belastet ist, die Federstäbe auseinanderschneiden und sie entsprechend der Zeichnung wieder zusammenkleben.*

Federung

Die Federung soll man nur umbauen, wenn es nötig oder sie später gut zu sehen ist. Blattfedern beispielsweise sind meist aus einem Stück modelliert, deshalb kann man die Bestandteile wie U-Bolzen, Federblätter und Zwingen nicht so genau unterscheiden. Sind daher einzelne Teile nicht ausreichend zu verbessern, muß man die ganze Feder neu basteln.

Man entfernt die Zwingen und U-Bolzen. Ist dann die Hauptfeder brauchbar, erneuert man die Kleinteile mit Klebeband oder Draht. Muß man die Federblätter dagegen auch ersetzen, schneidet man sich die Ersatzteile aus Plastikplatten zurecht. Man mißt deren Stärke im Vergleich zur Dicke des Modelloriginals und schleift die scharfen Kanten leicht ab. Das längste Federblatt wird etwas länger als erforderlich abgeschnitten und auf einem hölzernen Formblock mit Klebeband befestigt. Die Mitte wird mit einem Bleistift markiert. Die anderen Plastikstreifen werden mit Flüssigkleber montiert.

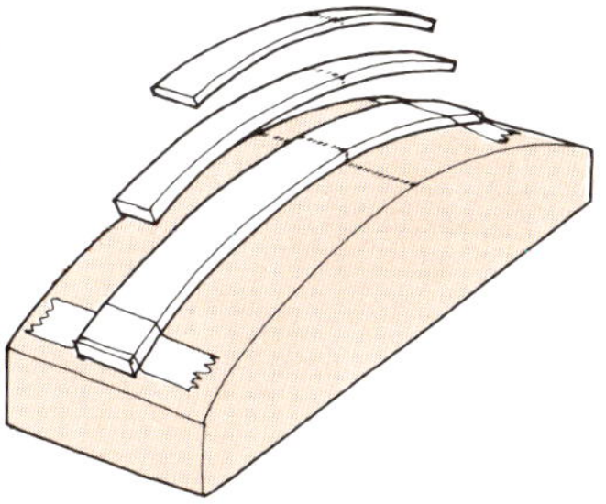

Montage eines Federsatzes *Auf einem Formklotz die einzelnen Streifen mit Flüssigkleber aufeinanderkleben, wobei die angezeichnete Mitte immer sorgfältig übereinanderliegt. Wenn der Kleber abgebunden hat, den längsten Streifen auf Länge schneiden – und fertig ist die Blattfeder.*

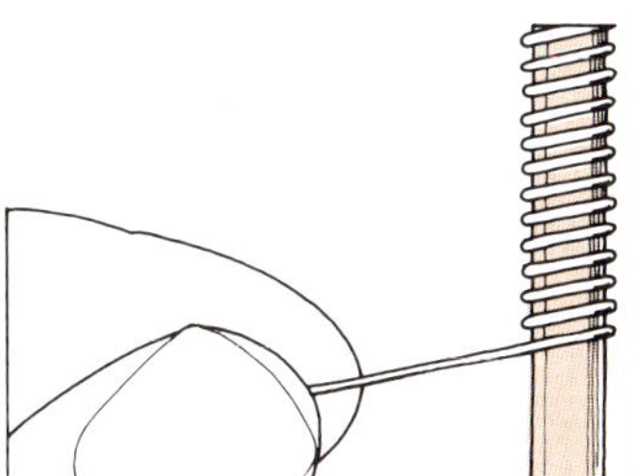

Austausch von Stoßdämpferfedern *Wenn eine Spiralfeder oder ein Stoßdämpfer des Bausatzes vielleicht nicht so exakt geformt ist wie man will, dann wird das Modellteil durch einen Eigenbau ersetzt.*

Räder und Reifen

Manche Räder weisen im Reifenprofil noch überstehende Grate auf, die von der Guß- oder Spritzform herrühren. Diese Unsauberkeiten sollte man in jedem Fall beseitigen, indem man sie wegschleift oder mit einem Messer wegkratzt, auch auf die Gefahr hin, etwas vom Profil selbst zu beschädigen. An massiv gegossenen Reifen kann man das fehlende Profil selbst einkerben (siehe Abbildungen rechts).

Sehr realistisch wirkt es aber auch, den Eindruck eines abgefahrenen Reifens zu erwecken. Dazu schleift man etwas vom Profil ab.

Die Auswirkung einer schlecht funktionierenden Lenkung kann man dadurch hervorheben, indem man das Profil in der Mitte der Lauffläche etwas abradiert.

Für solche Korrekturen sind die Reifen an größeren Modellen, bei denen weiches Plastikmaterial den Reifengummi darstellt, sehr geeignet. Manchmal sehen jedoch diese Reifen etwas zu glänzend und zu neu aus, als daß sie zu einem doch schon gebrauchten Fahrzeug passen. Damit der Glanz verschwindet und die Fahrzeuge älter wirken, wird nicht nur das Profil geglättet, sondern auch die Profilfläche wie die Seitenflanken des Reifens mit Sandpapier aufgerauht.

Es ist jedoch auch möglich, den brandneuen Eindruck von Reifen noch zu verstärken. Dazu läßt man zuerst ein dunkles Farbbad bis in den letzten Winkel der Profilrillen eindringen. Wenn die Farbe trocken ist, wird die Lauffläche ganz leicht mit einer etwas helleren Farbe angestrichen, wodurch das Profil noch besser zur Geltung kommt.

Die verchromten Teile an Kunststoffrädern sehen an neueren Modellen sehr echt aus. Bei älteren Fahrzeugen wirkt dies aber nicht mehr sehr gut. Deshalb überzieht man die Flächen mit einer sehr dünnen Farbschicht von Schwarz oder Dunkelbraun. Dadurch wird der Kunststoffglanz zum einen seidenmatt, zum anderen werden aber auch die Details hervorgehoben. Durch ein Stückchen Folie auf der Radkappe und durch etwas Stahlfarbe auf den Achsnaben erhalten viele Teile des Rades ein unterschiedliches Aussehen. Die Felgen können in der Farbe der Karosserie angemalt werden. Damit sie auch staubig aussehen, nimmt man einen etwas fahleren Farbton.

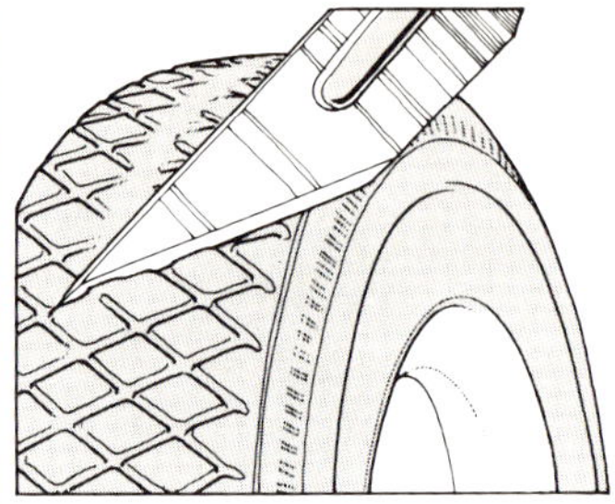

Diagonalprofil *Die Rillen mit einem scharfen Messer nach Augenmaß ziehen.*

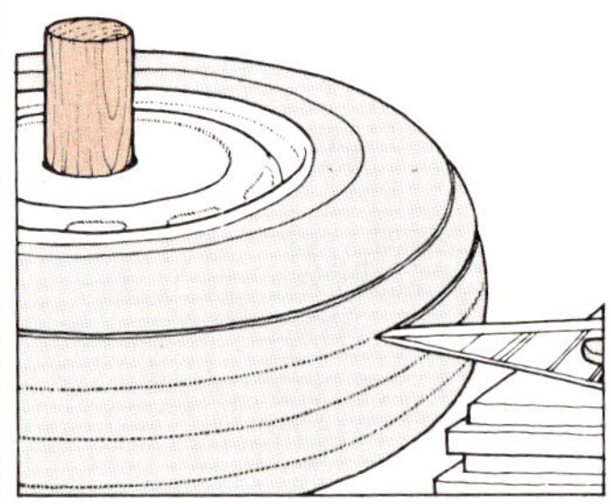

Längsrillen *Das Rad auf einer Achse befestigen, dann das Messer auf einer Auflage abstützen und das Rad vorsichtig gegen das Messer drehen.*

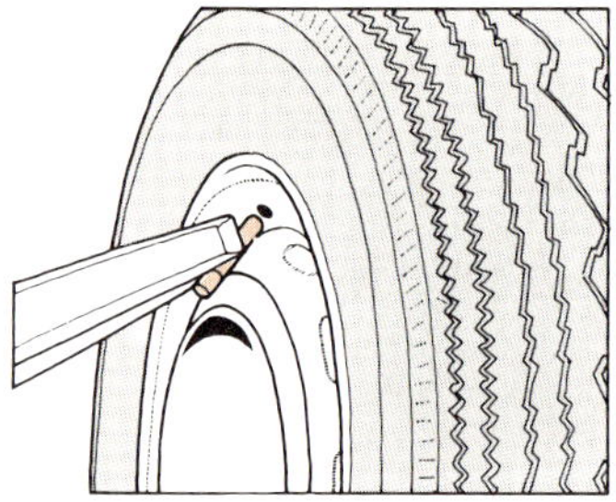

Ventil *Ein kleines Loch in den Felgenwulst bohren und mit einem Tropfen Leim vorsichtig einen dünnen Gußzapfen daran befestigen. Verschlußkappe durch Rille darstellen.*

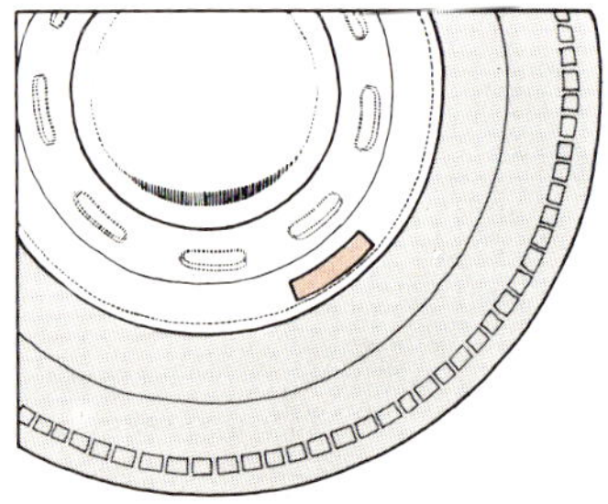

Auswuchtgewichte *Kleine Plastikstreifen an den Felgenrand kleben.*

Flugzeugfahrwerkschächte und -klappen

Die Klappen, die am Flugzeug die Fahrwerkschächte verschließen, sind an Modellen der Maßstabsgröße 1 : 72 meist zu dick. Man ersetzt deshalb die Klappen durch solche aus dünnerem Kunststoff. Die Schächte rings um die Öffnung sollten aus Kunststoff nachgebaut werden. Um Anordnung und Größe festzustellen, fügt man die beiden Tragflächenhälften mit Klebeband zusammen. Mit Kunststoffstreifen wird die Kontur des oberen Flügelteils angepaßt, wobei man für den Fahrwerkschacht genug Platz läßt. An der unteren Flügelhälfte werden die Plastikwände angeklebt und, wenn der Leim trocken ist, die Umrisse des Schachts auf die obere Flügelhälfte übertragen, dann wird der Flügel wieder aufgetrennt. Zur Aussteifung des Flügelinnern nimmt man Kunststoffabfälle, dünnen Draht und Leim. Schließlich werden die Flügelhälften endgültig zusammengeklebt und der Schacht ebenfalls an dem oberen Flügelteil angeleimt.

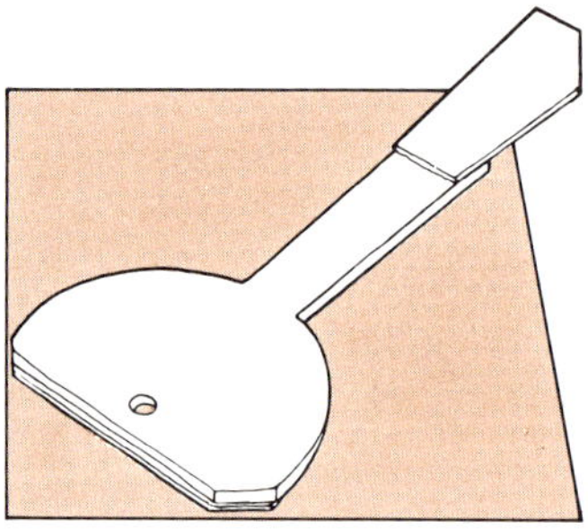

Basteln eines Fahrgestellschachtes
Einige Schächte bestehen aus mehr als einem Metallstück. Damit das Modell realistisch aussieht, wird es ebenso aus mehreren Teilen zusammengebaut.

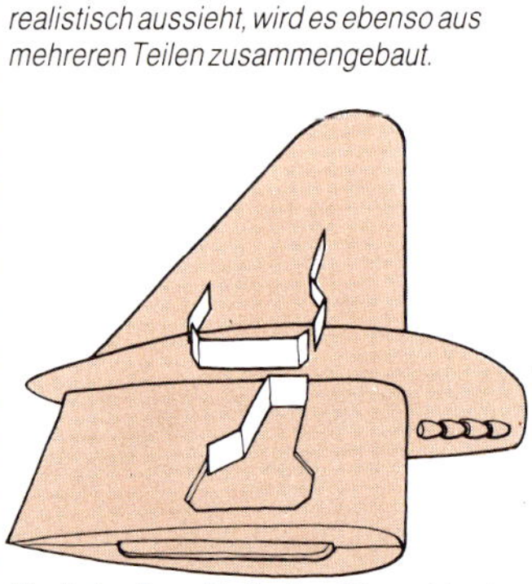

Basteln eines Radschachtes *Um den Fahrgestellschacht an einem Flugzeug bauen zu können, werden dünne Kunststoffstücke verwendet.*

Ketten

Ketten von Raupenfahrzeugen sind so schwer, daß sie zwischen den Rädern unter ihrem eigenen Gewicht etwas durchhängen. Wenn die Kette bei größeren Modellen aus einzelnen Gliedern zusammengesetzt ist, kann man dieses Durchhängen deutlich zeigen. Ketten an kleinen Modellen bestehen jedoch aus einer durchgehenden, geraden Kunststoffleiste, die stramm auf den Führungsrädern sitzt. Mit einem starken Faden bindet man diese auf die Führungsräder oder klebt sie daran fest. Dazu muß man die Kette auf die Räder herabziehen und so lange daran festbinden, bis der Leim getrocknet ist. Die Kettenräder haben eine Bereifung aus Hartgummi.
Um das Modell zu verbessern, rundet man die Kanten dieser Gummireifen leicht ab, bei Bedarf kann man sogar ein paar Kerben einschneiden.

Kotflügel und Kennzeichen von Motorrädern

Häufig muß man die zu dicken Kotflügel verdünnen, damit sie auch wirklich wie dünne Metallbleche aussehen. Um die Kunststoffkotflügel auf der Innenseite abzuschaben, nimmt man ein Messer mit leicht gekrümmter Schneide. An kleinen Modellen steht manchmal innen am Kotflügel eine dicke Kunststoffleiste über die ganze Kotflügelbreite. Dann muß mit einer kleinen Rundfeile zuerst dieser Plastiksteg an der Außenseite weggefeilt werden, damit dort der Kotflügel ausgerundet werden kann. Kleine Unterschiede in der Materialstärke fallen später nicht mehr auf, sie sind von der Farbe überdeckt.
Oft wurden auch die Kotflügelhalter an den Kleinmodellen nicht sehr sorgfältig modelliert, aber für den Gesamtcharakter sind sie ziemlich wichtig. Schlechte Halter werden deshalb entfernt und durch neue aus Kunststoff oder Draht ersetzt. Kunststoffhalter können auf dem Kotflügel mit einem Flüssigkleber befestigt werden. Drahthalter sollten mit Hilfe eines kleinen Rundholzes geformt werden, das den Durchmesser des Kotflügels hat.
Nummernschilder an Motorrädern sind häufig dann zu dick, wenn sie zusammen mit dem Kotflügel in einem Stück gegossen sind. Man sägt sie ab und glättet den Kotflügel an dieser Stelle mit Naßpapier. Das neue Kennzeichen wird aus einem dünnen Kunststoffplättchen geschnitten. Die Unterkante des Schildes richtet sich in der Krümmung nach dem Kotflügel, die Oberkante fällt entsprechend aus, wobei für die Gesamtgröße das Nummernzeichen entscheidend ist (oft ein Abziehbild).

Ein sehr detailliertes Modell einer Harley-Davidson. Die Abmessungen der Halterungen und Zurüstteile wurden genau eingehalten. Foto: Revell

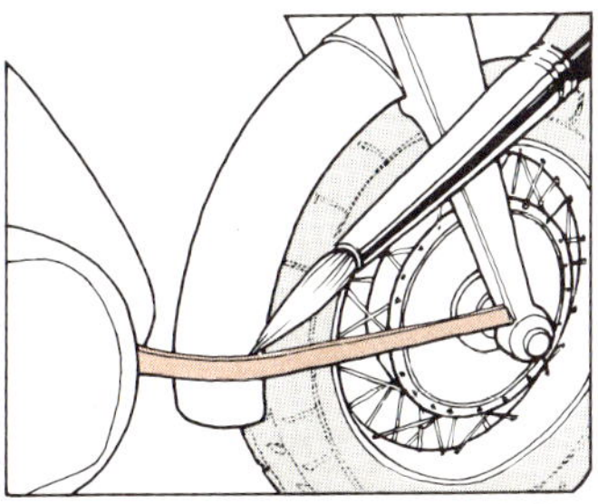

Formen eines Halters aus Kunststoff
Den aus Kunststoff geformten Halter am Kotflügel mit Flüssigkleber befestigen.

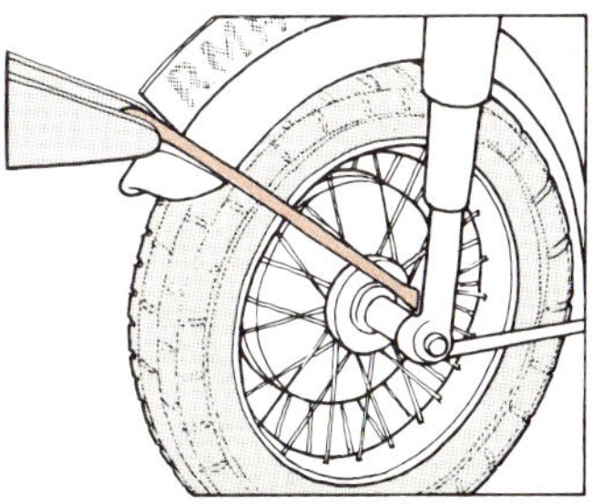

Montage eines Halters aus Draht
An die Motorradgabel einen Tropfen Cyanoacryl-Kleber auftragen, dann den Halter mit einer Pinzette in Position halten.

Flügel und Propeller

Stets muß darauf geachtet werden, daß die Hinterkanten der Tragflächen sowie des Höhen- und Seitenruders maßstabgerecht sind, besonders bei den 1:72er-Modellen. Wenn nicht, muß der Maßstab korrigiert werden. Tragflächen, die aus zwei Hälften bestehen und an der Hinterkante zusammengesetzt sind, haben zum Beispiel nie eine Kante, die zufriedenstellend dünn genug ausfällt. Oft ist sie sogar dann noch zu dick, wenn die Hinterkante nur aus einer Hälfte oder der ganze Flügel nur aus einem Stück besteht. Genau dasselbe gilt für die Propeller.

Tragflächen

Um Tragflächen zu verbessern, die an der Hinterkante zusammengefügt sind, wird zuerst jede Hälfte an der inneren Verbindungskante geschliffen, und zwar so, wie es die untenstehende Abbildung zeigt. Der Schleifvorgang wird öfter unterbrochen, um die beiden Hälften probeweise zusammenzufügen und ihre Paßform überprüfen zu können. Der Vorteil dieser Methode liegt darin, daß die Oberflächen nicht beschädigt werden.

Besteht der Flügel aus einem massiven Stück Kunststoff oder macht seine typische Konstruktionsart dieses Verfahren unmöglich, wird die Dicke dadurch reduziert, daß man den Flügel von der Hinterkante aus auf beiden Seiten abschabt oder abschleift. Man muß nur darauf achten, daß die Hinterkante genau passend bleibt am Übergang zum Rumpf.

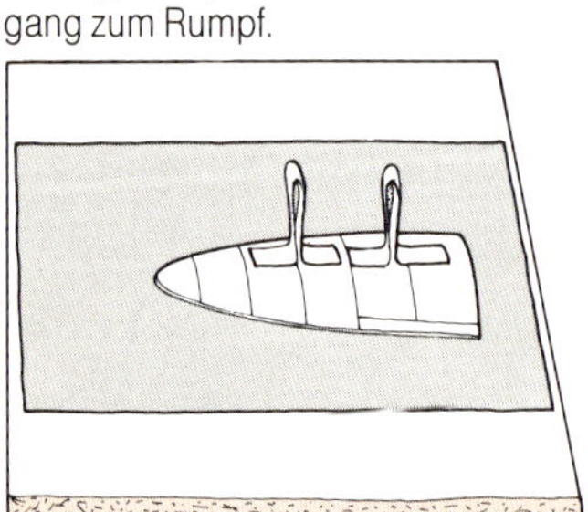

Verdünnen einer Tragfläche von der Innenseite her *Ein Blatt von feinem Naßpapier auf ein Brett kleben. Von der Innenseite des Flügels müssen eventuell vorstehende Verbindungsnoppen abgeschnitten werden. Auf die Oberseite der Fläche kleine Stücke Selbstklebeband als „Handgriffe" aufkleben. Flügel nun in Kreisbewegungen über das Papier reiben; Kunststoffkante mit den Fingerspitzen in der gesamten Länge gleichmäßig aufdrücken.*

Propeller

Die in den Bausätzen enthaltenen Propeller sind meist an den Kanten und Spitzen zu dick. Um sie dünner zu machen, müssen die Propellerblätter eben unterlegt werden. Mit einem Messer schabt man dann die Kanten und behandelt sie anschließend noch mit Naßpapier nach.

Zweiblättrige Holzpropeller kann man entweder aus einem einzigen dickeren Stück Kunststoff oder aus mehreren Lagen Holz basteln. In dem Fall nimmt man helle und dunklere Schichten und erhält dadurch ein attraktives Streifenmuster. Jede Schicht Holz, und zwar Furnierholz, muß geschliffen werden, damit es dünner wird. Die Blätter der modernen Metallpropeller kann man aus einem dickeren Plastikstück herausschneiden.

Die Rotorblätter dieses Puma-Hubschraubers waren ursprünglich zu dick, wurden dann aber scharfkantig abgeschabt. Dann wurden sie etwas erhitzt und leicht gebogen. Die Originalrotorflügel biegen sich infolge ihres großen Gewichtes leicht elastisch durch.

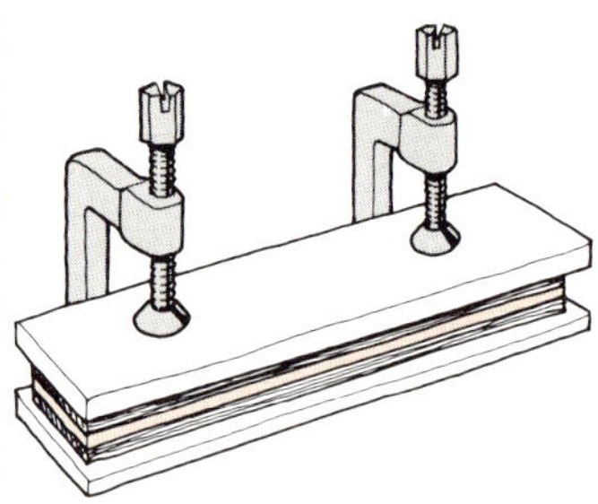

Herstellung eines Holzpropellers *Abwechselnd helles und dunkles Furnierholz zu einem Block zusammenleimen. Damit eine gute Leimverbindung entsteht, den Block über Nacht einspannen.*

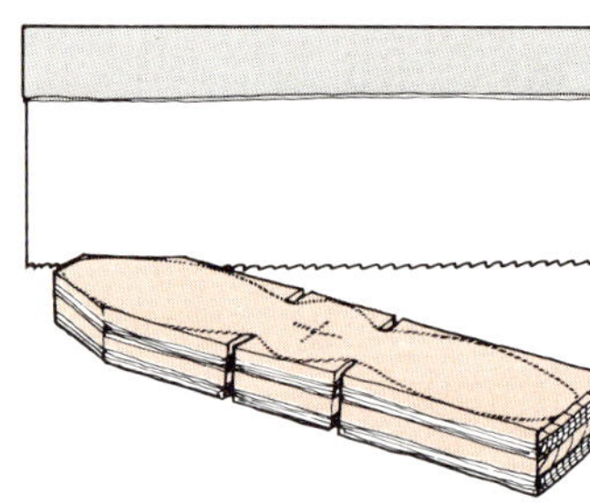

Auf den Holzblock die Umrisse des Propellers aufzeichnen, mit Säge und Messer den Umriß ausschneiden.

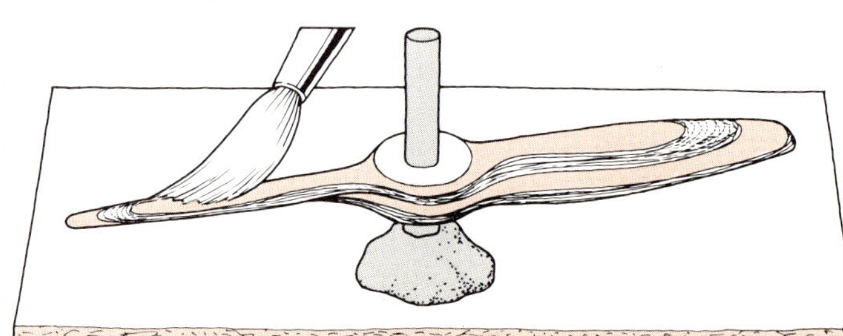

Mit Messer oder Feile die Form der beiden Flügelhälften sorgfältig herausarbeiten. Dann den Propeller mit Naßpapier schleifen, schließlich lackieren.

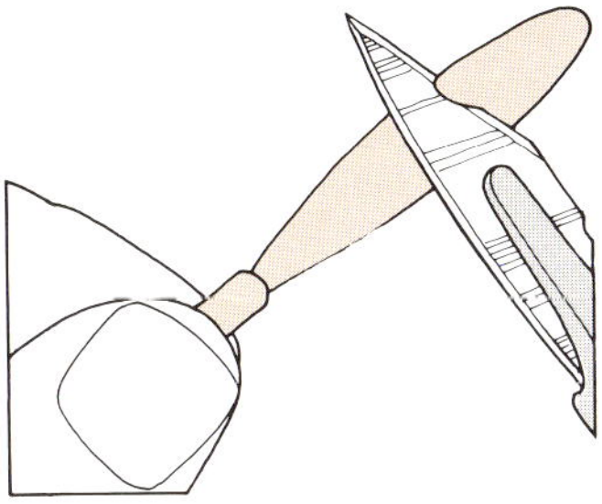

Bau eines Metallpropellers *Von einem dicken Plastikstreifen drei Propellerblätter formen; dazu nacheinander Messer, Feile und Schleifpapier benutzen. Jedes Propellerblatt muß am Ende bolzenförmig sein.*

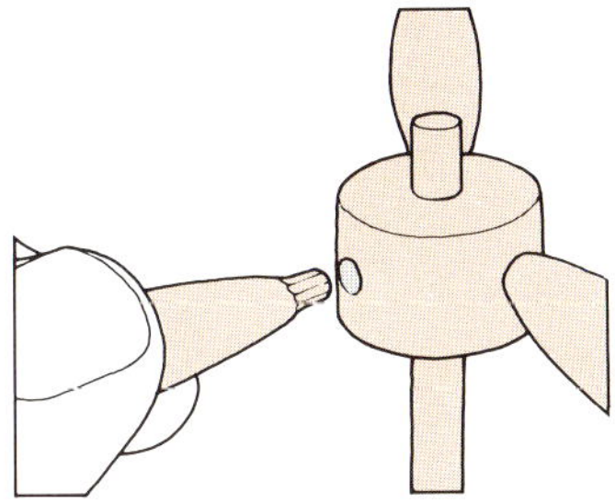

In eine Zentrierbuchse drei Löcher bohren, in jedes Loch einen Flügel mit dem Endbolzen einstecken. Jeder Bolzen wird in Flüssigkleber eingetaucht. Alle drei Flügel müssen denselben Anstellwinkel haben.

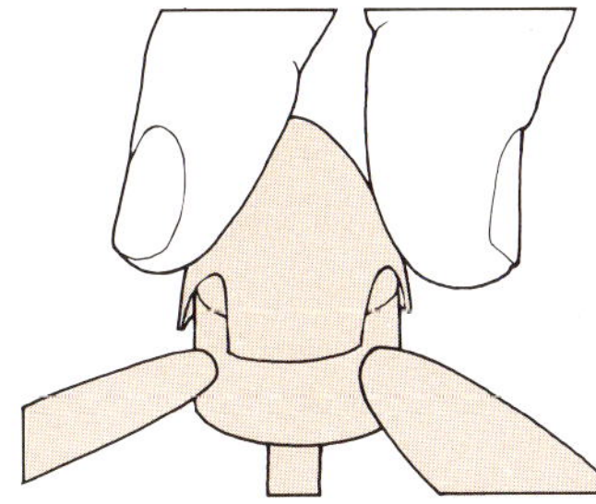

Um den Metallpropeller zu vervollständigen, auf die Zentrierbuchse (aus einem Abfallstück gefertigt) einen sogenannten Spinner (Luftschraubenhaube) aufbringen. Dieser wird in einer Gußform hergestellt.

Schiffsaufbauten

An manchen Modellen sind einige Teile etwas zu dick, wie zum Beispiel bei Flugzeugen Flügel und Propeller. Bei Schiffen sind es oft die überragenden Decks, die stören können. Zu große Stücke werden einfach auf die gewünschte Größe abgeschabt, andernfalls baut man neue Deckaufbauten aus Kunststoffblöcken und angeleimten dünnen Kunststoffplatten.

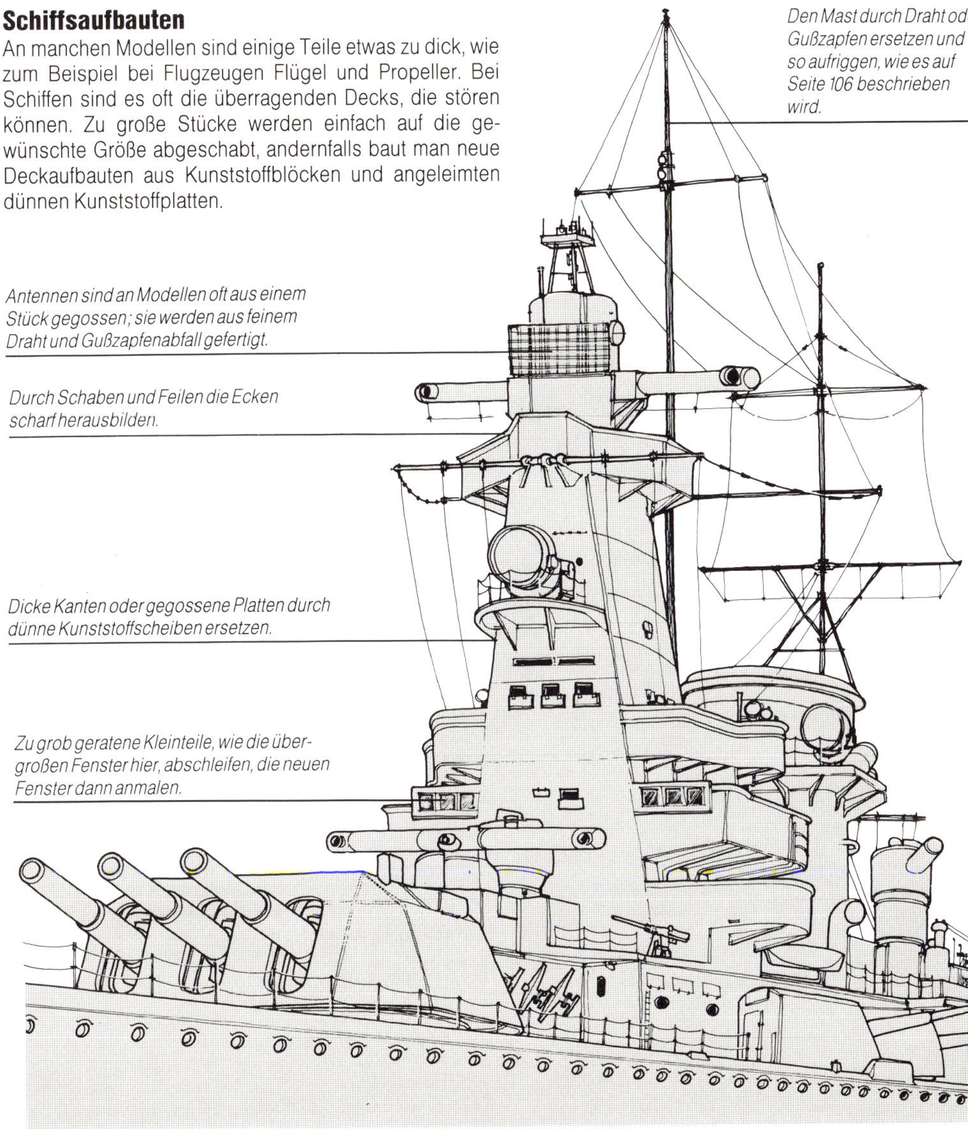

Den Mast durch Draht oder Gußzapfen ersetzen und so aufriggen, wie es auf Seite 106 beschrieben wird.

Antennen sind an Modellen oft aus einem Stück gegossen; sie werden aus feinem Draht und Gußzapfenabfall gefertigt.

Durch Schaben und Feilen die Ecken scharf herausbilden.

Dicke Kanten oder gegossene Platten durch dünne Kunststoffscheiben ersetzen.

Zu grob geratene Kleinteile, wie die übergroßen Fenster hier, abschleifen, die neuen Fenster dann anmalen.

Einritzen von Detailmarkierungen in Kunststoff

Alle Bausätze enthalten vorgegossene Details der Oberfläche, beispielsweise die Nähte von Bauplatten, Decksplanken, Nieten und an sehr alten Flugzeugen die Gewebestrukturen der Leinwand. Doch in vielen Fällen sind diese Details ungenau. An Flugzeugen und Schiffen sind die Linien erhaben ausgebildet, während sie in der Wirklichkeit eingelassen werden müssen, und Nieten zum Beispiel sind übergroß. Der Gewebeeffekt des Flugzeugleinens ist besonders unwirklich an relativ kleinen Flugzeugen, denn in Wirklichkeit wurde an diesen Maschinen das Leinen straff gespannt und gestrichen, damit es auch glatt genug wurde. Der Modellbauer muß in jedem einzelnen Fall selbst entscheiden, ob er das Bausatzteil so läßt oder es verändert, ob er eine Linie neu einritzt oder gleich das ganze Bauteil erneuert.

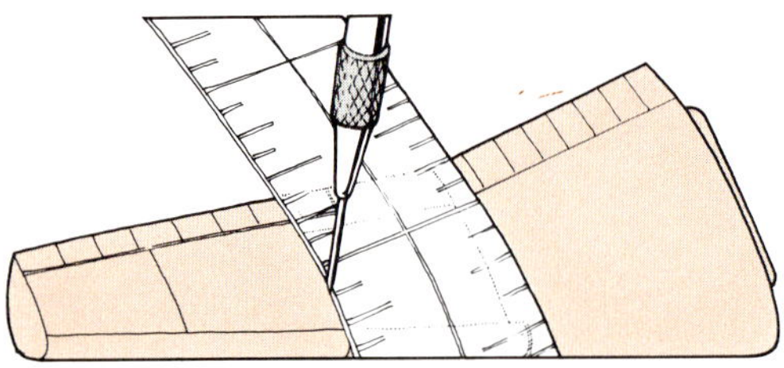

Anritzen von Platten *Die im Guß erhabenen Plattenkanten abschleifen, die neuen Linien mit einem Bleistift vorzeichnen, dann mit einem spitzen Reißwerkzeug oder einem Messer neu einritzen, wobei das Werkzeug an einem biegsamen Lineal vorbeigezogen wird. Die Fläche dann ganz leicht schleifen, um eventuell beim Einritzen entstandene Grate zu entfernen.*

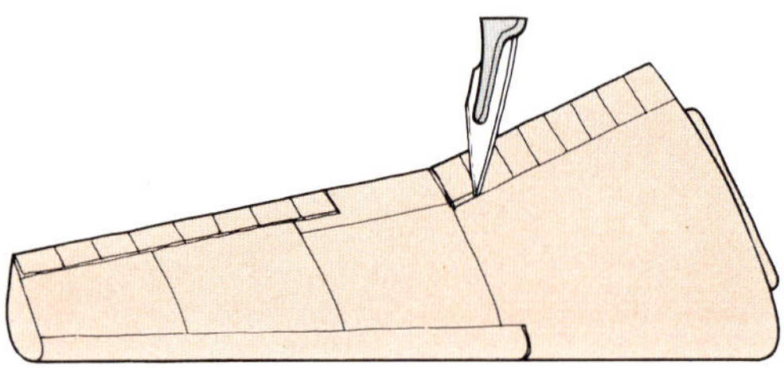

Ritzen der Naht *Die Naht zwischen Tragfläche und Landeklappen mit einem Messer einkerben, das schräg geschliffen ist; zur Flügelseite hin wird der Schnitt senkrecht, zur Klappe hin schräg eingeritzt.*

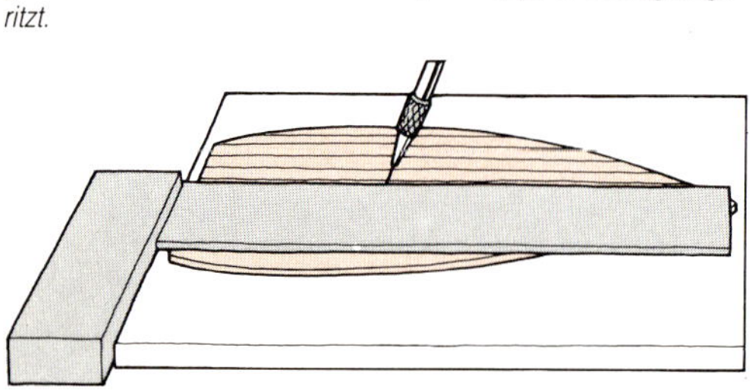

Einritzen von Decksplanken *Größe, Richtung und Abstand der Planken auf dem Deck des Modells messen und sie dann abschneiden. Das Deck leicht schleifen und mit Doppelklebeband auf ein Brett mit Hilfe eines Winkels rechtwinklig zur Brettkante kleben. Mit einem Winkel die Linien markieren, dann neu einritzen. Den entstandenen Grat abschleifen.*

Fenster und Lampen

Die meisten Modellfahrzeuge haben Fenster oder Sichthauben, die aus durchsichtigem Polystyrol bestehen. Doch diese transparenten Kleinteile sind empfindlich gegen Kratzer oder gegen chemische Lösungen, deshalb werden sie beim Bau abgenommen und an einem sicheren Platz verwahrt. Bevor ein Fenster oder eine Sichthaube montiert wird, wäscht man sie in einer warmen Seifenlauge und trocknet sie mit einem weichen Tuch ab. Mit flüssiger Metallpolitur können Kratzer entfernt werden, zum Schluß reibt man mit der Fingerspitze noch etwas Zahnpasta darauf, bevor ein Baumwollbällchen den Hochglanz poliert.

Mit Polystyrolkleber kann das Fenster oder die Sichthaube verklebt werden, aber sicherer ist es, dazu einfachen Weißleim zu nehmen, da er nötigenfalls mit Wasser wieder abgewaschen werden kann. Man nimmt nur so viel Leim, wie unbedingt zur Befestigung des Fensters nötig ist, und achtet darauf, daß der Leim nicht beim Andrücken herausgequetscht wird und sich dabei auf Flächen festsetzt, von denen man ihn nicht wieder entfernen kann, beispielsweise aus dem Cockpitinneren.

Die Verbindungsstelle zwischen Sichthaube und Flugzeugrumpf wird mit Kunststoffspachtel ausgefüllt, der mit einer Messerspitze aufgetragen wird. Mit der nassen Fingerspitze wird die Stelle geglättet, solange sie noch weich ist. Einmal gehärtet, lassen sich überflüssige Ecken kaum noch abreiben.

Auswechseln von Bausatzteilen

Ein Fenster oder die klare Kuppel eines Flugzeugcockpits kann so schlecht im Bausatz vorgefertigt sein, daß sie überhaupt nicht einzupassen ist, auch nicht durch Abschleifen oder Beschneiden. Das mag an schrägen Kanten des Modells liegen oder daran, daß das Fenster zu breit oder zu dick ist, letzteres besonders dann, wenn man es von der Seite aus sehen kann und die Kante zu dick vorsteht, etwa an Jeeps oder alten Flugzeugen, wo das Fensterglas nur als Windschutzscheibe ausgebildet ist.

Aus dünnem Acetat kann man neue Fenster schneiden, wobei man sich nach dem Bausatzoriginal richtet.

Soll die Scheibe, beispielsweise am Abteil eines Personenzuges, vereist sein, wird die Acetatscheibe auf der Rückseite mit feinem Schleifpapier behandelt, bis die Schleifspuren einen milchig-weißen Effekt ergeben.

Kleine Fenster oder Bullaugen können als Teil des Ganzen gegossen werden oder zuerst ausgespart und dann alle zusammen hergestellt werden. Zum Beispiel schneidet oder bohrt man Löcher und „verglast" diese dann mit Spannlack oder einem zähen, klaren Klebstoff, der sich beim Trocknen straff spannt. Gegossene Positionsleuchten und -lampen können angemalt oder lackiert werden, aber eine selbstgemachte aus Spannlack oder durchsichtigem Kunststoff ist der Bausatzversion stets überlegen.

Für eine Positionslampe wird das gegossene Teil abgeschliffen und in der gewünschten Farbe angemalt. Für eine runde Leuchte kann man auch ein kleines Loch bohren und einen Tropfen Spannlack hineingeben: Es bildet sich das runde Signallicht ganz von allein. Soll das Licht aber birnenförmig werden, wartet man ab, bis die Flüssigkeit halb steif ist, und formt sie dann mit einem Zahnstocher. Für größere Lampen nimmt man einfach einen Tropfen oder zwei mehr.

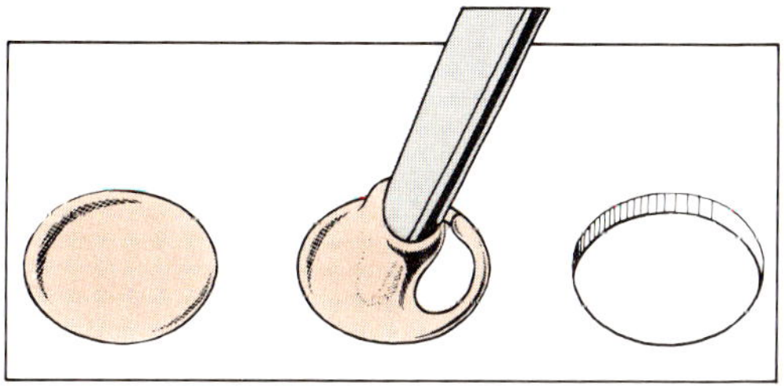

Verglasen eines Bullauges *Einen Tropfen glasklaren Kleber auf den Innenrand des Bullauges geben. Mit einem Zahnstocher die Flüssigkeit kreisförmig verteilen, bis sie die gesamte Öffnung überspannt. Das fertig verglaste Bullauge trocknen lassen.*

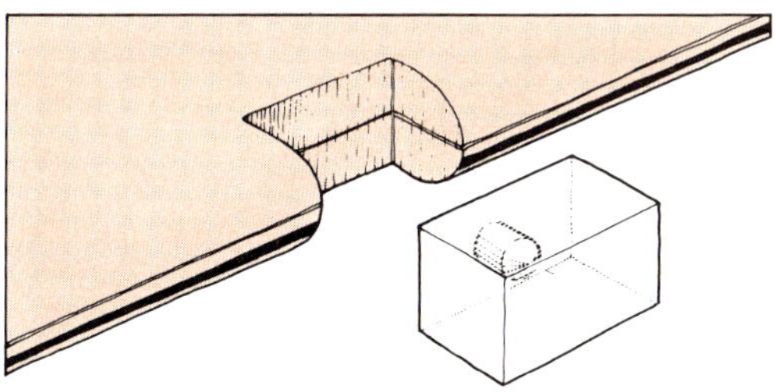

Einbau eines Landelichts am Flugzeug *In die Vorderkante der Tragfläche eine breite Nut sägen, dann einen Block aus durchsichtigem Kunststoff einpassen. Die Querfläche der Nut weiß oder silber anmalen, in den eingesetzten Block ein kleines Loch bohren, das die Lampe darstellen soll.*

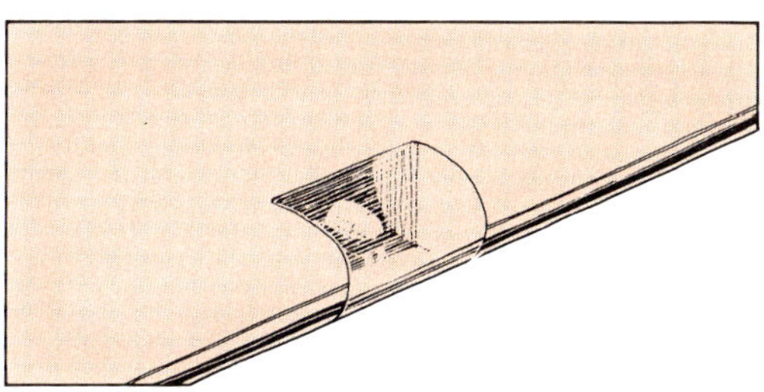

Den Kunststoffblock in die Nut leimen und durch Feilen und Schleifen mit den Kanten der Tragfläche bündig bearbeiten. Schließlich mit Metallpolitur und Klarlack behandeln.

Rahmen der Cockpitkanzel

Die Wirkung eines Flugzeugmodells kann ganz entscheidend verbessert werden, indem man das Rahmengestell der durchsichtigen Kanzel färbt. Ist der Rahmen schon Bestandteil der Kuppel, und das ist bei den meisten Bausätzen der Fall, malt man ihn mit einem sehr feinen Pinsel und einer Farbe, die soweit verdünnt wird, daß sie sich leicht verstreichen läßt, aber beim Trocknen noch deckend bleibt, also nicht durchsichtig wird. Man malt zuerst die breiteren Stellen am Rahmen, dann die schmalen. Und zwar streicht man an der breiten Rahmenstelle zuerst einen äußeren Rand mit einem geraden Pinselstrich. Deckt dieser Pinselstrich den Rahmen noch nicht in seiner ganzen Breite ab, dann dreht man das Modell herum und macht den nächsten Strich, auch wieder an der Außenseite der Fläche. Zuletzt wird der Zwischenraum zwischen den beiden Pinselstrichen bedeckt. Ausrutscher beim Streichen werden mit Verdünner korrigiert. Um aber die Glaskanzel selbst vor Verdünnerspuren zu schützen, wird sie zuvor mit klarem Lack besprüht. Der gibt ihr zugleich auch einen realistischen Schimmer. Man kann auch den Glasschimmer mit Lack aufmalen, nachdem der Rahmen getrocknet ist. Wenn an einem Modell der Rahmen der Kanzel nicht deutlich vorgezeichnet ist, klebt man kleine Streifen von hellem Klebeband oder Reste von Abziehfilm auf. Präpariert wird das Klebeband dazu wie folgt: man befestigt es auf einer Fliese oder Kachel, malt es an, läßt es trocknen und schneidet es dann in schmale Streifen. Für Kleinmodelle, wo Klebeband als zu dick auffallen würde, nimmt man die Reste der Abziehbild-Filme: Man schneidet ein Reststück in schmale Streifen und trägt es auf wie ein ganz normales Abziehbild (siehe Seite 76). Die beste Methode jedoch, den Rahmen einer Flugzeugkanzel anzumalen, ist die, das Glas zu maskieren mit durchsichtigem Klebeband und dann mit einem Spritzpinsel zu lackieren. Die Farbe wird am Klebeband entlang eine perfekte, scharfe Kante bilden. Zuerst wird der Rahmen von innen mit der Hand gemalt, was besonders wichtig ist, wenn es sich um eine Kanzel handelt, die geöffnet wird. Die Rahmen müssen so gemalt werden, daß die Außenfarbe die Innenseite nachher optisch überdeckt.

Die Rahmen der Pilotenkanzeln müssen sehr sorgfältig bemalt werden. Die im vorstehenden Abschnitt beschriebene Maskentechnik ist gleichermaßen geeignet für Kanzelrahmen wie am Modell einer Hawker Hurricane (oben) oder am Cockpit der North American T28 (unten).

Aufriggen des Modells

Ein schönes Rigg trägt wesentlich zum Gesamteindruck eines Modells bei. Es kann aus durchsichtiger Nylonschnur, erhitzten und gelenkten Gußzapfen, dünnem Draht, Zwirn oder Baumwollfaden hergestellt werden. Welches Material man auch nimmt, es muß zum Maßstab des Modells passen. Ist dies nicht der Fall, kann der Gesamteindruck empfindlich darunter leiden. Es ist unmöglich, an einem Kleinmodell ein Rigg bis ins letzte Detail nachzubilden, aber mit dem richtigen Baumaterial kann man dennoch die wichtigsten Dinge darstellen.

Dabei müssen bestimmte Teile am Schiff vom frühesten Stadium der Konstruktion an geplant und montiert werden, bevor man mit dem Aufriggen beginnen kann. Auch muß man sich vorher darüber im klaren sein, wie das Rigg zusammengesetzt werden soll.

Nylonschnur

Farblose, transparente Nylonschnur eignet sich vorzüglich zum Bau einer Takelage, weil sie nur dann ins Auge fällt, wenn sie entsprechend ins Licht kommt. Sie hat auch die Feinheit, die bei einem maßstabgetreuen Schiff erforderlich ist. Der Nachteil von Nylonschnur ist, daß sie bis zum Trocknen des Klebers unter Zugspannung gehalten werden muß. An Schiffen kann man sich wie folgt behelfen: Man schneidet dort, wo zwei Punkte miteinander verbunden werden sollen, je eine Kerbe ein. In diese beiden Kerben wird die Nylonschnur stramm eingezwängt. Später können diese Kerben dann durch einen Tropfen Farbe verdeckt werden. Die Nylonschnüre werden mit Cyanoacrylkleber verklebt.

Erhitzte und auseinandergezogene Gußzapfen

Eine praktische Alternative zu Nylonschnüren bilden die Gußzapfen aus dem Bausatz, die erhitzt und auseinandergezogen werden. Wenn das über kleiner Flamme geschieht, hat der graue oder durchsichtige Kunststoff fast dieselben Eigenschaften wie Nylon. Es ist möglich, daß man zuerst einige Versuche anstellen muß, bis es gelingt, die Gußzapfen in derart dünne Fäden zu ziehen, weil auch nicht jeder Kunststoff gleich reagiert (siehe auch Seite 41). Einen Vorteil hat dieses Material gegenüber Nylonschnur: es muß nicht während des Klebevorgangs stramm festgebunden werden. Das macht diese Kunststoffäden übrigens auch sehr geeignet für die Verstagung zwischen den Flügeln von Doppeldeckerflügeln. Würde man an diesen empfindlichen Tragflächen Nylonschnur straff ziehen, gäbe es Risse und Löcher. Auch an dünnen Masten oder Mastbäumen wird eventuell unerwünschter Zug verhindert.

Hat man sich für dieses Material entschieden, muß man zuerst die Entfernung zwischen den einzelnen Punkten mit einem Zirkel abmessen und dann die entsprechende Länge von der langgezogenen Kunststoffschnur abschneiden, die in Wirklichkeit ja ein hauchdünnes Stäbchen ist. Beim Montieren faßt man jedes Ende des Stäbchens mit einer flachen Pinzette an (eine Pinzette mit spitzen Enden würde den Kunststoff beschädigen). Mit ein wenig Kleber werden beide Enden angeklebt. Flüssigkleber trocknet zwar sehr schnell, könnte aber auch den Kunststoff zu sehr anlösen. Deshalb ist Weißleim sicherer, er trocknet zwar länger, wird aber nur sehr sparsam verwendet. Ist der Leim trocken, kann die Verstagung an den Stellen, an denen sie etwas durchhängt, gestrafft werden, indem man einen Pyrographen, der nicht so heiß wie ein Lötkolben sein darf, etwa eine Sekunde lang nahe an das eine Ende des Stäbchens hält.

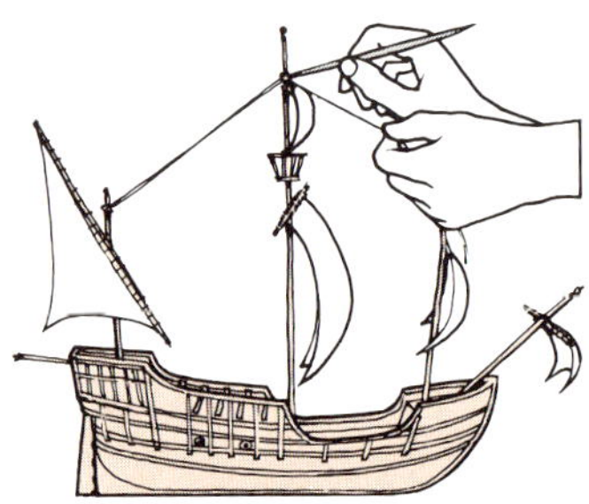

Aufriggen eines Schiffes mit Gußzapfen *Für größere Längen des Riggs werden Gußzapfen verwendet, die erhitzt und verlängert werden. Will man den Kunststoffaden über mehrere Punkte spannen, kann er zum Umknicken an den betreffenden Stellen durch Kunststoffkleber etwas aufgeweicht werden.*

Dünner Draht

Große Doppeldecker kann man mit sehr dünnem Draht verstagen. Man schneidet ein Stück Draht extra lang und richtet es gerade, wie auf der untenstehenden Abbildung gezeigt wird. Dann mißt man die exakte Länge am Modell und schneidet den Draht auf Maß. Mit Weißleim wird er festgeklebt. Da der Draht nicht wie Nylon elastisch ist, läßt er sich für diesen Zweck sehr leicht anbringen.

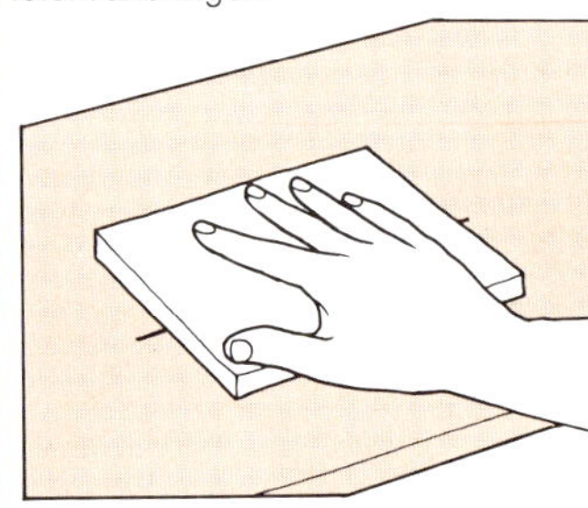

Draht richten *Den Draht mit einem Holzklotz auf einem glatten Brett rollen.*

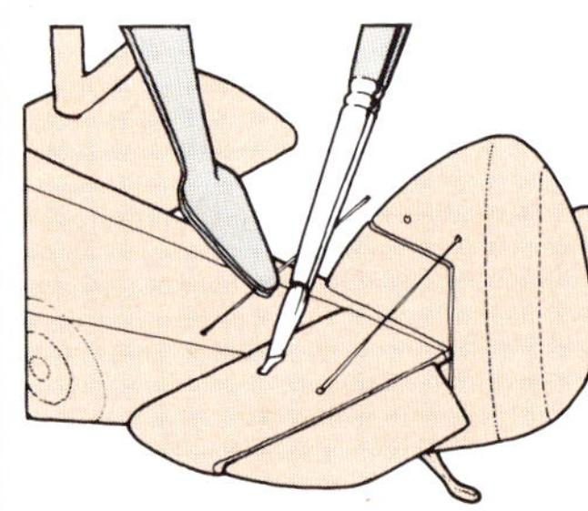

Befestigen des Drahtriggs *Das Rigg mit Pinzetten halten, dann mit Leim ankleben.*

Zwirn oder Faden

Große Segelboote werden herkömmlicherweise mit Zwirn oder Baumwollfaden aufgetakelt; in vielen Baukästen ist das Material aber schon enthalten. Um große Knoten zu verhindern, befestigt man den Faden mit Klebstoff auf dem Modell.

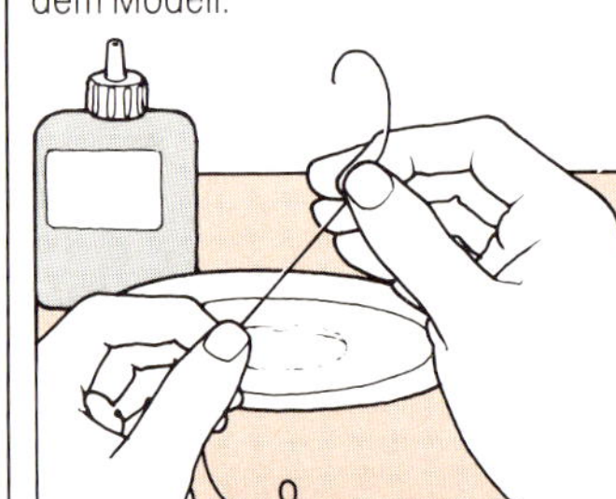

Zwirn glätten *Zwirn (wie jede andere, rauhe Schnur) mit verdünntem Leim, bevor er am Modell montiert wird, glätten.*

Funkantenne

Obwohl die meisten Bausätze den kleinen Funkmast an Flugzeugen schon enthalten, fehlt fast immer die Leitung, die vom Mast zum Heck gespannt ist. Man nimmt dazu Nylon oder hitzegezogenen Kunststoff. Auch dieser Draht wird ähnlich befestigt, wie auf der vorherigen Seite beschrieben ist.

Am Heck wird ein dünnes Loch gebohrt, an dem der Draht befestigt wird. Zuerst wird ein überstehendes Ende „Draht" durch dieses Loch gesteckt und verklebt. Wenn der Kleber trocken ist, wird das andere Ende am Antennenmast befestigt, der eine Tülle zur Befestigung haben sollte und selbst ziemlich stabil am Rumpf sitzen muß. Der „Draht" aus Kunststoff hält normalerweise fest, sobald der Kleber steif wird. Nylonschnur dagegen bindet man am besten so lange straff um die Propellerachse oder an einem ähnlich festen Gegenstand an, bis der Kleber ganz getrocknet ist. Ringförmige Antennen können aus einer Metallfolie oder auch aus dünnem Draht gebaut werden. Der Draht wird um einen Pinselstiel gedreht und dann verzwirnt. Das verzwirnte Ende wird in ein Loch gesteckt, das dazu in den Flugzeugrumpf gebohrt wird. Der Staudruckmesser der Bausätze ist meistens krumm oder zu dick. Er wird deshalb durch einen selbstgemachten aus dünnem Draht ersetzt oder, wenn das Rohr am Ende spitz zulaufen muß, durch eine Nadel oder Stecknadel, die in ein kleines Bohrloch geklebt wird. Um Beschädigungen zu vermeiden, sind diese Staudruckmesser häufig auch verkleidet.

Die Flachantenne an diesem modernen Düsenflugzeug wird abgeschabt und scharfkantig gemacht oder auch aus einem Kunststoffplättchen gebastelt.

Bewegliche Teile sowie die Waffenausrüstung werden, wenn das Flugzeug am Boden ist, gegen zufällige oder falsche Bedienung durch Riegel gesichert. Jeder Riegel ist farbig markiert als Zeichen dafür, daß er vor dem Start entfernt werden muß. Man stellt diese Riegel und das anhängende Farbetikett selbst aus dünnem Draht und gefärbtem Kreppapier her.

Darstellen beweglicher Teile

Gute Modelle haben oft bewegliche Teile oder Einzelteile, die aus- und eingebaut werden können. Dazu zählen beispielsweise Türen, die man öffnen oder bewegen kann, aber auch Cockpithauben oder Motorhauben. Dem Betrachter wird dabei jedesmal ein Blick ins Innere des Modells gestattet. Darüber hinaus wirkt ein Modell auch durch bewegliche Teile lebendiger. Eine offene Cockpithaubeoder eine Kontrollklappe erwecken den Eindruck, daß Pilot oder Mechaniker jeden Augenblick zurückkommen könnten, um das Cockpit oder die Klappe zu schließen. Ein Flugzeug, bei dem die Landeklappen herunterhängen, sieht aus, als würde man nur auf einen Knopf drücken müssen und die Klappen gingen auf- und abwärts. Sogar die Art, wie ein Fahrzeug geparkt ist, deutet etwas von menschlichem Einfluß an, beispielsweise durch die Stellung der Vorderräder oder die halb offenstehende Fahrertür. Bietet der Bausatz diese Möglichkeiten der Gestaltung nicht von sich aus, muß man die betreffenden Teile herausnehmen und selbst neu bauen.

Flugzeugsteuerflächen

Die Steuerflächen an Flugzeugen sind die Höhen-, Seiten- und Querruder und die Landeklappen. Obwohl sie meistens bei den Bausätzen in neutraler Stellung dargestellt sind, sehen diese Flächen an abgestellten Flugzeugen in der Wirklichkeit oft anders aus: Landeklappen und Höhenruder sind nach unten geklappt, das Seitenruder am Heck steht manchmal schräg. Sind diese Einzelteile mit dem Hauptteil des Modells aus einem Stück gegossen, kann man sie abschneiden und wieder neu einbauen. Die Stellung von Höhen- und Seitenruder wird genauso verändert wie die der Landeklappen und der Tragflächen (siehe Abbildungen rechts).

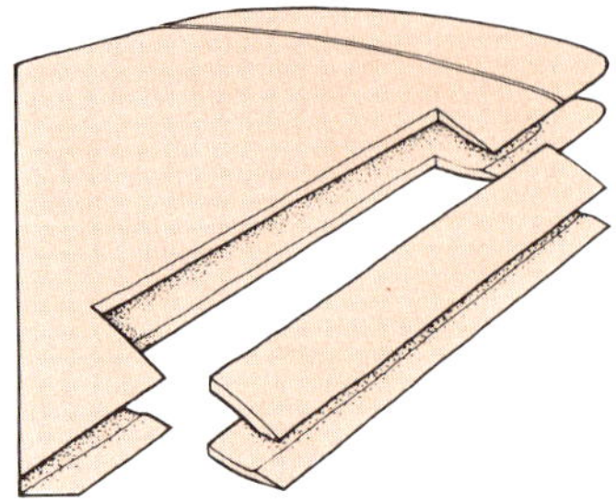

Umbau der Landeklappen *Die Klappen herausschneiden, bevor die beiden Flügelhälften aufeinandergeklebt werden. Die kurzen Schnitte mit der Laubsäge, die langen mit einem Messer ausführen. Mit dem Messer die Schnitte zuerst leicht vorziehen, erst dann das Material ganz durchschneiden. Wenn die Schnittkanten nicht schon vorgezeichnet sind, ein Lineal benutzen.*

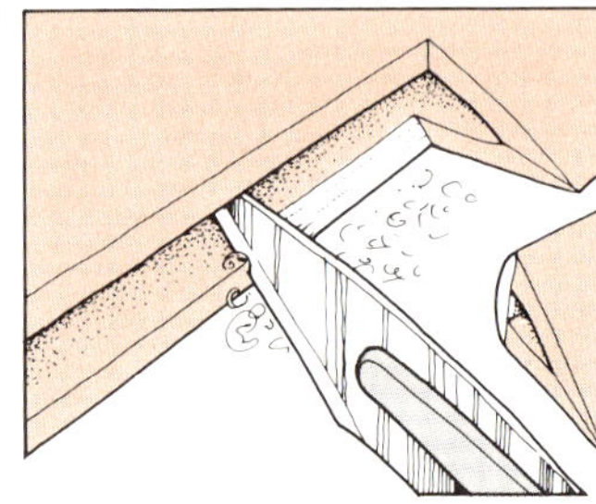

Die beiden Flügelhälften aufeinanderkleben und einen V-förmigen Einschnitt in die Achterkante schneiden. An größeren Flugzeugen die Kanten verfüllen, sofern sie nach dem Umbau zu sehen sein sollten. Auch auf die Innenseite der Landeklappen beim Zusammensetzen ein Stück Pappe oder Abfall kleben.

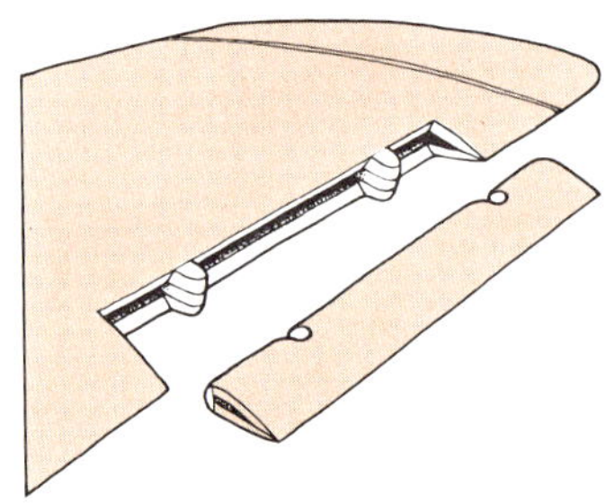

Vorstehende Gelenkstücke durch kleine Kunststoffblöcke markieren, die an der Tragfläche angeklebt werden. Mit einer Feile diese Gelenke abrunden, oben schleifen, damit sie mit der Flügeloberfläche eine glatte Fläche bilden. In die Landeklappe entsprechende Nuten kerben, die mit einer Rundfeile nachbehandelt werden.

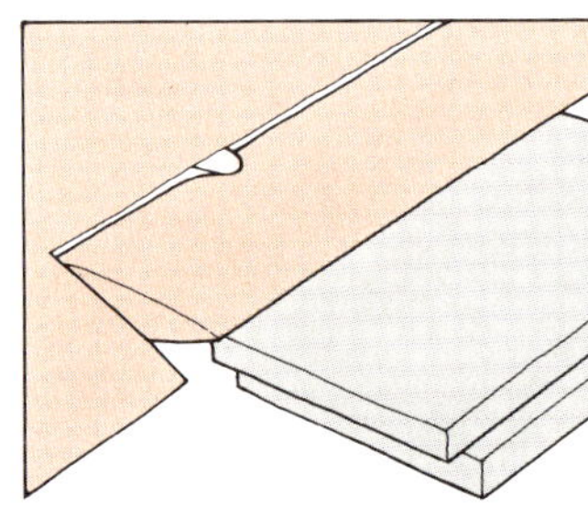

Die Landeklappen in die Tragfläche einbauen und die Verbindungsstelle mit Polystyrolkleber verkleben. Wichtig ist, daß die Landeklappen an beiden Tragflächen im selben Winkel angestellt sind. Es kann nicht schaden, die Klappen so lange zu unterlegen, bis der Kleber trocken ist.

Hochgeklappte Tragflächen *(rechts) Die Tragflächen an der Verbindungsstelle durchsägen. Aus Kunststoffabfällen und Gußzapfen die Klappgelenke und Scharniere kleben. Lang und dünn gezogene Gußzapfen dienen als Stützen für die Tragflächen.*

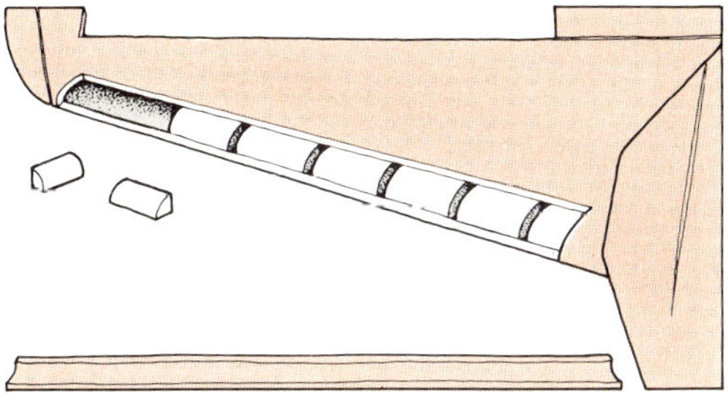

Ausgefahrene Vorflügel *Die Vorderkanten an den Tragflächen absägen. Eine dickere Vierkantleiste aus Kunststoff abrunden und in Stücke zersägen. Diese Stücke in die Tragfläche einsetzen und verleimen, wobei kleine Zwischenräume bleiben.*

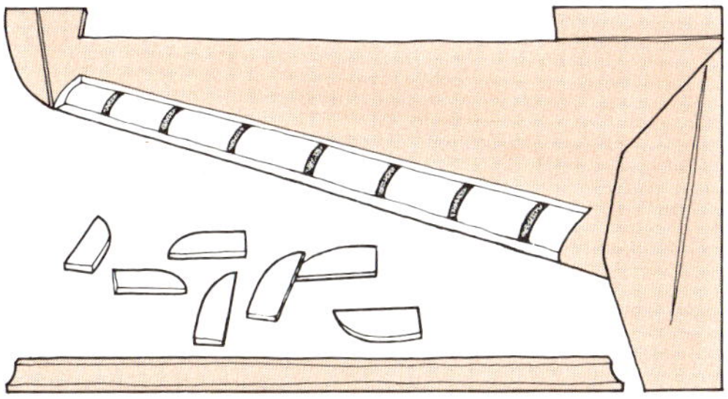

Die abgesägte Vorderkante der Tragfläche an den Sägekanten schleifen, dann kleine, runde Stützen ankleben, die in die oben erwähnten Zwischenräume hineinpassen müssen.

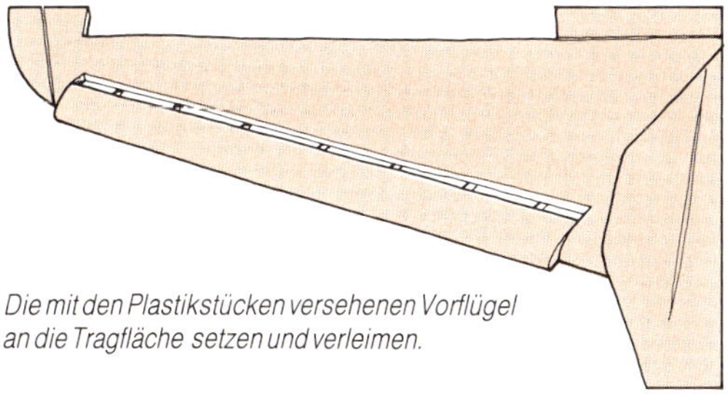

Die mit den Plastikstücken versehenen Vorflügel an die Tragfläche setzen und verleimen.

Luken, Türen und Bullaugen

Es gibt die verschiedensten Kontroll- oder Einstiegluken, die man so bauen kann, daß sie geöffnet sind. Man schneidet die vorgeformten Teile heraus und baut sie so wieder ein, daß sie offenstehen, wie die Abbildungen rechts außen zeigen. Ebenso können Flugzeugkanzeln in geöffneter Stellung angeklebt werden.

Sind an einem Modellflugzeug schon Motorhaube, Kofferraumklappe oder Türen beweglich eingebaut, dann werden sie sorgfältig mit Feile und Schleifpapier bearbeitet, damit sie perfekt sitzen. Ringsum muß so viel Freiraum bleiben, daß noch genug Raum zum Auftragen der Farbschicht bleibt.

Ist eine Tür an einem Modell nicht zum Öffnen geeignet, kauft man zwei identische Bausätze und kombiniert sie. Am einen Modell sägt man, wie es hier am Beispiel einer Luke in den Abbildungen gezeigt wird, die Tür heraus. Auch am anderen Modell wird die Tür herausgeschnitten und dann zurechtgefeilt, daß sie in die Öffnung paßt. Tür und Türrahmen werden nötigenfalls verstärkt. Wenn das Fahrzeug fertig zusammengebaut und angestrichen ist, wird die Tür in der offenen Stellung eingesetzt.

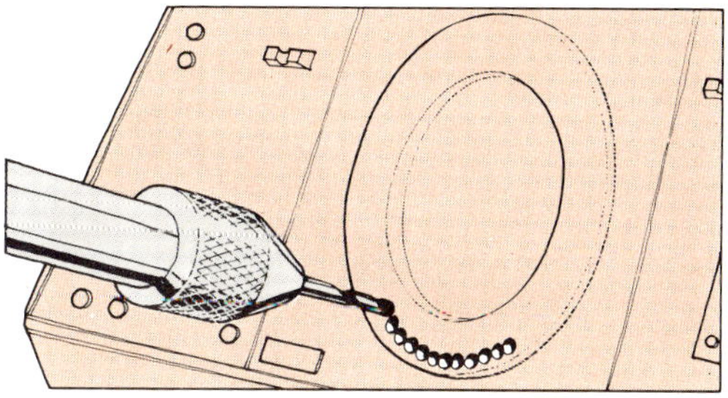

Bau einer offenstehenden Luke *Rund um die Luke am Modell kleine Löcher bohren; die Luke herausholen.*

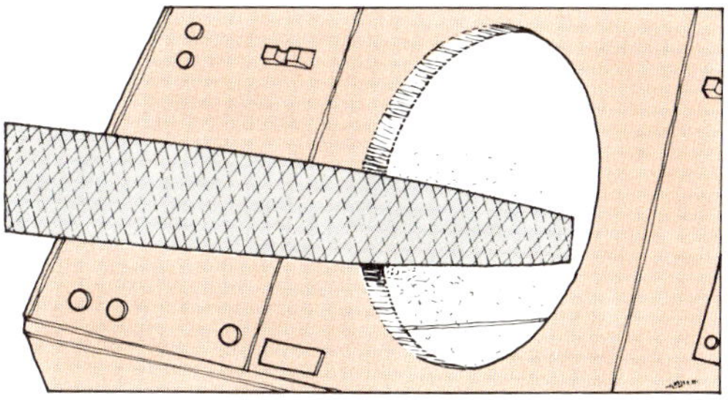

Die Kante des Schnittloches glattfeilen und von innen her abschaben, damit sie maßstabgerecht dünner wird.

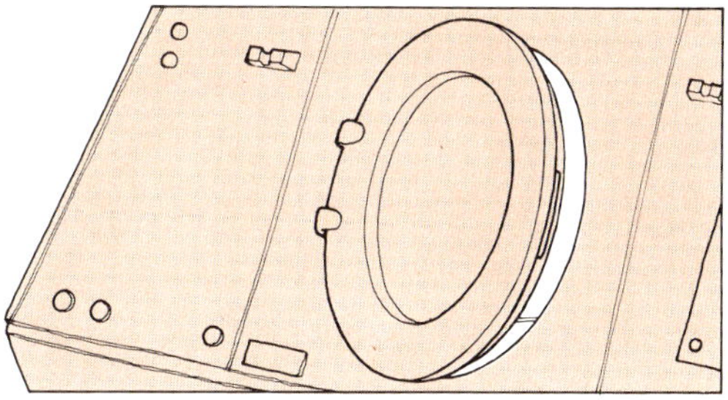

Aus Kunststoff eine neue Luke herstellen und mit Scharnieren beziehungsweise Verstärkungen bekleben. Die Luke in geöffneter Position einsetzen und verleimen.

Geöffnete Flugzeugkanzel
Die Kanzel zum Schutz mit klarem Klebeband abdecken. Mit der Laubsäge die Kanzel am Rahmen entlang abschneiden. Die Sägekante glattschleifen.

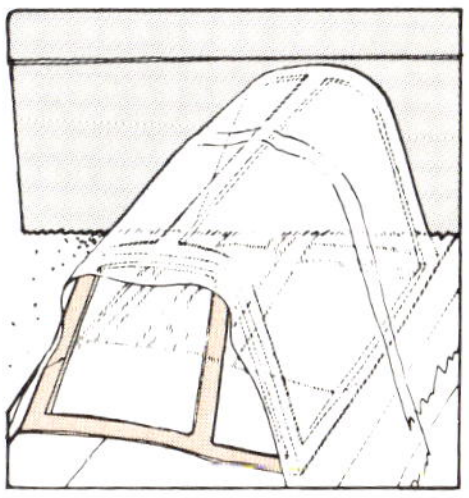

Die Kanzel neu verleimen, diesmal offenstehend. Den beim Sägen hergestellten Zwischenraum wieder durch die aufgetragene Farbschicht ausgleichen.

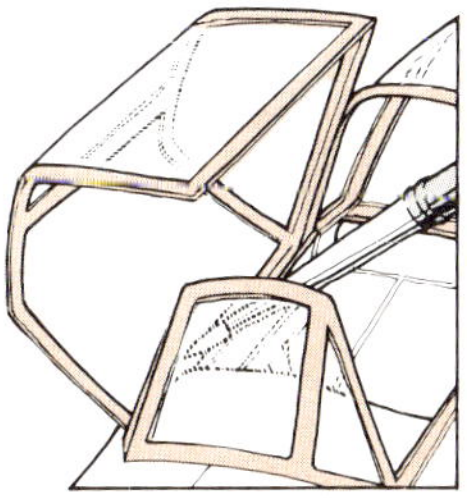

Umbauten

Viele Modellbauer kombinieren die Einzelteile aus zwei oder mehr Bausätzen, um ein ganz neues Fahrzeug zusammenzubauen, das es in dieser Form als Bausatz nicht gibt. Die einzelnen Bauelemente können dabei Originalteile aus einem Bausatz sein, es können aber auch dazu Abfallstükke, ja sogar Teile der Verpackung oder Einzelteile von altem Plastikspielzeug verwendet werden. Auch die einzelnen Teile selbst werden sehr stark bearbeitet. Obwohl dabei in der Tat einzigartige Fahrzeuge entstehen, sollen im folgenden doch ein paar Grundtechniken aufgezeigt werden.

Durch die Auffahrrampen wurde dieser Bausatzlastwagen in einen Fahrzeugtransporter umgebaut. Vom Bausatz übernommen wurden Führerhaus und Fahrgestell.

Umbau eines Schiffsrumpfes

Die meisten Modellschiffe sind mit einem vollständig zu sehenden Rumpf versehen. Will man nun aber beispielsweise mal ein Schiff zeigen, das vollbeladen ist und bis zur Wasserlinie tief im Wasser liegt, wird die untere Hälfte des Rumpfes einfach bis zur Wasserlinie abgesägt (sie ist in den meisten Fällen als vorstehende Kante markiert). Jeder Rumpf kann vor dem Zusammenbauen zersägt werden, besser aber ist, man klebt die Rumpfteile erst planmäßig zusammen, bevor man die Säge ansetzt.

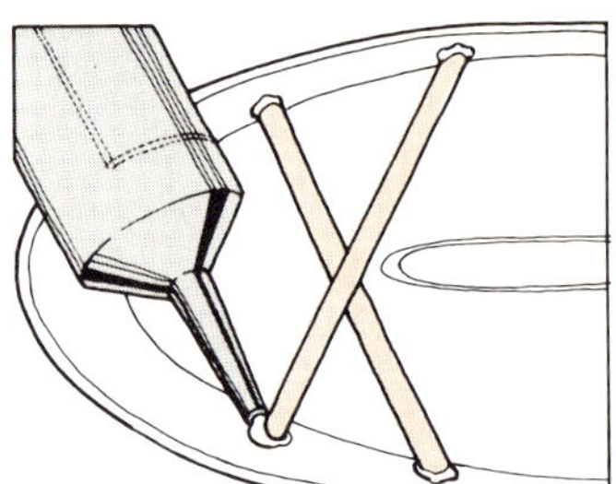

Absägen eines Schiffsrumpfes an der Wasserlinie *Querstreben aus Kunststoff (Gußzapfen) im Rumpfinnern oberhalb der Wasserlinie ankleben; dazu etwas Tubenkleber nehmen.*

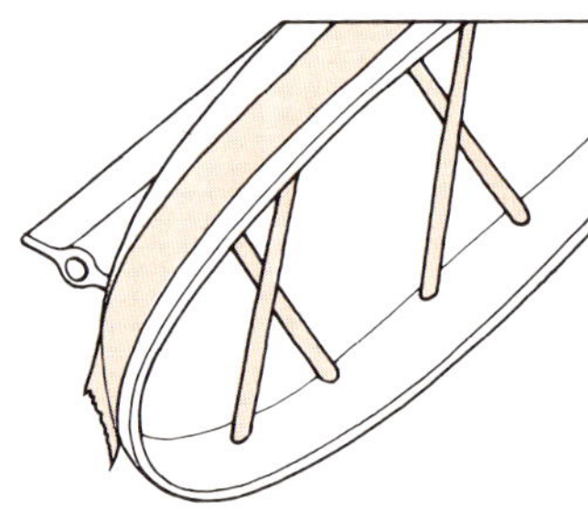

Klebeband an der Oberseite der Wasserlinie entlangkleben; das Klebeband soll den Rumpf schützen, dient aber auch als Richtmaß für die Säge.

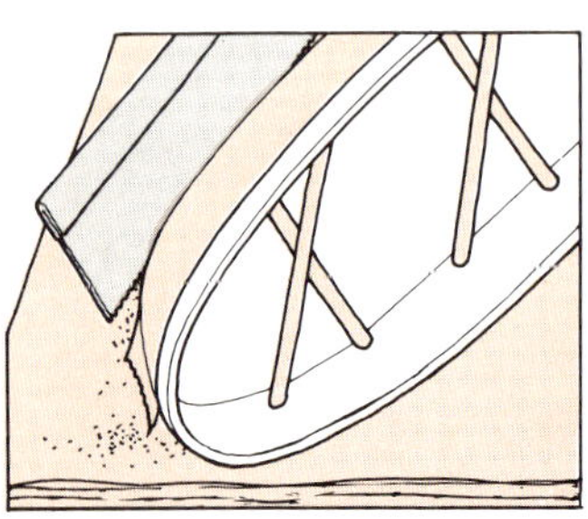

Während der Rumpf fest auf eine dicke Stoffunterlage oder ein Stück Holz gedrückt wird, und zwar so, daß die Wasserlinie nach oben zeigt, die Feinsäge zum Schnitt ansetzen. Beide Rumpfseiten nicht auf einmal durchsägen, sondern das Werkstück umdrehen.

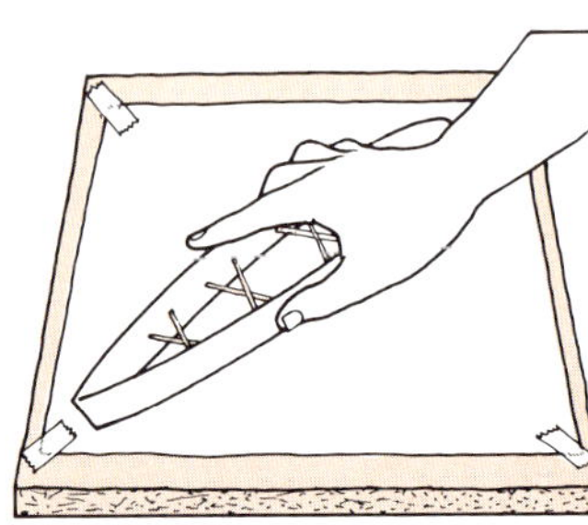

Wenn die untere Hälfte des Rumpfes mit dem Boden entfernt ist, wird die Sägekante mit einer feinen Feile geglättet. Damit die Sägekante überall gerade wird, ein Blatt Schleifpapier auf ein glattes Brett kleben und den Rumpf schleifend darauf reiben.

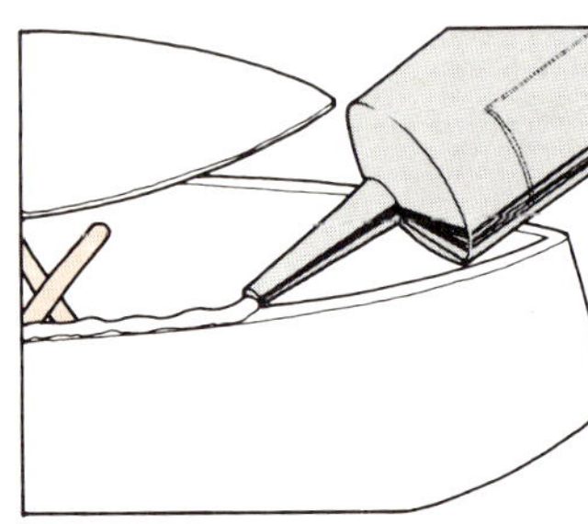

Die Querstreben geben dem Rumpf zwar genug Halt, aber man kann zusätzlich einen Boden aus Kunststoff darunterkleben.

Verlängern oder Verkürzen

Häufig gibt es mehrere Versionen eines Grundmodells der großen Flugzeugtypen, je nachdem, wieviel Passagiere die Maschine befördert. Ebenso gibt es manchmal von einem Waggontyp längere oder verkürzte Modelle. Die komplette Serie solcher Bautypen wird es zwar nie in Modellbausätzen geben, aber es ist möglich, ein Standardmodell umzubauen, indem man zum Beispiel den Passagierraum des Flugzeugs verkürzt oder ihn dadurch verlängert, daß man ein Stück aus einem baugleichen zweiten Modell ansetzt. Es kommt allerdings darauf an, daß vor dem Umbau die beiden Teile genau darauf überprüft werden, ob sie baugleich zueinander passen.

Wenn man einen Flugzeugrumpf oder einen Eisenbahnwaggon umbauen will, muß man wissen, wie die Hohlform eines Zylinders gesägt und bearbeitet wird. Um die Schnittlinie zu markieren, wickelt man ein Stück Papier mit gerader Kante um den Rumpf oder den Waggon und achtet darauf, daß das Papier „gerade" liegt, das heißt, die beiden Kanten eine gerade, durchgehende Linie bilden. Die Papierkante gibt die Sägemarkierung an, die entsprechend am Rumpf mit einem spitzen Bleistift angezeichnet wird. Um den Rumpf durchzusägen, benutzt man eine scharfe Feinsäge, macht lange, vorsichtige Schnittzüge und dreht dabei den Rumpf von sich weg.

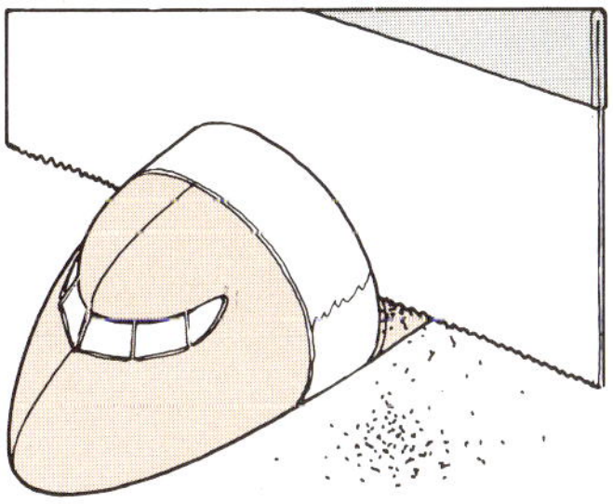

Verlängern eines Flugzeugrumpfes *Die Schnittlinie zeichnen, zum Schutz des Rumpfes Klebeband zu beiden Seiten dieser Linie aufkleben, das gleichzeitig als Richtmaß für die Säge dient. Eine Feinsäge nehmen und mit langen, gleichmäßigen Schüben schneiden.*

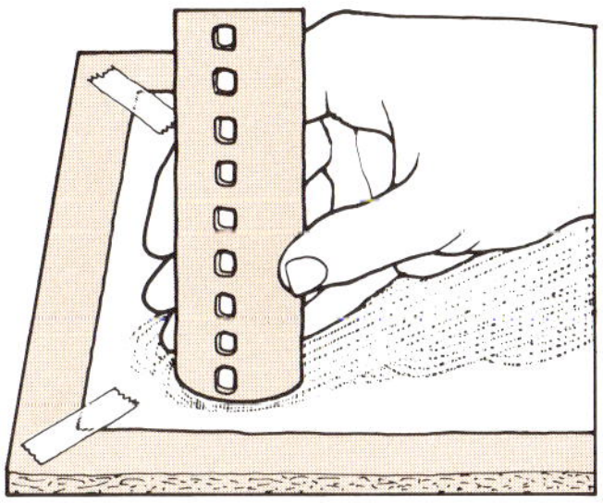

Die Sägekanten sorgfältig glätten, nachdem ein Naßpapier auf ein glattes Holzbrett geklebt wurde. Das Schleifpapier gut anfeuchten und den Rumpf darüberreiben; damit gleichmäßig geschliffen wird, muß der Rumpf absolut senkrecht gehalten werden.

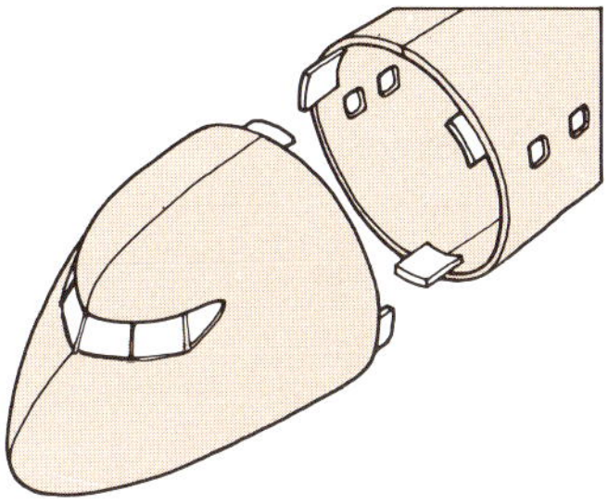

Kleine Verbindungslaschen aus Kunststoff auf die Innenseiten der Rumpfstücke kleben; dadurch sollen die Teile beim Zusammenbau besseren Halt bekommen.

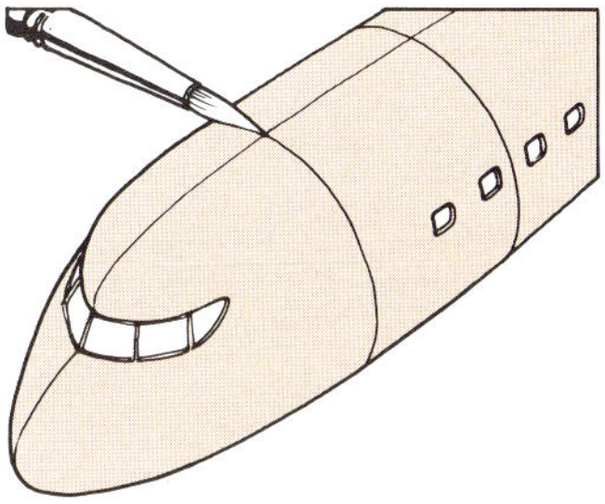

Aus einem zweiten Rumpf das Verlängerungsstück heraussetzen und dazwischenkleben. Beim Verkleben darauf achten, daß die Längslinien zueinander passen; auch die Reihe der Fenster muß eine gerade Linie bilden.

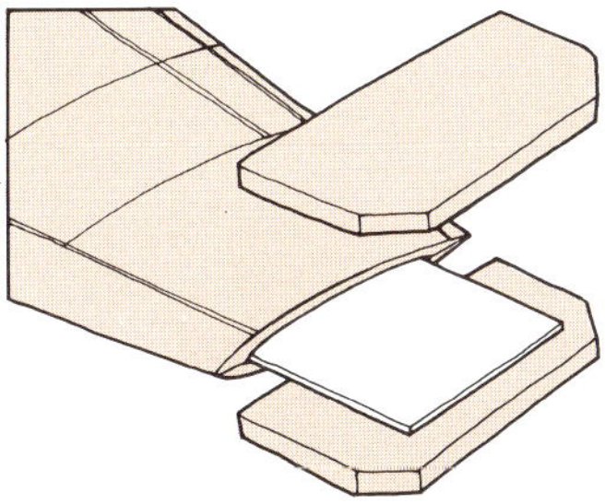

Verlängern einer Tragfläche oder Steuerflosse *Die Endspitze wird gerade abgesägt mit einem Schnitt quer zur Länge. In den Spalt ein dünnes Stück Kunststoff stecken, die Zunge. Auf die Zunge beiderseits Plastikstücke aufkleben und in dieselbe Form bringen wie den Hauptteil.*

Bugnase und Schwanzflossen dieser Harrier (rechts) wurden auf ähnliche Weise verlängert wie es oben für einen Rumpf geschildert wird. Einer der bombenförmigen Treibstofftanks wurde in der Mitte durchgeschnitten und vorn und hinten angeklebt.

Maßgefertigte Autos

Maßanfertigung ist ein anderer Ausdruck für den Vorgang, bei dem ein Auto durch Sägen und Umbau an der Karosserie und/oder am Chassis aus einem Serienmodell in ein Unikat verwandelt wird. Viele Arbeitsvorgänge richten sich dabei nach der Eigenart des Modells. Daneben gibt es eine Reihe von Grundtechniken, die beim Umbau von Automobilen angewendet werden und auf den Modellbau ohne weiteres übertragen werden können.

Tieferlegen der Karosserie

Alte Modellautos werden häufig umgebaut, indem man Teile der Karosserie abschneidet oder das Chassis verändert, damit der Wagen ein flacheres, eleganteres Profil bekommt. Dabei wählt man die Methode aus, die zur Konstruktionsweise des Modells paßt.

Abstufung des Chassis: Der Rahmen wird so aufgesägt, daß das Mittelstück abgesenkt werden und dabei die Karosserie ebenfalls mit abgesenkt werden kann. Dabei muß womöglich auch die Verstrebung und die Anordnung der Räder geändert werden, aber die Karosserie selbst bleibt unverändert. Eine Abstufung des Chassis ist natürlich nur an einem Auto möglich, das ein separates Chassis besitzt.

Verkürzung der Tür- bzw. Windschutzscheibenpfosten, was bedeutet, daß gleichzeitig die Größe der Wagenfenster kleiner wird. Die Fensterscheiben müssen auf die neue Form verkleinert oder durch neue Scheiben ersetzt werden, die man aus durchsichtigem Kunststoff macht (siehe Seiten 104 und 105).

Entfernung eines Karosserieteils. Dieser Umbau ist am schwierigsten, da auch Teile des Motorraums, des Kofferraums, des Frontgrills und des Wageninneren entfernt werden müssen. Man sollte versuchen, die Sägeschnitte immer dort anzusetzen, wo man senkrechte Flächen hat, am besten noch an den Stellen, an denen Chromleisten verlaufen. Die Schnitte werden ähnlich ausgeführt wie beim Zersägen des Schiffsrumpfes entlang der Wasserlinie (Seite 110), wobei man als Richtmaß und Schutz für den Kunststoff ein Klebeband benutzt. Um die Linienführung zu gewährleisten und als Konstruktionsverstärkung klebt man von innen kleine Kunststoffstücke an.

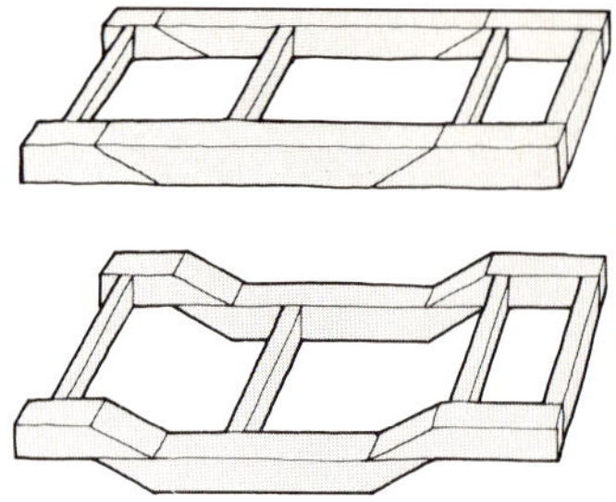

Tieferlegen *Das Mittelstück des Rahmens umdrehen, dazu zwei 45-Grad-Schnitte ausführen, einen direkten hinter der vorderen, den zweiten vor der hinteren Verstrebung.*

Niedrigeres Dach *Ein Rundum-Schnitt löst das Dach:*

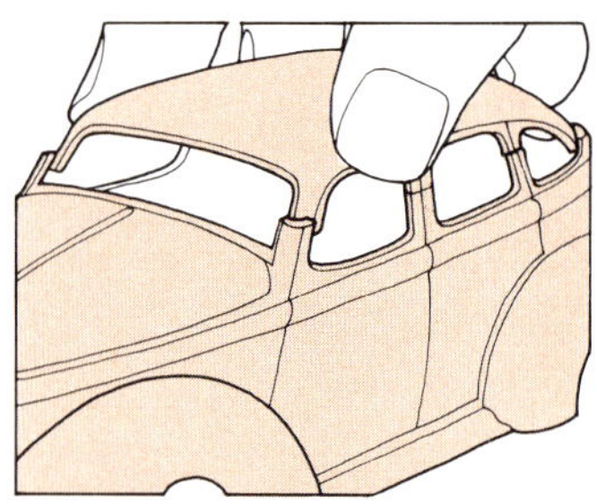

Um festzustellen, wie weit die anderen Tür- und die Eckpfosten abgesägt werden müssen, das Dach vorübergehend in die endgültige Position halten.

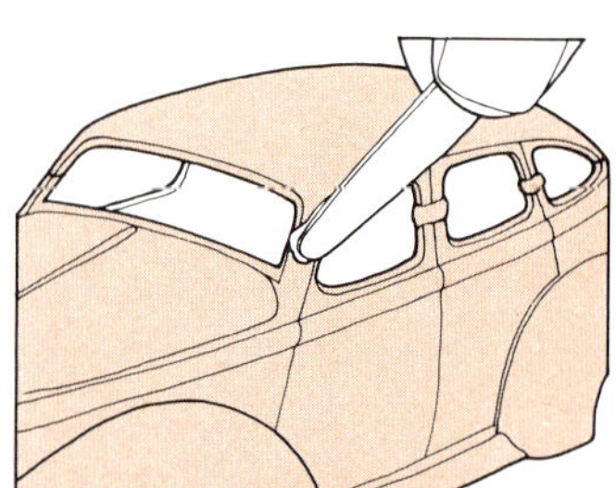

Die Eckstützen abschneiden, das Dach festleimen. Wahrscheinlich kommt man nicht umhin, die Dachstützen an den Ecken etwas zu erwärmen und leicht zu verbiegen bzw. etwas Füllpaste aufzutragen, damit die richtige Paßform erreicht wird.

Versenken der Scheinwerfer

Wenn der Scheinwerfer mit Reflektor und Glas tiefer in den Kotflügel versenkt werden soll, muß der Zierring aus Chrom entfernt werden. Wenn dieser Chromring zusammen mit der Karosserie gegossen ist, sägt man ihn einfach ab. Die dabei entstehende große Öffnung wird geschlossen, indem man ein dickes Stück Kunststoff einsetzt, in das man zur Aufnahme der Lampe ein Loch bohrt. Mit Feile und Naßpapier wird das neue Einbauteil im Kotflügel auf Maß geschliffen.

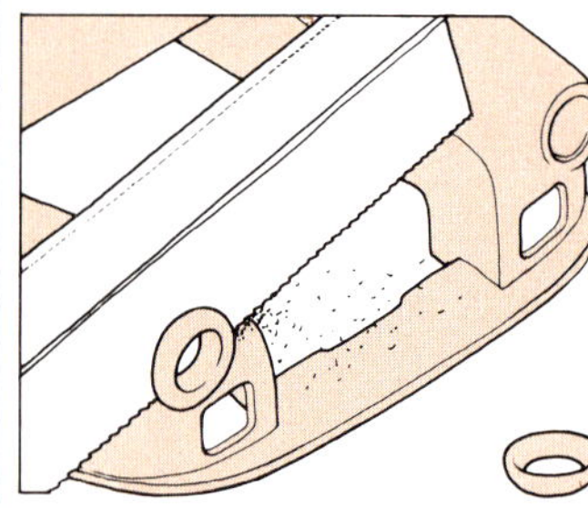

Absägen der Chromblende *Eine Feinsäge benutzen, das Blatt senkrecht halten und gerade am Autoblech vorbeischneiden.*

Verbreiterung der Kotflügel

Will man sein Modell mit Breitreifen bestücken, die nicht auf die Standardfelgen passen, müssen auch die Kotflügel verbreitert werden. Es ist möglich, die neuen Kotflügel aus einem anderen Bausatz zu entnehmen, aber das käme dann zu teuer. Billiger ist es, die neuen Kotflügel selbst zu modellieren. Dazu baut man sich eine Gießform. Dann schnitzt man sich einen Zapfen aus Holz so zurecht, damit er in den Radkasten paßt, so daß zwei Schmutzbleche aus einer Form geschnitzt werden können.

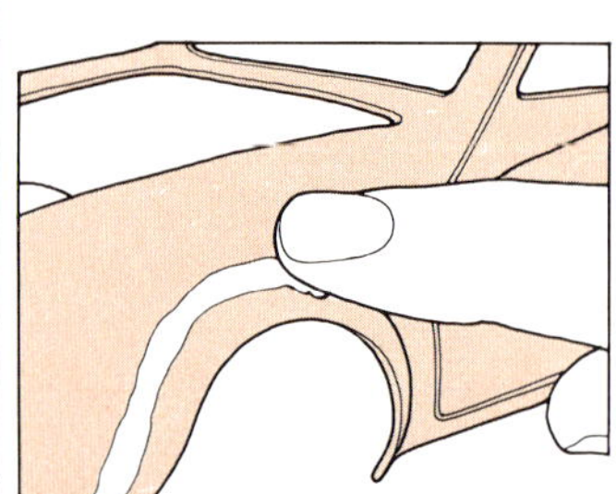

Kotflügel verbreitern *Die Verbreiterung aufkleben, dann mit Epoxidspachtel das genaue Profil formen und mit dem angefeuchteten Finger glätten.*

Figuren

Zusammensetzen der Figuren

In Bausätzen gibt es Figuren aus Kunststoff und Metall, die relativ leicht zusammenzusetzen sind aufgrund einiger weniger Grundtechniken. Man kann diese Standardfiguren auch leicht verbessern, indem man Details hinzufügt oder ihre Posen und Kostüme verändert.

Figuren aus Kunststoff sind sehr vielseitig verwendbar, ihre Körperhaltung und ihre Kostüme leicht zu verändern. Modellbauanfänger sollten die ersten Erfahrungen an Kunststoffiguren sammeln. Sie sind relativ billig, und man braucht keine Angst davor zu haben, ein fertiges Modell zu ruinieren. Zur Übung sollte man zwei, drei Figuren vollständig zusammensetzen und mit sämtlichen Einzelheiten versehen. Jedes Modell wird mit derselben Farbe gestrichen; das zeigt einem, wo Fehler beim Zusammenbauen und in der Bemalung gemacht wurden, und man kann die Qualität des Modells studieren, was Körperhaltung und Einzelheiten angeht. Man kann diese Übungsfiguren später noch verwenden, wenn man verschiedene Arten der Bemalung ausprobieren will.

Metallfiguren bestehen normalerweise aus wenigen Einzelteilen. Deshalb können sie auch schneller zusammengesetzt werden. Da sie vorzüglich modelliert sind und eine Vielzahl von Details aufweisen, bieten sie für einen geschickten Maler ein reiches Betätigungsfeld. Normalerweise sind sie teurer als Kunststoffiguren und schwieriger zu formen und zu beschneiden (Anleitungen zum Umbauen von Figuren auf Seite 122).

Zusammenbau einer Metallfigur

Material *Bevor man eine Figur aus Metall zusammensetzt, überzeugt man sich, daß auch alle Einzelteile vorhanden sind. Jedes Teil wird gereinigt. Zum Kleben ist Cyanoacrylgeeignet, weniger gebräuchlich ist Epoxidkleber oder Verlöten. Es werden nur kleine Mengen Kleber benutzt.*

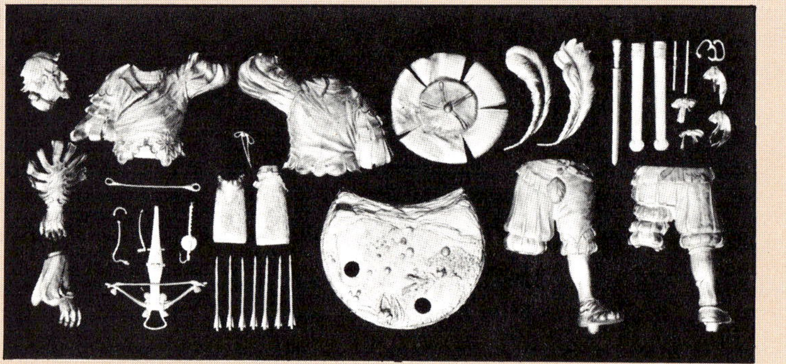

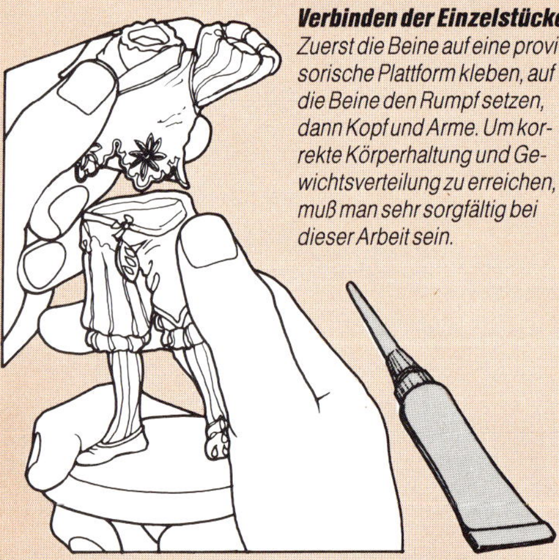

Verbinden der Einzelstücke
Zuerst die Beine auf eine provisorische Plattform kleben, auf die Beine den Rumpf setzen, dann Kopf und Arme. Um korrekte Körperhaltung und Gewichtsverteilung zu erreichen, muß man sehr sorgfältig bei dieser Arbeit sein.

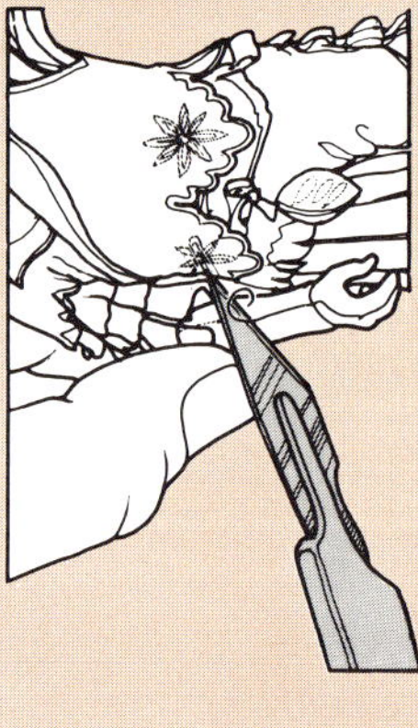

Reinigung des Modells
Eventuell vorhandene Grate werden entfernt, unerwünschte Falten abgefeilt, Klümpchen mit einer Flachfeile abgehobelt, mit Stahlwolle oder Schmirgelleinen wird poliert. Verbindungsnähte und Fehlerstellen werden mit Füller zugeschmiert, wenn dieser getrocknet ist, werden die Stellen mit feinem Naßpapier geglättet.

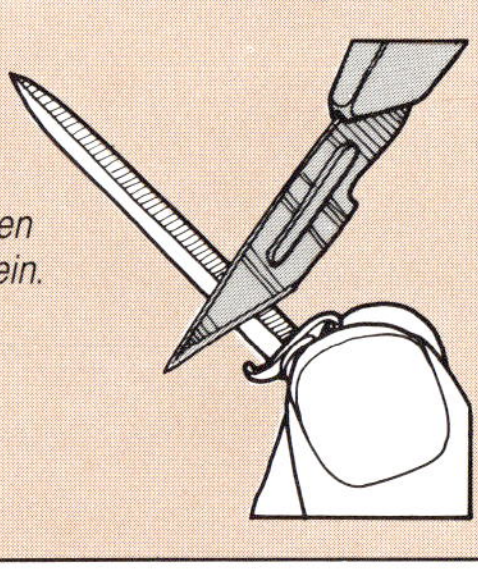

Schärfen der Waffen
Schwert- oder Messerschneiden können stumpf oder schartig sein. Deshalb werden sie geschärft; die Klinge mit einem Messer scharfkantig schaben und dann mit einem Naßpapier nachschleifen.

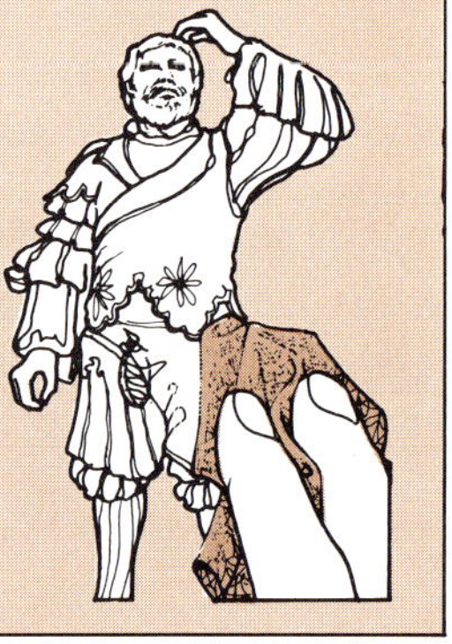

Waschen der Figur *Will man die Figur zusätzlich bemalen, muß man sie vorher mit einer Reinigungslösung waschen und mit einem Mulltuch vorsichtig abtrocknen, wobei man heftiges Reiben vermeidet.*

Zusammensetzen einer Kunststoffigur

Material *Vor dem Zusammensetzen prüft man, ob alle Einzelteile vorhanden sind. Jedes Teil wird gut gesäubert. Der gebräuchlichste Kleber ist Kunststoffkleber.*

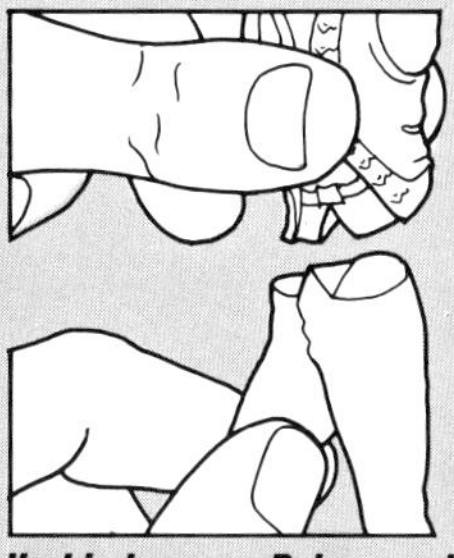

Verbindung von Beinen und Körper *Die Beine werden an den Rumpf angeklebt, wobei darauf zu achten ist, daß dieser Torso im Gleichgewicht steht.*

Aufsetzen des Kopfes *An vielen Figuren kann der Kopf in verschiedenen Stellungen aufgesetzt werden. Man wählt die Position, die zur Figur paßt.*

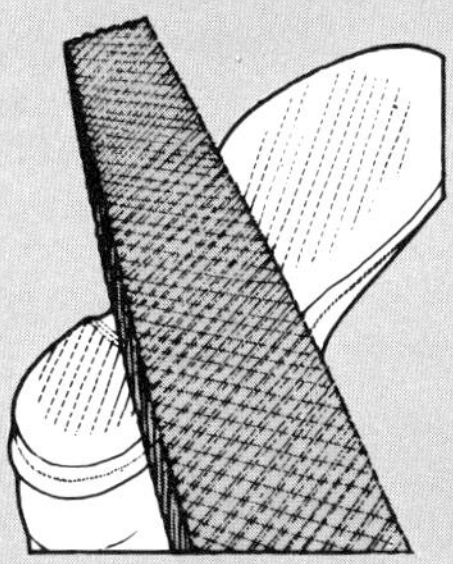

Feilen der Füße *Wenn nötig, muß die Fußsohle abgefeilt werden, damit sie zum Fußboden in einem wirklichkeitsgetreuen Winkel steht.*

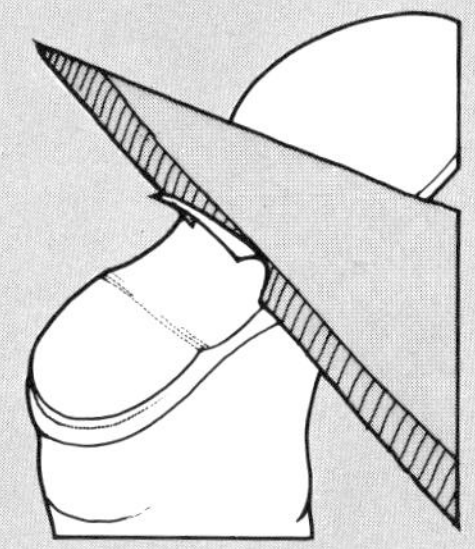

Ausschälen der Sohle *Zwischen Ferse und Fußsohle ist die Schuhsohle ebenso gebogen wie unter den Zehen. Die Krümmungen ausschälen.*

Befestigen des Modells auf einer Grundplatte *Vorübergehend wird die Figur auf eine dicke Kunststoffplatte geklebt. Damit man für die nächsten Arbeitsgänge die Hände frei hat, wird die Grundplatte mit einer Zwinge an der Arbeitsplatte festgeklemmt. Steht die Figur nur auf einem Bein, wird der freie Fuß von unten angebohrt und mit einem dünnen Kunststoffstäbchen an der Platte angeleimt; so erreicht man einen stabilen Stand.*

Gürtel und Waffen *Zuerst Gürtel (Riemen) anbringen, danach die Waffen. An den Schulterverbindungen muß eventuell nachgefeilt werden, damit die Figur die Waffen auch richtig halten kann.*

Ausarbeiten der Hände *Die Finger mit einem Messer und mit Naßpapier bearbeiten, damit sie exakt aussehen.*

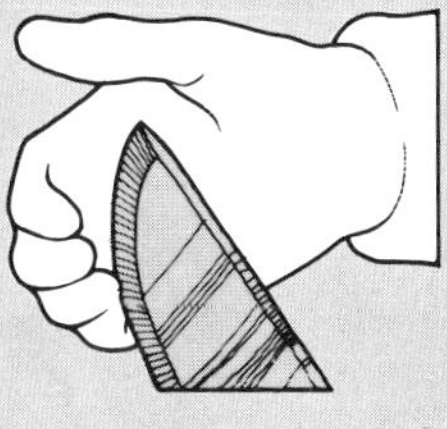

Soll die Figur eine Waffe halten, werden die Hände in warmem Wasser leicht angeweicht und dann zurechtgebogen. Dann kann die Waffe angeklebt, schließlich die Farbe aufgetragen werden.

Details an Plastikfiguren

Kunststoffiguren können auch sehr schön durch Hinzufügen kleiner Einzelheiten verschönt werden. Das kann eine winzige Abänderung sein, das kann aber auch ein Hinzufügen neuer Einzelheiten bedeuten.

Frisur

Die aus Kunststoff gegossene Frisur kann man durch Pyrogravur verbessern, indem Lage und Wellen des Haares betont werden. Auch am Nacken kann der Haaransatz deutlich markiert werden.

Kopfbedeckung

Der Sitz der Kopfbedeckung ist wichtig. Ein Hut, der im falschen Winkel auf dem Kopf sitzt, läßt die Figur lächerlich aussehen. Hat man den Hut richtig aufgesetzt, muß unter Umständen der Sitz der Frisur korrigiert werden.

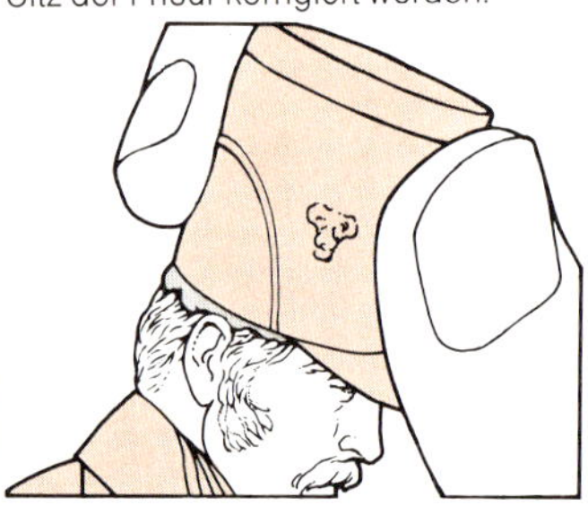

Aufsetzen der Mütze *Auf das Haar etwas Flüssigkunststoff streichen, dann die Mütze aufdrücken. Dabei wird sich der Kunststoff auseinanderdrücken und so aussehen, wie wenn in Wirklichkeit der Mützenrand das Haar etwas eindrückt.*

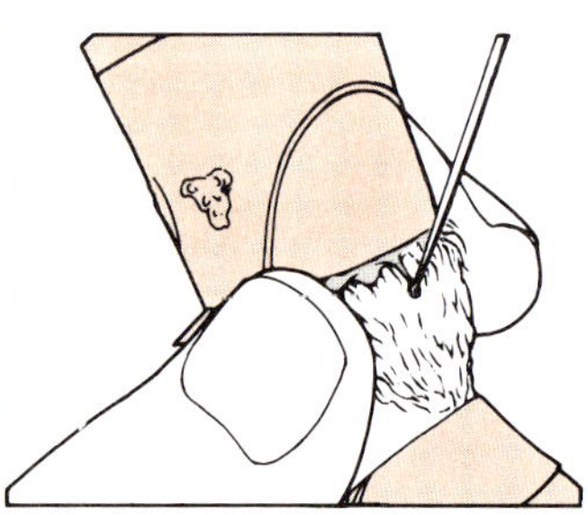

Aufbessern der Frisur *Kunststoff trocknen lassen und dann den Pyrographen zu Hilfe nehmen, oder – wenn der Kunststoff eine Haut bildet – mit einer Kaltnadel hineinpicken und die Haarsträhnen nachziehen. Man kann auch eine ganz neue Frisur aus Spachtelmasse oder Füllmasse formen, die mit der Nadel ihre Haarstruktur erhält.*

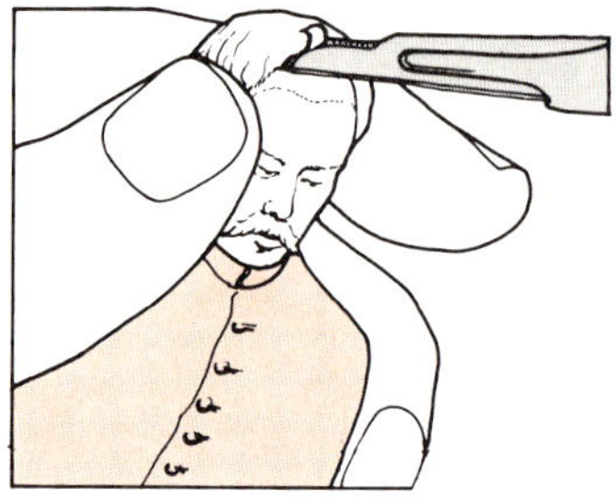

Verändern des Haaransatzes *Ein Teil des Haares wegschneiden, dann die neue Haarstelle mit einem Pyrographen bearbeiten.*

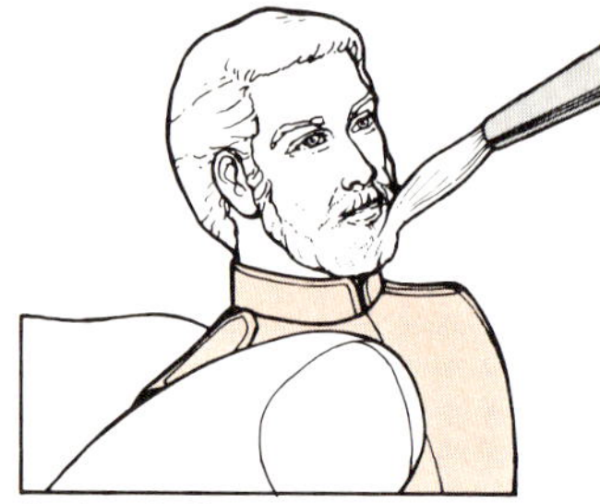

Bart modellieren *Flüssigkunststoff mit dem Pinsel zu einem Bart modellieren. Wenn er trocken ist, mit einem Pyrographen die Feinarbeit besorgen.*

Anders als die meisten Kopfbedeckungen sollten Helme ziemlich locker angepaßt sein. Der Kunststoff darf keinesfalls unter dem Helm hervorquellen.

Ein einfaches Detail wie dieser Hut erhöht den Reiz der abgebildeten Figur.

Pelzmützen und Federbüsche

Die pelzige Struktur einer Pelzmütze wird mit einem Pyrographen erzielt. Federbüsche aus dem Bausatz werden verbessert oder ausgetauscht (siehe unten). Zum Herstellen eines Federbusches nimmt man ein Abfallstück Kunststoff, erarbeitet die grobe Umrißform und malt die Feinheiten mit flüssigem Kunststoff auf. Die letzte Feinstruktur erhält das Stück dann durch Pyrogravur. Man kann natürlich auch eine richtige Feder verwenden.

Das feine Muster des Bärenfells wurde mit dem Pyrographen gezeichnet.

Diese beiden Offiziere tragen Federbüsche aus Kunststoff. Man beachte die hellen Federn.

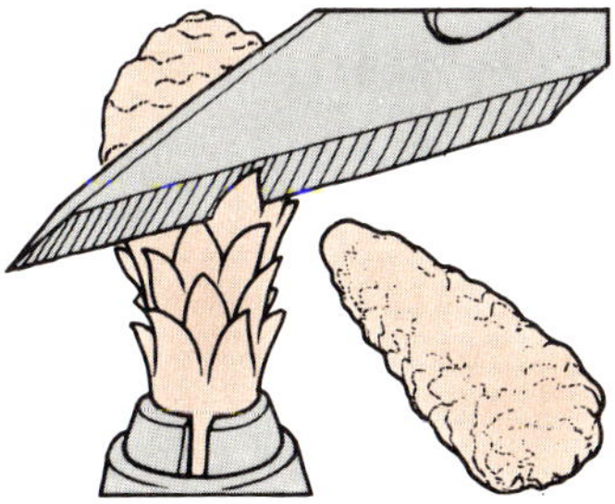

Verbessern eines Federbuschs aus Kunststoff *Damit der Federbusch leichter und lockerer wirkt, wird er an den Seiten eingeschnitten. Jeder Schnitt trägt dazu bei, daß die Feder sich entfaltet. Zum Schluß den Eindruck mit einem Pyrographen verfeinern.*

Die Kopfbekleidung dieses Zulukriegers enthält über der Stirn eine richtige Feder.

Kinnriemen

Kinnriemen gibt es aus Leder und als Riemen aus Metallschuppen. Sie werden angebracht, solange die neue Frisur noch weich ist. Denn die Riemen drücken auf die Haare, und einzelne Haarlocken können sich darüberkräuseln, was dann sehr realistisch aussieht. Wenn der Riemen angebracht ist, wird das Kräuselhaar aufgemalt.

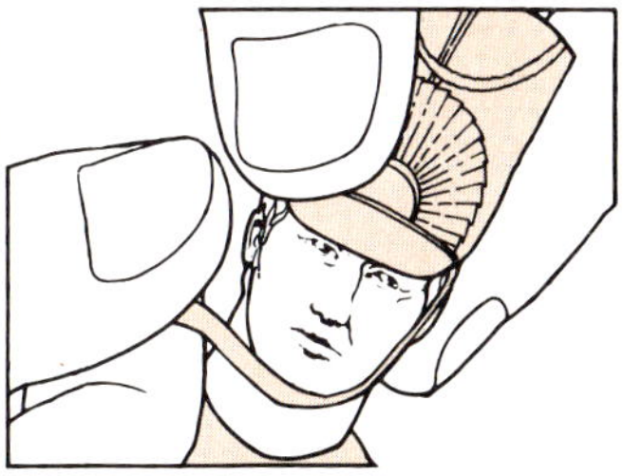

Anlegen eines Kinnriemens *Einen langen Kunststoffstreifen schneiden und ihn in die Nähe einer Wärmequelle halten, damit er weich wird. Der Streifen kann nun in die richtige Form gebogen und mit einem Ende an der Mütze angeklebt werden. Dann wird der Riemen in die richtige Position gedrückt, gerichtet und dann auch an der anderen Seite angeklebt.*

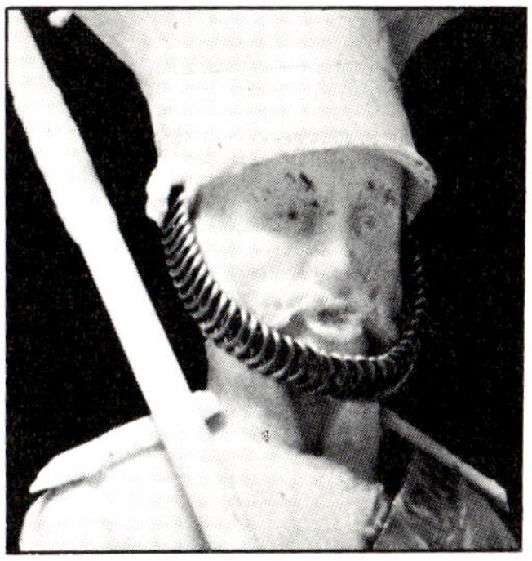

Ein Kinnriemen aus Metallschuppen ersetzte an dieser Figur die vorgegossene Kinnriemenform.

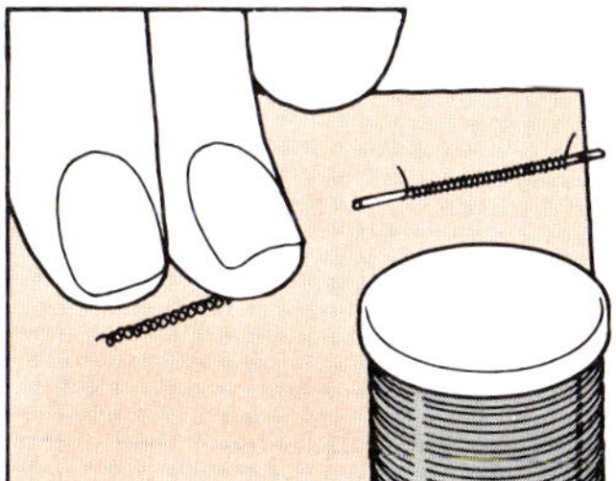

Herstellen von Schuppenkinnriemen *Dünnen Draht um eine Nähnadel wickeln, die Spirale abstreifen und sie plattdrücken. Die Schuppenkette an der Figur mit Cyanoacryl-Kleber befestigen.*

Stoffränder

Eine sehr einfache Art, eine Figur zu verbessern, ist das Umbiegen des Stoffes an Taschenklappen, Manschetten und Krägen mit einem scharfen Messer. Auch der Saum der Kleidung kann auf diese Weise bearbeitet werden, oder er wird leicht mit dem Messer unterhöhlt, damit er wie dünnes, leichtes Tuch aussieht.

Anheben der Stoffecken *Die Figur mit der Rückseite gut abstützen, dann die Messerschneide von sich weg drücken, um Ausrutscher zu vermeiden. Die Schnitte heben die Ecken an.*

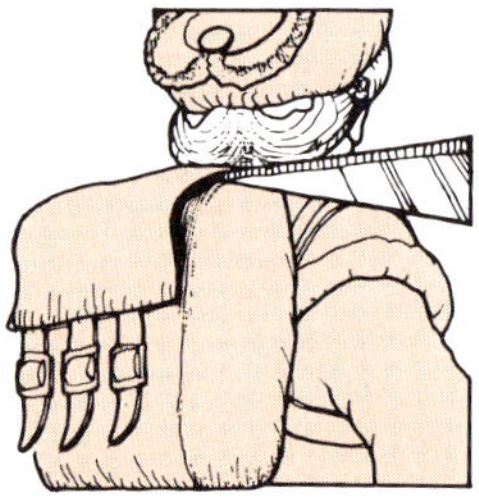

Unterhöhlen von Rändern *Um eine Kante anzuheben, wird sie mit einem Messerschnitt unterhöhlt, ein zweiter Schnitt, leicht im Winkel zum ersten angesetzt, verdünnt das Material an dieser Stelle.*

Riemen und Gürtel

An vielen Figuren sind Riemen und Gürtel schon vormodelliert. Aber für eine sorgfältig entworfene und bearbeitete Figur sind selbstgemachte Riemen vorzuziehen. Nötigenfalls muß man die vorgegossenen Gurte entfernen. Man schneidet neue Gurte aus dünnem Kunststoff, Papier, Borte oder dünner Metallfolie.

Kreuzgurte

Kreuzgurte müssen auf den Schultern glatt anliegen, und sie müssen unter die Schulterstücke (Epauletten) passen. Damit die gute Paßform erreicht wird, kann ein wenig nachgeholfen werden, indem man die Gurte leicht erwärmt.

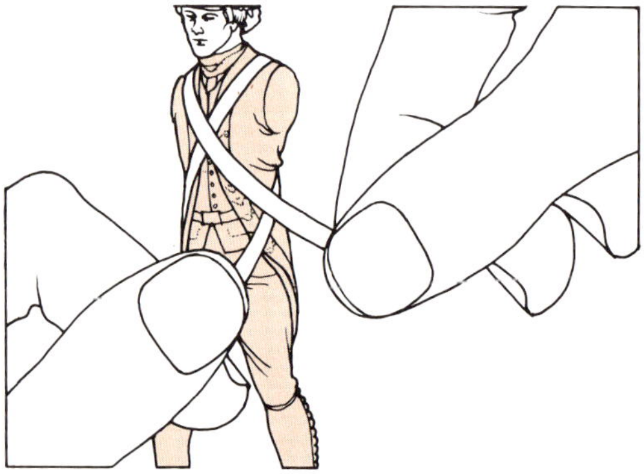

Anlegen eines Kreuzgurtes *Einen längeren Streifen Kunststoff schneiden und eine Schlaufe bilden, diese der Figur über den Kopf stülpen und sie an den Enden festziehen. An der Schulter wird er mit Kleber befestigt. Erst wenn er dort angetrocknet ist, klebt man ihn kreuzweise auf dem Rücken fest und schneidet dort, wo noch andere Gegenstände angebracht werden (Tornister), das Stück Gurt ab. Danach den Gurt überkreuzt auf der Brust befestigen. Schließlich das Zubehör ankleben.*

Eine Figur wird realistischer, wenn man einige Einzelteile hinzufügt. An diesem Soldaten sind besonders die handgefertigten Riemen und Gurte sowie die Struktur der Haare, der Mütze und des Tornisters zu beachten.

Tornister und Patronentaschen

Wenn eine Figur mit einem Tornister bepackt wird, so werden zuerst die Tragegurte befestigt, und zwar so, wie es auf der vorhergehenden Seite für das Anbringen von Kreuzgurten beschrieben ist. Rucksäcke sind schwer, und deshalb kann man dies gut zeigen, wenn die Gurte sich in die Schulter pressen. Bevor der Rucksack befestigt wird, werden noch die Enden der Riemen etwas angehoben.

Befestigen des Gurtes *Entweder für den Gurt eine Vertiefung in die Schulter feilen oder etwas Flüssigkunststoff auf die Schulter geben. Sobald der Kunststoff eine Haut bildet, den Gurt in die Klebemasse drücken, so daß eine feste Verbindung entsteht.*

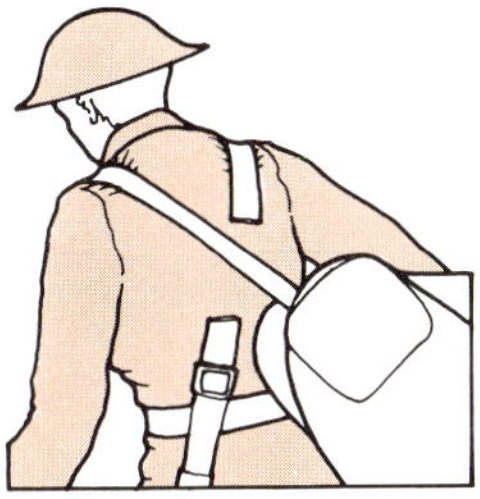

Tornister anpassen *Die Enden der Gurte abflachen, den Tornister mit einem gebogenen Messer etwas aushöhlen, damit er sich dem Rücken der Figur besser anpaßt.*

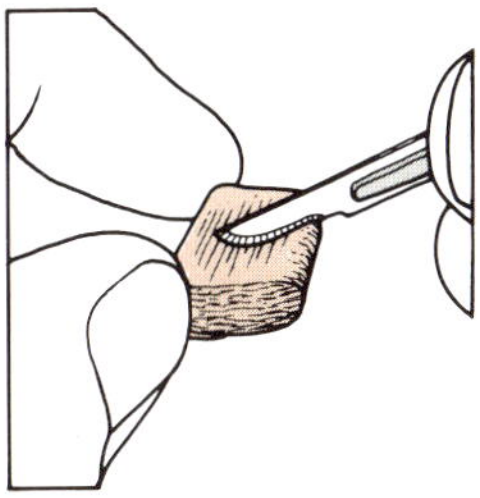

Schnallen

Die Schnallen werden so angebracht, wie die folgende Abbildung zeigt. Um den realistischen Eindruck zu vervollkommnen, kann man noch winzige gekrümmte Riemenenden aus Kunststoff schneiden, die man an der Schnalle aufsetzt.

Anbringen einer Schnalle *Auf einen Zahnstocher etwas Klebmasse geben. Damit die Schnalle aufpicken und sie an Ort und Stelle festhalten, während mit einem Pinsel der Leim aufgetupft wird.*

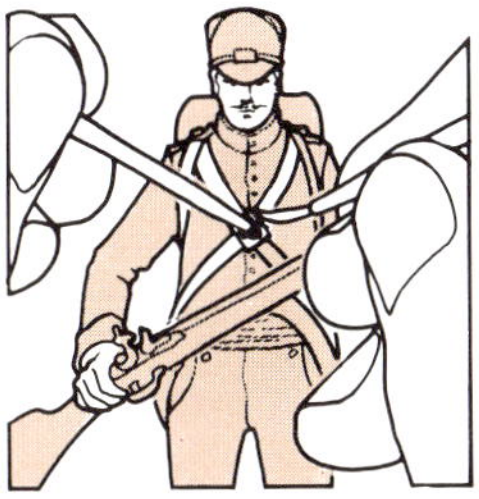

Schulterstücke (Epauletten)

Schulterstücke müssen exakt der Uniform angepaßt sein. Wenn nötig, muß die Unterseite des gegossenen Stücks abgeschabt, oder eine neue Epaulette gebastelt werden.

Herstellen eines Schulterstücks *Die Form aus Kunststoff schneiden und sie auf die äußere Seite der Schulter kleben. Wenn der Leim abgebunden hat, die Verbindungsstelle mit Naßpapier schleifen. Das Schulterstück nun am anderen Ende ankleben, wo es durch den Knopf gehalten wird. Diesen aus einem Kunststoffrundstäbchen schneiden.*

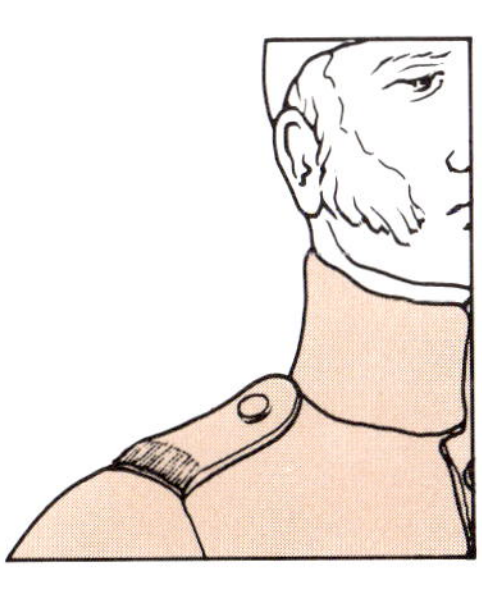

Wolldecken

Oft tragen die Figuren gerollte Wolldecken. Besser wirken diese Details, wenn man die Gußteile entfernt und aus Gaze, feinem Leinen oder Pflaster mit Gazebelag eine neue Decke selber formt.

Eine gerollte Wolldecke modellieren *Einen Streifen des ausgesuchten Materials aufrollen und das Ende verkleben, damit sich die Rolle nicht wieder löst. Damit man die einzelnen Lagen erkennen kann, die Rolle an beiden Enden nicht verkleben. Die Rolle mit dünner Schnur nicht zu fest zusammenbinden. Man bestreicht sie dünn mit Weißleim oder Flüssigkunststoff und legt sie in die gewünschte Form. Schließlich die so geformte Rolle an der Figur ankleben.*

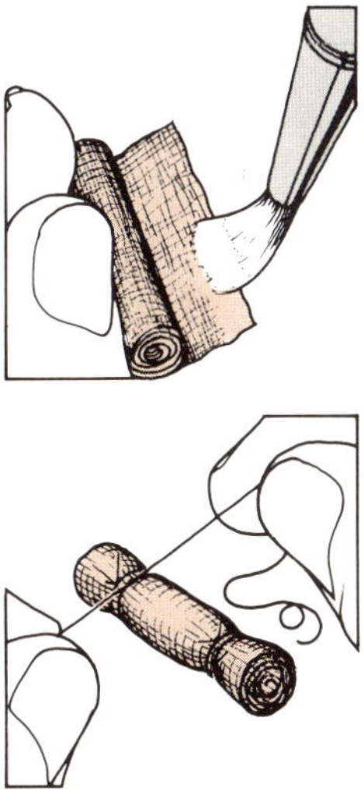

Wolldecke mit Riemen *Die Wolldecke an beiden Enden verschnüren. Auf die beiden Schnüre je einen Kunststoffriemen aufkleben, bevor die Rolle an der Figur befestigt wird.*

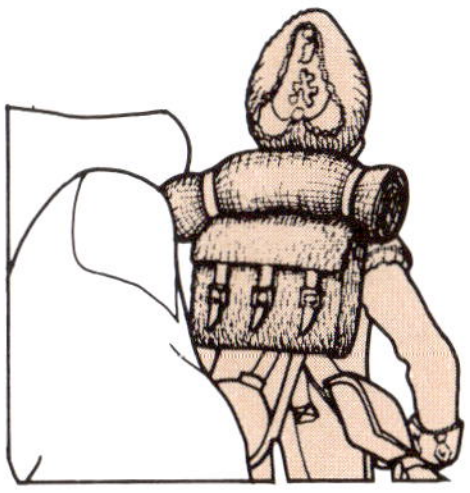

Kleider- und Seesack

Kleider- und Seesäcke sind sehr leicht aus Knetmasse und Gaze zu modellieren. Die Grundform wird aus Knetmasse gebildet.

Modellieren eines Seesacks *Der Inhalt des Sacks ist ein Kernstück aus Knetmasse. Mit dünnem Leim den kreisrunden Boden aus Zellstoff ankleben, dann einen Streifen rundherum kleben, wobei der Zellstoff oben über den Rand der Knetmasse hinausragen muß. Die beiden Enden des Wickelzellstoffs verleimen. Hart über dem Knetmassekern den Sack verschnüren.*

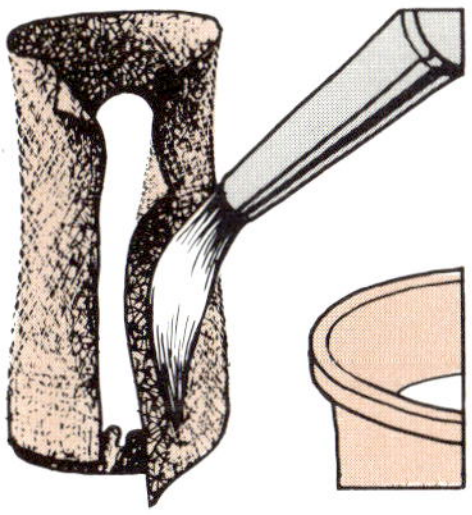

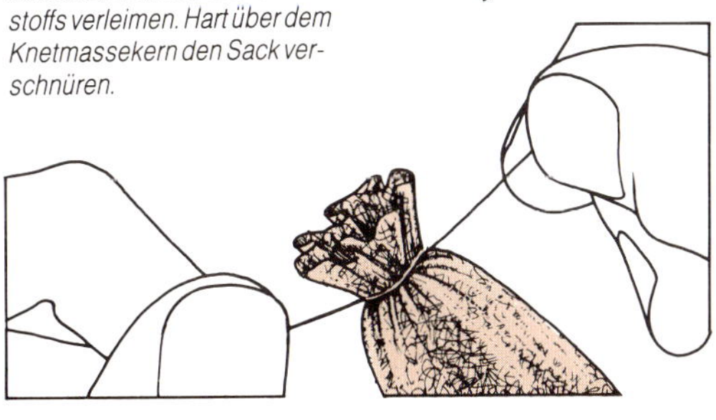

Flaggen

Flaggen oder Wimpel lassen sich sehr gut aus Folie, aus Papier oder auch dünnem und weichem Kunststoff fertigen. Größere Fahnen bestehen meistens aus Stoff. Die Arbeitsanleitungen auf dieser Seite unten rechts beziehen sich auf eine Flagge aus Stoff. Soll die Fahne Fransen haben, wird der Saum des Stoffstücks einfach ausgefranst. Bevor die Flagge geformt wird, können die Hoheitszeichen mit Wasserfarben auf das Tuch gemalt werden. Wenn aber die Fahne erst nach dem Formen angemalt werden soll, kann man auch die Schatten zwischen den Falten aufbringen.

Diese Wimpel aus Kunststoff waren im Bausatz enthalten. Doch zusätzlich malt man immer die Schatten zwischen die Wimpelfalten, was deren Gesamtwirkung erhöht.

Die tiefen Falten in dieser Fahne aus Tuch entstanden dadurch, daß der nasse Stoff mit einem Bleistift angehoben wurde.

Die Flagge aus Papier wurde mit Leim getränkt, damit sie nachher ihre Form behält. Sie ist, wie man sieht, sehr exakt nach dem historischen Vorbild bemalt worden.

Modellieren einer Stoffflagge

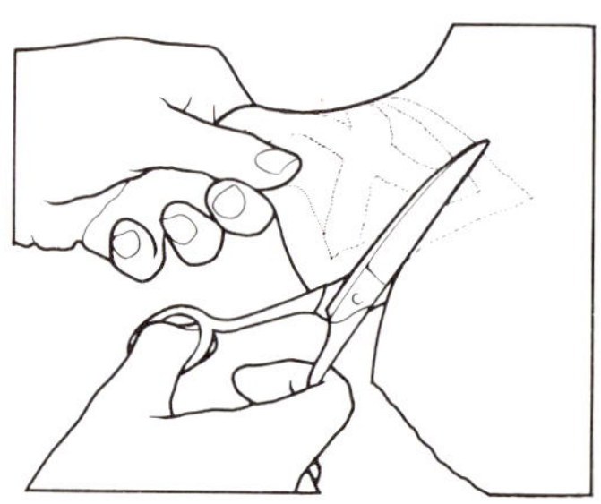

1 *Die Hoheitszeichen auf beide Stoffseiten zeichnen, dann die Fahne ausschneiden, wobei an den Rändern ein Streifen von 1,2 cm zu breit geschnitten wird.*

2 *Auf ein kunststoffbespanntes Brett die Fahne mit Stecknadeln befestigen. Die Falten werden je nachdem gelegt, ob die Flagge an beiden Enden befestigt oder mit der Oberkante an einer Fahnenstange festgemacht ist.*

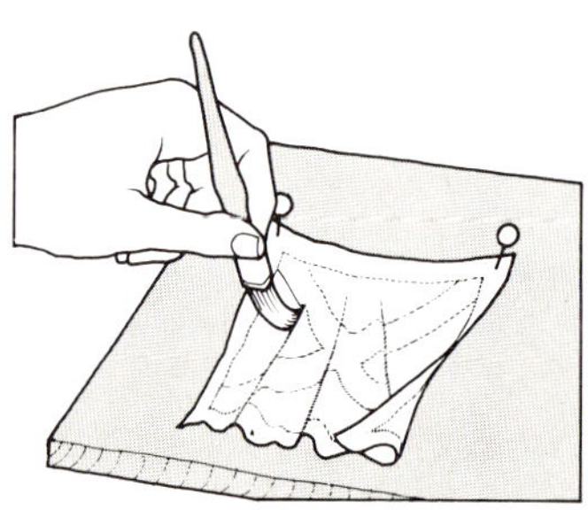

3 *Mit einer Mischung aus Wasser und Leim zu beiden Teilen die Flagge bestreichen. Den Leim in die Falten einarbeiten, so daß er das Tuch durch und durch tränkt. Dann die Falten endgültig formen. Den Leim trocknen lassen.*

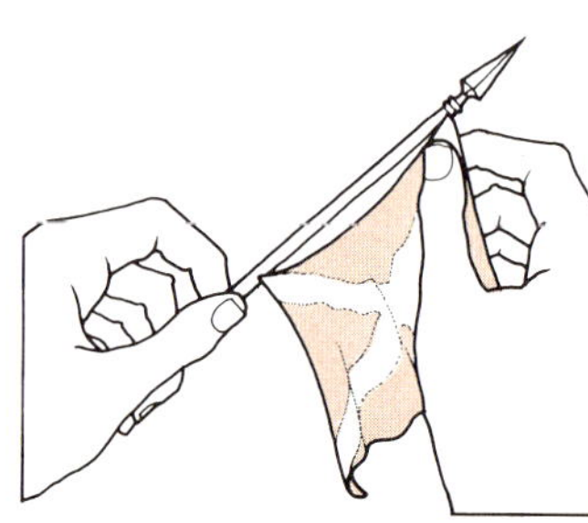

4 *Nach dem Trocknen den überflüssigen Rand abschneiden, die Flagge mit Kleber an der Fahnenstange befestigen. Die Hoheitszeichen mit Öl- oder Emailfarbe malen und die Innenseiten der Falten entsprechend dunkler.*

Gewehrläufe

Die meisten Figuren, die eine Waffe in der Hand halten, tragen nur das blanke Gewehr. Es gibt aber mehrere Möglichkeiten, gerade dieses Detail viel realistischer zu gestalten. Kleinere Gewehre sind zwar meist zu winzig, als daß man den Lauf noch aufbohren könnte. Aber in jedem Fall kann man das Laufende exakt beschneiden und mit mattschwarzer Farbe zumalen, so daß die Laufmündung aussieht, als sei sie aufgebohrt. Auch ist es möglich, die Mündung mit der Spitze eines Pyrographen anzubohren.

Musketen lassen sich dagegen sehr gut aufbohren. Eine Muskete mit aufgesetzten Bajonett ist sogar sehr leicht aufzubohren, weil ihr Lauf an der Mündung einen relativ großen Durchmesser hat. Nicht alle Modellsoldaten tragen Musketen mit Bajonett, aber es kann auch nachträglich aufgebracht werden. Statt den Lauf des Gewehrs aufzubohren, kann man ihn übrigens auch einfach gegen ein dünnes Kunststoffröhrchen auswechseln.

Die Musketen in dieser Soldatenszene sehen realistischer aus durch die selbstgemachten Gewehrriemen und die umwickelten Schlösser.

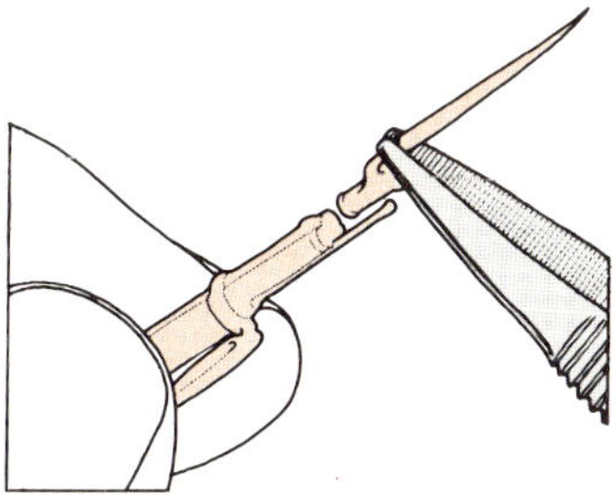

Aufsetzen eines Bajonetts *Den Gewehrlauf an der Mündung, an der das Bajonett aufgesteckt werden muß, glatt abschneiden. Dann das Bajonett ankleben. Mit der Pinzette den korrekten Sitz erreichen.*

Musketen- und Gewehrtragriemen

Zu vielen Handfeuerwaffen gehört ein Tragriemen. Man kann ihn aus demselben Material zurechtschneiden wie die anderen Uniformgurte und -riemen. Der Tragriemen wird auf Länge geschnitten, die Enden werden dann so zusammengeschlagen, daß sie Schlaufen bilden. Diese Enden werden am Gewehr angeklebt, wobei berücksichtigt wird, wie lose der Riemen hängen muß. Riemenschnallen, Karabinerhaken und kleine, etwas gerollte Riemenenden kann man noch hinzufügen. Als Material dazu stehen Abfallstücke oder dünner Draht und Kunststoff zur Verfügung. Ein Ende des Tragriemens wird an der Waffe angeklebt, das andere Ende bleibt so lange frei, bis man es in die richtige Form gebogen und den richtigen Winkel herausgefunden hat, in welchem der Riemen herabhängen muß.

Folie kann kalt verdreht werden, aber damit sie formstabil bleibt, wird sie besser verklebt. Kunststoffgewehrriemen werden geformt, indem man auf die zu weichenden Stellen etwas Flüssigkleber tropft, dann läßt sich der Kunststoffstreifen verdrehen.

Steinschloßgewehre

Die Schlösser der Steinschloßgewehre waren oft mit Stoffetzen umwickelt, damit sie sauber und trocken für den Kampf blieben. Diese Wickel kann man auch am Modell simulieren.

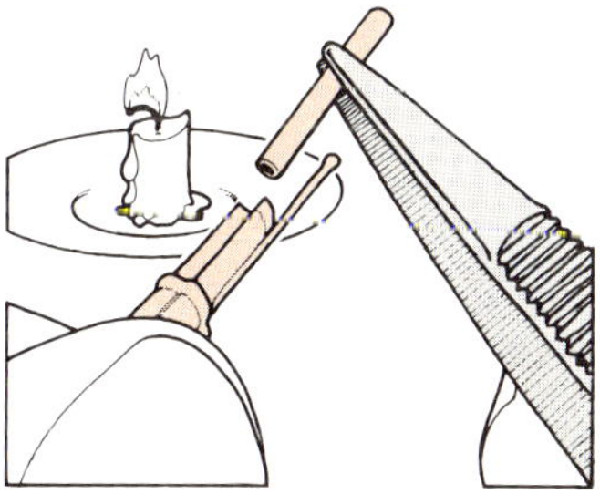

Gewehrlauf aus Plastikrohr *Am oberen Kolbenring den Gewehrlauf glatt abschneiden. Ein warmgemachtes und langgezogenes Kunststoffröhrchen als neuen Lauf ansetzen.*

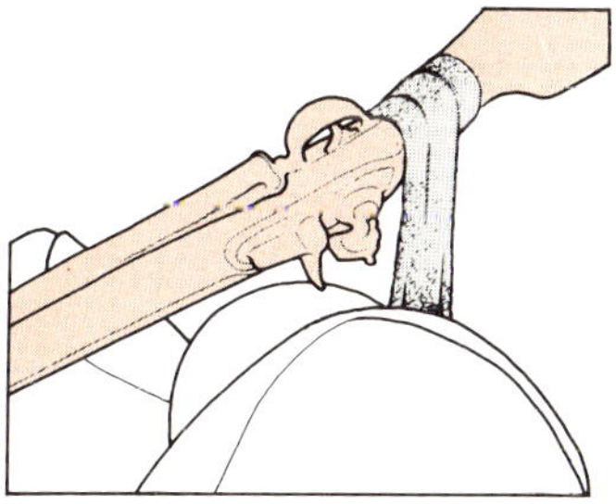

Umwickeln des Steinschlosses *Auf das Schloß etwas Flüssigkunststoff dünn auftragen, dann mit Gaze umwickeln. Der Kunststoff tränkt die Gaze, die sich gut formen läßt.*

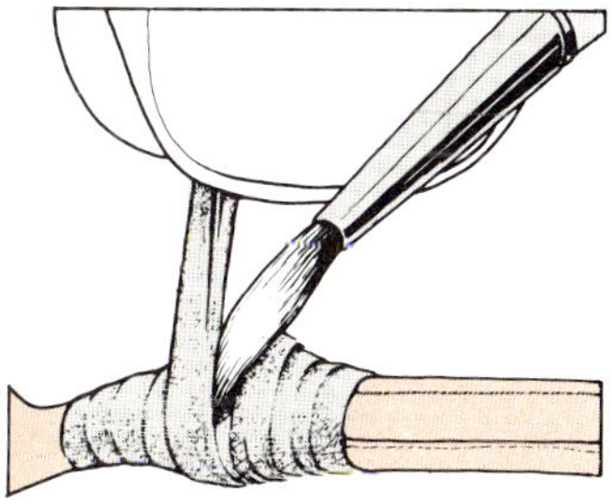

Aufbringen der zweiten Lage *Wenn der Flüssigkunststoff erhärtet ist, dünnen Weißleim darauf streichen und eine zweite, nicht zu stramme Lage Gaze darum wickeln.*

Veränderung der Körperhaltung

Stellt man alle Figuren in einem Diorama in derselben Haltung auf, wirkt das langweilig, vor allem aber unwirklich. Zwar bieten manche Hersteller Figuren mit untereinander austauschbaren Körperteilen an, aber in zahlreichen Fällen muß man die Figuren selbst noch verändern. Beste Ergebnisse erzielt man dabei jedoch nur dann, wenn man sich von vornherein genau darüber im klaren ist, wie die endgültigen Gesten und Stellungen der Figuren sein müssen. Jede Bewegung muß anatomisch möglich sein, jede Geste muß zur gesamten Körperhaltung passen.

Wichtig bei der veränderten Körperhaltung ist auch die sich dadurch verändernde Kleidung, die sich spannt oder kräuselt und Falten wirft. Auf der Figur wird dies mit Flüssigkunststoff reproduziert.

Die folgenden Anleitungen beziehen sich auf Kunststofffiguren. Wenn man eine feine Eisensäge benutzt, gilt das Verfahren auch für Figuren aus Metall. Leichte Veränderungen an Armen und Beinen von Metallfiguren können auch dadurch erreicht werden, daß man die Gliedmaßen vorsichtig mit der Zange verbiegt. Die Zange sollte jedoch gepolsterte Greifklauen haben. Vorsichtig aber beim Biegen mit der Zange, denn das Metall ist schnell überdreht.

Die Speerkämpfer sind in ihrer Haltung so verändert worden, daß der Eindruck der bevorstehenden Gegenattacke deutlich sichtbar wird.

Kopf

Ein leichtes Drehen des Kopfes wird erreicht, indem man den Kopf einfach absägt und dann – nur leicht gedreht – wieder anklebt. Für die Änderung der Kopfhaltung muß der Kopf genau an der Kragenlinie abgeschnitten werden. Mit einem Messer mit abgerundeter Spitze wird an der Innenseite des Kragens eine Vertiefung ausgeschabt. Dort hinein gibt man etwas Flüssigkunststoff und läßt ihn leicht anziehen. Sobald er eine etwas dickflüssigere Konsistenz annimmt, wird der Kopf aufgesetzt und in die richtige Stellung gedreht. Die Klebestelle läßt man über Nacht trocknen.

Neigung des Kopfs verändern

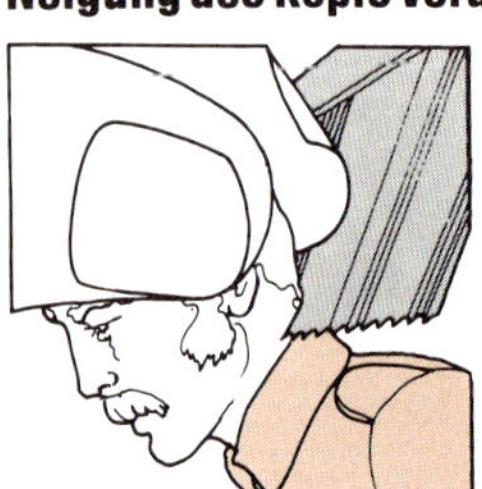

1 *Den Kopf absägen. Der Schnitt muß in einem Winkel von hinten leicht schräg nach vorn erfolgen.*

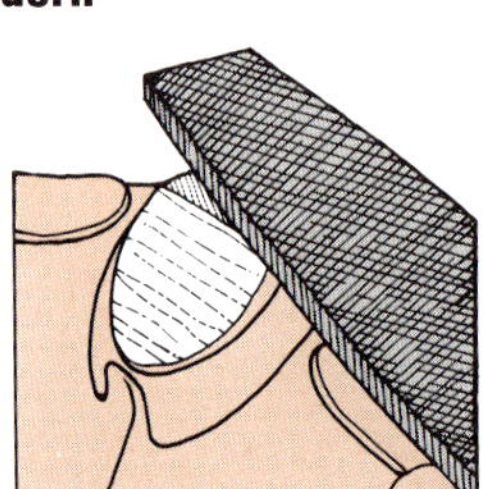

2 *Zum Aufsetzen des Kopfes die Schnittfläche am Nacken abflachen.*

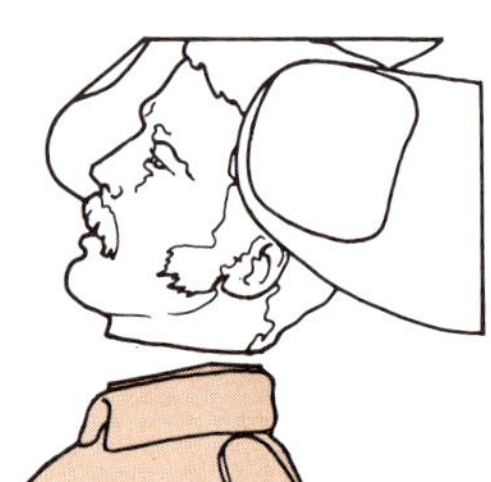

3 *Entsprechend den Kopf im Nacken abfeilen, damit er gut auf den Rumpf paßt. Dann den Kopf ankleben.*

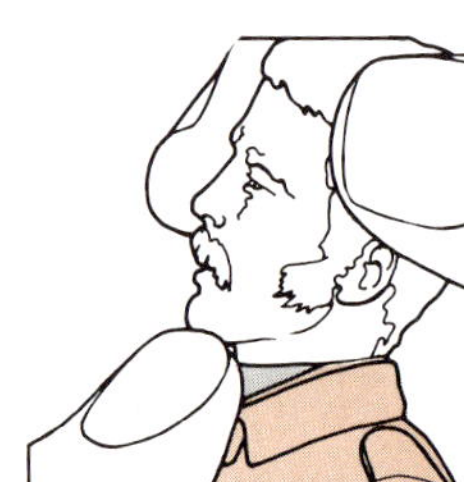

4 *An der Kehle entsteht nach dem Ankleben ein Spalt, der mit einem Kunststoffkeil verschlossen wird.*

Gesichtszüge

Der Charakter einer Figur kann verändert werden, indem man die Gesichtszüge anders modelliert. Dies geschieht zum Beispiel durch das Anbringen einer neuen Nase, durch Öffnen des Mundes mit dem Pyrographen oder durch Auskratzen der Wangen mit einem Messer.

Aus einer Plastikmischung kann man auch sehr gut neue Lippen modellieren, die dann, sobald der Kunststoff hart geworden ist, noch mit dem Messer bearbeitet werden. Um ein Gesicht älter aussehen zu lassen, gibt es auch noch einen kleinen Trick: Man verstärkt den Kiefer mit Kunststoff.

Zum Abschluß können dann noch in den Augenwinkeln und um Nase und Mund winzige Falten angemalt werden. Diese Arbeit erfordert sehr viel Fingerspitzengefühl, da sie sorgfältig ausgeführt werden muß.

Wenn die Figur rufen soll

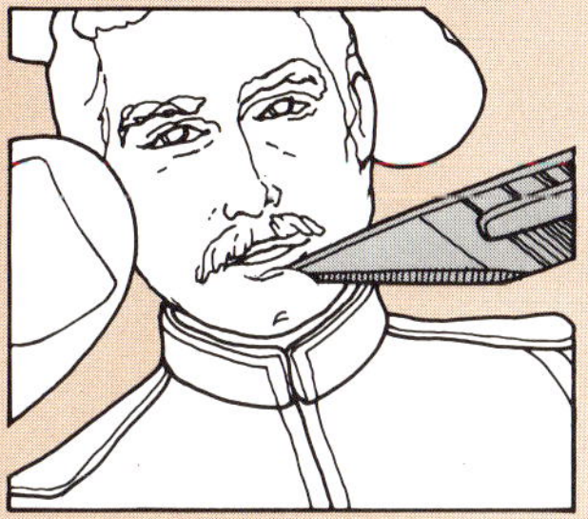

1 Mit einem Messer Unterlippe und Unterkiefer entfernen; die Oberlippe bleibt unversehrt.

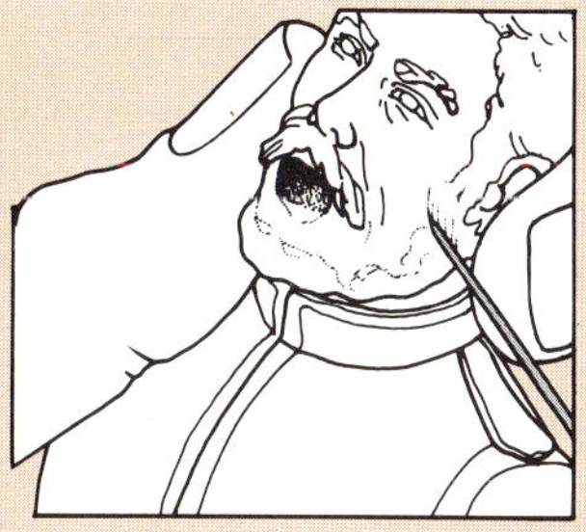

2 Mit Füllstoff (als Werkzeug dient eine Kaltnadel) den neuen Unterkiefer modellieren. In die Wangen Falten schneiden.

3 Mit Feile und feinem Schleifpapier den Kiefer nach dem Aushärten formen. Auch die Oberlippe bearbeiten, damit sie zur Unterlippe paßt.

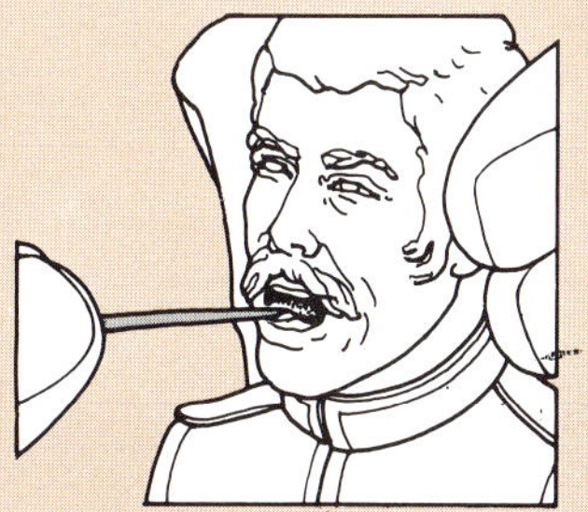

4 Aus flüssigem Kunststoff Zähne und Zunge auftupfen. An kleinen Figuren wirkt eine ununterbrochene Zahnleiste besser als einzelne Zähne.

Hände

Eine Hand kann sich seitlich sowie nach oben und unten drehen, die Anleitung für die Modellfigur wird untenstehend beschrieben. Während sich der menschliche Unterarm infolge der sich drehenden Hand ebenfalls dreht, wird am Modell nur die Hand gedreht. Dazu schneidet man sie an der Ärmelmanschette ab und klebt sie im neuen Winkel wieder an. Normalerweise wird der Unterarm der Modellfigur von der Kleidung verborgen. Um eine greifende Hand zu modellieren, befolgt man die Anleitung auf Seite 115.

Biegen der Hand nach links
Von der linken Seite des Handgelenks aus einen keilförmigen Einschnitt machen, rechts nur gerade einschneiden. Die Hand nach links biegen und in der neuen Stellung verkleben. Spalten mit Füller ausspachteln.

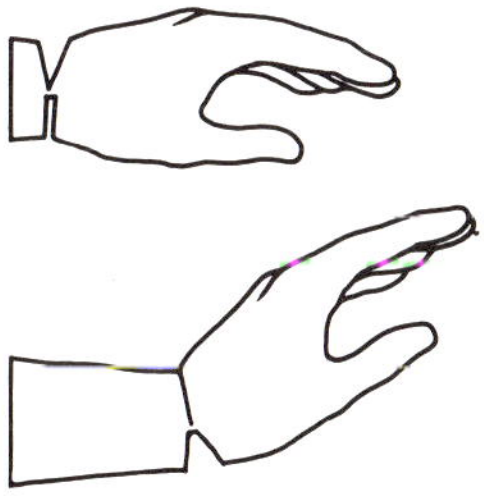

Biegen der Hand nach oben
Von oben aus die Hand am Gelenk keilförmig einschneiden. Von unten her erfolgt ein gerader Einschnitt. Die Hand nach oben biegen und verkleben. Mit Flüssigkunststoff oder Füller die Spalten verspachteln.

Indem die Figuren so verändert werden, wie es nebenstehend beschrieben ist, können die Hände vielerlei Gesten annehmen.

Arme

Die Arme, die in den Bausätzen angeboten werden, lassen sich ohne weiteres in verschiedenen Winkeln zusammensetzen. Manchmal jedoch muß ein Arm auch abgeschnitten werden, damit er in anderer Körperhaltung wieder angeklebt wird. Ebenso können Arme gebeugt oder gestreckt werden. Beim Ausstrecken des Armes wird am Ellenbogen ein Einschnitt gemacht, dann der Arm quasi „geöffnet". Zu beachten ist in diesem Fall die Kleidung; bei ausgestrecktem Arm wirft der Ärmel am Ellbogen Falten.

Diese napoleonischen Soldaten werden händeschüttelnd dargestellt. Für diese Pose mußte die Haltung der Arme beider Figuren entsprechend geformt werden.

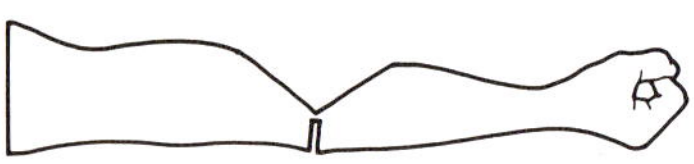

Armbeugen *An der Innenseite des Ellbogens keilförmig einschneiden, dann einen kurzen, geraden Einschnitt von der Außenseite durchführen.*

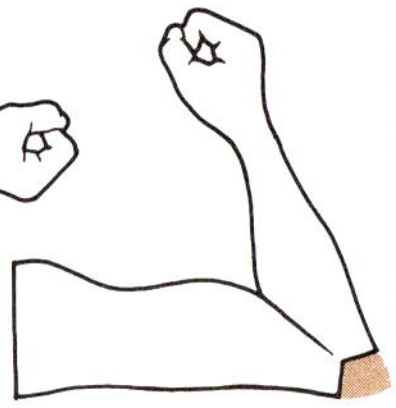

Den Arm in die neue Stellung biegen, verleimen und verfüllen.

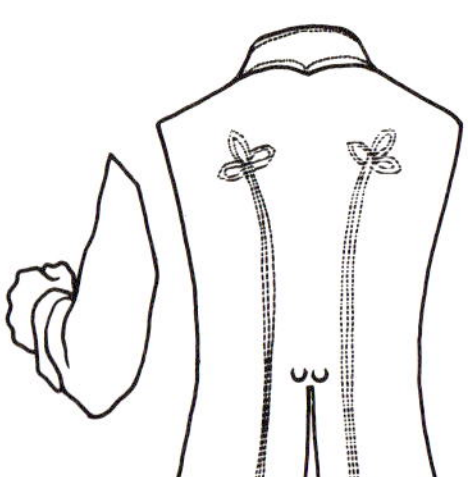

Heben des Armes *Den Arm abschneiden, die Verbindungsstelle mit der Feile für die neue Armhaltung bearbeiten.*

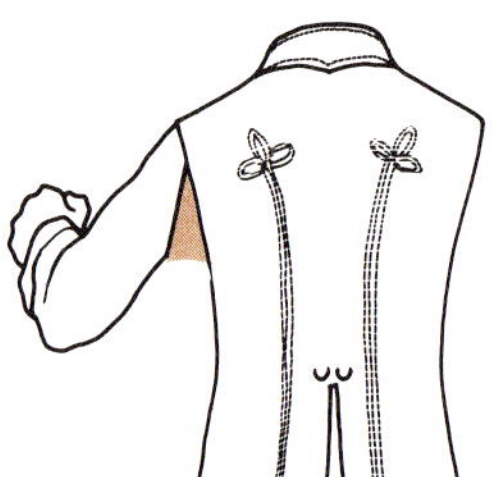

Den Arm kleben, den Spalt verfüllen.

Beine und Füße

An einer Figur, die geht oder kniet, müssen die Zehen immer gekrümmt sein. Schuhe und Stiefel zeigen an den Zehen eine Falte. Beine bewegen sich von der Hüfte aus. Knie werden wie Ellbogen, Füße wie die Hände gedreht.

Beine, Knie und Zehen dieser Figuren wurden verändert, weil sie über Geröll klettern.

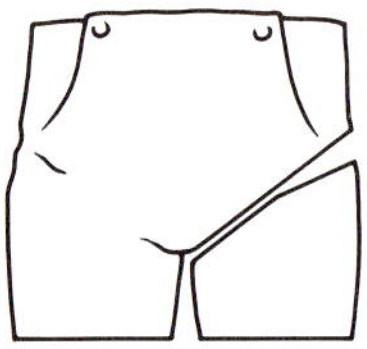

Bewegen des Beins *Mit einer Feinsäge das Bein von der Hüfte schräg nach innen absägen. Mit einer Feile die Verbindungsstelle für die neue Beinhaltung vorbereiten.*

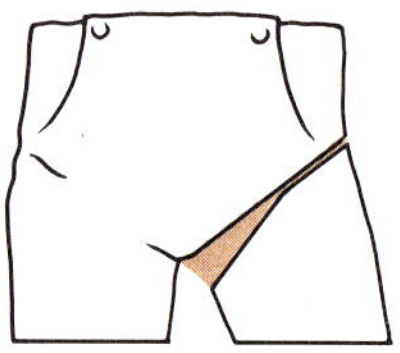

Das Bein ankleben. Da durch das Sägen etwas Material verlorengeht, die Lücke mit dünnem Kunststoff ersetzen.

Kniebeugen *Am Kniegelenk das Bein von hinten keilförmig einschneiden. Die Kniescheibe gerade anschneiden.*

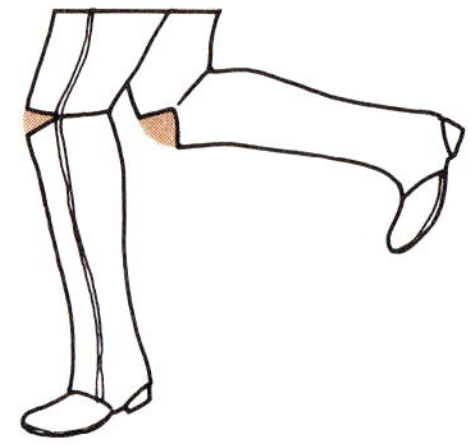

Den Unterschenkel in Position winkeln, mit Leim verkleben, dann den Spalt verfüllen.

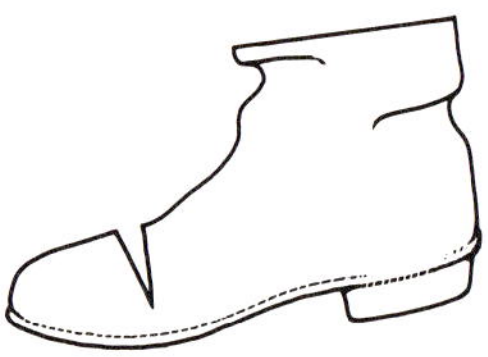

Zehen beugen *Den Fuß von oben keilförmig anschneiden.*

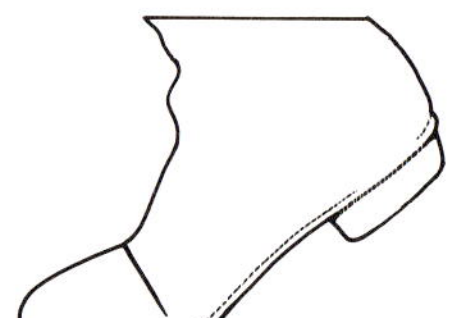

Die Fußspitze anbiegen.

Rumpf

Durch die Veränderung des Körperrumpfes entstehen Dramatik und Spannung in einer Figurenszene. Um den Oberkörper in der Taille zu drehen, schneidet man den Rumpf einfach in der Taille glatt durch, dreht beide Teile im gewünschten Winkel zueinander und verklebt sie aufs neue.

Um den Rumpf vor- oder rückwärts zu beugen oder auch zur Seite, wendet man die Schnittmethoden an, die unten auf der Seite abgebildet sind. Dieselbe einfache Methode wird auch entsprechend angewendet, wenn der Körper eine „S"-Stellung einnehmen soll.

Kartenspielende Figuren

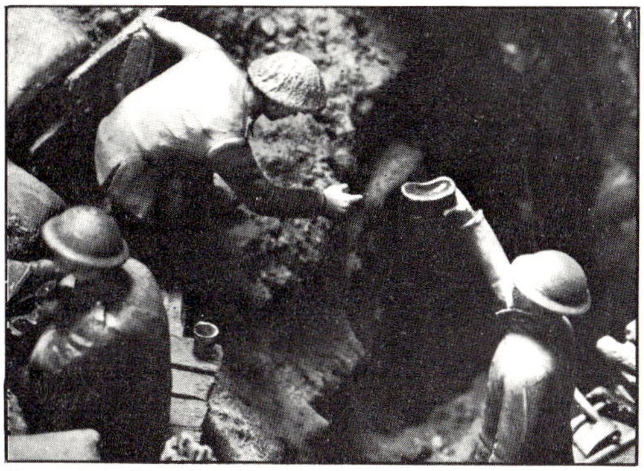

Figuren beim Essenfassen

Kletternde Figur

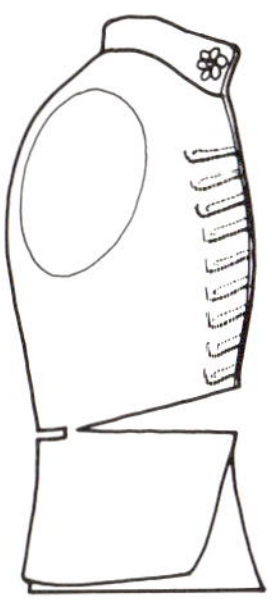

Körper vorwärts beugen *Von vorn einen Keil einschneiden, am Rücken einen kurzen, geraden Einschnitt durchführen.*

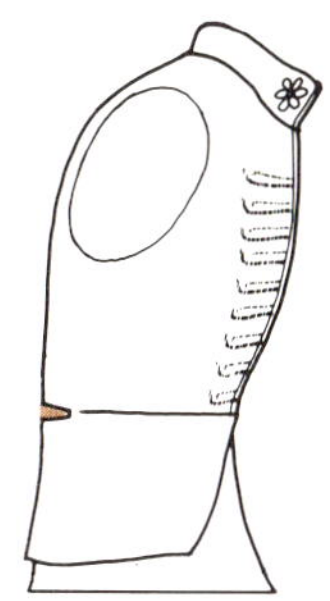

Den Körper beugen, dann verkleben. Nach dem Trocknen Spalten mit Füller verspachteln und schleifen.

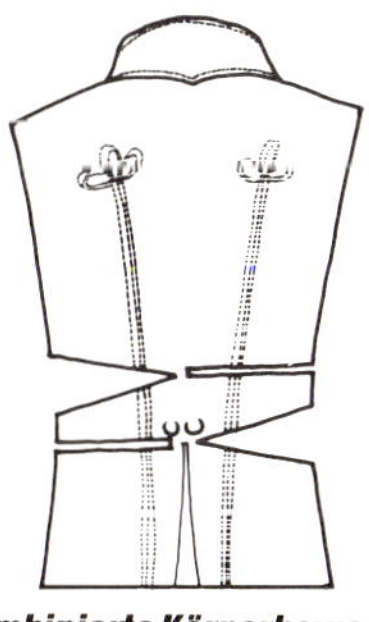

Kombinierte Körperbewegung *Auf beiden Seiten der Figur keilförmig einschneiden, jeweils gegenüber einen flachen Einschnitt durchführen.*

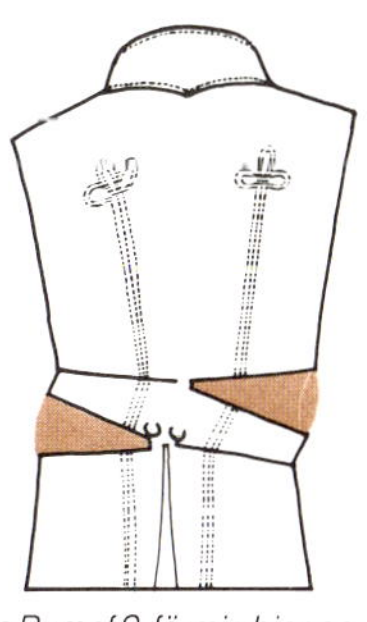

Den Rumpf S-förmig biegen, dann verkleben. Mit Füller und Feile die Feinarbeiten durchführen.

Austausch der Kleidung

Es ist nicht immer möglich, eine Figur in der gewünschten Kleidung oder einem speziellen Modestil zu kaufen. In diesen Fällen wird die Kleidung geändert. Den Anfang machen all jene Kostümteile, die unbrauchbar sind: sie werden weggeschnitten, beispielsweise Taschen, Knöpfe, Tressen und Orden. Übrig bleibt nur eine Art Grundfigur. Der Aufbau der neuen Kleidung hängt von der Art des Kostüms ab. Neue Kleidungsstücke kann man entweder aus Abfallstücken herstellen oder aus anderen Bausatzteilen zusammenstellen.

Hüte und Mützen

Mit Füllkleber läßt sich eine ganze Reihe Hüte und Mützen modellieren. Besonders Baretts und ähnliche Tuchmützen sind besonders wirkungsvoll aus diesem Material herzustellen. Der Füllstoff wird mit einem Werkzeug modelliert, mit Wasser geglättet.

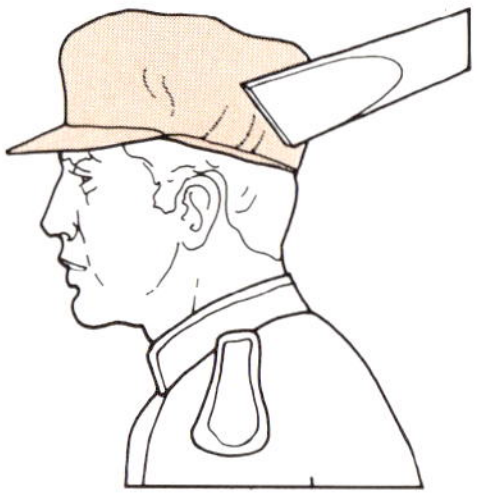

Mütze mit Schirm *Aus dünnem Kunststoff den Mützenschirm schneiden. Den Schirm an der Stirn befestigen und in einen Einschnitt schieben und verkleben.*

Mit Füller über Schirm und Kopf die Mütze modellieren; mit Wasser geglättet, kann sie trocknen.

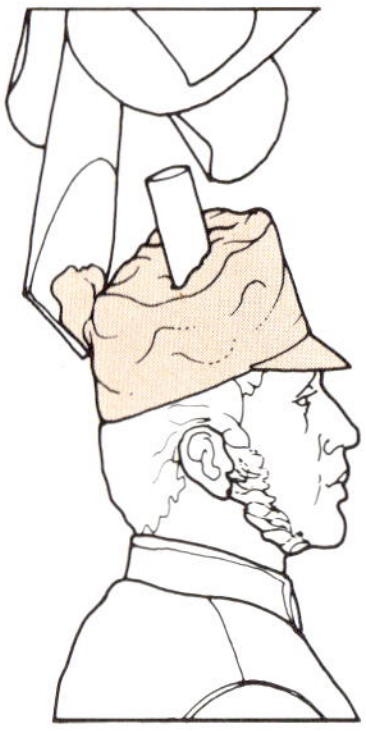

Hohe Mütze *In den Kopf ein Loch bohren, da hinein ein kurzes Stück Gußzapfen stecken. Um den Zapfen herum die Form der hohen Mütze mit Füller aufbauen. Wenn er trocken ist, mit der Feile nachformen. Soll es eine Pelzmütze sein, die Form mit Flüssigkunststoff überziehen. Sobald er etwas angetrocknet ist, die Haut auseinanderziehen und die letzten Feinstrukturen mit einem Pyrographen ausführen.*

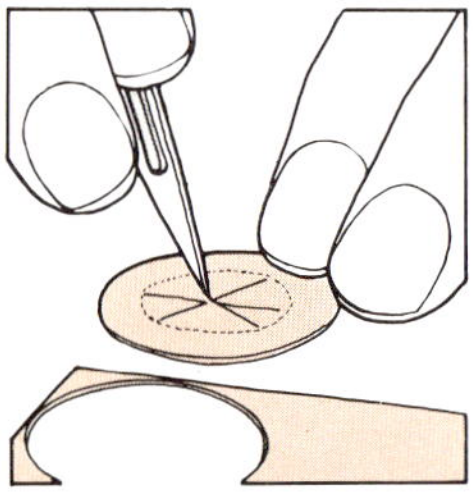

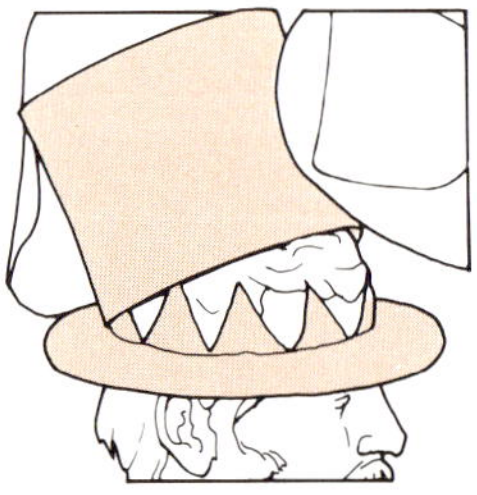

Zylinderhut *Aus Briefpapier oder dünnem Kunststoff einen Kreis ausschneiden, darin einen zweiten Kreis anzeichnen, der denselben Durchmesser wie der Kopf hat. In dem inneren Kreis von der Mitte aus Einschnitte machen.*

Die entstandenen Zacken nach oben biegen und die Krempe wie eine Krone auf den Kopf stülpen. Aus Papier oder Plastik die Röhre kleben und dann auf die Krempe aufsetzen. Es kann noch ein Hutband angebracht werden.

Kopftücher und Schals

Mit einem Schal oder Kopftuch wird eine weibliche Figur leicht zur Bäuerin. Dabei versucht man, das Tuch so natürlich wie möglich anzubringen.

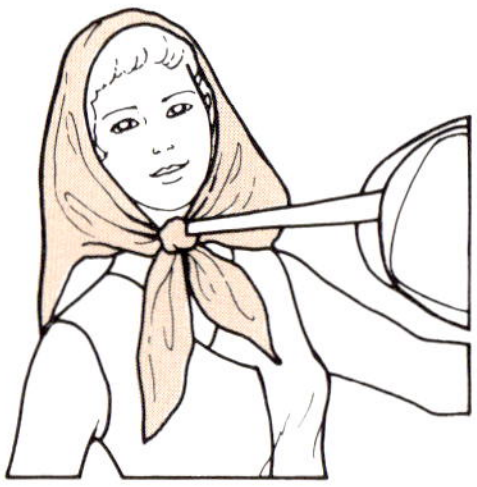

Kopftuch *Ein Quadrat aus Gaze oder dünnem Stoff über die Ecke falten, so daß ein Dreieckstuch entsteht. Das Tuch mit einem Tropfen Kleber oben am Kopf befestigen, unter dem Kinn über Kreuz legen.*

Mit verdünntem Leim die Tuchenden unterm Kinn befestigen. Aus einem kleinen Stück Gaze einen Knoten formen, in Leim tränken und anbringen. Damit das Tuch vorbildgetreu liegt, wird es anschließend mit verdünntem Leim bestrichen.

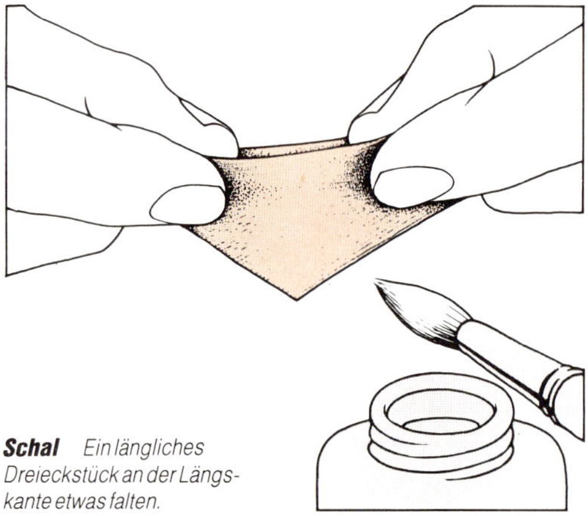

Schal *Ein längliches Dreieckstück an der Längskante etwas falten.*

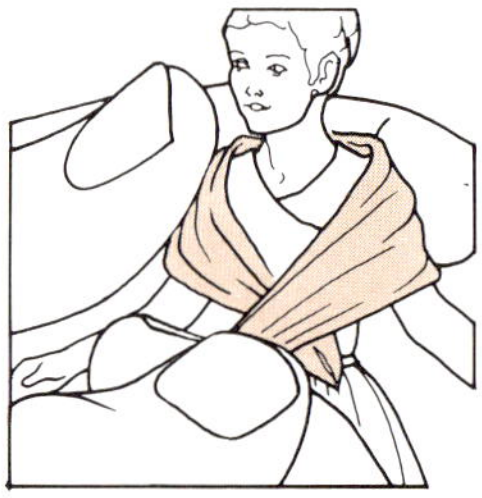

Auf jede Schulter etwas Leim auftragen, dann den Schal vor der Brust überkreuz drapieren; die Enden zusammenkleben.

Wo die Schalenden sich kreuzen, einen Knoten oder eine Brosche aufsetzen.

Röcke, Kleider, Jacken

Röcke, Kleider und Jacken können aus dünnem Kunststoff, aus Leinen, Gaze oder Seide gefertigt werden. Die Kostüme stellt man aus Einzelteilen zusammen. So besteht ein Kleid aus Rock und Mieder, die Jacke oder der Mantel eines Mannes aus Rücken und zwei Vorderteilen.
Wenn die Muster aus dem Material ausgeschnitten werden, läßt man an den „Nähten" einen schmalen Streifen überstehen. Für Kleidungsstücke aus Stoff oder Gaze wird aus diesen Rändern Saum gebildet (die Säume eines Kleidungsstücks aus Gaze sind nahezu unsichtbar, wenn man das Material reißt, statt es zu schneiden). Bei Kleidungsstücken aus Kunststoff dient der überstehende Rand dazu, das Stück anzufassen und einzupassen. Die überstehenden Ränder und Kanten werden geglättet.

Die Uniformjacke dieses Soldaten aus dem Ersten Weltkrieg wurde aus dünnen Plastikstücken zusammengesetzt.

Kleid, Schal und Schürze dieser Bäuerin wurden aus Gaze geschneidert: sie wirkt wie grobes Tuch.

Schnittmuster für Kleider und Röcke

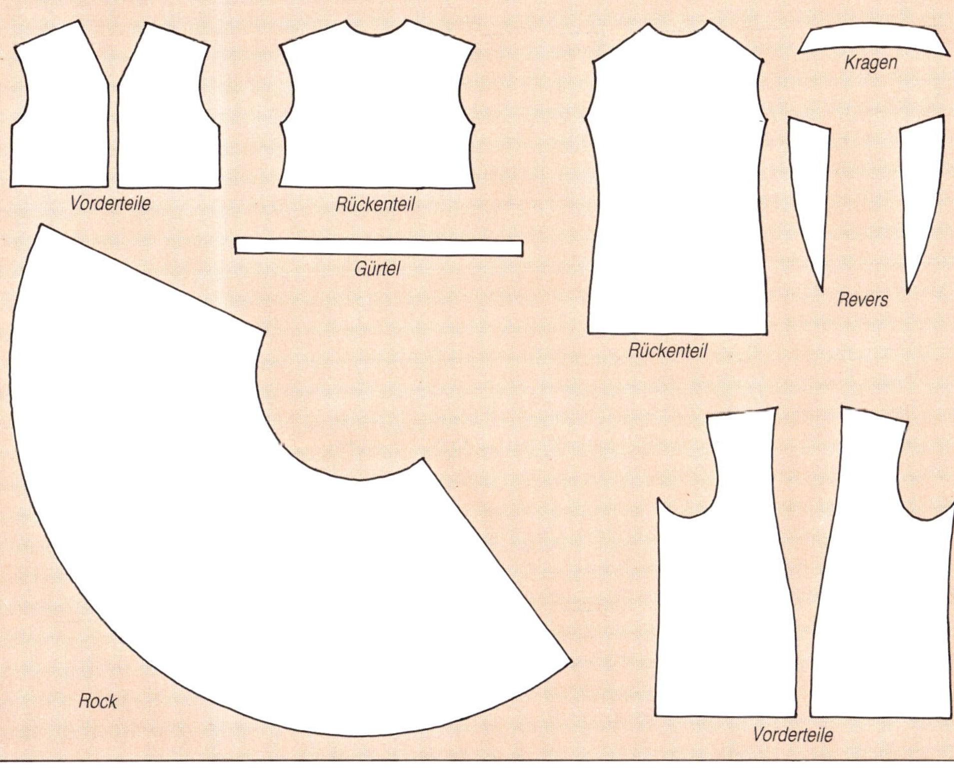

Rock

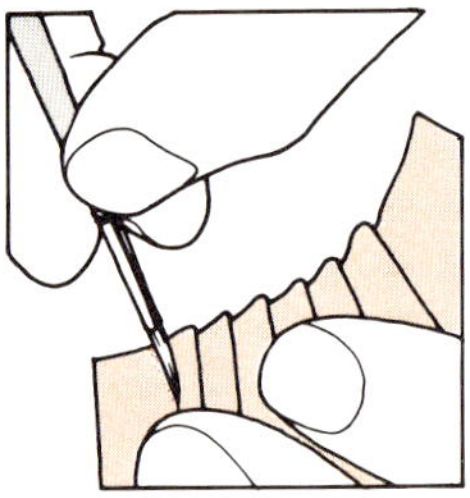

1 *Die Rocktaille plissieren, jede einzelne Falte mit etwas Kleber in Form halten.*

2 *Den Rock um die Taille der Figur kleben. Das Material mit Leim tränken, dadurch kann es in Paßform gebracht werden.*

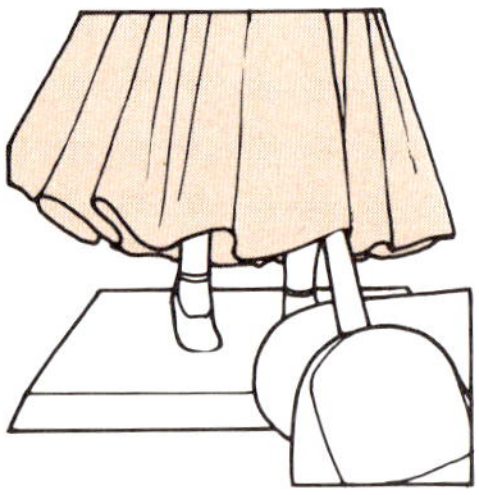

3 *Den Rock mit Leim oder Flüssigkunststoff bestreichen, dann die Rockfalten mit Hilfe eines Pinselstiels legen.*

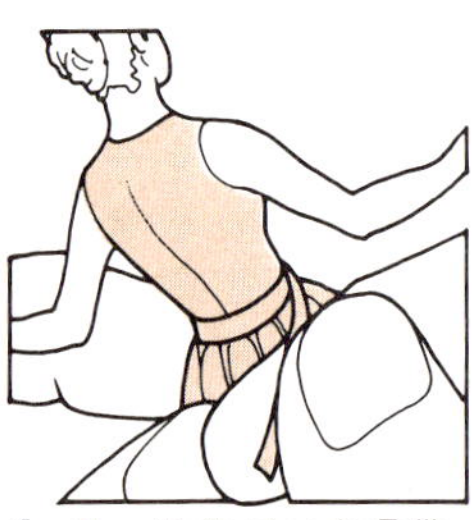

4 *Abschließend an der Taille ein Gurtband aufkleben.*

Kleid

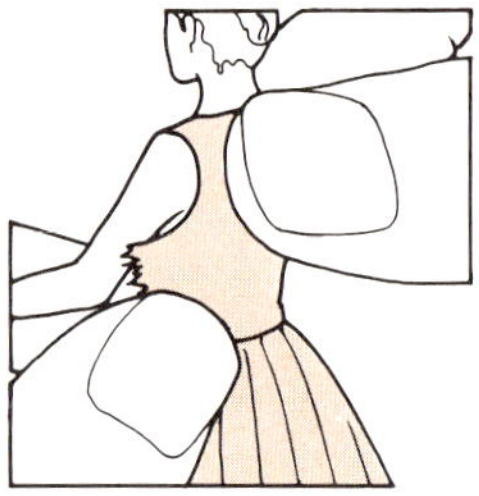

1 *Zuerst den Rock anpassen, dann direkt unter dem Hals das Rückenteil ansetzen, so daß es unter den Achseln und auf der Schulter gut sitzt.*

2 *Auf dieselbe Weise die beiden Vordermiederteile ansetzen, wobei die beiden Teile vorn und unten leicht überlappen.*

3 *Am Schluß wird noch ein Plastikstreifen als Gürtel aufgesetzt.*

Schürze

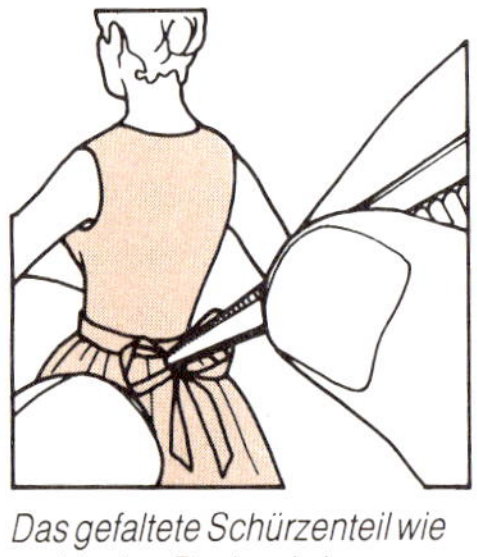

Das gefaltete Schürzenteil wie vorhin den Rock anbringen. Aus dünnem Klebeband einen Taillengürtel hinzufügen.

Jacke aus Kunststoff

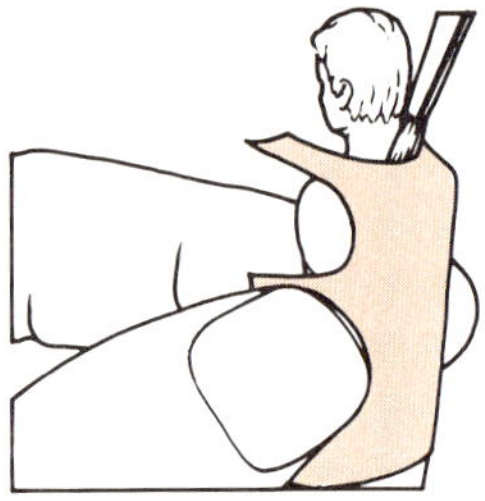

1 *Zwischen die Schultern das Rückenteil ansetzen. Von der Mitte aus modellieren, wobei zum Ausfüllen des Rückens auch flüssiges Polystyrol eingefüllt werden kann.*

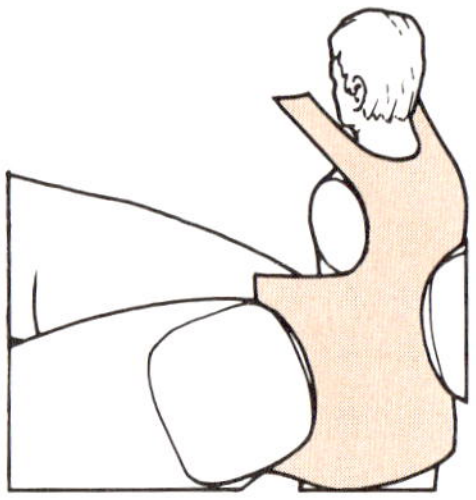

2 *Die beiden Seiten des Rückenteils um die Finger herum nach vorn festziehen. Vor der Linie Ärmelloch/Schulter die vorstehenden Teile abschneiden.*

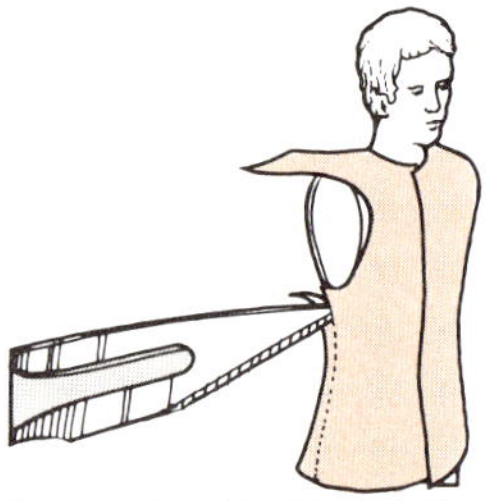

3 *Nun die beiden Vorderteile ankleben. An der Seite und auf den Schultern so abschneiden, daß die Kanten aneinanderstoßen.*

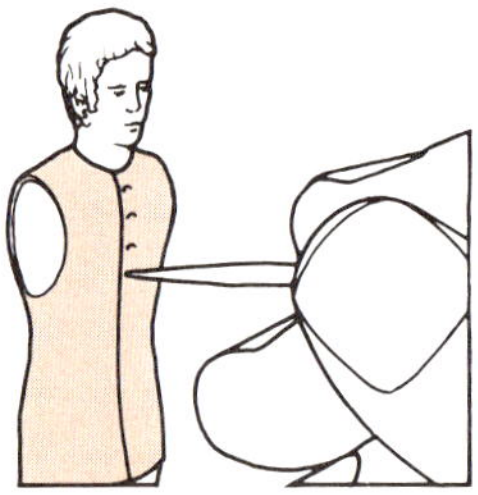

4 *Solange der Kunststoff noch weich ist, mit einem Zahnstocher die Stellen der Knöpfe markieren.*

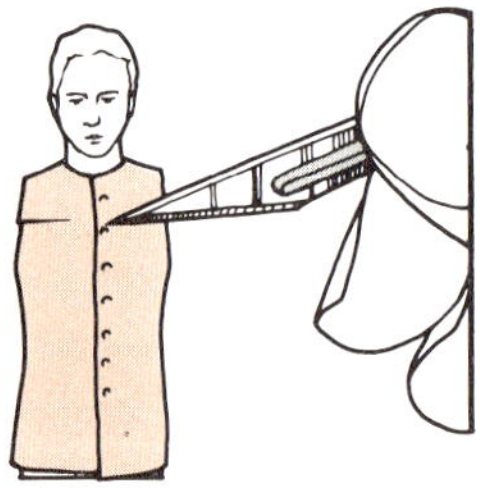

5 *Auf jeder Seite einen kleinen Schnitt von der Brust zum Ärmelloch durchführen; an dieser Stelle kann der Kunststoff überlappen. Die auftragende Kante kann nach dem Trocknen abgefeilt werden.*

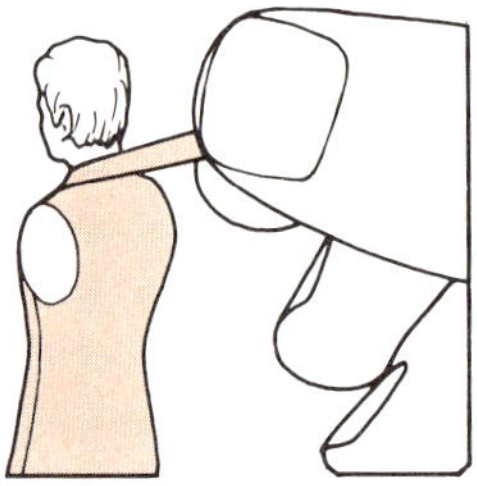

6 *Den Kragen länger abschneiden als benötigt. Ein Ende zuerst ankleben, dann den Kragen um den Nacken verkleben. Wenn der Leim abgebunden hat, wird das überstehende Ende abgeschnitten.*

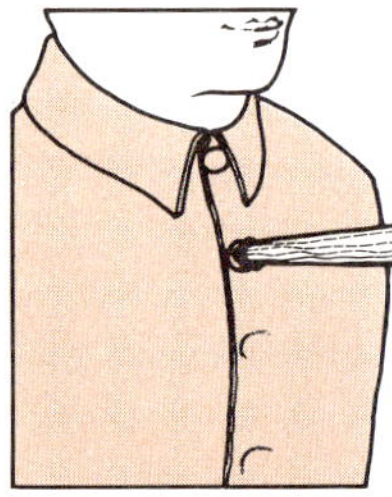

7 *Aus dünnen Plastikstäbchen scheibchenweise Knöpfe schneiden und aufkleben.*

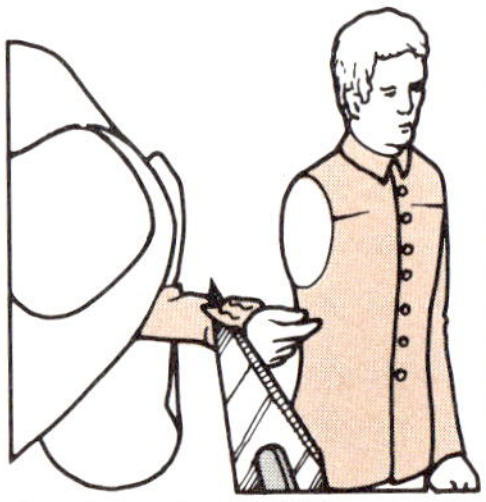

8 *Arme einer nicht benutzten Figur nehmen. Nötigenfalls die Manschetten ändern.*

Taschen

Es gibt verschiedene Arten von Taschen, doch alle sind sehr leicht zu modellieren. Soll es eine aufgesetzte Tasche sein, wird einfach ein quadratisches oder rechteckiges Stück Kunststoff aufgeklebt. Eine Innentasche mit Klappe besteht nur aus der aufgeleimten Klappe. Indem man zusätzlich Knöpfe oder Knopflöcher simuliert, wird der realistische Eindruck verstärkt. Aus Plastikstäben Knöpfe schneiden oder mit dicker Ölfarbe aufmalen.

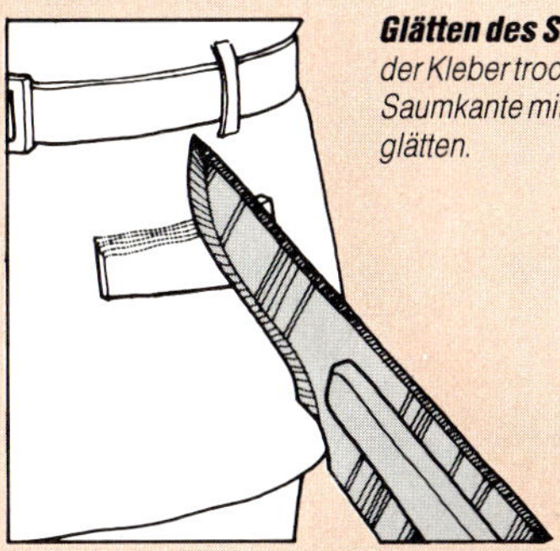

Glätten des Saums *Wenn der Kleber trocken ist, die Saumkante mit einem Messer glätten.*

Schneiden des Knopflochs *Die Taschenklappe mit einem Messer einschneiden, um das Knopfloch zu markieren.*

Hosen

Wenn Hosen modelliert werden, müssen häufig nur die Hosenbeine unterhalb des Knies neu gemacht werden. Man wickelt einfach Papier oder Kunststoff um den Unterschenkel und klebt diese Röhre am Knie an.

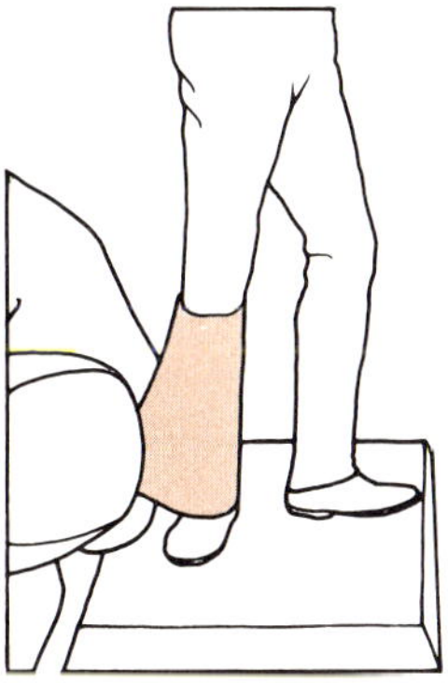

Formen des Hosenbeins *Das Hosenbein unterhalb des Knies aus weichem Kunststoff wickeln. Wenn der Kleber trocken ist, überstehende Ränder sorgfältig abschneiden.*

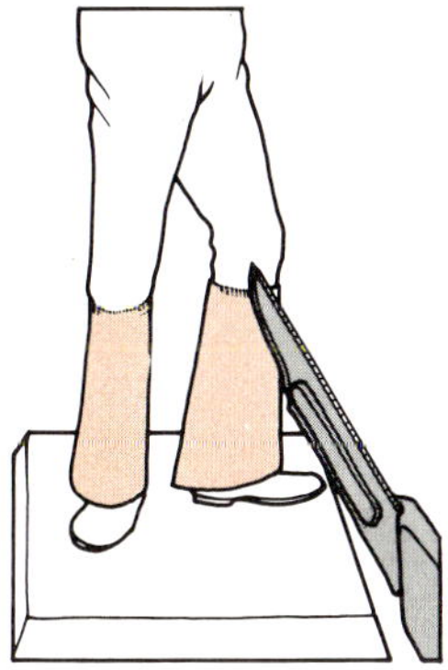

Versäubern der Hosenbeine *Die Klebestellen entweder glattschaben oder, je nach dem modischen Stil, als Saum besonders betonen. Rings um das Knie können noch Stoffalten modelliert werden.*

Stiefel und Gamaschen

Viele Figuren tragen auch hohe Stiefel, Wickel- oder Pelzgamaschen. Lederstiefel können modelliert werden, indem die Unterschenkel beschnitten oder die Stiefel mit Füller geformt werden. Sporen werden aus einem Stückchen dünnem Draht geformt, der um den Absatz gewickelt wird. Dünne und schmale Kunststoffstreifen, um den Unterschenkel gewickelt und an mehreren Stellen verklebt, ergeben sehr echt aussehende Wickelgamaschen. Soll die Figur Pelzstiefel tragen, werden die Unterschenkel mit dickerem Kunststoff umwickelt, der dann mit der Kaltnadel – bevor er hart wird – bearbeitet wird.

Die Gamaschen (links) wurden mit einer Kaltnadel modelliert.

Zum Biegen der Sporen für die Stiefel wird entweder feiner Blumendraht benötigt, der mit Silberbronze gefärbt werden sollte, oder sehr feiner Silberdraht.

Damit dieser beim Biegen nicht beschädigt werden kann, ist ein Feinwerkzeug empfehlenswert, welches die Drahtoberfläche schont: Eine feine Zange oder eine Pinzette können gute Dienste leisten.

Wenn die Stiefel modelliert sind, müssen sie gut getrocknet sein, ehe sie (an die Beinstümpfe) angeklebt werden. Ebenso sollte der Kleber gut abgebunden sein, bevor mit einem feinen Pinsel das Schwarz oder Braun der Stiefel aufgetragen wird. Leichte oder stärkere Verschmutzungen der Stiefel tupft man mit der Pinselspitze im jeweiligen Farbton flächig oder auch plastisch (z. B. Acrylfarbe oder Caseinfarbe) auf.

Der Vorgang des Auftupfens muß zügig vor sich gehen, da die Farben in der geringen Menge an der Pinselspitze sehr schnell antrocknen und dann nicht mehr löslich sind.

Wickeln von Gamaschen *Den Plastikstreifen straff um den Unterschenkel wickeln, aber nicht zu gleichmäßig. Darauf achten, daß die Ränder nicht mit Leim verschmiert werden, denn gerade die Ränder ergeben sehr hübsche Detailwirkung, wenn die Figur fertig angemalt ist.*

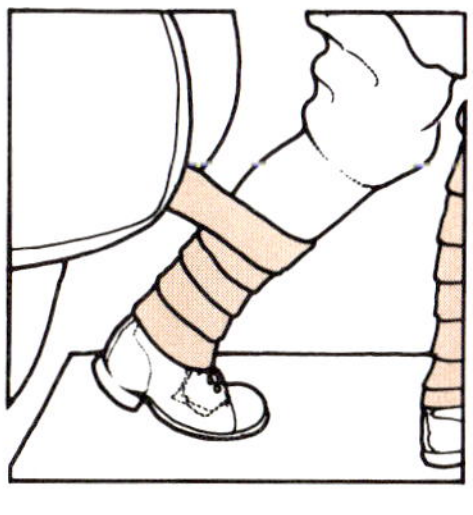

Pferde

Zu vielen Dioramen gehören häufig Pferde, so daß gerade die Art und Weise, wie ein Pferd modelliert werden kann, besonders wichtig ist. Nicht nur, daß jedes einzelne Teil des Modells exakt zusammengesetzt werden muß, auch die Zubehörteile wie Sattel und Zaumzeug müssen richtig sitzen. Indem man zusätzlich noch einige Teile selbst modelliert, wird die szenische Wirkung des Pferdes ungleich stärker. Wie Bausatzfiguren können auch die Pferde verändert werden. Zu Pferden gehört meistens auch ein Reiter. Im folgenden wird geschildert, wie er aufgesetzt werden muß.

Zusammenbau von Pferden

1 *Zuerst die beiden größten Körperhälften miteinander gut verkleben. Darauf achten, daß die Beine, die den Boden berühren sollen, dies auch nach dem Kleben noch tun.*

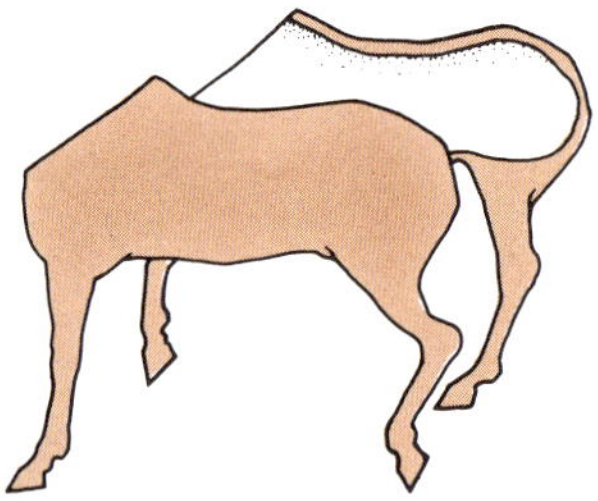

2 *Den Kopf so an den Körper anpassen, daß der Übergang zwischen Hals und Körper nicht zu bemerken ist; die Fläche muß glatt ineinander übergehen. Mit Feile und Messer die Kanten und den an der Verbindungsstelle herausquellenden Kleber abschaben. Eventuelle Ritzen ausspachteln. Wenn die Ohren nicht schon angegossen sind, müssen sie im richtigen Winkel angeklebt werden. Auch hier die Verbindungsstellen ausspachteln.*

3 *Die Mähne an das Pferd halten, ein paar Tupfer Flüssigkleber darauf geben und die Mähne noch zurechtlegen. Ist die Position richtig, die Mähne in der ganzen Länge ankleben, wobei sie fest auf den Nacken gepreßt wird, damit die Verbindung dicht bleibt. Die Stirnlocke anpassen und verkleben; sie muß genau zwischen die Ohren passen.*

4 *Möglicherweise muß der Schwanz noch etwas gefeilt werden, damit er exakt an den Rumpf paßt. Wenn der Schwanz leicht gelockt oder etwas stärker betont werden soll, dann geschieht dies mit einem Pyrographen (siehe Abbildung rechts). In diesem Fall empfiehlt es sich, die Schwanzunterseite zu bearbeiten, bevor sie angeklebt wird.*

Anpassen der Hufeisen *Zuerst in die Hinterseite des Hufes eine V-förmige Vertiefung feilen; an der Hufunterseite mit dem Messer eine leichte Höhlung herausschälen, dann das Hufeisen ankleben.*

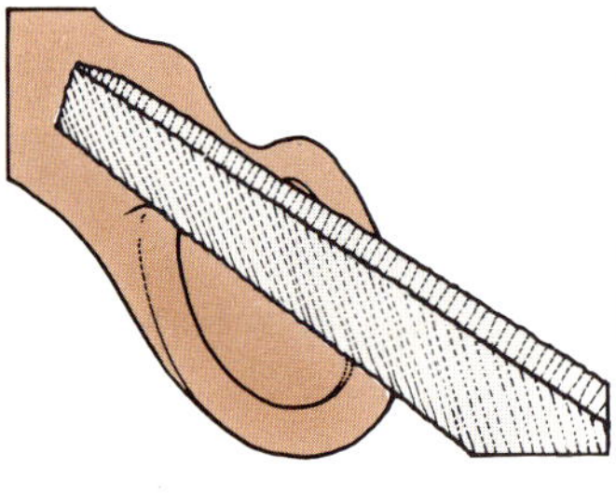

Mähne

Mähne und Schwanz können auf einfache Weise mit einem Pyrographen verschönt werden. Das geht genau wie beim menschlichen Haar (siehe Seite 116). Dabei wird immer in der Richtung des Naturhaars gearbeitet. So werden die vorher erzeugten Rillen und Ritzen teilweise überdeckt. Man sollte aber die gegossene Form nicht völlig verändern, damit der Schwanz noch Plastizität und Bewegung behält. Man fängt mit dem Schwanz an (siehe untenstehende Abbildung). Dann nimmt man sich die Mähne vor; sie wird so eingeritzt, daß die Kerben sich ganz dünn bis auf den Pferdekörper erstrecken. Durch diese Technik wird erreicht, daß die Mähne nicht mehr wie ein vom Körper separates Stück Kunststoff wirkt. Auch der Nackenrist wird so „natürlich" gelegt.

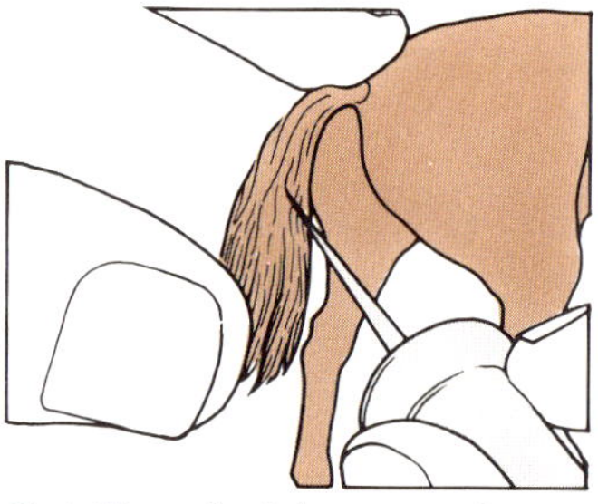

Modellieren des Schwanzes *Den Kunststoff zuerst mit dem Pyrographen bearbeiten, damit das Material seine starre, eintönige Fläche verliert. Dann die grobe Linierung verfeinern, unter anderem durch das Modellieren von Vertiefungen.*

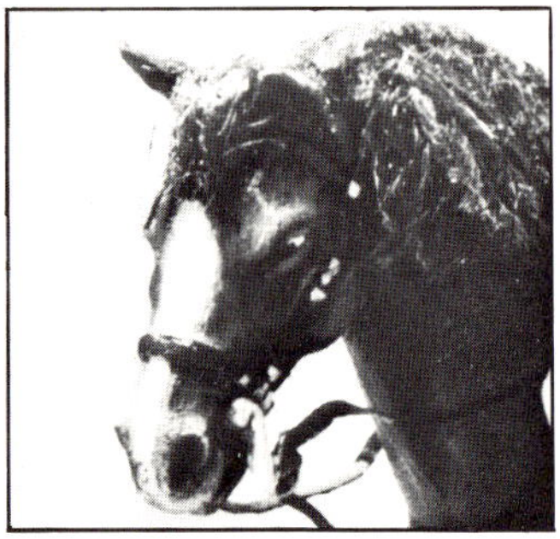

Ein sehr schöner Effekt wurde hier erzielt, indem das Modellhaar durch eine selbstgemachte Mähne aus richtigem Haar ersetzt wurde.

Anbringen von Sattel und Zaumzeug

Bevor man Sattel und Zaumzeug am Pferd anbringt, muß man sich darüber im klaren sein, wie das Modell angemalt werden soll. Denn oft ist es einfacher, zuerst das Pferd zu bemalen und dann erst die übrige Ausrüstung anzubringen.

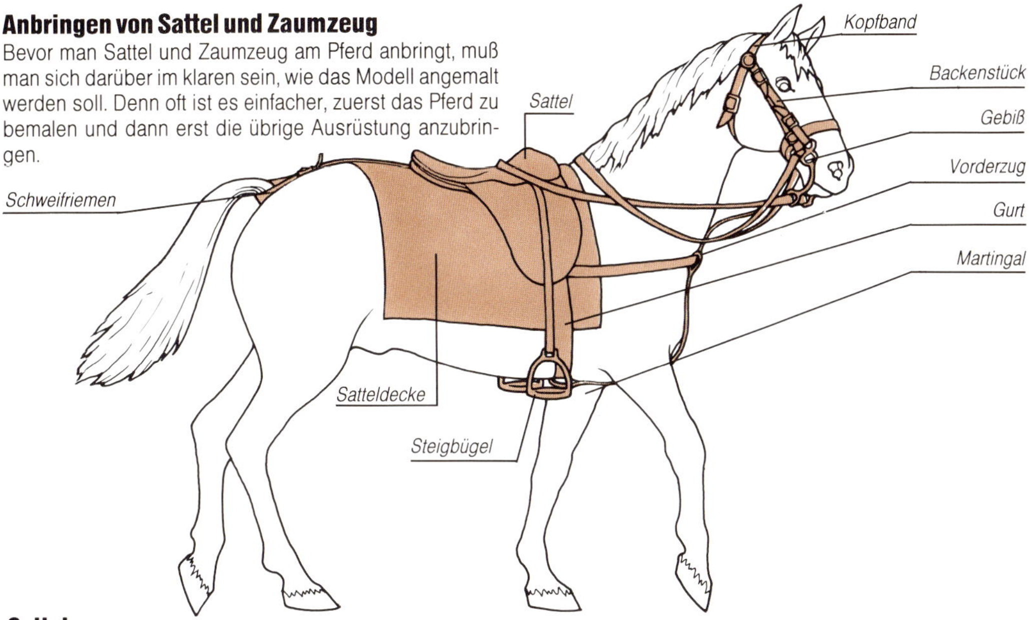

Sattelzeug

Das Pferd wird auf einer provisorischen Unterlage angeklebt. Dann wird als erstes Ausrüstungsstück die Satteldecke gut angepaßt. Damit sie fest anliegt, wird sie an der Unterseite passend geschabt und geschliffen. Wenn dies nichts hilft, muß nötigenfalls eine neue Satteldecke aus Gaze, Seidenpapier oder dünnem Kunststoff angefertigt werden.

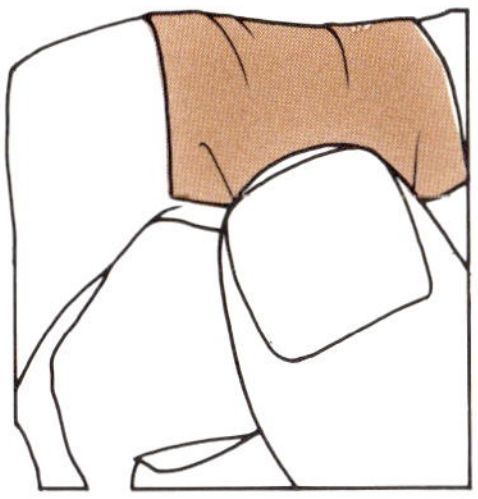

Modellieren einer neuen Satteldecke *Mit dünnem Weißleim Seidenpapier auf den Pferderücken kleben. Die Decke muß zu beiden Seiten vorbildgetreu herunterhängen.*

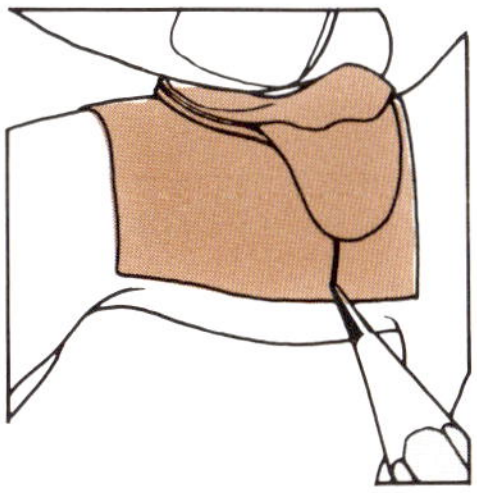

Anpassen von Sattel und Sattelgurt *Die Position markieren. Die Ränder des Sattels und den Verlauf der Gurte exakt anzeichnen.*

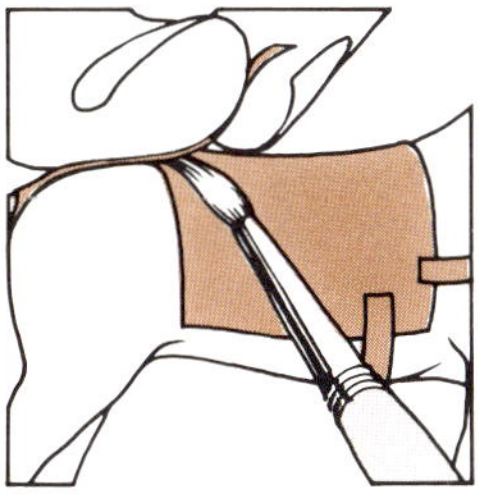

Anbringen von Gurt, Vorderzug und Schweifriemen *Ihre Enden müssen bis unter den Sattel reichen. Dort werden sie nach dem Trocknen des Klebers ausgedünnt.*

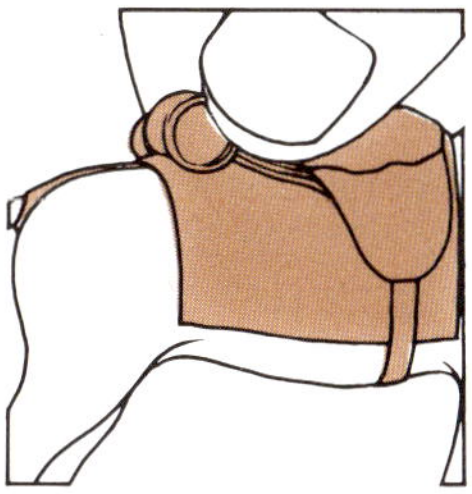

Aufsetzen des Sattels *Zum Schluß den Sattel aufkleben, ebenso Beutel, Taschen oder anderes Packzeug.*

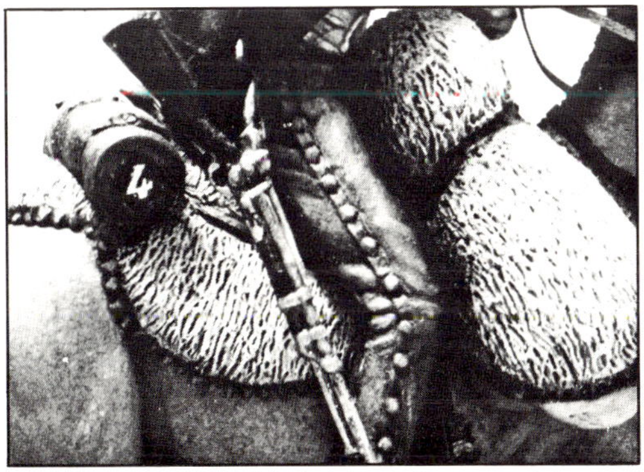

Jeder Sattel, ob aus Schaffell oder Leder, sollte so gut auf den Pferderücken passen wie dieser hier.

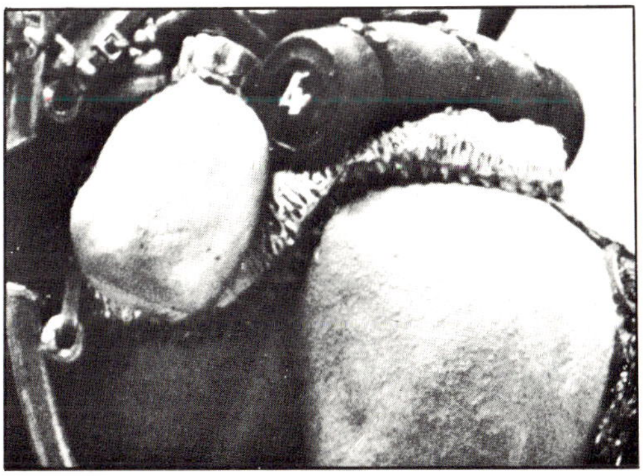

Jedes Teil der Ausrüstung ist auf dem Pferderücken sorgfältig befestigt.

Reiter

Wichtig ist, daß das Pferd immer vor dem Reiter modelliert wird, denn der Reiter kann besser dem Pferd angepaßt werden als umgekehrt.
Zuerst wird der Reiter ohne Arme auf das Pferd gesetzt und auf richtigen Sitz überprüft. Sattel und die Innenseite der Reiterschenkel werden geschabt und geschliffen. Auf diese Weise wird der Eindruck simuliert, daß das Gewicht des Reiters sich eindrückt. Mit kleinen Stückchen doppelseitigem Selbstklebeband wird der Reiter provisorisch im Sattel gehalten, während der Zügelarm in Stellung gebracht wird (siehe unten).
Der andere Arm wird in der entsprechenden Position angeleimt. Einige Reiter feuern eine Waffe ab, andere halten den Arm an der Seite, zum Beispiel bei der Parade. Nun werden Roß und Reiter getrennt bemalt, dann endgültig zusammengeklebt.
Soll das Pferd viele Packtaschen tragen, kann man die Reihenfolge der Montierung auch ändern. Dann wird zuerst der Reiter, danach werden die Packtaschen am Sattel befestigt; Reiter und Packtaschen werden aber getrennt angemalt.

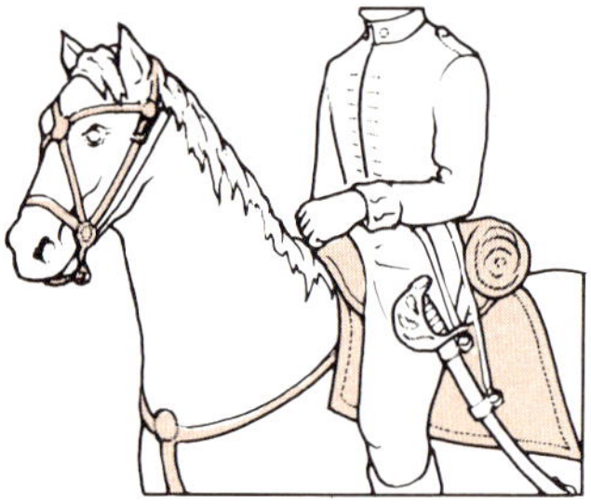

Einrichten des Zügelarms *Den Zügelarm so halten, daß der Unterarm waagerecht in Linie mit dem Pferdemaul ist.*

Beachtenswert an dieser Figur ist, wie natürlich und exakt sie im Sattel sitzt.

Zaumzeug und Zügel

Das Zaumzeug ist gewöhnlich am Pferd vormodelliert, andernfalls muß es vor der Mähne und der Stirnlocke befestigt werden. Die Zügel werden erst dann angebracht, wenn das Pferd schon bemalt oder wenn die bemalte Figur schon auf dem Pferd verleimt ist. Die Zügel werden so befestigt, wie es für die Gewehrriemen beschrieben worden ist (siehe Seite 121). Dabei werden die Zügel stets zuerst an einem Ende gesichert, dann aufgeweicht und in Form angelegt, zum Schluß dann am anderen Ende angeklebt. Wo die Zügel durch die Hand des Reiters führen sollen, werden sie einfach durchgeschnitten und zu beiden Seiten der Zügelhand angeklebt. Das vermittelt den Eindruck von durchgehenden Zügeln. Sollte der Kleber die Farbe angreifen, muß die Farbe nachher an dieser Stelle erneuert werden.

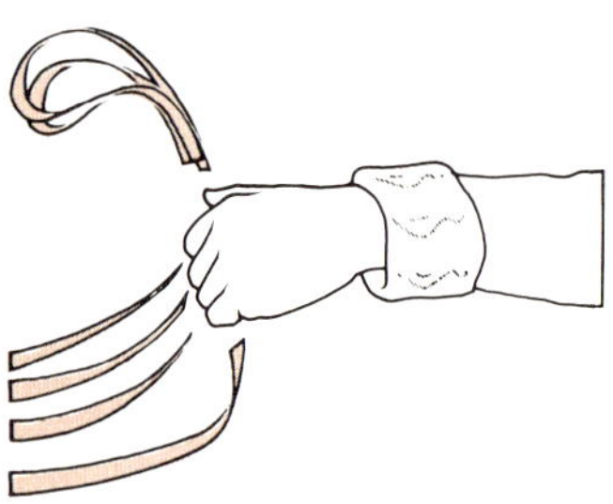

Befestigen der Zügel an der Zügelhand *Damit es aussieht, als ob die Zügel durch die Hand laufen, die Zügel einfach durchschneiden und dann an beiden Seiten der Zügelhand wieder zwischen Finger und Daumen befestigen.*

Sehr exakt gearbeitet an diesem Beispiel sind die Zügel.

Steigbügel

Steigbügel können auf zweierlei Arten befestigt werden. Man kann sie am Reiter ankleben, bevor er in den Sattel gesetzt wird. Ist der Reiter aber nicht auf dem Pferd, werden die Steigbügel am Sattelzeug befestigt.

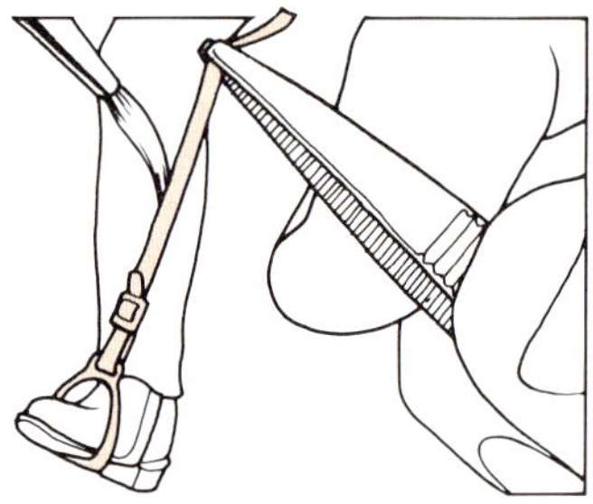

Befestigen der Steigbügel am Reiter
Die Steigbügel am Fußballen des Reiters ankleben. An die Steigbügel die Steigbügelriemen kleben, dann straff bis zur Innenseite der Schenkel spannen, so daß sie nicht mehr zu sehen sind. Wenn der Leim trocken ist, die Enden dünn abschleifen.

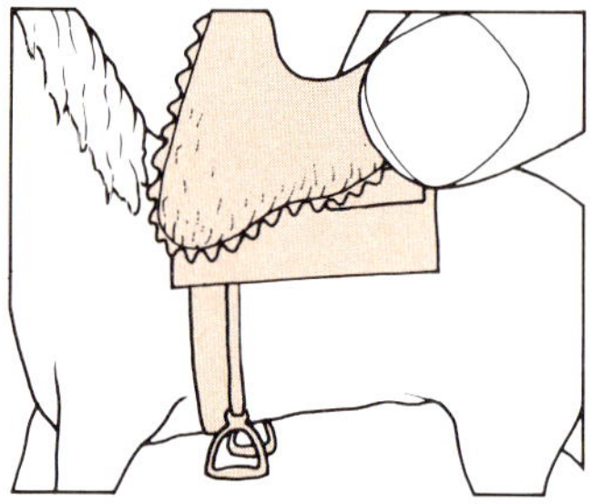

Befestigen der Steigbügel am Pferd
Den Steigbügelriemen in der richtigen Position am Sattel ankleben. Wichtig ist, daß der Bügelriemen aussieht, als wenn er vom Bügelgewicht straff gespannt wird.

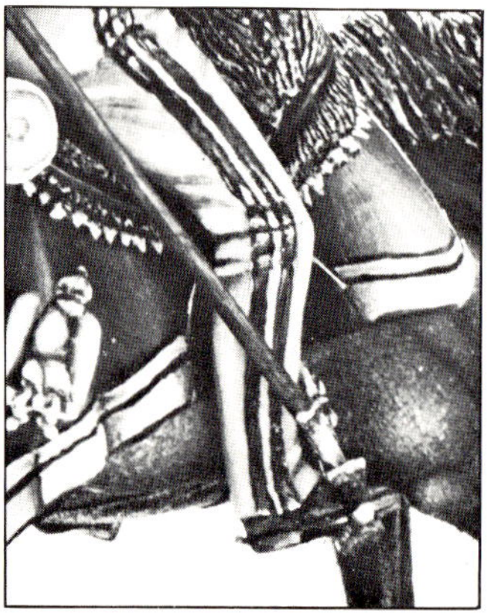

Der Unterschenkel des Reiters sollte leicht gebogen sein, der Fuß im Steigbügel leicht angewinkelt.

Veränderung der Körperhaltung des Pferdes

Wie Figuren, so müssen auch die Pferde manchmal verändert werden, weil sie eine andere Körperhaltung einnehmen. Dabei muß beachtet werden, wie Pferde ihre Beine bewegen, wenn sie vom Schritt über Trab, leichten Galopp und Galopp die verschiedenen Gangarten einschlagen.

Die Hauptschwierigkeit bei der Veränderung des Pferdemodells bilden die Sehnen und Muskeln. Hinzu kommt, daß Modellbauer im allgemeinen wenig Gelegenheit haben, dies am lebendigen Pferd zu beobachten. Dennoch geben die verschiedenen Einzelteile der Bausätze sehr viele Möglichkeiten, die einzelnen Posen durchzuspielen. Weitere Varianten sind möglich, indem die beiden Körperhälften in Vorder- und Hinterviertel geteilt und neu kombiniert werden. Dabei wird eine Feinsäge mit engen Zähnen benutzt.

Auf Seite 134 sind einige Grundtechniken geschildert, wie der Pferdekopf seine Haltung verändert, wenn der Reiter dem Pferd zum vollen Galopp die Zügel schießen läßt. Ebenso kann der Hals gedreht werden, wenn gezeigt werden soll, daß sich das Pferd sehr schnell auf der Stelle drehen soll, oder wenn es zu Boden gestürzt ist oder sich wieder aufrichten will. Nach derselben Methode, wie der Hals verstellt wird, können auch die Beine verdreht werden. Soll die Bewegung sehr intensiv wirken, können die Beine auch durchgeschnitten und neu wieder verleimt werden, wie es am Beispiel der Figuren gezeigt wird.

Kopf und Hals sind hier verändert worden, um ein sehr unruhiges Pferd zu zeigen, das den Kopf auf- und niederbewegt und auf die Kandare beißt.

Der Körper dieses Pferdes ist so verändert worden, daß das Tier tot aussieht. Besonders zu beachten sind hier die geknickten Beine und der Kopf.

Grundgangarten

Verändern der Kopfstellung

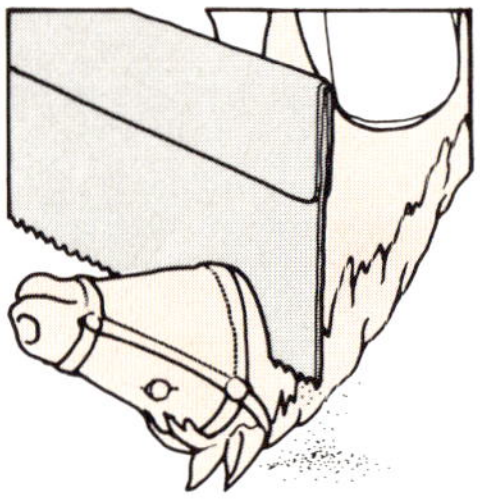

Hochgereckter Kopf *Den Schnitt unten am Hals in Richtung der Ohren durchführen.*

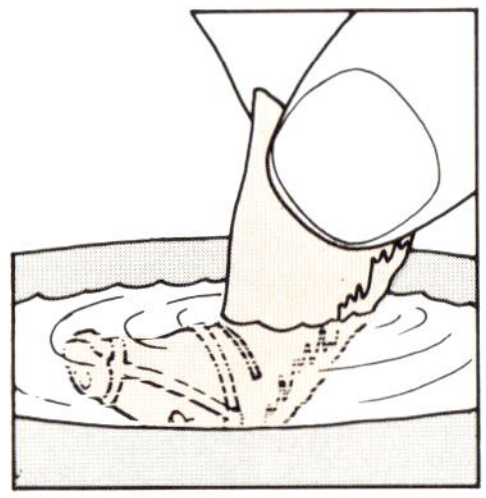

Der Kopf wird erweicht, indem man ihn bis zum Hals in eine Schüssel heißes Wasser hält.

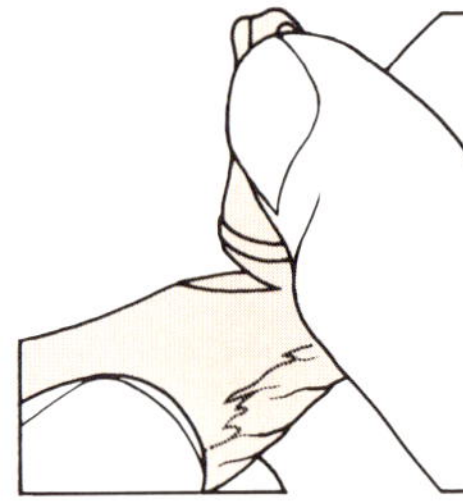

Den Kopf in die neue Position recken.

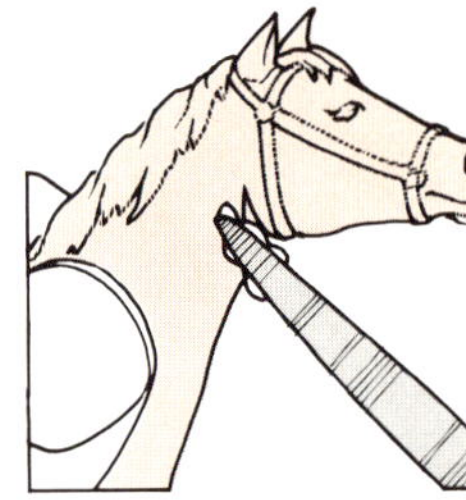

Nach dem Erkalten den Spalt an der Kehle verfüllen und neu modellieren.

Hier sind alle vier Beine des Pferdes gestreckt, um zu zeigen, daß das Pferd in die Schlacht galoppiert.

Der Kopf des Pferdes unten wird durch die Zügel zur Brust hingezogen.

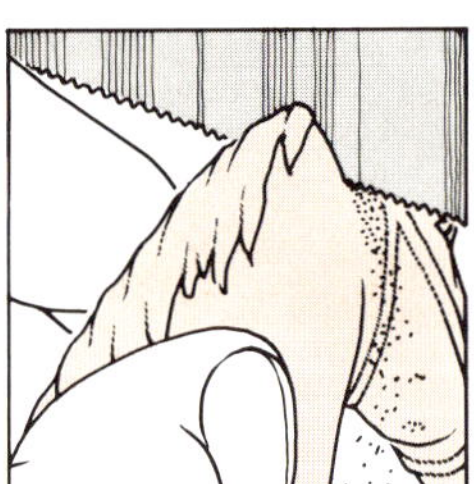

Zügeln des Kopfes *Hinter den Ohren einen Spalt sägen. Kopf und Hals in heißem Wasser aufweichen.*

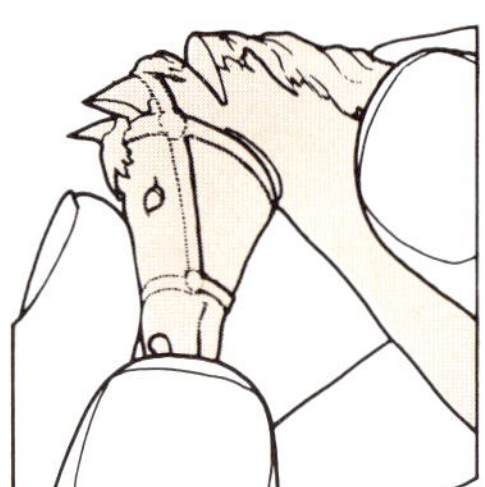

Den Kopf zur Brust hindrücken. Nach dem Erkalten den Nacken nachmodellieren.

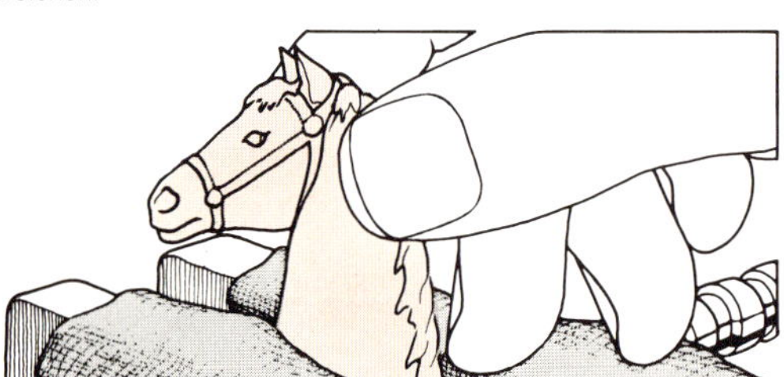

Drehen des Nackens *Kopf und Nacken in heißem Wasser einweichen, dann nicht zu fest in den Schraubstock spannen. Beim Drehen des Halses entstehen natürlich wirkende Muskelstränge.*

Dioramen und Landschaften

Verschiedene Dioramentypen

Ein Diorama ist eine Miniaturszenerie, ganz oder teilweise dreidimensional, wobei die Figuren oder Objekte in einer natürlichen Umgebung gezeigt werden. Normalerweise ist ein Diorama in einem Kasten arrangiert, wobei die Szenerie von vorn durch ein Schaufenster betrachtet wird. Der Beschauer erlebt die Szene dadurch plastisch. Dioramen in Kästen ermöglichen es, eine Szene zu zeigen, die auf einer nach allen Seiten offenen Plattform nur schwierig darzustellen ist. Eine große Schlacht zum Beispiel kann schon anhand weniger Schlüsselfiguren suggeriert werden, die in einem Kasten gezeigt werden, der durch einen gemalten Hintergrund die Illusion der Perspektive gibt. Würde die Szene dagegen ohne diese Illusion, sondern realistisch dargestellt, wären viel mehr Figuren und ein größerer Schauplatz erforderlich. Dioramen im Schaukasten können farbig angestrahlt werden, damit der Effekt des Sonnenlichts oder des Mondscheins erreicht wird.

Mehr verbreitet jedoch ist der offene Schauplatz, auf dem die Modelle auf einer offenen Szenerie ohne Wände und mit einem Minimum an Hintergrund verteilt werden. Hier wird der realistische Eindruck nur durch die Modelle selbst und den realistisch gehaltenen „Erdboden" erzielt. Die meisten Modelle erzielen auch dadurch beim Betrachter eine stärkere Wirkung, weil sie bis ins kleinste Detail ausgearbeitet sind und weil es schade wäre, wenn der Zuschauer sie nur aus einem einzigen, dazu noch eingeengten Blickwinkel sehen könnte. Auf offener Szene werden meistens die nicht beweglichen Modelle aller Art gezeigt.

In dem folgenden Kapitel wird demonstriert, wie beide, das Diorama und der offene Szenenschauplatz, geplant und gestaltet werden. Dazu gehören auch Beispiele der verschiedenen Landschaften mit Gebäuden und Malanleitungen und schließlich auch eine Liste von Spezialeffekten wie Eis und Schnee auf Bäumen und Sträuchern. Die letztgenannten Effekte können übrigens auch für Modelleisenbahnen verwendet werden.

Die Konzentration der Häusergruppe innerhalb des Ausschnitts und ihre gegenseitige Anordnung tragen viel zum stimmungsvollen Gesamteindruck des Dioramas bei. Foto: Faller

Nicht eingefaßte Grundplatten werden dann benutzt, wenn eine sehr detailgetreue Figur oder eine kleine Gruppe ausgestellt werden soll.

Planung eines Dioramas

Beide Typen, das geschlossene Diorama wie die offene Szene, verlangen sorgfältige Planung, bevor das erste Gebäude aufgestellt wird. Genaue und fesselnde Darstellung erfordert zuvor Überlegung und Forschung. Zuerst muß gesichert sein, daß die Szene genau und naturgetreu wird. Sie kann voller Aktion sein oder entspannt wirken.

Das fertige Diorama muß wie der gefrorene Augenblick eines Zeitablaufs sein, ähnlich einer Momentaufnahme im Foto, aber es sollte ebenso auch erzählen, was im Augenblick zuvor geschah oder im nächsten Augenblick noch geschehen wird. Will man ein Ereignis darstellen, das schon an sich ziemlich bekannt ist, dann muß das Diorama in seiner Gestaltung noch etwas deutlicher, stärker und betonter wirken, um Zeit und Schauplatz zu verdeutlichen. Jedes Detail sollte zu Stimmung und Atmosphäre beitragen. Wichtig ist auch, daß man bei einem Diorama nicht auf eine etwas lustigere Szene verzichtet, ob sie nun den Mittelpunkt darstellt oder sich nur am Rande abspielt. Gründliche Überlegung muß der Größe und der Form der Landschaft oder des Guckkastens gelten. Sie muß überzeugend und auch attraktiv sein. Sie muß das Modell wie ein Bild im Rahmen zeigen. Ist der Rahmen, ist die Landschaft zu groß, sind die einzelnen Szenenelemente zu weitläufig angeordnet, dann wirkt das Diorama leer und spannungsarm. Eine im Wortsinne dichte Szene verspricht Spannung und kann sogar den Eindruck erwecken, als ob die Modellfiguren im nächsten Augenblick in wahrer Lebensgröße anfangen würden, sich zu bewegen und zu agieren.

Die Hauptelemente des Dioramas dürfen nicht zu parallel und in einer Linie zu einer Seite des Schauplatzes angeordnet sein, im Gegenteil kommt Spannung auf, wenn die Anordnung der Figuren und Fahrzeuge die Symmetrie zerstört. Besser ist es, sie bewegen sich einen Hang hinauf oder herab, auch macht es sich gut, wenn sie leicht außerhalb der Mitte plaziert sind. Ebenso kann schon ein Stück Balsaholz, das unter eine Figur geklebt wird, die Figur anheben und dadurch für Spannung sorgen. Auch ein rauher Untergrund oder unregelmäßige Flächen bringen Abwechslung und lassen keine Monotonie aufkommen. Auf den Seiten 140 und 141 sind einige Beispiele geschildert, wie man einfache Landschaftskonturen wie Hügel und Täler aus Füllstoff oder Gips herstellen kann.

Befestigen des Modells am Szenenboden

Bevor man mit dem Bauen anfängt, sollte man sich auch darüber im klaren sein, wie sich das Diorama zusammensetzt. Will man eine einfache Figur in eine einfache Landschaft hineinstellen, wird es am besten sein, man modelliert zuerst die Figur fertig, befestigt sie an der Grundplatte, baut dann darum herum die Landschaft. Die provisorische Plattform der Figur soll dabei so klein wie möglich sein, und bevor man die Figur endgültig anklebt, sollte man verschiedene Positionen ausprobieren. Soll die Figur dagegen auf einem festen Untergrund stehen, wie zum Beispiel Straßenpflaster oder Beton, dann müssen Landschaft und Figur getrennt voneinander modelliert werden. Wenn die Figuren zusammengestellt werden, darf man nicht versäumen, in jeden Fuß ein Loch zu bohren und einen Stift einzuleimen (siehe Seite 115). Um die Figur auf die Modellplatte zu stellen, wird die provisorische Plattform entfernt, und für die beiden Fußstifte werden kleine Löcher in die Modellplatte gebohrt. Für ein Diorama mit verschiedenen Fahrzeugen und Figuren oder mit einem Fahrzeug, das sich über einen sehr rauhen Untergrund hinwegbewegt, sollte man Modelle und Modellplatte gleichzeitig modellieren, damit man bestmögliche Ergebnisse erzielt. So kann es beispielsweise ganz nützlich sein, einen Wagen schon in eine halbfertige Landschaft hineinzustellen, damit die Räder auch gut zu der Bodenbeschaffenheit an dieser Stelle passen.

Bau eines Schaukastendioramas

Der Schaukasten sollte aus Sperrholz oder Spanplatte gebaut werden, damit er stabil genug ist und sich nicht verbiegt. Er muß zudem hoch genug gebaut sein, damit der Betrachter beim Blick durch das Schaufenster nicht den Deckel sehen kann. Schließlich sollte auch das Konzept der szenischen Anordnung fertig sein, bevor man den Kasten baut.

Dabei sind drei Abschnitte zu beachten, in die sich die Szene aufteilt: Vordergrund, Mittelszene und Hintergrund. Das hauptsächliche Geschehen spielt sich meistens zwischen Vordergrund und Mittelszene ab, was nicht daran hindert, verschiedene Personengruppen so zu arrangieren, daß sie den Blick von vorn bis in die hinteren Partien lenken, wobei die Figuren dann auch noch in verschiedenen Maßstabsgrößen angeordnet werden können. Es kann nicht schaden, diese Szenenanordnung erst einmal probeweise aufzustellen. Dazu wird die Szene zuerst auf einem Tisch aufgebaut und durch einen Rahmen hindurch betrachtet, den man sich aus zwei L-förmigen Pappstreifen zusammenklebt. Auch wenn der Schaukasten fertiggebaut ist, werden die Figuren erst einmal probeweise hineingestellt. Dabei sollten die Personen im Vordergrund so angeordnet sein, daß der Blick des Betrachters auf den Hintergrund nicht verstellt wird. Damit der Eindruck der räumlichen Perspektive vorgetäuscht wird, muß der Vordergrund bis in kleinste Einzelheiten fein ausgearbeitet werden, der Hintergrund wird nicht so detailliert ausgebildet und auch in einem weicheren Farbton gehalten.

Aus dünner Pappe wird der Szenenhintergrund aufgestellt. Die Pappe wird rund gebogen, damit sie die beiden hinteren Ecken des Kastens verdeckt. Man kann auf diese Kulisse eine Landschaft malen, kann sich aber auch mit dem leichter zu malenden, einfachen Himmel begnügen. Hauptsache, daß die Szene im Vordergrund so aufgebaut ist, daß die Unterkante der Hintergrundkulisse verdeckt wird. Felsen, Bäume oder andere Kulissenstücke können vor diesem Horizont aufgestellt werden.

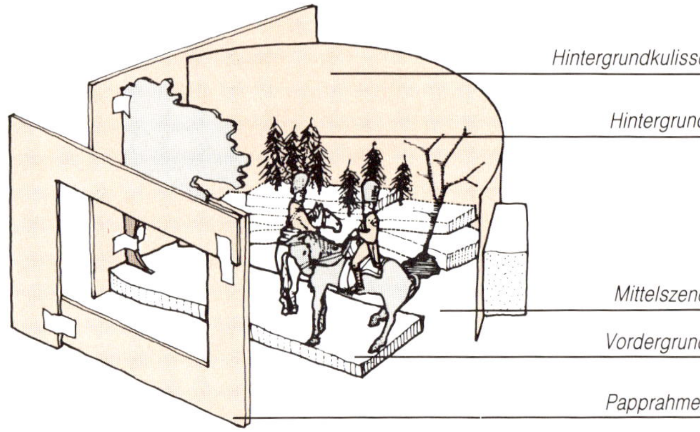

Entwurf der Szenerie *Die Szene proben, indem sie durch den provisorischen Bilderrahmen aus Pappe betrachtet wird. Klebeband macht es möglich, den Rahmen zu verstellen.*

Modellieren einer Straßenszene *Die Häuser in Flachreliefform anordnen; dadurch wird vermieden, daß sie einen unnatürlichen Schatten auf die Hintergrundkulisse werfen. Um die räumliche Tiefe vorzutäuschen, werden die Linien der Dächer und Hausfronten nach den perspektivischen Zeichenregeln nach hinten entsprechend enger.*

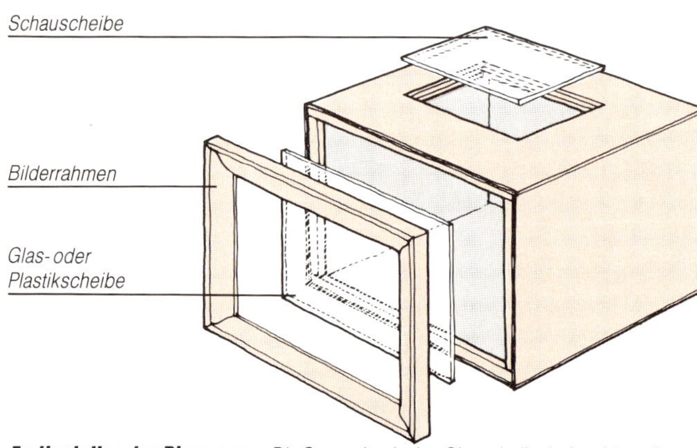

Fertigstellen des Dioramas *Die Szene durch eine Glasscheibe beleuchten, die an der Oberseite eingeklebt wird. Dadurch wird das Licht im Innern des Schaukastens gleichmäßig verteilt, und es gibt keine unnatürlichen Schatten auf dem Kulissenhintergrund. Vorne ein Schaufenster aus Plastik oder Glas einsetzen, das mit einem Bilderrahmen gefaßt ist.*

Auswahl der Grundplatte

Eine einzelne Figur oder Gruppe sieht ganz gut aus, wenn sie auf einer runden Grundplatte steht, weil hierbei kein bestimmter Blickwinkel vorgeschrieben ist, um die Szene zu betrachten. Obwohl eine quadratische oder rechteckige Grundplatte von allen Seiten aus betrachtet werden kann, laden die geraden Kanten dazu ein, das Modell von einer bestimmten Seite her anzusehen. Dies führt dazu, daß sich rechteckige Bodenplatten am besten eignen, wenn das Modell von einer bestimmten Seite aus am besten wirkt. Außerdem bietet die rechteckige Form den Vorteil, daß man in den Ecken noch zusätzliche Modelle oder ausschmückende Zutaten zum Hauptmodell unterbringen kann. Kleine Felsbrocken, unregelmäßige Schieferstücke oder Stücke Baumrinde eignen sich als dekorative Zutaten.

Diesem Diorama gibt ein Stück echtes Treibholz als Grundplatte die natürliche Geländeform.

Eine Grundplatte mit geraden Seitenkanten bietet sich für Modelle an, die aus einem bestimmten Blickwinkel angeschaut werden bzw. die mehr Platz benötigen für zusätzliche Details.

Soll eine Einzelfigur oder kleine Gruppe von allen Seiten betrachtet werden, ist eine runde Grundplatte am besten geeignet.

Bau einer Grundplatte

Die Platte, auf der ein Diorama gebaut werden kann, muß fest und stabil genug sein. Man kann diese Platten in den verschiedensten Formen und Größen kaufen. Die einfachsten sind aus Massivholz.

Im Fachhandel gibt es aber auch vorgeformte Landschaften aus Kunststoff, die man dann ausbauen kann. In vielen Fällen wird es aber besser sein, die Grundplatte selber zu bauen, denn dann kann man sie so entwerfen, wie es den eigenen Vorstellungen von der Szene entspricht.

Grundplatten aus Holz sind sehr einfach anzufertigen. Man nimmt ein Stück Spanplatte, Brett oder Sperrholz und befolgt die untenstehenden Anleitungen. Um das Brett später besser anfassen zu können (zum Anheben beispielsweise), klebt man eine Hartfaserplatte darunter, die an den Rändern etwa 10 mm kleiner als die Grundplatte ist.

Will man sein Modell auf eine relativ dünne Grundplatte stellen, nimmt man dazu ein Blech oder eine Plexiglasplatte. Gerade das Plexiglas kann recht wirkungsvoll sein, da seine Kanten kaum zu sehen sind. Man darf allerdings nicht versäumen, beide Platten, Blech und besonders das Plexiglas, so aufzurauhen, daß andere Materialien gut darauf aufgeklebt werden können. Pappe eignet sich nicht als Grundplatte, sie ist nicht fest genug und kann sich verwerfen. Ebensowenig sollte man daher Polystyrol nehmen, das nicht von anderem Material unterstützt ist.

Bau einer Grundplatte

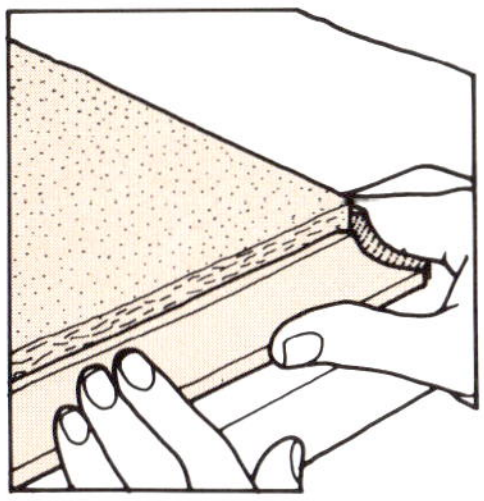

1 *Aus Spanplatte, einem Brett oder aus Sperrholz die Form sägen. Mit Bilderrahmen oder Kehlleisten die Kanten der Platte verkleiden. Die Rahmenleisten ringsum verkleben und an den Ecken auf Gehrung schneiden.*

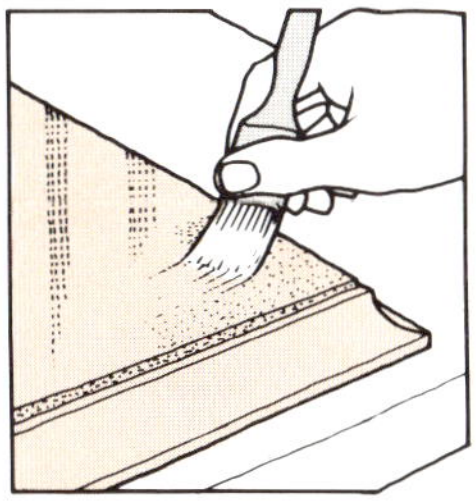

2 *Damit keine Feuchtigkeit in die Spanplatte einziehen kann, wird sie mit klarem Polyurethan bestrichen.*

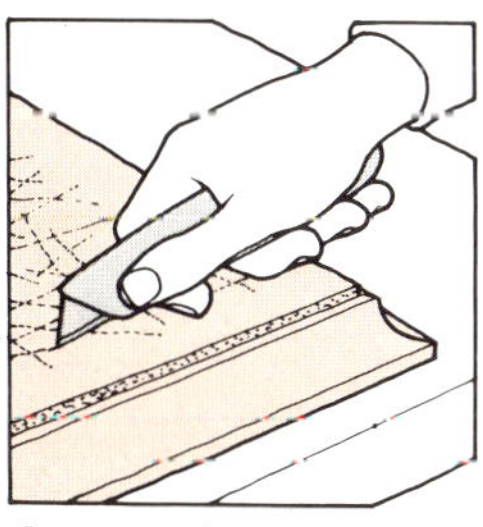

3 *Nötigenfalls die glatte Grundplatte aufrauhen, damit andere Materialien darauf haften können. Um die gerauhte Fläche zu versiegeln, wird sie mit Polyurethan überzogen.*

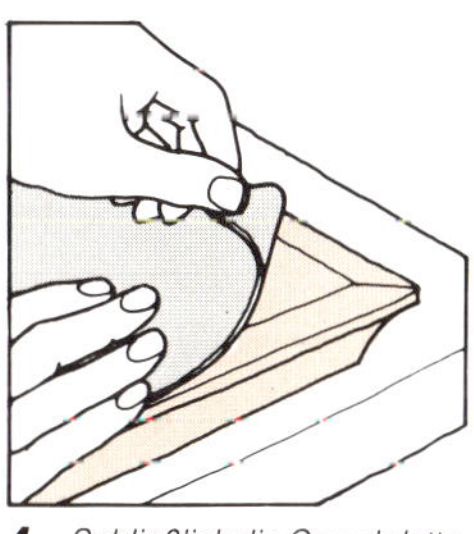

4 *Schließlich die Grundplatte an der Unterseite mit grünem Vlies oder Filz beziehen; so werden Kratzer auf polierten Tischen und Schränken vermieden.*

Bau von Geländeformen

Manchmal soll ein Modell auf einer flachen Ebene aufgestellt werden, wie zum Beispiel auf einer asphaltierten Straße oder Beton. In der überwiegenden Zahl der Beispiele jedoch müssen auf der Grundplatte Geländeformen aufgebaut werden. Wenn das Diorama später noch transportabel sein soll, spielt das Gewicht eine wichtige Rolle. Die Bauanleitungen auf dieser und der nächsten Seite verwenden jeweils leichtes Baumaterial.

Zusätzliche Details wie Bäume oder Felsen müssen in die Geländeformen eingefügt werden, solange sie noch weich sind. Sie werden in das Geländematerial hineingesteckt und zusätzlich mit ein paar Tropfen Weißleim gesichert. Schließlich wird die entsprechende Flächenstruktur wie Gras, Erde oder Sand aufgetragen.

Einfache Geländeformen

Einfache Geländeformen werden direkt aus weichem Material auf der Grundplatte modelliert. Am besten eignen sich dazu Knetmasse, Polyfill oder Schamottezement, alles Materialien, die sehr leicht mit der Hand oder einem Werkzeug geformt werden können.

Einfache Geländeform *Das Modellbaumaterial direkt auf die Grundplatte auftragen.*

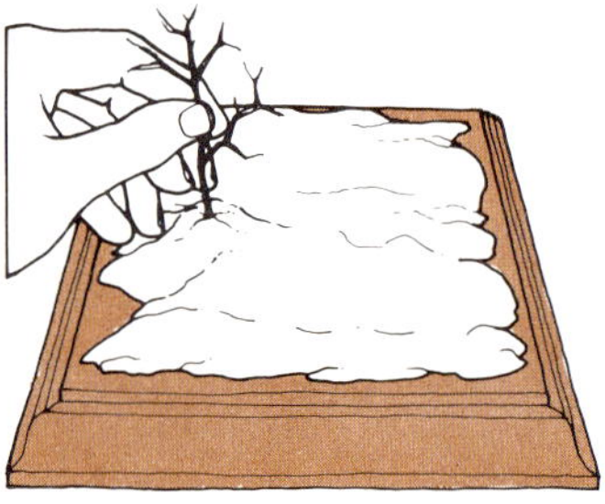

Zusätzliche Details *Steine, Pflanzen oder andere Landschaftsdetails in das Geländemodell stecken, solange es noch weich ist.*

Hügel

Hügel werden aus mehreren Lagen Polyurethanschaumstoff oder Polystyrol aufgebaut. Für niedrigere Hügel braucht man nur eine oder zwei Lagen, für größere Erhebungen entsprechend mehr. Beide Materialien sind relativ leicht und vergrößern daher kaum das Gesamtgewicht. Polyurethanschaum wird mit einer Laubsäge beschnitten. Polystyrol läßt sich mit einem scharfen Messer oder einem heißen Draht schneiden. Mit Weißleim werden die einzelnen Lagen aufeinander und auf die Grundplatte geklebt. Nach dem Trocknen formt man die Schichten mit einer groben Feile oder bearbeitet sie mit einem stumpfen Werkzeug, etwa einem Schraubendreher. Zum Schluß wird diese Hügelform dann noch mit Polyfill ausgeglichen (siehe Stufen zwei bis vier).

Bau kleiner Hügel

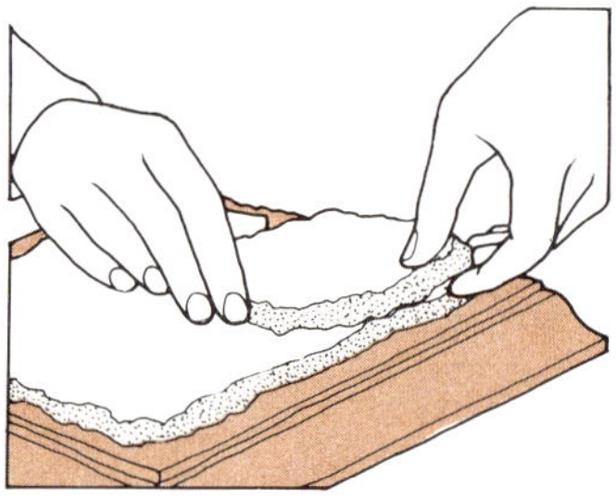

1 *Aus Polyurethanschaum oder Polystyrol in groben Umrissen Platten schneiden und auf die Grundplatte mit Weißleim kleben. Wenn nötig, auch Nägel benutzen.*

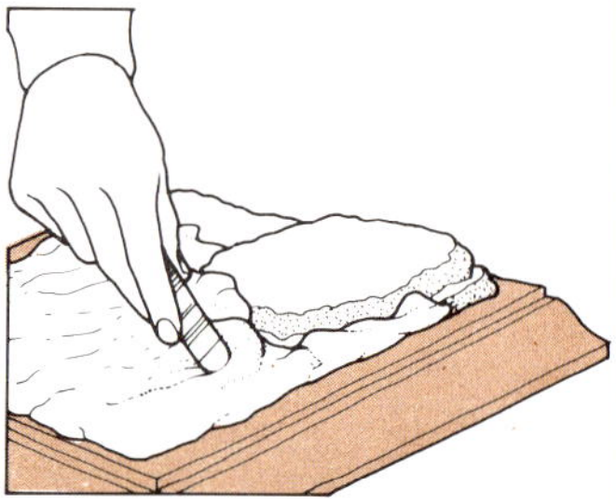

2 *Polyfill, zu einer groben Konsistenz gemischt, grob über die Hügelform streichen.*

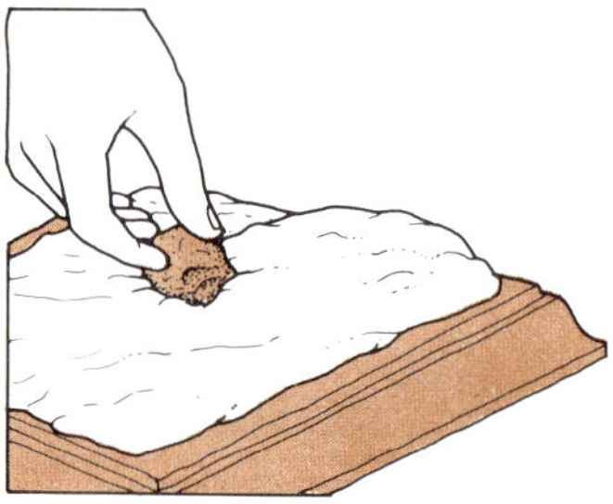

3 *Bevor das Füllmaterial erhärtet, Steinbrocken oder andere größere Formationen des Geländes eindrücken.*

4 *Nach dem Trocknen eine letzte Schicht von dünnem Polyfill oder dickflüssigem Weißleim auftragen. Auf diese letzte Schicht die Geländefeinteile wie Sand etc. auftragen.*

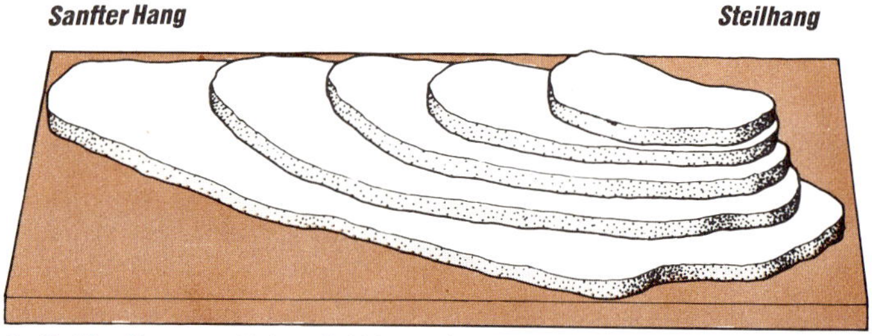

Große Hügelformen *Mehrere Schichten aufeinanderkleben. An Steilhängen sind die Stufen zwischen den Platten sehr schmal, an sanften Hängen gibt es breite Stufen. Die Bergform grob vorschneiden.*

Hohlraumgeländeform

Hohlraumgeländeformen bestehen aus einer Hohlschale, die über einem Holzgestell gebaut wird. Die Schale ist sehr dünn und leicht und wird bei Geländeformen verwendet, die entweder sehr weitläufig oder sehr hoch aufgebaut sind. Meist für Modelleisenbahnen gebaut, eignet sich diese Geländeform auch für Dioramen und in Kombination mit anderen Geländearten. Die Hohlschale selbst besteht aus Lappen oder Packpapier, das in Gips getaucht und dann über ein Netz aus Draht oder Pappstreifen gelegt wird. Ein Netz aus Hühner- oder Fliegendraht gibt eine große Festigkeit, aber ein Netz aus Pappstreifen ist billiger und leichter (siehe Abbildung rechts). Pappstreifen sind zudem biegsam und daher leichter zu formen. Obwohl nicht so stark wie ein Drahtnetz, hält das Pappgestell von selbst, wenn erst der Gips trocken ist. Ein weiterer Vorteil ist, daß man Pappe besser durchschneiden kann, wenn an irgendeiner Stelle ein Stück entfernt werden muß. Spezielle Bauformen für Eisenbahngelände wie beispielsweise Tunnel und Brücken werden auf den Seiten 187 bis 191 beschrieben.

Der Bau von Geländehohlformen

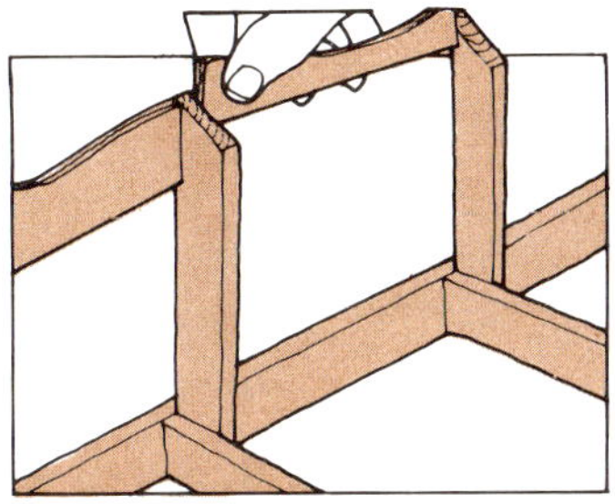

__1__ Aus Holz einen Grundrahmen bauen. An diesem Grundrahmen Sperrholzbrettchen befestigen, die schon grob die gewünschte Bergform andeuten.

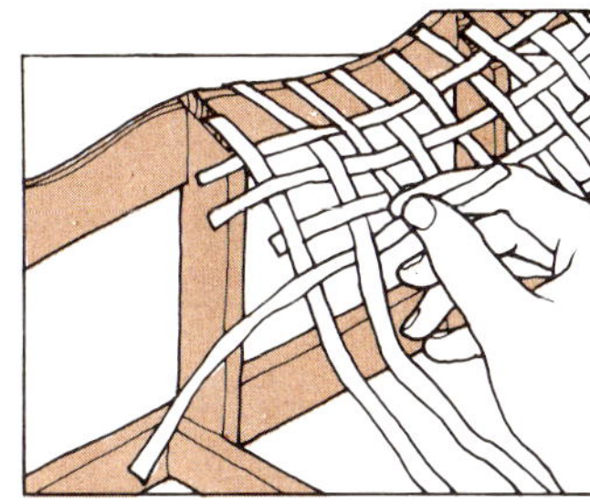

__2__ Ein Geflecht aus 10 mm breiten Pappstreifen an dem Gestell befestigen und schon wie die Geländekontur formen. Damit das Netz während der Arbeit hält, können dicke Ballen aus geknülltem Zeitungspapier als Stützen daruntergelegt werden.

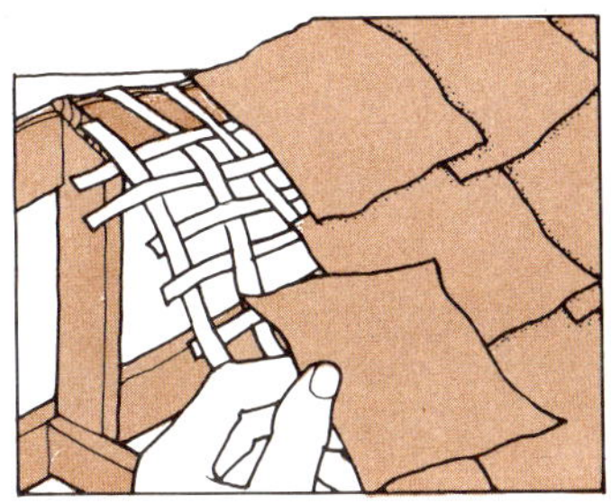

__3__ Quadrate der Größe 150 × 150 mm aus Tuch oder braunem Packpapier in Gips tauchen und auf das Netz legen. Nach dem Trocknen, falls erforderlich, eine zweite Lage zur Verstärkung aufbringen.

__4__ Mit Spachtel und Pinsel eine 3 bis 5 mm dicke Schicht Gips auftragen. Geländestrukturen wie Gras etc. auf den noch feuchten Gips aufbringen.

Netz aus Drahtgittergewebe *Bis zur erforderlichen Höhe Stücke Weichholz auf den Grundrahmen in den Längen schrauben, die für die höchsten und niedrigsten Geländepunkte erforderlich sind. Einzelne Stücke, Drahtgitter auf das Holzgerüst nageln oder klammern und dann in die gewünschten Konturen biegen.*

Hohlgeländeformen werden meistens für Modelleisenbahnen verwendet, da sie nur ein geringes Gewicht haben.

Felsen

Natürliche Steinstücke ergeben ohne großen Aufwand einen sehr realistischen Effekt. Man drückt sie einfach in eine Unterlage aus weichem Polyfill auf der Grundplatte, wobei man die kleineren Steine auch ankleben kann. Steine sind in allen Größen verwendbar: größere ergeben gute Klippen und Strandfelsen, kleine Steine sind Geröllbrocken, Steinsplitter stellen den Schotter am Eisenbahngleis dar.

Felsen aus Mörtelbrocken

Mörtelstücke haben zwar eine interessante Oberflächenstruktur, sind aber eintönig grau und müssen daher noch zusätzlich angemalt werden. Man sammelt sie an einer Baustelle oder rührt den Mörtel selber an.

Felsen aus Kork

Korkfelsen sind extrem leicht. Wenn es größere Felsbrokken sein sollen, bricht man große Korkstücke; kleine Steine und Geröll werden aus Krümeln modelliert. Entsprechend angemalt, sieht Kork sehr echt aus, hat allerdings nicht die feine Oberfläche wie echte Steine.

Gegossene Felsen

Gegossene Felsen, die sehr leicht sind, werden in einer Gummiform hergestellt. Das Material gibt es in Hobbyfachgeschäften. Diese selbstgemachten Kunstfelsen haben einen Vorzug: sie wirken mit echt aussehender Oberfläche sehr natürlich. Man sucht sich dazu einen Gesteinsbrocken mit schöner Maserung, wäscht ihn sauber und bürstet lossitzende Partikel ab. Dann nimmt man den Abdruck als Form und gießt darin den neuen Felsen.

Gießen eines Felsens

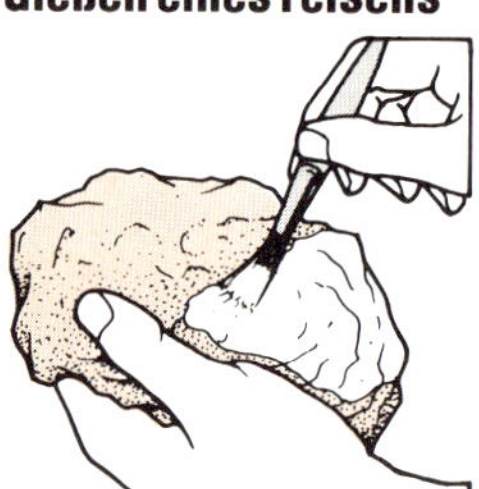

1 *Mehrere Lagen Latex aufstreichen, damit die Form stabil genug wird; nötigenfalls auch noch Gazegewebe dazwischenlegen. Wenn die Schichten trocken sind, die Form abziehen.*

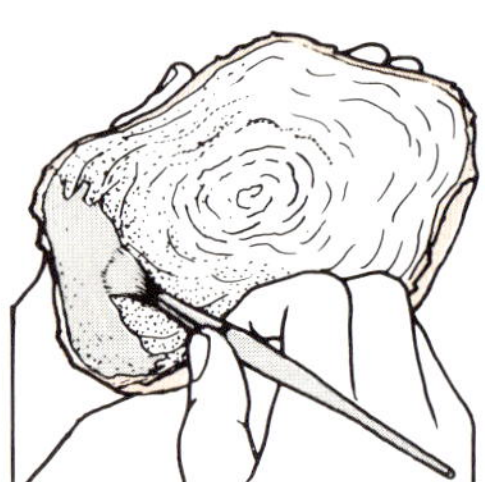

2 *In der Form Gips zu einer dicken Masse anrühren und mit dem Pinsel einstreichen; der Pinsel drückt die Gipsmasse gut in die kleinsten Vertiefungen der Latexform.*

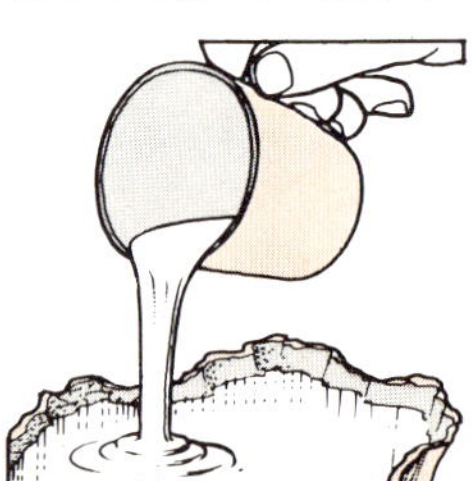

3 *Die Form mit Gips auffüllen.*

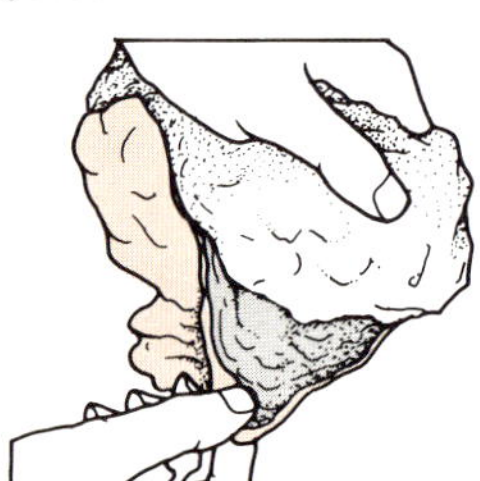

4 *Trocknen, Form entfernen, Felsen aufkleben.*

Sand

Sand, sofern er nicht in der eigenen Umgebung vorkommt, ist in allen Körnungen und Farbtönen auch im Hobbyfachhandel erhältlich. Er wird dadurch befestigt, daß man ihn auf eine Schicht Weißleim streut. Dabei kommt es darauf an, daß der Sand am Rand der Grundplatte eine natürliche Abgrenzung bildet.

Konturen

Um einfache Landschaftskonturen herzustellen, wird der Sand auf eine dicke Schicht Weißleim gestreut. Wenn der Leim trocknet, bildet er eine Haut und zieht sich unter dem Gewicht des Sandes unregelmäßig zusammen. Dadurch entstehen kleine Täler und Hügel. Diese einfache Technik ist besonders dort zu empfehlen, wo der Sand gegen andere Szenenelemente stößt, etwa gegen Felsen. Die Konturen können noch durch Farbe hervorgehoben werden.

Modellieren von Konturen
Auf eine dicke Schicht Weißleim Sand streuen.

Dünen

Bei jedem Modell muß der Sand immer von derselben Seite her aufgehäufelt werden, d. h. er liegt immer an derselben Seite der Felsen, Pflanzen oder anderer Gegenstände: weil dies auch in der Natur ein und derselben Windrichtung entspricht. Für eine Sandwehe oder Düne wird an die Windseite (Luv) etwas Weißleim gestrichen und dann Sand daraufgestreut. Zuviel Sand wird weggeblasen. Nach 15 Minuten wird die nächste Schicht dünn aufgetragen. Auf diese Weise wird die Düne bis zur gewünschten Höhe aufgebaut. Größere Dünen baut man besser aus Polystyrol (das auf die Grundplatte geklebt wird) und aus Polyfill, das obenauf gleichmäßig verteilt wird. Wenn das Polyfill antrocknet, wird es in Form gedrückt. Die endgültige Kontur modelliert man am trockenen Polyfill mit dem Messer.

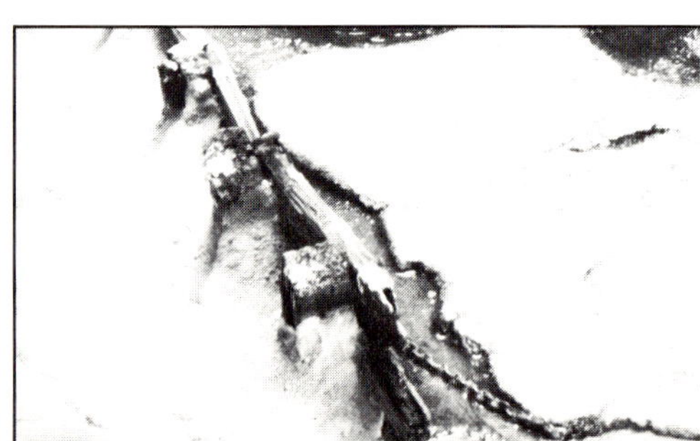

Diese große Sanddüne entstand aus Polyfill, das über ein Stück Polystyrol gespachtelt wurde.

Erde

Wenn eine Stelle rohe Erde enthalten soll, streut man Blumenerde dünn auf eine Lage noch feuchten Polyfills. Auch eine dicke Schicht Weißleim oder Knetmasse ist als Unterschicht brauchbar. Nach dem Trocknen wird die Erde noch dunkelerdfarben angemalt. Größere Flächen erfordern, um echt zu wirken, mehrere Farbbäder in den verschiedenen Brauntönen. Auch das Aufhellen der Strukturen ist empfehlenswert.

Umgepflügter Acker

Um ein umgepflügtes Ackerfeld zu modellieren, eignet sich am besten pulverisiertes Polyfill, das zu einer dicken Creme angerührt wird. Als Material zur Verarbeitung ist es nämlich eher geeignet als fertig gemischtes Polyfill. Man breitet es so gleichmäßig und dünn wie möglich aus. Man nimmt ein etwa 20 mm breites Stück Kunststoff, feilt am Ende Zakken hinein und zieht nun diesen Kamm über die Polyfillschicht, damit die gleichmäßigen Furchen entstehen. Etwas Blumenerde wird nur rings um dieses Polyfillfeld gestreut. Man läßt das Ganze trocknen, dann wird es mit einigen erdfarbenen Bädern eingefärbt, die Oberkanten der Furchen werden aufgehellt.

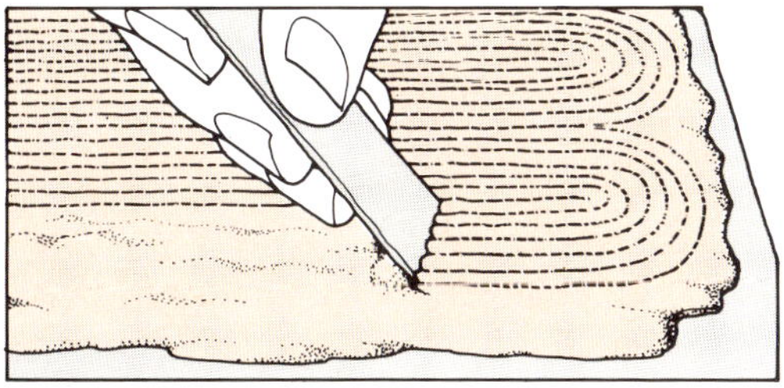

Furchen ziehen *Einen Plastikkamm so durch das Polyfill ziehen, daß an jedem Ende eine Kurve entsteht.*

Schlamm

Schlammige Stellen können durch Auftragen einer reichlichen Schicht Polyfill auf die Grundplatte modelliert werden. Um an einigen Stellen das richtige Profil zu erreichen, müssen womöglich mehrere Schichten aufeinandergepackt werden. Dabei muß nur beachtet werden, daß die obere Lage jeweils gut mit der unteren verbunden wird: dies geschieht dadurch, daß man die Nahtstelle mit einem nassen Pinsel bestreicht. Schlammige Ufer oder andere vorstehende Stellen formt man besser grob mit Polystyrol vor, das man dann mit Polyfill ausspachtelt. Sollen irgendwelche Gegenstände wie alte Baumstämme oder Sandsäcke halb im Schlamm begraben sein, dann muß das geschehen, solange das Material noch feucht ist.
Schlamm hat nicht solch eine rauhe Oberflächenstruktur wie rohe Erde. Um diese glattere Struktur zu erhalten, streut man etwas Blumenerde auf das Polyfill, kurz bevor es aushärtet, so daß nur etwas, aber nicht alle Blumenerde darauf haftet. Überflüssige Reste werden abgetupft. An den Rändern von Pfützen ist der Schlamm immer feucht und glatt. Um dies zu modellieren, legt man auf die Blumenerde etwas nasses Polyfill auf.

Gras

Um Gras zu modellieren, streicht man mit dem Farbspachtel eine Schicht Polyfill oder Gips auf die Grundplatte. Auf die noch feuchte Schicht streut man je nach Belieben etwas Blumenerde. Obwohl es nicht erforderlich ist, werden dadurch die Konturen etwas sanfter. Wenn man keine Komposterde benutzt, muß man das Polyfill oder den Gips unbedingt braun streichen, damit später keine weißen Flekken durch das Gras schimmern. Anschließend wird die Polyfill(Gips-)-Schicht oder die Blumenerde mit sehr dünnem Weißleim gestrichen. Darauf streut man dann sehr fein gemahlenen Schaumstoff, der unter der Bezeichnung Graspuder im allgemeinen im Hobbyfachhandel erhältlich ist. Der Leim tränkt das feine Material und härtet dann aus. Erst dann entfernt man das überfällige Graspuder.

Rasen

Um einen gepflegten Rasen darzustellen, wird Polyfill oder Gips ganz flach und eben ausgebreitet und an den Seiten, wo die Rasenfläche von einem Fußweg oder einer Straße begrenzt wird, mit dem Messer gerade und glatt abgeschnitten. Nachdem das Graspulver daraufgestreut worden ist, drückt man es gleichmäßig ein.

Hier ist deutlich zu sehen, wie der Rasen an der Stelle, an der er an den Gehweg grenzt, gerade beschnitten ist.

Unkraut

Dort, wo Unkraut wachsen soll, bestreicht man eine kleine Stelle im Gras mit Mattlack und streut Sägemehl darauf. Auf dieses Sägemehl läßt man dann von der Malpinselspitze ein paar Tropfen Lack auf das Sägemehl fallen. Der Lack sickert in das Sägemehl ein und klebt es zusammen. Das Sägemehl wird nun mit Graspuder bestreut.

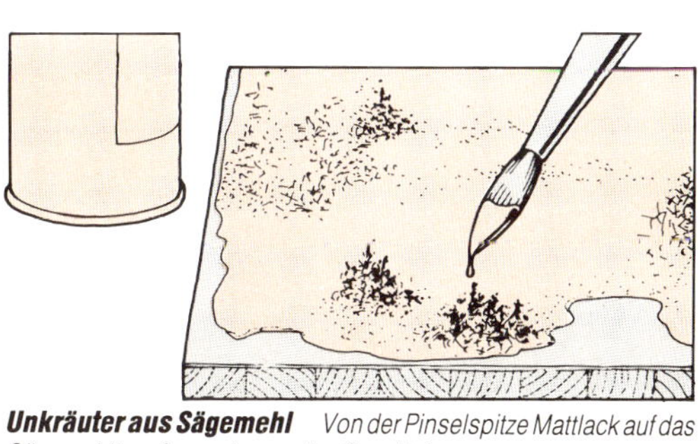

Unkräuter aus Sägemehl *Von der Pinselspitze Mattlack auf das Sägemehl tropfen und es an das Gras kleben.*

Wasser

Man kann Wasser mit Spiegel- oder Wellglas simulieren, aber die weitaus effektvolleren Materialien sind Lack und farbloses Kunstharz. Sie werden meist verarbeitet, nachdem eine Landschaft ausgemalt worden ist. Glanzlack in einem bemalten Straßengraben oder an einer Pfütze bedeutet Nässe, halbmatter Lack deutet Feuchtigkeit an. Größere Mengen Wasser werden aus klarem Kunstharz hergestellt, das nach Anleitung des Herstellers mit Härter vermischt werden muß. Um tiefes Wasser zu modellieren, muß das Kunstharz in mehreren Lagen aufgebracht werden, jede Schicht darf nicht dicker als 5 mm sein, und eine neue Lage darf immer erst aufgetragen werden, wenn die vorhergehende trocken ist. Damit die Fläche wie ein natürlicher Wasserspiegel waagerecht wird, muß man sie mit dem Pinsel entsprechend streichen oder die Grundplatte eventuell kippen. Will man Wellen bilden, nimmt man einen Fön zu Hilfe: Der warme Strahl wird so lange auf die oberste Harzschicht gerichtet, bis sie trocken ist und die Form beibehält. Beim Arbeiten mit Kunstharz ist darauf zu achten, daß das Material nicht durch ein Loch in der Grundplatte versickern kann. Außerdem wird jede Harzschicht während der Trokkenzeit abgedeckt, damit sich kein Staub darauf festsetzen kann.

Um die Illusion der Wassertiefe zu verstärken oder um Algen oder Schlamm im Wasser vorzutäuschen, mischt man Farbbäder zwischen die Harzschichten. Auf eine trockene Harzschicht wird die Farbe aufgetragen, darauf folgt die nächste Lage Harz. Das flüssige Harz verteilt die Farbe.

Grüne Farbbäder als Zusatz zum Kunstharz erwecken den Eindruck, als ob Algen in der Pfütze schwimmen würden.

Seen

Der Seeboden wird dunkelgrün oder tiefblau angemalt, darauf folgen die nötigen Schichten Kunstharz, dazwischen die Farbbäder, die die Wassertiefe vortäuschen.

Bäche und Flüsse

Für einen kleinen Bach wird reines Kunstharz in das Bachbett gegossen, das vorher mit Sand bestreut und in den nötigen Farben bemalt worden ist. Läuft der Bach bis an den Rand einer Grundplatte, muß das Kunstharz dort am Rand dünn auslaufen. Für einen sehr kleinen Bach genügen auch einige Schichten Klarlack. Der Sand unter dem Lack sorgt für eine realistisch gekräuselte Wasserfläche.

Ein größerer Fluß wird wie ein Bach modelliert, wobei das Bett nur dunkler gemalt wird, und zwar in der Mitte in kalten Grün- und tiefen Blautönen, die sich zu den Seiten hin in wärmere Farben auflösen.

Eisdecken

Aus durchsichtigem, dickem Kunststoff besteht die Eisdecke auf einem See oder Fluß. Sie sollte stets zuerst gebaut sein, bevor das umgebende Erdreich modelliert wird. Dann können nämlich die Ufer oder Schneewehen über den Rand dieses „Kunsteises" hinweg gelegt werden.
Zuerst wird der See oder Fluß am Grund mattschwarz gestrichen; es folgen Farbbäder in dunklem Olivgrün oder Braun. Das Kunststoffeis wird mit Weißleim eingeklebt und dann stellenweise mit hellem Graublau gestrichen. Während die Farbe noch naß ist, wird sie an Rändern mit mattem Lack verdünnt, so daß sie verläuft. Wo das Eis schmelzen soll, bekommt der Kunststoff einen welligen Rand.

Eiszapfen

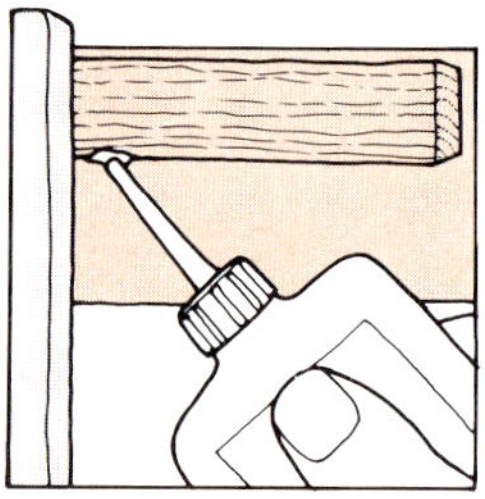

1 *Auf die Unterkante einer Holzleiste, die man in den Schraubstock spannt, Weißleim-Punkte ansetzen. 15 Minuten warten.*

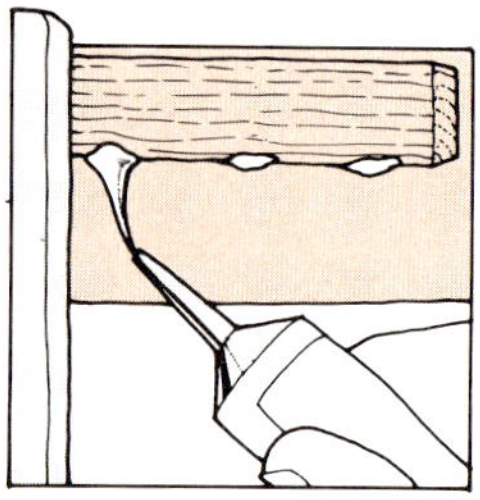

2 *An die Punkte Polystyrolkleber ansetzen, der durch Eigengewicht von selbst die Eiszapfenform annimmt.*

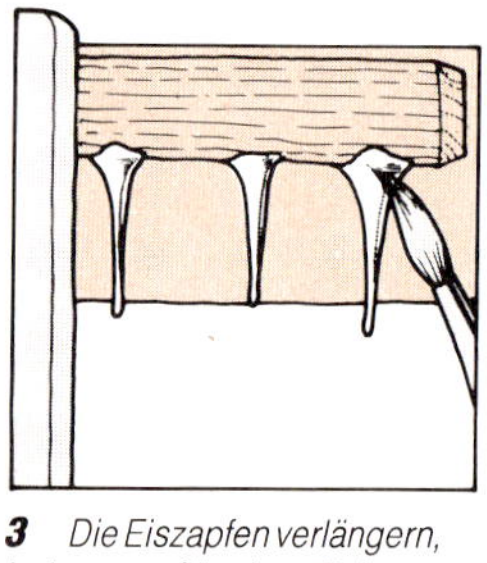

3 *Die Eiszapfen verlängern, indem man flüssigen Polystyrolkleber an ihnen entlang vorbeilaufen läßt. Nachdem diese Zapfen getrocknet sind, kann man sie von der Holzleiste abschneiden.*

4 *Mit Tubenkleber die Zapfen am Modell befestigen. Danach Flüssigkleber am Zapfen herunterlaufen lassen. Das typische Funkeln wird mit Klarlack hervorgerufen.*

Schnee

Die Materialien, die Schnee simulieren, sind matte weiße Farbe, mit dem Pinsel oder aus der Sprühdose aufgetragen, oder Polyfill. Hohe Schneewehen baut man auf das Polyfill, deren Ränder mit dem nassen Pinsel verbunden werden. Bäume und andere Gegenstände werden „im Schnee" vergraben, solange das Polyfill noch weich ist. Die Äste großer Bäume werden mit Polyfill bedeckt, an dünneren Ästen und Zweigen simuliert weiße Farbe den Schnee. Polyfill wird ebenfalls weiß angemalt, und dann – sollte dies zu sehr glänzen – mit mattem Lack etwas abgestumpft. Um Schneewehen zu gestalten, bedient man sich zusätzlich noch der Hilfe braungrauer und blaugrauer Farbbäder.

Handgefertigte Flächen

Die altertümlichen Flächen wie beispielsweise Kopfsteinpflaster sind nicht nur wichtig zur Präsentation einer historischen Szene, sondern sie geben auch stets einen attraktiven Hintergrund für zeitgenössische Dinge ab.
Es gibt diese Flächen, etwa Straßenpflaster oder Bruchsteinmauern, auch fertig als bedrucktes Papier oder vorgefertigte Plastikplatten in Bastelläden. Der Maßstab entspricht meist dem der H0-Modelleisenbahnen, aber das Material kann auch für 1 : 72-Modelle verwendet werden. In größeren Maßstäben ist es jedoch weniger oft erhältlich. Die Handarbeitsflächen auf dieser und den folgenden Seiten können sowohl in kleinem wie in größerem Maßstab angefertigt werden.

Kopfsteinstraßenpflaster

Aus Sperrholz wird der Untergrund für das Straßenpflaster gebaut: Mit einer 1,5 mm dicken Schicht Spachtelmasse wird dieser Untergrund überzogen, dann eine halbe Stunde trocknen lassen. Danach werden die Pflastersteine so geformt wie unten beschrieben. Das Ganze muß über Nacht trocknen, dann werden die Steine mit feinem Sandpapier leicht aufgerauht.

Modellieren der Pflastersteine

1 *Mit dem Messer die Konturen schneiden. Mit einem Zahnstocher die Schnittfugen weiten, die Kanten abrunden. Wo kleine Stücke abblättern, entsteht der Eindruck der Verwitterung.*

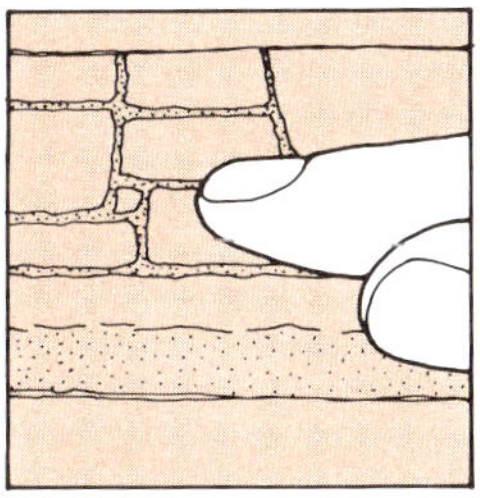

2 *Um Verwitterung zu erreichen, die Pflastersteine in der Mitte der Fläche leicht mit der Fingerspitze andrücken.*

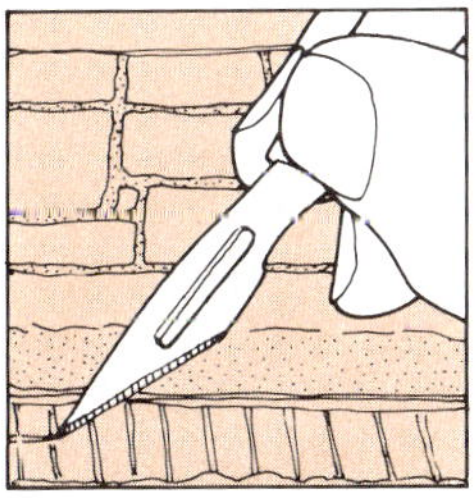

3 *In der Gosse kleine Steine schneiden, dann mit einem nassen Pinsel die Kanten etwas abschleifen.*

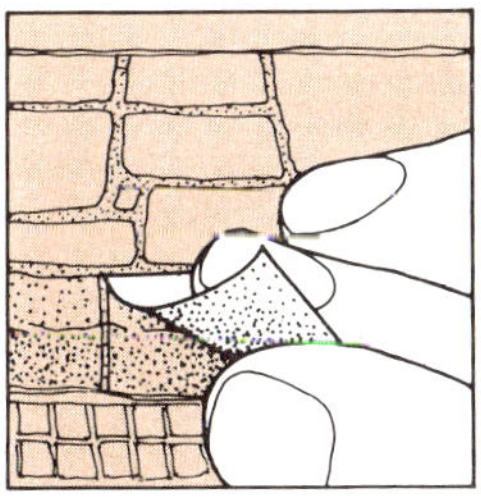

4 *Sandpapier auf die Bordsteine pressen, wodurch die typische Oberflächenstruktur entsteht.*

Weg aus Steinplatten

Wie oben für Pflaster beschrieben, so wird der Steinbelag aus Spachtelmasse modelliert. Zwischen die Steinplatten wird Weißleim gestrichen und mit Graspulver bestreut.

Kopfsteinpflaster

Man mischt eine etwa 12 mm dicke Kugel aus Epoxydspachtel, mehr wäre zuviel und würde zu früh hart werden. Die Kugel wird zu einer dünnen Wurst ausgerollt und dann in kleine Scheiben geschnitten. Die wiederum werden zwischen Daumen und Zeigefinger zu Kügelchen von etwa 3 mm Durchmesser gerollt. Diese Kunststoffbällchen werden nun auf die Grundplatte gelegt. Man feuchtet die Fingerspitze mit Wasser an und reibt leicht über die Kügelchen: das drückt sie etwas an und glättet gleichzeitig die Oberfläche so, daß es wie abgetretenes Pflaster aussieht. Nach dem Aushärten wird das Pflaster verfugt (siehe folgende Abbildungen).

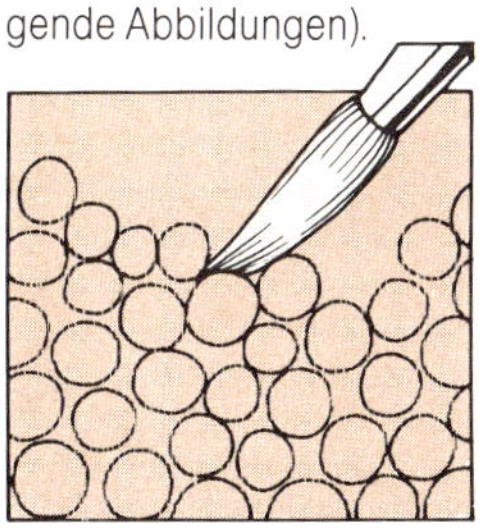

Verlegen von Kopfsteinpflaster *Mit der Pinselspitze die Kügelchen zurechtlegen; eng zusammenlegen, aber zusammenpressen.*

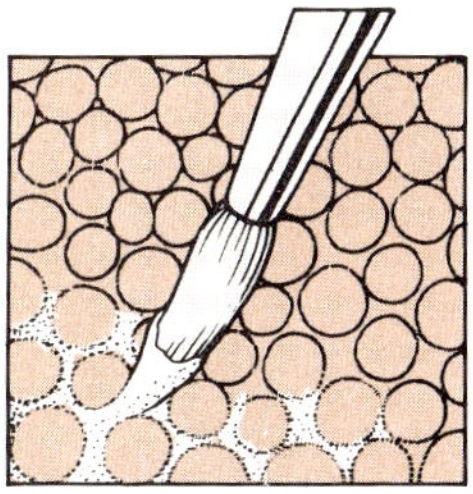

Verfugen von Kopfsteinpflaster *Polyfill zu einer dünnen Masse anmischen, dann mit dem Pinsel in jede Fuge tupfen.*

Für einige Szenen kann man auch die Wirkung dieses Belags aus Steinplatten und Kopfsteinpflaster nutzen.

Asphaltstraße

Zuerst wird ein glatter Unterbau hergestellt. An einer kleinen Straße ist es nicht nötig, daß die Fahrbahn in der Mitte gewölbt sein muß. Die Teerdecke wird mit einer nichtglänzenden Emailfarbe als Grundton direkt auf die Straße gemalt. Darauf folgen dann im Trockenverfahren anzubringende Straßenmarkierungen. Schattierungen in der Gosse werden mit Ölfarbe angebracht. Von der Straßenmitte zum Fahrbahnrand verlaufen Ölspuren: sie werden aus schmutzigem Terpentin aufgemalt. Sollen die Banketten nicht befestigt sein, dann wird feiner Sand auf Weißleim gestreut, der auf die Banketten gestrichen worden ist.

Betonstraße

Eine Betonstraße wird ähnlich wie Asphalt aufgemalt. Um die richtige Oberfläche zu erreichen, wird Sandpapier aufgeklebt, dieses dann bemalt. Stoßkanten simulieren die Dehnungsfugen der Betonplatten.

Anleitungen für den Bau und die Bemalung von Dioramen auf den Seiten 148 und 149.

Ein Modell im Maßstab 1:72 (H0/00-Eisenbahn-Maßstab)

Polyfill und Graspulver für den Boden, Stahlwolle für die Sträucher und Büsche. Das sind die hauptsächlichen Baumaterialien, die in dieser Landschaft verwendet wurden.

Graslandschaft

Diese Landschaftsform wird häufig sowohl für Dioramen wie für Modelleisenbahnen verwendet. Die verschiedenen Elemente wie Gras, Sträucher, Bäume oder rohe Erde können mannigfach miteinander gemischt werden. Jedes Einzelteil dieser Szenerie kann auch ohne weiteres in größerem Maßstab aufgebaut werden.

Modell einer Graslandschaft

1 *Zuerst den Bahndamm einschließlich Kanalrohr modellieren. Auf den Bahndamm das Bahngleis verlegen und befestigen.*

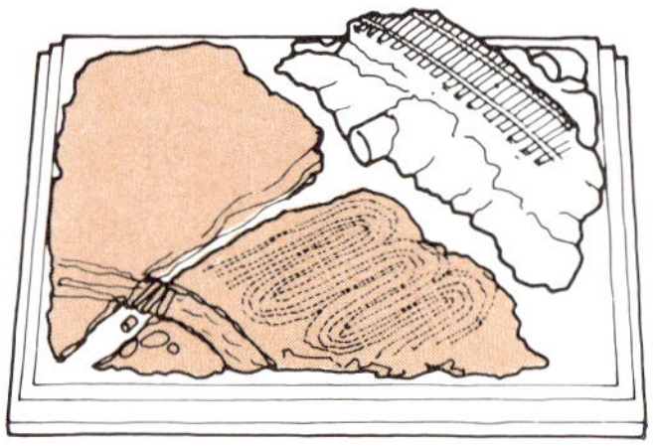

2 *Nun folgt die Wiese und daneben das umgepflügte Feld, der Feldweg und das kleine Kanalrohr.*

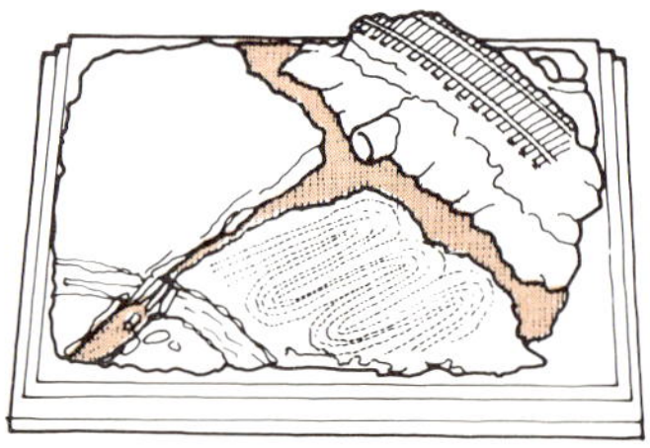

3 *Die Gräben mit Sand bestreuen.*

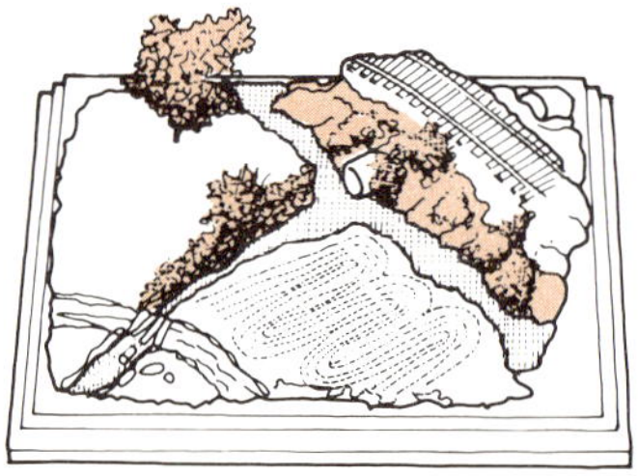

4 *Baum, Büsche und Unkräuter basteln und an Ort und Stelle aufbringen.*

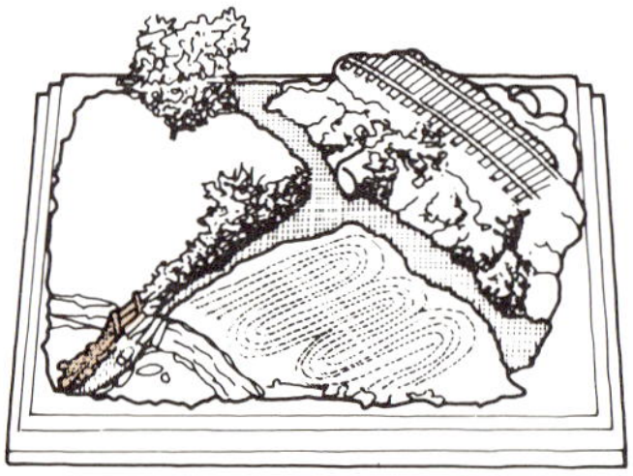

5 *Mauer und Gatter einbauen.*

6 *Nun kommen die Büschel Riedgras hinzu. Dann aus Polyfill das Bachufer modellieren und mit Riedgras „bepflanzen".*

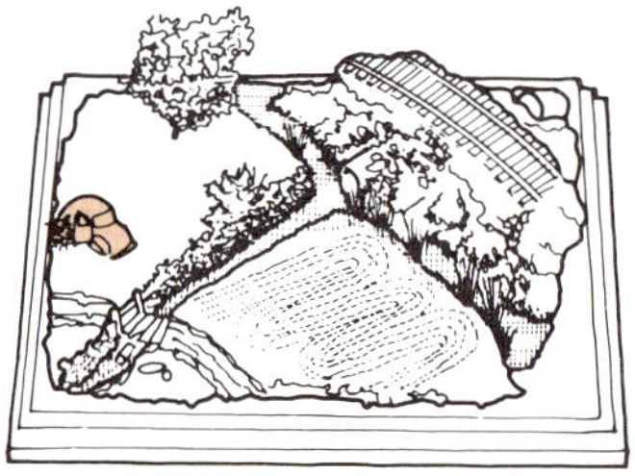

7 *Ein Auto auf alt trimmen und auf die Grundplatte kleben.*

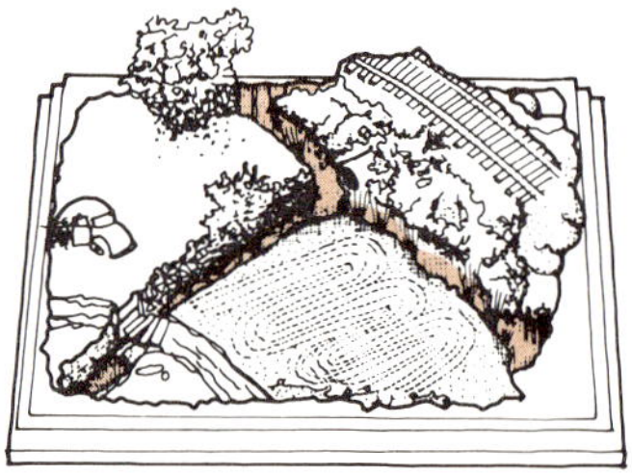

8 *Die Szenerie bemalen, dann Wasser in den großen Graben gießen. Damit die kleinen Gräben naß aussehen, etwas Klarlack hindurchlaufen lassen.*

Zahlenschlüssel

1 Bahndamm *Polystyrolkern mit Polyfill bedecken. Wie rohe Erde und Gras gemacht werden, siehe Seite 143.*

2 Großes Kanalrohr *An jeder Seite zwei kurze Stücke Plastikrohr einschieben. Darauf achten, daß sie eine gerade Linie bilden.*

3 Bahngleis *Die Gleise auf ein Stück Hartfaserplatte aufkleben, das wiederum fest im Polyfill sitzt. Feine Steinsplitter simulieren den Schotter. Damit alles realistisch aussieht, dürfen ruhig ein paar Schottersteine zu beiden Seiten die Bahnböschung hinunterkollern.*

4 Wiese *Diese Fläche besteht aus Hartfaserplatte, die etwas angehoben wird, damit die Anlage von Bächen möglich ist. Die Konturen mit Polyfill modellieren. Wie Gras entsteht, siehe Seite 143.*

5 Gepflügter Acker *Hartfaserplatte und Polyfill wie bei der Wiese. Wie man Furchen zieht, siehe Seite 143.*

6 Schlammiger Weg *Die Wagenspuren mit einem in Polyfill getauchten Pinsel ziehen.*

7 Feldweg *Auch hier Wagenspuren modellieren, aber die Ränder etwas abbröckeln, den Pinsel dazu anfeuchten. Den Weg mit feinem Sand bestreuen.*

8 Kleines Kanalrohr *Ein kleines Plastikrohr, obendrauf Polyfill, dann dort ein paar Eisenbahnschwellen eindrücken.*

9 Dränagegraben *Die beiden Hartfaserplatten von Acker und Wiese bilden mit der Bahnböschung zusammen die Bachufer. Das Bachbett ist die Dioramagrundplatte, die mit Weißleim bestrichen und dann mit Sand bestreut wird.*

10 Baum *Stahlwolle auf einem Stöckchen (siehe Seite 166).*

11 Büsche und Ried *Anfertigung siehe Seite 143 und 162.*

12 Steinmauer *Steinsplitter zusammenkleben und mit Polyfill verfugen.*

13 Gatter *Auf Länge geschnittene Holzstücke zusammenleimen. Angeln und Scharniere aus dem Metall einer Zahnpastatube schneiden.*

14 Ried *Einzelne Borsten oder Büschel aus einem Pinsel (siehe Seite 163).*

15 Schrottauto *Ein Kunststoffmodell der Größe H0. Räder entfernen, eine Tür herausschneiden, das Glas entfernen, die Tür offenstehend wieder ankleben. Die anderen Fensterscheiben von innen trüben, indem sie mit Polystyrolkleber bestrichen werden.*

16 Wasser *Farbloses Kunstharz auf die Sohle des Baches gießen (siehe Seite 144).*

Bemalen der Graslandschaft

In der wirklichen Natur weist eine Wiese oder ein Stück Erde eine Vielzahl von verschiedenen Farben auf. So kann auch eine einfache Modelllandschaft sehr schön durch verschiedene Bäder aus dünner Ölfarbe und Terpentin verbessert werden. So wie sich die Farben gegenseitig überdecken, wechselt dann auch die Farbe der Landschaft.

Die erste Farbschicht für einen Bahndamm ist ein Farbbad aus einem dunklen Erdbraun, erst dann kommen Gras oder Büsche hinzu. Unabhängig von diesem Grundfarbüberzug wird jede Seite des Bahndamms anders gestrichen. Die Stellen mit dichtem Blattwerk werden mit Farbbädern in Olivgrün, Braun und Hellgrün bemalt, die helleren Seiten mit Weiß und Gelb. Unter die Büsche wird dunkler gestrichen. Wo der Grasbewuchs dichter ist, verwendet man olivgrüne Töne, wo der Boden mehr rohe Erde zeigt, kommt ein warmer Braunton zum Einsatz. Wenn die Farben dann fast trokken sind, wird die Oberflächenstruktur mit etwas Weiß aufgehellt.

Die Eisenbahngleise und der Schotterbelag werden grau angemalt, wobei der Schotter an den Rändern leicht schon die erdbraune Farbe annimmt. Die Dammschultern werden heller gehalten. Rostspuren an den Schienen werden mit einer Mischung aus Umbrabraun und Chromorange simuliert. Einige Schwellen werden an den Enden dunkler, andere dort etwas heller gefärbt. In der Mitte zwischen den Schienen werden dann noch Ölflekken mit einem dunklen Grau markiert. Die Oberkante der Schienen wird von Farbe freigehalten und poliert, damit sie den metallischen Schimmer der vielbenutzten Gleisanlagen annimmt.

Im nächsten Stadium wird die Grasnarbe mit Farbbädern aus Grün und Braun behandelt, wobei dunklere Töne die Schatten unter dem Buschwerk abgeben. Um zu verhindern, daß das Graspulver überstrichen wird, wird der neue Farbton aufgetupft. Einige Stellen werden durch Weiß oder Blaßgelb aufgehellt. Als Kontrast wird der Baum nur sehr zurückhaltend mit ein paar Farbtupfern aufgehellt. Das umgepflügte Ackerstück wird durch verschiedene Erdfarben lebhafter.

Mit dunkelbraunen und grünen Farbbädern werden die Dränagegräben ausgemalt. Rings um die Riedbüschel wird dunkelgrüne Farbe aufgetragen, die Bachränder werden aufgehellt.

Anleitung zum Modellieren und Bemalen des Dioramas auf Seite 152/153. (Maßstab 1:35.

Dieses Diorama besteht fast ausnahmslos aus natürlichem Baumaterial wie Sand, Steinen und Rasierpinselborsten.

Wüste

Eine Wüstenszene ist die geeignete Plattform, um die verschiedensten Figuren zu zeigen: Indianer, Cowboys oder die US-Kavallerie im Wilden Westen. Auch die Darstellung von Wüstenstämmen, beispielsweise australischen Ureinwohnern oder afrikanischen Nomaden, geben ebenso interessante Figuren der Wüstenszenerie ab.

Aufbau einer Wüstenszene

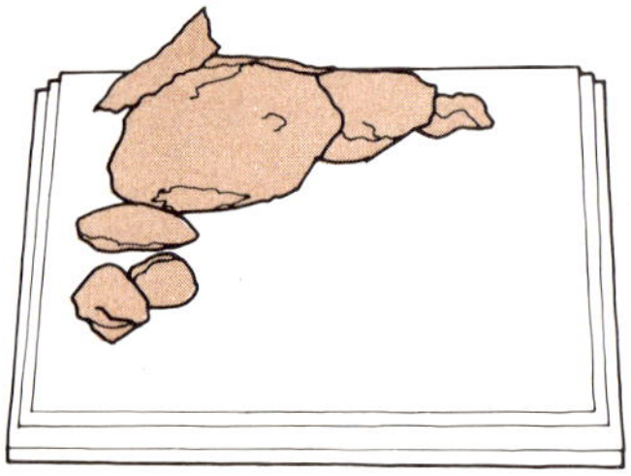

1 In eine Ecke der Grundplatte zuerst die Felsen gruppieren und festkleben.

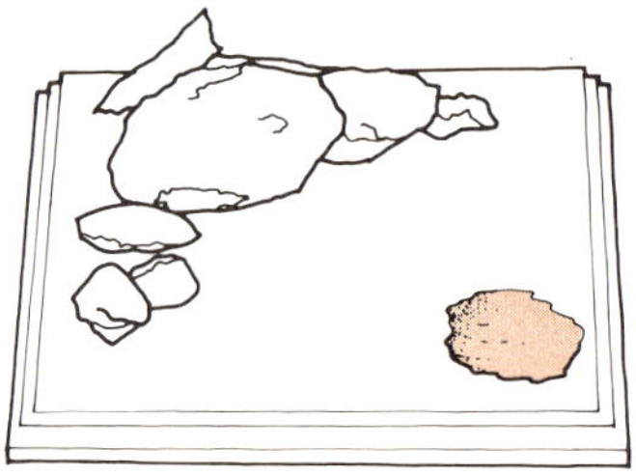

2 Das Wasserloch als Vertiefung in der Grundplatte aushöhlen.

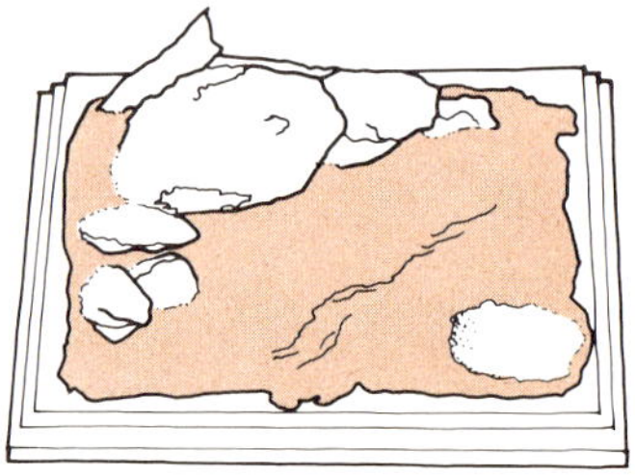

3 Sand verteilen und aufhäufeln, daß in den Geländekonturen die Felsen naturgetreu eingebettet sind.

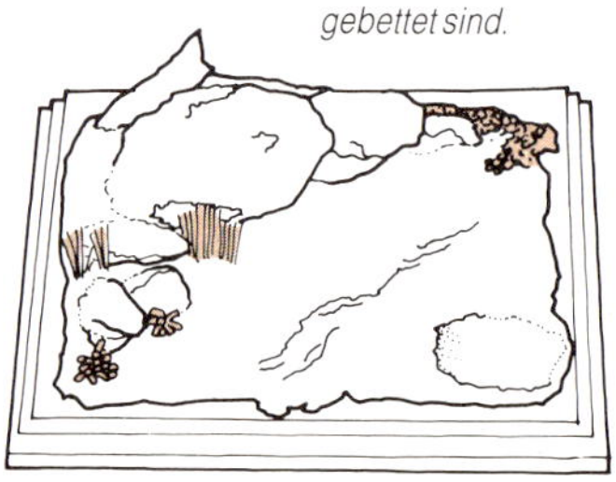

4 Es folgen kleine Steine, Pflanzen und das große Wüstengras.

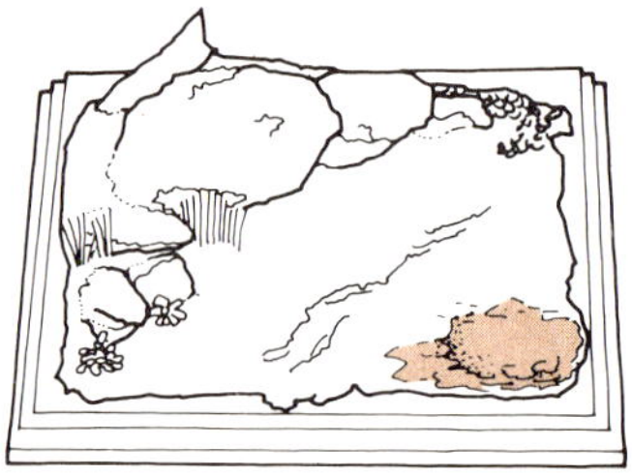

5 An der Stelle des Wasserlochs eine dünne Schlammschicht ausbreiten.

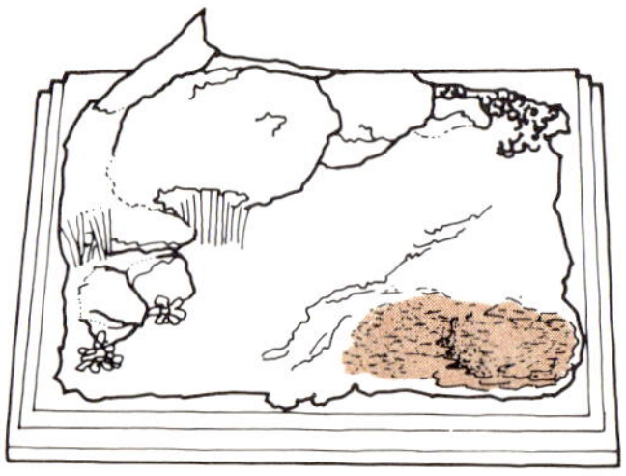

6 Nachdem noch etwas Sand ins Loch gegeben worden ist, die Oberfläche des Wasserlochs ritzen, damit die typischen Trockenrisse entstehen.

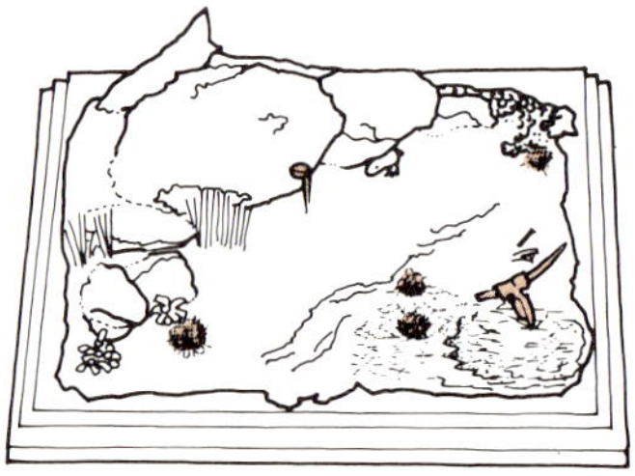

7 Es folgen der Schädel, die Kollerkrautbälle und die Feldflasche.

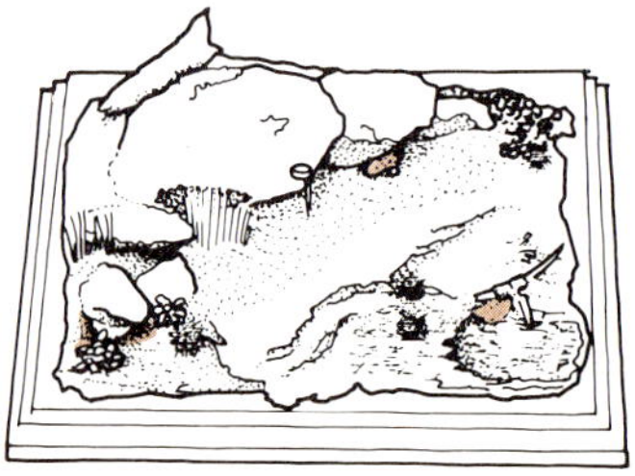

8 Vor Pflanzen und Schädel kleine Sanddünen aufrichten. Nun die Farben auftragen. Die Krustenechse anmalen, bevor sie in Position geklebt wird.

Zahlenschlüssel

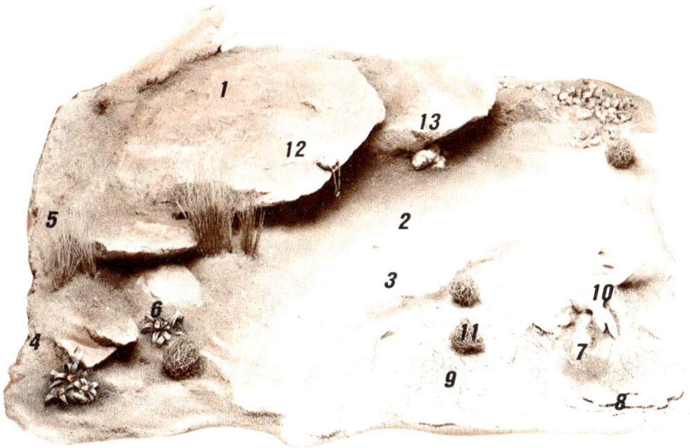

1 Felsen *Ein Felsbrocken mit abgeplatzten Stücken. Die spitzen Kanten der Steine zeigen alle in dieselbe Richtung, das sieht dann so aus, als ob der Felsen geschichtet sei. Mit einer Schicht Polyfill werden die Felsen zusammengehalten. Während des Trocknens halten kleine Steine als Unterlegstücke die Felsen in Position.*

2 Sand *Über eine dicke Schicht Weißleim dünn Sand streuen (siehe Seite 141).*

3 Dünen *Bevor der Sand aufgestreut wird, mit der Leimunterschicht diese Dünenkonturen bilden (siehe Seite 141).*

4 Treibsand *An der Windseite der einzelnen Objekte aus dünnen Lagen Weißleim und Sand etwas Treibsand anhäufen. Jede einzelne Schicht muß erst 15 Minuten antrocknen, bevor die nächste Schicht aufgetragen wird.*

5 Wüstengras *Borstenbüschel aus einem Rasierpinsel (siehe Seite 163).*

6 Wüstenpflanzen *Aus Abfallstücken geschnitzt (siehe Seite 162).*

7 Trockenes Wasserloch *Eine flache Vertiefung in der Grundplatte. Mit Leim ausgepinselt, dann mit Sand bestreut. Die Fläche glätten.*

8 Schlammschicht *Eine dünne Schicht dickflüssigen Leims anmalen und dünn mit Sand bestreuen. Den Vorgang dann wiederholen. Bevor der Leim antrocknet, wieder mit der Fingerspitze antippen; so wie der Finger wieder angehoben wird, bildet sich die abblätternde Struktur.*

9 Flächenrisse *Die Flächenrisse durch Trockenheit mit einem scharfen Messer einritzen.*

10 Stierschädel *Den Schädel aus dem Rückenteil eines Kunststoffsoldaten oder -landsknechts herstellen. Das Horn aus einem Abfallstück schneiden und gekrümmt in eines der Armlöcher stecken. Die Augenhöhlen bohren, aus dünnem Kunststoff den Nasenknochen aufsetzen. Mit Polyfill die Verbindungsstellen ausspachteln. Nach dem Trocknen das Ganze mit einer Messerklinge schaben, damit der Eindruck des ausgebleichten Knochens entsteht.*

11 Kullerkraut *Zwischen Zeigefinger und Daumen ein Röllchen aus Stahlwolle drehen und aufkleben.*

12 Feldflasche *Diese Flasche stammt aus einem Bausatz. Die Riemen sind aus einer alten Zahnpastatube geschnitten.*

13 Krustenechse *Geschnitzt aus einem Stück Dentalknetmasse. Um zu verhindern, daß das Material während der Bearbeitung rissig wird, muß es feucht gehalten werden.*

Bemalen der Wüstenszene

In der ersten Stufe der Bemalung wird Terpentin über die gesamte Fläche geschüttet, dann folgen Farbbäder in Weiß, gebrannter Siena, Umbra und fahlem Gelb. Die Ölfarben werden mit einem breiten Marderpinsel aufgetragen; die Farben sollen sich dabei etwas mischen, und die Ränder können ineinander verlaufen.

Um den Sand aufzuhellen, wird Weiß genommen, während die Konturen mit leichten Braun- und Gelbtönen hervorgehoben werden. Damit grelles Sonnenlicht simuliert wird, müssen unter den Felsen und an den Pflanzen tiefe Schatten zu sehen sein. Auf den Felsen werden die Oberflächendetails dadurch betont, daß die Flächen zuerst mit einem dunklen Braun überzogen und dann mit einem helleren Ton gestrichen werden. Verschiedene Stellen wie die vordersten Kanten der Felsen werden aufgehellt, damit der Kontrast zu den Schatten darunter um so stärker ausfällt. In die Risse des Wasserlochs läßt man sehr dunkle Farbe einsickern. Am Rande des Lochs kann man dann noch falsche Risse mit dunklen Pinselstrichen herstellen. Um einen letzten Rest von Wasser am Grund des Schlammlochs anzudeuten, wird ein wenig Glanzlack mit dunkelgrüner Ölfarbe verrührt und auf den Grund der Vertiefung aufgebracht.

Wenn die Landschaft ausgemalt ist, sind die Details an der Reihe. Die Wurzeln des Wüstengrases werden mit einer dunkelbraunen Farbe behandelt, damit sie sich dem Boden anpassen. Unter die Blätter der Wüstenpflanzen müssen Schatten; auch hier wieder in einem dunklen Farbbad. Mit heller Farbe werden in der Mitte jeder Pflanze die bunten Blüten gemalt, mit Umbra die Kullerkrautkugeln gefärbt, wobei man aufpassen muß, daß die dicke Farbe nicht die feinen Strukturen verstopft. An der obersten Stelle werden die Kugeln leicht aufgehellt, darunter aber abgedunkelt.

Der Schädelknochen erfordert eine spezielle Behandlung. Um seine Form erst einmal hervorzuheben, läßt man ein Farbbad von gebrannter Umbra darüberlaufen. Wenn die Farbe trokken ist, wird sie dort wieder abgeschabt, wo der Eindruck des bleichen Knochens vorherrschen soll.

Die Krustenechse wird vollständig bemalt, bevor sie unter dem Felsen in Stellung gebracht wird. Mit hellen Farben muß eine realistische Körpertönung erreicht werden. Der ausgebleichte Jeansstoff der Feldflasche ist aufgemalt.

Strand

Ob Fischer beim Netzeflicken gezeigt werden oder eine Badeszene: Eine Strandszene gibt immer eine fantasieanregende und atmosphärische Kulisse für viele Modelle ab. Viele der Zutaten werden auch in anderen Szenerien verwendet, und die Grundelemente wie Felsen, Sand und Wasser sind in allen Größen einsetzbar.

Anleitungen zum Modellieren und Bemalen dieses Dioramas auf Seite 156 und 157.

Maßstab 1:35

Anleitung zum Bau der Strandszene

1 *Felsbrocken auf einem Stück Polystyrol aufbauen.*

2 *Auf den Strand und um die Felsen herum eine Schicht Sand streuen.*

3 *Es folgen die Ebbe-Spuren und die Vertiefungen für die Pfützen.*

4 *Für ein Wasserrinnsal eine Furche formen und deren Boden mit Sand bedecken.*

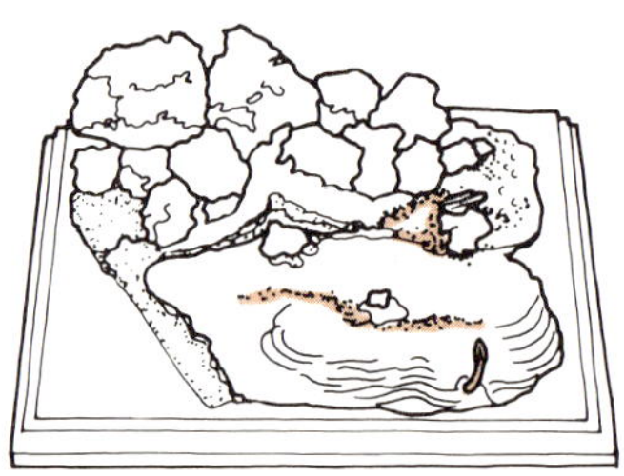

5 *Solange der Sand noch weich genug ist, die Flutspuren sowie den rostigen Anker und ein paar zusätzliche kleine Felsstücke anbringen.*

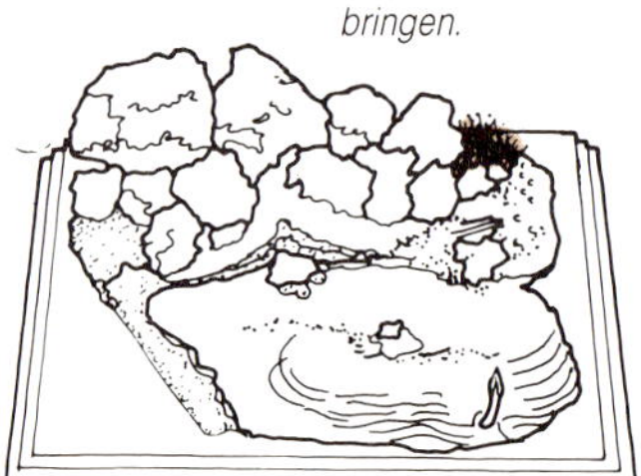

6 *Hinten am Felsen die Bepflanzung anbringen.*

7 *Einen Wellenbrecher bauen und Sand dagegen aufschütten.*

8 *Es folgen Seetang, Eimer und Schaufel und die Sandburg. Dann alles anmalen und Wasser in das Rinnsal und die Pfützen geben.*

Zahlenschlüssel

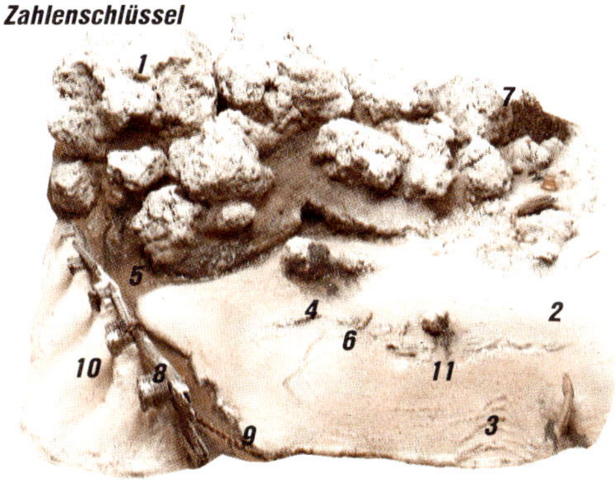

1 Felsen *Mörtelbrocken auf einer Unterlage aus Polystyrol geben; in die Zwischenräume Polyfill gießen.*

2 Sand *Auf eine Unterlage aus Polystyrol Sand schütten; den Sand einen natürlichen Schüttrand bilden lassen.*

3 Ebbe-Markierung *Dünnen Karton in Wellenlinie biegen, dann in den Sand stecken, so daß darin ebenfalls Wellenlinien entstehen. Über die Wellenkämme leicht etwas Farbe ziehen.*

4 Pfütze *Eine leichte Vertiefung im Sand, mit Glanzlack ausgestrichen.*

5 Rinnsal *An Stelle des Wellenbrechers ein Stück Holz klemmen und dann Wasser daran vorbeigießen, so daß das Holz an der Seite freigespült wird. Das so entstandene Wasserbett mit Weißleim ausstreichen und mit Sand bestreuen.*

6 Flut-Markierung *Ein kleines Stück Spanplatte und ein paar verwitterte Holzsplitter in den Sand graben, dann den Sand so weit abspülen, bis das Holz zum Vorschein kommt. Die Muscheln entstehen, indem Eierschalen sehr klein gebrochen und in Weißleim gestreut werden.*

7 Bepflanzung *Moos in Weißleim gedrückt (siehe Seite 163).*

8 Wellenbrecher *Die Bohlen aus einem alten Stück Holz schnitzen. Zuerst die Pfosten auf die Grundplatte kleben, dann die Bohlen mit kleinen Nägeln und Leim anbringen. Die Nagelköpfe bleiben dran; sie stellen die Schraubenmuttern dar.*

9 Kette *Stammt von einer Modelleisenbahn. Sie wird an einem Auge befestigt, das ins Holz eingedreht wird.*

10 Sanddüne *Polyfill über Stücke Polystyrol. Wenn das Polyfill angetrocknet ist, wird es in die richtige Form gedrückt. Die exakte Form wird erst zum Schluß durch Schaben der getrockneten Polyfillmasse erreicht; sie wird dann mit Weißleim bestrichen und mit Sand bestreut.*

11 Algen *Man nimmt Algen von einem Weiher oder bemalt Baumwollfasern.*

Bemalung der Strandszene

Der Boden und die Felsen dieser Strandszene sind erst einmal mit Farbbädern von Olivgrün, Hellgelb, Weiß und hier und da mit Tupfern eines warmen Brauns behandelt worden. Die Felsen werden erst mit Terpentin und dann mit Olivgrün gestrichen, wobei man einen großen Pinsel benutzt. Der endgültige Farbton wird erst in mehreren Schichten erreicht, weil jede Farbe heller wird, sobald sie trocknet. Die landwärts gerichteten Seiten der Felsen werden braun angemalt als Zeichen dafür, daß sie nicht so sehr der Feuchtigkeit von See her ausgesetzt sind. Wenn die Grundfarben zufriedenstellend geworden sind, geht es an die Felsspalten: Die Vertiefungen werden dunkel, die Spaltenränder des Kontrastes wegen heller gemalt. Für das sandige Gelände rings um die Felsen nimmt man weiße und gelbe Farbbäder, in die mit viel Terpentin auch Grün gemischt wird, wo der Ton etwas dunkler werden soll. Die oberen Felspartien werden aufgehellt mit einer Mischung aus Gelb und Weiß, wobei die Farbtöne an den Rändern ineinanderlaufen sollen.

Dunkle Farbbäder nimmt man für den Strand, um die Ebbe zu markieren. Näher zum Wasser hin wird der Sand dunkler gemalt, damit man erkennt, daß hier schon Feuchtigkeit den Boden tränkt.

An den Rändern der Bepflanzung wird der Boden mit dunkelbraunem Farbbad behandelt, dann zusätzlich mit einer hellen Mischung aus Siena und Weiß gestrichen, wobei man einen ziemlich steifborstigen Pinsel benutzt. Blüten im Moos werden mit Hellgelb angedeutet, das dann noch durch kleine Tupfer Rotbraun verschönert werden kann.

Der hölzerne Wellenbrecher wird mit Ölfarbe stellenweise abgedunkelt, und Olivgrün sorgt dafür, daß das Holz alt und naß aussieht. Oben wird das Holz aufgehellt, damit seine Materialstruktur zur Geltung kommt. Auf die Metallbolzen wird Rostfarbe aufgemalt, und an den unteren Bolzen verlaufen Rostspuren abwärts. Auch die Kette soll rostig sein, und sogar auf dem Sand sollten ein paar Rostflecken zu sehen sein. Damit der Wellenbrecher naß aussieht, streicht man ihn im unteren Teil mit Glanzlack. Das Wasser im Rinnsal besteht nur aus Farbe und Lack. Man malt zuerst mit beiger Farbe den Sandboden des Rinnsals an. Dann wird der kleine Wasserlauf dadurch betont, daß unter den Uferrändern dunklere Farbe aufgetragen wird, die zum Bett hin mit der dortigen Farbe verläuft. Im Gegensatz dazu werden die oberen Ränder der Sandbank mit einem Gelb, das fast weiß ist, aufgehellt. Grüne Flecken, die aber ausgerichtet sind, wie das Wasser fließt, markieren in dem kleinen Wasserlauf Tang. Wenn die Farben trocken sind, wird das Bett des Rinnsals mit sieben oder acht Lagen Glanzlack überzogen, wobei erst dann die nächste Schicht aufgetragen wird, wenn die vorherige trocken ist. Die Körnung des Sands gibt der Oberfläche des Lacks eine gewisse körnige Struktur, ideal übrigens für den Eindruck des fließenden Wassers.

Auf ähnliche Weise wird das Wasser für die kleinen Pfützen und rund um den Anker modelliert. Zuerst wird der Boden der Vertiefungen mit Lack bestrichen. Ist diese Schicht trocken, streicht man eine halbklare Lackschicht um diese herum, deren Rand sich wiederum mit dem Sand vermischt.

Mit Farbe wird der Seetang aufgetragen, dessen Wurzeln auf dem Felsen mit dessen Farbe verlaufen. Aus purer Grünfarbe (Öl) wird der feinere Tang gemalt. Zum Schluß wird der Tang, damit er naß aussieht, mit Glanzlack bestrichen.

Anleitungen zum Modellieren und Bemalen dieses Dioramas auf Seite 160/161.

Maßstab 1:35

Winterlandschaft

Eine winterliche Szene ist für jeden Modellbauer eine lohnenswerte Aufgabe. Für Figuren wie für Modelleisenbahnen gibt sie einen sehr lebendigen Hintergrund ab.

Modellieren einer Winterlandschaft

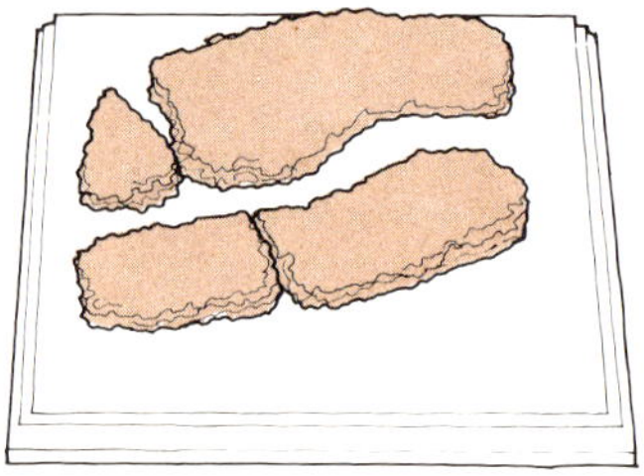

1 *Mit einigen Stücken Polystyrol die Grundstruktur bauen.*

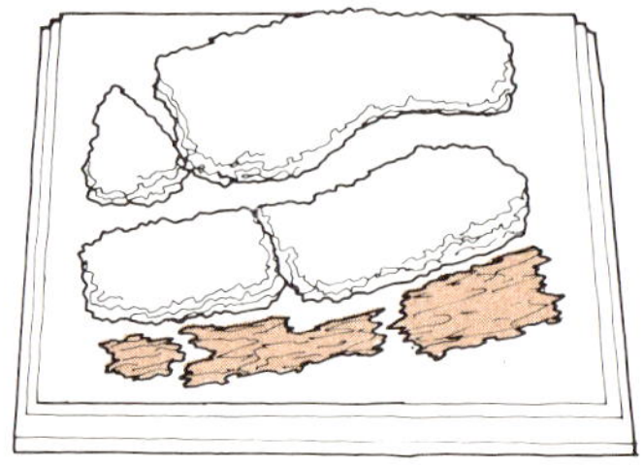

2 *Einige Bruchstücke einer Spanplatte als Untergrund für die Karrenspur legen.*

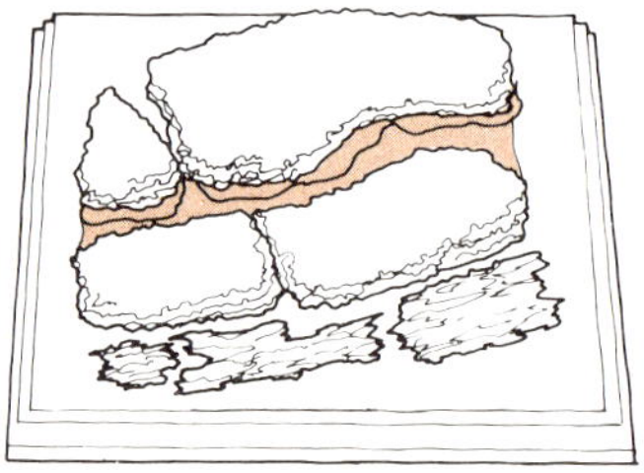

3 *Das Bett malen; eine Plastikplatte ist das Eis.*

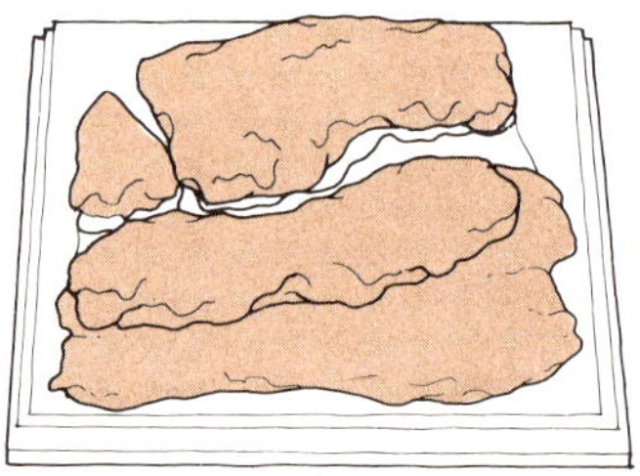

4 *Die erste Lage Schnee aus Polyfill auftragen.*

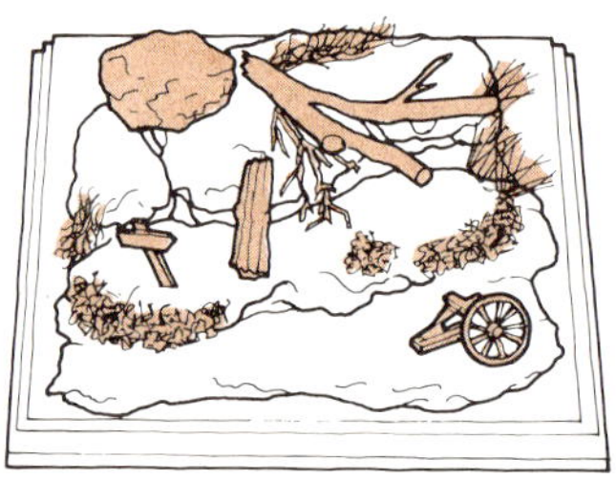

5 *Moos, Binsen, Gestein, umgestürzte Bäume, den Bachsteg, den Karren und den Wegweiser arrangieren.*

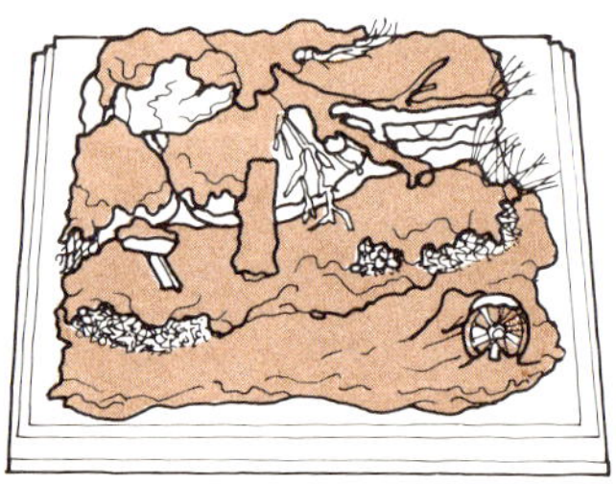

6 *Weitere Lagen Schnee kommen hinzu, der auch die Details bedeckt. Oben auf dem Felsen schmilzt der Schnee.*

7 *Wenn das Polyfill eine Kruste bildet (etwa nach einer Stunde), dann können die Stellen modelliert werden, bei denen Schneematsch liegen soll, ebenso die Wagenspuren und die Fußabdrücke.*

8 *Die Szene anmalen. Die kleinen Details wie Eiszapfen und Werkzeug ins Bild bringen.*

Zahlenschlüssel

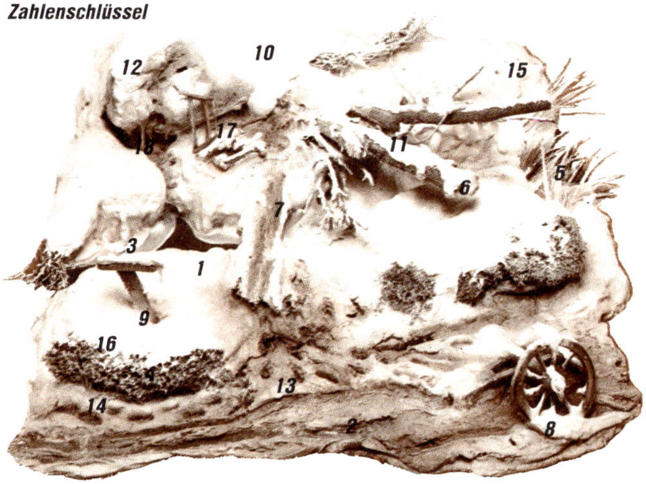

1 Bach und Bachufer *Aus Stücken Polystyrol geformt.*

2 Karrenspur *Polyfill auf einem Stück Spanplatte, die in Stücke gebrochen wurde. Radspuren in weichem Polyfill gezogen.*

3 Eis *Auf gemaltem Grund liegt ein dickes Stück Kunststoff (siehe Seite 144).*

4 Bepflanzung *Moos (siehe Seite 163) wird mit Weißleim auf die erste Lage Polyfill geklebt.*

5 Binsen *Von einem alten Rasierpinsel abgeschnittene Borsten (siehe Seite 163).*

6 Umgestürzter Baum *Besteht aus kleinen Zweigen und Pflanzenwurzeln.*

7 Bachsteg *Ein gespaltener Holzzweig.*

8 Verrottete Karre *Überflüssiges Teil aus einem Bausatz.*

9 Wegweiser *Der Pfosten besteht aus einem Zweig, das Schild aus einem Stückchen Furnierholz.*

10 Schneedüne *Modelliert aus Polyfill (siehe Seite 144).*

11 Schnee auf Ästen *Mit einem Pinsel Polyfill aufstreichen. Für sehr kleine Äste nur weiße Farbe nehmen.*

12 Schmelzender Schnee *Der Schnee wird zu einer Kante aufgeschichtet (siehe Seite 144), dann mit einem in Wasser getauchten Pinsel aufgeweicht. Unter den Felsen den Schnee herauswaschen.*

13 Schneematsch *Er entsteht durch die Rad- und Fußspuren; in die Vertiefungen Erde streuen.*

14 Fußabdrücke *Pinselstiel in den halbsteifen Schnee drücken.*

15 Tierspuren *In den teilweise schon harten Schnee mit dem Pinselstiel hineinstoßen.*

16 Dünne Schneedecke *Weiße Mattscheibe aus derselben Richtung aufsprühen.*

17 Werkzeuge *Stammen aus einem Bausatz*

18 Eiszapfen *Siehe Seite 144.*

Bemalen der Winterlandschaft

Zuerst wird das Bachbett gemalt. Dies geschieht sofort, nachdem aus Polystyrol und Spanplatte die Rohform gebaut und bevor die Eisplatte aus Kunststoff aufgelegt worden ist. Das Bachbett wird mit mattschwarzer Farbe gestrichen. Man läßt diesen ersten Anstrich gut trocknen, dann folgen zwei Farbbäder mit Grün und Braun; dadurch wird der dunkle Ton erreicht, den Wasser als Kontrast zu Schnee und Eis in seiner Umgebung annimmt. Einige Stellen des Eises werden mit blaugrauer Farbe behandelt, die Ränder mit weißer Farbe hervorgehoben. Auf die noch nasse Farbe wird Klarlack aufgetragen, dadurch entsteht das milchige Eisweiß mit der typisch glatten Oberfläche.

Der Polyfill-Schnee braucht nur eine Farbschicht aus gewöhnlichem Weiß, damit er die richtige Grundfarbe annimmt. Die ist aber beim Trocknen unnatürlich glänzend und muß deshalb mit einem Mattlack etwas abgestumpft werden. Farbbäder aus Braungrau und etwas Blaugrau werden dort verwendet, wo der Schnee auf vorstehenden Felsstücken, auf Bäumen und Ästen liegt sowie Schneeverwehungen bildet. Wo der Schnee schmilzt, wird am unteren Rand Schatten in Blaugrau auf den Felsen gemalt. Als Schmelzwasser rinnt dünne weiße Farbe durch die Felsspalten hinab. In die Höhlung unterhalb des Felsens wird dunkelbraune und blaue Farbe gestrichen.

Einige Stellen, an denen Schnee liegen soll, bestreicht man mit weißer Farbe, sehr kleine Zweige und Äste, zum Beispiel ebenso wie Wurzeln, werden aber dick bemalt. Auch die Spitzen einiger Binsen werden so mit weißer Farbe betupft, daß sie wie vom Frost zusammengebacken scheinen. Die umgestürzten Bäume streicht man ebenso nur weiß, dadurch bleibt der natürliche Holzcharakter erhalten. Die dünne Schneedecke auf den Pflanzen am Wegrand wird weiß aufgesprüht. Wenn man exakt aus derselben Richtung und aus einiger Entfernung sprüht, dann sieht es aus, als ob der Wind den Schnee gegen die Pflanzen geweht hätte. Natürlich darf nicht vergessen werden, die übrige Landschaft beim Sprühen abzudecken.

An den Stellen, wo der Schnee schon mit Schlamm vermischt ist, zum Beispiel in der Karrenspur und am Bachsteg, müssen verschiedene Farben benutzt werden, damit es wie Schneematsch aussieht. Zuerst erfolgen einige Farbbäder mit Dunkelbraun. Besonders die Radspur und die Fußstapfen müssen gut durchgefärbt sein, damit die Bodenstruktur zur Geltung kommt. Damit die dunkleren Farben besser zur Geltung kommen, werden die oberen Ränder der Radspur mit Weiß aufgehellt. Ein leichter, dünner Überzug mit mattem Lack auf dem Bachsteg erzeugt den Eindruck von vereistem Schneematsch.

Pflanzen und Büsche

Geschickt angeordnete, niedrige Pflanzen und Büsche bewirken einen natürlichen Übergang beispielsweise von einem Fluß zum gepflügten Acker oder zwischen Wald und Wiese. Die Auswahl der Pflanzen und der entsprechenden Modell-Materialien ist groß. Sie reicht von Riedgras aus Rasierpinselborsten bis zu Buschwerk aus Stahlwolle. Auch wirkliche Pflanzen wie Gras und Moos sind sehr effektvoll. Sie sind überall leicht zu besorgen.

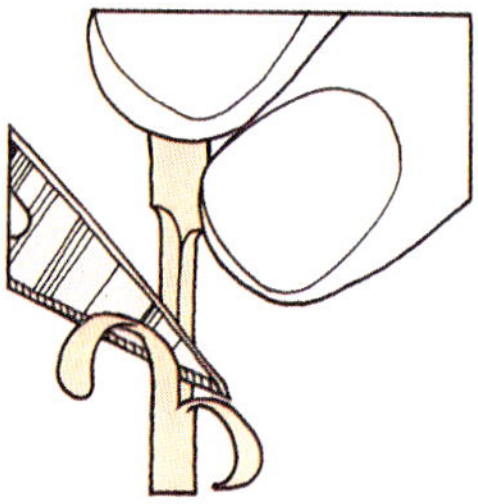

Schnitzen einer Pflanze *Am Plastikstück Späne bis 5 mm über dem Ende losschneiden. Dies kann oberhalb an entsprechend längeren Stücken wiederholt werden; es entstehen so mehrere Reihen Blätter.*

In der Mitte die Spitze herausschneiden, dann die Mitte noch einmal teilen, so daß eine Blüte entsteht.

Pflanzen *Diese Pflanzen wurden aus kleinen Kunststoff-Gußzapfen hergestellt (siehe Anleitung links). Durch verschiedenfarbige Blüten oder durch längere und kürzere Blätter können die Pflanzen sehr gut abgeändert werden.*

Narzissen *Diese Narzissen wurden aus Streichhölzern geschnitzt. Die Blüte entsteht, indem im unteren Teil die Blätter als Späne geschnitzt, der Zündholzkopf umgeknickt und gespalten wird.*

Büsche *Aus kleinen Ballen Stahlwolle läßt sich Buschwerk basteln. Bevor die Büsche auf die Grundplatte geklebt werden, müssen sie mattschwarz spritzlackiert und – solange die Farbe noch feucht ist – mit Graspulver bestreut werden.*

Aus kleinen Stücken Flechte entstand dieses Buschwerk. Um zusätzlich Laub anzufügen, sprüht man noch mattes Dunkelgrün oder Schwarz auf, läßt die Farbe antrocknen, sprüht dann noch Weißleim auf und streut ein wenig Graspuder drauf.

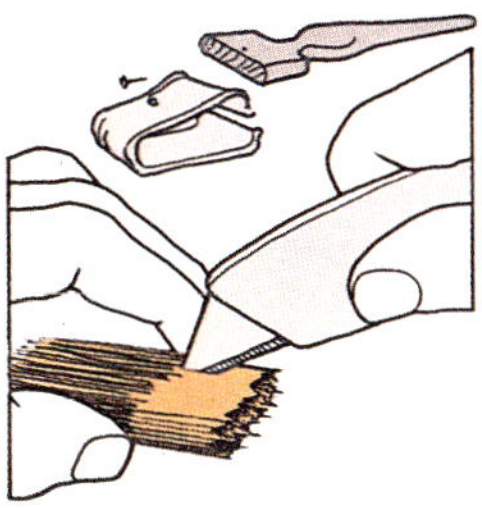

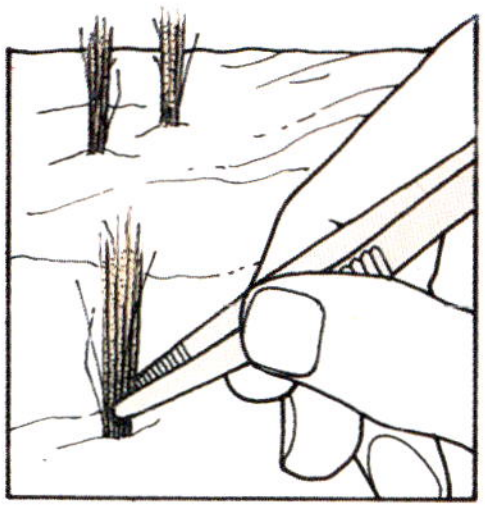

Ried, Binsen und hohes Gras *Von einem Pinsel den Griff abbrechen, die Verklebung aufspalten, damit die Borsten auseinandergetrennt werden. Die Büschel auf Länge schneiden, wobei 5 mm zum Einpflanzen benötigt werden. Die Enden in Cyanoacryl-Kleber tauchen, um sie fest zu verbinden.*

Mit der Pinzette den Pflanzenbüschel in das vorgebohrte Loch in der Grundplatte oder in die weiche Modellmasse stecken. Die einzelnen Pflanzenbüschel in unregelmäßigen Abständen pflanzen.

Ried *Beachtenswert an diesen Riedbüscheln aus Rasierpinselborsten ist die unregelmäßige Verteilung im Bachbett.*

Wüstengras *Dieses Gras entstand aus einem hellbraunen Rasierpinsel und braucht nicht mal eine Bemalung.*

Binsen *Hier wurden richtige Grashalme verwendet. Ihre schöne Form gab den Ausschlag.*

Bodenbewuchs *Moos kann an vielen Stellen wachsen, in Gräben wie auf Waldböden. Von richtigem Moos die meisten Wurzeln und Erdklümpchen entfernen, dann mit der Pinselspitze in Weißleim drücken, ohne dabei die zarten Pflänzchen zu beschädigen. Ein oder zwei Wassertropfen, gelegentlich darauf geträufelt, halten das Moos stets frisch.*

Bäume

Um ein Diorama interessanter und authentischer zu gestalten, bieten sich Bäume in vielerlei Gestalt an. Aus Flechte kann man einfache Baumformen für den Hintergrund gestalten. Sollen die Baumformen etwas detaillierter aussehen, bietet sich die Koniferenform an; sie wird aus Draht und Sisalfasern gebastelt. Noch feinere Gebilde entstehen nach der Methode, wie sie im folgenden für Fichtenbäume beschrieben wird, oder man stellt sie aus Stahlwolle und Zweigen her. Um eine ganz bestimmte Jahreszeit zu zeigen, wendet man die auf Seite 167 beschriebenen Techniken an.

Für welche Baumart man sich auch entscheidet, wichtig ist die Sorgfalt bei der Gestaltung. Graspulver eignet sich für Laub am besten. Von Sägemehl ist abzuraten, es ist zu grob.

Hintergrundbäume

Bäume aus Flechte eignen sich sehr gut für die Bepflanzung im Hintergrund oder im Mittelraum einer Landschaft. Sie werden seit jeher im Modelleisenbahnbau verwendet, da sie sehr leicht und äußerst schnell in großer Anzahl herzustellen sind.

Für einen Hintergrundbaum sucht man ein Stück Flechte aus, das schon von sich aus wie die vollständige Silhouette eines Baumes aussieht. Man schneidet ein Stück Draht mittlerer Stärke ab, das so lang wie der Baum zuzüglich der „Wurzel" ist. Ideal ist hierzu der kunststoffüberzogene Gartendraht. Der Draht wird mit Weißleim bestrichen und mitten in die Flechte von unten her hineingedrückt, so daß sich der Draht in der Flechte verheddert; dadurch wird er zur Stütze des weichen Pflanzenmaterials. Der Leim trocknet schneller, wenn man den Baum einige Minuten beiseite stellt.

Die Flechte, die es im Fachhandel gibt, ist meistens hellgrün. Das ist jedoch eine sehr unnatürliche Farbe. Damit nun eine natürliche Wirkung erzielt wird, muß der Baum bemalt und noch oberflächenbehandelt werden. Zuerst wird er mit einem matten Dunkelgrün, Braun oder Schwarz besprüht. Nach einigen Minuten Pause wird er von oben bis unten mit Leim besprüht und unmittelbar danach dünn mit Graspulver bestreut. Eine größere Dichte des Graspulvers an der Baumspitze kann die Form des Baumes verbessern.

Für einen Baum im Mittelraum der Szene sucht man einen Zweig aus, der einem Baumstamm ähnelt und ein paar Verzweigungen besitzt. An diesem Zweig befestigt man dann kleine Stücke Flechte (siehe unten).

Dieser Baum zeigt genügend Details, um im Mittelraum einer Modellandschaft aufgestellt zu werden. Er besteht aus mehreren kleineren Stücken Flechte, die an einem Zweig befestigt wurden. Er wurde sorgfältig geformt, so daß er wie ein großer Laubbaum aussieht.

Eine bewaldete Fläche entsteht durch eng zusammengepflanzte Bäume aus Flechte. Natürlicher wirkt es, wenn Bäume unterschiedlicher Form und Größe zusammenstehen.

Baum für den Mittelraum *Mit Weißleim Flechtenstücke an einem Zweig befestigen. Wie Hintergrundbäume wird auch dieses Stück gefärbt und mit Graspulver bestreut. Damit eine natürlichere Wirkung erzielt wird, den Zweig an einigen Stellen mit dem Messer anschaben und bemalen.*

Jeder dieser Hintergrundbäume besteht aus einem Stück Flechte, das wegen seiner besonderen Silhouette ausgesucht wurde.

Fichtenbäume

Fichtenbäume passen zu nördlichen und gebirgigen Landschaften. Sie sind dann besonders wirkungsvoll, wenn sie mit Schnee bestäubt werden.

So entsteht eine Fichte

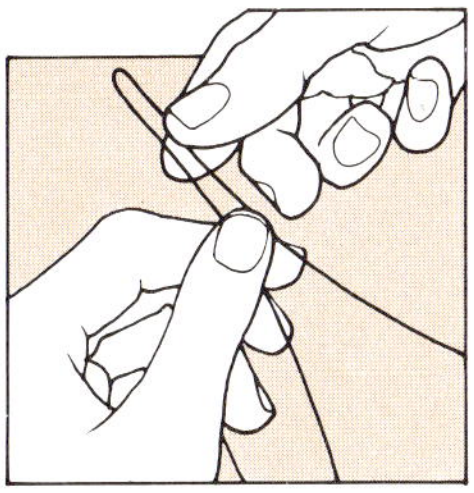

1 Ein dünner Draht auf die vierfache Länge der Baumhöhe schneiden und doppelt umschlagen.

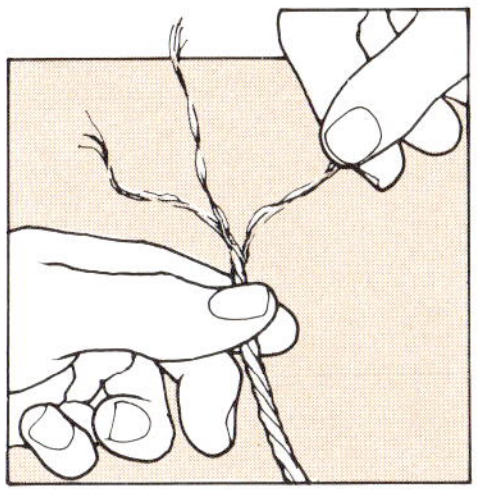

2 Sisalschnur in Stücke schneiden, jeweils so lang, wie der Baum unten breit ist. Die Schnüre aufräufeln und zwischen den Fingern zwirbeln, damit sie sich nicht mehr verdrehen.

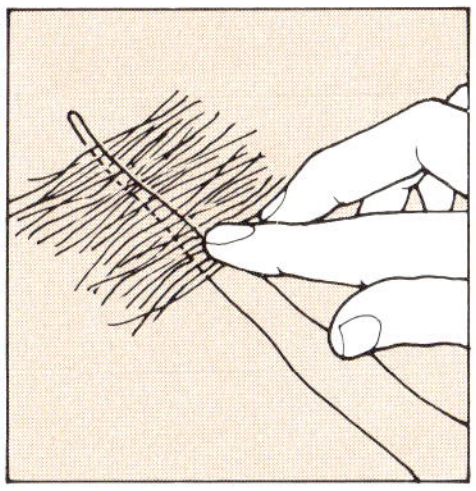

3 Eine Hälfte des Drahtes mit Polystyrolkleber bestreichen. 10 mm von der Knickstelle entfernt beginnen, die Sisalfasern dicht nebeneinander auf den Draht zu legen. Diese sorgfältig in den Kleber drücken.

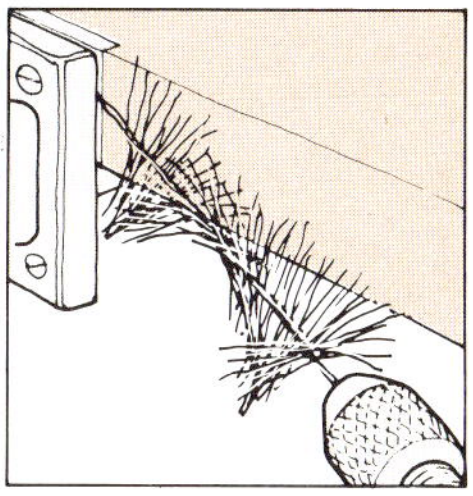

4 Die Drahtenden im Uhrzeigersinn miteinander verdrehen. Dann die Spitze in den Schraubstock spannen. Das untere Drahtende in einen Handbohrer einspannen und so verdrehen, daß eine feste Spirale in Form einer Bürste entsteht.

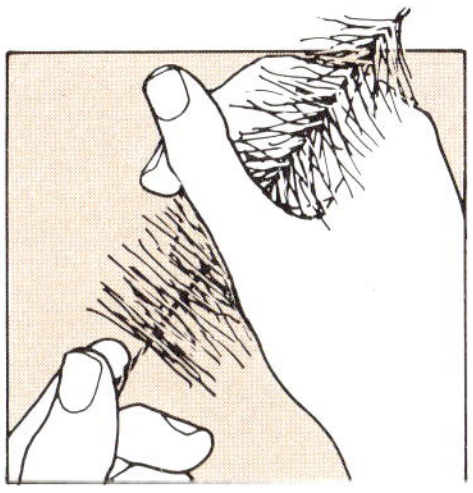

5 Mit einem spitzen Werkzeug die einzelnen Fasern voneinander trennen und verteilen, dann den Baum durch die geschlossenen Finger ziehen; nun zeigen alle Äste der Fichte nach unten.

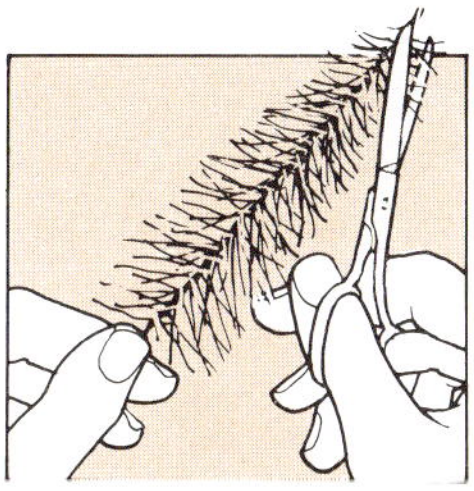

6 Der Baum muß die nach oben sich verjüngende Form erhalten. An der Spitze die Faserzweige bis auf 5 mm kurz schneiden. Der Baum wird mattschwarz gesprüht. Dann trocknen lassen.

7 Den Baum in Mattlack eintauchen; gründlich abtropfen lassen, eventuelle Lacktropfen durch Hin- und Herdrehen in einer Dose abschleudern.

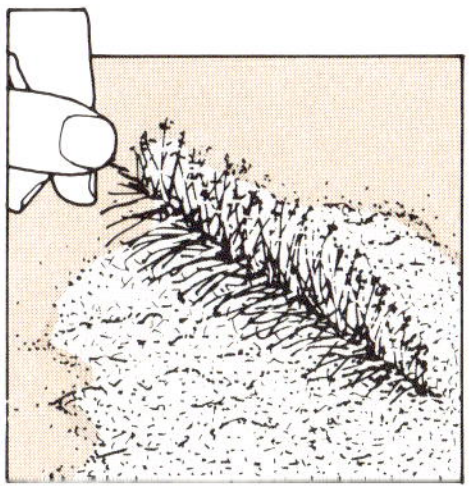

8 Den lacknassen Baum in Graspulver rollen, damit sich an den Enden der Zweige die Nadeln bilden. Etwas Graspulver auch nach innen streuen, weil das besser aussieht. Nun muß der Baum nur noch trocknen.

Es sieht attraktiver aus, wenn Fichten verschiedener Größe zusammengestellt werden.

Hohe Fichtenbäume

Hohe Fichten aus dünnem Draht können leicht verbogen werden, daher wird der Baumstamm unten mit Klebeband oder Füllstoff verdickt. Der Baum wirkt robuster und besser proportioniert, wenn man zwei Stücke aufeinandersetzt: ein unteres Stück aus dickerem und eine Baumspitze aus dünnem Draht. An der Nahtstelle werden die Fasern in Lack getaucht, und auf den unteren Baumstamm wird etwas Polystyrolkleber aufgetropft. Beim Zusammensetzen sorgt man dafür, daß sich die gelackten Fasern ineinande verschieben.

Basteln einer großen Fichte
Eine Spitze aus dünnem Draht auf ein Unterstück aus dickem Draht aufsetzen. Damit die Klebestelle gut abbindet, den Baum über Nacht mit Stücken Polystyrol unterlegen. Es fehlen dann nur noch die schwarze Sprühfarbe und die Nadeln.

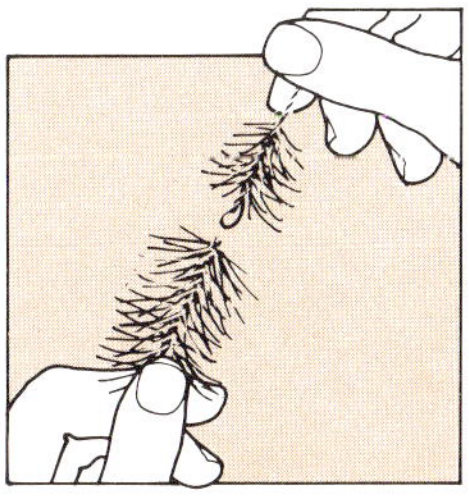

Laubbäume

Laubbäume können nach derselben Methode wie Fichten hergestellt werden (siehe Seite 165). Eine andere Technik ist die, Zweige mit Stahlwolle zu versehen.

Niedriger Baum *Mit Draht und Sisalfasern wie beim Basteln einer Fichte arbeiten. Unterschiedlich ist nur, daß ein dicker Draht verwendet wird und der Draht an beiden Enden gleich lang übersteht. Dann den Draht in der Mitte durchschneiden, so daß zwei Bäume entstehen. Die Sisalfasern werden dort, wo der Draht durchgekniffen wurde, so „gekämmt", daß sie das Drahtende verdecken. Die Krone stutzen, dann schwarz spritzen. Zusätzliches Laub aufzutragen ist möglich: soll es sich um dickeres, größeres Laub handeln, wird der Baum in Sägemehl gerollt; dann trocknen lassen, in Lack tauchen und in Graspulver rollen.*

Hoher Baum *Wie eine Fichte basteln (Stufe 1 bis 4). Einen dicken Draht benutzen, aber die Fasern in unregelmäßigen Abständen ansetzen. Auch die „Äste" werden so zurechtgebogen, daß Lücken erkennbar sind, die schwarz sprühlackiert werden. Laub wird wie beim niedrigen Baum angebracht.*

Pappel *Wie die Fichte basteln, an der Spitze jedoch statt der Fasern gezupfte Stahlwolle verwenden. Die Äste müssen leicht nach oben zeigen. Das kleine Laubwerk durch leichtes Tupfen in Glaspuder befestigen.*

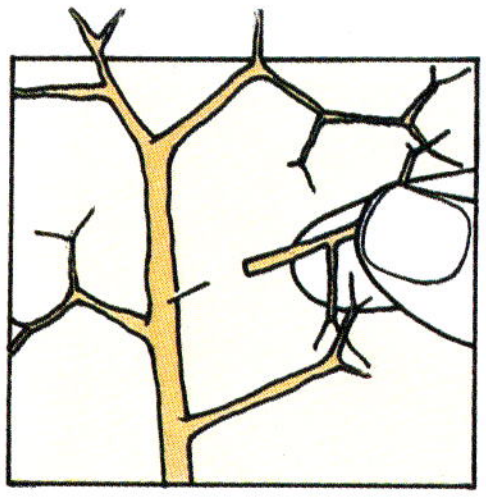

Ein Baum mit unregelmäßigem Astwerk *Auf einem Zweig ein Gerüst aus unregelmäßigen Ästen errichten. Auf einem zurechtgesägten Zweig aus Holz mit Weißleim kleinere Zweige ankleben. Gerade die oberen Stücke müssen sehr dünne Zweigspitzen haben.*

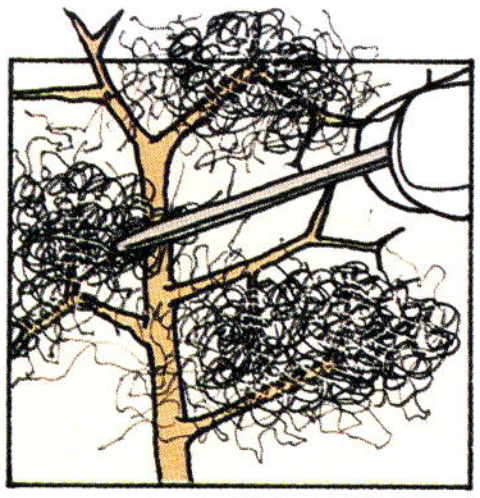

Stahlwolle zupfen – Knoten sollten vermieden werden – und am Astwerk befestigen. Nötigenfalls muß die Form etwas korrigiert werden. Das Laubwerk mattschwarz besprühen. Zusätzlich noch Weißleim aufsprühen, darauf dann etwas Graspulver streuen.

Niedriger Baum mit unregelmäßig geformter Krone *Er wird, wie auf der vorigen Seite unten geschildert, hergestellt, wobei ein einziger Zweig die Stahlwolle hält. Das Astwerk kann auch mit Hilfe eines dünnen Drahtes modelliert werden.*

Junger Baum oder Busch *Stahlwolle so zupfen, daß sie in einer Richtung liegt. Dann das eine Ende zusammenbinden, das andere auseinanderfransen. Zusätzliches Laub wird wie die Fichtennadeln angebracht (siehe Seite 165), aber nur in den oberen zwei Dritteln. Den Baum bis zum Ansatz der Äste einpflanzen.*

Weinranken *Um eine Weinranke zu basteln, verwendet man die Wurzeln einer Pflanze, wobei dann für die feineren Ranken noch zusätzlich gezupfte Stahlwolle gebraucht wird.*

Zierstrauch *Von einem kleinen oder großen Baum nur die Spitze verwenden und für die typische Buschform zurechtstutzen. Die Äste gleichmäßig mit Graspulver bedekken, damit die feine Laubstruktur besser zur Wirkung kommt.*

Wechsel der Jahreszeiten

Frühling *Nur wenig Graspulver auftragen. Die Blüten mit kleinen Tupfern unverdünnter Ölfarbe aufmalen.*

Herbst *Mit dem Spritzgriffel den Baum in den Herbstfarben lackieren. Kleingehackte Teeblätter oder feingemahlener orangebrauner Schaumstoff kann auch verwendet werden.*

Winter *Aus Zweigen und ausgezupfter Stahlwolle ein Baumskelett basteln (siehe vorherige Seite). Diesen Baum mattschwarz lackieren.*

Mauer

Zuerst wird die Mauer mit einer dünnen, gleichmäßigen Schicht Polyfill bestrichen, die in den Ecken scharfe Kanten bildet. Nach dem Trocknen wird die Ziegelfläche aufgemalt: Man verwendet dazu eine fast unverdünnte Ölfarbe, weil Terpentin das Polystyrol auflösen würde. Den Verlauf der Ziegelschichten gibt man durch die Farbe an, wobei ohnehin der Anstrich gefleckt ist, da die Ziegel meist in den Hell- und Dunkeltönen unterschiedlich sind. Das starke Weiß des Polyfills schimmert in den Fugen zu grell durch. Mit Farbbädern wird es reduziert. Nun kann man noch zusätzliche Effekte anbringen wie beispielsweise beschädigte oder fehlende Ziegel (siehe Abbildung).

Geborstene Mauer *Kurz bevor der Polyfill-Überzug ganz trocken ist, Risse in der Mauer anbringen.*

Beschädigte und fehlende Ziegelsteine. *Die beschädigte Stelle modellieren, indem um den Ziegelstein herum eingeschnitten und die Stelle dann eingedrückt wird. In der Mitte das Mauerstück dann eindrücken, so daß am Rand die Kanten gebrochen erscheinen. Ein Loch 3 mm tief um den Stein herum einschneiden, den Stein herausholen, das Loch mit Farbe abdunkeln.*

Mauer mit Abdecksteinen *Es sieht richtig altertümlich aus, wenn eine Mauer mit speziellen Abdecksteinen gedeckt wird.*

Abblätternder Wandputz auf einer Ziegelmauer *Dieser Effekt entsteht durch Schleifen und Kratzen der Polyfillschicht. Den Verputz auf Polyfill, die Ziegel auf Polystyrol malen. Für die Ziegel darf kein Terpentin verwendet werden, es löst das Polystyrol auf.*

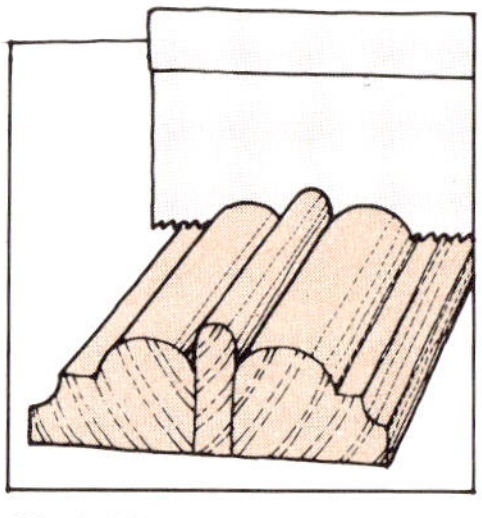

Modellieren von Abdecksteinen *Von beiden Seiten geformte Holzleisten gegen eine dünne Flachleiste aus Holz kleben. Mit der Feinsäge die Steine einfach auf Länge schneiden. Die Abdecksteine auf die Mauerkrone kleben und mit Tetrion bestreichen, wobei ein nasser Pinsel die Kanten rundet. Nach dem Trocknen die Fugen nachschneiden, damit der Steincharakter hervorgehoben wird.*

Eisenbahnen

Planung einer Modelleisenbahn

Viele Modelleisenbahner beginnen mit dem Erwerb einer bescheidenen Anlage und kaufen nach und nach neue Gleisstrecken dazu, um mehr Lokomotiven und rollendes Material unterbringen zu können, bis sie schließlich eine ganz ansehnliche Sammlung zusammengebracht haben. Bevor man aber damit beginnt, sollte man sich überlegen, wie die Eisenbahnanlage einmal aussehen soll, damit schon von Anfang an darauf hingearbeitet werden kann. Denn bei guter Planung ist es jederzeit möglich, die Anlage immer mehr zu erweitern und zu verbessern, und da man immer mehr Erfahrung sammelt, wird die Freude daran immer mehr zunehmen.

Zu den ersten Überlegungen gehört die Frage, welche Prioritäten man setzen will. Wenn man beispielsweise mehr am Personenverkehr interessiert ist, ist eine lange Gleisstrekke oder eine Gleisschleife erforderlich, damit die Züge auch mit wirklichkeitsgetreuer Geschwindigkeit fahren können. Setzt man seinen Schwerpunkt aber auf die Landschaftsgestaltung, dann ist es wichtig, daß man sein Augenmerk mehr auf die Darstellung der räumlichen Distanz richtet.

Vor allem aber sollte man einen Maßstab und einen Streckenplan wählen, der dem zur Verfügung stehenden Platz gerecht wird. Auf einer Mindestarbeitsfläche von nur 30 mal 183 Zentimetern kann schon eine Bahn mit einem bestimmten Grundthema in Betrieb genommen werden – etwa eine kleine Industriebahn oder ein Eisenbahndepot. Ein Anlagetyp für beengte Platzverhältnisse ist zum Beispiel eine „Nebenbahn mit verschiebbarem Betriebsbahnhof". Die Nebenbahn kann Bahnstation und Güterbahnhof umfassen und zusätzlich einen Lokschuppen und je zwei Rangiergleise. Das alles läßt sich auf einer Grundplatte aufbauen, die nicht größer als 120 mal 45 Zentimeter ist. Der Betriebsbahnhof (eigentlich sind es verschiebbare Abstellgleise), der die andere Hälfte dieses Systems ausmacht, wird außer Sicht auf eine ähnlich große Platte montiert. Wenn der Zug auf dem Betriebsbahnhof ankommt, wird die Lokomotive von den Schienen gehoben, herumgedreht und wieder auf die Gleise der Nebenlinie zurückgefahren.

Ein weiteres, häufig verwendetes System ist die Anlage in Sektionsbauweise. Sie ermöglicht, eine große Bahnanlage im Zusammenhang zu planen, sie aber in kleinen, transportablen Sektionen von etwa 60 mal 120 Zentimetern zu bauen, die später miteinander verbunden werden können. Der Vorteil ist, daß man sehr schnell schon seine Modelleisenbahn in Betrieb nehmen kann, während bei einer großen Anlage allein das Verlegen der Gleise Monate dauert.

Größere Anlagen werden in zwei Kategorien eingeteilt: der Länge nach oder als Schleife. Eine der Länge nach ausgerichtete Anlage kann eine gerade Gleisführung haben oder in allen möglichen Bogen verlaufen, aber normalerweise hat sie an jedem Ende einen Kopfbahnhof. Will man die Fahrtzeit beim Personenverkehr vortäuschen, braucht man bei einer Streckenführung mit Kopfstationen ein Wartegleis, auf dem der Zug außer Sicht hält, bis er fahrplanmäßig an seinem Bestimmungsort eintreffen darf. Bei einer durchgehenden Gleisanlage fährt der Zug während der entsprechenden Zeit über eine Gleisschleife. Die häufigste Form einer durchgehenden Gleisführung ist das einfache Oval.

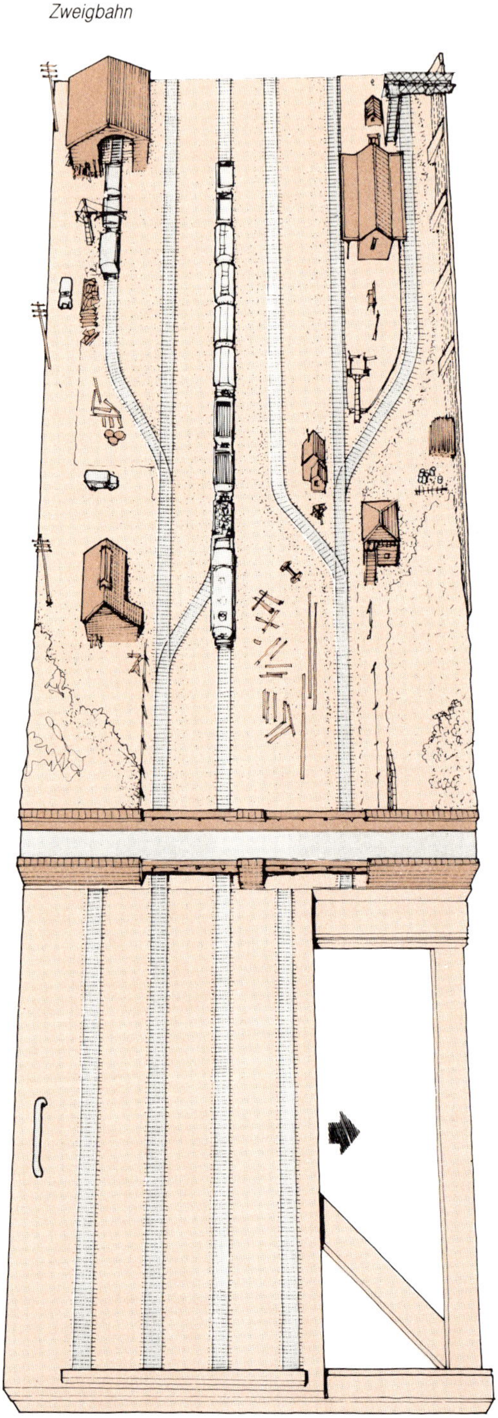

Zweigbahn mit Verschiebebahnhof *Auf dem Verschiebebahnhof werden die Lokomotiven herumgedreht. Das Grundbrett ist so verschiebbar, daß zwei oder mehr Gleisstrecken für die Ein- oder Ausfahrt gleichzeitig zusammentreffen.*

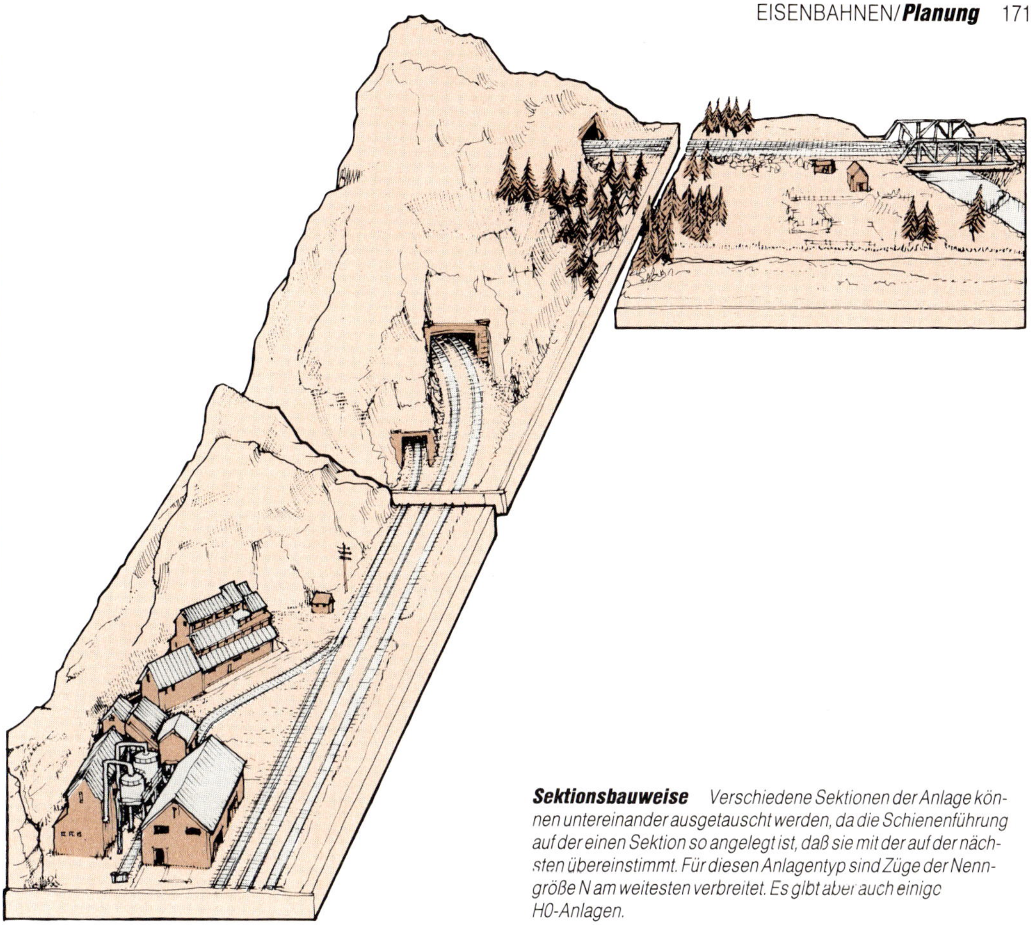

Sektionsbauweise *Verschiedene Sektionen der Anlage können untereinander ausgetauscht werden, da die Schienenführung auf der einen Sektion so angelegt ist, daß sie mit der auf der nächsten übereinstimmt. Für diesen Anlagentyp sind Züge der Nenngröße N am weitesten verbreitet. Es gibt aber auch einige H0-Anlagen.*

Gleisanlagen mit Kopfbahnhöfen

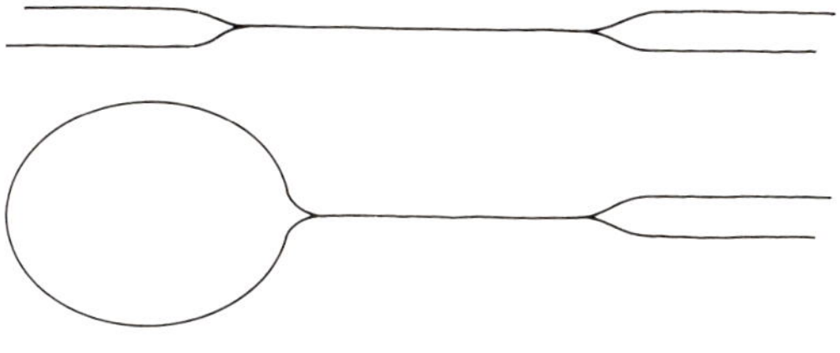

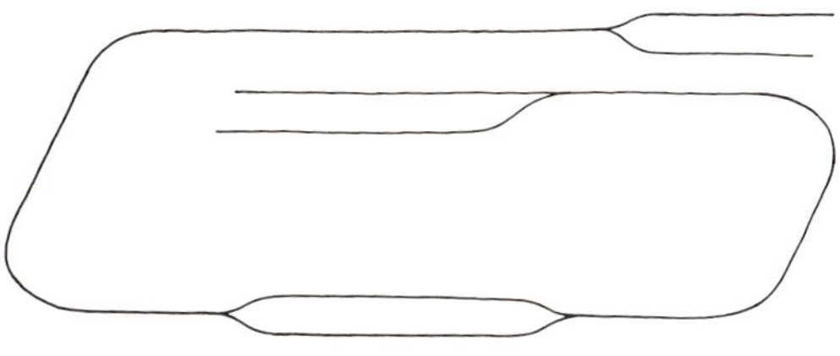

Durchgehende Gleisanlagen

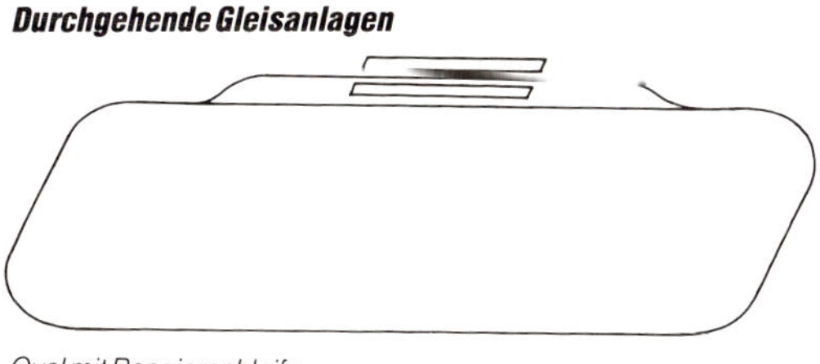

Oval mit Rangierschleife

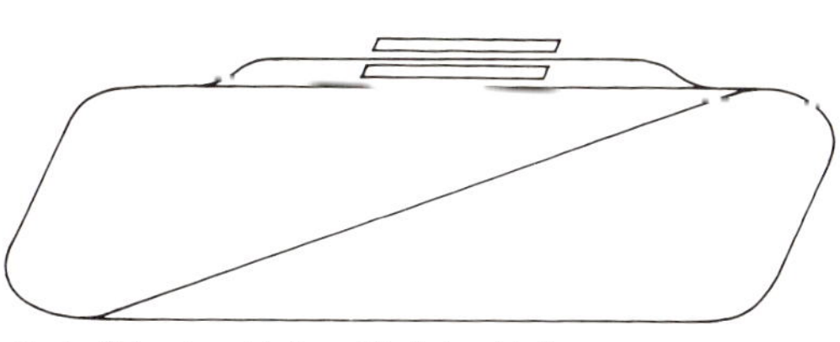

Oval mit Rangierschleife und Umkehrschleife

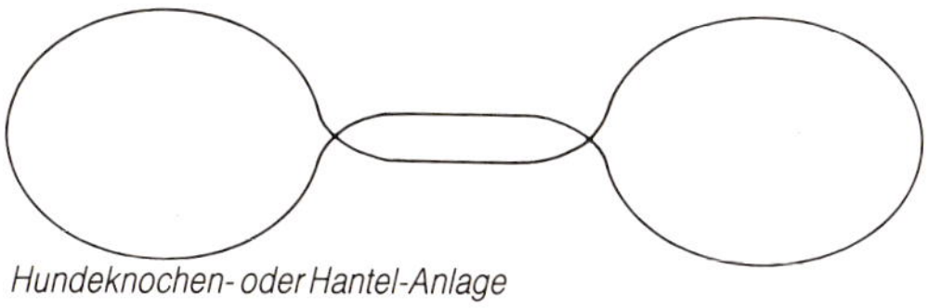

Hundeknochen- oder Hantel-Anlage

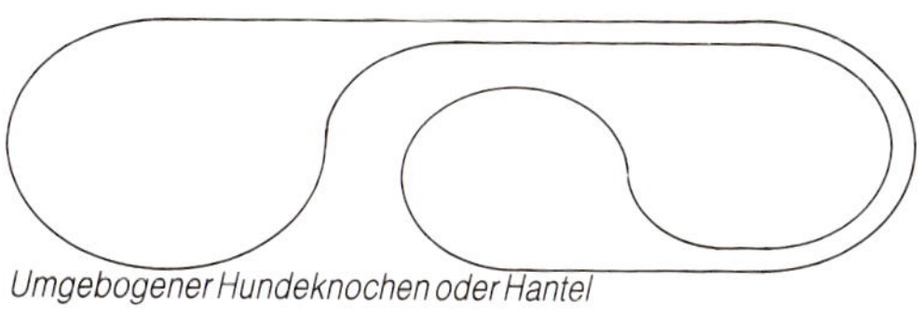

Umgebogener Hundeknochen oder Hantel

Maßstab und Spurweite

Die Bezeichnung „Maßstab" bezieht sich auf das Verhältnis zwischen der Größe des Modellzugs und dem echten Zug. Er wird als Quotient ausgedrückt, zum Beispiel 1:76. Den Abstand zwischen den beiden Schieneninnenseiten nennt man „Spurweite", sie wird in Millimetern angegeben. Manchmal laufen Züge verschiedener Maßstäbe auf Gleisen gleicher Spurweite.

Es gibt viele verschiedene Maßstäbe für Modelleisenbahnen. Sie werden durch einen oder zwei Buchstaben (Zahlen) gekennzeichnet. Der häufigste Maßstab für eine Heimanlage ist in England 00 (1:76), in den USA und im übrigen Europa H0 (1:87). Beide Modelle fahren auf Schienen mit einer Spurweite von 16,5 mm. Präzise gesagt ist H0 genau maßstabsgetreu, während 00 nur die „annähernde Spurweite" hat, obgleich man den Unterschied kaum bemerkt. Da die amerikanische und kontinentaleuropäischen Originalzüge gewöhnlich etwas größer als die britischen sind, werden die britischen 00-Modelle mit 0,5 mm größerer Spur etwa genauso groß wie die kontinentalen oder amerikanischen H0-Modelle. 00- oder H0-Modelle sind groß genug für Maßstabsarbeit und Beschriftung, und trotzdem kann man eine ziemlich ausgedehnte Anlage auch zu Hause unterbringen.

N-Bahnen sind ebenfalls weit verbreitet. Da sie einen kleineren Maßstab und schmalere Spurweite haben, kann man auf dem gleichen Raum viermal so viel Gleisanlagen unterbringen als bei 00- oder H0-Bahnen. Oder man kann die gleiche Grundfläche hernehmen und die Gleisanlagen und die Landschaft noch naturgetreuer gestalten. N-Bahnen sind gleich teuer wie 00- oder H0-Modelle, nur die Gleisstränge müssen sorgfältiger verlegt werden, um einen störungsfreien Lauf zu garantieren. Noch kleinere Bahnen sind die Z-Modelle. Obwohl noch teurer und für Züge in kontinentalem Stil nur beschränkt erhältlich, kann man eine komplette Anlage buchstäblich in einem Koffer unterbringen, was Aufbewahrung und Transport sehr vereinfacht.

Die einzige andere, fast überall erhältliche Modellgröße trägt die Bezeichnung 0. Das war früher einmal der beliebteste Maßstab, ist aber eigentlich nur für Anlagen im Freien oder in Clubs geeignet.

Einige Spezialisten halten die üblichen Maßstäbe nicht für maßstabsgetreu genug und betreiben den Modellbau nach „Genauigkeitsmaßstäben".

Nenngröße	**Modellmaßstab**	**Spurweite (mm)**
Z	*1:220*	*6,5*
N	*1:160*	*9,0*
TT	*1:120*	*12,0*
H0	*1:87*	*16,5*
0	*1:45*	*32,0*
I	*1:32*	*45,0*
IIm	*1:22,5*	*45,0*

Unterbauten

Manche Modellbahner lassen ihre Züge zur Probe erst mal auf dem Fußboden fahren, doch das hat entschiedene Nachteile: Einmal muß die Anlage jedesmal wieder aufgebaut und wieder abmontiert werden, zum anderen ist es unmöglich, so eine wirklichkeitsnahe Szenerie zu gestalten, und hinzu kommt, daß der Staub zu Kontaktstörungen in der Stromversorgung führen kann. Echte Modellbahner befestigen ihre Schienen dauerhaft auf einem Unterbau.

Hier gibt es zweierlei Arten von Unterbauten: die tischähnliche Grundplatte und den offenen Rahmen. Ein Unterbau mit Grundplatte ist sehr stabil, leicht herzustellen und ergibt eine widerstandsfähige und transportable Anlage. Er ist ideal, wenn man eine große Fläche für industrielle Rangiergleise oder einen Verschiebebahnhof einplanen will. Eine abwechslungsreiche Landschaft mit Flüssen und Straßen, die die Schienen oberhalb und unterhalb kreuzen, läßt sich am besten auf einem offenen Rahmen aufbauen. Bei dieser Art des Unterbaus trägt ein schmales Gleisbett aus Sperrholz die Schienen.

Falls der Anlagenplan ein flaches und hügeliges Gelände vorsieht, können auch beide Unterbautypen auf einer Anlage kombiniert werden. Besonders wichtig ist, daß die Schienen sich wieder genau ausrichten lassen, falls man den Unterbau einmal auseinandermontiert. Um zwei Unterbauteile mit Grundplatten zu verbinden, bohrt man je drei Löcher durch die Querstreben an den zusammenstoßenden Enden und schraubt die Bauteile zusammen. Wenn die Anlage regelmäßig bewegt werden muß, werden zwei zusätzliche Löcher durch diese Querstreben gebohrt und Gewindeschrauben mit Muttern verwendet. Zur Verbindung von zwei Rahmenunterbauten schraubt man Metallbänder zur Verstärkung an die Innenseite der Längsträger.

Konstruktion eines Unterbaus mit Grundplatte

Um den Unterbau zusammenzuhalten, sind keine komplizierten Verbindungstechniken notwendig, da die Grundplatte den Rahmen stabilisiert. Man beginnt an den Ecken des Rahmens mit einer stumpfen Verbindung. Die Leiste muß auf einer Seite 10 mm überstehen, damit das Holz nicht splittert. Die Verbindung wird dann genagelt und geleimt und durch eingeschraubte Winkeleisen verstärkt. Anschließend sägt man den Überstand bündig ab und verstärkt den Rahmen durch stumpf gestoßene Querstreben im Abstand von 600 mm.

Zur Vervollständigung des Unterbaus wird die hölzerne Grundplatte auf den Rahmen geschraubt und geleimt. Spanplatte ist sehr widerstandsfähig, aber schwer; Sperrholz ist stabil, und einzelne Streifen können ausgeschnitten und aufgebogen werden, um das Gleisbett ansteigen zu lassen; Holzfaserisolierplatte ist nicht ganz so stabil, aber man braucht kein zusätzliches schalldämmendes Material unter den Schienen.

Konstruktion eines Unterbaus mit offenem Rahmen

Zunächst werden zwei L-förmige Längsträger gebaut, indem man zwei Leisten aus gut abgelagertem Weichholz aufeinanderleimt und im Abstand von 30 cm zusammenschraubt. Über die ganze Rahmenbreite wird bis zu einer Rahmenbreite von 60 cm alle 45 cm eine Querstrebe eingesetzt, verschraubt und verleimt. Bei einem breiteren Rahmen setzt man die Längsstreben weiter auseinander und läßt die Querstreben überstehen. Zur Verstärkung des Rahmens werden diagonal Weichholzleisten befestigt, deren Enden im 45°-Winkel auf Gehrung gesägt sein müssen. Zusätzliche Querstreben sind an den Stellen erforderlich, wo das Gleisbett ansteigen soll. Diese Leisten können in jedem beliebigen Winkel angelegt werden.

Unterbau mit Grundplatte

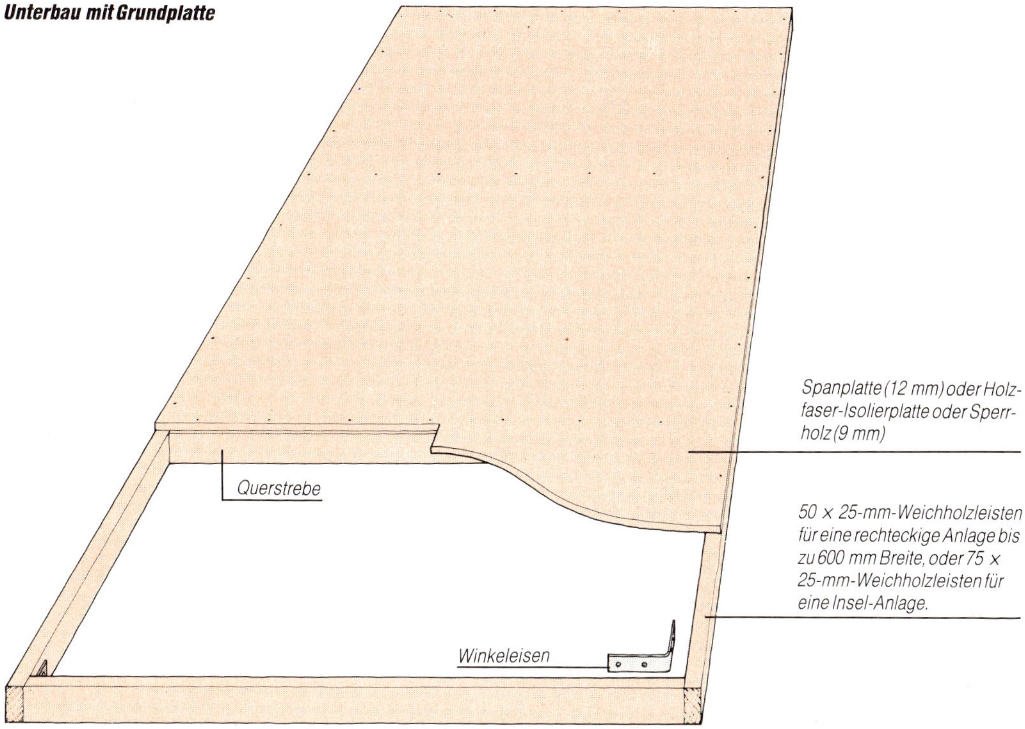

Unterbau mit offenem Rahmen

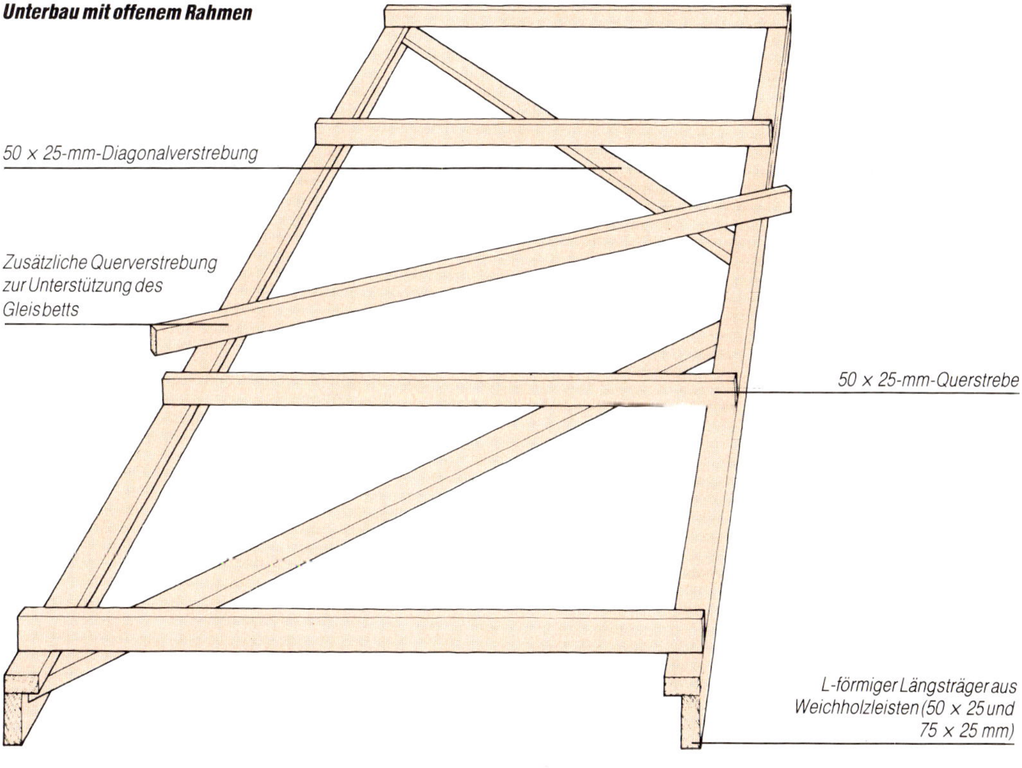

Tragkonstruktionen für den Unterbau

Das Grundbrett kann in jeder beliebigen Höhe befestigt werden, am sinnvollsten sind aber 90 cm, denn bei dieser Höhe kann man bequem im Stehen an der Anlage arbeiten. Wenn man sich dann setzt, wirkt die Anlage noch wirklichkeitsgetreuer, weil sie in Augenhöhe ist. Die beiden Tragkonstruktionen, die unten und rechts gezeigt werden, können für Unterbauten sowohl mit Grundplatte als mit offenem Rahmen verwendet werden.

Unterbau mit Wandbefestigung

Diese Konstruktion muß keineswegs mit dem Fußboden verbunden werden. Sie sorgt für ausreichend Spielraum

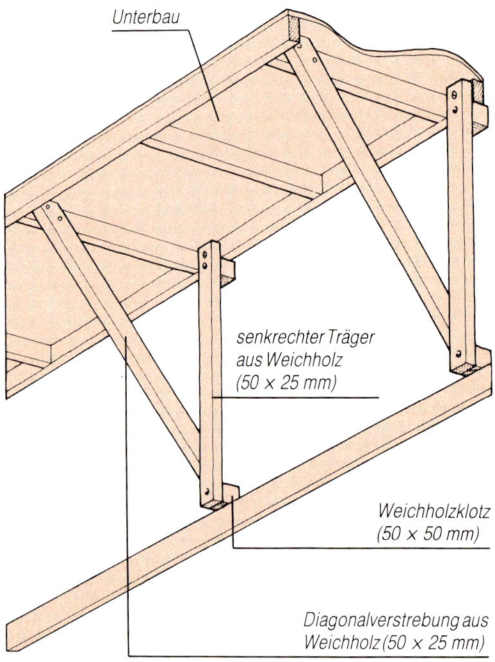

unter der Anlage und sieht gut aus. Die Konstruktion sollte immer an einer soliden Mauer oder direkt an einem hölzernen Wandbalken befestigt werden.

Man schneidet senkrechte Träger zu. Um jede zweite Querstrebe und die beiden Enden des Unterbaus abzustützen, werden senkrechte Träger zugeschnitten. An jeden Träger werden Holzklötzchen geleimt und genagelt, einen bündig mit dem unteren Ende, den anderen 45 mm von der oberen Trägerkante entfernt. Dann wird als Auflage für die senkrechten Träger eine Weichholzleiste an die Wand geschraubt und die Träger durch die Holzklötzchen hindurch an die Wand angebracht und so angeordnet, daß an der Trägerseite und an der Querstrebe des Unterbaus eine diagonale Verstrebung befestigt werden kann.

Der Unterbau wird hinter den überstehenden Enden der senkrechten Träger eingehakt. Die diagonale Verstrebung am senkrechten Träger und am horizontalen Wandträger anlegen, dann zuerst an der Querstrebe des Unterbaus, anschließend am senkrechten Träger festschrauben. Zum Schluß schraubt man den Rahmen des Unterbaus am Träger fest, wobei die Schraube nach oben gerichtet sein soll.

Freistehende Unterbauten

Um eine Anlage in die Raummitte stellen zu können, baut man zwei Rahmen, die zwischen die Längsträger passen, und schraubt oder leimt die Verbindungsstellen aneinander; dann wird eine Diagonalstrebe am Rahmen und an der Innenseite des Unterbaus festgeschraubt. Zwischen dem senkrechten Bein und dem Längsträger des Unterbaus muß ein Unterlegbrettchen von der Stärke der Diagonalstrebe eingesetzt werden.

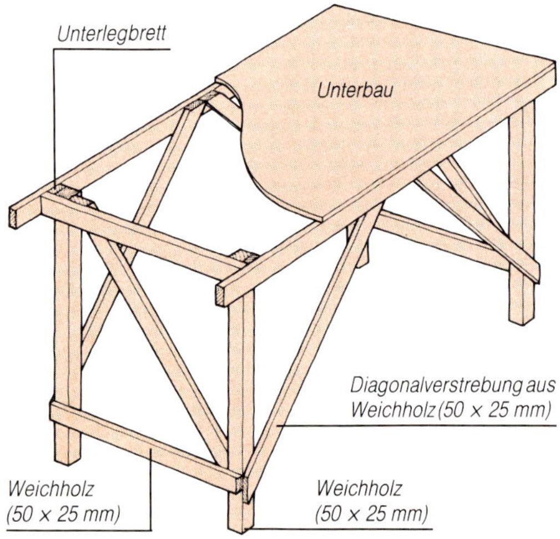

Lagerung und Transport der Anlage

Eine Modelleisenbahn sollte stets in einem trockenen Raum aufgebaut oder gelagert werden. Kellerräume sind daher nicht günstig, da sich in der feuchten Umgebung schnell Rost bildet. Doch nicht jeder hat so viel Platz, daß er seine Modelleisenbahn ständig aufgebaut lassen kann. Eine Lösungsmöglichkeit bietet hier die schon angesprochene Sektionsbauweise, die es erlaubt, daß die einzelnen Teilstücke ausgewechselt oder zu einem anderen Ort transportiert werden können. Ebenfalls leicht zu transportieren sind Unterbauten mit einer Grundplatte. Diese sind leicht und dennoch stabil und haben normalerweise niedrige Aufbauten. Unterbauten mit offenem Rahmen hingegen lassen sich nur sehr schwer transportieren.

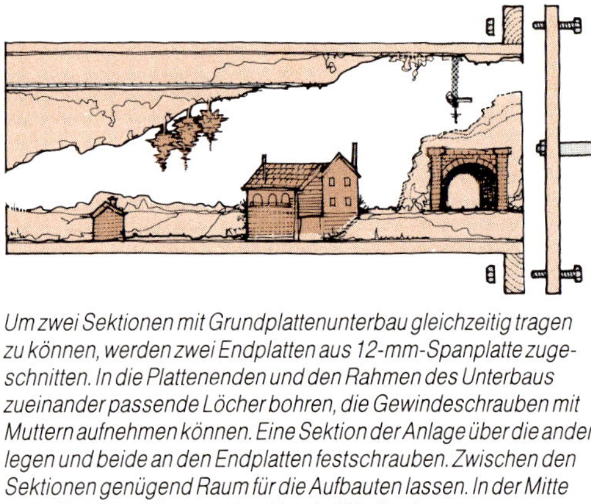

Um zwei Sektionen mit Grundplattenunterbau gleichzeitig tragen zu können, werden zwei Endplatten aus 12-mm-Spanplatte zugeschnitten. In die Plattenenden und den Rahmen des Unterbaus zueinander passende Löcher bohren, die Gewindeschrauben mit Muttern aufnehmen können. Eine Sektion der Anlage über die andere legen und beide an den Endplatten festschrauben. Zwischen den Sektionen genügend Raum für die Aufbauten lassen. In der Mitte jeder Endplatte einen starken Handgriff befestigen.

Gleisbett

Bei einem Unterbau mit Grundplatte können Gleisbett und Schienen direkt auf der Platte verlegt werden (siehe Seite 177). Aber bei einem Unterbau mit offenem Rahmen muß man das Gleisbett aus 9-mm-Sperrholz ausschneiden, und zwar etwas breiter als der Schienenstrang; für den Aufbau neben den Gleisen muß man etwas Breite zugeben.

Das Sperrholzgleisbett sägt man am einfachsten mit der Laubsäge aus. Man läßt die einzelnen Teilstücke stumpf zusammenstoßen, dann schraubt und leimt man ein Sperrholzstück so unter den Stoß, daß es die Verbindungsstelle auf beiden Seiten überlappt. Die Verbindungsstelle mit Sandpapier glattschleifen. Bei der Anlage einer Gefällstrecke wird das Sperrholz einfach gebogen und in Abständen mit Leistenstückchen aus Weichholz unterstützt. Das Sperrholz sollte einer natürlichen, leichten Kurve folgen. Bei langen Spannweiten wird zur Verstärkung eine Weichholzleiste der Länge nach untergeleimt.

Nach derselben Methode können auch bei einem Unterbau mit Grundplatte Gefällstrecken eingebaut werden, sofern die Grundplatte aus Sperrholz besteht. Alle Verbindungsstellen mit Sandpapier abschleifen.

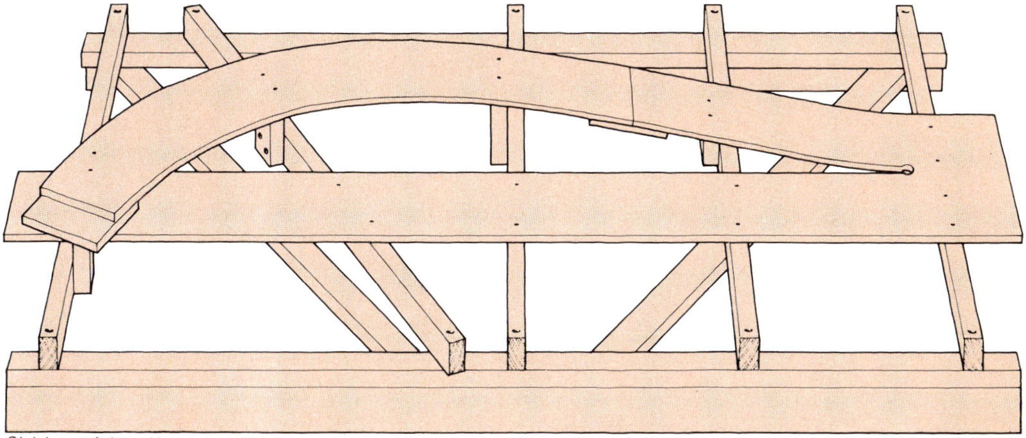

Gleisbett auf einem Unterbau mit offenem Rahmen

Gleisbau

Die Schienen bestehen aus einer Nickel-Silber-Verbindung oder aus Messing und werden durch Schwellen aus Plastik oder Pappmaterial verbunden. In den Schienen fließt der Strom vom Regler, den die Lokomotive über die Räder oder einen Schleifer von der Schienenmitte entnimmt. Die sorgfältige Konstruktion des Schienenstrangs ist entscheidend für einen reibungslosen Lauf des Zuges.

Am häufigsten sind Anlagen aus einzelnen Gleisstücken. Sie sind am einfachsten zu verlegen, weil die Schwellen in gleichbleibenden Abständen verbunden sind. Es gibt sowohl gerade Schienen wie auch Gleisbögen, die nach ihrem Radius gemessen werden. Weichen, also Verbindungsglieder zwischen zwei auseinanderstrebenden Schienensträngen, oder Kreuzungen sind als gesonderte Bauteile erhältlich.

Flexgleis ist eine Schienenart, die auf beliebige Länge zugeschnitten und gebogen werden kann.

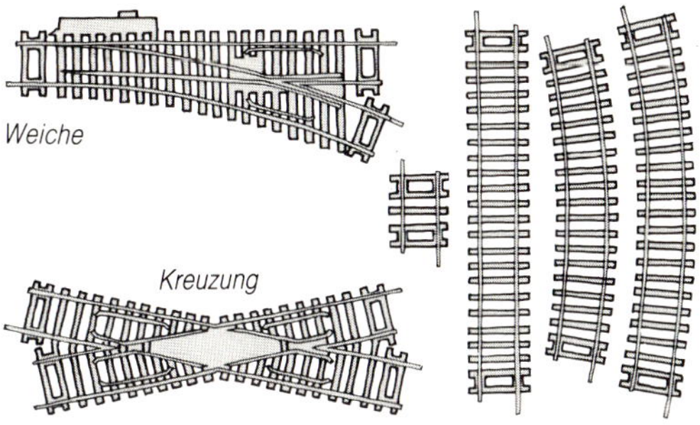

Gleisstücke

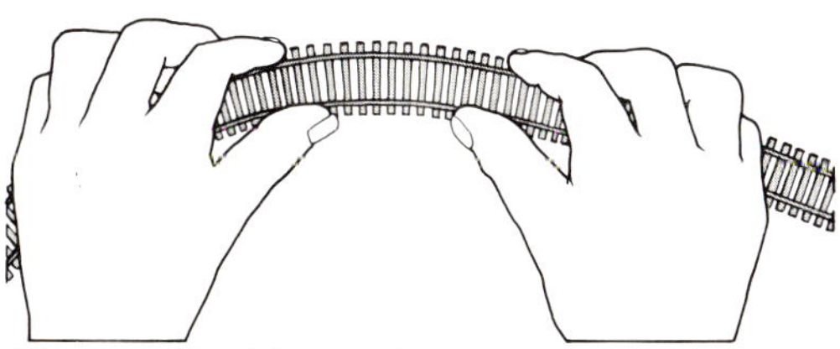

Biegen von Flexgleis *Das Gleisstück auf eine ebene Unterlage legen und sanft mit der Hand biegen. Nicht freischwebend biegen, weil es sich sonst verdreht.*

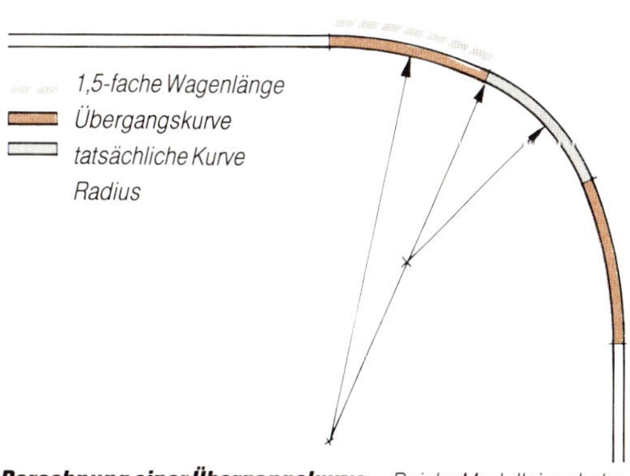

Berechnung einer Übergangskurve *Bei der Modelleisenbahn hat die Übergangskurve den zweifachen Radius der tatsächlichen Kurve und etwa 1,5-fache Wagenlänge. Das Anzeichnen der Mittellinie siehe Seite 177.*

Verbindung der Gleise

Man schiebt eine Verbindungslasche auf jede Schiene eines Gleisstücks – und zwar, wenn das Gleisstück auf den Modellbauer zuläuft, immer auf die rechte Schiene. Auf diese Weise können die Teilstücke zu einem ganzen Schienenstrang zusammengesteckt werden, ohne daß einzelne Verbindungslaschen umgesteckt werden müssen. Zum Verbinden der Gleisstücke schiebt man einfach das freie Schienenstück in die Verbindungslasche. Man sollte überprüfen, ob die Schienen in gerader Linie ausgerichtet sind, indem man ihnen entlangpeilt oder eine andere Schiene gleicher Größe oben drauflegt. Die Schienenköpfe müssen genau in einer Ebene liegen. Leichte Unebenheiten kann man abfeilen, aber falls sie zu sehr aus der Ebene herausragen, sollte man die Verbindungslaschen überprüfen und, falls sie beschädigt sind, austauschen. Man kann auch Gleisstücke verschiedener Fabrikate miteinander verbinden, nur muß man unter Umständen eine Drahtverbindung anlöten oder Unterlegscheiben unter ein Schienenstück legen, um eine gute Verbindung zu erreichen. Manchmal ist zuwenig Platz, um die Schienen auf die herkömmliche Weise in die Verbindungslaschen zu schieben – zum Beispiel, wenn ein neues Gleisstück in den Raum zwischen zwei bereits am Grundbrett befestigten Gleisteilen eingesetzt werden soll. In diesem Fall wendet man die Technik an, die rechts gezeigt wird.

Wenn Flexgleis in eine Kurve gebogen wird, verlängert sich die Schiene auf der Bogeninnenseite, weil sie eine kürzere Strecke durchläuft als die äußere Schiene. Man legt das Gleis auf eine ebene Unterlage und drückt es gegen ein Stück Holz, damit es sich nicht verformt. Dann schneidet man das Ende mit einer feinen Säge ab.

Besonders bei einem Betriebswerk ist darauf zu achten, daß die vielen Gleise sauber verlegt werden, um einwandfreie Übergänge zur Drehscheibe zu erhalten. Foto: Arnold

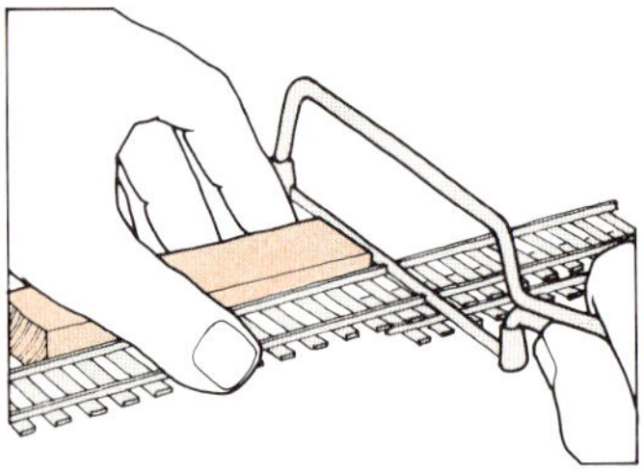

Füllen einer Gleislücke zwischen befestigten Gleisen *Das eine Ende des Füllgleises wird auf normale Art befestigt, dann wird es zugeschnitten. Das Gleis beim Sägen gegen eine Holzleiste drücken.*

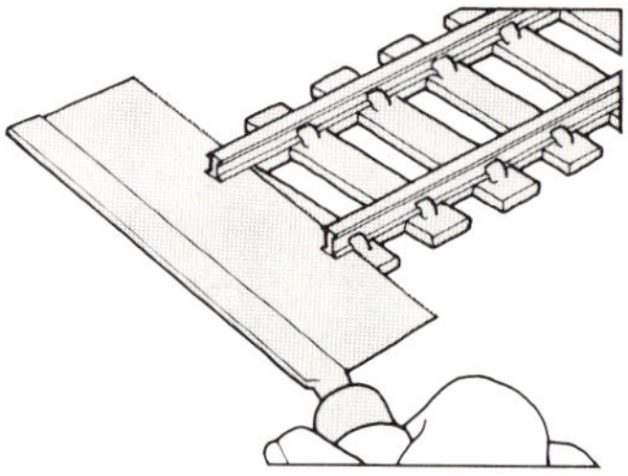

Das Füllgleis herausnehmen. Auf beiden Seiten der Gleislücke unter jeder Schiene einsägen, um sie von der ersten Schwelle zu trennen und Platz für die Verbindungslasche zu schaffen.

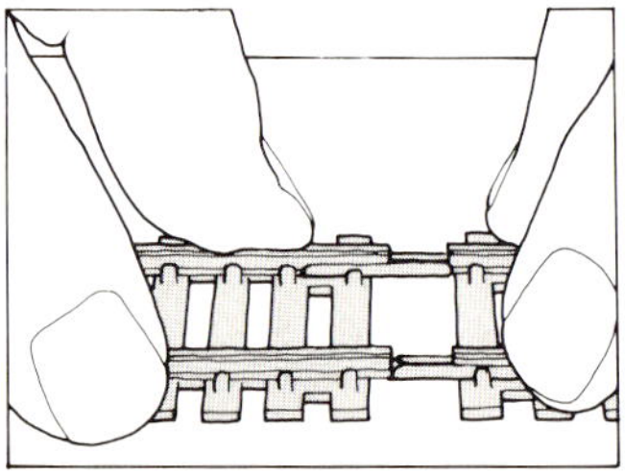

Verbinden der Gleisstücke *Die Gleisstücke auf eine ebene Fläche legen und zusammenschieben.*

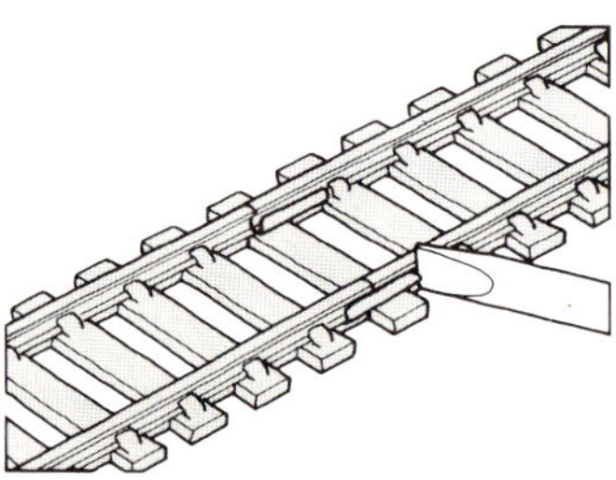

Zwei Verbindungslaschen auf zwei Drittel ihrer normalen Länge abschneiden und bei dem einen Gleisstück ganz auf die Schienen schieben. Dann die Gleise ausrichten und die Verbindungslaschen über die Stöße schieben.

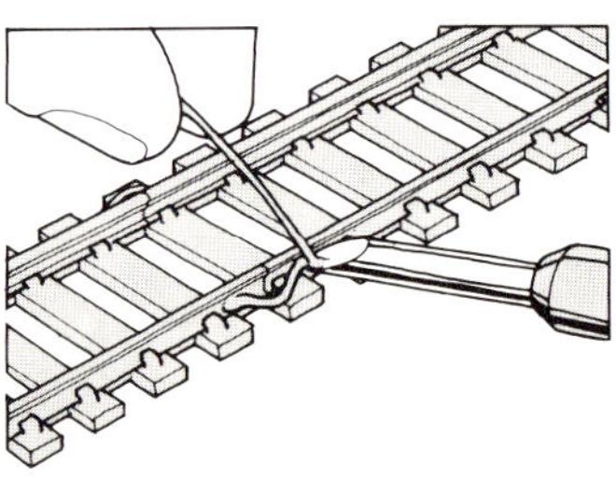

Verlöten von Gleisen *Wenn Schwierigkeiten auftreten, einen guten elektrischen Kontakt zu bekommen, wird anstelle einer Verbindungslasche ein Draht an die Außenseiten beider Schienen gelötet.*

Planung der Gleisanlage

Handelsübliche Gleispläne zeigen den Platzbedarf einer Anlage und die Lage jedes einzelnen Gleisstücks. Wenn man seine Anlage aber selbst planen will, beginnt man zunächst mit einer groben Skizze. Dann fertigt man von der Anlage eine Planzeichnung in kleinem Maßstab an und verwendet dazu Schienenschablonen mit genormten Längen und Radien. Die Schablonen helfen, die genauen Kurven und die Winkel der Weichen sowie die Anzahl der Gleisteile festzulegen.

Man kann sich zwar die Gleise aufgrund der maßstäblichen Zeichnung besorgen, aber wenn man nicht ganz sicher ist, ob auf dem Unterbau auch genügend Platz ist, oder insbesondere, wenn Flexgleis verwendet werden soll, dann ist es besser, vorher einmal den Gleisplan in Originalgröße aufzuzeichnen. Es gibt hierzu Schablonen, die diese Arbeit vereinfachen. Eine andere Möglichkeit ist, die Schablonen aus festem Karton selbst herzustellen, und zwar nach der Form der Gleise, die man bereits besitzt.

Als Vorlage für den erlaubten Mindestradius verwendet man genormte Kurventeile. Dabei wird man feststellen, daß der Radius bestimmter Kurven sehr stark von der Lage des Schienenstrangs, von seinem Verhältnis zur Landschaft, den Gebäuden und auch von der Art des Zuges abhängt, der später auf den Gleisen fahren soll. Im allgemeinen muß der Kurvenradius bei den H0/00-Modellen auf „Nebenlinien" mindestens 38 cm, auf „Hauptstrecken" mindestens 61 cm betragen. Im Zweifelsfall macht man eine Kurve lieber weiter als zu eng. Parallel verlaufende Schienenstränge sollten, von Mitte zu Mitte gemessen, mindestens 5 cm Abstand halten. Um sicherzugehen, daß die fraglichen Teilstrecken die Züge auch aufnehmen können, stellt man sie probeweise einmal auf die Schienen.

Ferner gilt es zu beachten, daß Rangierschleifen lang genug sind, um eine bestimmte Anzahl von Personenwagen oder Güterwaggons aufnehmen zu können, und daß die Länge der Schienenstrecke zwischen zwei Städten überzeugend wirkt. Wenn der Gleisplan völlig ausgereift ist, wird er auf den Unterbau übertragen. Man reißt die Mittellinie für jedes Gleisstück an und markiert, wo es möglich ist, die Verbindungsstellen der Teilstücke.

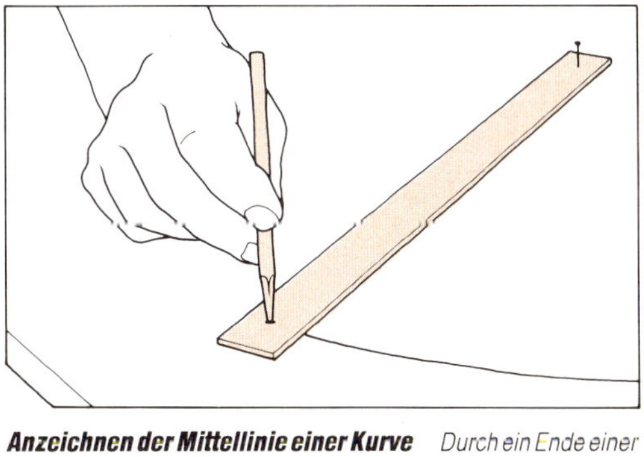

Anzeichnen der Mittellinie einer Kurve *Durch ein Ende einer geraden Holzleiste oder eines kräftigen Kartonstreifens eine Nadel drücken. Von der Nadel aus an der Leiste entlang den gewünschten Radius abmessen und für eine Bleistiftspitze ein kleines Loch bohren. Mit der Nadel im Kreismittelpunkt und der Bleistiftspitze auf der Mittellinie des Gleisbogens wird die Kurve aufgerissen.*

Schienenlegen

Um den Lärmpegel herabzusetzen, werden gewöhnlich die Gleise über einer Unterlage aus Schaumstoff oder Kork auf dem Unterbau angebracht (bei einer schallgedämmten Isolierplatte ist diese Unterlage nicht nötig). Bevor jedoch Gleise und Unterlage befestigt werden, ist es vorteilhaft, die Schienen direkt auf dem Unterbau zusammenzustecken, ihre Ausrichtung zu überprüfen, sorgfältig auf etwaige Verwindungen zu achten und den Gleisverlauf notfalls zu korrigieren. Wenn man gerade in dieser Phase etwas mehr Zeit und Mühe aufwendet, erspart man sich später viel Ärger, vor allem, wenn es darum geht, die Gleise endgültig zu befestigen. Die Lage der Gleise wird auf dem Grundbrett markiert, indem man die Gleisverbindungen und die Mittellinie zwischen den Schwellen entlang anzeichnet. Bei einer kleinen Anlage können die Gleise auf einmal überprüft werden. Hat man aber eine größere gebaut und eine Menge Flexgleis verwendet, sollte man immer nur Teilstücke legen und überprüfen.

Bei der Befestigung der dämmenden Unterlage auf dem Unterbau folgt man den aufgezeichneten Linien. Dabei legt man zuerst die Unterlagen von Weichen und Kreuzungen, dann die der geraden Streckenteile auf; den passenden Schaumstoff gibt es in Rollen oder in besonders geformten Teilstücken. Häufig werden zugeschnittene und aufgerollte Korkstreifen mit abgeschrägten Kanten verwendet. Damit die Stücke einer Kurve folgen, braucht man sie nur in die richtige Form zu biegen. Zugeschnittener Kork ist auch der Länge nach halbiert im Handel. Er wird wie unten gezeigt ausgelegt. (Die Verbindungsfuge in der Mitte macht es leicht, die Gleise genau und sehr schnell zu verlegen.) Falls man die Unterlage selbst aus einer Korkplatte ausschneiden will, läßt man auf beiden Seiten der Gleise etwas zusätzliches Material überstehen, damit die Kanten nach dem Verlegen der Gleise abgeschrägt werden können.

Die Gleise werden nach derselben Methode wie die Unterlage befestigt, wobei wieder mit Weichen und Kreuzungen begonnen wird. Bevor sie an ihrem Platz befestigt werden, prüft man jedoch meist ihre genaue Ausrichtung. Dann werden die Gleise endgültig auf das Grundbrett genagelt.

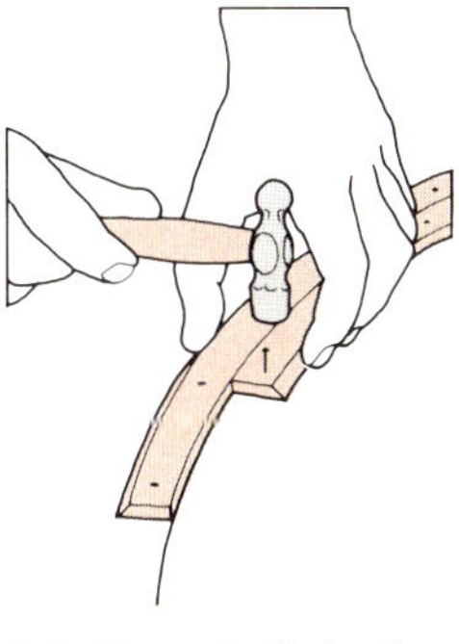

Befestigung der Korkunterlage *Bei einer Unterlage, die der Länge nach halbiert ist, die Hälften an der Mittellinie anlegen und die Stoßfugen gegeneinander versetzen. Die Teilstücke auf dem Grundbrett festnageln und die Stoßfugen leicht mit Sandpapier glätten.*

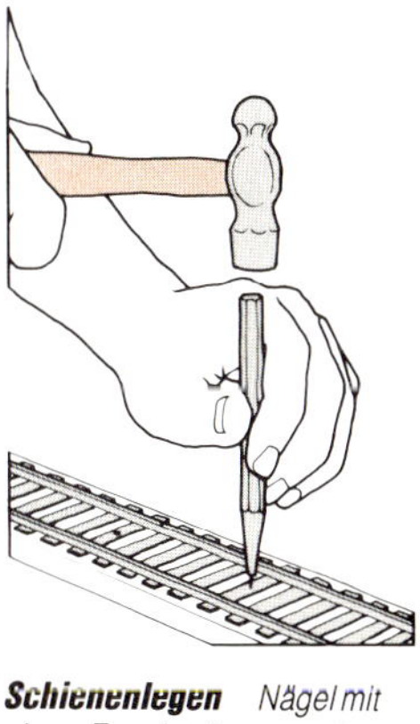

Schienenlegen *Nägel mit einem Zweckenhammer einschlagen und anschließend einen Versenker verwenden. Nägel nicht zu weit einschlagen, sonst verbiegen sich die Gleise.*

Beschotterung

Damit die Schotterlage natürlicher aussieht, wird sie immer nach dem Schienenlegen aufgebracht. Man arbeitet am besten immer nur an einem kleinen Schienenabschnitt und geht folgendermaßen vor. Meist wird aufgestreut und mit einem Pinsel bis auf Schwellenhöhe ausgeglichen. Dabei sollte darauf geachtet werden, daß der Schotter auf der Innenseite der Schienen nicht zu hoch liegt und daß sich die Weichen frei bewegen können. Mit einer Lösung aus einem Teil Weißleim, zehn Teilen Wasser (zuviel Wasser durchweicht die Pappschwellen) und einigen Tropfen Spülmittel, die die Lösung leichtflüssig machen, fixiert man den Schotter dann auf der Unterlage. Die Lösung muß sorgfältig mit einem Tropfer aufgebracht und anschließend vom Schottermaterial aufgesogen werden. Wenn man vor der Beschotterung etwas von der Klebelösung auf die abgeschrägten Seiten der Gleisunterlage aufpinselt, bleibt der Schotter an den Stellen besser liegen.

Eine andere Möglichkeit der Befestigung ist, den Schotter mit trockenem pulverförmigem Leim zu mischen, bevor er auf das Gleisbett gestreut wird. Die Mischung wird anschließend mit einer Lösung aus Wasser und einigen Tropfen Spülmittel besprüht. Die Schienen müssen dann aber sofort saubergewischt werden.

Reinigung der Schienen

Oxydationsrückstände und Schmutz auf den Schienen haben schlechten elektrischen Kontakt zur Folge. Damit die Züge störungsfrei fahren können, müssen die Schienen in regelmäßigen Abständen gereinigt werden. Eine Möglichkeit ist, in Abständen von 5 bis 7 cm eine Reinigungsflüssigkeit auf die Schienen aufzubringen – an gefährdeten Stellen entsprechend mehr. Dann läßt man eine Lok mit einigen davorgekoppelten Wagen über die ganze Anlage laufen, damit die Flüssigkeit verteilt wird. Diese Methode eignet sich besonders zur Reinigung der Gleise innerhalb eines Tunnels. Man kann auch ein spezielles Schienenreinigungsgerät zwischen Regler und Gleise schalten, das alle Schmutzpartikel ionisiert; es reinigt die Schienen, die Laufräder und den Motor der Lokomotive. Die einfachste Methode aber ist, kräftig mit einem Radiergummi über die Schienenköpfe zu reiben.

Stromaufnahme der Lokomotive

Die meisten Loks sind mit einem 12–16-Volt-Gleich- oder Wechselstrommotor ausgerüstet, deren Stromzuführung über die Schienen oder über Schienen und zusätzlichen Schleifer erfolgt. Den Strom für die Schienen liefert ein Regeltrafo, der an einer Wandsteckdose angeschlossen wird. Die Anlage arbeitet, indem man einen Stromkreis zwischen den beiden Polen des Reglers über den Motor der Lok aufrechterhält. Wenn er seinen Weg zurück zum Regler findet, ohne daß er durch den Motor geht, wird das System überlastet und schaltet durch den Kurzschluß ab. Beim Gleichstromsystem trennen isolierte Drähte und Schienenverbindungen sowie Kunststoffschwellen die beiden Seiten des Stromkreises voneinander. In der Lok sind die Räder gegen die Achsen isoliert, um einen Kurzschluß auszuschließen. Schleifer, die mit dem Motor verbunden sind, berühren die Innenseiten der Räder und nehmen den Strom ab. In diesem Fall ist der Motor mit dem stromführenden Metallrahmen und mit Schleifern an den isolierten Rädern verbunden, um den Stromkreis zu schließen.

Wechselstromlokomotiven besitzen dagegen einen Schleifer zur Stromabnahme der Punktkontaktmittelleiter.

Funktionsweise der G2-Leiter-Gleichstromlokomotive *Der Strom wird über die Räder zugeführt. Je mehr Räder für die Stromzuführung verwendet werden, desto weniger wirken sich Kontaktstörungen auf die Laufeigenschaften der Lok aus.*

Tonfrequenzsteuerung

Diese neueste Entwicklung auf dem Gebiet der Modelleisenbahn verwendet Microchips zur Kontrolle der Zugbewegungen. Der Regler speist 21-Volt-Wechseltrom in die Schienen und gleichzeitig die Signale, die für jede Lok kodiert sind. Ein Microchip in der Lok verwandelt den Strom in Gleichstrom und leitet ihn auf das Signal hin zum Motor. Ein großer Vorteil dieses Systems ist, daß gleichzeitig mehrere verschiedene Loks auf der Anlage fahren können, sogar auf demselben Gleisabschnitt. Zwei oder mehrere Loks können einen Zug ziehen, oder eine kann ziehen, die andere schieben. Die Schaltung ist besonders einfach, weil mit nur zwei Leitungen die ganze Anlage gesteuert werden kann. Unglücklicherweise sind nur wenige Lokomotiven dieser Art kompatibel, und die Zahl der Züge, die fahren können, ist auf rund sechzehn begrenzt. Mit einem Microchip ausgerüstete Loks können auf einer herkömmlichen Anlage nicht fahren.

Stromsysteme

Bei dem Maßstab H0 hat man die Wahl zwischen dem Gleichstromsystem und dem Wechselstromsystem. Beide bieten ihre besonderen Vorzüge. Kurz zusammengefaßt läßt sich sagen, daß das Gleichstromsystem wohl dem fortgeschritteneren Modellbahner aufgrund seiner absolut naturgetreuen Schienennachbildung geeigneter erscheint als das Wechselstromsystem mit den Mittelleiterpunktkontakten. Das Wechselstromsystem läßt sich jedoch schaltungstechnisch einfacher bauen und bietet insgesamt einen problemloseren Fahrbetrieb. Leider paßt kein System zum anderen.

Dreischienen-Dreileiter-Gleichstromsystem

Hierbei können zwei verschiedene Lokomotiven durch das besonders konstruierte Gleis voneinander unabhängig angesteuert werden. Die Mittelschiene leitet den Strom zum Transformator zurück, während die beiden Außenschienen jeweils eine Lok mit Strom versorgen.

Dreischienen-Dreileiter-Wechselstromsystem

Der Hauptvorteil dieses Systems liegt darin, daß ohne besondere Schaltungstechniken auch Gleisfiguren wie Kehrschleifen problemlos möglich sind. Der Fahrstrom wird von der Lok mit einem Mittelschleifer über Punktkontakte, die in der Mitte der Schienen angeordnet sind, sicher aufgenommen. Die Räder der Lok führen den Strom über beide Schienen wieder zurück.

Zweischienen-Zweileiter-Wechselstromsystem

Hier sind die beiden Schienen voneinander isoliert, eine Schiene dient der Stromzufuhr, die andere besorgt die Rückführung zum Transformator.

Zweischienen-Zweileiter-Gleichstromsystem

Ein international genormtes System, das von den meisten Herstellern bevorzugt wird. Beide Fahrschienen sind voneinander isoliert. Durch eine Schiene bekommt der Lokmotor den Strom, durch die andere Schiene fließt der Strom zurück in den Transformator. Auf dieses System wird auf den nachfolgenden Seiten eingegangen.

Vier verschiedene Gleise der Spur H0 und drei verschiedene Stromsysteme

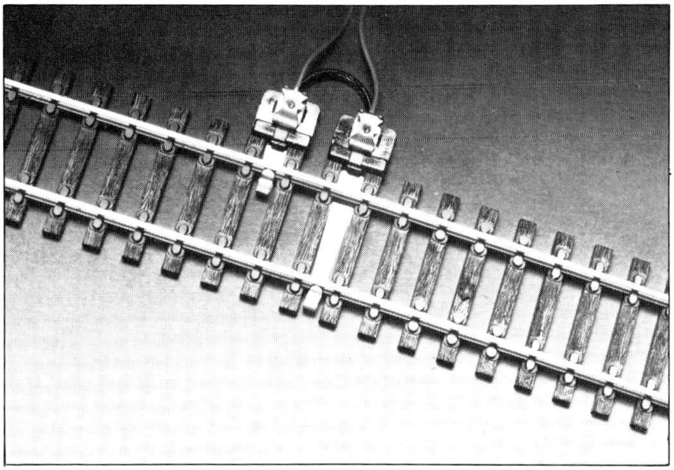

Gleichstromgleis von Fleischmann

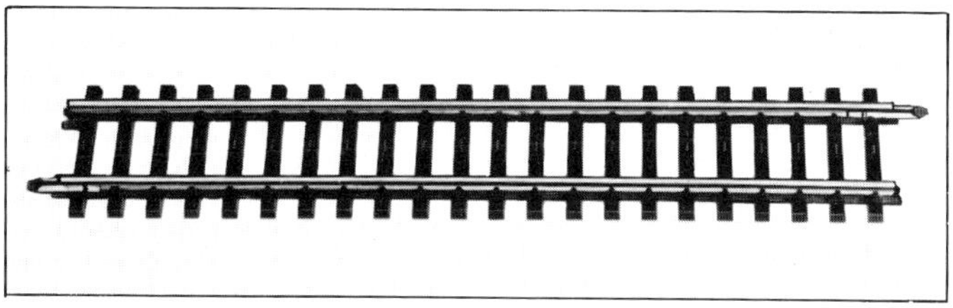

Etwas Besonderes ist das Mittelschienengleis (Gleichstrom) von Trix Express. Linkes und rechtes Gleis bilden verschiedene Stromkreise. Der Strom wird gemeinsam über die Mittelschiene zum Trafo zurückgeleitet.

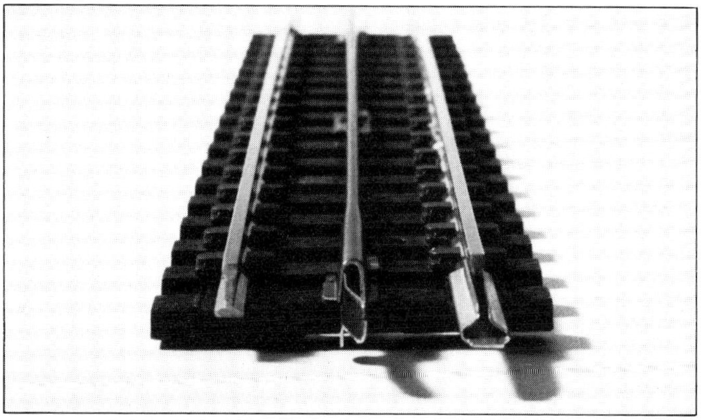

K-Gleis von Märklin mit Mittelkontakten

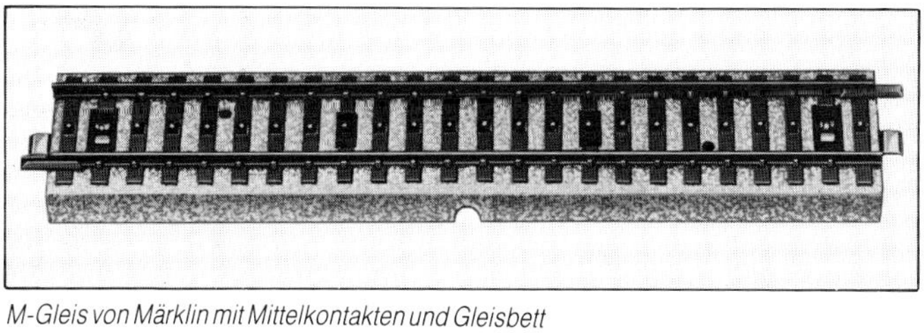

M-Gleis von Märklin mit Mittelkontakten und Gleisbett

Regler (Regeltrafo)

Der Regler besteht aus einem Transformator und einem Gleichrichter und dient dazu, den Wechselstrom aus der Steckdose in 12-Volt-Gleichstrom umzuwandeln. Er hat einen Regelwiderstand, mit dem die Geschwindigkeit der Lok kontrolliert wird, und bestimmt die Fahrtrichtung der Lok, indem die Stromrichtung in den Schienen umgekehrt wird. Einige Typen können die Leerlauf- und Bremsbewegungen eines echten Zuges nachahmen, aber dazu muß man eine Anlage mit langen, durchgehenden Gleisstrecken haben, um so das Beste aus diesem Typ herauszuholen. An manchen Reglern findet man einen nicht regelbaren Ausgang für 12-Volt-Gleichstrom. Er ist für einen zusätzlichen Regler gedacht, der die gleichen Regelmöglichkeiten wie der Hauptregler, aber weder Trafo noch Gleichrichter besitzt. Diese zusätzliche Reglereinheit verwendet man zur Steuerung verschiedener Gleisabschnitte, oder, wenn sie an einem langen Kabel angeschlossen ist, als transportables Kontrollpult. Der Regler kann auch noch einen Ausgang für 16-Volt-Wechselstrom haben, der die Magnete der Weichen mit Strom versorgt.

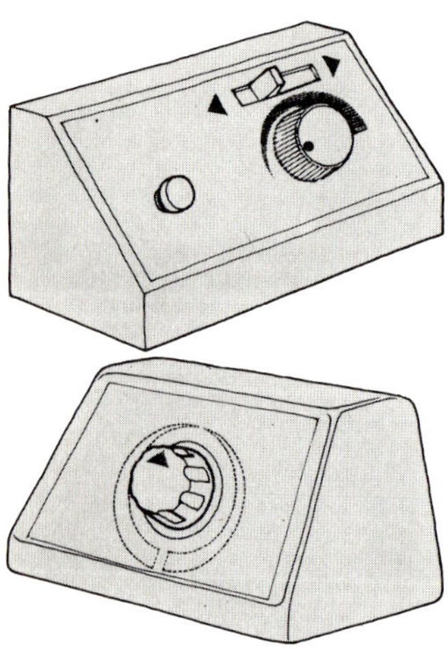

Reglertypen *Der obere Regler hat einen „Polwendeschalter" für die Fahrtrichtungskontrolle und einen Drehknopf zur Geschwindigkeitsregelung. Das untere Modell vereinigt beide Kontrollen in einem Drehknopf; die Mittelstellung ist „Aus", „rückwärts" ist nach links, „vorwärts" nach rechts gedreht. Bei Wechselstrombahnen wird die Richtungsänderung durch ein Umschaltrelais in der Lokomotive vorgenommen.*

Der Regler sollte mit einer Thermosicherung ausgerüstet sein, damit er gegen Kurzschlüsse abgesichert ist. Falls diese nicht eingebaut ist, sollte man es nachträglich noch tun.

Schaltung eines einfachen Ovals für eine Lok

Zwei flexible Litzen werden am Reglerausgang für 12-Volt-Gleichstrom angeschlossen, dann jede Litze an einer Schiene. Wenn die Gleise keine Anschlußklemmen für Litzen haben, werden sie an den Schienen festgelötet. Wenn die Lok auf dem nächstgelegenen Gleisstück steht, sollte sie in die Richtung fahren, in die der Polwendeschalter zeigt oder in die der Regelwiderstand gedreht wird. Ist das nicht der Fall, werden die Drähte umgepolt.

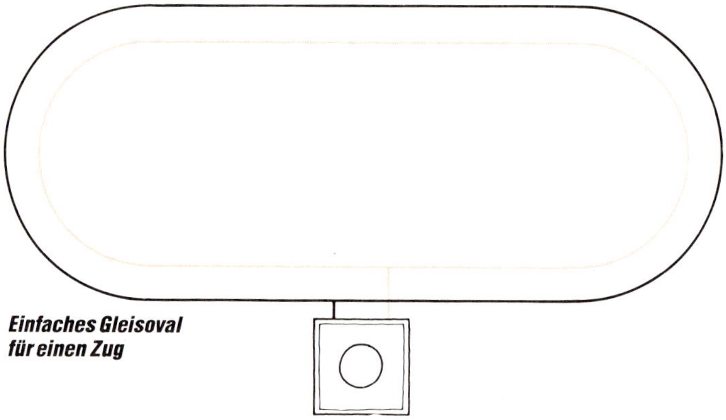

Einfaches Gleisoval für einen Zug

Befestigung der Drähte an den Schienen *Am Litzenende etwa 2 cm der Isolation entfernen und die Fasern fest zusammendrehen. Dann den blanken Draht im Uhrzeigersinn zu einer Schlaufe biegen und um die Schraube der Anschlußklemme legen; die Schraube anziehen.*

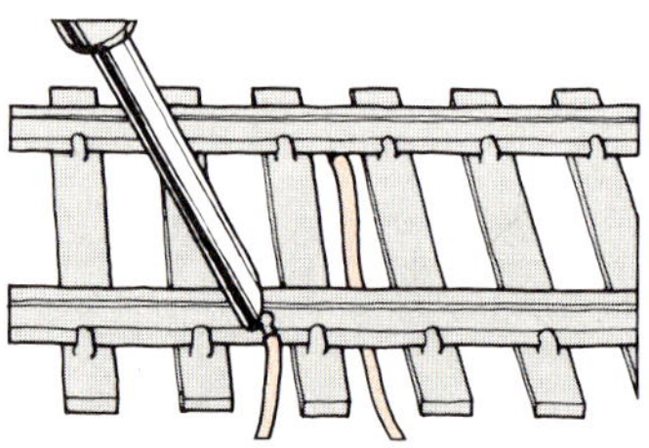

Eine andere Möglichkeit ist, die Litzen an die Schienen zu löten. Etwa 1 cm blanken Draht freilegen und die Fasern verdrillen. Den vorstehenden Draht der Leitfähigkeit wegen mit heißem Lötzinn verzinnen. Den Lötkolben nicht zu lang an die Schienen halten.

Schaltung für mehr als eine Lok

Sobald auf der Anlage mehr als eine Lok fahren soll, ist es wichtig, einen Teil der Gleisanlage von einem anderen abzutrennen, indem man je nach Gleisplan eine Lücke in eine oder beide Schienen schneidet. (Am besten baut man ein isoliertes Verbindungsstück ein, damit sich die Gleislücke nicht schließt.) Wenn der so isolierte Teil am Ende einer Gleisstrecke liegt, spricht man von einem toten Gleis. Ein abgeteiltes Gleisstück, das einen Gleisstrang unterbricht, heißt „Blockstrecke".

Zur Kontrolle des Stromflusses werden viele verschiedene Schaltertypen verwendet. Ein einpoliger Ausschalter hat einen einfachen Kipphebel, der den Stromfluß in einem Draht regelt. Ein Umschalter hat zwei „An"-Stellungen, dadurch lassen sich zwei Drähte regeln; die Mittelstellung ist normalerweise „Aus". Zweipolige Schalter regeln Drahtpaare. Solche Schalter sind für kompliziertere Anlagen mit einem Kontrollstand wichtig. Ein Drehschalter hat verschiedene Stellungen, die durch Drehen einer Skalenscheibe gewählt werden. Der Anleitung für jedes Schaltsystem kann man entnehmen, welcher Schaltertyp verwendet werden muß.

Tote Gleise

Die Zeichnung rechts zeigt eine einfache Anlage mit zwei toten Gleisen – das ist die notwendige Mindestzahl, damit das System funktioniert. Jedes Gleis sollte lang genug sein, damit es einen ganzen Zug aufnehmen kann. Vor jedem toten Gleis ist ein isoliertes Stück in einer Schiene, und zwar an der Stelle, an der es auf das Hauptgleis trifft. Ein einpoliger Ausschalter kann dieses isolierte Stück überbrücken. Ein Zug wartet auf dem toten Gleis, während der andere auf dem stromführenden Teil der Gleisstrecke fährt. Um die Loks zu tauschen, wird die fahrende Lok auf das leerstehende tote Gleis dirigiert und der Schalter ausgeschaltet. Dann wird der andere Schalter eingeschaltet, um die zweite Lok unter Strom zu setzen.

Blockstrecken

Sie unterscheiden sich von den toten Gleisen dadurch, daß sie den Strom nicht vom anschließenden Gleis bekommen, sondern von einem Regler, manchmal auf dem Umweg über Schalter. Man kann einen Zusatzregler anstelle eines zweiten Regeltrafos verwenden, aber ein Regeltrafo versorgt die Anlage mit mehr Strom.

Bei der einfachsten Anordnung werden mit einem Regler zwei Blockstrecken kontrolliert. Ein einpoliger Ausschalter schaltet für eine Blockstrecke den Strom an oder aus. Das Ganze funktioniert ungefähr wie eine Anlage mit zwei toten Gleisen: Eine Lok bleibt auf der einen Blockstrecke stehen, während der Regler die andere fahren läßt. (Wenn nur ein Zug auf den Gleisen ist, können beide Schalter an sein, dann fährt der Zug über die ganze Anlage.) Wenn jede Blockstrecke an einem eigenen Regler angeschlossen ist, kann man beide Züge gleichzeitig fahren. Dieses System kann auf mehrere Blockstrecken ausgebaut werden.

Die Stromrückleitung kann zusammengefaßt werden, indem man die einzelnen Rückleitungsdrähte zu einem gemeinsamen Rückleitungsdraht verbindet. Auf diese Weise wird für den größten Teil der Gleisstrecke nur ein Draht gebraucht. Das spart Litze und vereinfacht das System. Mehr noch, eine gemeinsame Rückleitung braucht nur einen Anschluß an jeder Verbindungsstelle des Unterbaus und zwischen Unterbau und Kontrollstand. Bevor die Anlage angeschlossen wird, muß man entscheiden, welche Schiene die Stromzuführung und welche die Rückführung übernimmt, weil jedes Durcheinander zu einem Kurzschluß führt. Auf einem geraden Gleisstück sollte die Schiene, die näher am Regler liegt, die Stromzuführung übernehmen, die andere die Rückführung. Bei Gleisbögen wird die äußere Schiene gespeist, durch die innere fließt der Strom zurück. Man führt unterhalb der Grundplatte einen blanken Draht entlang, befestigt ihn und lötet die Rückleitungen daran fest. Die Zuleitungsdrähte müssen getrennt zu den entsprechenden Blockstrecken führen.

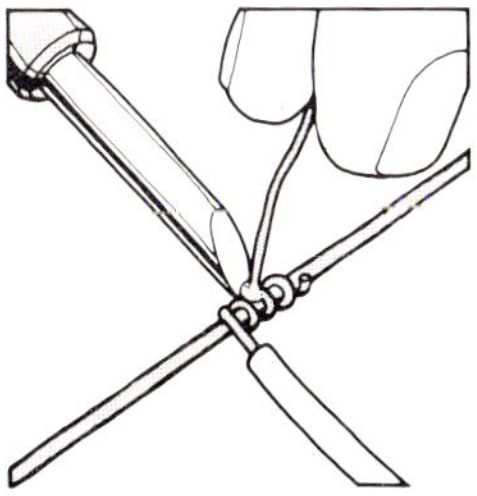

Verbindung der Rückleitungsdrähte mit der Sammelrückleitung
Das Ende des Rückleitungsdrahtes abisolieren, um die Sammelrückleitung wickeln und festlöten.

Anlage mit zwei toten Gleisen

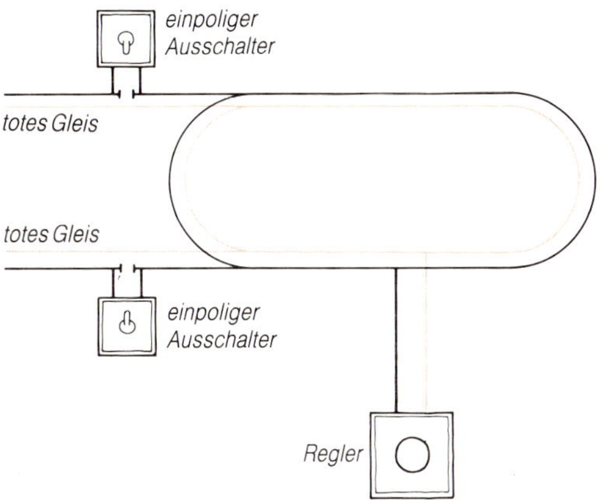

Zwei Bockstrecken und ein Regler

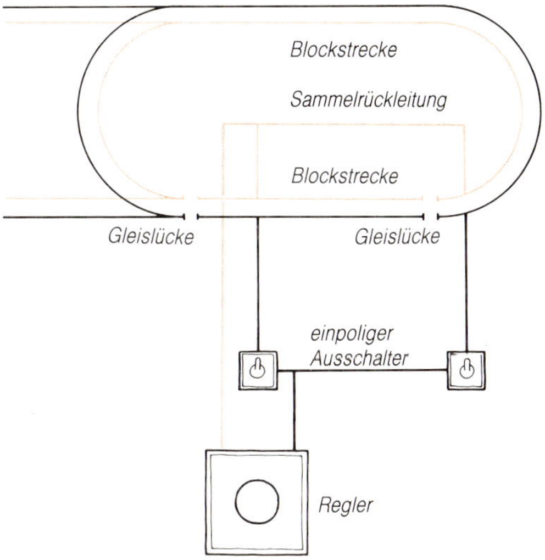

Zwei Blockstrecken und zwei Regler

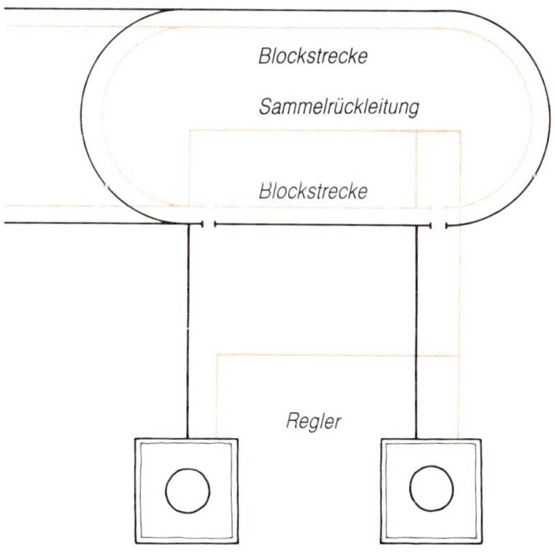

Kontrollstand

Dieses System erlaubt einem Zugführer, mit einem Regler – seinem „Kontrollstand" – den Zug überall auf der Anlage laufen zu lassen, ohne andere Zugführer bei der Benutzung der übrigen Blockstrecken zu stören. Zuerst muß man entscheiden, wie viele Züge gleichzeitig fahren sollen, dann sollte die Anlage in Blockstrecken eingeteilt werden, von denen jede in der Lage sein muß, wenigstens einen kompletten Zug aufzunehmen. Man baut sich am besten ein hölzernes Schaltbrett mit einem Diagramm der Anlage. Um die Identifizierung zu erleichtern, wird jeder Blockstrecke eine andere Farbe zugewiesen. Bei einer Anlage mit zwei Kontrollständen befestigt man in der Mitte zwischen den beiden Blockstrecken einen einpoligen Umschalter auf dem Schaltbrett und verbindet ihn mit den stromzuführenden Drähten der beiden Regler. Er wird so angeschlossen, daß der Kipphebel auf den Regler zeigt, der für die entsprechende Blockstrecke zuständig ist. Jede Blockstrecke kann stillgelegt werden, und der Zug hält dort, wenn der Kippschalter auf die mittlere „Aus"-Stellung geschaltet wird. Wenn ein Zugführer den Zug über die gesamte Anlage fahren lassen will, müssen die Schalter der einzelnen Blockstrecken, die der Zug passieren soll, auf den Zugführer hinweisen und ihm so die Kontrolle über die ganze Streckenführung geben. Die Schalter können nebeneinander in einer Reihe angebracht werden, aber es ist übersichtlicher, sie auf dem Diagramm der Anlage an den entsprechenden Stellen zu befestigen.

Wenn man ein System mit drei oder mehr Kontrollständen aufbauen will, müssen die Umschalter gegen Drehschalter ausgetauscht werden. Jeder Drehschalter sollte pro Kontrollstand einen Eingang haben. Die übrigen Eingänge kann man für künftige weitere Kontrollstände verwenden. Zwischen je zwei Schaltstellungen für Ausgänge sollte immer eine „Aus"-Stellung liegen. Falls genügend nichtverwendete Ausgänge zur Verfügung stehen, kann jeder freie Ausgang zwischen zwei stromführenden Ausgängen als „Aus" dienen. Die stromführenden Drähte aus jedem Regler werden an die Eingänge der Schalter gelötet, wobei immer derselbe Regler bei allen Schaltern an dieselbe Stelle kommen sollte. Dann lötet man die stromzuführende Leitung jeder Blockstrecke an den Ausgang des dazugehörigen Schalters.

Zwei Kontrollstände

 *einpoliger Umschalter*

Anlage

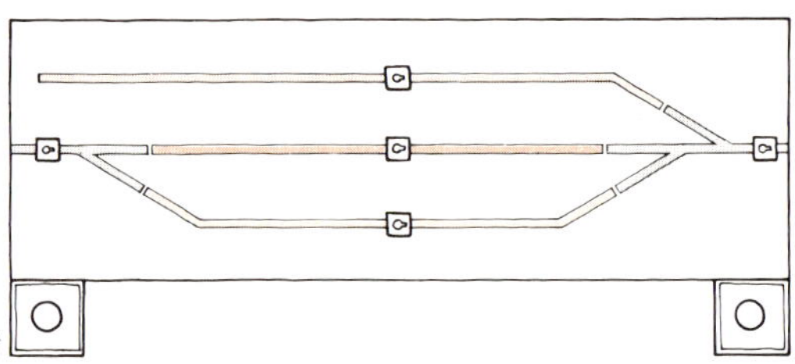

Kontrollbrett

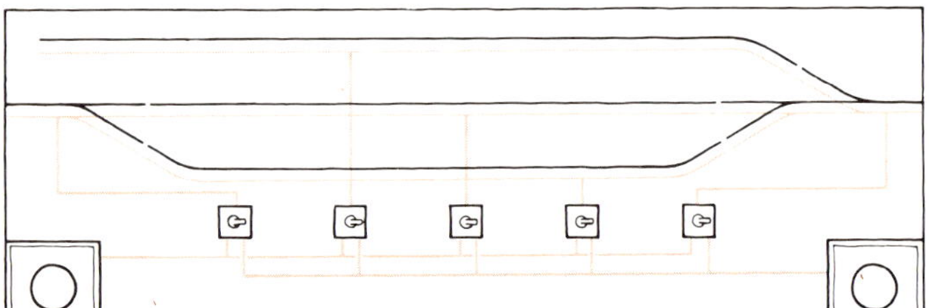

Schaltplan (die Sammelrückleitung wurde der Übersichtlichkeit wegen weggelassen)

Drei Kontrollstände

 *Drehschalter*

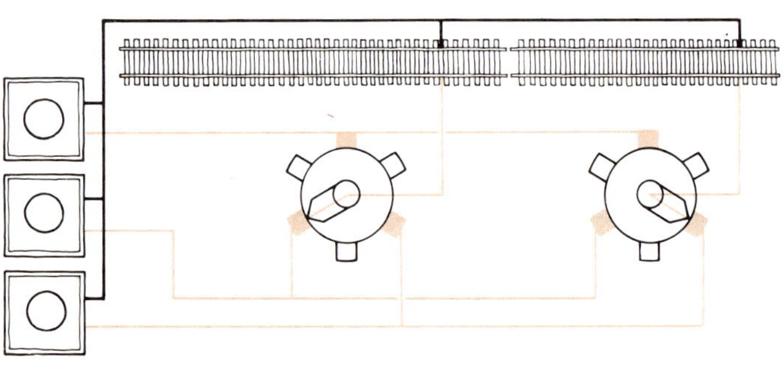

Schaltung einer Umkehrschleife

Diese Schleifenart ist dazu gedacht, den Zug umkehren zu lassen. Sie kann gerade so lang sein, daß sie den längsten Zug aufnimmt, kann aber auch ein größerer Bestandteil der Gesamtanlage sein. Sie sollte an beiden Enden vom Hauptschienenstrang isoliert sein, denn obwohl die Isolation nur an einem Ende der Schleife bereits einen Kurzschluß verhindert, würde die Lok beim Überfahren stehenbleiben. Die Schleife kann über den angeschlossenen Regler und einen Polwendeschalter als Blockstrecke geregelt werden. Das ist einfach ein zweipoliger Umschalter, der so verdrahtet wird, daß sich die Polung in der Schleife beim Umschalten umkehrt. Eine andere Möglichkeit ist, die Schleife mit einem gesonderten Regler auszustatten oder einen Zusatzregler anzuschließen, damit der Zug auf seinem Weg durch die Schleife nicht anzuhalten braucht.

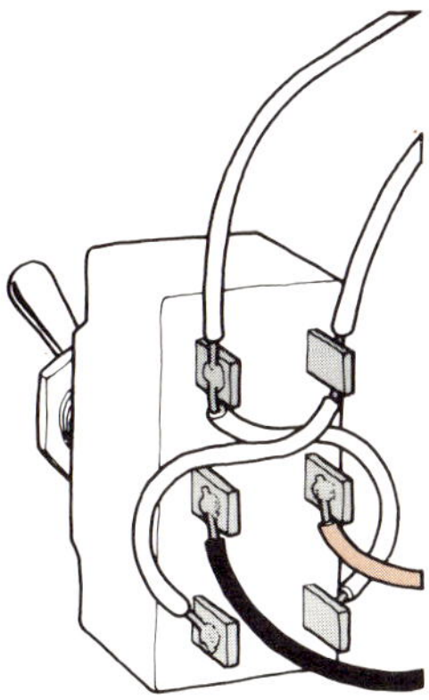

Verdrahtung eines Polwendeschalters *Ein zweipoliger Umschalter hat ein Eingangs- und zwei Ausgangspaare. Die Stromzuführung der Schleife und einen Rückleitungsdraht an ein Ausgangspaar anschließen. Diese Drähte weiterführen und über Kreuz an das zweite Ausgangspaar anschließen. Die Drähte vom Regler an das Eingangspaar löten.*

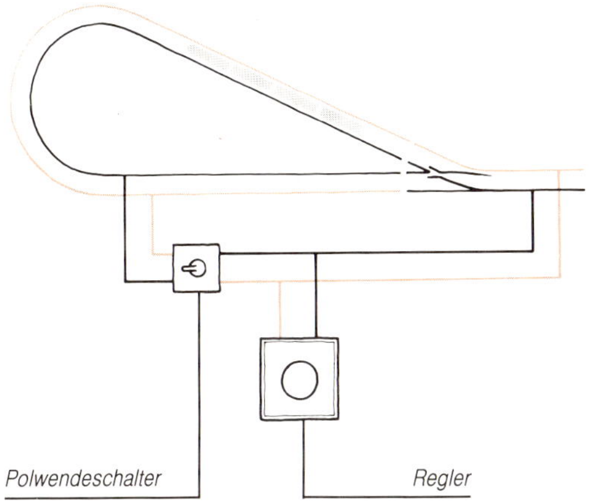

Regeln der Schleife mit einem Polwendeschalter
Feststellen, ob die Stellungen von Weiche und Polwendeschalter übereinstimmen. Den Zug auf die Schleife fahren und anhalten.

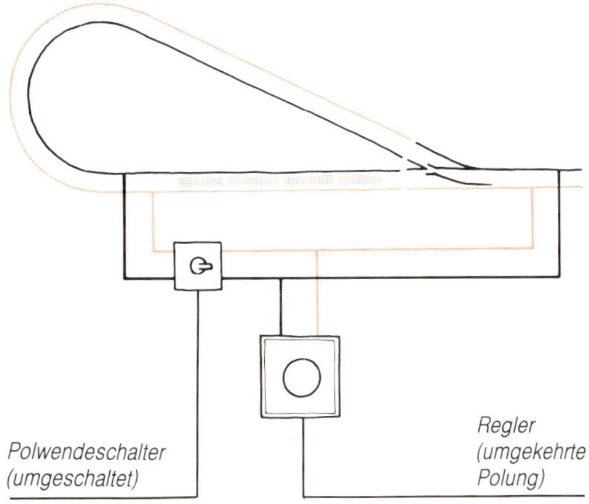

Polwendeschalter und Regler umschalten. Die Weiche umstellen und den Zug aus der Schleife herausfahren.

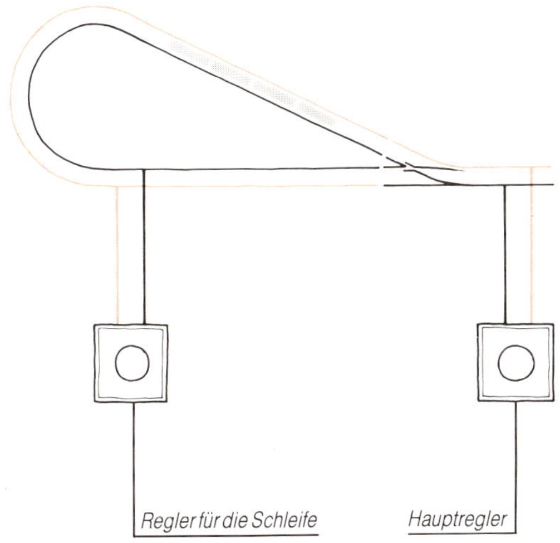

Regeln der Schleife mit einem zusätzlichen Regler
Die Weiche einstellen. Beide Regler auf dieselbe Geschwindigkeit und Polung schalten. Den Zug auf die Schleife fahren.

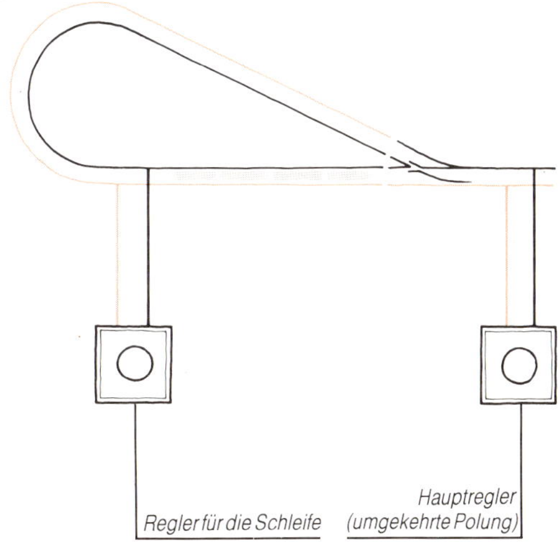

Wenn der Zug die Verbindungsstelle passiert hat, die Weiche umstellen und die Polung des Hauptreglers umkehren. Dann kann der Zug auf der Hauptlinie weiterfahren.

Schaltung eines Gleisdreiecks

Ein Gleisdreieck hat eine andere Schaltung und eine andere Funktionsweise, obwohl die elektrische Anlage ähnlich wie bei der Umkehrschleife ist. Statt einer Weiche hat es drei, und wenn man sie als Umkehrkreuzung benutzt, wird der Zug mit dem Vorderteil nach hinten auf die Hauptlinie zurückgeschickt, fährt aber in derselben Richtung wie vorher. Ein Gleisdreieck kann auch als Kreuzung für verschiedene Fahrtrichtungen dienen. Wie bei einer Umkehrschleife, sind auch in diesem Fall Isolationen erforderlich, damit es zu keinem Kurzschluß kommt.

Gleisdreieck nur als Umkehrkreuzung

Die Nebenstrecke ist durch Gleislücken von der Hauptstrecke elektrisch isoliert und über einen Polwendeschalter mit dem Regler verbunden. Soll ein Zug, der auf der Hauptstrecke fährt, gewendet werden, dann überprüft man, ob die Nebenstrecke in derselben Polung wie die Hauptstrecke geschaltet ist. Man bringt die Weiche in die richtige Stellung, damit der Zug auf die Umkehrnebenstrecke fahren kann. Zunächst läßt man den Zug bis über die Weiche auf diese Nebenstrecke fahren und hält ihn dort an. (Position 1). Dann wird die Nebenstrecke mit dem Polwendeschalter umgepolt und die Weiche umgestellt; der Zug kann jetzt auf die Hauptlinie zurückgefahren werden, wobei die Lok am anderen Zugende ist (Position 2). Soll der Zug denselben Weg zurückfahren, schaltet man beide Weichen auf die Hauptlinie und polt die Schienen um.

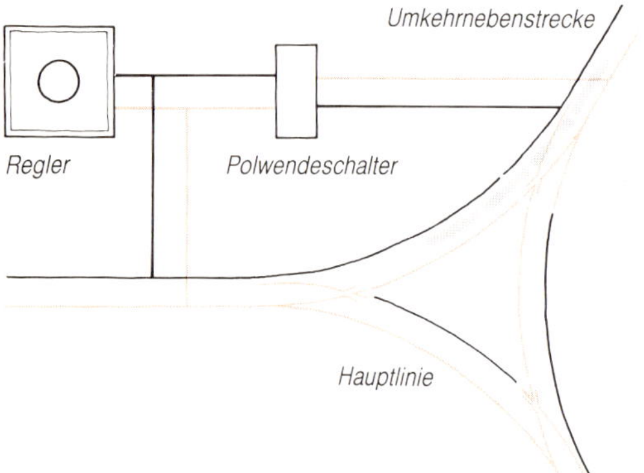

Umkehren des Zuges: Position 1

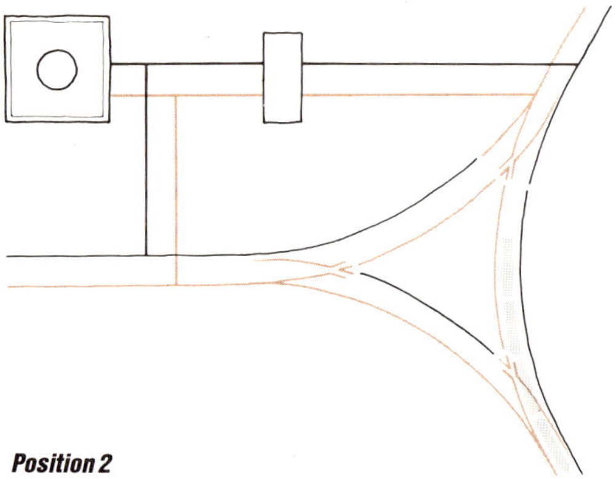

Position 2

Gleisdreieck als Kreuzung

Ein Gleisdreieck, das als Kreuzung zwischen verschiedenen Fahrtrichtungen dienen soll, wird besser auf eine andere Weise geschaltet als die Umkehrkreuzung, und zwar so, daß zwei der Gleisstrecken durch die Kreuzung befahren werden können, ohne daß die Polung umgekehrt werden muß. Man wählt dazu die am wenigsten befahrene Route aus und verwendet sie als Blockstrecke, indem man an beiden Enden Gleislücken einschneidet. Diese Seite des Dreiecks sollte für einen kompletten Zug lang genug sein. Damit der Zug die Kreuzung auf den beiden anderen Seiten des Dreiecks passieren kann, braucht man nur die Weichen zu stellen, da beide Linien dieselbe Polung haben. Soll der Zug auf die Blockstrecke fahren, stellt man die Weichen entsprechend und schaltet die Polung genauso wie bei der Hauptstrecke, auf der der Zug fährt. Der ganze Zug wird auf die Blockstrecke gefahren und dort angehalten (Position 1). Dann wird sowohl am Regler als auch am Polwendeschalter die Polung umgekehrt (das ändert die Polung der Hauptlinie, aber die der Blockstrecke bleibt gleich), und danach läßt man den Zug wieder auf die Hauptstrecke zurückfahren (Position 2).

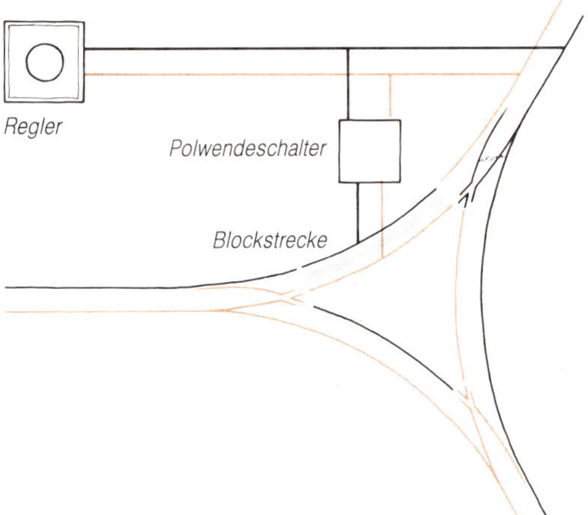

Gleisdreieck als Kreuzung: Position 1

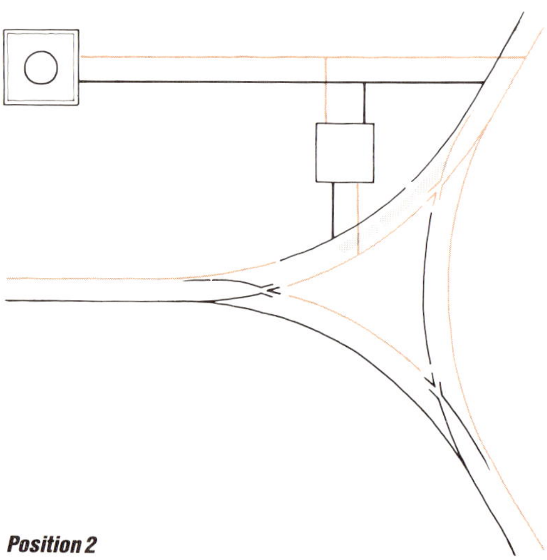

Position 2

Schaltung einer Weiche

Wie Schleifen und Gleisdreiecke muß auch eine Weiche durch isolierte Gleislücken abgetrennt werden, um einen Kurzschluß zu vermeiden. Die einfachste Art einer Gleisunterbrechung ist die Verwendung eines Herzstücks aus nichtleitendem Material und die Überbrückung durch eine Drahtverbindung. Der Nachteil ist, daß die Lok stehenbleiben kann, wenn sie das Herzstück überquert.
Eine andere Methode der Weichenschaltung ist, ein stromführendes Herzstück zu verwenden und in die daran anschließenden Schienen Lücken zu schneiden. Ein stromführendes Herzstück verhindert, daß die Lok stehenbleibt, wenn sie die Weiche überfährt. Die Weichenzungen und das Herzstück werden immer so zusammengeschaltet, daß sie immer dieselbe Polung haben. Man verwendet gesonderte Federkontakte oder einen Schalter, der mechanisch durch die Stellung der Weichenzunge betätigt wird, um von den stromführenden Hauptschienen Strom abzunehmen (die Weichenzungen können den Strom auch direkt von den durchgehenden Schienen abnehmen, aber das kann zu Funkenbildung und Kontaktstörungen führen). Ein Vorteil des Systems mit stromführendem Herzstück ist, daß eine gegen die Richtung der Weicheneinstellung fahrende Lok anhält, bevor sie entgleist, weil sie auf Schienen mit zwei gleichen Polen auffährt. Wenn die beiden rechten Gleisstrecken auf unserer Zeichnung Nebenstrecken sind, dann brauchen am Herzstück keine Gleislücken zu sein.

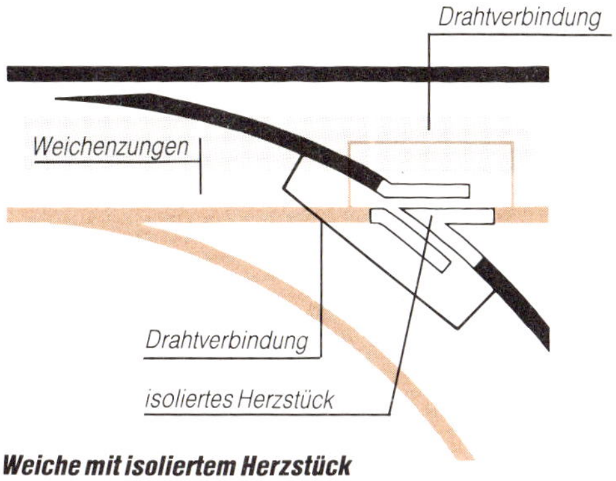

Weiche mit isoliertem Herzstück

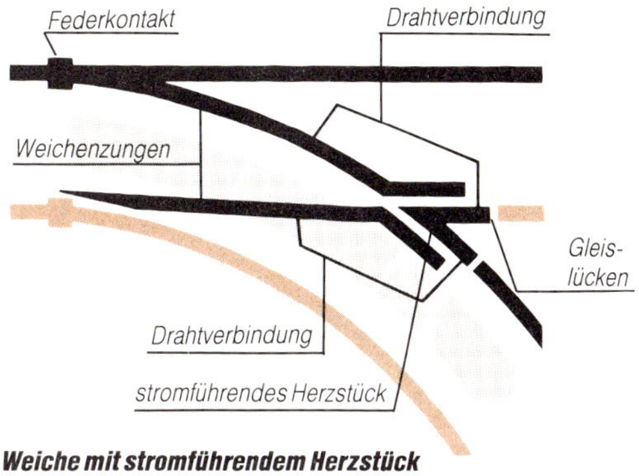

Weiche mit stromführendem Herzstück

Stellen der Weichen

Eine Weiche kann mit der Hand oder mit einer elektrischen Weichenmaschine gestellt werden. Die Weichenmaschine ist ein 16-Volt-Elektromagnet, der dicht neben der Weiche steht und über zwei Kontaktknöpfe oder Druckschalter umgeschaltet wird, die normalerweise auf dem Stellpultdiagramm an der entsprechenden Stelle angebracht werden. Die Kontaktknöpfe oder Schalter werden paarweise an den auseinanderführenden Gleislinien befestigt, wie es auf dem Schaltplan für Weichenmaschinen auf der gegenüberliegenden Seite dargestellt ist. Die meisten Weichenmaschinenfabrikate haben drei Anschlüsse: einen für die gemeinsame Stromrückleitung und je einen für jede Bewegungsrichtung. Man verbindet die Rückleitungsdrähte zu einer Sammelrückleitung, die am 16-Volt-Wechselstrom-Eingang eines Reglers angeschlossen wird (ein an die Sammelrückleitung angeschlossener Löschkondensator verbessert die Weichenbewegung und schont den Elektromagneten). Die anderen Anschlüsse werden mit den entsprechenden Schaltern verbunden. Der 16-Volt-Wechselstromausgang des Reglers wird mit den Eingängen der Druckknopfschalter oder mit einem elektrischen Stift verbunden, falls Kontaktknöpfe verwendet wurden. Der Stift erleichtert die Verdrahtung am Stellpult. Um den Stromkreis zu schließen und eine Weiche zu stellen, berührt man nur mit dem Stift den entsprechenden Kontaktknopf. Verwendet man beim Aufbau einer Gleisstrecke Kontaktknöpfe, ist es am einfachsten, wenn entlang der aufgezeichneten Gleisstrecke eine Rinne ins Stellpult geschnitten und die Kontaktknöpfe versenkt werden.

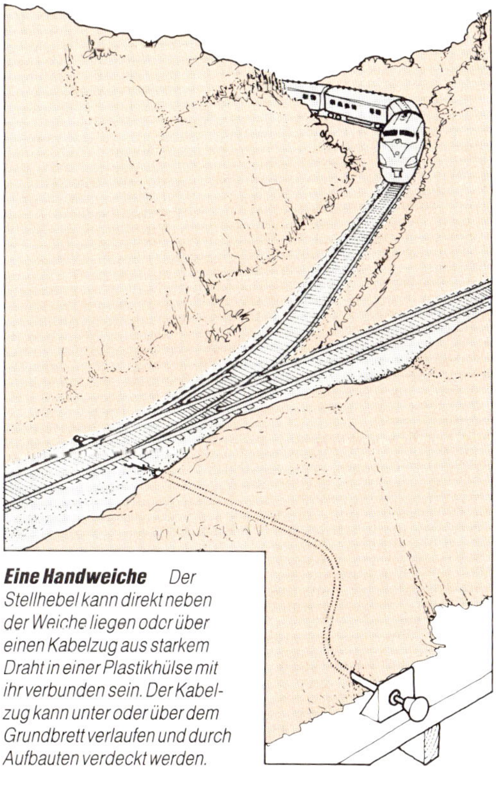

Eine Handweiche *Der Stellhebel kann direkt neben der Weiche liegen oder über einen Kabelzug aus starkem Draht in einer Plastikhülse mit ihr verbunden sein. Der Kabelzug kann unter oder über dem Grundbrett verlaufen und durch Aufbauten verdeckt werden.*

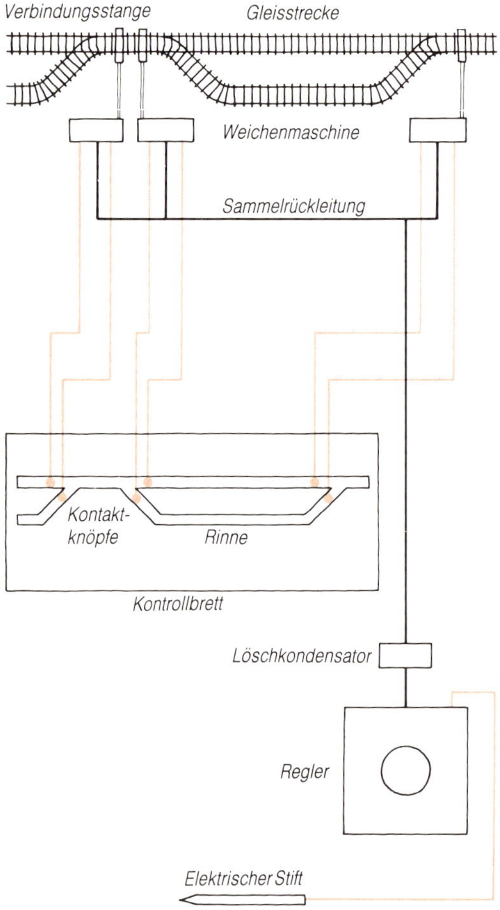

Schaltung einer Weichenmaschine *(Die übrige Verdrahtung wurde der Übersichtlichkeit wegen weggelassen).*

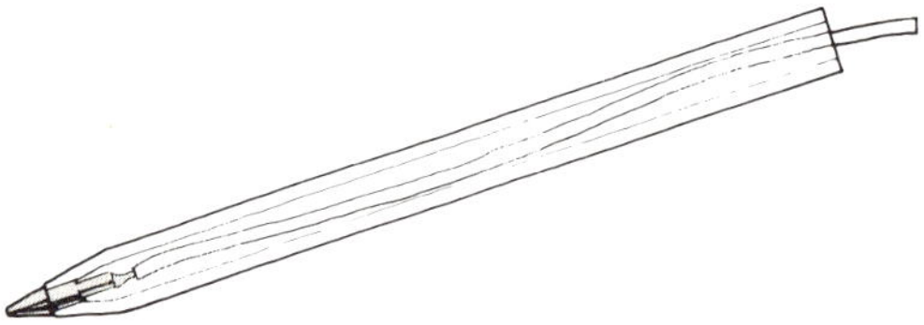

Elektrischer Stift *Das ist ein gewöhnlicher Kugelschreiber, an dessen Metallspitze eine isolierte Litze angelötet wurde.*

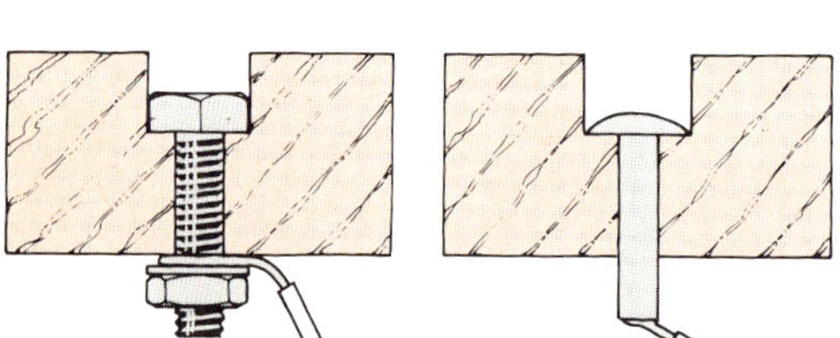

Verschiedene Kontaktknöpfe für das Stellpult *Der Kontaktknopf links besteht aus einer kleinen Schraube mit Mutter, die durch eine Nut im Stellpult gehalten wird. Der Kupfer- oder Messingniet rechts muß stramm in seinem Loch im Stellpult sitzen; falls nötig, wird er festgeklebt. An das Ende der Kontaktknöpfe wird ein Draht gelötet.*

Elektrische Verbindungen zwischen Unterbauten

Unterbauten, die zur Lagerung oder für den Transport in Teilstücke zerlegt werden, brauchen an jeder Trennstelle ein gut durchdachtes System von elektrischen Steckverbindungen. Alle Leitungen vom Kontrollpult sollten zu einem durchnumerierten Lüsterklemmenstreifen unter dem Grundbrett führen und von dort aus zu einem oder mehreren mehrpoligen Steckern. Jeder Stecker gehört zu einer bestimmten Buchse unter dem Grundbrett.

Die Schienen können ebenfalls über Stecker verbunden werden, man lötet dazu die Drähte einfach an die Gleise, führt sie zu den Lüsterklemmen und von dort zum Stecker. Man kann aber auch Streifen aus Phosphorbronze an jedem Teilstück befestigen und um die Ecken herumbiegen, so daß die Streifen sich berühren, wenn die Teilstücke zusammengeschoben werden. Um den Stromkreis zu schließen, werden die Schienen mit den Metallstreifen verdrahtet.

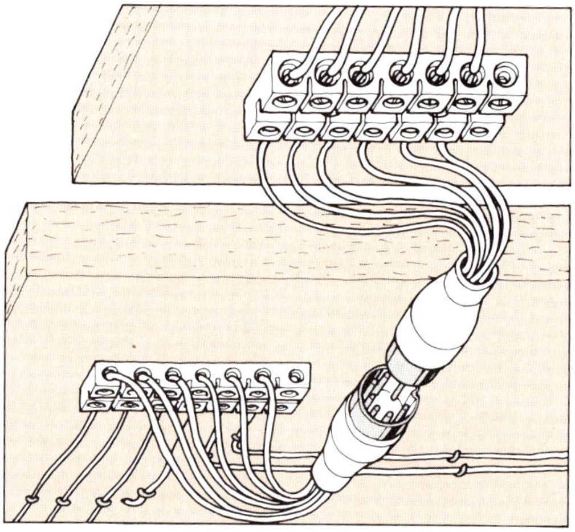

Verbindung von Unterbauten *Die Verwendung von Mehrpolsteckern zwischen den Unterbauten vereinfacht den Anschluß.*

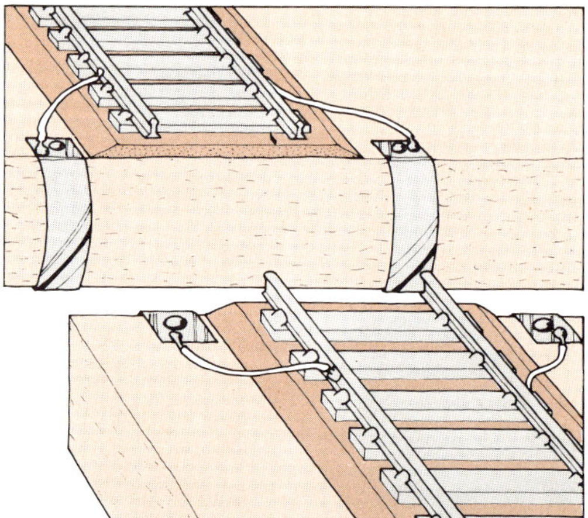

Befestigung von Phosphorbronzestreifen *Die Streifen in leichtem Bogen verlaufen lassen, damit guter elektrischer Kontakt mit dem nächsten Grundbrett gewährleistet ist.*

Gestaltung der Landschaft

Obwohl gleichmäßige Kurven und Steigungen und ausreichender Spielraum für das rollende Material auf einer Modellanlage Vorrang haben müssen, sollten Szenerie und Gleisanlage zusammen entwickelt werden, damit Bestandteile wie Straßen, Brücken, Tunnel und Flüsse rechtzeitig beim Unterbau berücksichtigt werden können.

Der Übergang zwischen Stadt und Land muß überzeugend wirken. Wenn man zugleich einen großen Verschiebebahnhof und offenes Land auf seiner Anlage unterbringen will, muß mit optischen Tricks gearbeitet werden. Man kann beispielsweise die Vorstädte einer großen Stadt oder einige Industrieanlagen in den Außenbezirken darstellen und das offene Land einige „Kilometer" in der maßstäblichen Verkleinerung weiter unten am Schienenstrang modellieren.

Eine andere Möglichkeit ist, Terrainunterschiede auszunutzen, um die räumliche Nähe verschiedener Schauplätze zu verschleiern. Setzt man zum Beispiel einen Hügelzug ins Zentrum einer ovalen Gleisstrecke, dann kann man eine Seite als ländliche, die andere als städtische Szenerie durchgestalten, oder man läßt den Zug in einem Tunnel verschwinden, bevor er in anderer Umgebung erscheint.

Wenn die Gleisführung so entworfen wird, daß die Gleise auf verschiedenen Niveaus verlaufen, kann man zum einen interessante szenische Effekte erzielen, zum anderen aber auch mehr Gleise auf einer kleinen Anlage unterbringen. Die Gleise können eine Straße über oder unter Straßenniveau kreuzen, sie können über Flüsse, Bäche und Kanäle führen, und ein Zug kann um eine Hügelkette herumfahren, während der andere die Hügel durch einen Tunnel passiert.

Das Ansteigen und Absinken der Landschaft muß sorgfältig geplant werden. Normalerweise ist es am besten, höhere Landschaftsteile im Hintergrund zu konzentrieren oder, wenn eine inselartige Anlage entstehen soll, diese entsprechend von der Mitte aus abzusenken. Sehr hohes Terrain im Vordergrund verbrigt nicht nur die dahinterliegende Gleisstrecke, sondern macht es auch schwierig, einen entgleisten Zug wieder aufzustellen. Regeln dieser Art können aus Gründen der Wirkung vernachlässigt werden, wenn man zum Beispiel einen Hügelteil als felsigen Abhang bis zur Vorderseite der Anlage vorzieht und einen Tunnel durchbricht. Ein Haltegleis kann außer Sicht hinter einem Hügel eingerichtet werden. Bodenerhebungen sind auch am Ende oder in einer Ecke der Anlage ganz sinnvoll, wenn man eine unansehnliche Umkehrschleife verbergen will, oder einfach, um den Anblick einer rechtwinkligen Ecke etwas abzumildern.

Hügel und Berge werden meistens nach der Hohlschalentechnik modelliert (siehe Seite 141). Wenn man einen zutagetretenden Felsen einbauen will, stützt man ihn mit einer hölzernen Plattform in der gewünschten Höhe ab und befestigt ihn mit Spachtelmasse. Dann wird am Gleisbett oder am Rahmenwerk feinmaschiges Drahtgeflecht oder Pappstreifen angebracht und bis an die Felsenkante geführt. Bevor dann mit Spachtelmasse weitergearbeitet wird, läßt man den längsten Wagen zur Probe einmal fahren, um sicherzugehen, daß der Zug genügend Spielraum hat, erst dann schützt man die Gleise mit Abdeckband. Einfache Formen aus Spachtelmasse oder Plastilin und Hügel aus Polyurethan oder Polystyrol können ebenso bei einer Eisenbahnanlage mitverwendet werden.

Einschnitte und Stützmauern

Echte Gleisstrecken folgen nicht den natürlichen Oberflächenformen. Sie schneiden in die Landschaft ein und formen auf einer oder beiden Seiten der Gleise Dämme, um eine konstante Steigung zu erhalten. Diese Dämme werden aus Sperrholz oder Karton gebaut, neben den Gleisen wird ein Dränagegraben modelliert. Ein felsiger Einschnitt kann steile Seitenwände haben, aber ein Einschnitt durch Erdreich darf höchstens einen Böschungswinkel von 40° aufweisen, es sei denn, er wird durch eine Stützmauer abgestützt. Die Wirkung der Erd- oder Felsenstruktur wird entweder aus Moltofill oder durch nachträglich aufgestreuten Gips erreicht. Schmale Wasserrinnen werden dadurch erreicht, indem man vorsichtig Wasser die Dämme hinunterlaufen läßt, bevor die Moltofillschicht trocken ist.

Stützmauern aus Ziegel oder Beton werden aus Sperrholz oder kräftigem Karton konstruiert. Die Vorderseite kann man bemalen oder mit Ziegelpapier oder geprägter Plastikfolie bekleben.

Mauer aus Planken *Dünne Leisten aus Balsa- oder Weichholz aneinanderleimen, dann die senkrechten Pfosten befestigen. Die Wand in die Böschung einsetzen.*

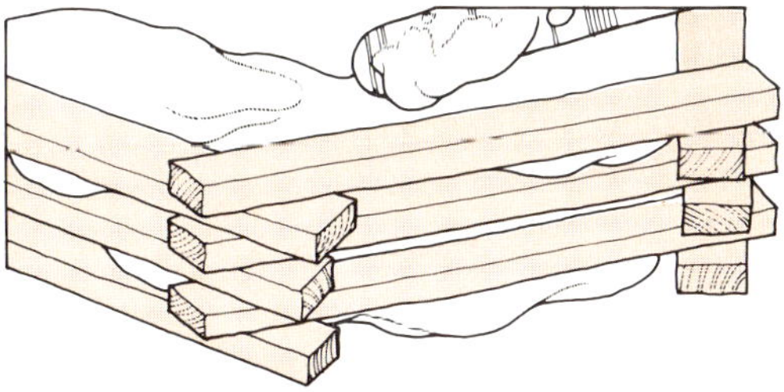

Abstützung durch ein Holzgerüst *Einen Rahmen aus Balsaholz bauen, in die Böschung einsetzen und die Rückseite mit Moltofill auffüllen. Auf die feuchte Masse Erde aufstreuen.*

Gleisführung an einem Berg *Um Platz zu sparen, wird eine Gleisstrecke oberhalb der anderen verlegt und eine Stützwand gebaut, die einen Erdwall oder steilen Felseinschnitt abstützt.*

Tunnel

Die Berge, durch die der Tunnel hindurchführt, müssen den Eindruck erwecken, als seien sie so groß und so schwierig zu überwinden gewesen, daß die Eisenbahningenieure in einem Tunnel die einzige Möglichkeit für die Streckenführung sahen. Es ist aber wichtig, den Tunnel breit genug anzulegen, damit man einen entgleisten Zug wieder herausholen kann. Dazu läßt man auch die Rückseite des Berges offen oder schneidet von unten ein Stück der Grundplatte heraus. Eine andere Lösung ist, die Bergkette so zu entwerfen, daß der Zug durch mehrere kurze Tunnel auf die andere Bergseite gelangt. Gleisverbindungen, Weichen oder Kreuzungen sollte man in einem Tunnel vermeiden.

Tunnel geben der Landschaft eine reizvolle Note. Hier sind verschiedene Tunnelportale abgebildet.

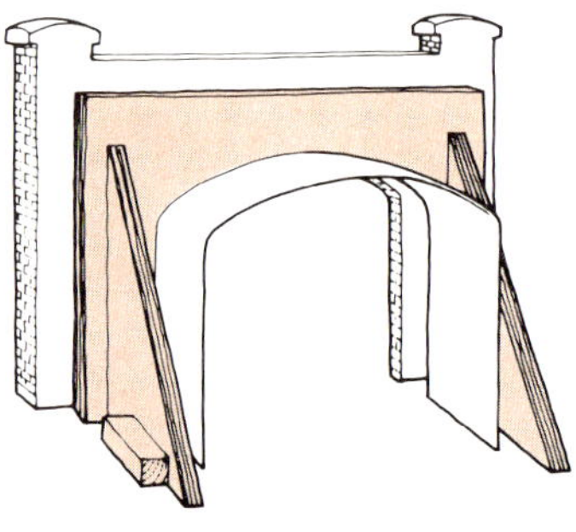

Bau eines Tunnelportals für einen Unterbau mit Grundplatte
Eine Sperrholzform ausschneiden, die hinter das Einfahrtsportal paßt, aber mit etwas größerer Öffnung. An die Rückseite dreieckige Stützen leimen. Die Konstruktion mit kleinen Holzstückchen abstützen und auf die Grundplatte leimen. Den Innenbogen mit schwarzem Papier kaschieren. Das Portal an die Bergkonstruktion leimen.

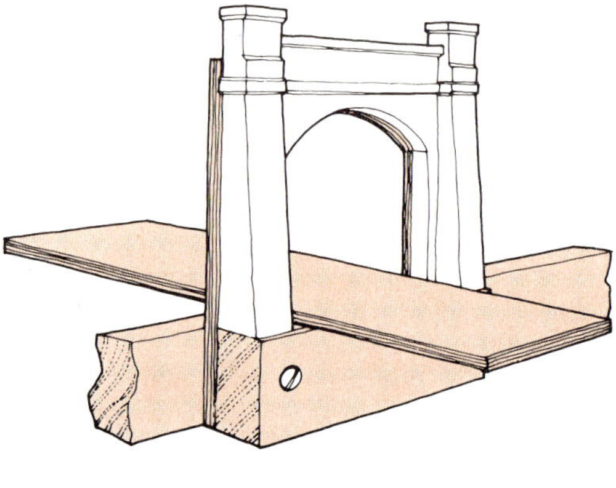

Bau eines Tunnelportals für einen Unterbau mit offenem Rahmen *Wie links die Bogenform aus Sperrholz ausschneiden, die Seiten aber länger lassen und an den Rahmen schrauben. Unter das Gleisbett eine Holzleiste schrauben, die das Portal abstützt.*

Brücken

Eisenbahnbrücken über Flüsse oder Straßen beleben das Landschaftsbild. Auch wenn man mit Sicherheit auf seiner Anlage gemessen an der Wirklichkeit zuviel Brücken hat, wird das nicht auffallen, solange jedesmal der richtige Brückentyp verwendet wurde. Damit der Übergang natürlich wirkt, sollte das Gelände immer bis dicht an die Brücke gestaltet werden.

Materialien wie Plastik, Pappe, Messing oder Holz können beim Brückenbau Verwendung finden. Einige Hersteller bauen auch Miniaturbrückenbalken aus Stahl oder andere Brückenteile aus Plastik. Man kann diese Brückenteile dazu verwenden, um eine Balkenbrücke mit großer Spannweite zu bauen; sie muß aber in gewissen Abständen durch Pfosten abgestützt werden.

Die einfache Holzbrücke aus Strebepfeilern ist selbstgebaut (rechts). Für kompliziertere Konstruktionen, wie diese Metallbogenbrücke, ist ein Bausatz vorzuziehen (siehe unten). Foto: Faller

Brückenformen

Durchlaß *Der Durchlaß aus einer Metall- oder Plastikröhre gebaut.*

Eine andere Möglichkeit ist, die Seitenwände mit Streben aus Balsaholz abstützen.

Niedrige Brücke *Das Traggerüst für die Gleise wird aus Holz- oder Eisenbalken gebaut. Die Balken auf Holz- oder Betonfundamente lagern, die am Ufer eingelassen werden.*

Durchgehende Balkenbrücke *Das Gitterwerk der Stahlträger wird aus Karton oder Plastik gebaut.*

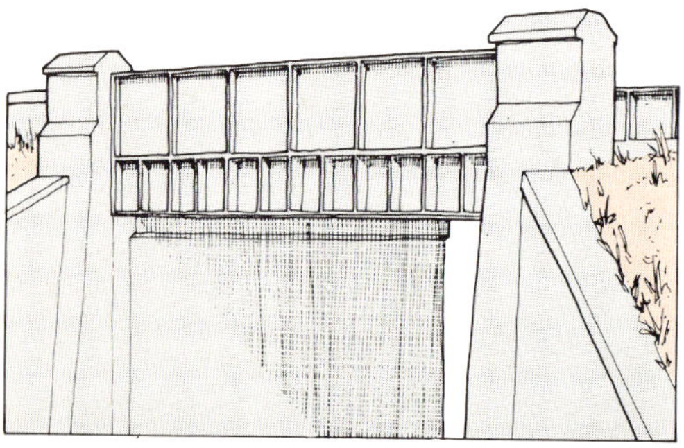

Geschlossene Balkenbrücke *Falls man das Fundament nicht sieht, wird diese Brücke aus einem massiven Holzstück gebaut. Die Außenseite wird mit Plastik beklebt und so bemalt, daß es wie Metall aussieht. Die Beton- oder Ziegelwiderlager aus Karton oder Holz fertigen und mit dem passenden Papier überziehen.*

Ziegelbrücke *Die Seitenteile aus dickem Karton oder dünnem Sperrholz ausschneiden. Für die Öffnung dünne Pappe biegen und darunterkleben. Die Brücke mit Ziegelpapier oder geprägter Plastikfolie bekleben.*

Eisenbahnviadukt *Den Viadukt über ein Tal genauso wie eine Ziegelbrücke bauen. Straßen, Kanäle oder weitere Gleise können darunter durchlaufen.*

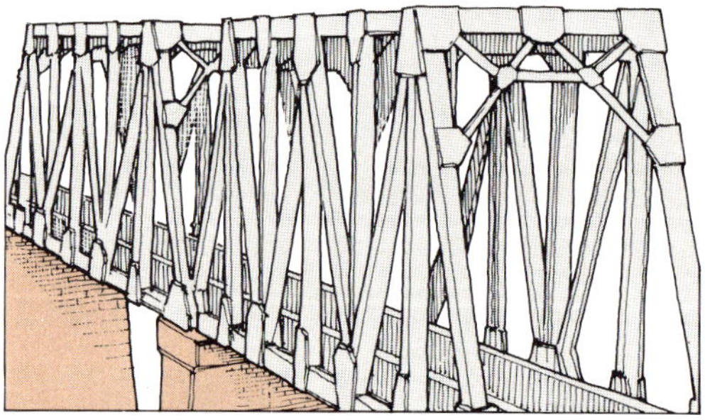

Fachwerkstahlbrücke *Obwohl diese Brückenform maßstabsgerecht schwierig zu bauen ist, wenn sie nicht gerade für eine große Anlage bestimmt ist, sieht sie schon mit nur einem oder zwei Brückenbögen sehr überzeugend aus.*

Brücke aus Strebepfeilern *Sie sieht zwar kompliziert aus, kann aber leicht aus Balsaholz gebaut werden.*

Gestaltung des Hintergrundes

Steht die Anlage direkt an einer Wand, so wird die Glaubwürdigkeit durch eine bemalte Hintergrundkulisse noch erhöht. Diese sollte aber nicht nur ausreichende Tiefenwirkung, sondern auch denselben Charakter wie die Anlage selbst aufweisen. Man beachte daher, daß Gegenstände nicht nur kleiner werden, wenn sie weit weg sind, sondern auch undeutlicher und die Farben weicher, fast grau wirken. Eine Fotorückwand gibt einen guten Hintergrund für die Modellbahn ab. Aber man sollte ein Foto wählen, auf dem die Farben nicht zu hell sind, auf dem die Gegenstände im Vordergrund größenmäßig zu denen der Anlage passen.

Soll aber eine Landschaft auf Papier oder Pappe gemalt werden, dann wird sie ausgeschnitten und an die Wand geklebt. Alle Stellen, an denen die Ausschnitte aneinandergestückelt werden müssen, verdeckt man mit Vordergrunddetails. Man verwendet Öl- oder Wasserfarben und macht mit einem breiten Pinsel großzügige Striche, wobei aber nur die Umrisse angedeutet und kleine Details gemalt werden. Beim Malen geht man vom Hintergrund aus stets nach vorne vor, wobei die am weitesten entfernten Farben blaß und kalt, die optisch näheren kräftiger sein sollen. Für eine scharfe Trennung zwischen zwei Farben läßt man die erste etwas antrocknen, bevor die zweite Farbe aufgetragen wird. Für einen weichen Übergang malt man feucht in feucht. Für Laubwerk wird die Farbe aufgetüpfelt.

Für den Himmel verwendet man besser einen kühlen grauen Farbton statt eines hellblauen – er ist weniger aufdringlich und verschmilzt mit den Gegenständen des Hintergrunds zu einer einheitlichen Szenerie. Wenn aber doch ein blauer Himmel bevorzugt wird, malt man ihn im oberen Teil dunkler und läßt ihn zum Horizont hin immer heller werden. Um die Wolken darzustellen, verwendet man eine Sprühdose mit blasser grauer Farbe und läßt die Farbe mit den unteren Teilen des Himmels verschmelzen. Ausgeprägte Wolkenszenen sollte man vermeiden, da sie das Auge leicht ablenken.

Der Übergang zwischen den Aufbauten und den Umrissen auf der Hintergrundkulisse muß überzeugend wirken. Daher sollte eine sichtbare Linie an der Stelle, wo die Szenerie auf die Wand oder Kulisse trifft, verhindert werden, indem die Landschaft genau vor dem Hintergrund abgesenkt oder der Übergang durch Bäume verdeckt wird. Um die perspektivische Wirkung zu verstärken, sollten Bäume und Sträucher gegen den Horizont hin immer kleiner werden. Einen Fluß oder eine Straße sollte hinter einem Hügel oder einem Gebäude verschwinden und nicht geradeaus in die Rückwand laufen. Niedrige Gebäude bieten eine wirkungsvolle Möglichkeit, die Lücke zwischen Vorder- und Hintergrund zu überbrücken, vor allem bei einer Stadtlandschaft.

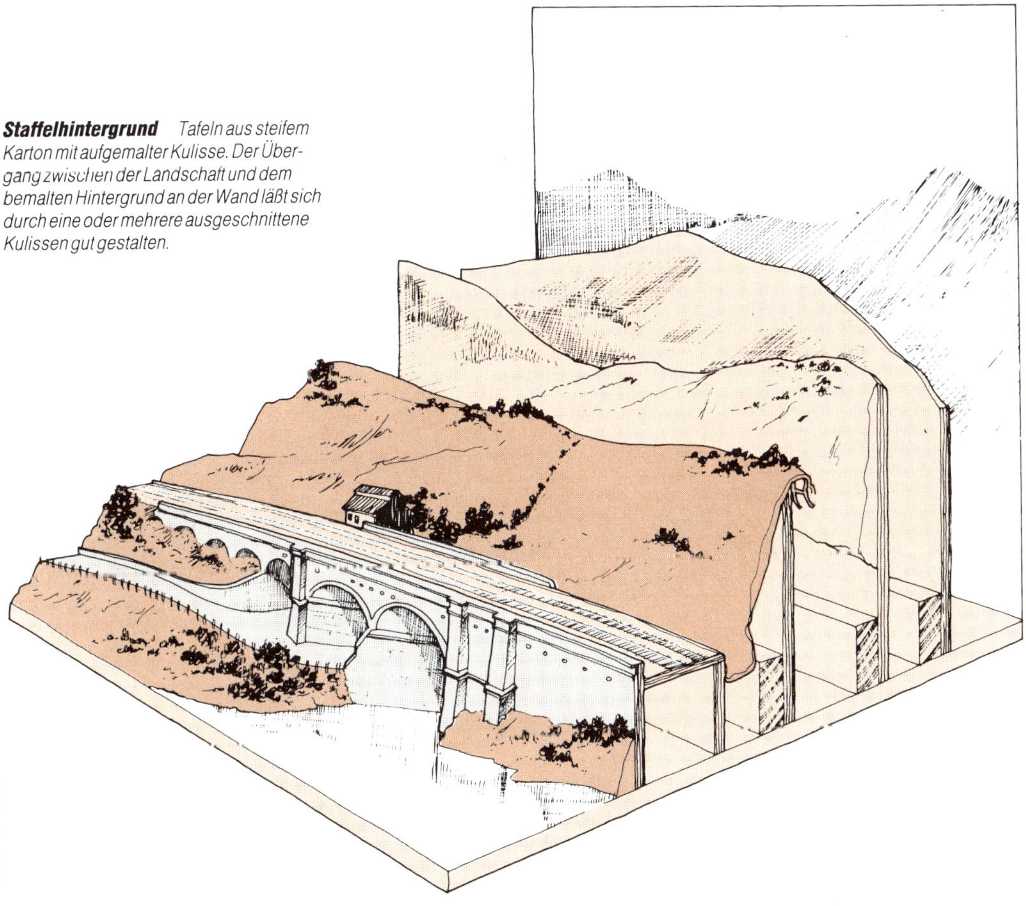

Staffelhintergrund *Tafeln aus steifem Karton mit aufgemalter Kulisse. Der Übergang zwischen der Landschaft und dem bemalten Hintergrund an der Wand läßt sich durch eine oder mehrere ausgeschnittene Kulissen gut gestalten.*

Gebäude

Gebäude, die mit einem Bausatz oder von dem Modellbauer selbst hergestellt werden, sind zur Abrundung des Landschaftsbildes unumgänglich notwendig. Jede Gebäudeart ist möglich, von Bahnhöfen und Fabriken bis hin zu Scheunen und Bauernhöfen, vorausgesetzt, sie paßt sich der Umgebung natürlich an. Man sollte aber berücksichtigen, in welchem Zustand die einzelnen Gebäude sein sollen.
Wenn man ein altes oder verwahrlostes Aussehen will, muß man es dementsprechend mit Patina versehen. Man kann aber auch ein Gebäude aufstellen, das gerade im Bau ist. Wenn die Anlage an eine Wand angrenzt, können einige der Gebäude als Flachreliefs gebaut werden.
Bausätze für Gebäude sind leicht zusammenzusetzen und in vielen verschiedenen Stilarten erhältlich. Man kann einen Bausatz auch noch verbessern, indem man eigene Details und Aufbauten hinzufügt oder nicht maßstabsgerechte Gebäudeteile durch Eigenbauten ersetzt. Wenn man ein Modell so abändern möchte, daß es besser zur Anlage paßt, können auch Elemente aus anderen Bausätzen verwendet werden, vorausgesetzt, die Stilrichtungen passen zusammen. Für selbstgebaute Gebäude kann man auch Fenster und Türen aus Bausätzen verwenden.

Eine ländliche Szene mit einer Scheune und einem Silo. Das Holz wird bemalt, damit es älter aussieht.

Ein halbfertiges Gebäude wird in derselben Weise wie ein echtes aus Balsaholzleisten zusammengesetzt.

Wirklichkeitsgetreue Details, wie zum Beispiel Lastwagen und Autos rund um dieses Feuerwehrhaus, machen die Gebäude interessanter.

Zu jedem Betriebswerk gehört ein Lokschuppen. Dieser ist aus einem etwas abgewandelten H0-Bausatz hergestellt.

Dieses Gebäude wurde nach einer Bahnstation der Canadian-Pacific-Eisenbahn in Ontario gebaut. Man beachte die Reisenden, die mit ihrem Gepäck auf dem Bahnsteig warten.

Gebäude – selbstgebaut

Der Vorteil selbstgebauter Modelle liegt darin, daß sie nach jedem Maßstab und nach jedem Entwurf gebaut werden können. Man kauft sich einen Bauplan oder zeichnet sich auf Millimeterpapier selbst einen, nachdem zuvor das Originalgebäude oder ein anderes, das dem Modellgebäude ähnlich sieht, nachgemessen wurde.
Am einfachsten ist, eine Schachtel aus Pappe oder Plastik herzustellen (siehe unten). Größere Gebäude mit Vorbauten oder Schuppenanbauten kann man durch das Ansetzen mehrerer Schachteln an die Hauptkonstruktion herstellen.
Wenn dieser Schachtelbau fertig ist, schätzt man die Größe des Daches. Hier ist es am besten, ein Stück Pappe in der Mitte zu falten, es auf das Modell zu halten und auf die richtige Größe zuzuschneiden. Bevor das Gebäude zusammengebaut wird, muß auf Wände und Dach die Außenverkleidung aufgebracht werden.
Der Schornstein wird aus aufeinandergeklebten Pappstreifen oder aus einem Stück Balsaholz gebaut, die Verkleidung aufgeklebt, dem Kamin eine Haube aus Schamottezement aufgesetzt und in den Zement eine Plastik- oder Metallröhre als Kaminaufsatz gesteckt.
Rohrleitungen werden aus Draht oder heiß ausgezogenem Plastik hergestellt (siehe Seite 44). Für die Dachrinne schneidet man eine V-förmige Nut am Rand einer dickeren Plastikplatte ein, und rundet die Unterseite mit einer Feile und Schleifleinen ab. Der Streifen mit Nut wird von der Plastikplatte abgeschnitten und dabei auf einer Seite einen Überstand gelassen, damit die Rinne an das Dach geklebt werden kann.

Am besten ist es, Industrieanlagen wie diesen Getreideaufzug in der Normgröße 0 selbst zu bauen, damit er maßstäblich zur eigenen Anlage paßt. Die Miniaturschilder selbst malen oder ausgeschnittene Illustriertenanzeigen verwenden.

Bau eines Hauses

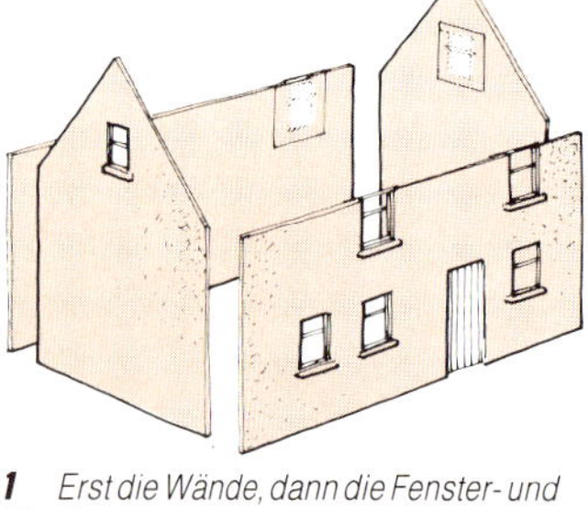

1 *Erst die Wände, dann die Fenster- und Türöffnungen ausschneiden. Die Wandverkleidung aufbringen. Fenster und Türen einbauen.*

2 *Die Wände mit Kontaktkleber auf Gummibasis verbinden, dann auf der Innenseite jeder Stoßkante Weißleim herunterlaufen lassen. Eine Bodenplatte ausschneiden und festkleben.*

3 *Zur Verstrebung des Gebäudes die beiden Giebelseiten oben mit einem Pappstreifen verbinden oder zwischen den Wänden eine senkrechte Stützwand aus Pappe einkleben. Das Dach befestigen.*

Dachkonstruktionen

Diese Gebäudegruppe zeigt eine interessante Zusammenstellung verschiedener Dachdeckungen.

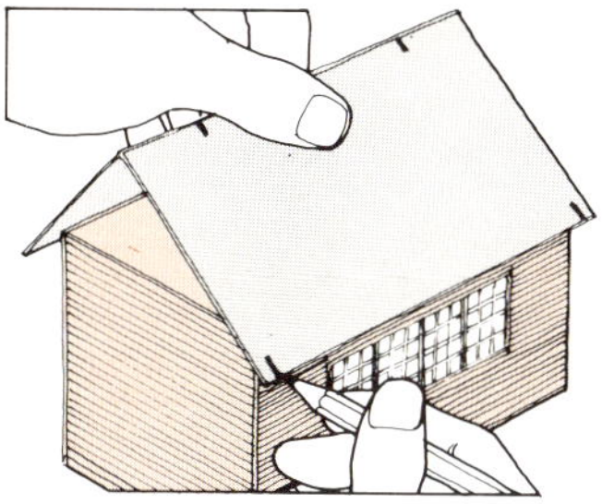

Walmdach *Ein Kartonstück in der Mitte falten. An den Dachstuhl halten und an den Enden den Überstand und die Firstenden markieren.*

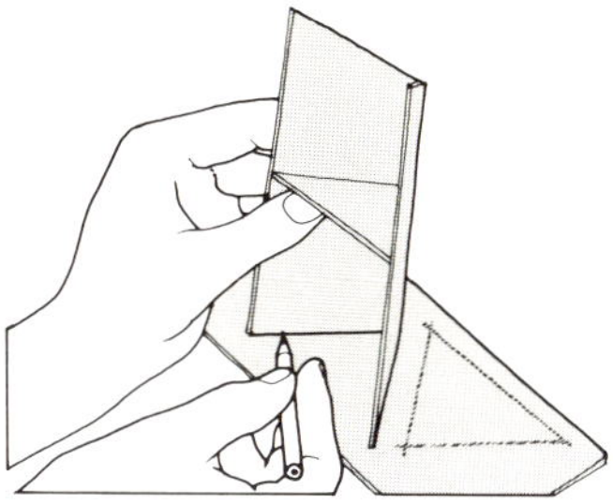

Als Strebe ein dreieckiges Kartonstück ins Dachinnere kleben. Das Dach auf einen Karton stellen und die Abschlußstücke anzeichnen.

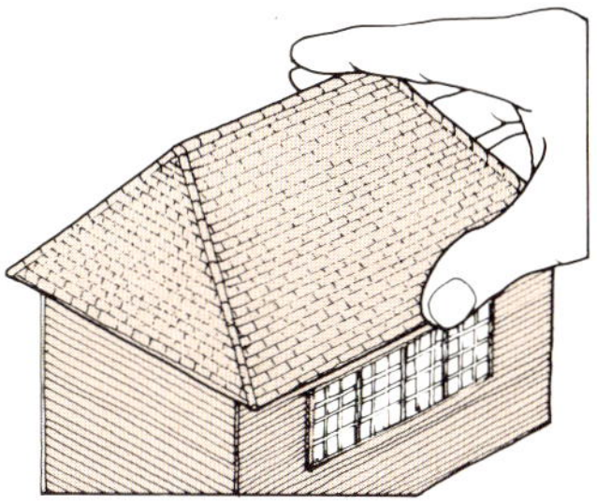

Die Abschlußstücke ausschneiden und an das Dach kleben. Das Walmdach auf das Gebäude kleben.

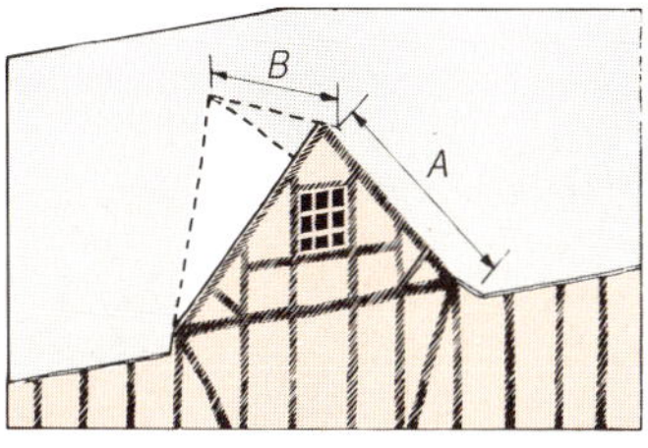

Dach mit Dachgaube *Die Längen A und B wie in der Zeichnung angegeben nachmessen.*

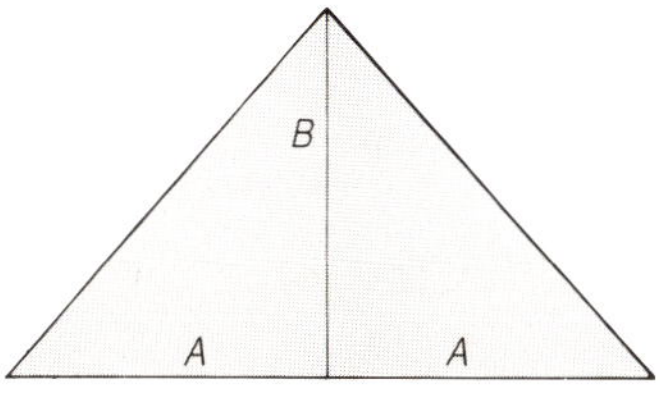

Auf einem Karton ein Dreieck mit der Grundlinie 2 A und der Höhe B aufzeichnen. Ausschneiden.

In der Mitte falten und auf das Dach kleben. Wenn nötig zurechtschneiden.

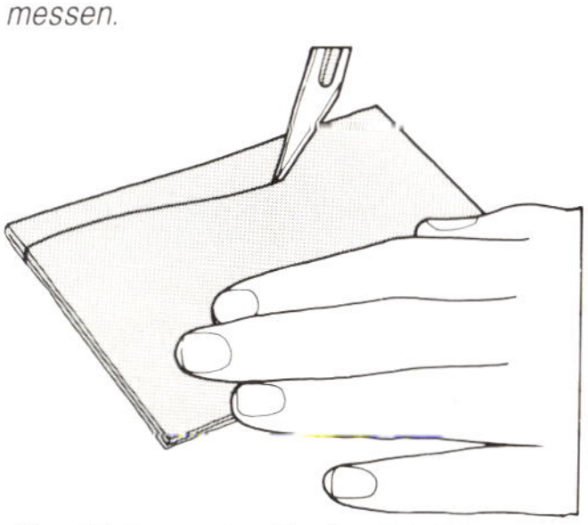

Durchhängendes Dach *Ein Stück Karton in der Mitte falten und auf die richtige Größe zuschneiden. Mit einer leichten Kurve am First entlangschneiden, so daß zwei Dachhälften entstehen.*

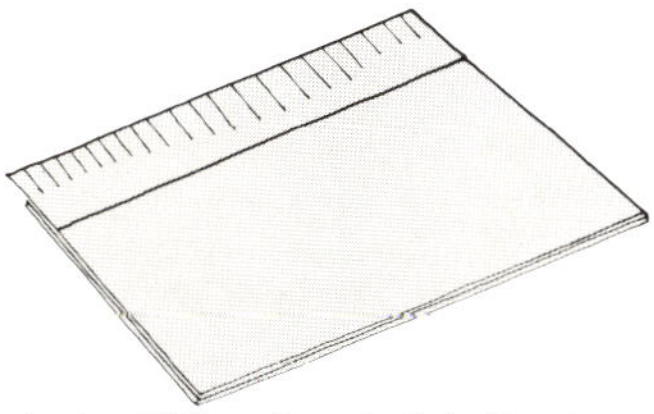

An einer Hälfte entlang der Schnittkante einen Papierstreifen festkleben, der an der Kante übersteht. Den Überstand in kurzen Abständen einschneiden.

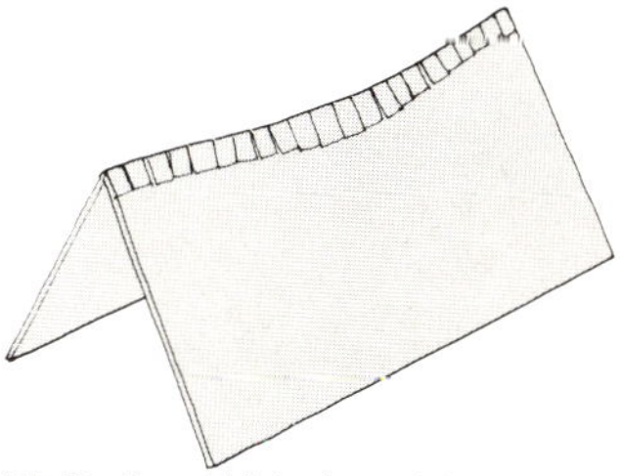

Die Streifen mit Kleber bestreichen, umschlagen und auf die andere Dachhälfte kleben, um die beiden Teile wieder miteinander zu verbinden.

Wandverkleidungen

Am einfachsten ist es, eine Außenwand aus Ziegel oder Stein zu imitieren und diese Wand mit bedrucktem Papier oder geprägter Plastikfolie zu bekleben – besonders wenn man in sehr kleinem Maßstab arbeitet. Wirklichkeitsgetreuer wirken die Wände aber, wenn man die Ziegel aus dünnem Karton selbst baut oder hölzerne Wandverkleidungen verwendet oder aber sie mit sehr dünnen Schichten Moltofill oder Schamottezement verputzt. Bei unserem Vorschlag hier wird als Material für die Wandverkleidung unbeschichteter Karton verwendet.

Aufkleben von Ziegelpapier

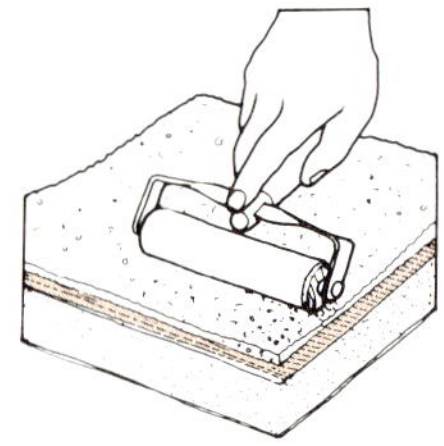

1 *Das Papier auf grobes Schmirgelpapier legen; mit dünnem Schaumgummi abdecken. Mit einem Roller über die Schichten fahren, um das Papier zu strukturieren.*

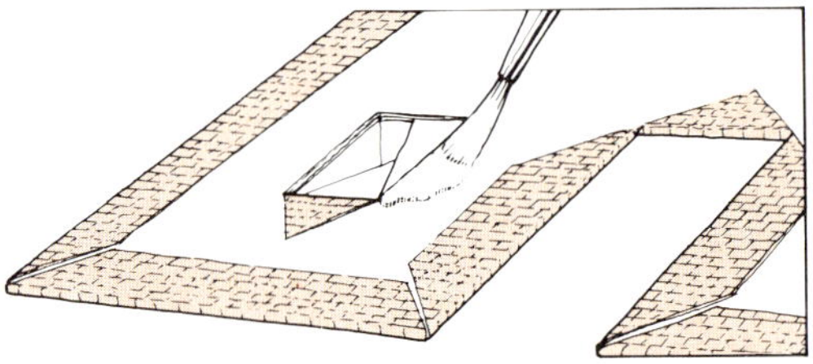

2 *Ein Stück ausschneiden, das größer als die Wand ist. So auf die Wand kleben, daß der Ziegelverlauf mit dem auf der anstoßenden Wand übereinstimmt. Die Ecken des Papiers abschneiden und über Fenster und Türen Diagonalen einschneiden. Das Papier umschlagen und festkleben.*

3 *Nach dem Zusammenbau der Wände über jedem Fenster einen Ziegelsturz anbringen.*

Aufkleben von Plastikfolie

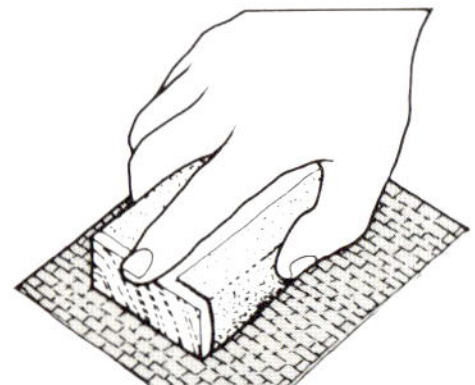

1 *Wenn die Ziegelstruktur zu rund ist, wird sie vorsichtig mit Naßschleifpapier abgeschliffen.*

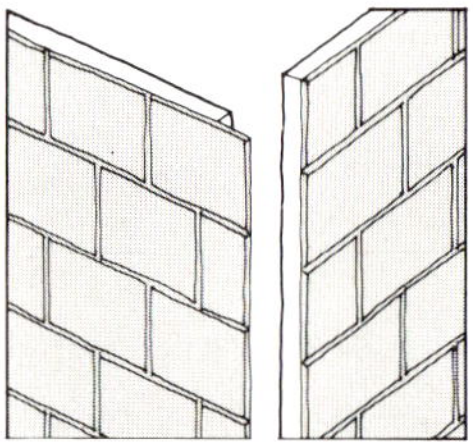

2 *Für jede Wand ein Rechteck ausschneiden, dabei eine Seite etwas überstehen lassen; Wände und Folie zusammenbauen, Überstand abschneiden.*

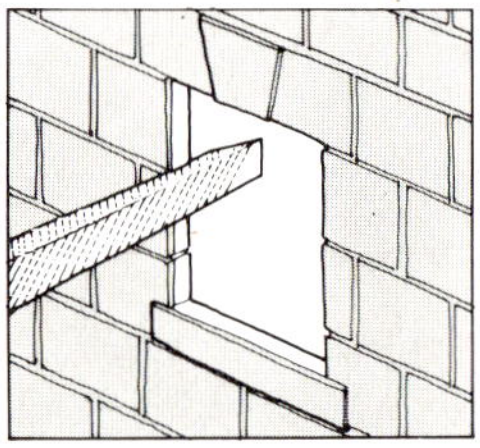

3 *Die Steine in den Fensteröffnungen auf die richtige Größe zufeilen.*

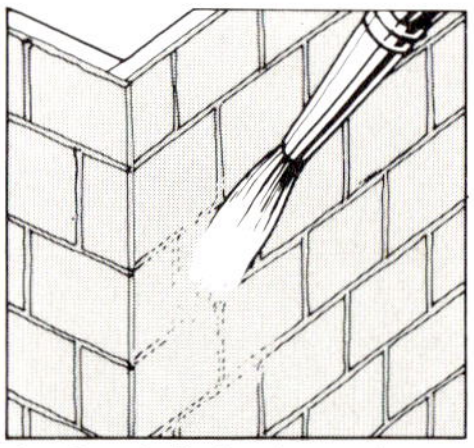

4 *Damit die Struktur echter wirkt, wird auf die Steine dünnflüssiger Moltofill aufgebracht. Die Wände streichen und künstlich altern.*

Ziegelwände Am eindrucksvollsten ist, die Struktur einer Ziegelwand nachzuahmen, indem jeder Ziegel einzeln verlegt wird. Falls man die Möglichkeit hat, verwendet man viereckige Papprestchen, die beim Ausstanzen von Lochkarten anfallen, andernfalls schneidet man die Ziegel aus Pappe aus. Die Ziegelgröße hängt vom Modellmaßstab ab; für eine H0/00-Eisenbahn beispielsweise ist die Ziegelgröße etwa 3 × 1 mm. Damit die Ziegel gerade verlegt werden können, zeichnet man eine Führungslinie oder klebt Millimeterpapier auf eine Wand aus dünnem Karton. Auf die Wand wird genügend Weißleim aufgetragen, so daß rund 20 cm^2 Fläche auf einmal mit Ziegeln belegt werden können. Jeder Ziegel muß mit einer Messerspitze auf seinen Platz gerückt werden. Sollen die Ziegel rot sein, streicht man die Wand mit einer Lösung aus Mahagoniholzbeize an, sollen sie gelber werden, mit Schellack. Um der Farbe mehr Tiefe zu geben, trägt man noch einige braune oder schwarze Farbtupfer auf. Man kann Farbe die Wände hinunterlaufen lassen oder einige einzelne Ziegel anmalen.

An der fertigen Wand können Ziegelstürze oder dekorative Steinmetzarbeit angebracht werden. Die besondere Stärke des Kartons fällt dabei nicht auf.

Natursteinwände Um eine sehr wirklichkeitsnahe Wandverkleidung zu erhalten, macht man sich aus Gießharz eine Prägeschablone, um die Wandstruktur in Schamottezement prägen zu können.
Die Wand wird aus dünnem Karton ausgeschnitten und mit Weißleim bestrichen. Dann bringt man eine dünne Schicht Schamottezement auf die Wand an, bestreut sie mit Talkumpuder und rollt die Fläche mit einer Blechbüchse glatt. Nun wird noch Talkumpuder auf die Wand gestreut und dann die Prägeschablone in den Zement gedrückt, wobei sich die Kanten bei jeder Prägung überlappen sollen. Die Struktur glättet man vorsichtig mit dem Finger und entfernt den überschüssigen Zement. Bevor der Zement trokken ist, wird die Wand mit verdünnter schwarzer Ölfarbe gestrichen und dann vorsichtig braune spirituslösliche Holzbeize aufgetupft. Anschließend wird die Wand 5 Minuten lang im warmen Backofen erhitzt.
Wenn sie aus dem Ofen genommen wird, hat sich die Wand wahrscheinlich verzogen. Beim Flachdrücken werden sich an der Oberfläche echt wirkende Risse bilden.

Obwohl aus Karton und Schamottezement gebaut, wirkt ein Modellhaus aus Naturstein sehr überzeugend, wenn man das Fundament nach der Befestigung auf dem Grundbrett so gestaltet, daß die Verbindungsfugen verdeckt werden.

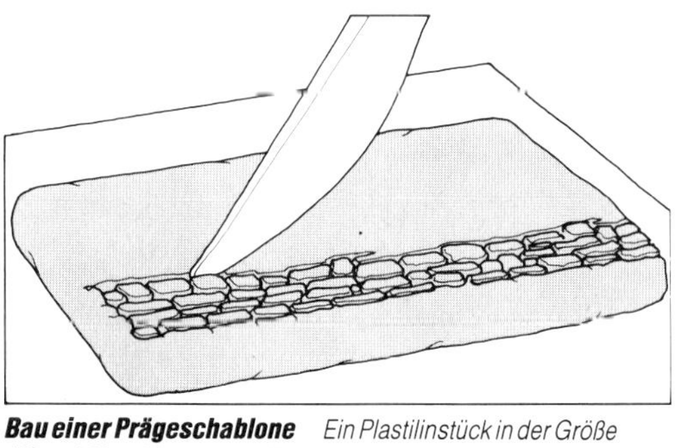

Bau einer Prägeschablone *Ein Plastilinstück in der Größe 100 x 150 x 12 mm ausrollen. Mit einem Modelliermesser die Steinstruktur aus dem Plastilin herausarbeiten.*

Beide Enden der Plastilinplatte mit Rollen aus Plastilin unterstützen und mit einer Wand umschließen. Langsam etwas Gießharz in die Form gießen und das Ganze durchhärten lassen. Das Plastilin entfernen; die Schablone in heißem Seifenwasser abwaschen.

Verputzte Wände Für den Verputz wird Wasser auf eine dünne Kartonwand gepinselt, dann eine gleichmäßige Schicht Weißleim aufgetragen. Die Fläche großzügig mit pluverisiertem Moltofill bestreuen. Das überschüssige Pulver entfernen und die Wand mit der Außenseite nach unten auf einen zweiten Karton legen. Über die Rückseite leicht reiben, um eine glatte Oberfläche zu erreichen. Dann die Wand wieder abheben und den Leim trocknen lassen.
Die so verputzte Wand wird mit spirituslöslichen Holzbeizen, Schellack oder Farbe gestrichen. Wenn der Farbanstrich trocken ist, werden Fenster und Türen eingesetzt und anschließend die Wände mit starkem Karton hinterklebt.

Holzwände Nut- und Federwandverkleidungen werden nachgeahmt, indem man mit einem spitzen Werkzeug parallele Linien in die Kartonwand einritzt. Für eine Stulpschalung klebt man sehr dünne Streifen aus Pappe oder Balsaholz auf (siehe unten). Die Wände werden mit Ölfarbe oder Holzbeize gestrichen, dabei sieht es echt aus, wenn sich die Farbe in den Rillen sammelt.

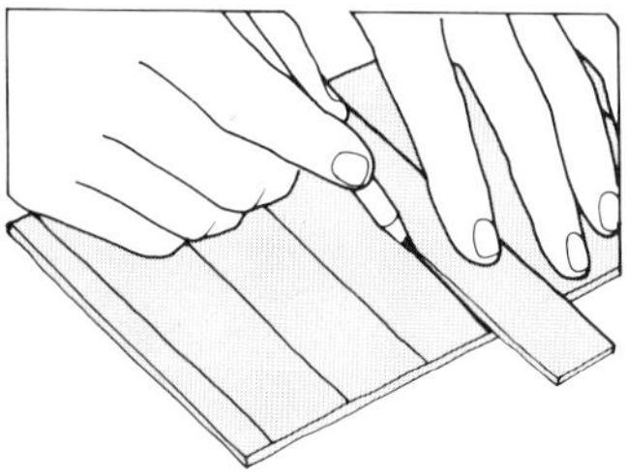

Anbringen einer Stulpschalung
Die Stützpfosten auf der Kartonwand anzeichnen. 3 mm breite Kartonstreifen ausschneiden.

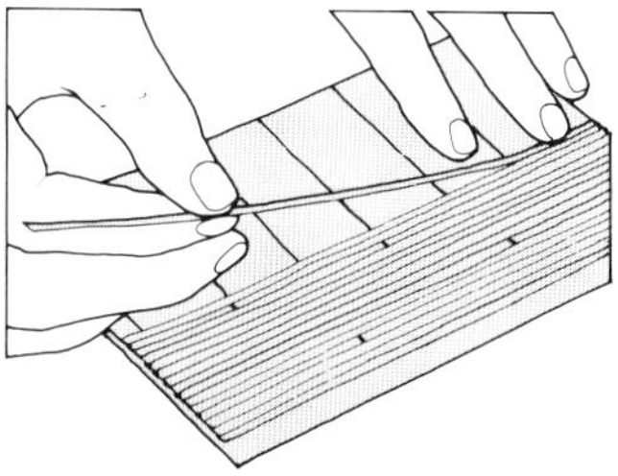

Die Streifen so auf die Wand kleben, daß sie den jeweils vorhergehenden Streifen überlappen. Einige Streifen so verlegen, daß sich an den Stützpfosten Stöße bilden.

Putzwände werden durch die Verwendung verschiedener Farbschattierungen künstlich gealtert. Ein ebenmäßiger Farbauftrag wirkt unnatürlich.

Durchdachte Details wie geschnitzte Holzpfosten oder Verandageländer und ein weißer Lattenzaun können ein Haus mit traditioneller Stulpschalung beleben.

Dachfläche

Im Handel gibt es viele verschiedene Materialien zu kaufen, angefangen vom Papier, bedruckt mit Dachziegeln oder Schindeln, bis hin zu Wellblechen aus Metall oder Plastik. Man kann sie aber auch selbst herstellen. Mit Ausnahme von Strohdeckungen ist es praktischer, erst die Deckungen aufzukleben und dann erst das Dach an den Wänden zu befestigen.

Dachziegel und Schindeln Strukturierte Plastikplatten und mit Schindeln oder Dachziegeln bedrucktes Papier können direkt auf dem Dach befestigt werden. Man kann das Papier aber auch in Streifen schneiden und der dreidimensionalen Wirkung wegen überlappend kleben. Für eine besonders wirklichkeitsgetreue Ausführung schneidet man die einzelnen Dachziegel aus sehr dünner Pappe aus, bei einer H0/00-Anlage zum Beispiel mit einer Seitenlänge von 4 mm. Man zeichnet Hilfslinien auf das Dach und legt die Dachziegel mit einer Messerspitze auf. Dabei werden die Schindeln jeder Reihe versetzt und überlappend angeordnet. Das Dach wird mit Mahagoniholzbeize gestrichen. Damit die Ziegelstruktur besser hervortritt, hält man das Dach waagerecht und besprüht die Unterkanten der Ziegel mattschwarz. Für ein Schieferdach wird die Pappe vor dem Ausschneiden der Ziegel mit grauen, blauen oder weißen Farbtupfern angemalt.

Holzschindeln kann man aus Papierabdeckband herstellen und genauso wie die Dachziegel aufkleben, dabei dämpft Holzbeize als Dachanstrich den Glanz des Abdeckbandes.

Zur Herstellung dieser Firstziegel entlang der Faltkante eines Papierstreifens Kerben einschneiden, dann den Streifen zu einzelnen Firstziegeln auseinanderschneiden.

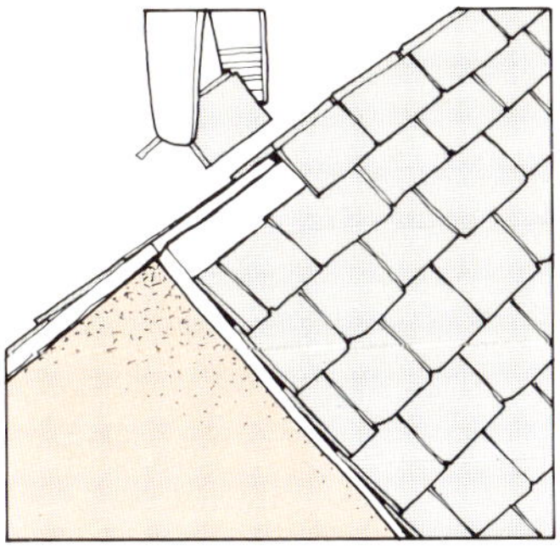

Herstellung von Firstziegeln *Einen schmalen Streifen aus dünner Pappe ausschneiden. Entlang der Mitte einritzen, dann in einzelne Firstziegel schneiden. Jeden Firstziegel in der Mitte falten und auf das Dach kleben.*

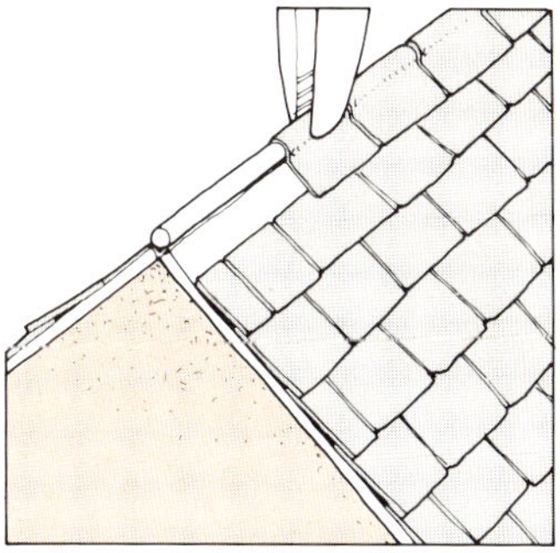

Herstellung von dekorativen Firstziegeln *Einen dünnen Rundstab am First entlang festkleben. Firstziegel aus Papier ausschneiden, über den Stab kleben. Andrücken, damit sie der Rundung des Stabes folgen.*

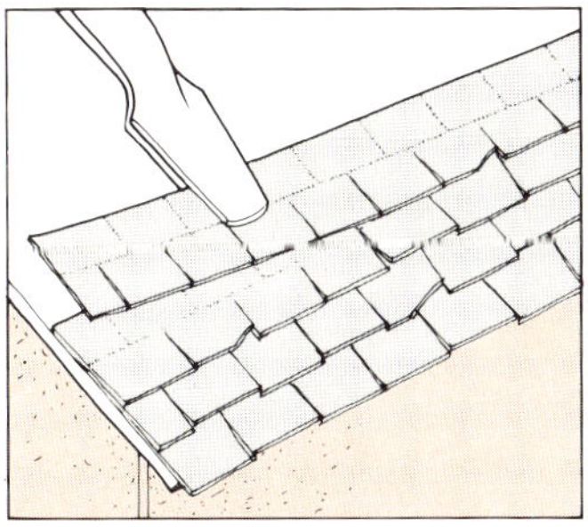

Verlegen von Dachziegelpapier *Das Papier in Streifen schneiden, zwei Dachziegelreihen breit. Zwischen den Dachziegeln der unteren Reihe einschneiden. Wenn man ein altes Dach imitieren möchte, können einige Dachziegel entfernt werden. Die Streifen überlappend aufkleben.*

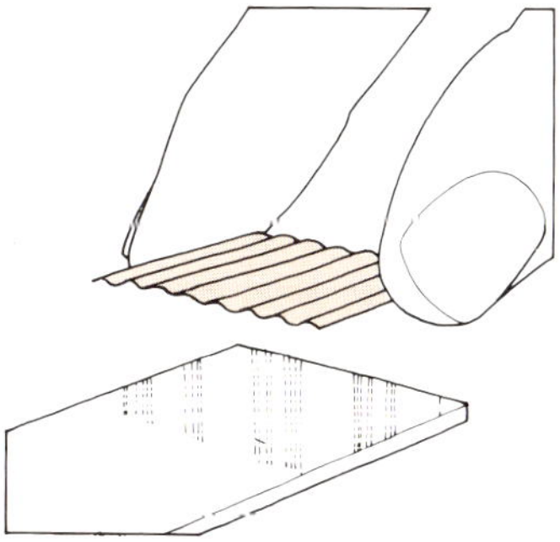

Herstellung von spanischen Ziegeln *Für die Prägeschablone gewelltes Kupferblech auf eine Plastikplatte kleben. Genauso wie bei der Natursteinwand auf Seite 197 eine dünne Schicht Schamottezement auf das Dach aufbringen.*

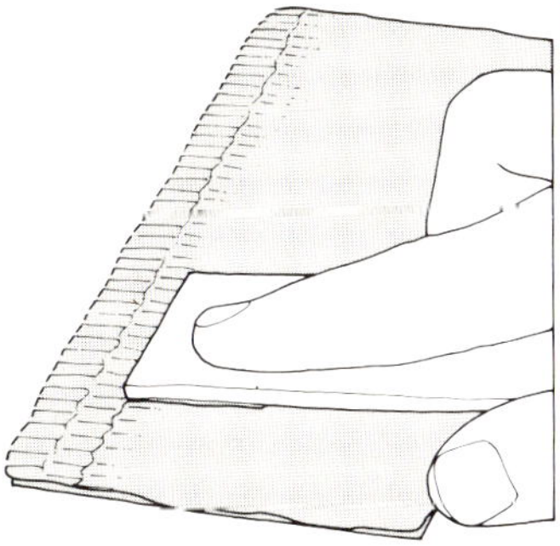

Die Schablone in spitzem Winkel auf das Dach drücken und Ziegelreihen formen, dabei von oben nach unten arbeiten. Das Dach mit Mahagoniholzbeize anstreichen und wie die Natursteinwand im Ofen erhitzen.

Strohdächer Echte Strohdächer werden mit Stroh oder Ried gedeckt, aber bei einem Modell kann dieses Material täuschend echt mit dicker Wolle nachgeahmt werden. Es ist am einfachsten, die Wollfäden erst dann auf dem Pappdach anzubringen, wenn es bereits am Gebäude befestigt ist.

Stroh ist für kleine Landhäuser und Bauernhäuser ein traditionsreiches Dachdekkungsmaterial. Das Stroh kann bis über die Kanten der Dachfenster reichen.

Bau eines Strohdachs *Die Wolle in Wasser und flüssigem Spülmittel einweichen. Das Dach mit Weißleim bestreichen. Die Wolle auflegen; noch einmal Leim auftragen und Graspulver aufstäuben.*

Das Dach trocknen lassen, dann mit Holz-. beize anstreichen. Während die Beize noch naß ist, pulverförmiges Moltofill aufstreuen und in Richtung der Wollfäden abbürsten. Trocknen lassen und die Enden beschneiden.

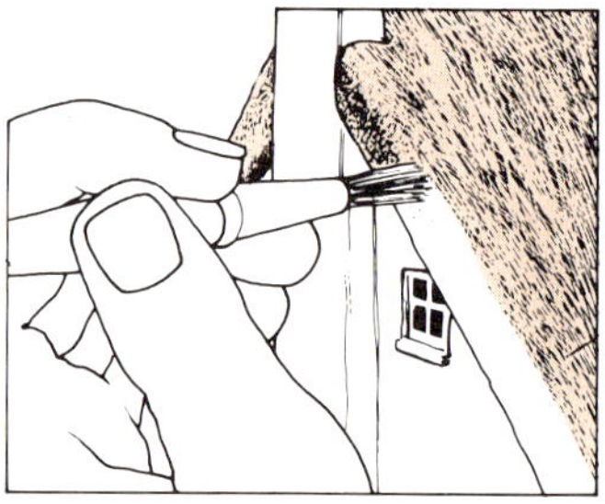

Dachtraufen aus Schamottezement bauen. Mit einem Pinsel Strukturen in den Zement drücken. Das Strohdach unter den Traufen dunkler bemalen.

Wellblechdächer Für diese Dachdeckung kann man entweder gewellte Plastik- oder Metallplatten verwenden, oder man kann sie aus einem Streifen kräftiger Aluminiumfolie selbst herstellen. Den Streifen legt man zwischen die gerippten Oberteile von zwei Marmeladengläser, dreht diese und schneidet dann den Streifen zu kleineren Platten auseinander. Soll die Oberfläche stark verrostet aussehen, wird die Folie vor dem Wellen auf ein Stück rauhes Schmirgelpapier gelegt und mit dem Finger leicht verrieben.

Verwahrloste Gebäude und Schuppen, wie das oben abgebildete, werden mit Wellblechdächern gedeckt.

Asphaltpappe- und Bleidächer Ein Dach, das mit Asphaltpappe (Dachpappe) gedeckt ist, wird mit Abdeckband oder feinem Schmirgelpapier nachgeahmt, das in senkrechten Streifen auf die Kartonkonstruktion geklebt wird. Schmale Streifen aus Pappe oder Plastik stellen die Holzleisten dar, die die Dachpappe auf einem echten Dach halten. Das Abdeckband wird mit Holzbeize gestrichen. Wenn das Dach nicht mehr wie neu aussehen soll, wird etwas Talkumpuder aufgestreut und vorsichtig abgebürstet. Ein Bleidach stellt man auf ähnliche Weise her.

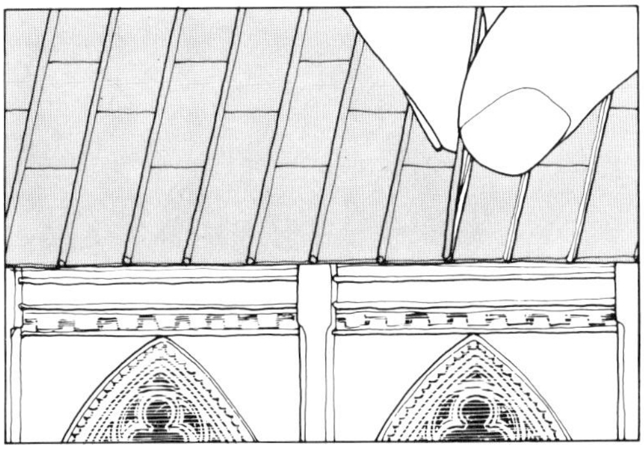

Bau eines Bleidachs *Die senkrechten Dachplatten werden in Stücke geschnitten und überlappend auf dem Dach verlegt. Die Stöße mit dünnen Plastikstreifen oder kräftigem Faden überkleben. Das Dach mit grauer und grüner Ölfarbe streichen.*

Eisenbahngebäude werden oft mit Dachpappe gedeckt. Sie kann bei Gebäuden wie dem Kohlenbunker (oben) und dem Wasserturm (unten) verwendet werden.

Fenster

Die meisten Modellbaufenster bestehen aus einem Papprahmen mit durchsichtigem Plastik anstelle von Glas. Den Rahmen klebt man je nach dem Baustil entweder an die Rückseite der Fensteröffnungen oder an die Außenseite der Wand. Bei Dachfenstern wird der Rahmen über eine ins Dach geschnittene Öffnung geklebt, bevor das Dach gedeckt wird. Durchsichtige Plastikscheiben sind mit oder ohne Fenstersprossen erhältlich. Bei selbstgebauten Fenstersprossen werden Linien in das Plastik eingeritzt (siehe Abbildung rechts). Man kann aber auch Streifen aus farbigem Klebeband oder schmales Zeichenband über das Fenster kleben. Weichplastik ist am besten geeignet, wenn man die Fenstersprossen selbst einritzen will.

Um der Szenerie mehr Leben zu verleihen, baut man einige geöffnete Fenster ein. Für ein offenes Schiebefenster wird die Plastikscheibe waagrecht in zwei Hälften geschnitten und der obere Teil etwas abgesenkt an den Rahmen geklebt, bevor man dann den unteren Teil dahinter befestigt. Für ein offenes Flügelfenster schneidet man zuerst die Plastikscheibe auf die genaue Fenstergröße zu und teilt sie dann senkrecht in der Mitte. Der offene Fensterflügel wird an der Scharnierseite an den Rahmen geklebt.

Fenster müssen nicht unbedingt strahlend sauber sein. Wenn man ein Gebäude will, das schon etwas älter aussieht, ahmt man die schmutzigen Scheiben nach, indem über das fertige Fenster verunreinigtes Terpentin gepinselt wird. Für gesprungenes oder zerbrochenes Glas beschädigt man die Plastikscheibe, bevor das Fenster eingebaut wird. Soll es Milchglas zum Beispiel für ein Fabrikfenster sein, schmirgelt man mit Naßschleifpapier über die Plastikrückseite oder trägt flüssiges Polystyrol auf (Polystyrol trübt Plastikmaterial). Fensterläden aus Pappe machen sich an einem Modellgebäude besonders gut. Dekorative Formen lassen sich stanzen oder ausschneiden. Zum Abschluß klebt man noch farbiges Seidenpapier oder Stoff als Vorhänge hinter die Fenster.

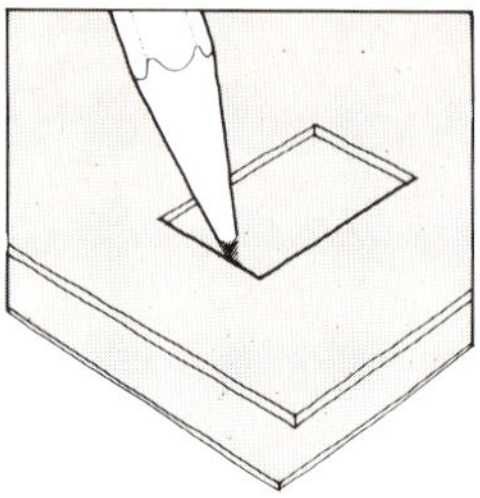

Fensterbau *Die Wand auf einen dünnen Karton legen. Mit einem Bleistift die Fensteröffnung anzeichnen.*

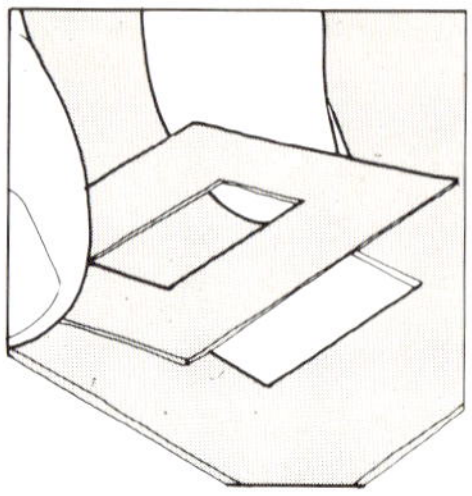

Außerhalb der Markierung entlangschneiden und genügend Rand stehenlassen, daß das Fenster an die Wand geklebt werden kann. Als nächstes dicht an der Innenseite der Markierung entlangschneiden, um die Fensteröffnung zu machen.

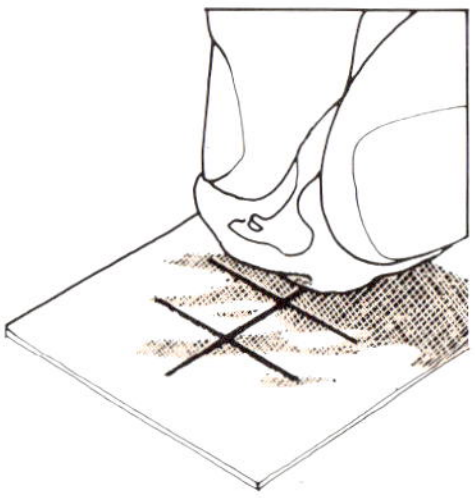

Fenstersprossen: Aus durchsichtigem Plastik eine Scheibe ausschneiden, die etwas größer als die Fensteröffnung ist; die Fenstersprossen einritzen. Emailfarbe auf die Scheibe pinseln und sofort wieder abwischen, damit nur in den eingeritzten Linien Farbe stehenbleibt.

Die Scheibe mit Kontaktkleber auf Gummibasis an die Rückseite des Rahmens kleben. Zur Sicherung durchsichtigen Klebstreifen über die Fenster kleben. Man kann aber auch noch ein Fensterbrett aus Pappe anbringen.

Türen

Türen werden wie schon die Fenster aus sehr dünner Pappe hergestellt. Man baut dabei den Türrahmen wie auch den Fensterrahmen in zwei Arbeitsschritten. Zuerst wird die Größe der Wandöffnung übertragen, dann links und rechts neben der angezeichneten Linie ausgeschnitten. Als Tür klebt man ein Stück Karton hinter den Rahmen. Für eine offene Tür wird der Karton auf die genaue Türgröße zugeschnitten, aber an einer Seite läßt man einen Rand für die Türangel stehen. An der Scharnierseite ritzt man eine Falzlinie und klebt den Überstand an die Rückseite der Wand. Man kann auch auf der Tür parallele Linien anreißen, um eine Tür aus Nut- und Federbrettern zu imitieren, oder eine getäfelte Tür aus zwei dünnen Kartonstücken nachbauen (siehe unten). Wenn man eine Glastür einbauen will, wird der Karton im zweiten Arbeitsschritt durch eine durchsichtige Plastikscheibe ersetzt.

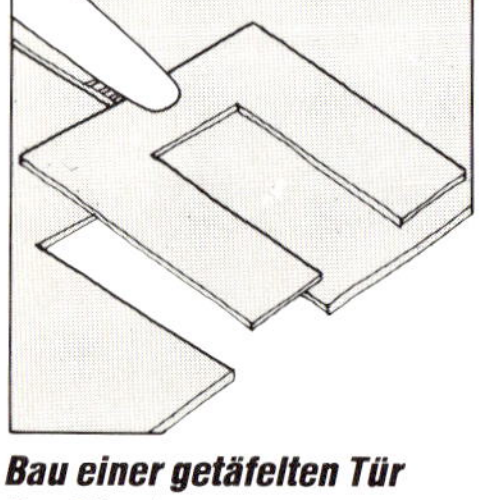

Bau einer getäfelten Tür
Den Türrahmen genauso ausschneiden wie oben das Fenster und an die Wand kleben.

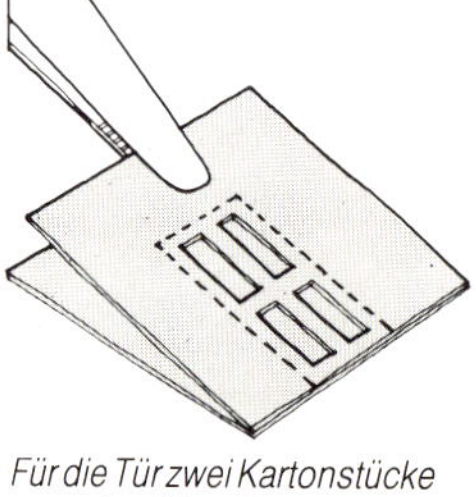

Für die Tür zwei Kartonstücke ausschneiden. Eins davon mit Öffnungen für die Täfelung versehen. Beide zusammenkleben.

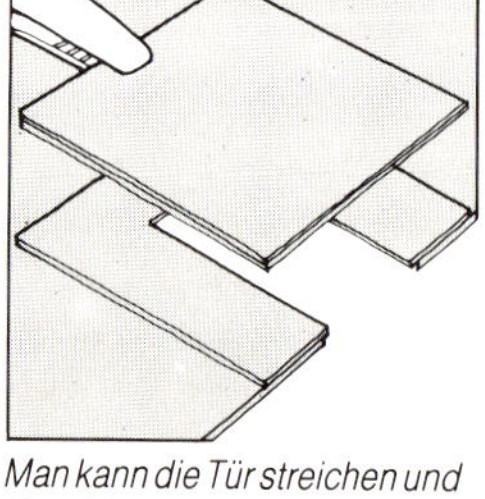

Man kann die Tür streichen und dann hinter dem Türrahmen an die Rückseite der Wand kleben. Türgriff nicht vergessen.

Bau einer Fliegengittertür
Ein Stück Nylonstrumpf mit schwarzer Farbe besprühen; über die Türrückseite spannen.

Motoren und Antriebsmaschinen

Motoren

Für den Modellbau gibt es fünf verschiedene Typen von Antriebsmaschinen. Der einfachste und billigste ist der Gummimotor, der aus Gummibändern gebaut wird. Er wird hauptsächlich von Anfängern für kleine Flugzeuge verwendet.

Das anpassungsfähigste und am weitesten verbreitete Antriebsaggregat ist aber der Verbrennungsmotor. Er wird mit flüssigem Kraftstoff angetrieben und ist sowohl für Boote wie auch Flugzeuge und Autos geeignet. Man unterscheidet dabei zwei Typen: Glühkerzenmotor und Dieselmotor.

Ein CO_2-Motor arbeitet ähnlich wie der Verbrennungsmotor, verwendet aber als Kraftstoff komprimiertes Gas. Er ist einfach und leise und wird als Antrieb für kleine Flugzeuge benutzt.

Ein Elektromotor kann ebensoviel Leistung wie ein kleiner Verbrennungsmotor aufbringen, benötigt aber eine schwere Batterie. Er ist jedoch leiser, leicht zu starten, kann in geschlossenen Räumen laufen und findet mit Erfolg in Motorbooten, Autos und einigen Flugzeugen Verwendung.

Gummimotoren

Gummimotoren werden als Antrieb für leichte Flugzeuge verwendet und bei einem Flugzeugbausatz meistens mitgeliefert. Sie bestehen aus einem Gummiring, der an der Propellerwelle eingehängt und im hinteren Teil des Flugzeugs an einem Holzdübel verankert wird. Zum Betrieb des Motors zieht man ihn einfach mit dem Finger am Propeller auf und läßt das Flugzeug in die Luft starten (siehe gegenüberliegende Seite).

Vor Sonneneinstrahlung sollte der Motor unbedingt geschützt werden. Will man ihn eine Zeitlang lagern, so braucht das Schmiermittel nicht entfernt zu werden. Wenn der Motor einmal auf den Boden fällt, sollte man ihn waschen, trocknen lassen und erneut schmieren, bevor er wieder verwendet wird.

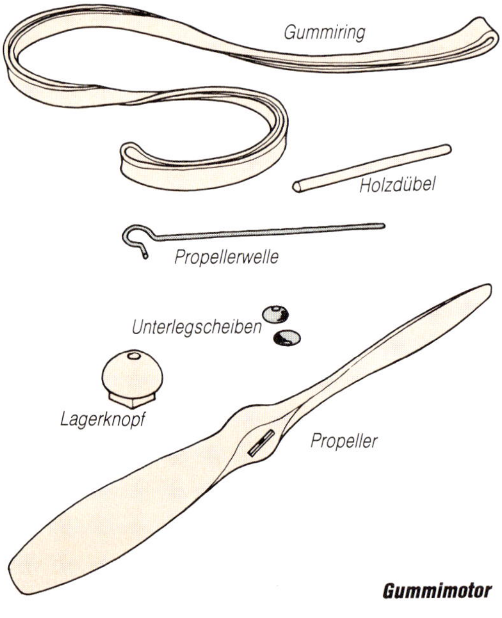

Gummimotor

Zusammenbau eines Gummimotors

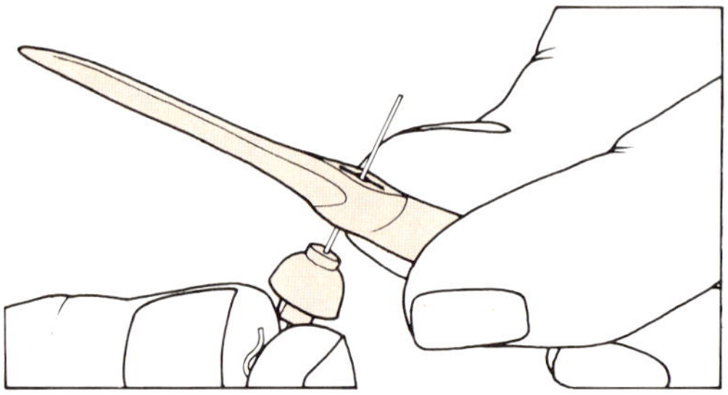

1 Lagerknopf, Unterlegscheiben (falls beigelegt) und schließlich den Propeller auf die Propellerwelle schieben. Ein Ende sollte umgebogen, die Welle selbst aber gerade sein, damit sie rund läuft.

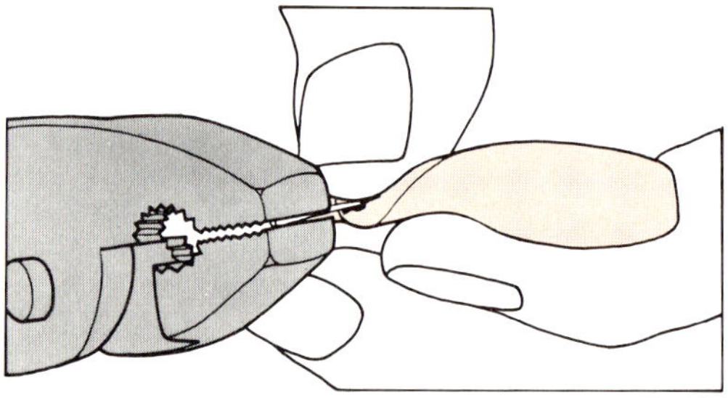

2 Am anderen Ende die Welle so im rechten Winkel abbiegen, daß sie in die Kerbe an der Propellernabe paßt. Mit dem Finger das Schmiermittel aus dem Bausatz oder reines Rizinusöl auf den Gummiring auftragen.

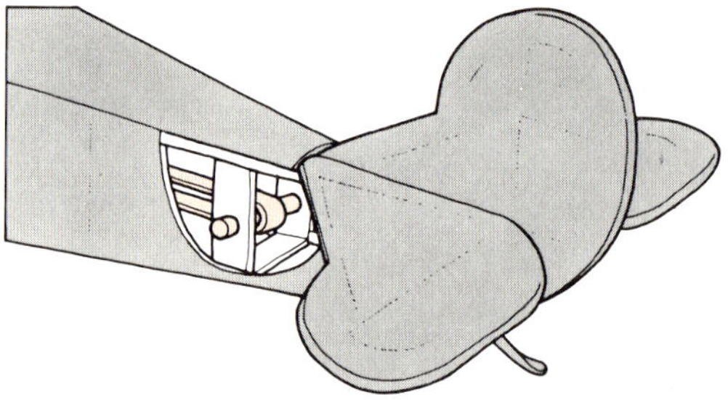

3 Den Holzdübel durch die Löcher der Halterung im Rückteil des Rumpfes und durch den Gummiring schieben.

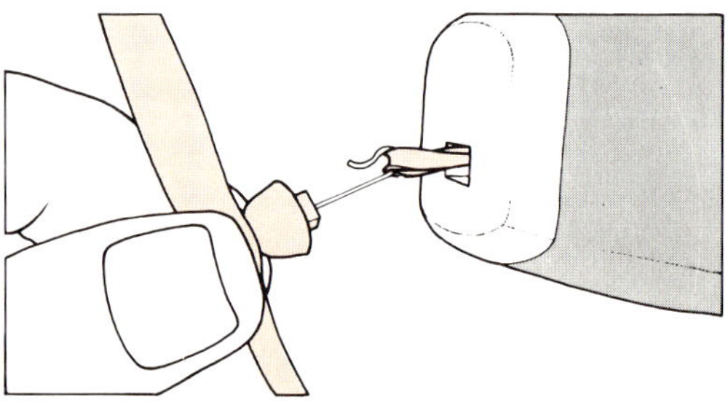

4 Der Gummiring ist normalerweise etwas länger als der Rumpf und hängt an der Vorderseite heraus. Die Welle wird eingehängt und die Propellerkonstruktion an ihren Platz gesteckt, wobei der noch schlaffe Gummimotor im Rumpfinneren liegt.

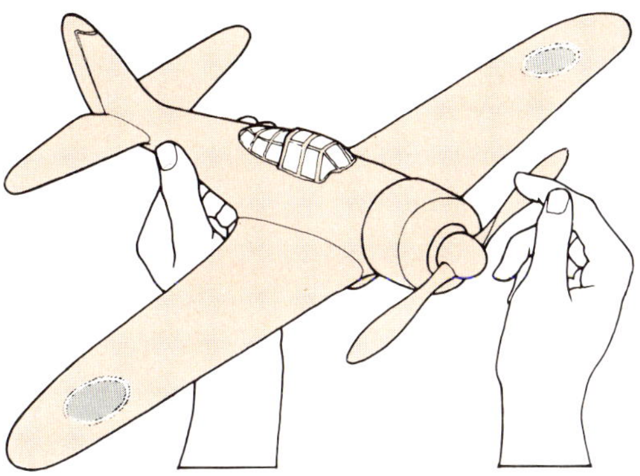

Aufziehen des Motors *Den Propeller im Uhrzeigersinn mit dem Finger drehen, bis er nicht mehr nachgibt. Den Propeller festhalten, weil der Motor sich sonst aufdrillt.*

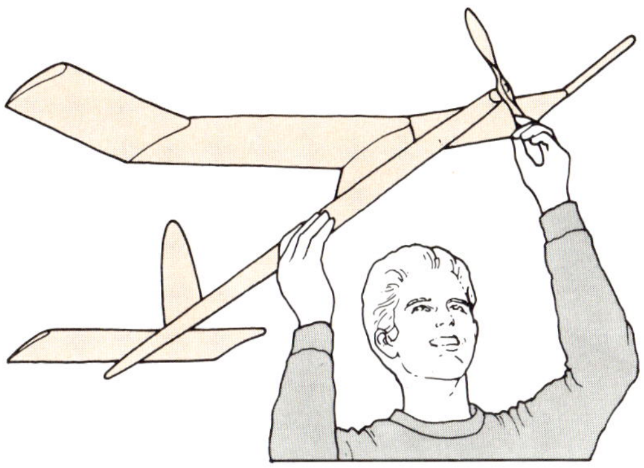

Starten des Modells *Das Modell in Kopfhöhe gegen den Wind halten, mit einer Hand an der unteren Propellerspitze, mit der anderen unter dem Rumpf. Zuerst den Propeller, kurz danach den Rumpf loslassen.*

Gummimotor aus mehreren Strängen

Anspruchsvollere Motoren für größere Flugzeuge kann man aus einem langen Gummistreifen bauen. Der Gummistreifen sollte so lang sein, daß sein Gewicht zwischen einem Drittel und einem Viertel des Gewichts des Flugzeugs ausmacht, das er antreiben soll. Gummistreifen sind in Breiten von 3,5 und 6 mm erhältlich.

Dieser Motor benötigt eine speziell geformte Propellerwelle mit einem Ring zum Aufziehen am äußeren Ende und einem S-förmigen Haken innen, der den Motor davor schützt, sich über den Haken zu schieben oder sich zu verklemmen. Als Welle verwendet man ein Stück Draht und biegt an einem Ende den S-förmigen Haken, der mit einer Gummi- oder Plastikhülse überzogen wird. Bugblock, Unterlegscheiben und Propeller werden aufgesteckt und dann dieses Wellenende zu einem Ring mit Antriebsarm umgebogen. Zum Schluß bohrt man ein kleines Loch in die Propellernabe. Der Antriebsarm wird in dieses Loch gesteckt und damit in seiner Stellung festgehalten.

Zum Einbau des Motors verankert man zuerst das verknotete Ende des Gummirings mit einem Holzdübel im rückwärtigen Flugzeugteil, wie es für den einfachen Gummiring auf der gegenüberliegenden Seite beschrieben wurde. Dann schiebt man den Ring über den S-förmigen Haken und bindet die Hakenenden mit einem Draht zusammen, damit der Haken sich nicht auseinanderbiegen kann.

Zum Aufziehen des Motors sind ein Handbohrer und ein Freund zur Hilfestellung ganz nützlich. Man biegt ein Ende eines Klavierdrahts zu einem Haken, das andere Ende so um, daß es hinter den Klemmbacken des Bohrers einhakt. Den Haken hängt man im Ring der Propellerwelle ein. Eine Person hält das Modell an der Nase und am hinteren Ankerpunkt, während die andere rückwärts geht, dabei den Bohrer dreht und den Gummimotor auf etwa das Dreifache seiner normalen Länge streckt. Bei voller Ausdehnung sollten nicht mehr als zwei Drittel der Umdrehungen erfolgen. Während man wieder auf das Modell zugeht, macht man dann die restlichen Umdrehungen.

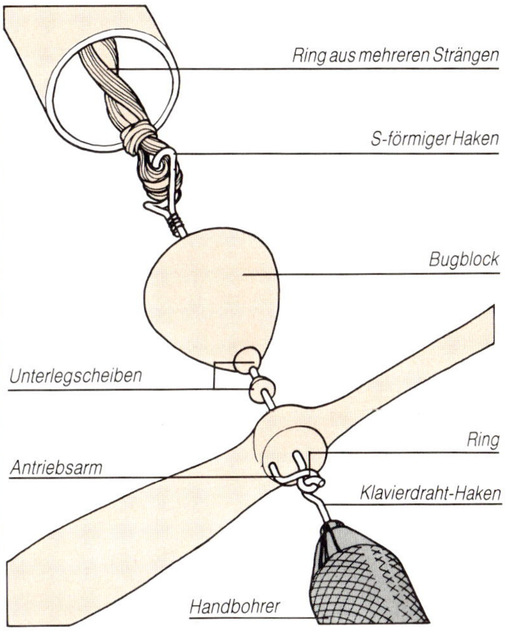

Gummimotor aus mehreren Strängen

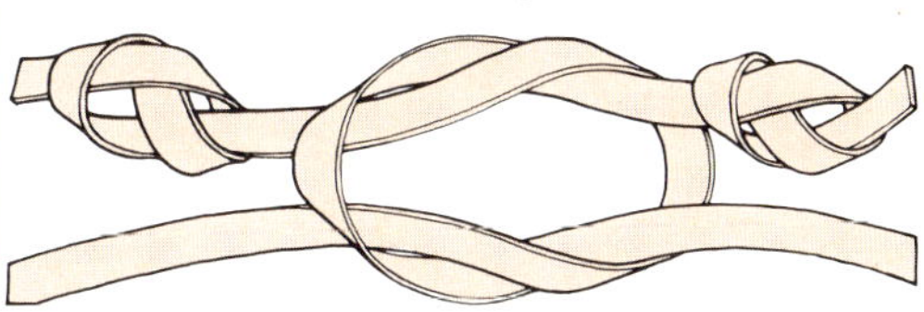

Verknoten des Streifens *Die Enden mit einem Kreuzknoten verbinden; Befeuchten des Gummis hilft beim straffen Zuziehen des Knotens. An jedes Ende einen kleinen Knoten knüpfen, damit der Kreuzknoten nicht aufgehen kann.*

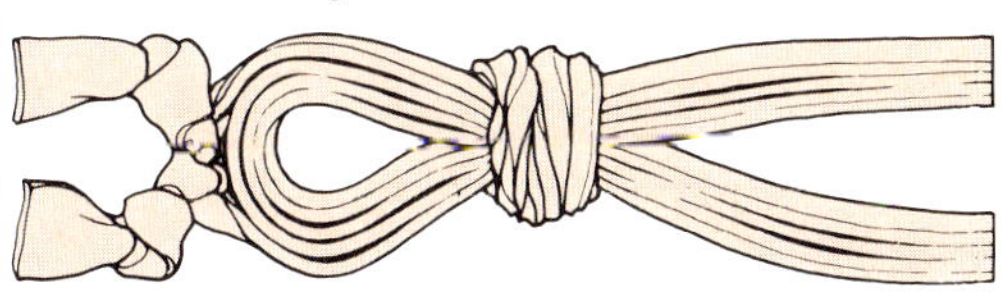

Zusammenlegen des Rings *Den verknoteten Streifen zu einem Ring aus mehreren Strängen zusammenlegen. Die Enden mit einem schmalen Gummi zu Befestigungsösen zusammenbinden.*

Verbrennungsmotoren

Sowohl der Glühkerzenmotor als auch der Dieselmotor arbeiten nach demselben Prinzip wie die Motoren in Originalgröße, aber mit einem vereinfachten Vergaser.

Der Glühkerzenmotor erhielt seinen Namen von der Kerze, die ihn zündet. Ähnlich einer Zündkerze hat die Glühkerze eine kleine Drahtwendel, die durch eine Stromquelle erhitzt wird. Wenn der Motor angelaufen ist, wird die Stromquelle entfernt, und der Motor läuft weiter, weil das Glühelement durch die Kompression und die chemische Reaktion mit dem Treibstoff selbständig weiterglüht. Glühkerzenmotoren sind leicht, laufen mit hoher Drehzahl und können durch eine Drosseleinrichtung reguliert werden. Glühkerzenmotoren sind der am häufigsten verwendete Modellmotortyp.

Der Dieselmotor nutzt die Erhitzung aus, die durch den hohen Druck im Zylinder entsteht, um den Treibstoff zu zünden. Die Kompression wird zum Anlassen und für einen ruhigen Lauf durch einen Gegenkolben eingestellt. Der Diesel ist ein einfacher, leistungsstarker und langsam laufender Motor. Er wird besonders in Europa häufig verwendet, obwohl seine Popularität gesunken ist, weil er schwierig zu starten ist und stärker vibriert. Außerdem wird er normalerweise nicht mit einer Drosseleinrichtung geliefert. Trotzdem verwenden Freiflug- und Fesselflugpiloten den Diesel mit genauso großem Erfolg wie Bootsmodellbauer.

Die Größe eines Glühkerzen- und Dieselmotors wird durch seinen Hubraum bestimmt (das Volumen, das vom Kolben in einem Hub verdrängt wird). Der Hubraum wird bei einem Glühkerzenmotor in Kubikinch, bei einem Diesel in Kubikzentimeter angegeben. Dieses System gilt weltweit. Ganz allgemein kann man sagen, daß die Leistung um so größer, je größer der Hubraum ist. Bei einem Bausatz wird die jeweilige Motorgröße angegeben, die zum Modell paßt.

Glühkerzenmotor

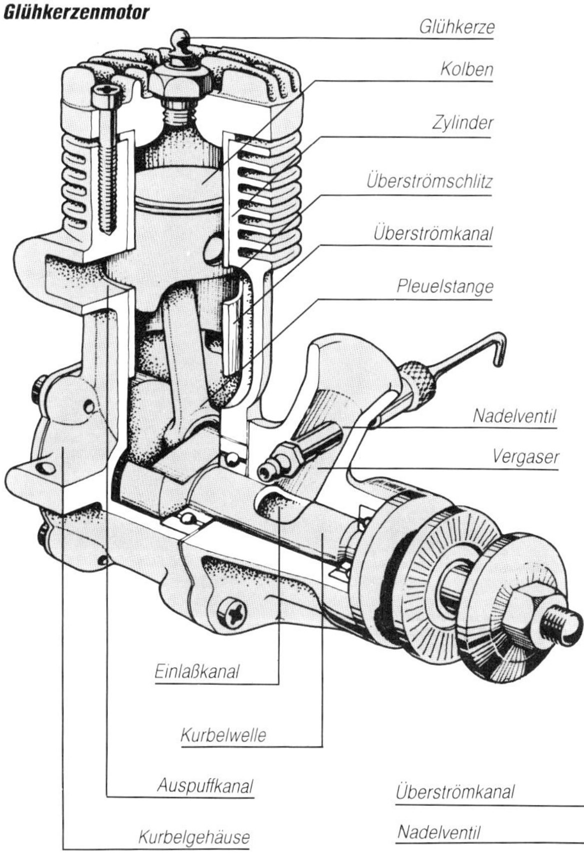

Dieselmotor

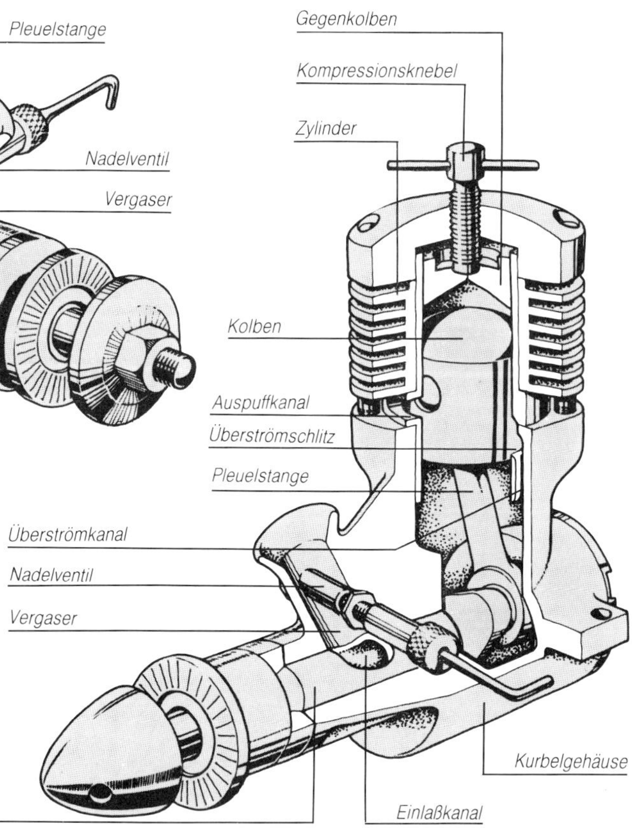

Typen von Glühkerzenmotoren

Die Hersteller bauen Motoren mit bestimmtem Hubraum in verschiedenen Ausführungen, dabei bieten Glühkerzenmotoren die größte Auswahl. Standardmotoren eignen sich am besten für Modelle, die nicht für Wettbewerbe gedacht sind, sondern zum Vergnügen gebaut und geflogen werden. Ein Rennmotor ist eine Hochleistungsmaschine, entworfen, um bei einem Wettbewerb ein Höchstmaß an Leistung zu bringen.

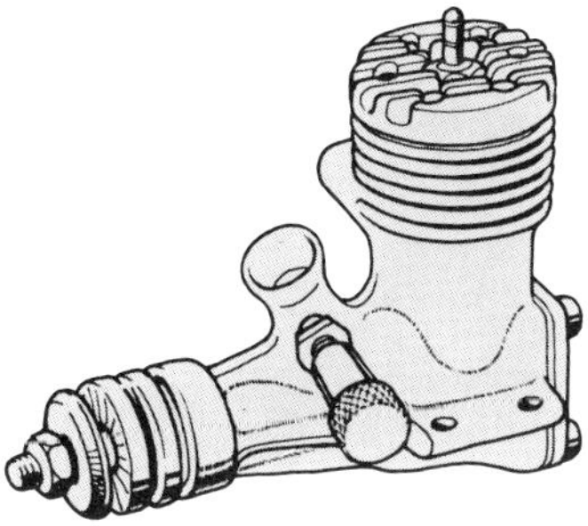

Standardmodell *Ein einfacher Einzylinder-Zweitakt-Motor mit einem einfachen Vergaser ohne Drosselvorrichtung. Luftgekühlt. Sehr zuverlässig und leicht zu bedienen. Ein Gebrauchsmotor. Billiger als andere Motortypen.*

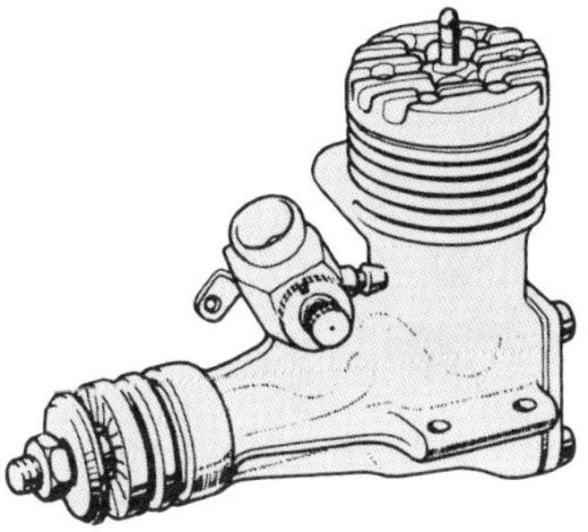

Standardmodell für Fernsteuerung *Ein Einzylinder-Zweitakt-Motor ähnlich dem Standardmodell links, aber mit einer Drosselvorrichtung für Modelle mit Funkfernsteuerung. In der Gebrauchs- oder Rennausführung luft- und wassergekühlt erhältlich.*

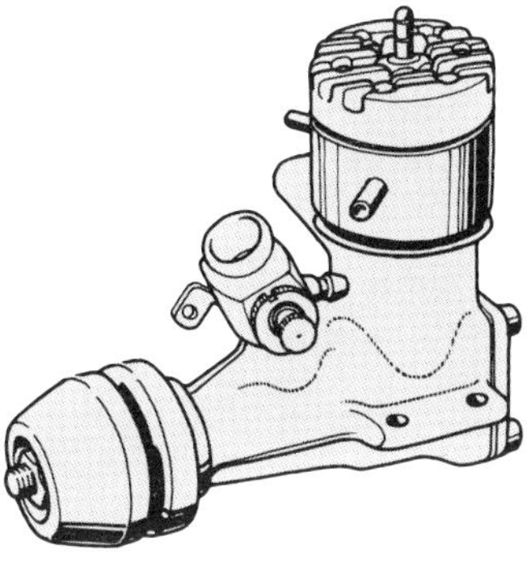

Bootsmotor für Fernsteuerung *Ein Zweitakt-Motor mit wassergekühltem Mantel für Motorboote. Der Zylinderkopf kann luft- oder wassergekühlt sein. Er hat ein Schwungrad als Start- und Laufhilfe. Bootsmotoren sind auch als Standardmodell erhältlich, ohne Drosselvorrichtung.*

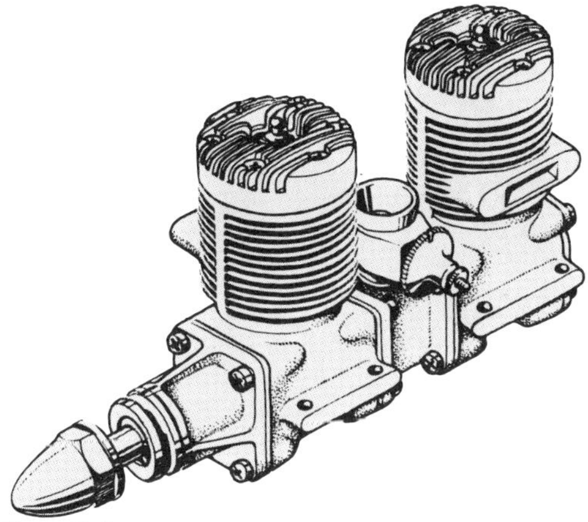

Zweizylinder-Reihenmotor *Eine anspruchsvollere Zweitakt-Maschine, die mehr Leistung liefert und sehr ruhig läuft. Die zwei Zylinder sind in einer Reihe angeordnet und zünden nacheinander. Der Motor hat eine Drosselvorrichtung für Modelle mit Funkfernsteuerung.*

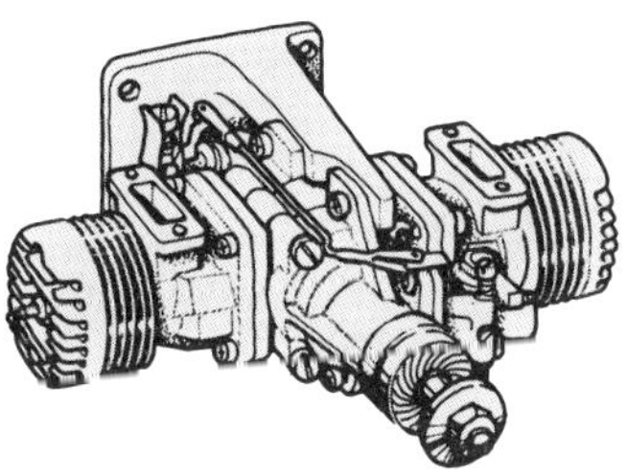

Zweizylinder-Boxermotor *Leistungsstark mit ruhigem Lauf wie der Zweizylinder-Reihenmotor oben, aber die zwei Zylinder stehen sich gegenüber und zünden gleichzeitig. Es gibt ihn mit einer Drosselvorrichtung für Modelle mit Funkfernsteuerung.*

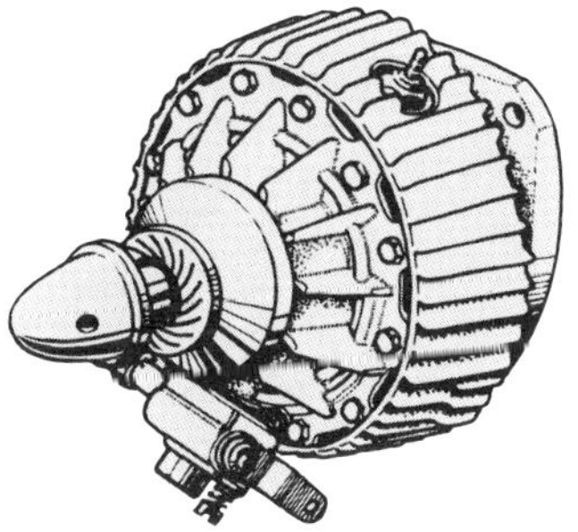

Wankelmotor *Anstelle eines sich hin und her bewegenden Kolbens hat dieser Motor einen Kreiskolben, der in einer besonders geformten Brennkammer läuft. Es gibt ihn nur in einer Größe und mit Drosselvorrichtung. Er läuft außerordentlich ruhig und ist für Modelle mit Fernsteuerung ideal.*

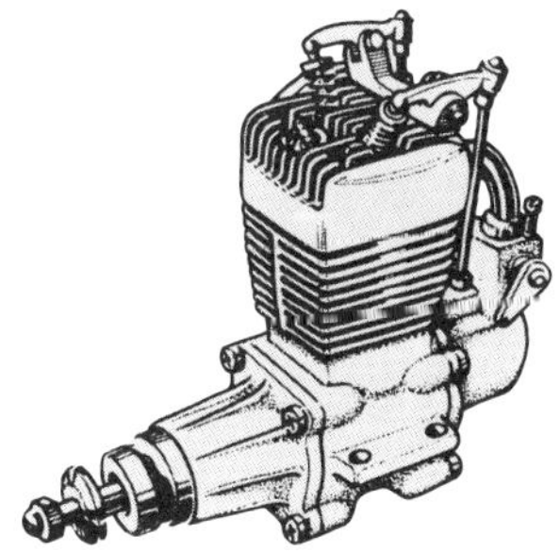

Einzylinder-Viertakt-Motor *Leistungsstark mit ruhigem Lauf, nur in den größeren Hubraumklassen erhältlich. Er ist komplizierter als ein Zweitakt-Motor und hat Ventile zur Regelung der Kraftstoffzufuhr und des Verbrennungsgasausstoßes. Viertakt-Motoren sind auch mit zwei Zylindern erhältlich.*

Wie ein Motor arbeitet

Ein Motor besteht im wesentlichen aus einem Zylinder, in dessen Innerem sich ein Kolben auf und ab bewegt. Wenn der Kolben sich nach oben bewegt, komprimiert er innerhalb des Zylinders ein Kraftstoff-Luft-Gemisch. Wenn das Gemisch gezündet wird, treiben die sich ausdehnenden Gase den Kolben nach unten. Wenn der Motor angelaufen ist, wiederholt sich dieser Vorgang in regelmäßigen Takten. Bei einem Zweitaktmotor macht der Kolben bei jeder Zündung des Gemisches zwei Bewegungen, eine nach oben und eine nach unten. Bei einem Viertaktmotor wird der Kraftstoff nicht bei jedem zweiten, sondern bei jedem vierten Takt gezündet.

Ein Zweitaktmotor kann auch als Viertakter arbeiten, nämlich wenn er mehr Kraftstoff als Luft bekommt. Obwohl das nicht sehr wirkungsvoll ist, wird ein neuer Zweitaktmotor zu Beginn oft mit vier Takten gefahren.

Wie ein Zweitakt-Motor arbeitet

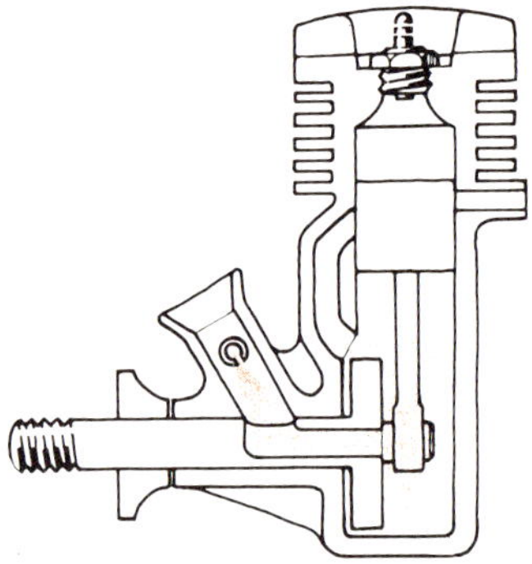

1 *Wenn Propeller oder Schwungrad gegen den Uhrzeigersinn gedreht werden, rotiert die Kurbelwelle. Sie wiederum bewegt den Kolben. Wenn sich der Kolben im Zylinder bis ganz nach oben bewegt, bis zum „oberen Totpunkt", entsteht im Kurbelgehäuse ein Unterdruck. Dadurch wird vom Vergaser ein Kraftstoff-Luft-Gemisch angesaugt, das das Kurbelgehäuse füllt.*

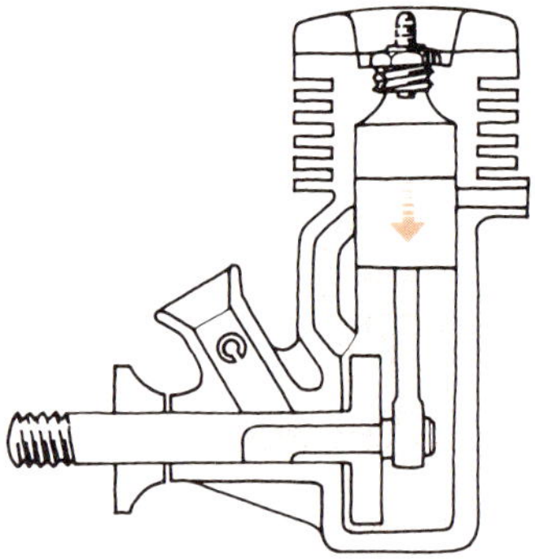

2 *Der Kolben, vom Drehmoment der Kurbelwelle angetrieben, beginnt seine Abwärtsbewegung. Jetzt schließt sich der Einlaßkanal und sperrt das Kraftstoff-Luft-Gemisch im Kurbelgehäuse ein. Durch die Abwärtsbewegung des Kolbens wird das Gemisch komprimiert.*

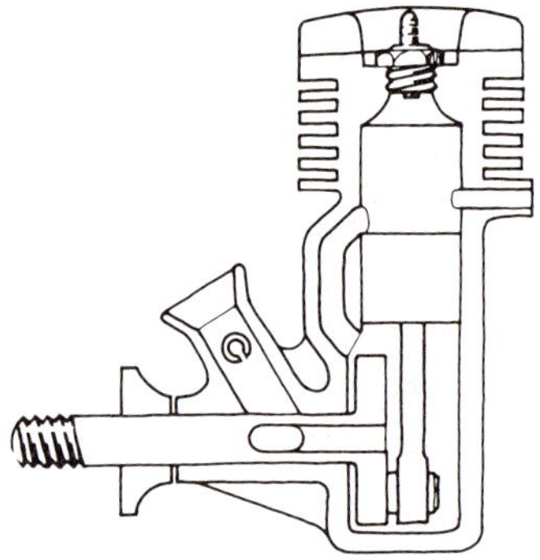

3 *Wenn der Kolben den tiefsten Punkt des zweiten Takts erreicht hat, den „unteren Totpunkt", legt er den Überströmschlitz frei. Das komprimierte Kraftstoffgemisch strömt durch den Überströmkanal und den Überströmschlitz in den Zylinder über dem Kolben.*

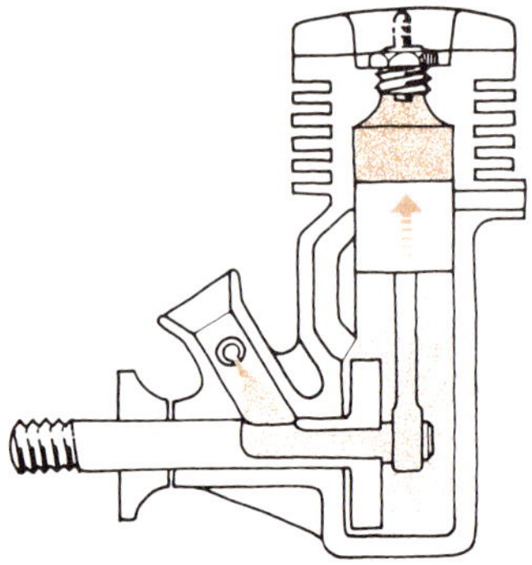

4 *Dieser Zyklus wird nun wiederholt. Das Drehmoment der Kurbelwelle treibt den Kolben wieder nach oben. Er drückt das Gemisch gegen den Zylinderkopf zusammen. Gleichzeitig öffnet sich der Einlaßkanal und ein frisches Kraftstoff-Luft-Gemisch wird vom Vergaser her angesaugt, das das Kurbelgehäuse füllt.*

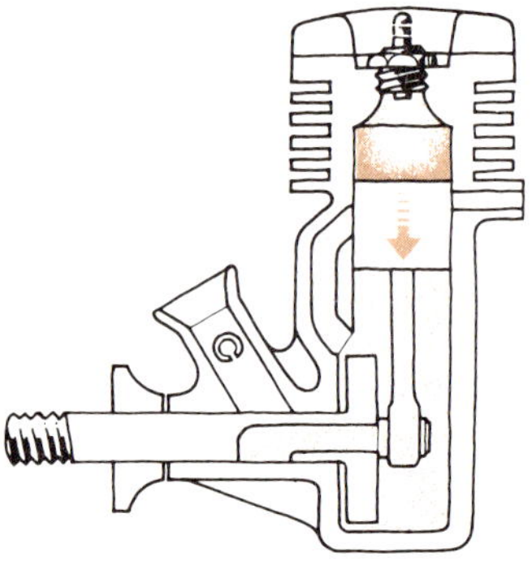

5 *Der Kraftstoff wird genau dann gezündet, bevor der Kolben den oberen Totpunkt erreicht hat, und zwar entweder durch den erhitzten Draht der Glühkerze oder durch die Hitze, die beim Dieselmotor durch die Kompression des Gemisches entsteht. Das Gemisch explodiert und setzt dabei sich rasch ausdehnende Gase frei, die den Kolben wieder nach unten treiben.*

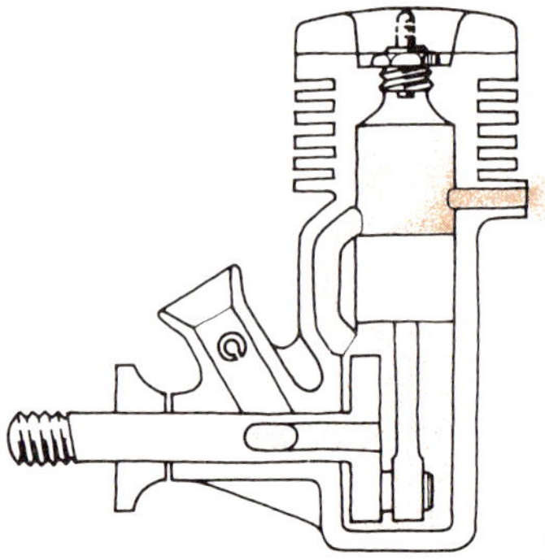

6 *Bei der Abwärtsbewegung des Kolbens wird der Auspuffkanal geöffnet, die Verbrennungsgase werden ausgestoßen. Dann öffnet der Kolben den Überströmschlitz und drückt das frische Gemisch in den Zylinder. Das einströmende Gemisch hilft, die verbliebenen Verbrennungsgase hinauszudrükken. Die Takte 4 bis 6 wiederholen sich fortwährend.*

Ein- und Auslaßöffnungen

Man unterscheidet drei verschiedene Arten von Einlaßkanälen. Am häufigsten ist der vorn liegende rotierende Einlaßkanal, eine Öffnung in der Seite der Kurbelwelle, die durch einen Kanal im Inneren der Welle mit dem Kurbelgehäuse verbunden ist. Bei jeder Umdrehung der Kurbelwelle bewegt sich die Öffnung am Vergaser vorbei und läßt Kraftstoffgemisch eintreten. Der hinten liegende rotierende Einlaßkanal arbeitet ähnlich. Er besteht aus einer Öffnung in einer Scheibe oder Trommel, die mit dem hinteren Teil der Kurbelwelle verbunden ist. Das Kraftstoffgemisch strömt direkt durch die Scheibenöffnung in das Kurbelgehäuse. Die dritte Art von Einlaßkanal verwendet ein Klappenventil. Hier wird der Einlaß des Gemisches durch eine dünne Metallklappe geregelt, die sich je nach dem Druck im Motor öffnet und schließt. Den Einlaßkanal mit Klappenventil findet man bei kleineren Glühkerzenmotoren mit rückwärtiger Ansaugung.

Überströmschlitze und Auspuffkanäle müssen möglichst wirkungsvoll arbeiten. Die meisten modernen Motoren besitzen einen einzelnen Überströmschlitz, obwohl größere Modelle manchmal zwei oder drei haben. Der Auspuffkanal liegt normalerweise dem Überströmschlitz gegenüber. Es kann eine einzelne Auspufföffnung sein oder, bei größeren Motoren, eine Reihe von „Fenstern", aber der Auspuffschlitz ist immer größer und liegt höher als der Überströmschlitz. Der Überströmschlitz ist so geformt, daß er das frische Gemisch nach oben leitet, um das Hinausdrücken der Verbrennungsgase zu unterstützen. Ein Teil des Gemisches geht jedoch direkt durch den Auspuff, was verschwenderisch und nicht effektiv ist. Bei Glühkerzenmotoren ist das Kolbenoberteil manchmal so geformt, daß das Gemisch nach oben und darüber gelenkt wird, um den ungenützten Kraftstoffanteil zu verringern. Diese Form ist für Dieselmotoren nicht geeignet. Sie haben für denselben Zweck einen kuppelförmigen oder konischen Kolben. Die sogenannten Schnuerle-Öffnungen sind ein System von Überström- und Auspuffschlitzen, das die Gasströmung ohne die Verwendung eines Umlenkers auf dem Kolben verbessert. Ein flacher oder kuppelförmiger Kolben ist am besten, weil er eine gleichmäßige Druckverteilung gewährleistet. Dieses System hat drei Überströmschlitze, je einen auf beiden Seiten des Auspuffschlitzes und einen gegenüber. Die seitlichen Schlitze leiten das Kraftstoffgemisch auf den mittleren „Druckerhöhungs"-Überströmschlitz. Das Schnuerle-System ist teuer, deshalb findet man es meistens nur bei Hochleistungsmotoren.

Vorn liegender rotierender Einlaßkanal

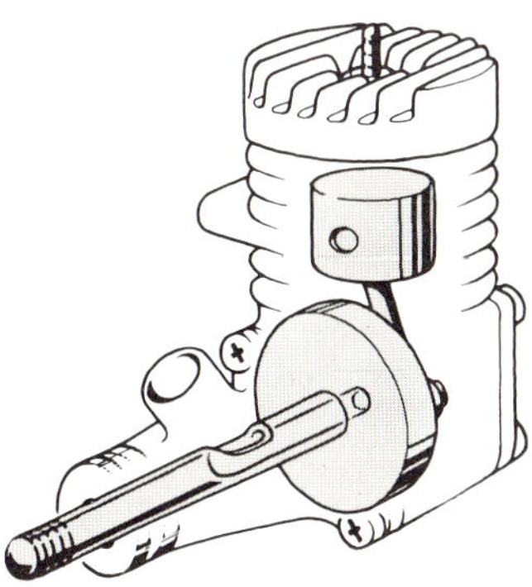

Hinten liegender rotierender Einlaßkanal

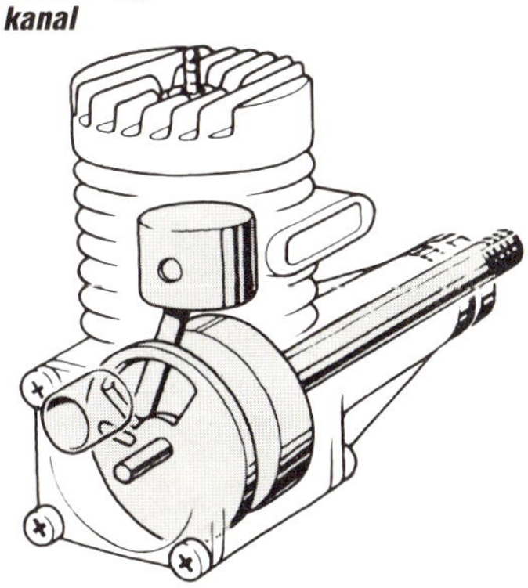

Einlaßkanal mit Klappenventil

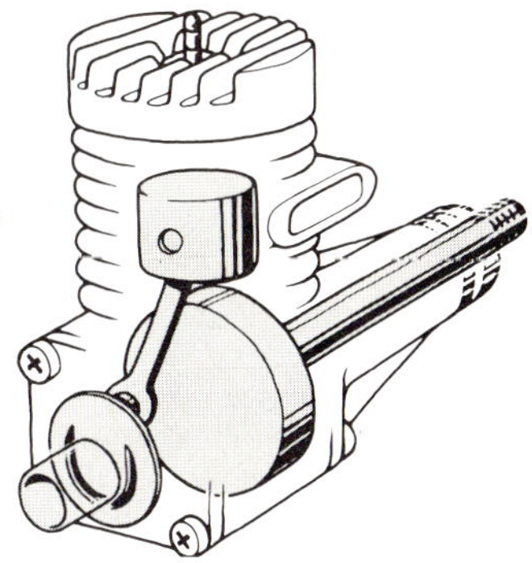

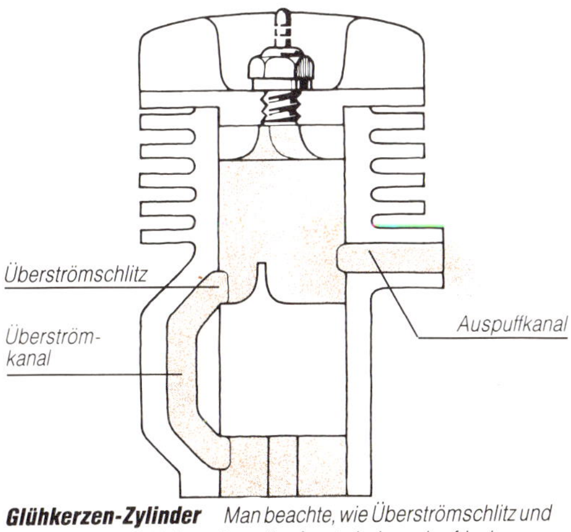

Glühkerzen-Zylinder *Man beachte, wie Überströmschlitz und -kanal sowie das Kolbenoberteil geformt sind, um das frische Gemisch nach oben zu leiten und den Ausstoß der Verbrennungsgase zu erleichtern.*

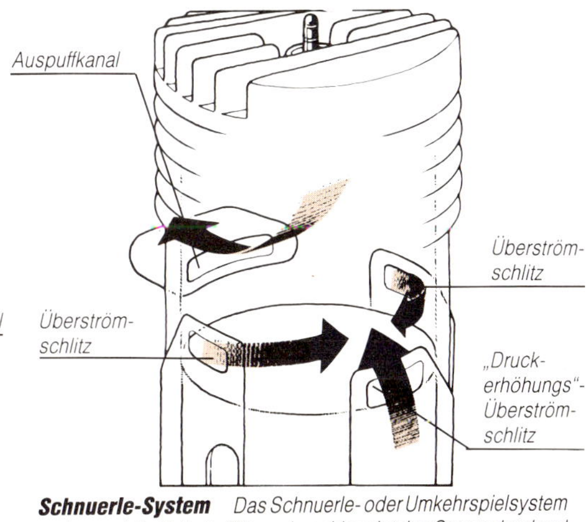

Schnuerle-System *Das Schnuerle- oder Umkehrspielsystem verbessert die Zylinderfüllung, beschleunigt den Gaswechsel und erhöht damit Leistung und Drehzahl.*

Einfache Vergaser

Der Vergaser regelt das Gemisch aus Kraftstoff und Luft sowie die Motordrehzahl, falls er eine Drosselvorrichtung hat. Einfache Glühkerzen- und Dieselmotoren haben einen einfachen Vergaser ohne Drosselvorrichtungen. Die damit bestückten Modelle können deshalb nur mit einer Geschwindigkeit laufen. Der Vergaser besteht aus einem besonders geformten Lufteinlaßrohr, nach einem italienischen Wissenschaftler Venturi-Rohr genannt, das eine Einschnürung in der Mitte und erweiterte Endöffnungen hat, so daß die durchströmende Luft beschleunigt wird. Innerhalb des Venturi-Rohrs liegt ein schmäleres Rohr, Mischrohr genannt. Das eine Ende des Mischrohrs ist mit der Kraftstoffleitung verbunden, in das andere Ende ist ein Nadelventil eingeschraubt. In der Mitte des Mischrohrs ist ein Loch oder eine „Düse". Der Kraftstoff wird durch den vom Luftstrom erzeugten Unterdruck vor der Düse angesaugt. Dann wird er in feine Tröpfchen zerstäubt und mit Luft vermischt, bevor er nun in das Kurbelgehäuse gesaugt wird.

Das Nadelventil reguliert die Kraftstoffmenge, die durch die Düse angesaugt wird. Indem man es weiter hinein- oder herausdreht, verkleinert oder vergrößert die Nadelspitze die Öffnung im Mischrohr. Jeder Motor hat eine optimale Einstellung für das Nadelventil, wenn nämlich Kraftstoff und Luft genau im richtigen Verhältnis gemischt werden. Bei dieser Einstellung hat der Motor die beste Leistung. Wenn mehr Kraftstoff als Luft angesaugt wird – ein „fettes Gemisch" –, wird der Kraftstoff nicht vollständig verbrannt, und die Drehzahl sinkt. Wenn es zu fett ist, bleibt der Motor stehen. Ein fettes Gemisch erkennt man daran, daß sich die Rauchentwicklung aus dem Auspuff verstärkt und die Tonhöhe des Motorgeräusches absinkt; der Motor beginnt dann als Viertakter zu arbeiten. Wird mehr Luft als Kraftstoff angesaugt – ein „mageres Gemisch" –, verliert der Motor an Drehzahl, weil er nicht genug Kraftstoff bekommt. Zu wenig Kraftstoff bedeutet aber, daß der Motor stehenbleibt. Ein Motor sollte nicht längere Zeit mit einem mageren Gemisch laufen, weil er wegen Mangel an Schmiermittel heißlaufen und so zerstört werden könnte.

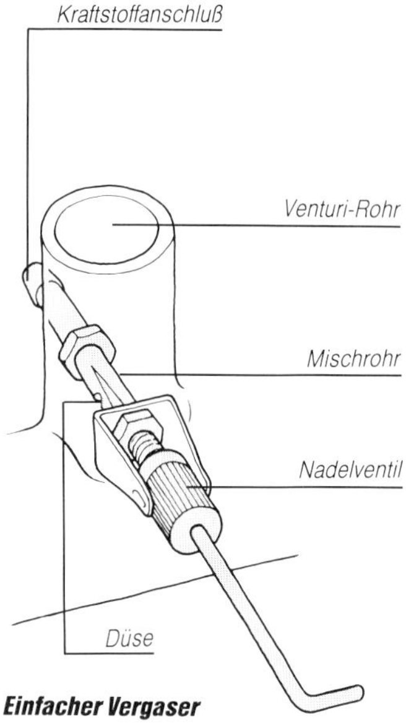

Einfacher Vergaser

Vergaser für Funkfernsteuerung

Ferngesteuerte Modelle, die mit verschiedenen Geschwindigkeiten laufen, haben Vergaser mit Drosselvorrichtung. Eine Version ist die Drosselklappe. Das ist eine Scheibe, die sich im Venturi-Rohr über dem Mischrohr um eine Mittelachse dreht und die durchströmende Luftmenge regelt. Je weiter die Scheibe geschlossen ist, desto schwächer wird der Luftstrom und desto weniger Kraftstoff wird durch die Düse gesaugt. Im Leerlauf arbeitet der Motor leicht mit fettem Gemisch, weil durch den Unterdruck im Kurbelgehäuse dann keine Luft, dafür aber mehr Kraftstoff angesaugt wird. Wenn die Drosselklappe ganz geschlossen ist, säuft der Motor ab und bleibt stehen.

Die Zylinderdrossel, heute der am häufigsten verwendete Typ, arbeitet im Prinzip ähnlich wie die Drosselklappe, ist aber ausgereifter und erfüllt ihre Funktion bei sämtlichen Motordrehzahlen. In ihrer einfachsten Form dreht sich ein „Zylinder" über dem Mischrohr oder der Kraftstoffdüse. Der Zylinder ist mit einem Drosselhebel verbunden, der über einen Servomotor gesteuert wird. Eine große Öffnung im Zylinder entspricht der Bohrung des Venturi-Rohrs und liegt mit ihr in einer Linie, wenn die Drossel ganz geöffnet ist. Da der Zylinder drehbar ist, kann die Öffnung verkleinert und so das Kraftstoff-Luft-Gemisch reguliert werden. Eine Lufteinlaßöffnung im Vergaser läßt beim Leerlauf zusätzliche Luft in den Motor, damit er nicht absäuft. Die Größe der Lufteinlaßöffnung wird durch eine Schraube reguliert.

Anspruchsvollere Zylinderdrosseln sind so gebaut, daß sie die Kraftstoffmenge automatisch verringern, wenn sich die Drossel schließt. Auf der gegenüberliegenden Seite werden drei Typen gezeigt.

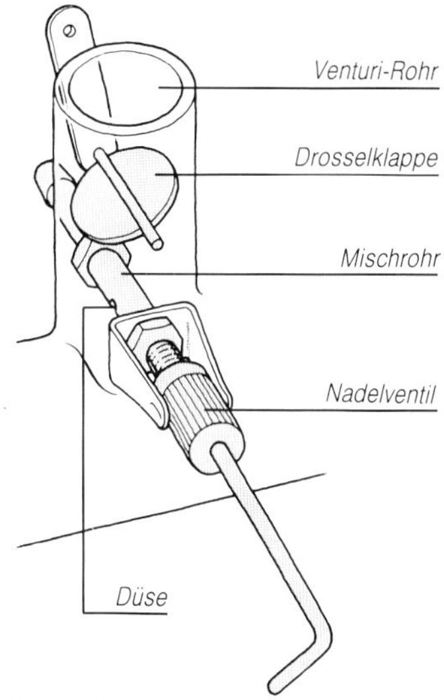

Drosselklappe *Eine Scheibe dreht sich im Venturi-Rohr um ihre Mittelachse.*

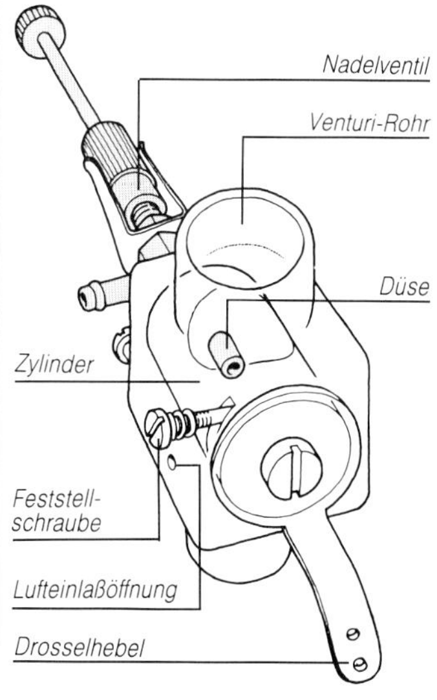

Einfache Zylinderdrossel *Ein Zylinder dreht sich um die Kraftstoffdüse, um das Gemisch zu regulieren.*

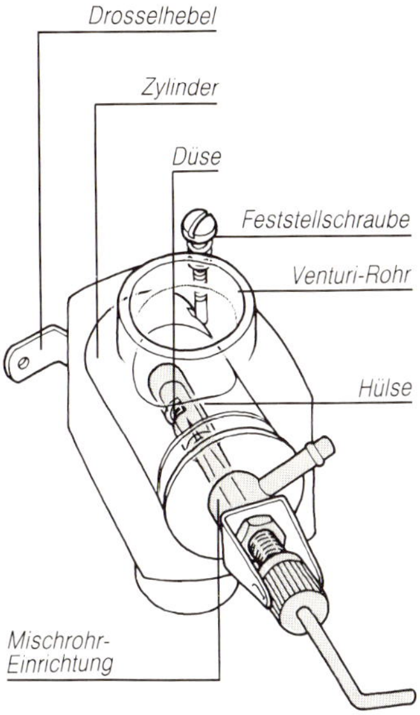

Zylinderdrossel mit drehbarer Hülse *Innerhalb des Zylinders dreht sich eine Hülse mit Schlitz um ein modifiziertes Mischrohr mit einem Schlitz statt Düse. Bei geöffneter Drossel stehen die Schlitze übereinander.*

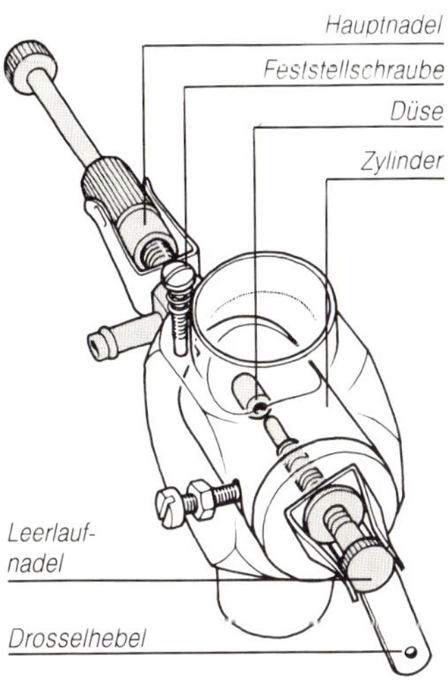

Zweinadel-Drossel mit verschiebbarem Zylinder *Dieser Typ hat zwei Nadeln: Auf der einen Seite ist das Hauptnadelventil mit der Kraftstoffzuleitung verbunden und ragt als offenes Rohr in das Venturi-Rohr; auf der anderen Seite ist die „Leerlaufnadel". Wenn die Drossel sich schließt, schieben sich Zylinder und Leerlaufnadel gegen die Rohröffnung, und die Nadel tritt in die Düse, um den Kraftstoffzufluß zum Motor zu reduzieren.*

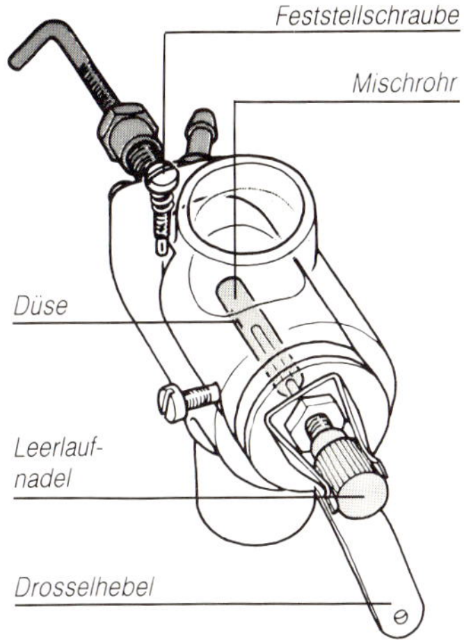

Drossel mit verschiebbarem Zylinder und stabförmiger Leerlaufnadel *Bei dieser Drossel ist die Leerlaufnadel ein Stab, der innen im Mischrohr mit Schlitz verläuft. Wenn der Zylinder sich schließt, verkleinert der Stab die Länge des Schlitzes.*

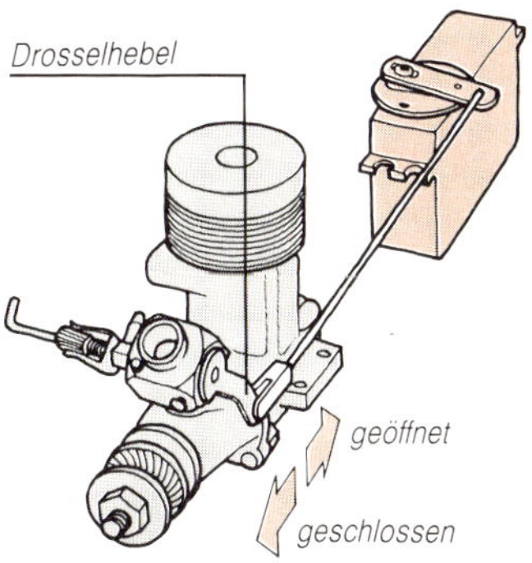

Drosselkopplung *Ein Hebel und eine Schubstange verbindet die Drossel mit einem ferngesteuerten Servomotor. Zum Öffnen schwingt der Hebel gegen den Uhrzeigersinn, zum Schließen im Uhrzeigersinn.*

Einstellen des Vergasers

Der einfache Vergaser ist leicht einzustellen, weil er nur eine Einstellmöglichkeit hat. Zuerst wird das Nadelventil ganz eingeschraubt, um die Düse zu verschließen, dann wird sie mit der vom Hersteller angegebenen Anzahl von Umdrehungen wieder herausgeschraubt.

Bei dieser Einstellung sollte der Motor laufen. Wenn er anspringt, schnell auf Touren kommt und dann stehenbleibt, ist das Gemisch zu mager, und das Nadelventil sollte um eine halbe Umdrehung weiter geöffnet werden. Wenn der Motor nach dem Starten gleich reagiert, sollte man das Ventil noch etwas weiter öffnen. Wenn der Motor unrund läuft, Kraftstoff spuckt und öligen Qualm auspufft, dann ist er zu fett eingestellt. Um den Kraftstoffanteil zu senken, schraubt man das Ventil weiter ein. Läuft der Motor ruhig, wird die Feineinstellung nach dem Gehör vorgenommen. Im Idealfall läuft der Motor auf seiner höchsten Drehzahl und hat einen gleichmäßigen, nicht unterbrochenen und hohen Ton. Wird die Nadel von der richtigen Einstellung aus nach rechts oder links gedreht, wird das Motorgeräusch tiefer.

Ein Vergaser für Fernsteuerung muß zweimal eingestellt werden, einmal bei geöffneter, das zweite Mal bei geschlossener Drossel. Die erste Einstellung nimmt man bei offener Drossel so vor, wie es schon beim einfachen Vergaser beschrieben wurde, indem das Nadelventil so eingestellt wird, daß der Motor mit höchster Drehzahl läuft. Einen Flugzeugvergaser kann man auch etwas fetter einstellen, um das magere Gemisch auszugleichen, das entsteht, wenn der Kraftstofftank sich leert oder das Flugzeug steil hinauffliegt.

Die zweite Einstellung legt die Leerlaufdrehzahl fest. Bei richtiger Einstellung sollte der Motor glatt auf niedrigen Touren laufen, wenn die Drossel geschlossen ist. Bei Vergasern mit einer einfachen Zylinderdrossel schließt man die Drossel und stellt die Feststellschraube so ein, daß der Motor weiterläuft. Wenn er plötzlich stehenbleibt, muß die Feststellschraube weiter eingedreht werden, um die Leerlaufdrehzahl zu erhöhen. Dann öffnet man die Drossel, startet den Motor und versucht es noch einmal. Wenn der Motor unregelmäßig läuft und dann stehenbleibt, ist das Gemisch möglicherweise zu mager. Um den Luftanteil zu verringern, dreht man die Schraube der Lufteinlaßöffnung weiter ein. Dann wird der Motor wieder gestartet und die Lufteinlaßschraube je nach Bedarf hinein- oder herausgedreht, bis der Motor rund läuft. Wenn der Motor nur an Drehzahl verliert und stehenbleibt, ist er zu fett eingestellt. Um mehr Luft einzulassen, sollte die Lufteinlaßschraube gegen den Uhrzeigersinn gedreht werden. Um die Leerlaufdrehzahl bei Vergasern mit zwei Nadelventilen einzustellen, schließt man die Drossel und stellt nur die Leerlaufnadel ein.

Filter

Kraftstoff- und Luftfilter sorgen dafür, daß keine Verunreinigungen in den Motor kommen und ihn beschädigen. Luftfilter sind für alle Modelle zu empfehlen, besonders für Boote und Autos. Für Autos ist ein wirkungsvoller Luftfilter sehr wichtig, auch wenn er einen leichten Leistungsabfall bewirkt. Auch Kraftstoffilter sollte man bei allen Motoren verwenden, speziell aber wegen ihrer engen Kraftstoffdüsen bei ferngelenkten Motoren mit Drossel. Zur Vorbeugung ist es nicht schlecht, wenn man den Kraftstoff aus dem Kanister in den Tank filtert.

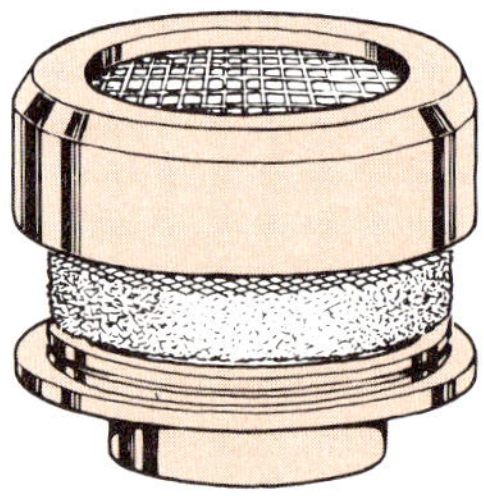

Aufgesetzter Luftfilter *Dieser Luftfilter wird einfach auf die Lufteinlaßöffnung des Vergasers aufgesetzt.*

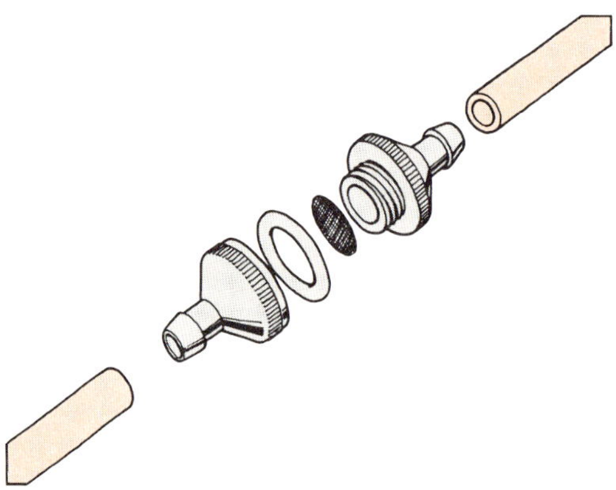

Eingesetzter Kraftstoffilter *Beim Einbau den Kraftstoffschlauch durchschneiden und die abgeschnittenen Enden auf die Anschlußstutzen an beiden Seiten des Filters aufstecken.*

Druckanlage für die Kraftstoffzufuhr

Wirkungsgrad und Leistung eines Verbrennungsmotors werden hauptsächlich durch die Vergasereinstellung bestimmt. Allerdings wird der Vergaser dann eingestellt, wenn das Modell in Ruhelage ist. Wenn das nicht der Fall ist, verändern nicht nur Vergaser und Tank ihre relative Lage zueinander, sondern der Motor kann auch von zentrifugalen und aerodynamischen Kräften beeinflußt werden. Alles zusammen bewirkt Störungen in der Kraftstoff- und Luftversorgung. Das macht sich vor allem bei Flugzeugen bemerkbar: Im Steigflug liegt der Tank unterhalb des Motors und erschwert so das Ansaugen des Kraftstoffs, beim Senkflug wird das Gemisch fetter.

Eine Druckanlage für die Kraftstoffzufuhr löst dieses Problem. Die einfachste und häufigste Methode ist, den Druck des Schalldämpfers auszunutzen und damit den Tank unter Druck zu setzen. Man kann auch den Druck im Kurbelgehäuse verwerten. Der Motor reguliert sich dadurch selbst: Bei hoher Drehzahl steigt der Druck, und gleichzeitig wird ja auch mehr Kraftstoff benötigt – und umgekehrt.

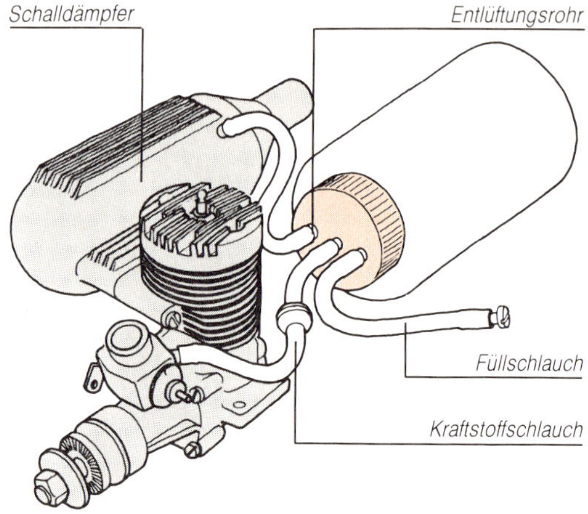

Anzapfen des Schalldämpfers *Das eine Ende eines biegsamen Schlauchs an einem Stutzen des Schalldämpfers aufstecken, das andere Ende mit dem Entlüftungsschlauch des Tanks verbinden. Das Ende des Füllschlauchs mit einer Schraube verschließen, um das System abzudichten.*

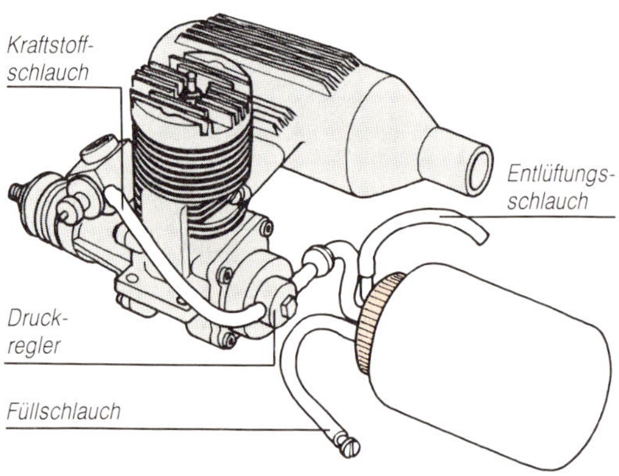

Anzapfen des Kurbelgehäuses *Wenn man das Kurbelgehäuse auf dieselbe einfache Art wie den Schalldämpfer anzapft, läuft der Motor leicht mit zu fettem Gemisch. Deshalb wird statt dessen ein besonderer Druckregler oder eine Pumpe am Kurbelgehäuse angeschlossen (siehe oben).*

Kraftstofftanks

Im Handel werden viele verschiedene Kraftstofftanks angeboten. Normalerweise sind sie aus Weißblech oder Plastik und haben drei Anschlußschläuche: einen Füllschlauch, einen Entlüftungsschlauch zum Druckausgleich, damit der Kraftstoff leicht eingefüllt oder aus dem Tank angesaugt werden kann, und einen Kraftstoffschlauch, der zum Motor führt.

Für die verschiedenen Modelltypen gibt es unterschiedliche Arten von Tanks. Fesselflugzeuge beispielsweise, die für waagerechten Flug gedacht sind, sind gewöhnlich mit einem rechteckigen Metalltank ausgerüstet. Der Kraftstoffschlauch geht bis auf den Grund des Tanks, Füll- und Entlüftungsschlauch ragen aus dem Oberteil heraus. In manchen Fällen sind diese beiden Schläuche in den Luftstrom des Flugzeugs gebogen, um auf diese Art im Tank eine einfache Drucksteigerung zu erreichen.

Fesselflugmodelle für Kunstflug verwenden einen modifizierten keilförmigen Tank. Er ist zur Mittellinie symmetrisch, dadurch funktioniert er bei jeder Art von Steigflug gleichermaßen. Füllschlauch und Entlüftungsschlauch liegen einander gegenüber, so daß sie ihre Rollen tauschen können, je nachdem, in welcher Lage sich das Flugzeug im Steigflug bewegt. Dieser Tank wird immer an der „Außenseite" des Flugzeugs installiert, damit die Zentrifugalkraft den Kraftstoff in die keilförmige Tankseite drückt.

Ferngelenkte Modelle sind oft mit einer runden oder rechteckigen Plastikflasche als Tank ausgerüstet, deren Schraubkappe oder Stöpsel drei Anschlüsse aufweist. Bei ferngesteuerten Flugzeugen sollte man einen Flaschentank mit pendelndem Absaugschlauch verwenden. Das ist ein biegsamer Kraftstoffschlauch, an dem ein Messingstutzen, das Pendelgewicht, befestigt ist. Das Gewicht hält den Schlauch immer im Kraftstoff, auch wenn sich der Tank bewegt.

Für ferngesteuerte Rennwagen sind besondere Metall- oder Plastiktanks im Handel. Sie haben einen extragroßen Einfüllstutzen mit Schnappverschluß, der das Tanken beschleunigt. Die Tanks sind oft zweiteilig mit einem trichterförmigen Innenbehälter ausgerüstet, damit der Kraftstoff nicht umherschwappt. Der Kraftstoff wird vom unteren Tank abgesaugt, der obere füllt ihn nach.

Für Boote werden Weißblech- oder Messingtanks in Rumpfform gebaut, obwohl man auch einen Plastiktank mit Pendelschlauch verwenden kann. Diese Tanks sind meistens sehr groß und haben einen Füllstutzen mit Schraubverschluß. Der Kraftstoffanschluß liegt unten.

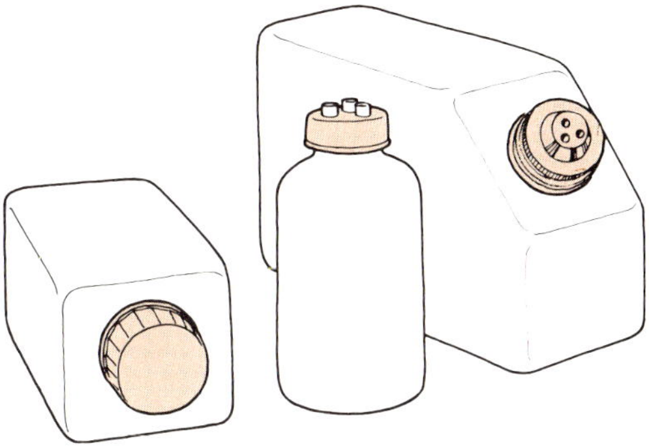

Plastiktanks

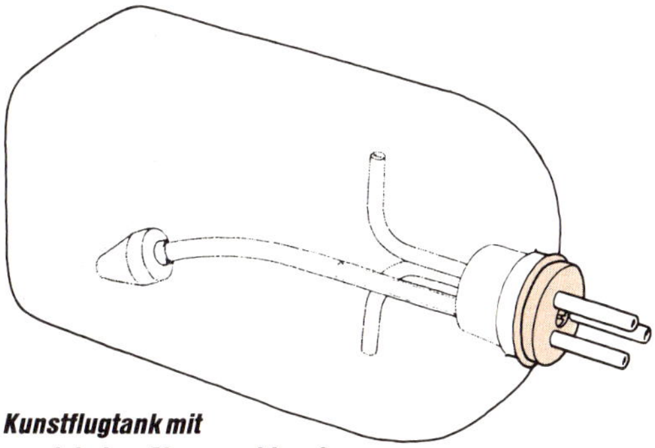

Kunstflugtank mit pendelndem Absaugschlauch

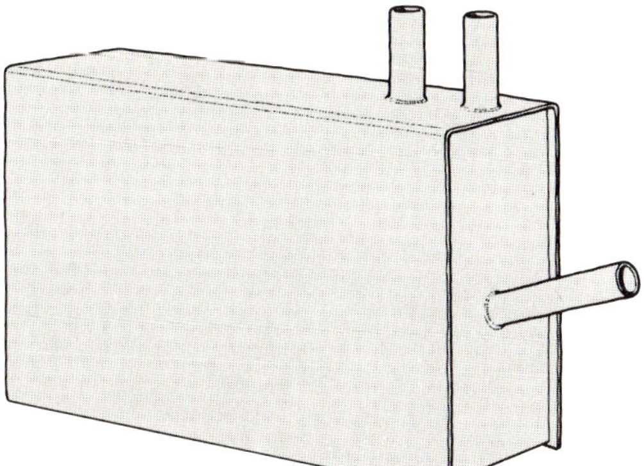

Rechteckiger Tank

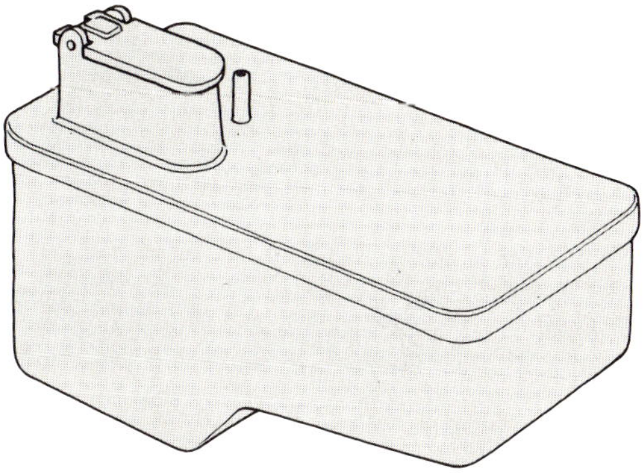

Rennwagentank

Keilförmiger Tank

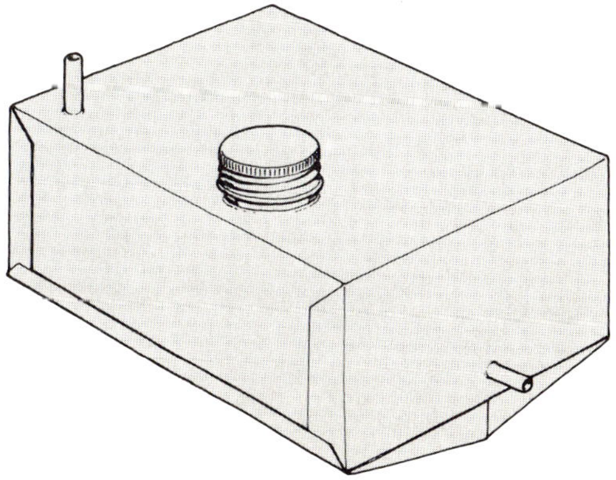

Bootstank in Rumpfform

Einbau und Füllen von Kraftstofftanks

Jeder Tank sollte so dicht wie möglich beim Motor angebracht werden, um Schwankungen der Kraftstoffzufuhr beim bewegten Modell so gering wie möglich zu halten. Die Tankmitte muß entweder auf gleicher Höhe oder niedriger als die Düse oder das Mischrohr liegen, niemals darüber. Keilförmige Tanks für Fesselflug-Kunstflugmodelle sollen mit ihrer Mitte immer auf gleicher Höhe wie die Kraftstoffdüse liegen. Falls man den Tank nicht so einbauen kann, daß ein stetiger Kraftstoffzufluß gewährleistet ist, muß der Tankinhalt durch Anzapfen des Schalldämpfers oder des Kurbelgehäuses unter Druck gesetzt werden.

Wichtig ist, daß der Tank gut befestigt wird. Ein lockerer Tank kann vibrieren, dies führt im Kraftstoff zu Schaumbildung. Wenn der Tank sich bewegt, kann sich außerdem die relative Lage von Tank zu Vergaser verändern und die Einstellung beeinflussen. Zur Befestigung von Metalltanks lötet man Laschen an und schraubt den Tank durch die Laschen hindurch an das Modell. Bei Plastiktanks baut man am besten eine Halterung aus Balsaholz, die den Tank aufnimmt. Das Balsaholz sollte man gegen Kraftstoff imprägnieren, bevor der Tank eingesetzt wird.

Modelle mit einem Inspektionsdeckel im Bug sind durch einen kurzen Schlauch, der am Füllstutzen des Tanks befestigt wird, leicht zu betanken. Aber falls das Modell keinen Tankzugang hat, muß man einen Verlängerungsschlauch einbauen, der durch den Rumpf austritt. Kleine Tanks werden mit einer Plastikspritzflasche aufgefüllt. Die Spritzöffnung wird einfach in den Tankstutzen eingeführt und die Flasche zusammengedrückt. Wenn der Kraftstoff aus dem Lufteinlaßstutzen herausläuft, ist der Tank voll. Für größere Tanks, etwa bei ferngelenkten Modellen, ist die Spritzflasche meistens zu klein. In diesem Fall wird der Kraftstoff mit einer handbetriebenen oder elektrischen Pumpe aus dem Kanister zum Modell gepumpt. Diese Pumpen arbeiten auch in der Gegenrichtung, so daß unverbrauchter Treibstoff in den Kanister zurückgepumpt werden kann. Man sollte es sich zur Gewohnheit machen, nach dem Lauf des Modells keinen Treibstoffrest im Tank zu lassen.

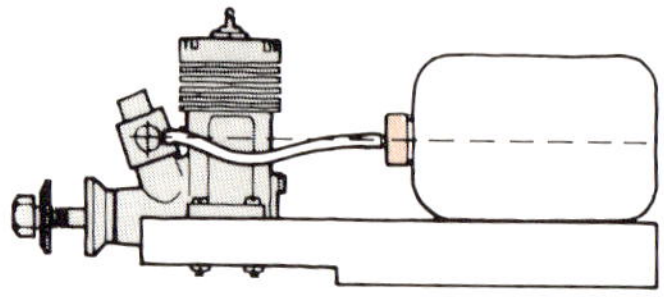

Lage des Tanks *Der Tank sollte so dicht wie möglich am Motor liegen, die Tankmitte auf gleicher oder unterhalb der Höhe der Vergaserdüse oder des Mischrohrs.*

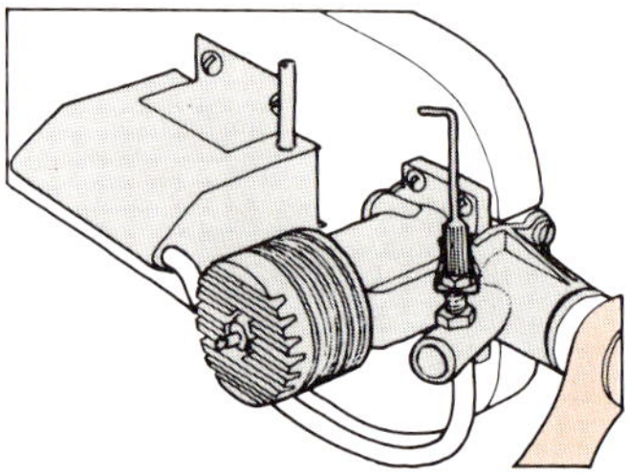

Einbau eines Metalltanks *Befestigungslaschen an den Tank löten; an das Modell schrauben.*

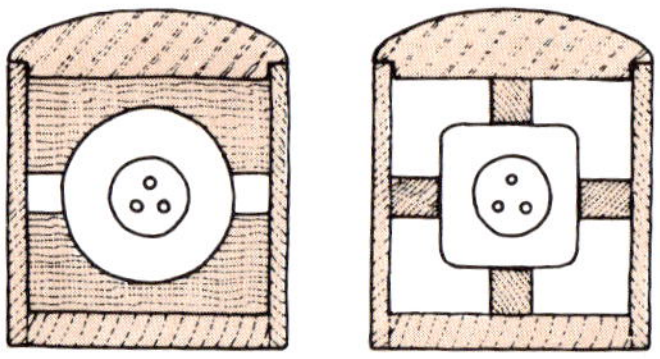

Einbau von Plastiktanks *Eine Halterung aus Balsaholz bauen; das Holz sollte die Flasche festklemmen.*

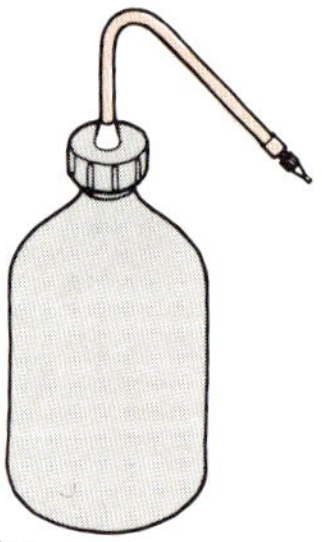

Spritzflasche

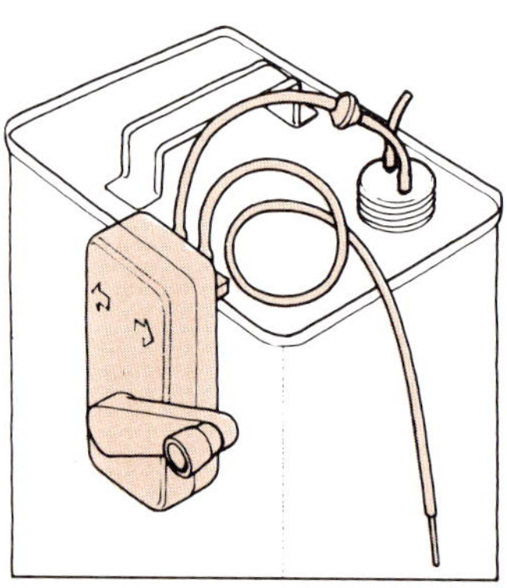

Handbetriebene Pumpe

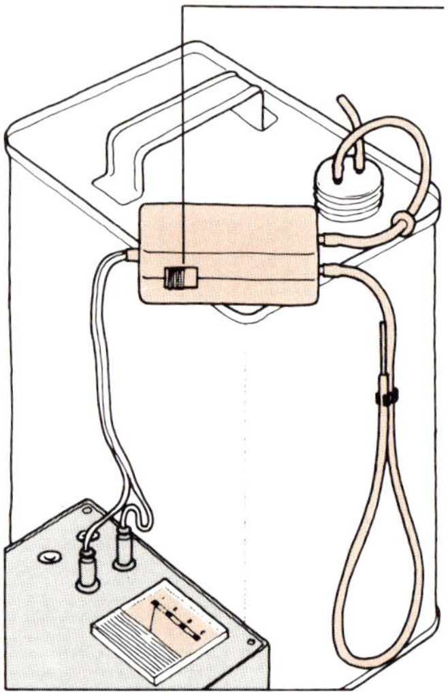

Elektrische Pumpe

Kraftstoff

Für Glühkerzenmotoren ist Spezialkraftstoff in einer Reihe verschiedener Mischungen im Handel. Einige Kraftstoffe haben Zusätze wie Nitromethan für höhere Leistungen und ruhigeren Lauf. Grundsätzlich gilt zwar, je mehr Zusätze ein Kraftstoff enthält, desto größer die Leistungssteigerung, aber letztlich bestimmt doch die Motorkonstruktion die Höchstdrehzahl.

Ohne Zusatz nennt man den Kraftstoff „normal". Es ist ein Allzweck-Kraftstoff und gut zum Einlaufen geeignet. Normaler Kraftstoff mit wenig Schmiermittel wird bei Wettbewerben häufig für Hochleistungsmotoren verwendet. Mit Zusatz bezeichnet man ihn als „heißen" Kraftstoff (obwohl er manchmal als „kalt" eingestuft wird, wenn er einen niedrigen Prozentsatz [2 bis 5 %] Zusätze enthält, oder als „kochend", wenn er einen hohen Prozentsatz [16 bis 25 %] enthält).

Bei Dieselkraftstoff gibt es nur eine begrenzte Anzahl verschiedener Mischungen, da Dieselmotoren auf unterschiedliche Mischungen nicht sonderlich reagieren. Er hat drei Bestandteile: Dieselöl, Äther und ein Schmiermittel. Diese Mischung aus gleichen Teilen ist für die meisten Motoren geeignet. Rennmotoren brauchen Kraftstoff mit weniger Schmiermittel. Der Kraftstoff sollte kühl gelagert werden. Wenn sich weiße Klumpen bilden, filtert man die Klumpen heraus und mischt den Kraftstoff durch Schütteln erneut durch.

Glühkerzen

Eine Glühkerze sieht fast wie eine Zündkerze aus. Aber während die Zündkerze zwei Elektroden aufweist, die durch einen Spalt, den der Funke überspringt, getrennt sind, besitzt die Glühkerze eine Verbindungswendel aus einer Platinlegierung. Wenn durch die Glühkerze ein Strom fließt, glüht dieses Element hellorange auf und zündet das Gemisch. Zwischen dem Platinelement und dem gezündeten Kraftstoffgemisch kommt es zu einer Reaktion. Das Element glüht und zündet den Motor weiter, auch wenn die Stromquelle abgeklemmt wird.

Glühkerzen werden nach der Hitze eingeteilt, die ihr Element erzeugt. Die häufigsten sind heiß, standard und kalt, oder man unterscheidet sie nach ihrer Kennfarbe, rot, gelb und blau. Die rote Glühkerze erzeugt schnell viel Hitze und wird bei kalter Witterung oder mit Normaltreibstoff verwendet, besonders bei Motoren mit niedriger Kompression. Mit diesem Kerzentyp läßt sich der Motor gewöhnlich leichter starten. Eine kalte Glühkerze in einem Motor mit niedriger Kompression und Normalkraftstoff macht den Start schwierig. Die Standardausführung ist eine Allzweckglühkerze zur Verwendung bei allen Motortypen und allen Witterungsbedingungen. Die kalte Glühkerze wird in Motoren verwendet, die mit heißem Kraftstoff (hoher Nitromethangehalt) laufen, zum Beispiel bei Rennmotoren mit hoher Kompression. Eine heiße Glühkerze, mit heißem Kraftstoff zusammen verwendet, kann Frühzündung bewirken, außerdem verkürzt sich durch Überhitzung die Lebensdauer der Glühkerze. Die meisten Hersteller geben für ihre Motoren den genauen Glühkerzentyp an, manche bieten aber auch eigene Glühkerzen an. Man sollte vorher verschiedene ausprobieren, um für den Motor die beste Kombination von Glühkerze und Kraftstoff herauszufinden. Gut ist auch, wenn man immer eine Auswahl von Glühkerzen vorrätig hat.

Glühkerzen gibt es mit zwei verschiedenen Gewindelängen, entweder mit kurzer oder mit langer Einschraubtiefe. Man sollte daher überprüfen, welche Länge notwendig ist, da ein zu langes Glühkerzengewinde bei manchen Motoren den Kolben berührt, wenn er am oberen Totpunkt ist. Die Gewindelänge der Glühkerze beeinflußt wegen der Lage der Wendel im Zylinder auch die Motorleistung. Eine kurze Glühkerze kann kälter sein, wenn sie durch den Zylinderkopf von der Kraftstoffmischung abgeschirmt wird, wogegen eine Glühkerze mit längerem Gewinde, die in die Hauptströmung von Kraftstoff und Luft hineinreicht, heißer wird und deshalb leichter reagiert.

Bei den Elementen gibt es ebenfalls unterschiedliche Konstruktionen. Einige haben senkrechte Wendeln im Inneren des Kerzenkörpers, andere eine flache Spirale am Ende. Glühkerzen für ferngesteuerte Motoren mit Drossel haben einen speziellen Leerlaufsteg, der das Ende abschirmt, wenn der Motor im Leerlauf mit fettem Gemisch läuft, damit das Element trocken und damit zündfähig bleibt. Bei einem anderen Glühkerzentyp ist das Glühelement um einen Hitzeableiter aus Weicheisen gebunden. Er ist sowohl für einfache Vergaser wie für Vergaser mit Drossel gut geeignet. Aber gleich welche Konstruktion, auf dem Element einer häufig gebrauchten Glühkerze können sich Kraftstoffrückstände ablagern, und das vermindert die Motorleistung. Die Glühkerze muß ausgetauscht werden.

Zum Starten wird die Glühkerze mit Klemmen oder einem Stecker und zwei Kabeln an eine Batterie angeschlossen. Ein rotes Kabel verbindet die Elektrode mit dem Pluspol der Batterie, ein schwarzes den Glühkerzenkörper mit dem Minuspol der Batterie. Es gibt Glühkerzen für eine 1,5-Volt-Batterie oder einen 2-Volt-Akku. Manche können mit beiden Spannungen verwendet werden. Es ist nicht schlimm, wenn eine 2-Volt-Glühkerze an eine 1,5-Volt-Batterie angeschlossen wird, denn der Motor zündet dann einfach nicht. Aber eine 1,5-Volt-Glühkerze kann von einer 2-Volt-Stromquelle überlastet werden, es sei denn, man schaltet einen Widerstand in den Stromkreis.

Um zu prüfen, ob Glühkerze und Batterie einwandfrei arbeiten, baut man die Kerze mit einem Kerzenschlüssel aus. Man verbindet die Klemmen mit der Glühkerze und beobachtet das Element. Das Element sollte jetzt orange aufleuchten. Wenn es dunkelrot leuchtet, ist die Glühkerze verbraucht, oder die Batterie wird leer. Wenn es gelb wird, hat man eine Batterie mit zu hoher Spannung.

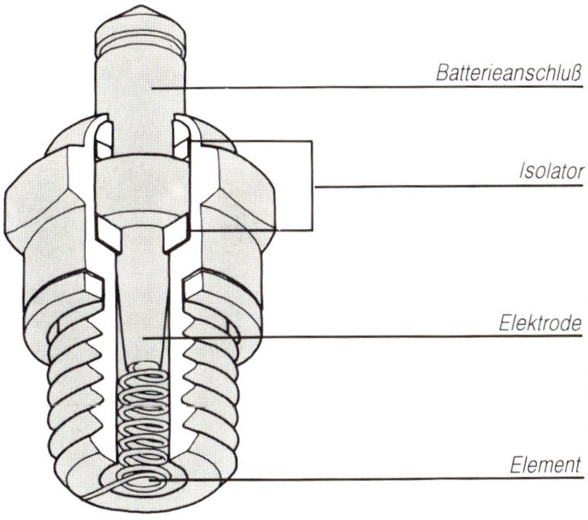

Glühkerze

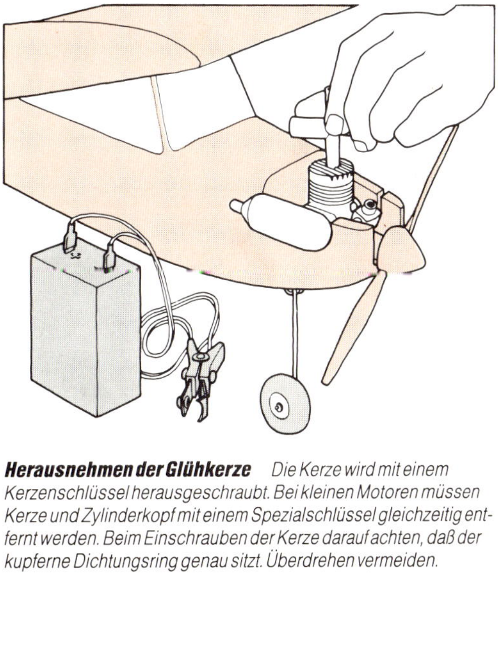

Herausnehmen der Glühkerze *Die Kerze wird mit einem Kerzenschlüssel herausgeschraubt. Bei kleinen Motoren müssen Kerze und Zylinderkopf mit einem Spezialschlüssel gleichzeitig entfernt werden. Beim Einschrauben der Kerze darauf achten, daß der kupferne Dichtungsring genau sitzt. Überdrehen vermeiden.*

Schalldämpfer

Schalldämpfer erlauben den Auspuffgasen, sich in einer Kammer auszudehnen. Dadurch werden sie abgebremst, und der Lärmpegel sinkt. Sie sind immer sorgfältig auf eine bestimmte Motorgröße abgestimmt, um jeden Rückstau durch expandierende Gase auf ein Minimum zu begrenzen. Ein Rückstau beeinflußt die Motorleistung. Deshalb kann jeder Wechsel des vorgeschriebenen Auspuffs einen Leistungsverlust oder eine Überhitzung bewirken.

Die meisten Schalldämpfer haben die Standard-Torpedoform mit oder ohne Schallwand im Inneren. Um den Motorlärm noch mehr zu dämpfen, kann man auch noch einen Zusatzschalldämpfer verwenden, der an den Standardtyp angesteckt wird. Ein spezieller Schalldämpfer für maßstabsgetreue Flugzeuge ist zwar kompakt, aber weniger wirkungsvoll. Hochleistungsmotoren haben oft ein getuntes Rohr, einen langen Schalldämpfer, der nur auf den Motor paßt, für den er entworfen wurde. Für Boote kann man den Standardtyp verwenden, aber spezielle röhrenförmige Schalldämpfer sind auch im Handel. Autos haben meistens Topfschalldämpfer. Beim Anbringen der Schalldämpfer sollte man sich immer an die Herstellervorschrift halten, wobei die Methoden je nach Konstruktion unterschiedlich sein können.

Ein Schalldämpfer braucht wenig Wartung. Man sollte gelegentlich die Verbindung zwischen Motor und Rohrleitung überprüfen und die Schrauben nachziehen, falls sie sich gelockert haben. Nach dem Motorlauf hält man das Modell immer mit der Spitze nach oben, damit etwaige Kraftstoffrückstände aus der Expansionskammer des Auspuffs ablaufen können und nicht in den Motor zurückfließen.

Bei einem Modell mit getuntem Auspuff ist das besonders wichtig. Wasserdampf ist ein Nebenprodukt des Kraftstoffs, der in einem Glühkerzenmotor verwendet wird. Er kann kondensieren, in den Motor laufen und die Eisenteile zum Korrodieren bringen. Deshalb sollte das Innere eines Schalldämpfers mit abnehmbarem Ende regelmäßig ausgewischt werden. Bei Schalldämpfern mit einem Fiberglasfilter ist der Filter austauschbar.

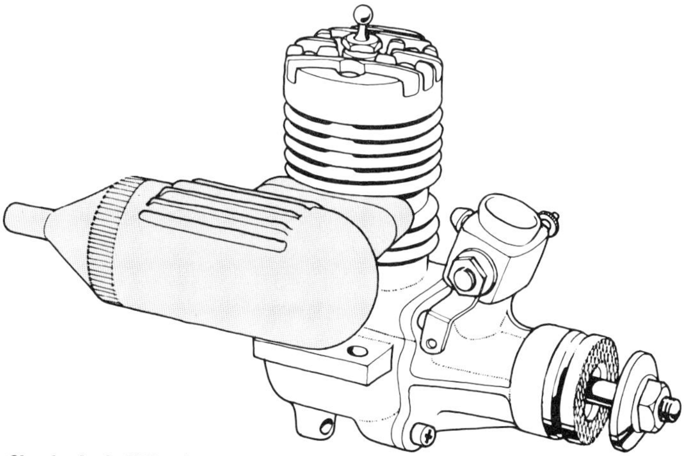

Standardschalldämpfer

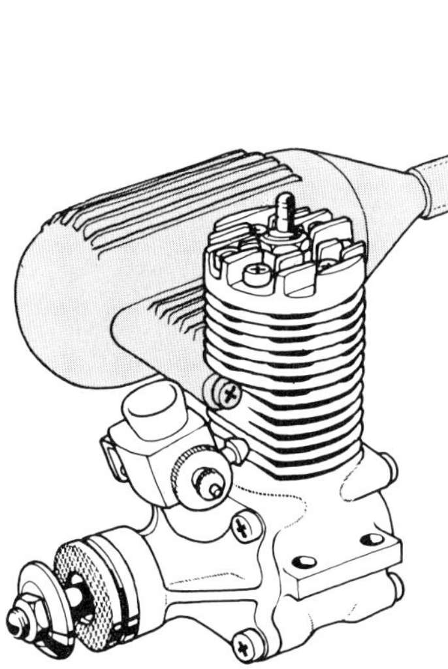

Standardausführung mit Zusatzschalldämpfer

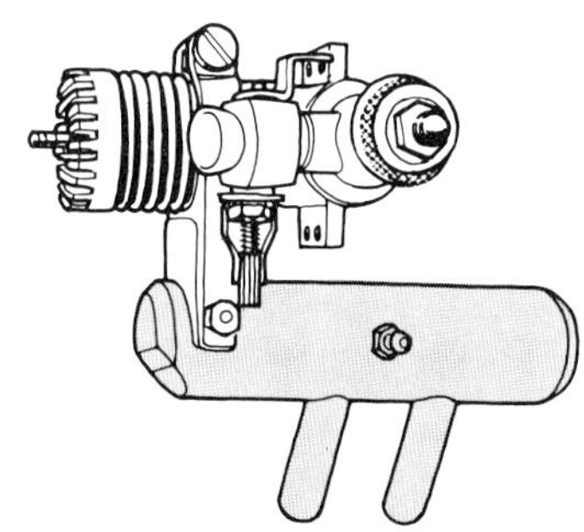

Kompaktschalldämpfer für Flugzeuge

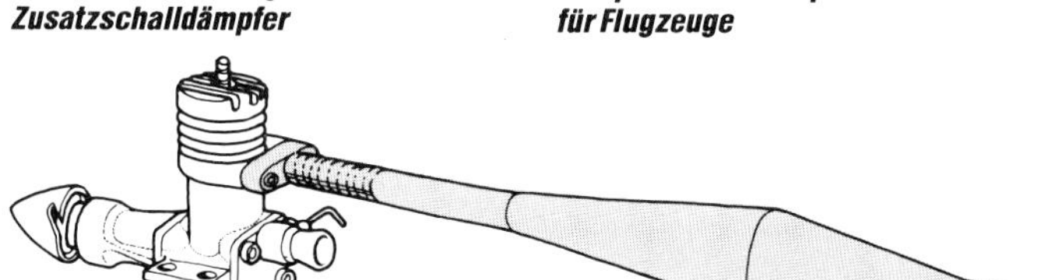

Getunter Auspuff an einem Hochleistungsmotor

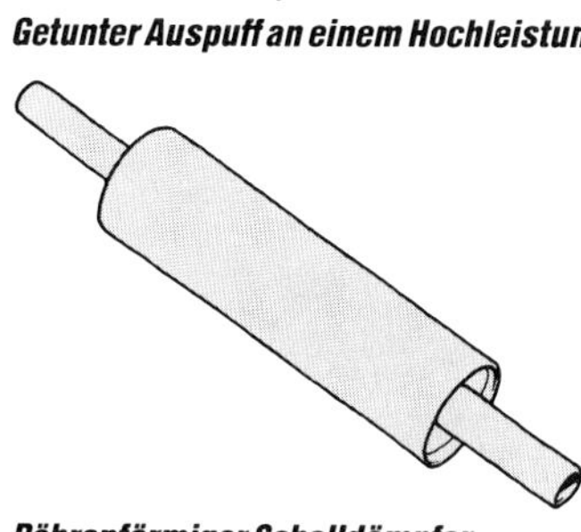

Röhrenförmiger Schalldämpfer für Bootsmotoren

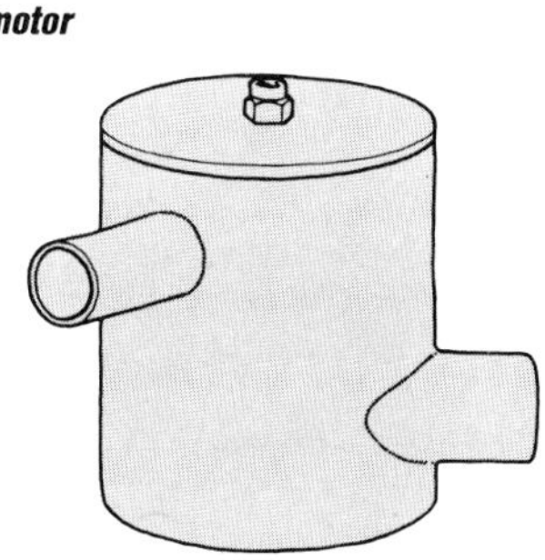

Topfschalldämpfer für Autos

Starten des Motors

Zuerst überzeugt man sich, ob der Motor im Modell oder an der Werkbank sicher befestigt ist. Dann füllt man den Tank mit dem richtigen Kraftstoff und verwendet bei einem Glühkerzenmotor die richtige Glühkerze. Bei einem Flugzeug überprüft man auch, ob der Propeller die richtige Größe hat und für das Anlassen im richtigen Winkel steht. Dabei sollte man nie vergessen, daß ein Motor immer erst einlaufen muß, bevor er beliebig lange mit voller Leistung laufen darf.

Glühkerzen- und Dieselmotoren haben etwas unterschiedliche Startverfahren. Aber beide benötigen eine Starthilfe, deren Kraft fast immer gegen den Uhrzeigersinn wirkt. Es gibt vier Möglichkeiten, um die Kraft der Starthilfe auf den Motor zu übertragen. Normalerweise startet man einen Flugzeugmotor durch Anwerfen mit dem Finger. Manche kleinere Motoren sind aber mit einem Federstarter ausgerüstet, einer Spiralfeder am Kurbelgehäuse, die mit dem Propeller oder der Propellernase verbunden ist. Elektrische Handstarter verwendet man zum Anwerfen von Flugzeugen, Booten oder Autos, besonders bei Modellen mit größeren Motoren. Sie werden von einem 12-Volt-Akku gespeist und haben auswechselbare Antriebsräder für die verschiedenen Modelle. Für Flugzeuge gibt es zwei verschiedene Antriebsräder, eines wird an dem Propellerspinner, das andere an der Propellernabe angesetzt. Andere Antriebsräder weisen eine Nut auf, die den Treibriemen von Schiffsmotoren aufnimmt.

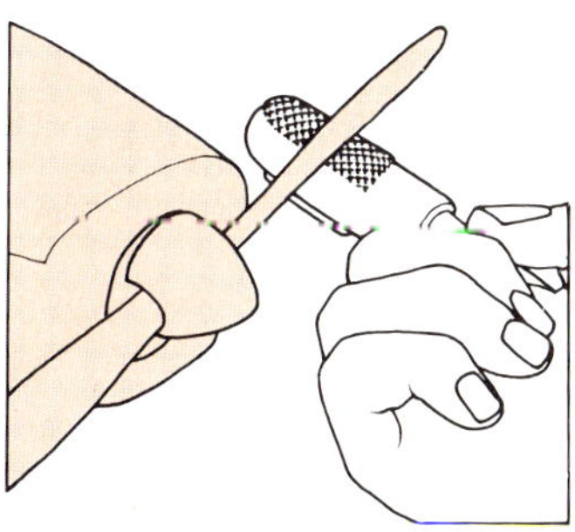

Anwerfen eines Flugzeugmotors mit dem Finger *Den Finger an die Mitte des Propellerblatts legen und den Propeller gegen den Uhrzeigersinn mit einem Schwung aus dem Handgelenk in Drehung versetzen. Den Finger kann man mit einem Gummifingerling schützen.*

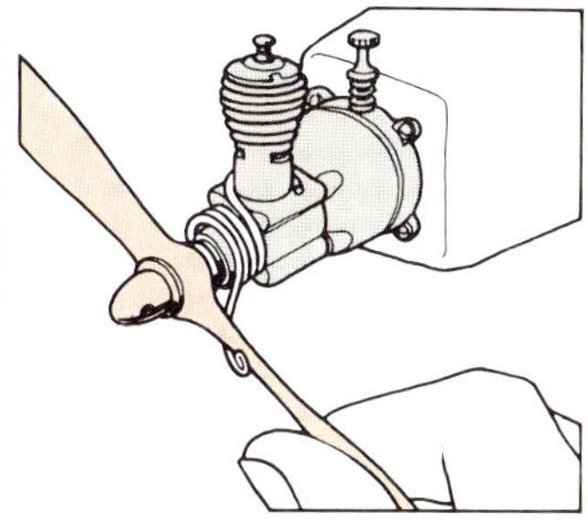

Federstart eines Flugzeugmotors *Die Feder mit dem Propeller oder der Propellernase verbinden. Den Propeller im Uhrzeigersinn eine halbe Umdrehung zurückziehen, dann loslassen. Die Feder zieht den Propeller zurück und läßt ihn automatisch los.*

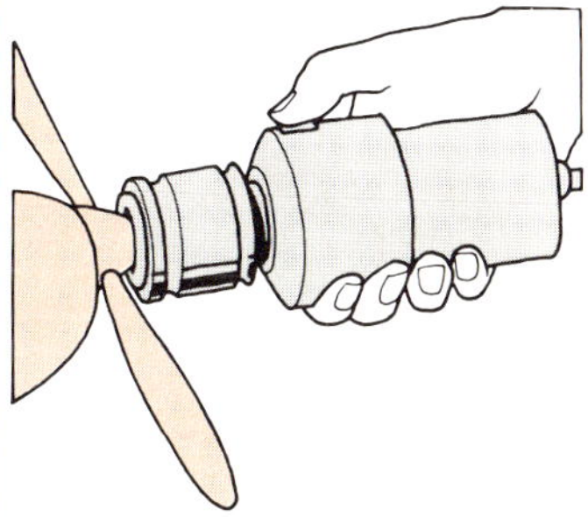

Anwerfen eines Flugzeugmotors mit einem elektrischen Starter *Das Modell festhalten und das Antriebsrad gegen Propellerspinner oder -nabe drücken. Den Startknopf drücken. Nachdem der Motor gezündet hat und angelaufen ist, elektrischen Starter entfernen.*

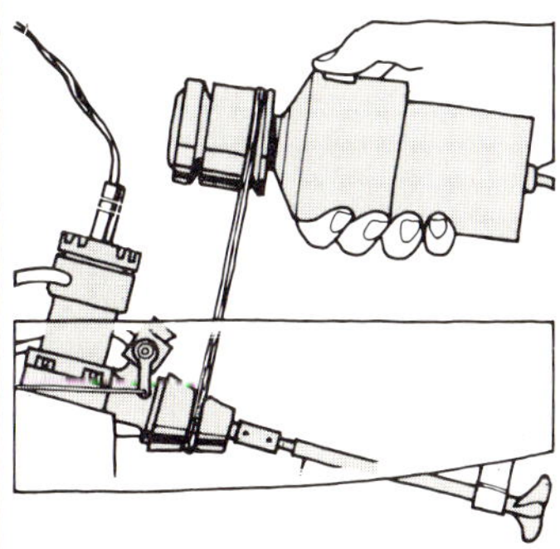

Anwerfen eines Schiffsmotors mit einem elektrischen Starter *Den Treibriemen in die Nuten von Schwungrad und Treibrad einlegen. Der Starter muß auf die Vorderseite des Motors weisen, damit sich der Treibriemen in der richtigen Richtung dreht. Den Starter anheben, um den Treibriemen zu spannen; Knopf drücken. Wenn der Motor läuft, den Treibriemen locker lassen und ins Boot legen, ohne daß er das Schwungrad berührt.*

Anlassen eines Autos mit einem elektrischen Starter *Das Ende des Autos hochheben und die Frontseite gegen den Fuß oder einen festen Gegenstand abstützen. Das Treibrad gegen das Antriebsrad halten und den Startknopf drücken.*

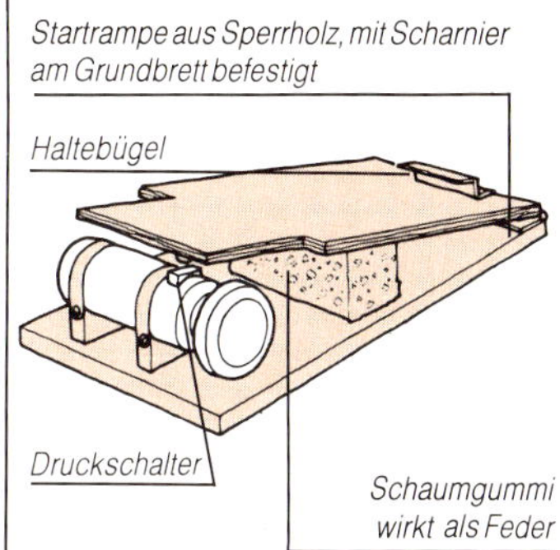

Startrampe für Autos *Die Rampe erleichtert das Anlassen des Autos.*

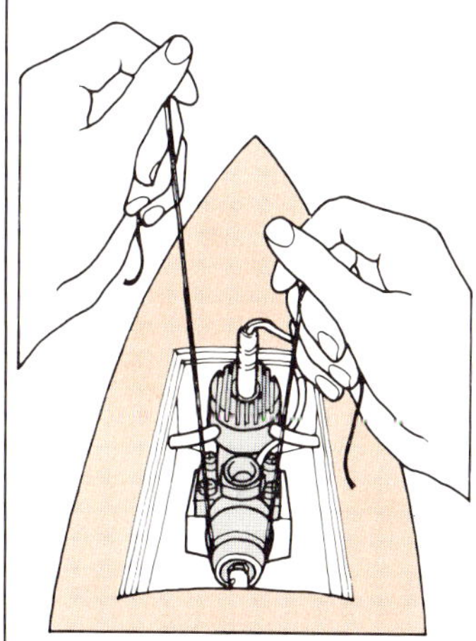

Seilzugstart eines Bootsmotors *Die Lederschnur unter dem Schwungrad hindurchführen und gespannt halten. Das Schwungrad durch ruckartigen Zug mit einer Hand in Drehung versetzen und gleich darauf mit der anderen Hand loslassen.*

Starten eines Glühkerzenmotors

Zuerst wird die Düsennadel leicht eingeschraubt, um die Düse zu schließen – aber nicht überdrehen. Anschließend wird sie mit der vorgeschriebenen Umdrehungsanzahl herausgeschraubt, um die Düse zu öffnen. Die Drossel, falls vorhanden, zwischen „geschlossen" und „halb offen" einstellen; die beste Einstellung ergibt sich aus der Praxis.

Das Starten wird wesentlich erleichtert, wenn man dem Motor etwas Kraftstoff zuführt. Zur Vorbereitung wird die Vergasereinlaßöffnung mit dem Finger verschlossen, bei einem Motor mit Kraftstoff-Druckanlage oder nicht zugänglicher Einlaßöffnung die Auspufföffnung. Gleichzeitig läßt man den Motor durchdrehen, und zwar durch Drehen des Flugzeugpropellers oder des Schwungrades bei einem Boot oder Auto. An der Veränderung des Sauggeräusches ist zu hören, ob der Kraftstoff den Motor erreicht hat. Eine andere Vorbereitungstechnik ist, kleinste Treibstoffmengen aus der Spritzflasche in die Vergasereinlaß- oder die Auspufföffnung zu spritzen.

Als nächstes befestigt man die Glühkerzen-Anschlußklemmen am Motor und verwendet die Starthilfe (siehe Seite 217). Der Motor sollte jetzt sofort anspringen und weiterlaufen. Dann die Klemmen abnehmen. Zum Schluß wird die Feineinstellung des Vergasers vorgenommen, um die Höchstdrehzahl herauszuholen.

Starten eines Dieselmotors

Dieselmotoren werden normalerweise nur in Flugzeugen und Booten verwendet, nicht in Autos. Sie müssen zweifach eingestellt werden, und zwar am Nadelventil und am Kompressionsknebel.

Beim Starten des Dieselmotors öffnet man das Nadelventil mit der vorgeschriebenen Umdrehungsanzahl und verringert die Kompression dadurch, indem der Kompressionsknebel gegen den Uhrzeigersinn gedreht wird. Die Startvorbereitung erfolgt auf dieselbe Weise wie beim Glühkerzenmotor, dann versucht man einen Start mit einer geeigneten Starthilfe.

Falls der Motor doch nicht anspringt, zieht man den Kompressionsknebel im Uhrzeigersinn um eine Vierteldrehung an, um die Kompression etwas zu erhöhen, und macht einen zweiten Startversuch. Dieser Vorgang wird so lange wiederholt, bis der Motor läuft.

Wenn der Motor einmal läuft, wird die Düsennadel um eine Vierteldrehung geschlossen, um das Gemisch magerer zu machen. Dann dreht man den Kompressionsknebel vorsichtig hinein, bis der Motor rund läuft. Wenn der Motor erst warmgelaufen ist, wird es manchmal nötig, beide Einstellungen noch einmal zu überprüfen.

Anhalten des Motors

Zum Anhalten des Motors schließt man entweder die Kraftstoff- oder die Luftzufuhr, indem der Kraftstoffschlauch zusammengedrückt oder die Vergasereinlaßöffnung abgedeckt wird. Man kann auch die Drossel oder die Düsennadel völlig schließen, um den Motor anzuhalten, aber dann muß bei einem neuen Start der Vergaser wieder neu eingestellt werden.

Einlaufen eines Motors

Modellmotoren werden mit sehr geringen Toleranzen hergestellt. Aber wenn die arbeitenden Teile neu sind, passen sie noch nicht hundertprozentig zusammen, und wenn diese Teile sich gegeneinander bewegen, können Reibungskräfte auftreten und den Motor überhitzen. Fast alle neuen Motoren müssen einlaufen, damit sie ohne Störung mit voller Leistung arbeiten können. Nur wenige kleine Glühkerzenmotoren brauchen keine Einlaufzeit, weil ihre Größe sie gegen Heißlaufen weniger anfällig macht.

Es ist einfacher und weniger riskant, Flugzeug- oder Automotoren außerhalb des Modells, an einer Werkbank befestigt, einlaufen zu lassen, weil man unverzüglich Korrekturmaßnahmen ergreifen kann. Das nennt man einen Prüfstandlauf. Ein Bootsmotor kann im Modell oder auf dem Prüfstand einlaufen, er muß aber in jedem Fall mit Wasser gekühlt werden.

Spezielle Prüfstände mit Motorhalterung sind im Handel, man kann aber auch sein eigenes Befestigungsbrett bauen. Den Prüfstand oder das Befestigungsbrett schraubt man fest an die Werkbank. Der Motor sollte nie in einen Schraubstock gespannt werden, denn das könnte das Kurbelgehäuse zerstören.

Wenn man einen Boots- oder Automotor auf dem Prüfstand laufen läßt, ersetzt man während dieser Zeit das Schwungrad durch einen gut ausbalancierten Holzpropeller (ein Nylonpropeller löst sich bei hoher Drehzahl in seine Bestandteile auf). Bei Flugzeugmotoren sollte ein Propeller mit einer geringeren als der normalen Steigung, aber mit dem selben oder einem nur wenig kleineren Durchmesser als normal verwendet werden, um die Belastung der bewegten Motorteile zu verringern.

Der Hersteller gibt an, wie der Motor einlaufen muß, dabei sollten aber die meisten Motoren bei geöffneter Drossel und mit fettem Gemisch 30 Minuten lang laufen und zwischendurch alle 5 Minuten angehalten werden. Das überschüssige Öl der fetten Mischung vermindert Reibung und Hitzeentwicklung, und in den Haltepausen kann der Motor abkühlen.

Man beginnt damit, den Tank mit dem vorgeschriebenen Einlaufkraftstoff zu füllen. Das ist meistens Normalkraftstoff mit einem niedrigen Nitromethangehalt für Glühkerzenmotoren oder ein Kraftstoff mit einem hohen Prozentsatz an Schmiermitteln für Dieselmotoren. Die Drossel eines ferngesteuerten Motors wird über die Schubstange offen gehalten, dann erst den Motor starten und die Düsennadel auf fettes Gemisch einstellen, so daß der Motor als Viertakter läuft. Den Motor fünf Minuten lang laufen lassen, anhalten und für kurze Zeit abkühlen lassen. Wieder starten und das Ganze sechsmal wiederholen. Anstatt sie anzuhalten, können Motoren mit Drosselvorrichtung zwischen den Vollastperioden auch im Leerlauf gefahren werden.

Nach diesem ersten Einlaufen braucht der Motor sorgfältige Wartung. Man stellt das Gemisch etwas magerer ein, aber immer noch fett, so daß der Motor im Zweitakt läuft. Bei einem Flugzeugmotor montiert man wieder den normalen Propeller. Falls die Drehzahl sinkt und der Motor heißläuft, sofort die Düsennadel für ein fetteres Gemisch öffnen und bei einem Flugzeugmotor wieder den Einlaufpropeller montieren – der Motor ist in diesem Fall noch nicht eingelaufen. Eingelaufen ist er dann, wenn er ununterbrochen auf höchsten Touren läuft, ohne langsamer oder heiß zu werden. Erst jetzt kann der Motor im Modell eingebaut werden. Zunächst läßt man ihn mit einem etwas fetteren Gemisch laufen und behält ihn noch im Auge.

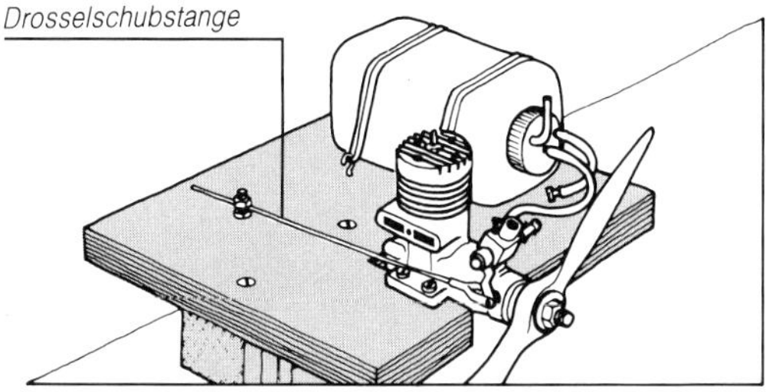

Einlaufen eines Flugzeugmotors auf dem Prüfstand

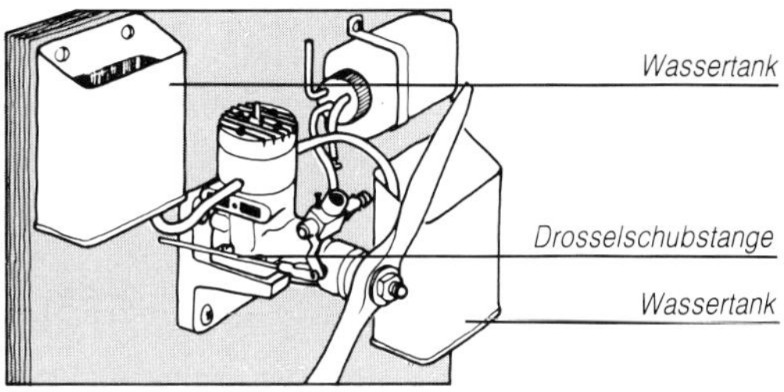

Einlaufen eines Schiffsmotors auf dem Prüfstand

Fehlerermittlung: Glühkerzenmotor

Springt nicht an	Läuft unrund	Bleibt stehen
– *Motor mit größerem Schwung anwerfen* – *Falscher Kraftstoff: Typ überprüfen.* – *Nadelventil geschlossen: nach Vorschrift öffnen.* – *Düse verstopft: Nadel entfernen, Düse durchblasen.* – *Motor ersoffen: Glühkerze herausschrauben und trockenblasen. Motor bei abgenommener Kraftstoffzuleitung durchdrehen.* – *Batterie schwach: aufladen.* – *Glühkerze abgenutzt oder kaputt: auswechseln.*	– *Kraftstoffgemisch zu fett: Nadelventil weiter eindrehen.* – *Düse blockiert manchmal: Nadel entfernen, Düse durchblasen.* – *Läuft heiß: Ventilation verstärken, bei einem Boot das Wasserkühlsystem überprüfen. Kraftstofftyp und Einstellung des Nadelventils überprüfen.* – *Falsche Propellergröße: vorgeschriebene Größe nachprüfen.* – *Glühkerze verbraucht: auswechseln.* – *Falsche Glühkerze: anderen Typ einbauen.*	– *Saugt keinen Kraftstoff an: Tank nachfüllen.* – *Kraftstoffgemisch ist zu mager: Nadelventil weiter herausschrauben.* – *Düse verstopft: Nadel entfernen, Düse durchblasen.* – *Kraftstoffilter verstopft: reinigen und wieder einbauen.* – *Schiffsschraube auf Wasserpflanzen überprüfen.* – *Glühkerze ausgebrannt: erneuern.*

Fehlerermittlung: Dieselmotor

Springt nicht an	Läuft unrund	Bleibt stehen
– *Motor stärker anwerfen.* – *Kein Kraftstoff: Tank auffüllen.* – *Nadelventil geschlossen: nach Vorschrift öffnen.* – *Düse verstopft: Nadel entfernen, Düse durchblasen.* – *Motor ersoffen: Kompressionsknebel aufschrauben und den Motor mit abgeklemmter Kraftstoffzuleitung durchdrehen, oder durch die Auspufföffnung blasen.* – *Keine Kompression: Kompressionsknebel einschrauben.*	– *Kraftstoffgemisch zu fett: Nadelventil weiter eindrehen.* – *Läuft heiß: Ventilation verstärken, bei einem Boot das Wasserkühlsystem überprüfen. Kraftstofftyp und Einstellung des Nadelventils überprüfen.* – *Falsche Propellergröße: vorgeschriebene Größe überprüfen.* – *Motor hat Fehlzündungen oder läuft langsamer: Kompressionsknebel einstellen.*	– *Saugt keinen Kraftstoff an: Tank nachfüllen.* – *Kraftstoffgemisch zu mager: Nadelventil weiter herausschrauben.* – *Düse verstopft: Nadel entfernen, Düse durchblasen.* – *Kraftstoffilter verstopft: reinigen und wieder einbauen.* – *Schiffsschraube auf Wasserpflanzen überprüfen.*

CO_2-Motoren

Das CO_2-Aggregat ist ein sauberer und leiser Zweitaktmotor, der von komprimiertem Kohlendioxidgas angetrieben wird. Er ist sehr klein und leicht für die Verwendung in leichten Freiflugmodellen gedacht. Die meisten CO_2-Maschinen sind Einzylinder-Motoren, obwohl auch eine Zweizylinderreihen- und eine Mehrzylinderversion im Handel ist. Der Motor wird mit Gastank und Propeller geliefert. Bei einem speziellen Modell ist der Gastank am Motorrumpf angebaut.

Ein CO_2-Motor arbeitet wie ein Zweitakt-Verbrennungsmotor, nur daß der Kolben durch CO_2-Gas angetrieben wird, das direkt durch ein Kugelventil in den Zylinderkopf strömt.

Zum Starten wird nur der Propeller gegen den Uhrzeigersinn angeworfen. Die einzige Wartung, die der Motor braucht, ist eine regelmäßige Injektion mit dünnflüssigem Öl durch die Auspufföffnung.

Wegen der niedrigen Gastemperatur ist es zu empfehlen, den Motor und die Gasleitung so zu befestigen, daß sie wenigstens zum Teil dem Luftstrom ausgesetzt sind. Die Luft schützt den Motor vor Vereisung. Das Modell mit dem angebauten Tank kann vollständig im Rumpfinneren eingebaut werden, weil seine besondere Konstruktion das Gas nicht einfrieren läßt.

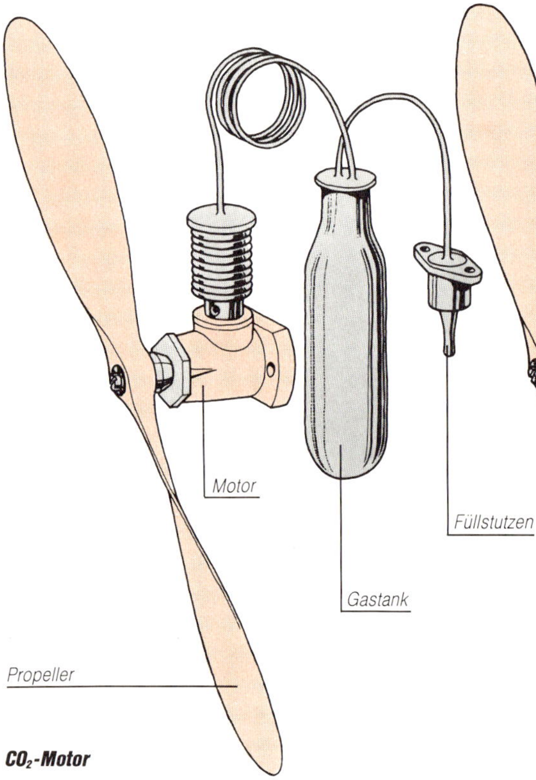

CO_2-Motor

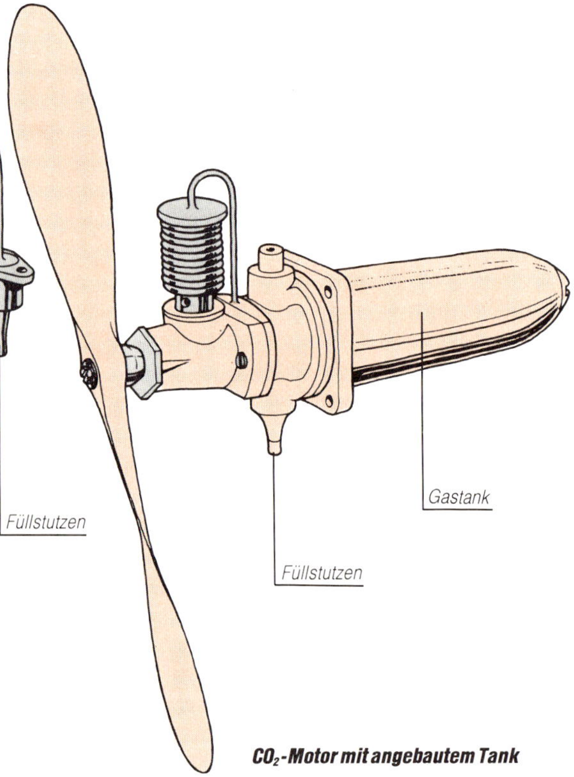

CO_2-Motor mit angebautem Tank

Wie ein CO_2-Motor funktioniert

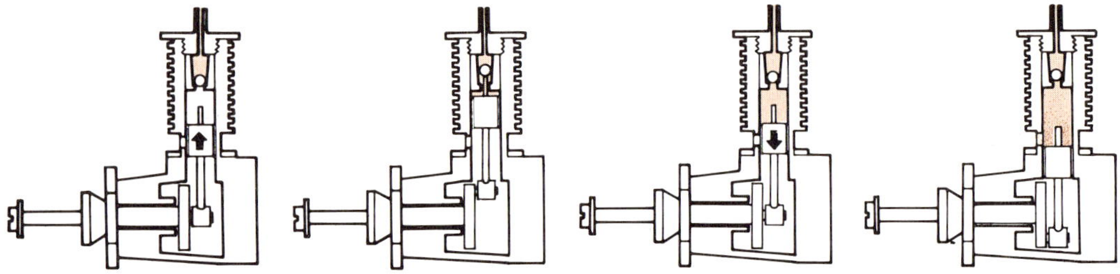

1 *Wenn der Propeller im Gegenuhrzeigersinn gedreht wird, dreht sich die mit ihm verbundene Welle. Sie wiederum treibt den Kolben nach oben.*

2 *Wenn der Kolben die Spitze erreicht hat, öffnet ein Zapfen am Oberteil ein kleines Kugelventil, das komprimiertes Gas einläßt.*

3 *Das Gas dehnt sich sehr schnell aus und treibt den Kolben nach unten. Wenn der Kolben zurückgeht, schließt sich das Kugelventil automatisch.*

4 *Wenn der Kolben unten angelangt ist, entweicht das eingeströmte Gas. Das Drehmoment des Propellers treibt den Kolben wieder nach oben.*

Einstellen des Motors

Der CO_2-Motor läuft nur mit einer Geschwindigkeit. Damit der Motor seine beste Leistung liefert, wird er so eingestellt, daß man den Abstand zwischen Kugelventil und Kolbenzapfen vergrößert oder verkleinert. Je näher der Zapfen am Kugelventil ist, desto mehr Gas wird eingelassen und desto schneller läuft der Motor. Dieser Abstand kann verändert werden, indem man entweder das Oberteil des Zylinders oder die Mutter hinter dem Propellerantrieb dreht (siehe unten). Wenn zuviel Gas eingelassen wird, läßt sich der Propeller schwer anwerfen, und der Motor wird mit einem knatternden Geräusch zurückgeschlagen. Außerdem kann der Motor wegen der Eigenschaften des Gases vereisen und stehenbleiben, wenn zuviel Gas auf einmal hineingepreßt wird. Bei zuwenig Gas reicht der Druck zum Antrieb des Motors nicht aus.

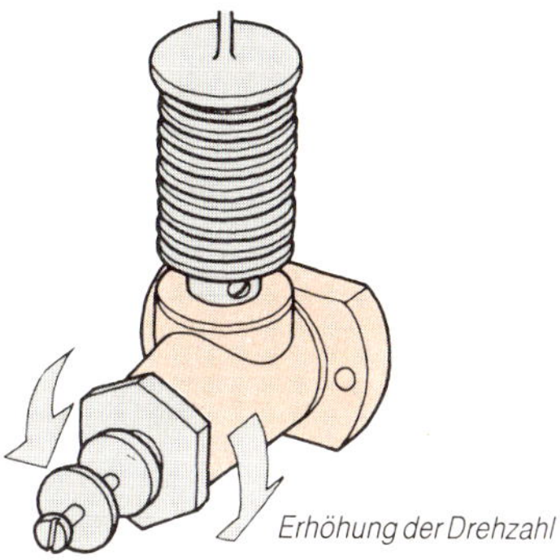

Einstellen des Motors *Die Mutter hinter dem Propellerantrieb im Uhrzeigersinn zur Erhöhung, gegen den Uhrzeigersinn zur Verringerung der Drehzahl drehen. Bei manchen Motoren wird diese Einstellung durch Drehen des Zylinderoberteils vorgenommen.*

Befestigen und Füllen des Tanks

Obwohl der Zylinder selbst, wie es am besten paßt, in jeder Lage befestigt werden kann – nach oben, unten oder zur Seite –, sollte der Gastank senkrecht stehen, mit der kupfernen Gasleitung an der Spitze. Ist der Tank höher als der Rumpf, läßt man ihn oben herausstehen. Überschüssige Gasleitung spiralig aufwickeln. Die Windungen werden meistens über den Zylinderkopf gelegt, damit sie im Luftstrom sind, sie können aber auch an jeder anderen Stelle entlang der Gasleitung sein. Den Einfüllstutzen mit Schrauben oder Epoxidharzkleber an einer gut zugänglichen und verstärkten Stelle des Rumpfes befestigen. Unter Umständen muß sie mit Balsaholz verstärkt werden, damit sie den während der Tankfüllung auftretenden Druck aushält.

Der Tank wird mit einer Ladevorrichtung gefüllt, die eine handelsübliche Druckpatrone mit CO_2-Gas aufnimmt, etwa eine Sparkletpatrone (für einen Siphon). Die Patrone wird mit der Öffnung nach oben in die Ladevorrichtung gelegt und die Kappe fest aufgeschraubt. Den Auslaßstutzen fest auf den Tankfüllstutzen drücken (siehe Abbildung rechts). Niemals die Kappe der Ladevorrichtung abschrauben, um die CO_2-Patrone auszutauschen, bevor man nicht das Ventil durch einige Umdrehungen des Auslaßstutzens geöffnet und sichergestellt hat, daß die Patrone vollständig leer ist. Bevor man eine neue Patrone einlegt, wird der Auslaßstutzen wieder festgeschraubt.

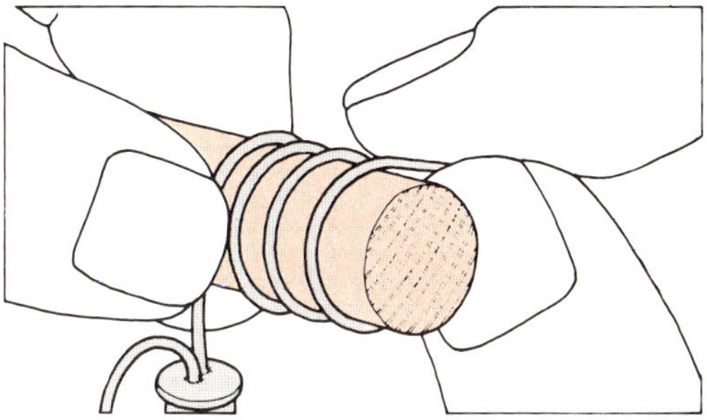

Aufwickeln der Gasleitung *Überschüssige Gasleitung über einem Holzdübel mit nicht weniger als 10 mm Durchmesser aufwickeln. Scharfe Biegungen vermeiden.*

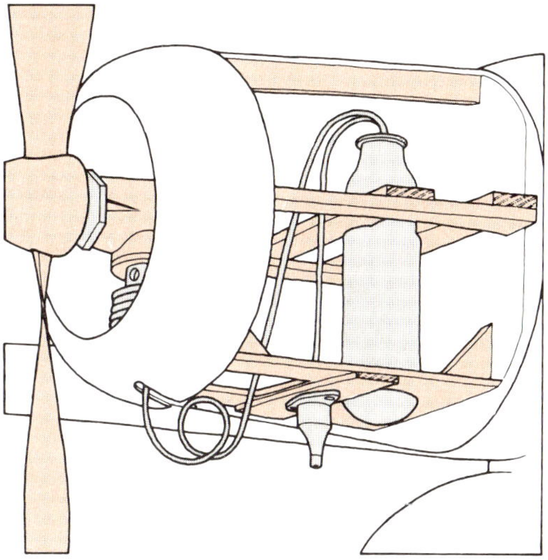

Befestigung des Tanks *Den Tank senkrecht befestigen und mit Leisten oder Klötzen aus Balsaholz abstützen, aber nicht verkleiden; die Luft muß ringsum zirkulieren können.*

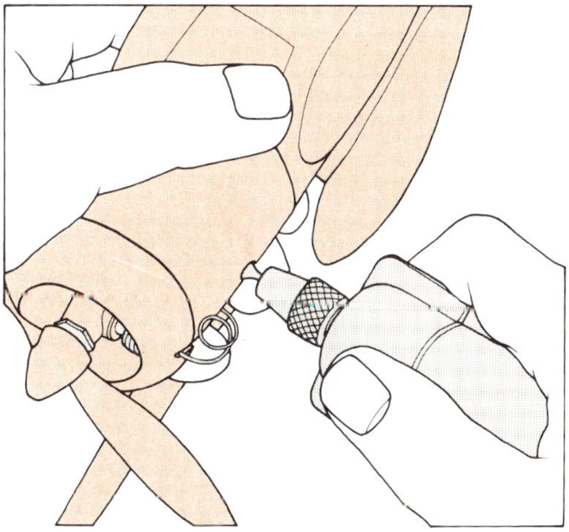

Füllen des Tanks *Den Auslaßstutzen der Ladevorrichtung etwa 5 Sekunden lang auf den Füllstutzen drücken. Wenn der Auslaßstutzen der Ladevorrichtung nach oben zeigt, wird der Tank mit gasförmigem CO_2 gefüllt, das nur für einen kurzen Lauf reicht; zeigt der Auslaßstutzen nach unten, wird flüssiges Gas aufgefüllt, das für einen längeren Lauf ausreicht.*

Dampfmaschinen

Bei der Dampfmaschine wird ein Kolben durch unter Druck stehenden Dampf in einem Zylinder bewegt. Der Dampf wird durch einen Brenner erzeugt, der in einem Kessel Wasser erhitzt. Der Reiz der Dampfkraft liegt in der Einfachheit des Systems und im Geruch nach Öl und Dampf, die dem Modell einen Hauch von Wirklichkeitsnähe geben. Bis zur Einführung brauchbarer Verbrennungs- und Elektromotoren waren Dampfmaschinen die einzigen Antriebsaggregate für Dampfschiffe und Lokomotiven. Als diese anderen Motoren entwickelt wurden, ging die Verwendung von Dampf zurück. Jetzt ist die Dampfkraft im Modellbau ein Spezialgebiet für geschickte Techniker, die die meisten, wenn nicht sogar alle Teile des Modells und der Maschine von Grund auf selbst bauen. Einfache Maschinen sind jedoch im Handel erhältlich. Sie sind leicht einzubauen und erlauben dem Durchschnittsmodellbauer, sein Fahrzeug mit Dampf zu betreiben.
Die üblichen Modelle mit Dampfantrieb sind Schiffe mit breitem Rumpf, etwa Schleppdampfer oder Fischdampfer. Zu ihren Proportionen und ihrem Charakter paßt der Dampf sehr gut. Obwohl Dampfmaschinen schwer und ziemlich groß sind, kann der Schiffskörper alle notwendigen Bestandteile aufnehmen und erhält zugleich den erforderlichen Ballast. Die Maschine muß aber zur Vorbereitung und Wartung leicht zugänglich sein, deshalb haben die meisten Dampfschiffe abnehmbare Oberteile und Decks. Der Schiffskörper sollte auch gut durchlüftet sein, damit der Brenner reibungslos funktioniert und die Abwärme entweichen kann. Das Innere des Maschinenraums sollte mit hitzebeständiger Farbe gestrichen sein.

Dampfmaschinentypen

Am häufigsten sind folgende Modelle: oszillierende Dampfmaschine, Dampfmaschine mit Schieberventil und Dampfmaschine mit Kolbenventil. Die einfachste ist die oszillierende Dampfmaschine mit einem Zylinder. Der Zylinder ist an einem Metallständer befestigt und dreht sich um einen Zapfen am senkrechten Ständerteil. Wenn die Kurbelwelle sich dreht, schwingt (oszilliert) der Zylinder von einer Seite zur anderen, und eine Öffnung im Zylinder trifft abwechselnd auf eine Einlaß- und eine Auslaßöffnung im Ständer. Wenn genug Dampf erzeugt ist, dreht man einfach das Schwungrad, um die Maschine in Gang zu setzen. Soll die Maschine andersherum laufen, vertauscht man lediglich die Anschlüsse von Einlaß- und Auslaßöffnung. Eine oszillierende Dampfmaschine mit einem Zylinder und kleinem Zylinderdurchmesser kann ein Boot von 50 bis 70 cm Länge antreiben.
Die Dampfmaschine mit Schieberventil ist leistungsfähiger und für größere Boote geeignet. Sie hat einen normal befestigten Zylinder, und der Dampf wird durch eine Ventilkammer abwechselnd über und unter dem Kolben eingelassen. Die Bewegungen des Schiebers in der Kammer laufen synchron mit denen des Kolbens. Wenn genügend Dampf erzeugt ist, fängt die Maschine mit Schieberventil von selbst an zu laufen, vorausgesetzt, der Kolben ist nicht gerade am oberen oder unteren Totpunkt. Eine Zweizylinder-Dampfmaschine mit Schieberventil ist so eingestellt, daß einer der Kolben nie am Totpunkt ist, und deshalb startet sie immer von selbst. Dieses System ist für ein Modell mit Fernsteuerung am besten geeignet. Eine Dampfmaschine mit Kolbenventil arbeitet nach demselben Prinzip, nur hat sie statt des Schiebers einen Kolben.
Um die Geschwindigkeit einer Dampfmaschine regulieren zu können, muß ein spezielles Ventil angebracht werden.

Oszillierende Dampfmaschine

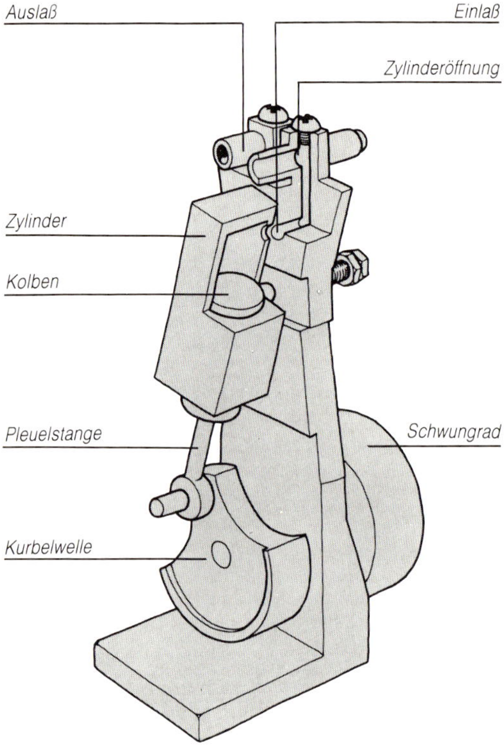

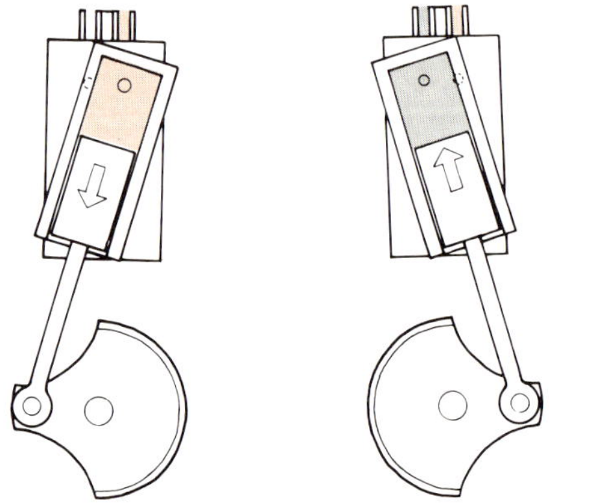

Arbeitsweise einer oszillierenden Dampfmaschine
Dampf aus dem Kessel tritt durch die Einlaßöffnung ein und treibt den Kolben nach unten. Dabei drehen sich Kurbelwelle und Schwungrad.

Das Drehmoment des Schwungrades treibt den Kolben wieder nach oben, der Dampf kann austreten. Die Kurbelwelle dreht sich weiter, und der Zyklus wird wiederholt.

Maschine mit Schieberventil

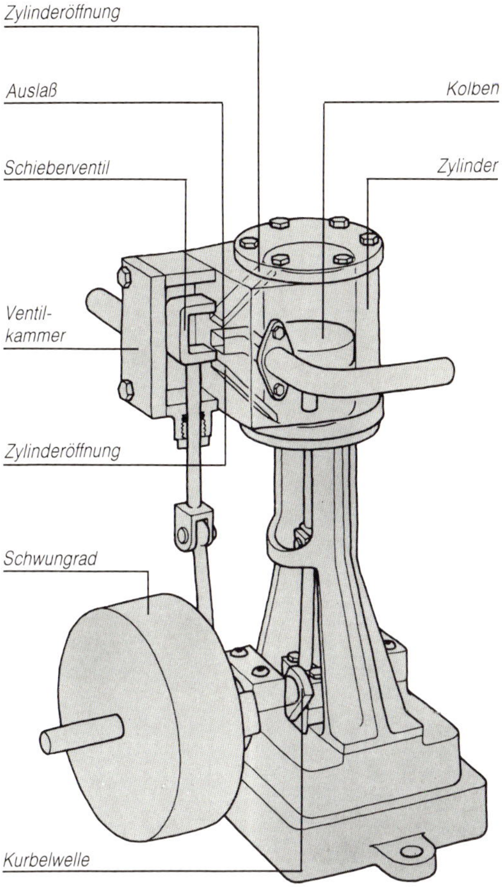

Maschine mit Kolbenventil

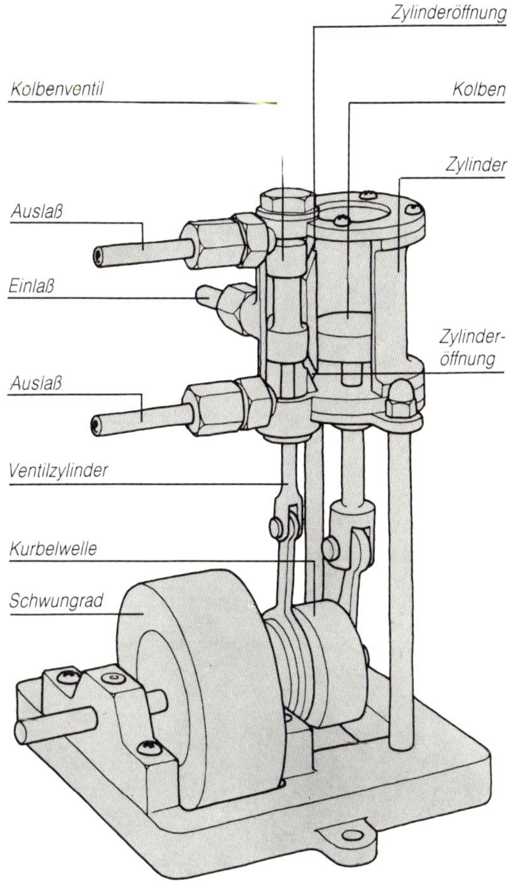

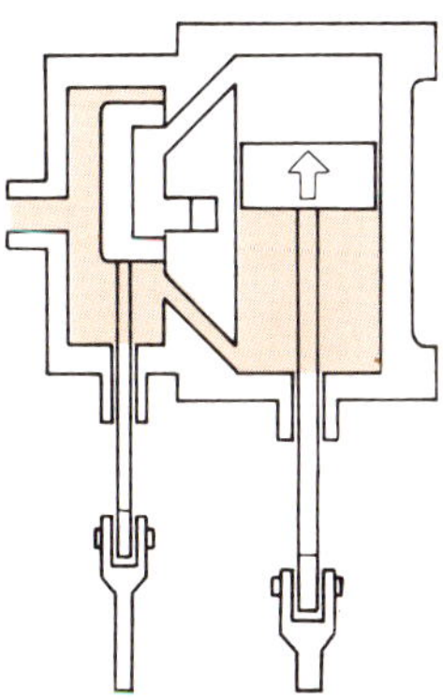

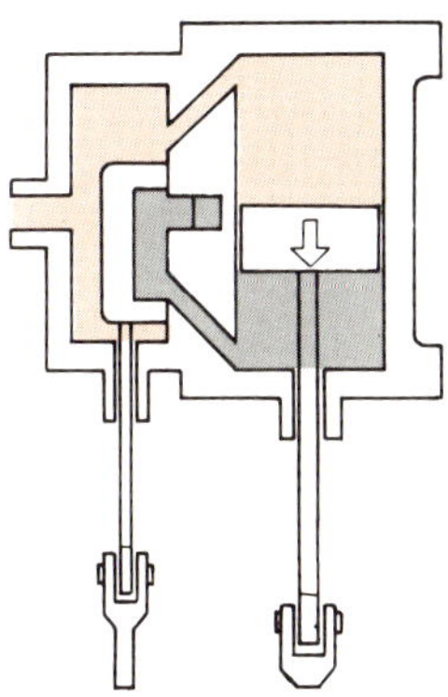

Arbeitsweise einer Maschine mit Schieberventil *Durch die Ventilkammer strömt Dampf in den Zylinder und stößt den Kolben den Zylinder entlang. Der Schieber beginnt, sich in die umgekehrte Richtung zu bewegen.*

Wenn der Schieber das andere Ende der Kammer erreicht hat, verbindet er die erste Zylinderöffnung mit dem Auslaß und läßt gleichzeitig durch die zweite Zylinderöffnung Dampf ein. Der Zyklus wird wiederholt.

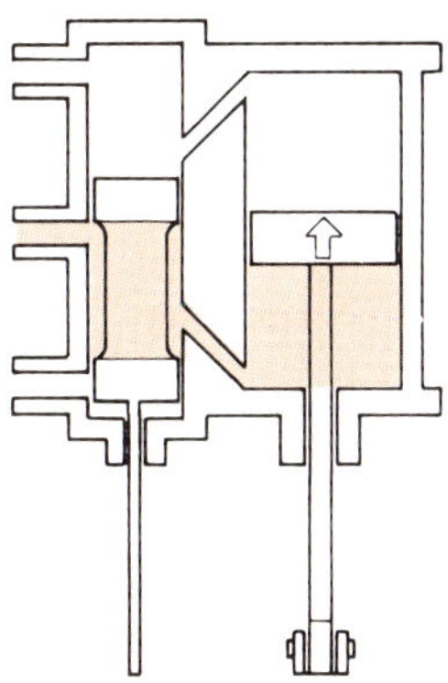

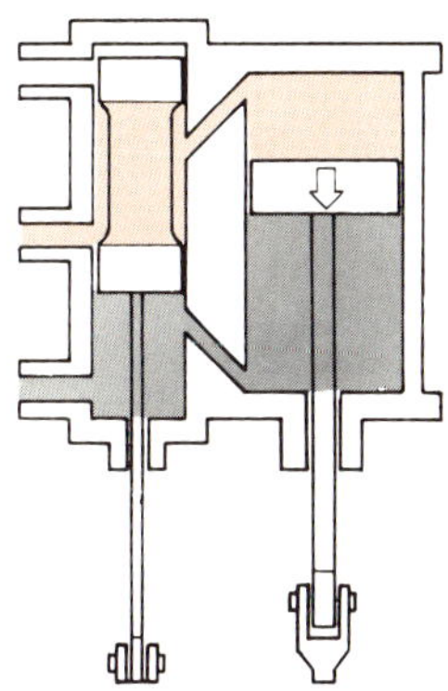

Arbeitsweise einer Maschine mit Kolbenventil *Durch eine Zylinderöffnung tritt Dampf in den Zylinder und stößt den Kolben den Zylinder entlang. Der Ventilkolben beginnt, sich in die umgekehrte Richtung zu bewegen.*

Wenn der Ventilkolben das andere Ende erreicht hat, verbindet er die erste Zylinderöffnung mit dem Auslaß und läßt durch die zweite Zylinderöffnung neuen Dampf ein, genau wie bei der Maschine mit Schieberventil.

Dampfkessel

Die Maschine benötigt einen Dampfkessel, der einen ausreichenden Dampfdruck erzeugen kann. Oszillierende und kleine Dampfmaschinen verwenden normalerweise einen Zylinderkessel, der Dampf mit einem Druck von etwa 2 bar erzeugt. Der Kessel ist ein einfacher Zylinder, der über einem Spiritusbrenner oder einem Brenner für Hartspiritus befestigt ist.

Ein Flammrohrkessel kann einen etwa zehnmal so hohen Dampfdruck wie ein Zylinderkessel erzeugen. Er wird durch einen lötlampenähnlichen Brenner erhitzt, der mit Flüssiggas oder einem Methanol-Spiritus-Gemisch betrieben wird. Ein Feuerkanal leitet die Flammen zur Kesselmitte und vergrößert dadurch die Wärmeübergangsfläche. Im Handel sind verschiedene Flammrohrkessel erhältlich, jeder mit einer anderen Anlage des Feuerkanals. Dieser Kesseltyp verbessert die Stabilisierung des Bootes, weil sein Schwerpunkt niedrig liegt. Die leistungsstärksten Maschinen laufen mit Kesseln, die überhitzten Dampf erzeugen, „trockenen" Dampf ohne Wassertröpfchen. Der Dampf in diesem Kessel wird dadurch überhitzt, indem das Wasser durch ein Rohrsystem läuft, das direkt von den Flammen bestrichen wird.

Die Kessel sollten immer bis zur vorgeschriebenen Marke aufgefüllt werden, meistens bis zu zwei Dritteln des Fassungsvermögens. Den Brenner niemals bei leerem Kessel anzünden. Manche Kessel haben eine Glasscheibe zur Überprüfung des Wasserstandes.

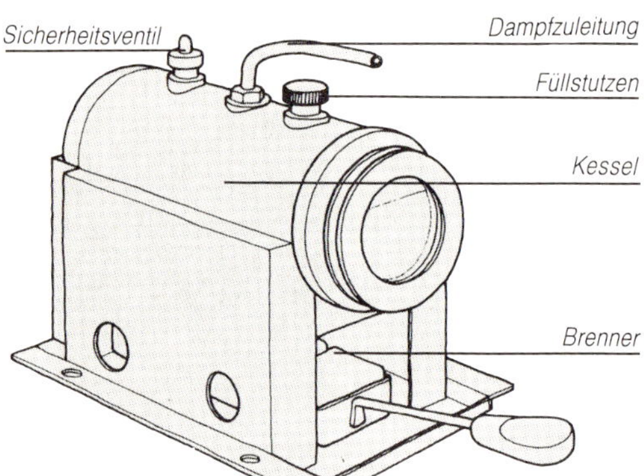

Zylinderkessel

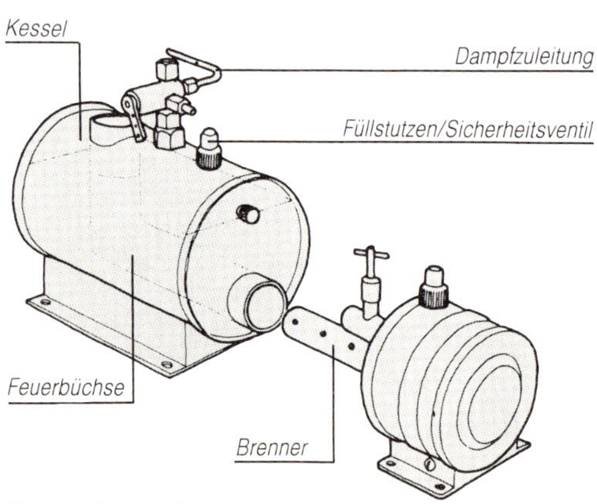

Flammrohrkessel

Abschmieren der Dampfmaschine

Eine Dampfmaschine muß gut geschmiert werden, damit sie ruhig läuft und um die Abnützung der gleitenden Teile zu verringern. Der senkrechte Ständerteil einer oszillierenden Dampfmaschine muß vor jedem Gebrauch reichlich geölt werden. Man verwendet normales Motorenöl und schmiert die Maschine in warmem Zustand.

Oft wird eine Verdrängungsschmierbüchse verwendet, um Schieberventil und Kolbenventil automatisch zu schmieren. Das ist eine senkrechte Röhre, die dicht bei der Maschine in die Dampfzuleitung eingesetzt wird. Wenn Dampf aus dem Kessel die ölgefüllte Schmierbüchse passiert, fallen Wassertröpfchen oder „Kondenswasser" in die Schmierbüchse und verdrängen das Öl. Vom Dampfstrom wird das Öl mit in den Zylinder genommen. Über einen Stöpsel kann das Wasser abgelassen werden.

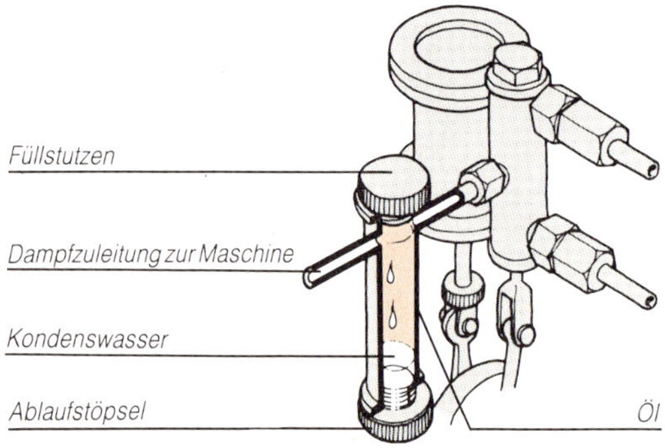

Verdrängungsschmierbüchse

Einlaufen einer Dampfmaschine

Eine Dampfmaschine sollte genauso wie ein Verbrennungsmotor sehr sorgfältig einlaufen. Man befestigt die Maschine an der Werkbank, damit sie nicht ein schweres Modell antreiben muß, und gibt viel Öl auf alle bewegten Teile. Die Maschine muß so lange auf dem Prüfstand laufen, bis sie ganz leicht läuft. Dann erst baut man die Maschine in ein Boot ein. Manche Hersteller verlangen, daß die Maschine an einen Niederdruckkompressor, wie er für Spraymalerei verwendet wird (siehe Seite 63), angeschlossen wird und mit komprimierter Luft statt Dampf einläuft. Diese Methode ist sauber und praktisch.

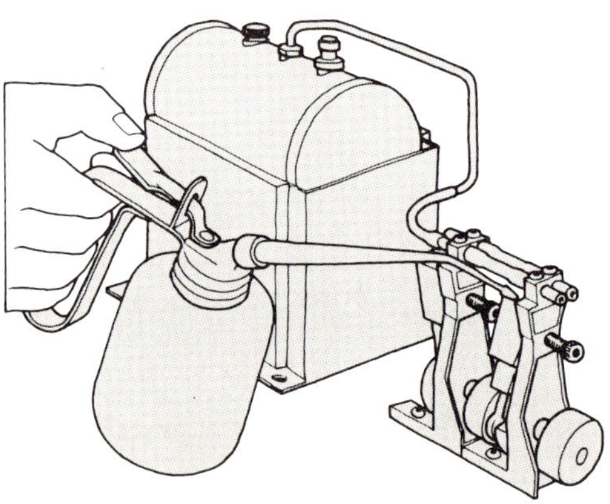

Einlaufen der Dampfmaschine auf dem Prüfstand
Alle beweglichen Teile ständig gut ölen.

Elektromotoren

Früher waren Elektromotoren wegen des Gewichts der Batterien auf Boote und Autos beschränkt. Heute aber sind die Motoren sehr leicht und außerdem so leistungsfähig, daß sie auch Flugzeuge antreiben können.
Auch wenn ein Elektromotor für ein Flugzeug weniger lang läuft als ein Verbrennungsmotor (zwischen 3 und 10 Minuten), hat er doch viele Vorteile. Er läuft nicht nur leise und sauber, sondern er ist auch praktisch wartungsfrei. Aufladen der Batterien ist die einzige regelmäßige Wartung. Er ist im Betrieb wesentlich billiger als ein Verbrennungsmotor, weil er keinen flüssigen Kraftstoff benötigt. Mehr noch, ein Elektromotor erfordert keine besondere Einstellung und ist durch Umlegen eines Schalters betriebsbereit.
Die Motoren werden in den verschiedensten Leistungsklassen gebaut. Motor, Batterien und Zubehör gibt es getrennt oder bereits verdrahtet und zum Einbau bereit. Auch ein Zwillingsmotorsystem ist im Handel. Es läuft mit einer Batterie, die die doppelte Leistung der Normalbatterie besitzt, so daß beide Motoren versorgt werden können. Bei einem dreimotorigen System wird der dritte Motor einfach an das Zwillingssystem angeschlossen, für ein viermotoriges System verwendet man zwei Zwillingsmotoren. Elektromotoren sind für mehrmotorige Modelle ideal, weil alle Motoren über einen einzigen Schalter geregelt werden können, nicht wie bei Verbrennungsmotoren, bei denen ein synchroner Lauf durch komplizierte Drosselverbindungen erreicht werden muß.

Einmotoriges System

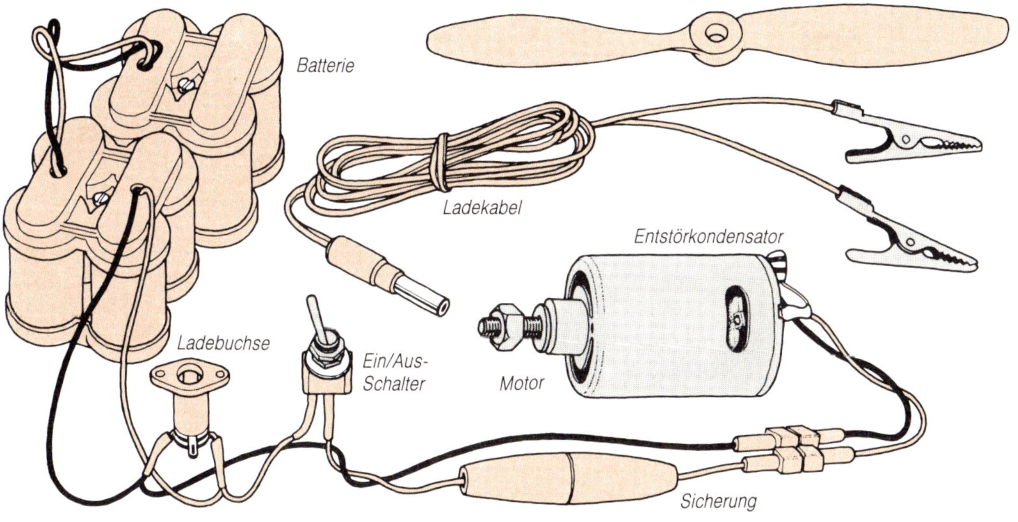

Zwillingsmotor-System

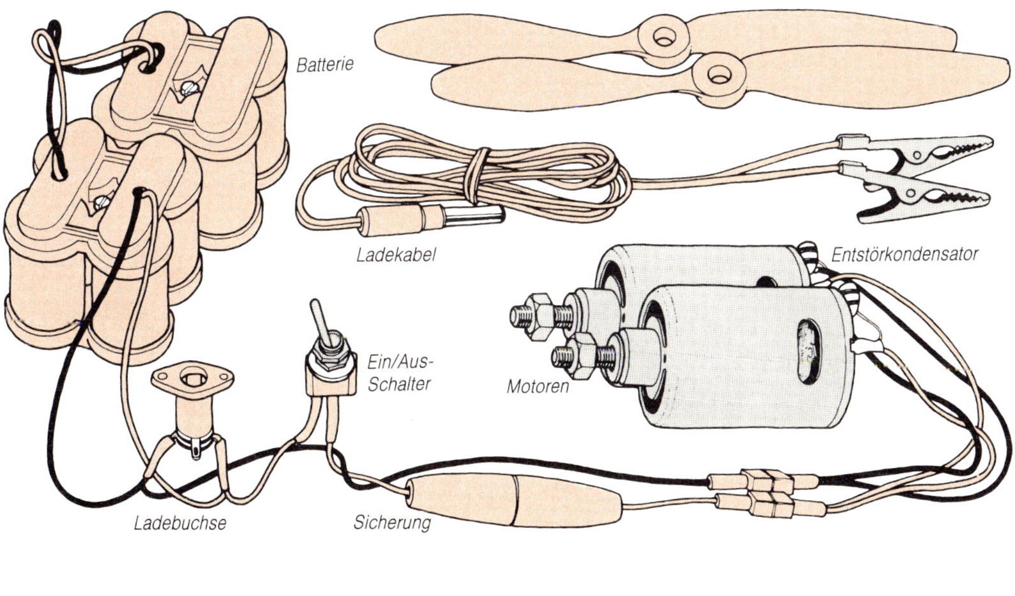

Wie ein Elektromotor funktioniert

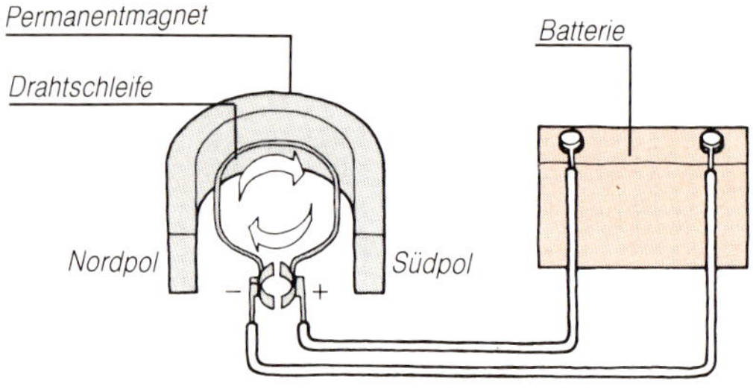

Das Prinzip des Elektromotors ist die natürliche Anziehungskraft von Magneten. Wenn ein elektrischer Strom durch einen Draht fließt, erzeugt er ein magnetisches Feld. Wird der Draht zu einer Schleife gebogen und zwischen Nord- und Südpol eines Permanentmagneten gebracht, dann bewegt sich der Draht. Den Draht bezeichnet man als Elektromagneten. Diese einfache Anordnung von Magneten ist die Grundlage des Elektromotors. Bei einem Modellelektromotor sind die Dauermagneten (Feldmagneten) an der Innenseite eines Zylinders befestigt. Im Zentrum des Zylinders sind drei oder mehr Elektromagneten um eine Achse angeordnet, die frei rotieren können. Jeder Elektromagnet besteht aus einer Kupferdrahtspule um einen Eisenkern, der das Magnetfeld konzentriert. Die Anordnung der Elektromagneten nennt man Anker. Modellelektromotoren laufen immer mit Gleichstrom, nicht mit Wechselstrom. Der Strom fließt über Kontaktbürsten in den Anker. Diese Bürsten sind Schleifkontakte, die am Zylindergehäuse befestigt sind und an anderen, an der Motorachse befestigten Kontakten schleifen, von denen jeder mit einem Elektromagneten des Ankers verdrahtet ist. Diese inneren Kontaktflächen sind hintereinander angeordnet und werden als Kollektor bezeichnet. Wenn der Motor angeschaltet wird, fließt der Strom zu einem der Elektromagneten. Er wird magnetisch und dadurch von den Feldmagneten seitwärts abgestoßen. Die Achse dreht sich, und der nächste Kontakt des Kollektors trifft auf die Kontaktbürsten. Der Vorgang wiederholt sich, und die Motorachse dreht sich kontinuierlich. Man kann die Drehrichtung der Achse umkehren, indem man einfach das positive und negative Stromkabel an der Batterie vertauscht.

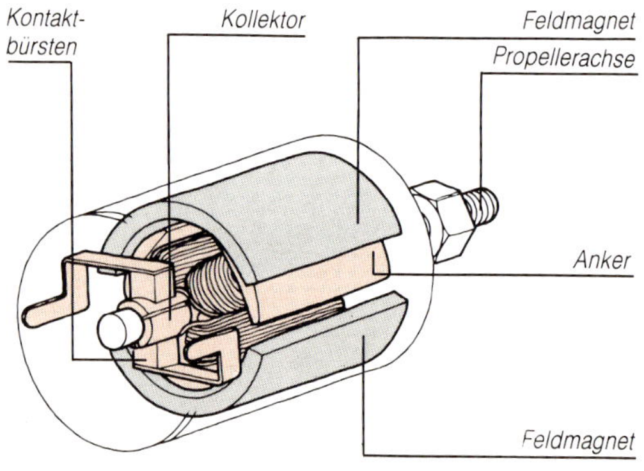

Batterien

Bei den Elektromotoren werden Nickel-Cadmium-Batterien verwendet, die nur 15 bis 30 Minuten zum Aufladen brauchen. Die Batterien gibt es als Satz mit 3, 4, 6 oder 8 Zellen, jede Zelle mit einer Kapazität von 0,6 bis 1,2 A. Je stärker der Motor, desto leistungsfähiger muß die erforderliche Batterie sein. Für sehr starke Motoren ist mehr als ein Batteriesatz nötig.

Zum Aufladen steckt man das Ladekabel in die Ladebuchse der Batterie und verbindet die beiden Pole am anderen Ende des Kabels mit einem 12-Volt-Akku oder mit dem Zigarettenanzünder im Auto, wenn er dieselbe Anschlußspannung hat (der Motor darf nicht laufen). Das Ladekabel hat eine bestimmte, den Batterien angepaßte Länge und darf niemals gekürzt werden. Die Akkus immer so lange aufladen, wie es der Hersteller vorschreibt. Mit einem Ladeanzeigegerät oder einem Schnellader kann überprüft werden, wann die Batterien vollständig aufgeladen sind. Ein Schnellader verkürzt die Ladezeit. Einige dieser Vorrichtungen schalten automatisch ab, wenn die Akkus aufgeladen sind.

Eine Nickel-Cadmium-Batterie erwärmt sich, wenn Strom entnommen wird. Im Modell muß immer Luft um die Batterien zirkulieren können, damit sie nicht heiß werden. Außerdem muß man die Batterien vor dem Aufladen abkühlen lassen. Eine heiße Batterie lädt sich nicht voll auf und hat eine verkürzte Laufzeit. Wenn der Motor immer kürzere Laufzeiten hat, wurden die Batterien vor dem Aufladen nicht genügend ausgekühlt. Auch Propeller oder Getriebe eines Fahrzeugs beeinflussen die Lebensdauer einer Batterie, denn je mehr Leistung von einem Motor verlangt wird, desto schneller entlädt sich die Batterie. Ein Propeller mit kleiner Steigung oder ein niedriger Gang zum Beispiel lassen den Motor mühelos seine Laufgeschwindigkeit erreichen. Die Herstellervorschrift sollte daher beachtet werden – ein zu großer Propeller oder ein zu großer Gang überlasten die Batterien und beschädigen sie.

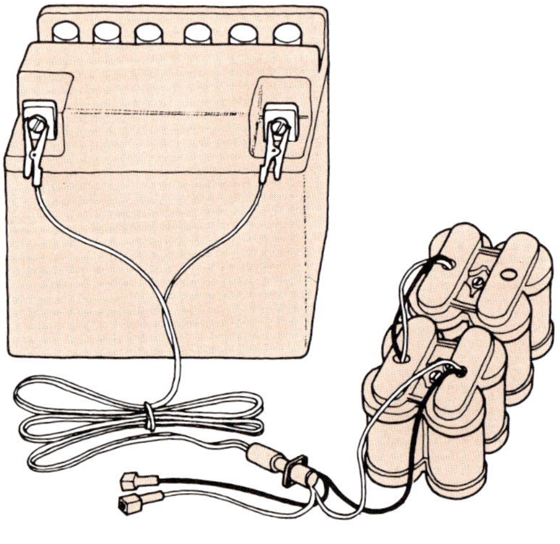

Laden der Batterien *Über das Ladekabel mit einem 12-Volt-Akku verbinden und die vorgeschriebene Zeit aufladen. Nur kalte Batterien aufladen.*

Drehzahlregelung

Die Drehzahl eines Elektromotors wird entweder über einen Widerstand oder einen elektronischen Drehzahlregler gesteuert, er reguliert den Strom, der dem Motor zugeführt wird. Der einfachste Widerstand hat einen Schalter mit drei Stellungen: schnell, langsam und aus. Ein anderer hat einen Arm, der sich über einem Schaltbrett dreht. Er erhöht die Drehzahl, kehrt die Drehrichtung um und ermöglicht auch einen weichen Übergang zwischen beiden Drehrichtungen. Eine dritte Art hat einen Arm, der über eine Widerstandsbahn schleift. Weil der Arm immer in Kontakt mit dem Widerstand ist, kann man den Motor ohne Unterbrechungen von der höchsten Drehzahl bis zum Halt einstellen. Alle diese Einrichtungen werden über einen Servomotor gesteuert (siehe Seiten 235 und 236). Widerstände heizen sich auf, vor allem, wenn der Motor mit geringer Drehzahl läuft. Es ist deshalb darauf zu achten, daß sie gut belüftet werden.

Elektronische Drehzahlregler werden direkt am Empfänger der Fernsteuerung angeschlossen und machen einen Servomotor überflüssig. Wie bei einem Regler mit Widerstandsbahn kann der gesamte Drehzahlbereich geregelt werden. Sie sind aber wirtschaftlicher als Widerstände, da sie keinen Stromverlust verursachen.

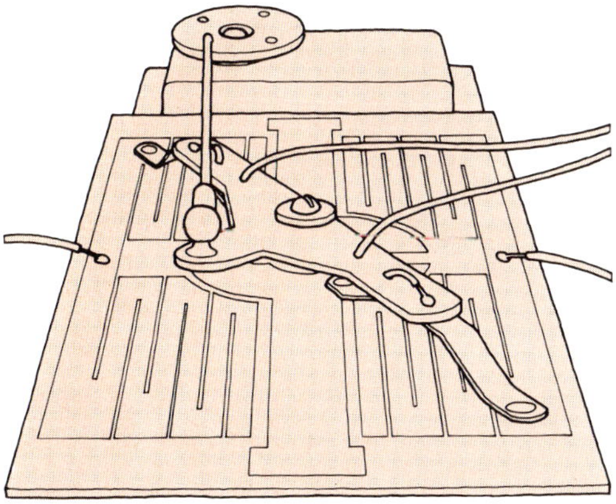

Widerstand mit Schaltbrett

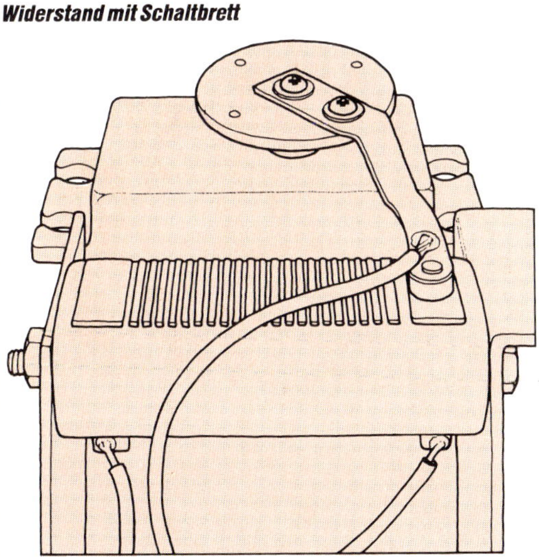

Regler mit Widerstandsbahn

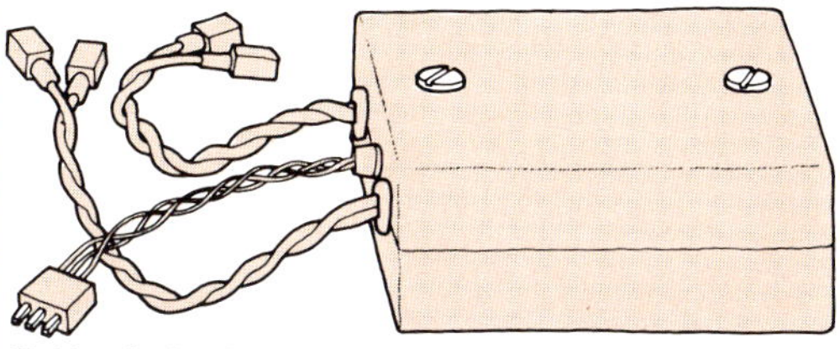

Elektronischer Drehzahlregler

Vermeidung von eingestreuten Störungen

Bei ferngesteuerten Modellen muß das elektrische System sorgfältig installiert werden, um Beeinflussungen des Empfängers der Fernsteuerung zu vermeiden, die die Steuerung stören könnten. Alle elektrischen Verbindungen sollten geschützt und verlötet werden. Wenn möglich, Batterien und Motoren dicht nebeneinander einbauen, um die Drahtlänge kurz zu halten. Empfänger, besonders Antenne und Servomotoren, sollten weiter entfernt angebracht werden.

Zwischen den Kontaktbürsten und dem Kollektor können elektrische Ladungen überspringen. Deshalb werden die Motoren fast immer mit einem Entstörkondensator an den Eingängen geliefert, der die Auswirkungen der Funkensignale auf die Fernsteuersignale auf ein Minimum reduziert. Falls ein Motor nicht mit einem Entstörkondensator ausgerüstet ist, läßt er sich leicht anlöten. Ein Motor mit Kohlebürsten und einem metallenen Innengehäuse verursacht weniger Störstrahlung.

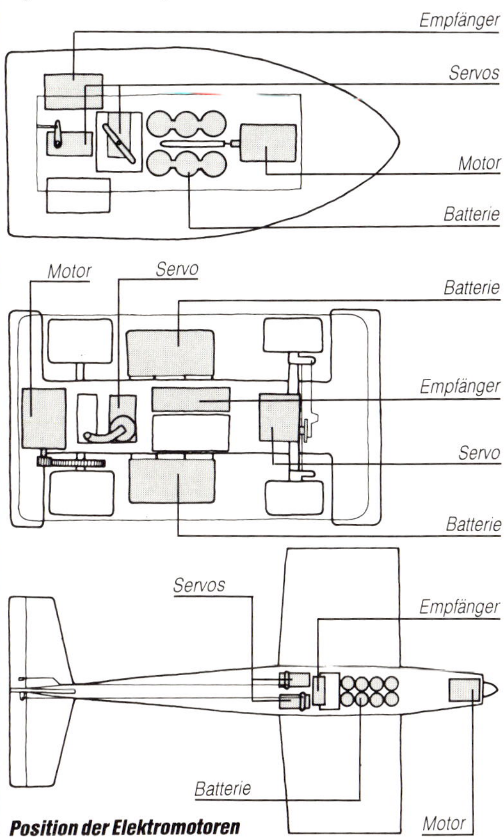

Position der Elektromotoren

Gehäuse für Elektromotoren

Manche Motoren besitzen an der Außenseite Halterungen, mit denen sie am Modell befestigt werden können. Für Motoren ohne Halterung gibt es spezielle Gehäuse zu kaufen. Wenn der Motor zu locker im Gehäuse sitzt, kann man seinen Umfang mit Klebeband vergrößern.

Flugzeugmodellbauer konstruieren das Gehäuse aus Holz oder Karton meistens selbst.

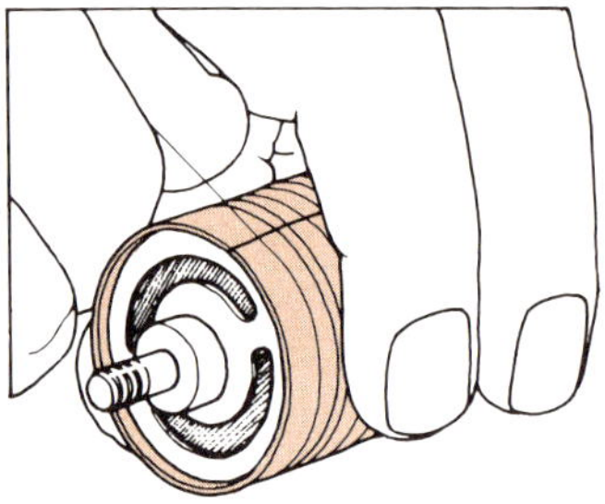

Bau eines Gehäuses *Einen dünnen Streifen Sperrholz, Balsaholz oder Karton um den Motor legen. Leicht ankleben und mit Faden oder Klebeband befestigen.*

Propeller

Propeller werden nach ihrem Durchmesser und ihrer Steigung (die Strecke, die ein Propeller in einem festen Medium zurücklegen würde, wenn er sich darin dreht) gemessen. Eine große Steigung nennt man hoch (Reisegeschwindigkeitspropeller), eine kleine Steigung niedrig (Propeller für maximales Steigen). Je steiler die Steigung, desto schneller fliegt das Modell, vorausgesetzt, der Motor bringt die Leistung für diese zusätzliche Last auf. Bausätze und Baupläne machen meistens genaue Angaben über die Motorleistung, die Motorhersteller schreiben oft die Propellergröße vor. Propeller sind aus Holz oder Nylon. Hölzerne oder Propeller aus verstärktem Nylon sind für alle Motorgrößen geeignet. Propeller aus reinem Nylon können bei Hochleistungsmotoren nicht verwendet werden, weil sie auseinanderbrechen könnten. Holzpropeller gehen bei einem Absturz leichter zu Bruch als Nylonpropeller.

Schiffsschrauben sind aus Nylon oder Metall. Nylonschrauben haben den Vorteil, daß sie bei einem kräftigen Zusammenstoß nachgeben. Eine Metallschraube hält länger.

Getriebe

Modellmotoren laufen im allgemeinen mit hoher Drehzahl und geben nur ein geringes Drehmoment ab. Bei manchen Modellen kann der Propeller direkt über den Motor angetrieben werden. Bei Autos, vielen Booten und manchen Flugzeugen aber werden Getriebe verwendet, um die Kraft des Motors in verschiedene Verhältnisse von Drehzahl zu Drehmoment umzuwandeln.

Das einfachste Getriebesystem besteht aus einem Antriebszahnrad, das direkt an der Motorwelle befestigt ist und in ein zweites Zahnrad eingreift. Um Drehzahl und Drehmoment zu ändern, verändert man einfach das Größenverhältnis der Zahnräder untereinander. Drehzahl und Drehmoment der beiden Zahnräder sind umgekehrt proportional zu ihren Umfängen (siehe unten). Der Umfang wird durch die Zahl der Zähne bestimmt. Die meisten Getriebe in Modellen untersetzen hohe Motordrehzahlen in niedrige Antriebsdrehzahlen mit höherem Drehmoment: Ein kleines Zahnrad an der Motorachse treibt ein größeres an der Antriebsachse der Räder oder des Propellers an. Man kann die Leistung genau abstimmen, wenn man die Zahnradgrößen leicht verändert.

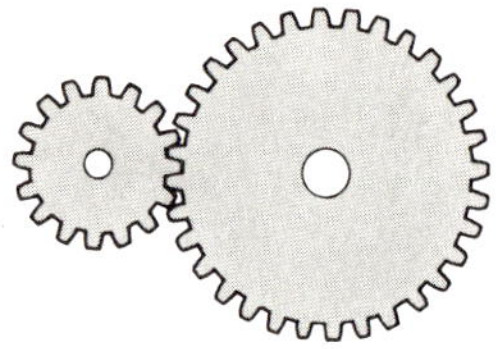

Getriebedrehzahl *Wenn der Umfang des Antriebsrades halb so groß wie der des angetriebenen Zahnrades ist, dann läuft dieses mit der halben Drehzahl aber dem doppelten Drehmoment des Antriebsrades.*

Umkehr der Drehrichtung *Wird ein drittes Zahnrad angesetzt, kehrt sich die Drehrichtung des Propellers um.*

Große und kleine Untersetzung *Hat das Antriebsrad 13 und das angetriebene Zahnrad 56 Zähne, ergibt das eine mittlere Verminderung der Drehzahl. 12 zu 65 ergibt eine niedrigere Drehzahl mit höherem Drehmoment.*

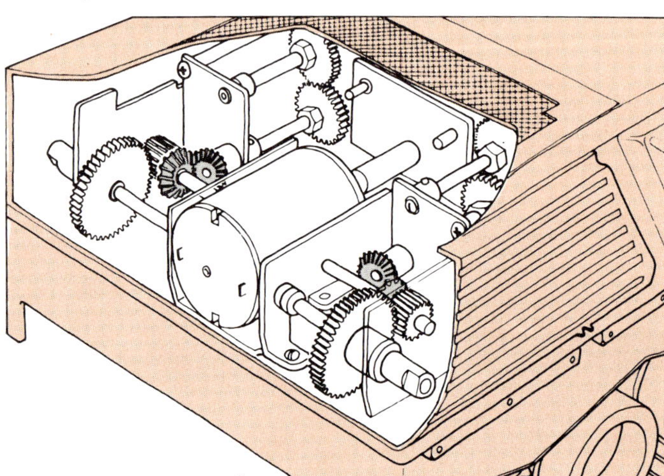

Winkelgetriebe *Diese Getriebe werden verwendet, um den Winkel der Antriebsachse und um das Verhältnis von Drehzahl zu Drehmoment zu verändern.*

Funkfernsteuerung

Ferngesteuerte Modelle

Vielleicht die Krönung und zugleich auch unterhaltsamster Aspekt des Modellbaus ist die Fernsteuerung. Oft wird der Anfänger von der Anordnung der Apparaturen, dem komplizierten Einbau und der Steuertechnik abgeschreckt, dabei muß man lediglich wissen, wie die Steuerung funktioniert und wie man sie am einfachsten einbaut. Alle Bedenken werden sich sehr schnell als grundlos erweisen, besonders wenn man mit einem einfachen Modell anfängt. Meistens sind Flugzeuge, Boote und Autos mit Funkfernsteuerung ausgerüstet, aber man wird feststellen, daß dieses System bei jedem Fahrzeug angewendet werden kann. Eine Funkfernsteueranlage arbeitet, vereinfacht ausgedrückt, so: Der Sender, den der Modellpilot in der Hand hält, sendet ein kodiertes Radiosignal aus. Das Signal wird von einem Empfänger im Modell aufgefangen, der es entschlüsselt und dem angeschlossenen Servomotor zuleitet. Ein Servo(motor) ist eine elektromechanische Vorrichtung, die die Steuersignale in entsprechende mechanische Bewegungen umsetzt, um einen oder mehrere Teile des Fahrzeugs zu bewegen. Die Bewegung des Servos ist direkt proportional zur Bewegung des Steuerknüppels am Sender. Normalerweise bedient ein Servo eine Steuerfläche. Für jeden Servo wird ein bestimmtes Steuersignal gesendet, das einem Kanal zugeordnet ist. Fernsteueranlagen werden nach der Anzahl der verschiedenen Signale unterschieden, die sie senden können. Ein Vierkanalsender beispielsweise kann bis zu vier Servos bedienen.

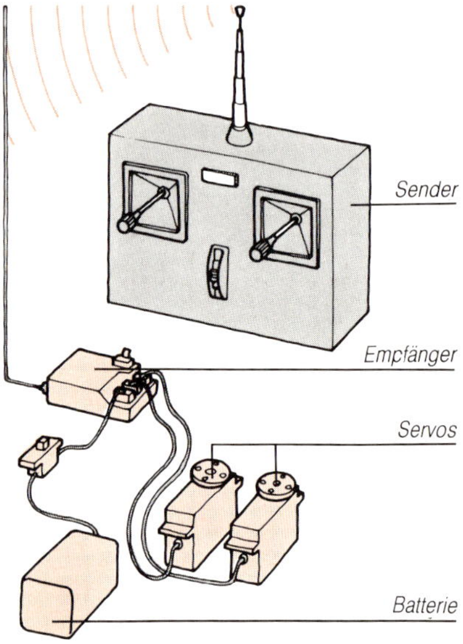

Wie die Funkfernsteuerung arbeitet
Der Empfänger empfängt und entschlüsselt das Signal vom Sender und übermittelt es dem Servo, das es in Bewegung umsetzt.

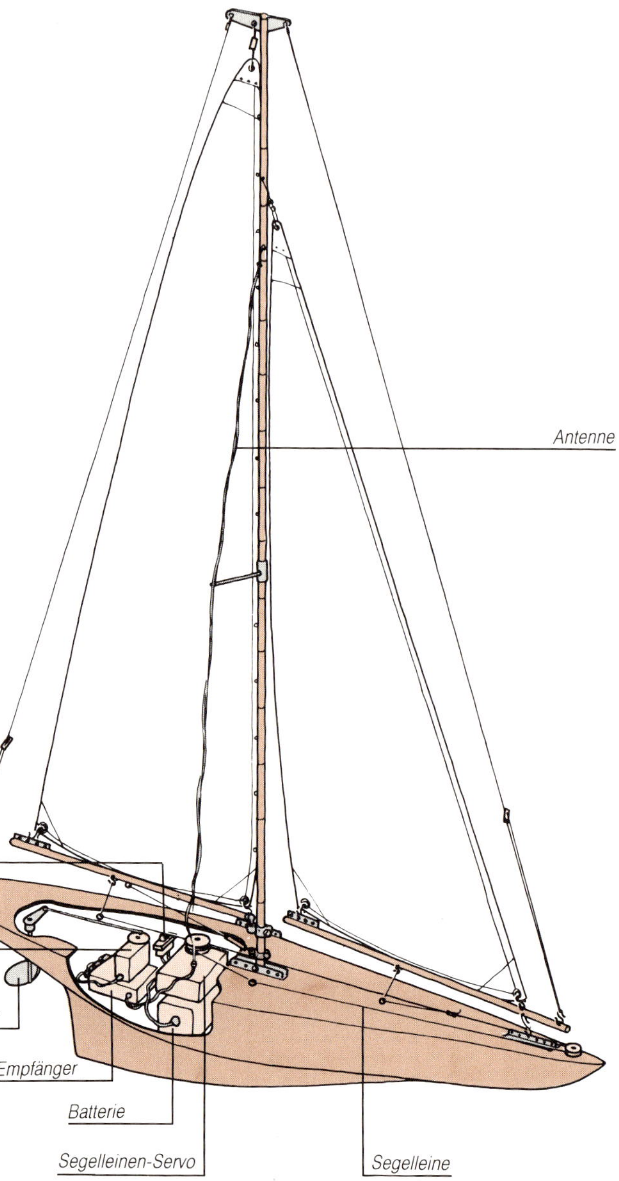

Segelboot *Ruder und Segelleine werden ferngesteuert.*

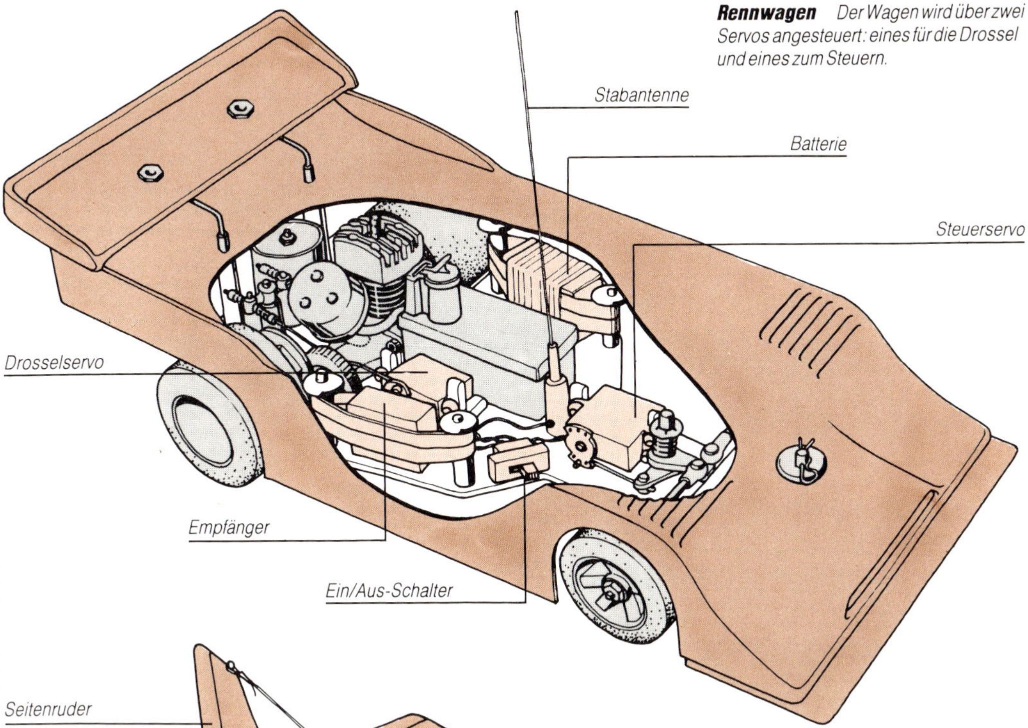

Rennwagen *Der Wagen wird über zwei Servos angesteuert: eines für die Drossel und eines zum Steuern.*

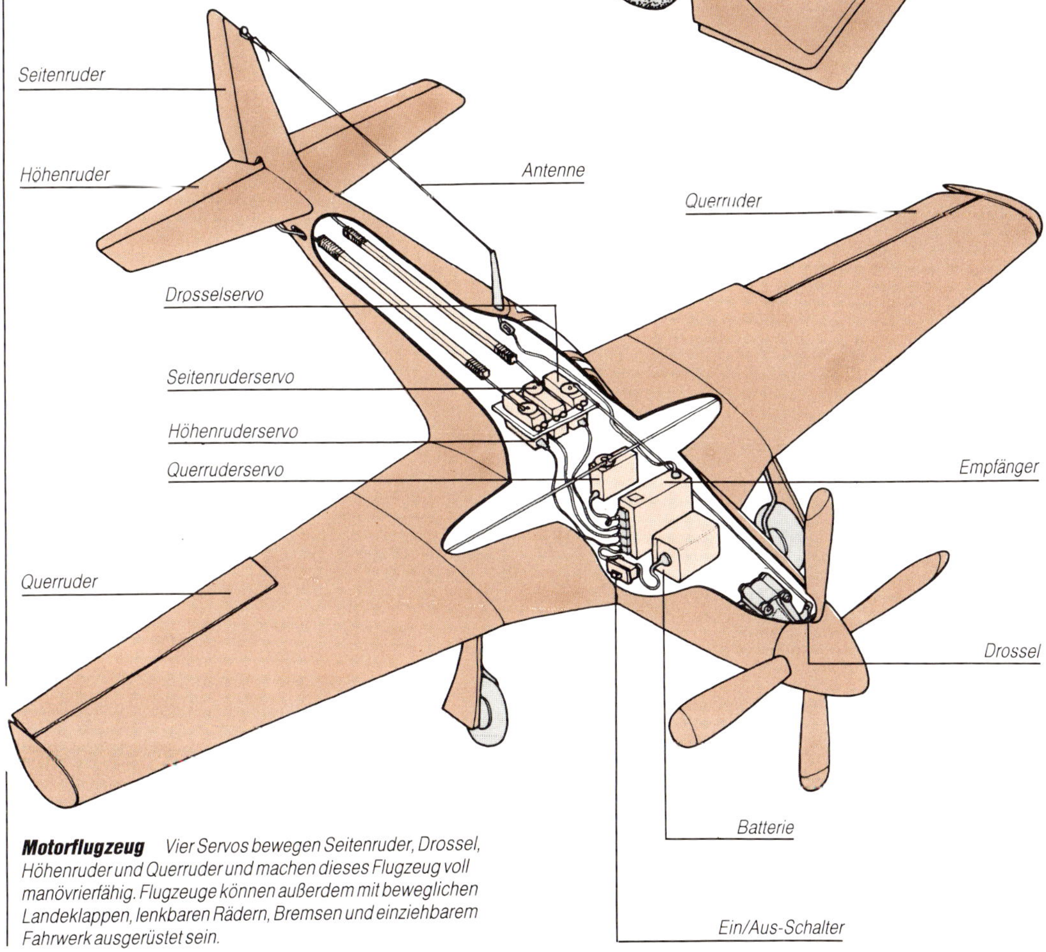

Motorflugzeug *Vier Servos bewegen Seitenruder, Drossel, Höhenruder und Querruder und machen dieses Flugzeug voll manövrierfähig. Flugzeuge können außerdem mit beweglichen Landeklappen, lenkbaren Rädern, Bremsen und einziehbarem Fahrwerk ausgerüstet sein.*

Sender

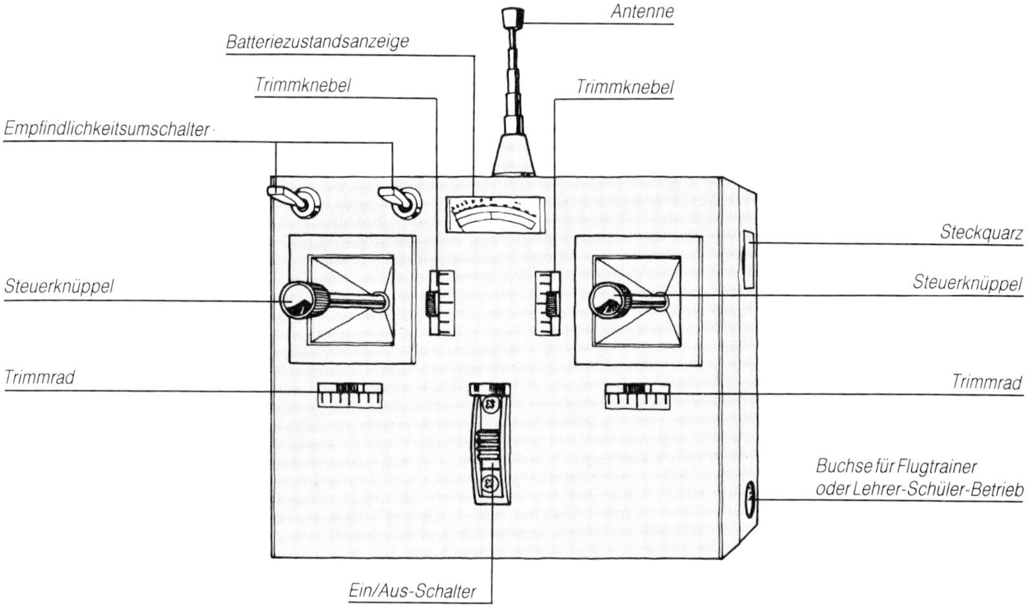

Der Sender ist sozusagen das Cockpit. Er ist ein leichter, rechteckiger Kasten, den man bequem in einer oder beiden Händen halten kann. Die Anzahl der Steuerknüppel und Hebel sowie die Richtungen, in denen sie sich bewegen lassen, richten sich nach der Anzahl der Kanäle und dem Modelltyp. Ein Sender mit zwei Steuerknüppeln, von denen sich einer zum Steuern von rechts nach links, der andere für die Drossel von oben nach unten bewegen läßt, erlaubt die vollständige Kontrolle eines Autos oder eines Motorbootes. Bei manchen Sendern ist der Steuerknüppel durch ein Rad ersetzt. Ein Sender für vollständige Steuerung eines Motorflugzeuges muß vier Kanäle haben, für Seitenruder, Höhenruder, Querruder und Motordrossel. Die häufigste Vierkanalanlage ist mit zwei Steuerknüppeln ausgerüstet, jeder läßt sich waagerecht und senkrecht sowie in jedem Winkel zwischen 360° frei bewegen, um gleichzeitig zwei Servos ansteuern zu können. Die Steuerknüppel für die Richtungskontrolle neutralisieren sich von selbst – wenn man den Steuerknüppel losläßt, kehrt er zur Ausgangsstellung zurück, bei der das jeweilige Ruder neutral steht. Der Steuerknüppel für die Drossel ist meistens mit einer Raste versehen, so daß er ohne Fingerdruck in der vorgegebenen Position bleibt. Neben den Steuerknüppeln sind die zugehörigen feststellbaren Trimmruder. Sie werden zur Veränderung der Grundstellung der Ruder verwendet, um kleine Korrekturen beim Geradeausflug und der Lage des Flugzeugs vorzunehmen. Die Trimmung sollte nicht fortwährend benutzt werden. Wenn man bemerkt, daß sie zu häufig nötig ist, muß das Rudergestänge zwischen Steuerfläche und Servo nachgestellt werden. Die Trimmung kann auch mit dem Steuerknüppel für die Drossel zusammen verwendet werden, um den Motor abzustellen.

Manche Sender haben einstellbare Empfindlichkeitsumschalter (Exponentialsteuerung), um den Bewegungsspielraum der Steuerfläche einzuschränken. Bei gleichbleibendem Spielraum des Steuerknüppels wird die Hublänge des Servos eingeschränkt. Die meisten Sender haben zwei Empfindlichkeitsschalter, je einen für die Querruder und das Höhenruder, oder für das Seitenruder und das Höhenruder eines Flugzeugs. Obwohl die Empfindlichkeitsumschalter meistens nur bei Hochleistungsflugzeugen in Wettbewerben benutzt werden, oder wenn die Wetterbedingungen das Modell für die normale Kontrolle überempfindlich machen, kann auch ein Anfänger sie einsetzen, um die Kontrollen während der Übungsperiode unempfindlicher zu machen. Sie sind auch für luftakrobatische Übungen, wie eine Reihe langsamer Rollen, hilfreich, weil man die Querruder vorher einstellen und damit ein Übersteuern vermieden werden kann.

Sender sind in verschiedenen Funktionsstufen erhältlich. Der Ausdruck Funktionsstufen bezieht sich auf die Anordnung der Hauptfunktionen. Das sind die Steuerfunktionen, die die Richtung des Modells bestimmen. Bei Booten oder Autos ist nur die Steuerung Hauptfunktion, während bei Flugzeugen Höhenruder und Seitenruder oder Höhenruder und Querruder Hauptfunktionen sind (bei manchen Modellen ersetzen die Querruder für die Richtungskontrolle das Seitenruder). Wenn zwei Hauptfunktionen durch zwei Steuerknüppel geregelt werden, ist der Sender in Funktionsstufe I, regelt ein Steuerknüppel zwei Hauptfunktionen, ist der Sender in Funktionsstufe II. Sender mit nur einer Hauptfunktion werden in die Funktionsstufe I eingeordnet.

Die verschiedenen Funktionsstufen erfordern unterschiedliche Handhabung, deshalb wählt man einen Sender, der geeignet erscheint und zur natürlichen Koordinationsfähigkeit paßt. Manche Sender haben einen Flugtrainer- oder Lehrer-Schüler-Anschluß: er erlaubt einem Ausbilder, seine Ausrüstung am Gerät des Anfängers anzuschließen und notfalls einzugreifen.

Sendersysteme

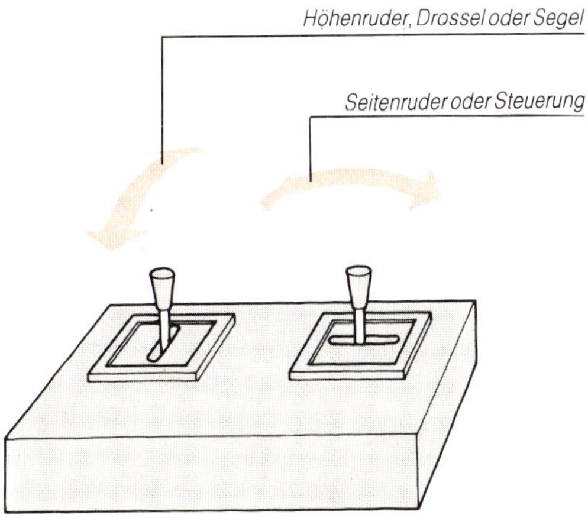

Zweikanal-Sender mit zwei Steuerknüppeln in Funktionsstufe I

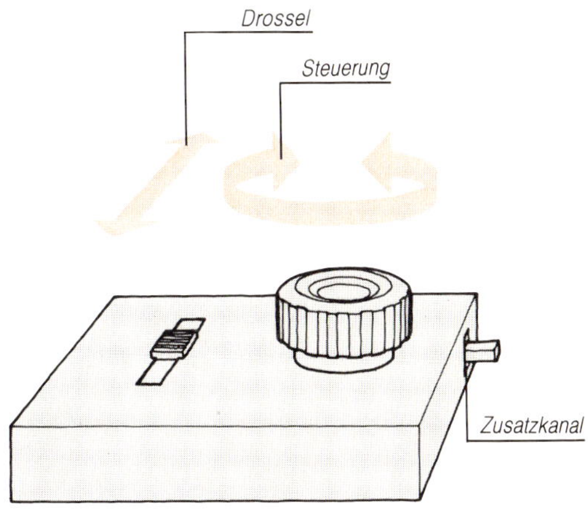

Dreikanal-Sender für Auto oder Boot in Funktionsstufe I

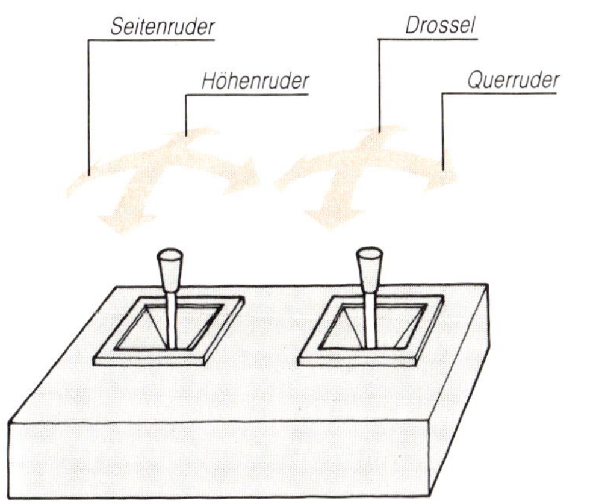

Vierkanal-Sender mit zwei Steuerknüppeln in Funktionsstufe I

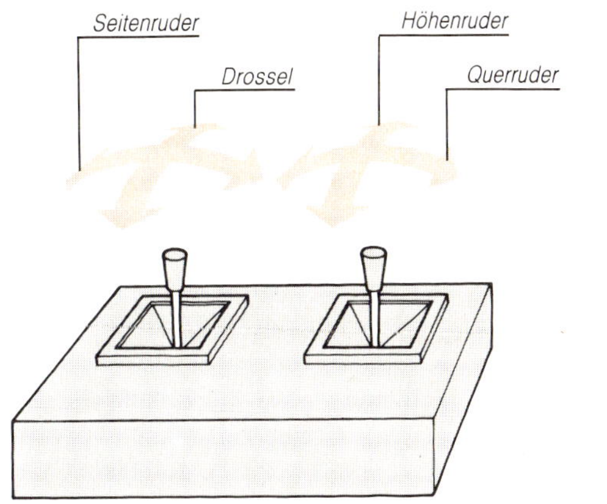

Vierkanal-Sender mit zwei Steuerknüppeln in Funktionsstufe II

Frequenzen

Die meisten Sender arbeiten im 27-MHz-Band, obwohl manche Sender Einsteckmodule für andere Frequenzbänder aufnehmen können. In Deutschland wurden für die Fernsteuerung folgende Frequenzen freigegeben: 27 MHz, 35 MHz und 40 MHz. Das 27-MHz-Band ist zunehmend Störstrahlungen vom CB-Funk und anderen Benützern ausgesetzt, und deshalb wurde vorgeschlagen, das 35-MHz-Band nur für den Modellflug zu reservieren.

Jedes Band ist in mehrere Normfrequenzen unterteilt, die mit Kennfarben ausgezeichnet sind. Eine spezielle Frequenz kann im selben Gebiet immer nur von einem Modell zur gleichen Zeit verwendet werden. Wenn zwei Modelle über dieselbe Frequenz angesteuert werden, können sich ihre Signale überlagern und die Modelle abstürzen. Man sollte deshalb nur dann senden, wenn man sich vergewissert hat, ob die Frequenz frei ist. Viele Clubs verlangen, daß ihre Mitglieder eine kleine Fahne in der entsprechenden Kennfarbe an der Senderantenne anbringen, die deutlich zeigt, auf welcher Frequenz sie senden.

Frequenzkanal-Tabelle

1	2	3	4	5	6	7	8	9	10	11	12	13	14	15	16
17	18	19	20	21	22	23	24	25	26	27	28	29	30	31	32

Das 27-MHz-Band (für Flug-, Schiffs- und Automodelle zugelassen)

61	62	63	64	65	66	67	68	69	70	71	72	73	74	75	76
77	78	79	80												

Das 35-MHz-Band (nur für Flugmodelle zugelassen)

50	51	52	53

Das 40-MHz-Band (für Flug-, Schiffs- und Automodelle zugelassen)

Einbau der Anlage

Die Empfangsanlage sollte so eingebaut werden, daß sie leicht zugänglich und das Modell gut ausbalanciert ist. Die meisten Baupläne nehmen darauf Rücksicht, aber falls das nicht der Fall ist, hält man sich an folgende Richtlinien: Man baut die Batterie als schwersten Teil vor den anderen Komponenten ein, damit sie bei einem Aufprall nach vorne stößt und die anderen Teile nicht beschädigt. Der Empfänger wird hinter der Batterie und die Servos hinter dem Empfänger eingebaut. Autos haben weniger Platz zur Unterbringung der Fernsteueranlage, und es gibt normalerweise nur eine mögliche Anordnung (siehe Seite 231). Damit die Anlage in einem Boot trocken bleibt, wird alles einschließlich der Servos in einer Plastikbox untergebracht.

Bevor man irgendein Bauteil an seinem Platz befestigt (siehe Seiten 270, 282 und 306), überprüft man die Gewichtsverteilung des Fahrzeugs. Bei einem Flugzeug muß auch das Rudergestänge berücksichtigt werden, indem es vorübergehend mit Klebeband befestigt wird. Die Gewichtsverteilung kann man durch leichtes Verschieben der Batterie oder der Servos nach vorn oder hinten regulieren.

Empfänger

Der Empfänger ist ein sehr empfindliches Bauteil, das vor Vibrationen oder Beschädigungen geschützt werden muß, vor allem bei einem Absturz oder einer harten Landung. Er darf nie ungesichert sein. Obwohl er nicht fest im Fahrzeug eingebaut werden sollte, weil man ihn vielleicht herausnehmen muß, um den Quarz auszutauschen, sollte er von allen Seiten mit festem Schaumgummi eingepackt werden.

Den Ein/Aus-Schalter des Empfängers bringt man so im Inneren des Modells an, daß er nicht aus Versehen berührt werden kann, wenn das Modell in der Hand gehalten wird. Am besten befestigt man ihn am Behälter eines Servos. Falls der Zugang schwierig ist wird eine Schalterverlängerung angebracht, die, vom Auspuff entfernt, durch ein kleines Loch in der Seite des Fahrzeugs herausragen sollte.

Die Empfängerantenne darf keine Metallteile berühren und muß von der Batterie und den Servos entfernt untergebracht werden, um Interferenzen zu vermeiden. Bei einem Flugzeug sollte die Antenne ganz ausgezogen und auf direktem Weg aus dem Rumpf herausgeführt werden. Die Antenne niemals kürzen oder im Inneren aufwickeln, weil das die Reichweite des Empfängers verringert. Um eine zu starke Beanspruchung der Verbindungsstelle zwischen Empfänger und Antenne zu vermeiden, läßt man die Antenne im leichten Bogen verlaufen und befestigt sie direkt innerhalb des Rumpfes an einem Plastikknebel. Am Antennenende biegt man eine Öse und befestigt sie mit Gummiband an einem Stift oben am Seitenleitwerk. Das Gummiband sollte die Antenne leicht unter Spannung halten.

Falls eine lange Antenne sich als unpraktisch erweist, verwendet man für Boote oder Autos eine Stabantenne mit kürzerer Operationsreichweite. Zum Einbau ein Stück von gleicher Länge wie die Stabantenne von der ursprünglichen Empfängerantenne an die Basis der Stabantenne löten. Den biegsamen Teil mit einem Mindestdurchmesser von 40 mm aufrollen und im Inneren des Modells lassen. Boote mit hohen Masten benötigen keine Stabantenne. Die Empfängerantenne wird einfach am Mast entlanggeführt.

Batterien

Eine Funkfernsteueranlage ist mit zwei Batterien ausgerüstet, eine für den Sender und eine zweite für den Empfänger und die Servos. Manche Anlagen arbeiten mit Trockenbatterien, andere verwenden NC-Akkus (Nickel-Cadmium-Batterien). Trockenbatterien sind preiswerter, müssen aber, wenn sie verbraucht sind, durch neue ersetzt werden. NC-Akkus können wieder aufgeladen werden und sind für solche Modellbauer praktisch, die ihre Anlage häufig benutzen.

1,5-Volt-Trockenbatterien sind zylinderförmig und werden in die schmalen Fächer einer Plastikbox geklemmt. Standardisierte Trockenbatterien können sowohl für den Sender als auch für den Empfänger verwendet werden, allerdings sind die Empfängerbatterien meistens schneller verbraucht, weil der Empfänger mehr Energie aufnimmt. Wenn man Batterien mit gleicher Lebensdauer bevorzugt, nimmt man für den Empfänger Alkali-Mangan-Zellen.

NC-Akkus gibt es mit Kapazitäten von 225 bis 1000 mAh (Milliamperestunden). Die meisten Fernsteueranlagen werden mit einer passenden Batterie und einem Ladegerät geliefert. Beim Aufladen sollte unbedingt die Gebrauchsanweisung des Herstellers genau beachtet werden. In der Regel beträgt der Ladestrom eines NC-Akkus ein Zehntel des Kapazitätswertes. So muß also ein 225-mAh-Akku an ein Ladegerät angeschlossen werden, das einen Ladestrom von 22,5 Milliampere liefert. Ist der Akku vollständig leer, dauert der Ladevorgang 12 bis 14 Stunden (es schadet einem Standardakku nicht, wenn er etwas länger als die angegebene Zeit aufgeladen wird). Ist er nicht vollständig leer, lädt man den Akku etwa achtmal so lange auf, als ihm Strom entnommen wurde, oder verwendet ein Lade-Entlade-Gerät, das die Batterie entleert, und lädt sie dann über die vorgeschriebene Zeitspanne auf. Manche Modellbauer bevorzugen NC-Batterien zum Schnelladen (Sinterzellen), die in nur 10 Minuten wieder aufgeladen sind.

Alle Batterien müssen gut befestigt werden. Um Batterien im Auto zu befestigen, verwendet man Gummibänder oder doppelseitig beschichtetes Klebeband (siehe gegenüberliegende Seite). Batterien in Flugzeugen sollten in Schaumgummi eingewickelt und in einem Batteriefach verstaut werden. Batterien für Boote müssen wasserdicht untergebracht werden.

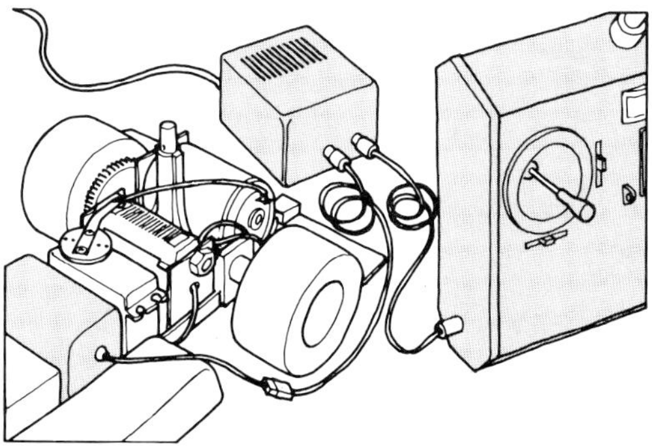

Laden eines NC-Akkus *Das Ladegerät wird an die Batteriebuchse des Senders und an die Buchse der Empfängerbatterie angeschlossen. Das Ladegerät wird die vorgeschriebene Zeit über an einer Haushaltssteckdose oder an einer Autobatterie angeschlossen.*

Servomotoren

Es gibt zwei grundlegende Arten von Servomotoren. Das Rotationsservo hat eine Steuerscheibe oder einen Steuerarm, der in einem Winkel von etwa 75° vorwärts und rückwärts rotiert. Das Linearservo hat zwei Schieber, die sich in jeweils entgegengesetzter Richtung bewegen.

Das Rotationsservo, das häufig in Flugzeugen verwendet wird, ist vielseitiger. Scheibe und auch Arm haben mehr als eine Befestigungsposition für das Steuergestänge, wobei der Bewegungsradius bei den äußeren Löchern größer, bei den inneren kleiner ist Hinzu kommt, daß das Gehäuse des Rotationsservos in verschiedenen Winkeln zur Richtung des Steuergestänges angebracht werden kann. Wenn Scheibe oder Arm sich drehen, bewegt sich aber das Gestänge von einer Seite zur anderen, deshalb muß im Modell genügend Bewegungsspielraum bleiben. Das Linearservo macht keine seitliche Bewegung, deshalb wird es oft bei eingeschränktem Platz verwendet. Allerdings kann es nur parallel zum Gestänge eingebaut werden, und der Schieberausschlag ist nicht einstellbar. Um den Ausschlag des Gestänges zu verändern, muß man einen Umlenkhebel dazwischenschalten oder die Lage des Ruderhorns ändern.

Sowohl Rotations- als auch Linearservo sind in zwei Versionen erhältlich. Ein Rotationsservo dreht sich beim Ausschlag des Steuerknüppels am Sender entweder im oder gegen den Uhrzeigersinn, ein Arm des Linearservos bewegt sich nach vorn, während der andere sich nach hinten oder genau umgekehrt bewegt. Diese Versionen erlauben es, die Verbindung zwischen Servo, Gestänge und Steuerflächen auf verschiedene Weise zu gestalten (siehe Seiten 239 und 240).

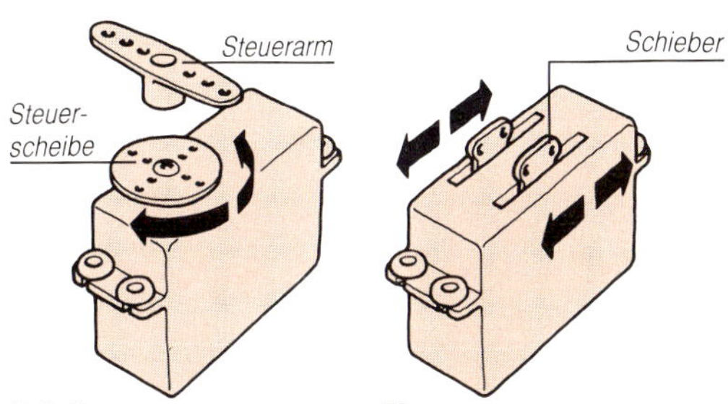

Rotationsservo ***Linearservo***

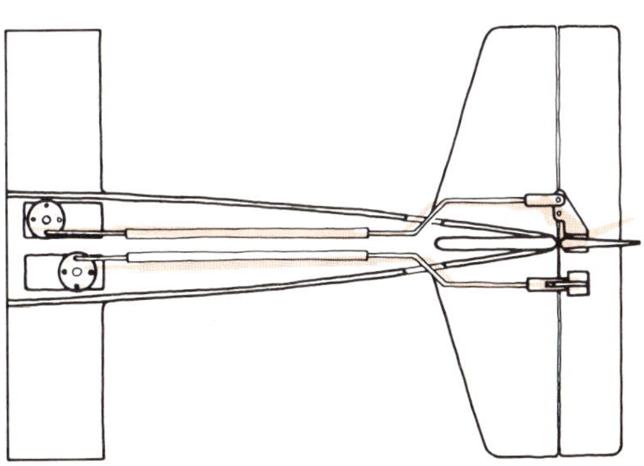

Einbau eines Rotationsservos *Um sicherzustellen, daß für die seitliche Auslenkung des Gestänges genügend Platz ist, muß notfalls ein seitlicher Schlitz in den Flugzeugrumpf geschnitten werden.*

Einbau der Servos

Am besten wird das Servo in einer Servohalterung untergebracht, die an jeder Fahrzeugseite an eine Hartholzstrebe geschraubt wird. Bei den Halterungen werden Gummitüllen mitgeliefert, die die Übertragung von Vibrationen auf das Servo verhindern. Die Tüllen dürfen nicht zusammengepreßt werden. Falls in das Modell keine solche Halterung paßt, schraubt man die Servos einzeln an Holzspanten oder Halterungen des Fahrzeugs. Um die Vibrationen aufzufangen, sollten Gummitüllen verwendet werden, man beachte aber dabei, daß das Servo die Konstruktion an keiner Stelle berührt. Falls Schrauben sich als unpraktisch erweisen, kann man Servoband (doppelseitig mit Kleber beschichtetes Schaumgummiband) verwenden.

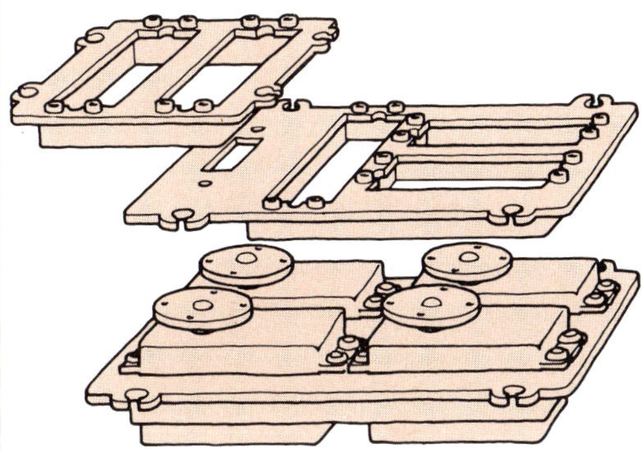

Servohalterungen *Im Handel sind Plastikhalterungen für zwei, drei oder vier Servos erhältlich.*

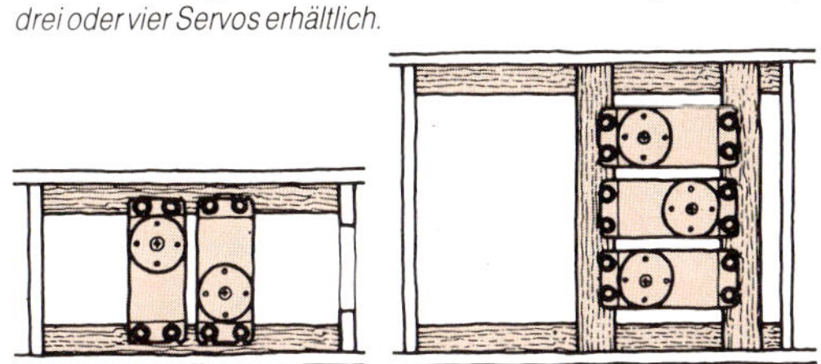

Einzelbefestigung von Servos *Jedes Servo wird an Holzstreben geschraubt; in großräumigen Fahrzeugen an Querstreben.*

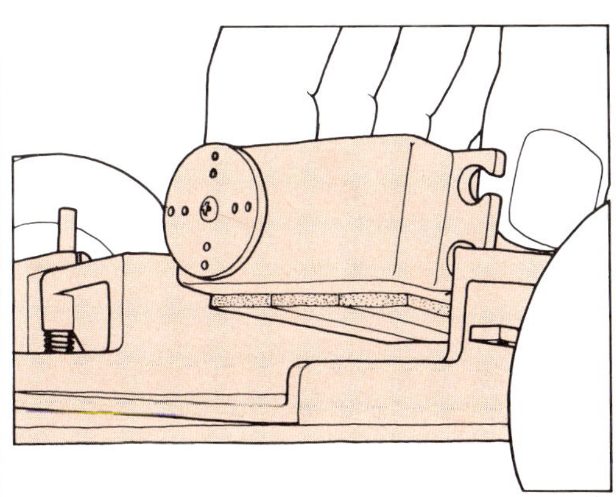

Verwendung von Servoband *Das Schutzpapier von einer Seite abziehen und das Band auf das Servo drücken. Dann das andere Papier abziehen und das Servo an seinen Platz pressen.*

Einbau von Querruderservos

Das Servo für die Querruder wird in der Flügelmitte untergebracht. Bei Querrudern mit eingebautem Steuergestänge wird das Servo auf die Seite gelegt, damit das Steuergestänge in gerader Linie verläuft. Bei Querrudern mit freiliegendem Steuergestänge, das in diesem Fall kürzer ist, wird das Servo senkrecht eingesetzt. Bei einem Flügel aus Hartschaum muß man den Raum für das Servo herausschneiden. Bei Flügeln in Rippenbauweise darf zu diesem Zweck auf keinen Fall eine Rippe weggeschnitten werden.

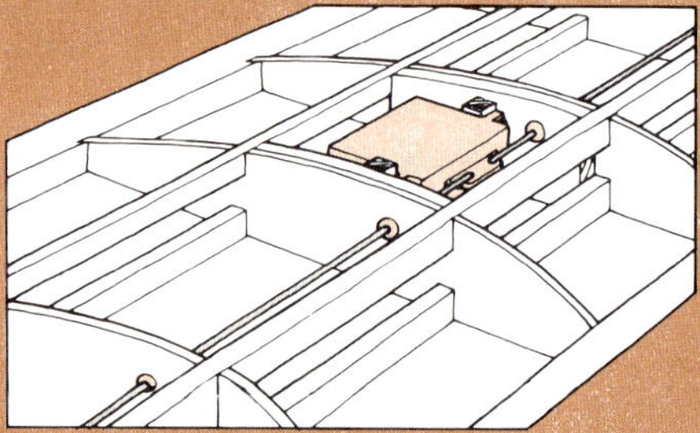

Servo mit eingebautem Querrudergestänge

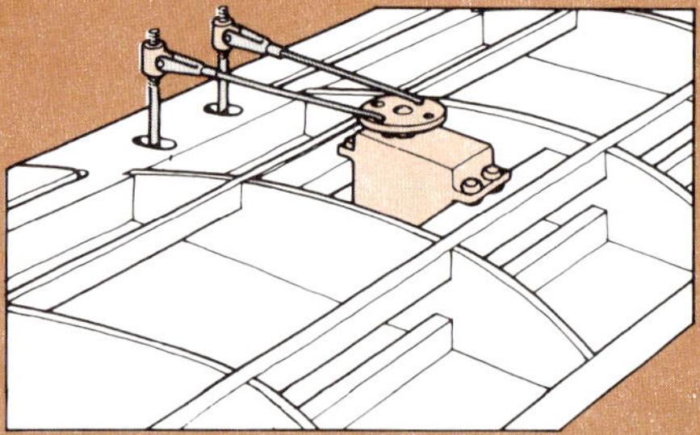

Servo mit freiliegendem Querrudergestänge

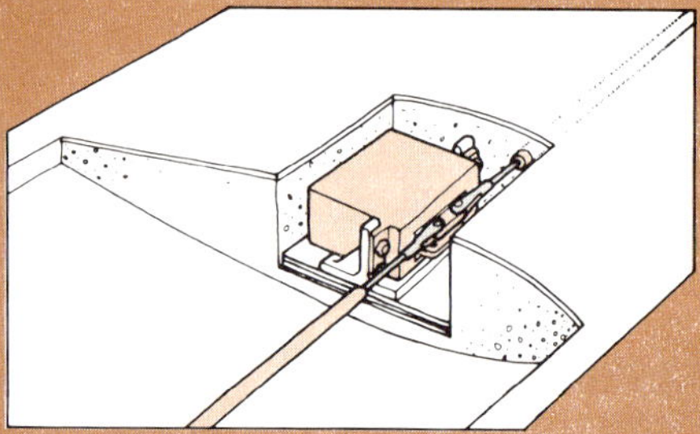

Servo mit eingebautem Querrudergestänge in einem Hartschaumflügel

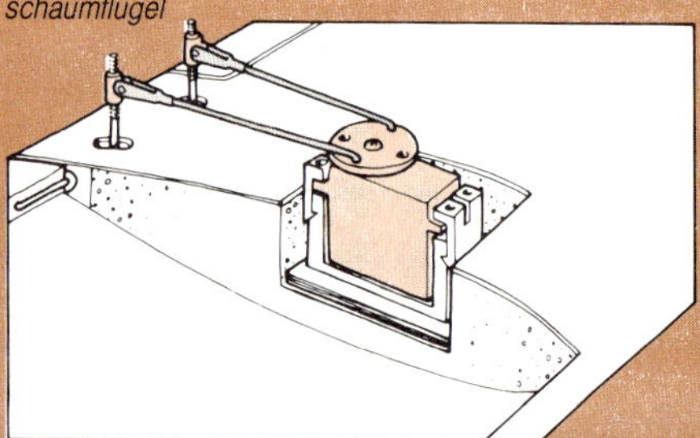

Servo mit freiliegendem Gestänge in einem Hartschaumflügel

Steuergestänge

Das Steuergestänge zwischen Servo und Steuerfläche wird nicht auf allen Bauplänen gezeigt. In diesem Fall muß man sich überlegen, welche Art verwendet, wie es verlaufen und welche Länge es haben soll. Man unterscheidet zwei Arten: feste Schubstangen und Bowdenzüge. Bei langen Verbindungen sollten Schubstangen verwendet werden. Zur Regelung der Drossel, eines Bootsruders oder der Bugradsteuerung eines Flugzeugs mit kurzen Steuerverbindungen sind Bowdenzüge am besten geeignet. Am häufigsten werden von allen Steuergestängen Schubstangen aus Balsaholz verwendet. Sie sind leicht, aber stabil und brechen bei einem Absturz, wodurch eine ernsthafte Beschädigung des Servos vermieden wird. Bei kurzen Verbindungen werden auch oft Drahtschubstangen verwendet, aber sie können auch als eingebautes Querrudergestänge bei einem Flügel in Spantenbauweise benutzt werden, wobei der Draht durch die Spanten geführt wird.
Die Schubstange kann direkt am Servo oder am Ruderhorn der Steuerfläche (siehe unten) oder unter Verwendung eines Verbindungsstücks eingehängt werden (siehe gegenüberliegende Abbildung). Auf der Servoseite haben Bowdenzüge einen Gabelanschluß oder ein Messingverbindungsstück, am anderen Ende einen Gabelanschluß.

Bestimmung der Länge des Rudergestänges

Zunächst die Länge des Rudergestänges beim Ausbalancieren des Fahrzeugs grob schätzen (siehe Seite 234) und die Teile mit Klebeband verbinden (sie sollten länger als nötig sein). Sobald das Servo eingebaut ist, kann man die Länge des Rudergestänges exakt bestimmen. Zu Beginn die Steuerfläche und das Servo in Grundstellung bringen. Das Gestänge mit dem Ruderhorn verbinden und das andere Ende auf die richtige Länge zuschneiden.

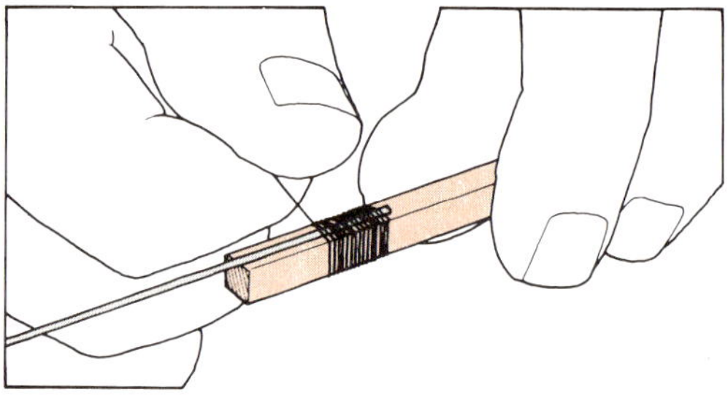

Befestigung einer Schubstange aus Balsaholz *25 mm von jedem Ende der Schubstange entfernt ein Loch bohren. Das Ende des einen Drahtstücks umbiegen und in das Loch stecken. Mit Faden festbinden. Das andere Drahtstück im zweiten Loch ebenso befestigen. Den Faden mit Balsakleber bestreichen.*

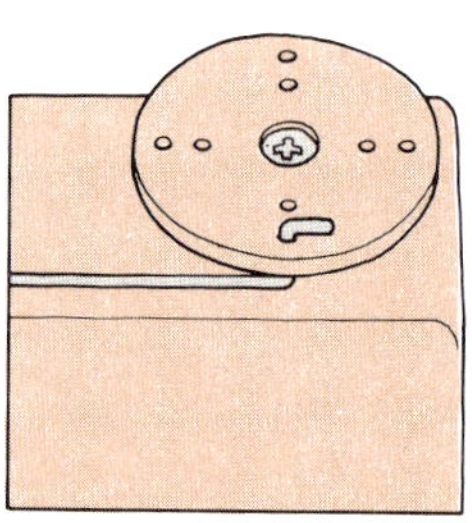

Einhängen des Gestänges am Servo *Den Draht rechtwinklig umbiegen und von oben oder unten in die Steuerscheibe des Servos einhängen. Zur Sicherheit den Draht noch einmal umbiegen, damit er nicht herausfällt.*

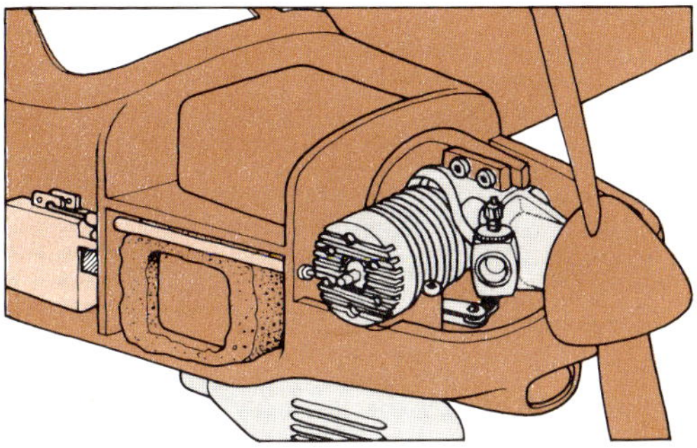

Drahtschubstange *Damit die Schubstange an Stellen mit eingeschränkter Bewegungsfreiheit nicht steckenbleibt, wird sie durch ein am Fahrzeug befestigtes Nylonrohr geführt.*

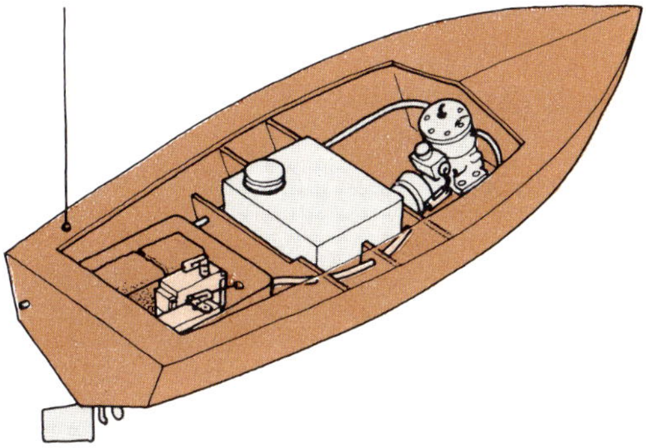

Bowdenzug *Zuerst das Hüllröhrchen einbauen, dann den Kabelzug einführen. Ist er zu lang, verschiebt sich das Kabel; ist er zu kurz, berührt das Hüllröhrchen die Gabel, wenn das Servo sich ganz gedreht hat.*

Schutz des Drosselservos vor Beschädigungen

Der Steuerarm des Servos legt meistens einen weiteren Weg zurück als der Drosselarm. Um die Wegdifferenz aufzufangen, verwendet man eine im Zickzack gebogene Drahtschubstange oder einen Reduzierhebel.

Drahtschubstange

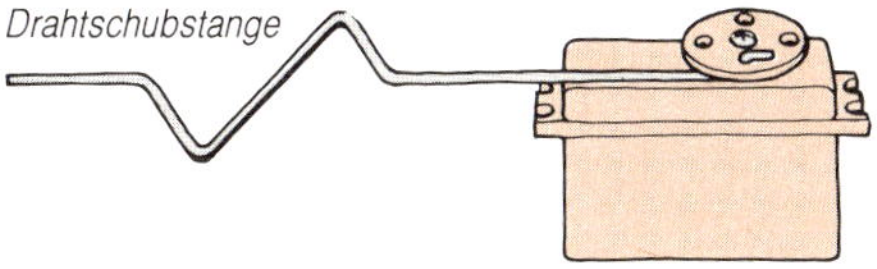

Umsetzer

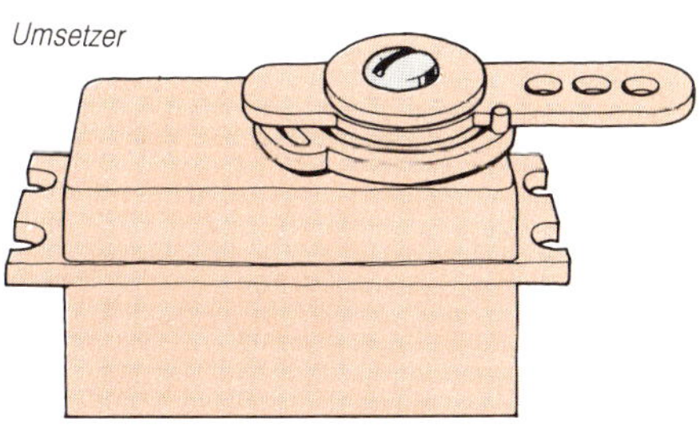

Verbindungsstücke für Schubstangen und Kabelzüge

Plastikanker: Den Anker auf das Ende der Drahtschubstange stecken, damit sie nicht vom Servo, von der Wendedocke oder vom Ruderhorn rutscht.

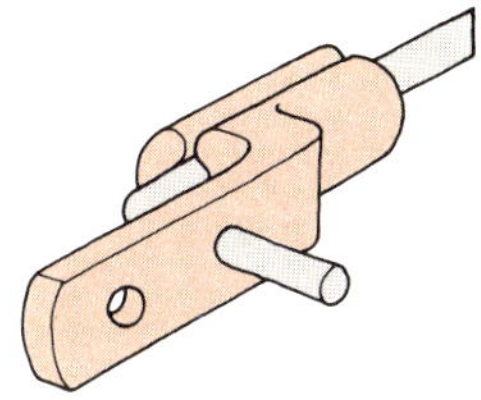

Gabelanschluß mit Gewinde: Zur Längeneinstellung des Gestänges kann die Gabel vor oder zurück geschraubt werden.

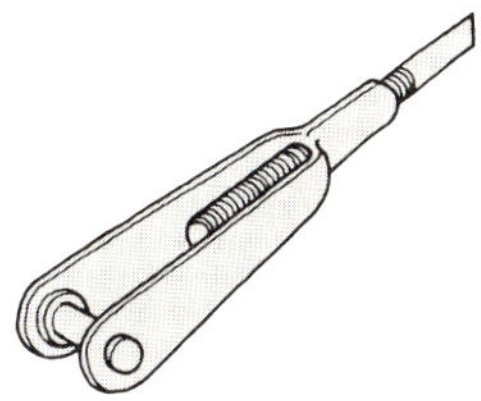

Metallgabel ohne Gewinde: Die Gabel an die Schubstange oder das Kabel löten.

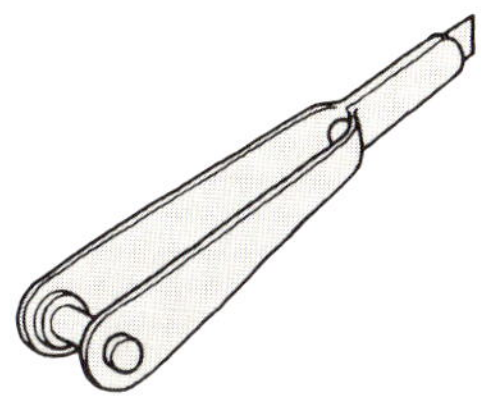

Nylongabel: Auf eine metallene Schubstange mit Gewinde aufschrauben oder mit einem Koppelglied an einem Kabel befestigen. Für den Drosselarm verwenden, um einen Metall-Metall-Kontakt zu vermeiden, der Störstrahlung verursachen könnte.

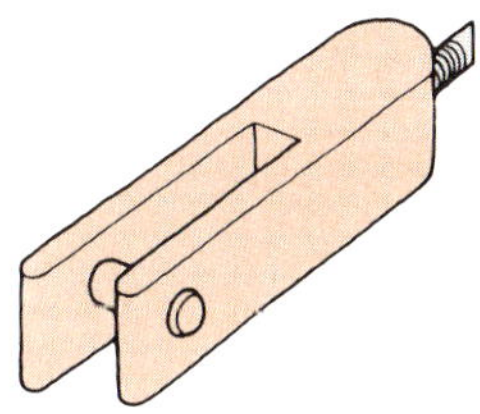

Koppelglied: Diese Vorrichtung verwenden, um Draht ohne Gewinde oder Kabel mit einer Gabel mit Gewinde auf der Seite der Steuerfläche zu verbinden.

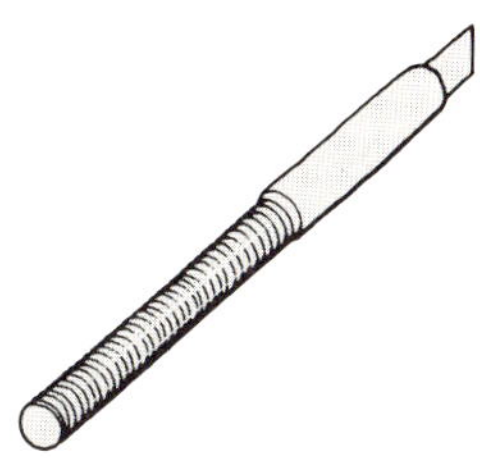

Kugelkopplung: Die Kugel am Steuerarm des Servos oder am Ruderhorn befestigen, die Kopplung auf die Schubstange aufschrauben. Zur Verbindung mit der Schubstange die Kopplung auf der Kugel einrasten lassen. Kugelkopplungen verringern die Vibrationen.

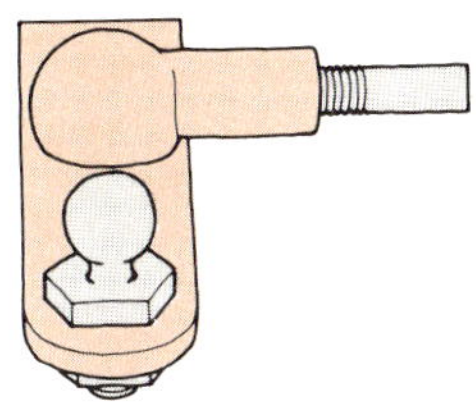

Messingverbindungsstück: Schubstange oder Kabel in das Verbindungsstück stecken und mit einer Schraube sichern. Das Verbindungsstück am Steuerarm des Servos einhängen und in den Haltebügel einrasten lassen.

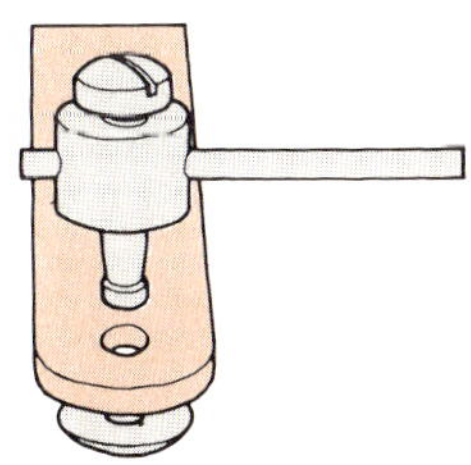

Umlenkhebel

Diese drehbar gelagerten Hebel sind meistens Teil des Steuergestänges und dienen dazu, die Bewegungsrichtung der Schubstangen zu verändern. Sie sind in einem Flugzeug mit eingebautem Querrudergestänge zu finden (siehe Seite 231), bei dem die Schubstange den Flügel entlangläuft, dann rechtwinklig abbiegt und mit dem Querruder verbunden ist. Umlenkhebel werden auch dann verwendet, wenn die Bewegungsrichtung der Steuerflächen entsprechend der Bewegung des Steuerknüppels am Sender verändert werden soll (siehe Seite 240). Die meisten haben mehr als eine Befestigung für das Steuergestänge, so daß die Schublänge eingestellt werden kann – bei den äußeren Löchern ist die Schublänge am größten.
Im Modell werden die Umlenkhebel so auf dünne Sperrholzstücke geschraubt, daß sie sich leicht bewegen lassen. Die Schubstangen werden an den Umlenkhebel genauso wie am Servo eingehängt. An den Umlenkhebeln werden die Schubstangen nur sehr selten mit Gabelanschlüssen befestigt, da zuwenig Spielraum ist. Um die beste mechanische Hebelwirkung zu erreichen, wird die Schubstange im rechten Winkel zum Arm des Umlenkhebels angesetzt.

Verschiedene Wendedocken

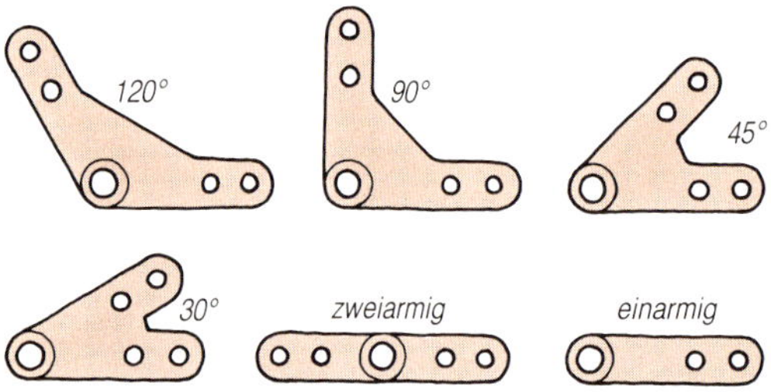

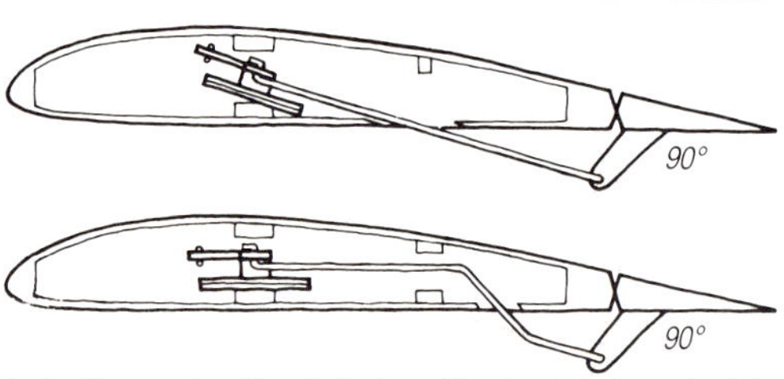

Befestigung einer Wendedocke *Die Wendedocke rechtwinklig zu einer gedachten Linie zwischen dem Scharnier und der Verbindungsstelle zwischen Ruderhorn und Schubstange anbringen, und zwar, wenn die Steuerfläche in Ruhestellung ist. Man kann die Schubstange auch biegen.*

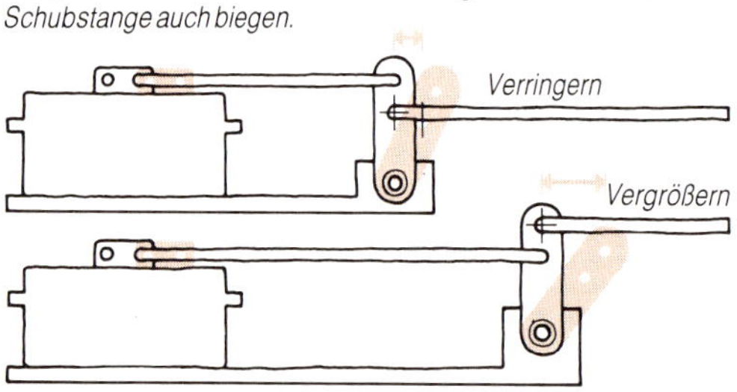

Verwendung einer einarmigen Wendedocke zur Vergrößerung der Schublänge *Die Schubstange zur Kontrollfläche in das Loch einhängen, das am weitesten vom Drehpunkt entfernt ist.*

Ruderhörner

Der Hebel an den Steuerflächen, an dem die Schubstangen und Kabel befestigt werden, heißt Ruderhorn. Die Ruderhörner sind starken Belastungen ausgesetzt und sollten deshalb gut festgeschraubt werden – niemals nur Leim allein verwenden. Manchmal werden sie mit einer Gegenplatte geliefert, die auf der gegenüberliegenden Seite befestigt wird, um den Schraubendruck zu verteilen.

Verschiedene Ruderhörner

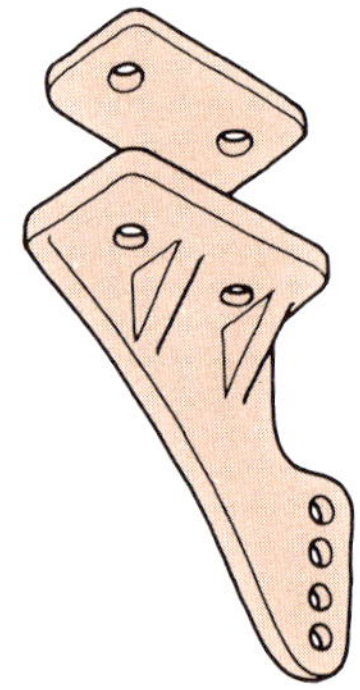

Standard-Ruderhorn: Es ist meistens aus Nylon und in kleinen, mittleren und großen Größen erhältlich.

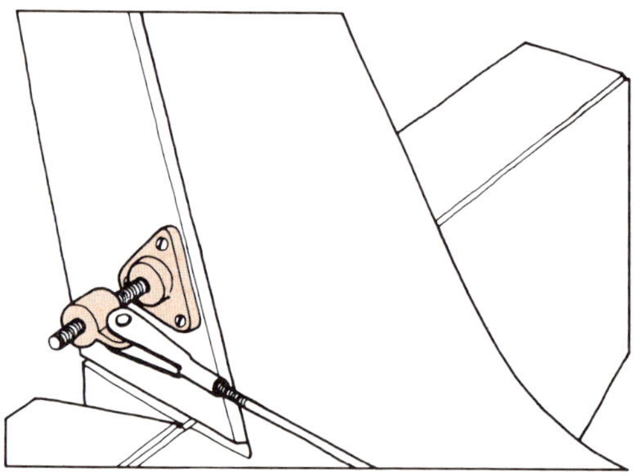

Ruderhorn mit Gewinde: Wird bei gepfeilten Leitwerken wie diesem Seitenruder verwendet, wenn die Scharnierkante die Bewegung des Ruderhorns beeinflussen und das Gestänge blockieren könnte.

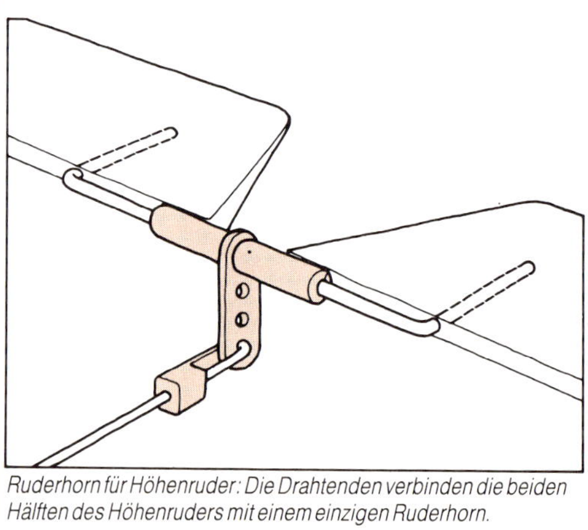

Ruderhorn für Höhenruder: Die Drahtenden verbinden die beiden Hälften des Höhenruders mit einem einzigen Ruderhorn.

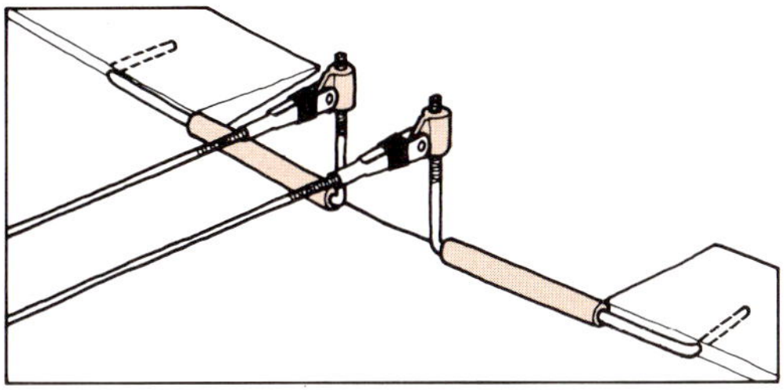

Schubstange mit Kardangelenk: Verwendung bei freiliegendem Querrudergestänge. Die Hülse am Flügel und den einen Arm am Querruder befestigen. Der Arm mit Gewinde dient als Ruderhorn.

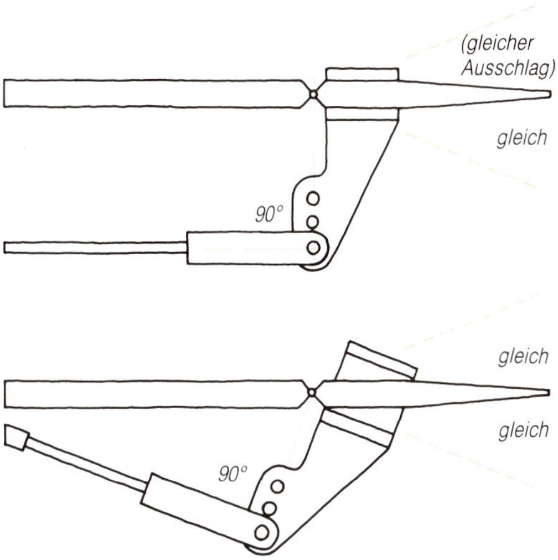

Befestigung des Ruderhorns *Damit die Steuerfläche nach beiden Seiten denselben Ausschlag macht, wird das Ruderhorn im rechten Winkel zur Schubstange oder dem Kabel angesetzt. Falls nötig, den Winkel mit Balsaholzkeilen ausrichten. Den Winkel nach Augenmaß oder mit einer Kartonschablone prüfen.*

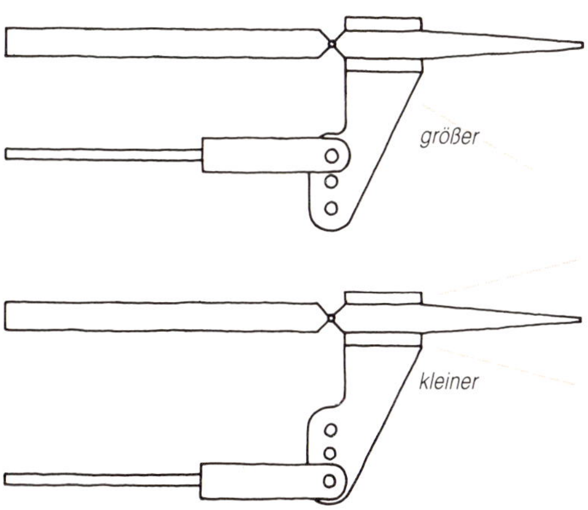

Einstellung der Ausschlagweite *Je näher die Schubstange an der Steuerfläche, desto größer ihr Ausschlag.*

Planung des Rudergestänges

Das Gestänge wird immer so angeordnet, daß es so direkt wie möglich verläuft. Außerdem sollte man sicherstellen, daß an allen Verbindungen ein Minimum an Reibung, aber auch kein Spiel auftritt. Wenn man das berücksichtigt, wird das Rudergestänge für die bestmögliche Auslenkung der Steuerflächen sorgen. Es sollte auch daran gedacht werden, daß ein gut konstruiertes Rudergestänge den zur Verfügung stehenden Platz äußerst sparsam verwendet.

Die Richtung, in der sich die Steuerfläche bewegt, wird von einigen Faktoren beeinflußt: von der Bewegungsrichtung des Servos (gegen den oder im Uhrzeigersinn oder vorwärts bzw. rückwärts, siehe Seite 235), von der Seite des Servo, auf der das Gestänge eingehängt wird, von der Lage des Umlenkhebels und von der Lage des Ruderhorns an einem Ruder. Aus diesem Grund kann das Rudergestänge auf verschiedene Arten eingebaut werden.

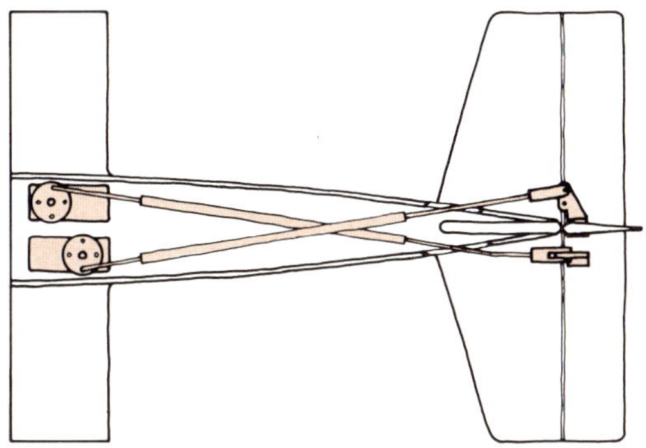

Bau eines direkten Rudergestänges *Bei eingeschränktem Platz die Schubstangen über Kreuz verlegen, um den Weg so direkt wie möglich zu halten.*

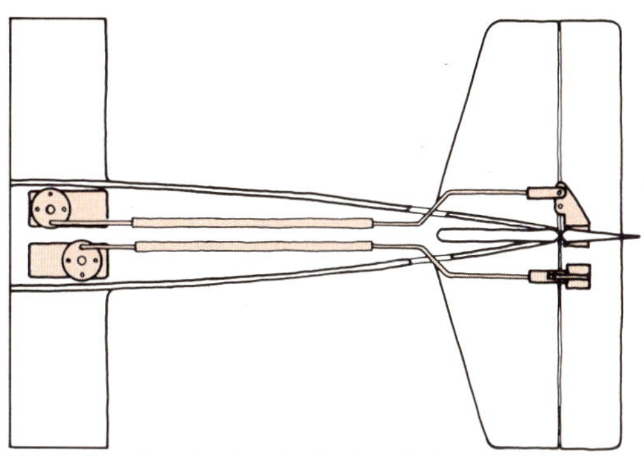

Eine andere Möglichkeit ist, den Draht am Ende umzubiegen.

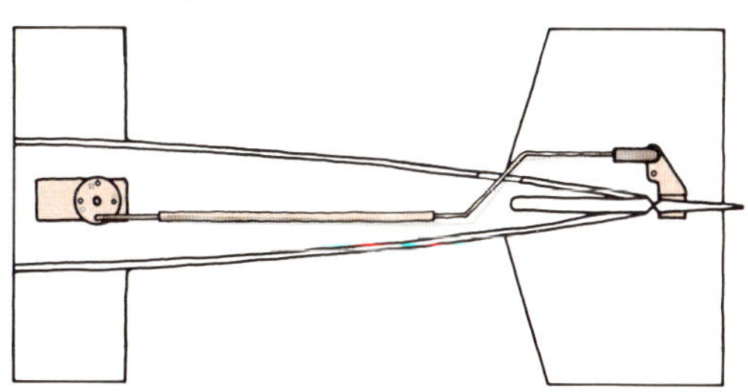

Den Draht einer dünnen Schubstange nicht zu stark umbiegen, sonst verbiegt sie sich bei Schub- oder Zugbelastung.

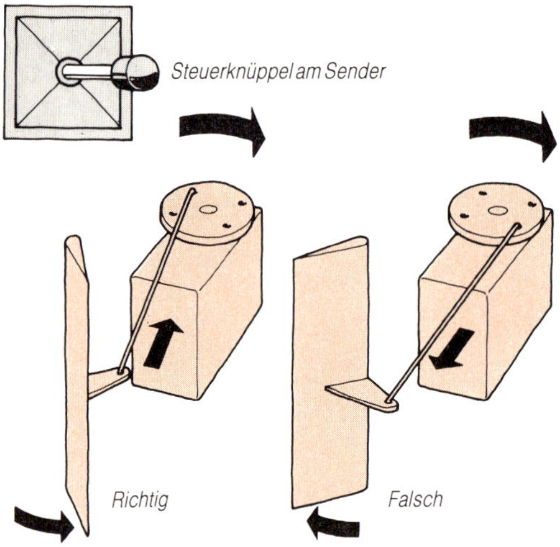

Überprüfung der Lage des Rudergestänges *Die Richtung des Ruderausschlags hängt davon ab, wie das Gestänge eingehängt ist. Wird der Steuerknüppel nach rechts bewegt, sollte sich auch das Ruder nach rechts bewegen.*

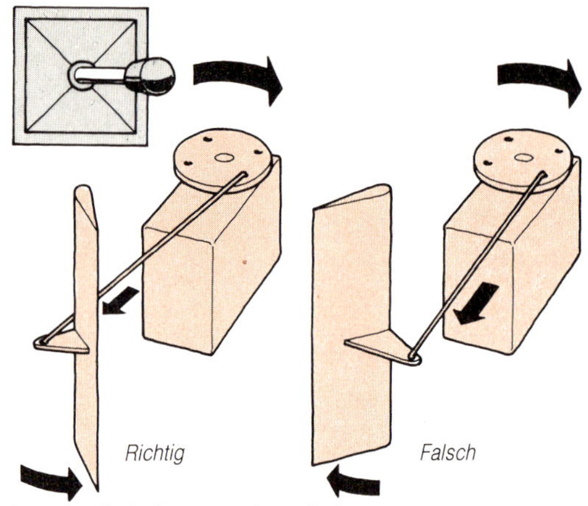

Lage des Ruderhorns an einem Ruder *In diesem Fall bewegt sich das Ruder nach rechts, wenn das Ruderhorn auf der linken Seite befestigt ist, und umgekehrt.*

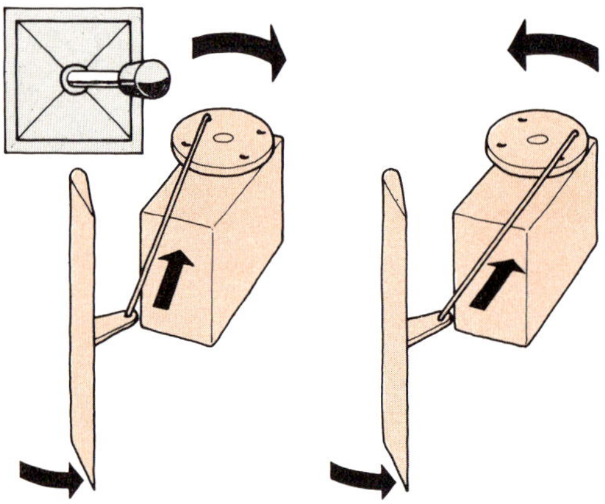

Rechts- und linksdrehende Servos *Beide Servos bewegen das Ruder nach rechts, wenn das Gestänge an den entgegengesetzten Seiten befestigt wird.*

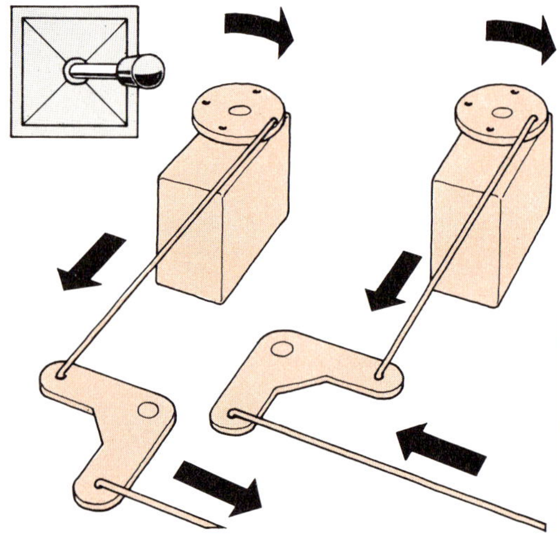

Verschiedene Stellungen der Wendedocke *Die Wendedocke bewegt die Schubstange je nach ihrer Stellung in die eine oder die andere Richtung.*

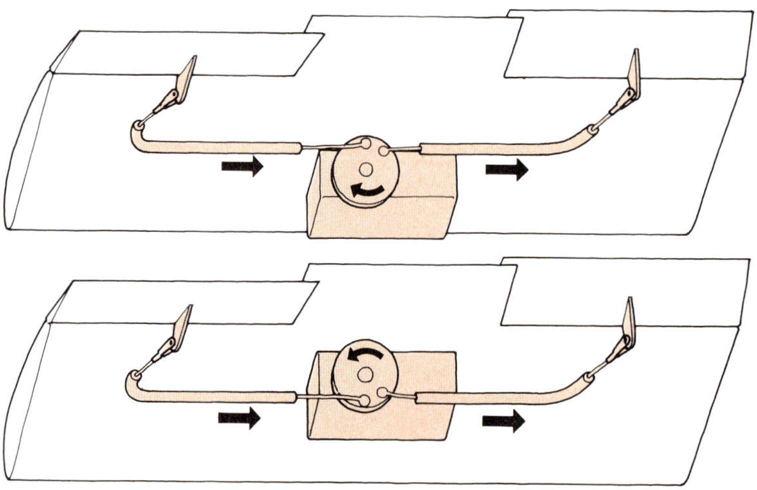

Platz sparen *Beide Kombinationen von Servo und Rudergestänge bewegen die Querruder in derselben Art. Es ist die Anordnung zu wählen, die beim Modellflugzeug am besten paßt.*

Flugzeuge

Wahl eines Modells

Doppeldecker sind wegen ihrer guten Langsamflugeigenschaften besonders beliebt.

Flugzeuge sind die am schwierigsten zu bauenden Modelle, denn sie müssen fliegen können. Das Risiko eines Fehlschlags ist größer als bei anderen Modellen. Falls man noch keine Erfahrung im Modellflugzeugbau besitzt, sollte man zunächst mit einfachen Flugzeugen beginnen und dann zu schwierigeren und damit gewöhnlich auch kostspieligeren Modellen übergehen. Für den Anfang bietet sich ein Bausatz an, der sich leicht zusammensetzen läßt. Er sollte aber robust sein, weil die ersten Flüge möglicherweise mit etwas harten Landungen enden könnten. Ein Modell, das nach seinem ersten Flug schon in Trümmern ist, wird keine große Ermutigung für das neue Hobby sein. Wenn das Hauptinteresse mehr dem Modellfliegen und weniger dem Modellbauen gilt, dann beginnt man zweckmäßigerweise mit einem Baukastenmodell, bei dem die meisten Bauteile schon fertig vorgearbeitet sind und nur noch zusammengebaut werden müssen. Das Modell ist dann zwar einfach zu bauen, verursacht aber durch den fertigen Bausatz auch mehr Kosten.

Wenn man Freude an der Zusammenbauarbeit hat, dann kauft man sich einen Bausatz für ein Flugzeug in Rahmenbauweise. Es gibt viele verschiedene Flugzeugtypen, bei denen die herkömmliche Balsaholz-Rahmentechnik verwendet wird.

Am billigsten in Einkauf und Unterhalt sind die Modelle mit den einfachsten Antriebsarten, also meistens Segelflugzeuge oder kleine Flugzeuge mit Gummimotor. Teurer sind Flugzeuge, die mit Verbrennungs-, Elektro- oder CO_2-Motoren ausgerüstet werden können. Elektro- oder CO_2-Motoren laufen leise und sind einfach zu handhaben und zu pflegen, aber bei der größeren Anzahl von Modellen sind Glühkerzen- oder Dieselmotoren vorgesehen. Ganz gleich, für welche Antriebsart man sich entscheidet, der Motor sollte auf keinen Fall zu stark sein. – Bei Verbrennungsmotoren sollte der Hubraum höchstens 2,5 ccm betragen.

Ein Fesselflugmodell ist ein recht guter erster Schritt auf dem Weg zum Motorflug. Ein solches Modell fliegt im Kreis und wird über zwei Leinen gesteuert, die der Pilot in der Hand hält. Meistens hat es einen einfachen Profilrumpf und wird von einem Glühkerzen- oder Dieselmotor angetrieben.

Wenn erst beim Bau und Fliegen von Freiflugmodellen einige Erfahrung gesammelt wurde, können mit Zuversicht auch ferngesteuerte Modelle in Angriff genommen werden. Die Konstruktionstechniken sind ähnlich wie bei den anderen Flugzeugen, aber das Fliegen muß man erst lernen. Obwohl manche ferngesteuerten Flugzeuge selbststabilisierend sind, müssen andere, besonders die naturgetreuen Modelle, ständig gesteuert werden. Modellbauer, die mit Fernsteuerungen noch keine Erfahrungen haben, sollten mit einem Trainingsmodell beginnen, das von vornherein eine stabile Fluglage hat. Obwohl einige langsam fliegende naturgetreue Hochdecker ebenfalls zu Trainingszwecken verwendet werden können, sind sie doch weniger geeignet, da ihr Bau eine Menge Arbeit macht und ein einziger Absturz alle Mühe zunichte machen kann.

Vorteilhaft ist immer, einem Club beizutreten, gleichgültig, welches Stadium des Flugzeugmodellbaus man erreicht hat. Von anderen Clubmitgliedern läßt sich viel lernen, und der Club verschafft außerdem den Zugang zu einem Flugfeld und anderen Einrichtungen. Hinweise auf örtliche Clubs geben die meisten Hobbyläden oder auch Fachzeitschriften mit speziellen Adreßlisten.

Einige Clubmitglieder bereiten ihre ferngesteuerten Modelle vor (oben). Ein schnittiger Tiefdecker, mit dem rasanter Kunstflug möglich ist (unten).

Das Fesselflugmodell (links) umkreist in der Höhe seinen Piloten.

Flugtechnische Grundlagen

Der Propeller sorgt für den Schub, der das Flugzeug vorwärtsbewegt. Wenn sich das Flugzeug vorwärtsbewegt, strömt Luft über die Flügel und erzeugt eine nach oben gerichtete Kraft, den Auftrieb. Damit es fliegt, müssen die beiden Kräfte, Schub und Auftrieb, größer sein als der Luftwiderstand und das Flugzeuggewicht.

Um den Auftrieb zu vergrößern, ist ein Flugzeugflügel besonders geformt. Die Oberseite ist leicht nach oben gewölbt, der höchste Punkt ist etwa ein Drittel von der Flügelnase entfernt. Durch diese Form muß die Luft über die Tragfläche einen längeren Weg zurücklegen und deshalb schneller strömen als an der Unterseite. Die dadurch entstehende Luftverringerung an der Oberseite bringt zusammen mit dem erhöhten Luftdruck auf der Unterseite des Flügels eine nach oben gerichtete Kraft hervor.

Die Flügelnase ist zur Vergrößerung der Stabilität stumpf, die Hinterkante ist spitz, damit die Luft glatt weiterströmen kann. Zur Verstärkung des Auftriebs weist die Flügelnase oft abwärts und formt dadurch eine ausgehöhlte Unterseite, die den Luftstrom nach unten beschleunigt. Dieser Flügel ist für Kunstflug nicht geeignet, weil er beim Rückenflug keine guten Flugeigenschaften aufweist.

Je größer die Flügelfläche, desto mehr Auftrieb wird erreicht. Ein Segelflugzeug beispielsweise hat lange Flügel mit großen Auftriebsflächen, um den fehlenden Schub auszugleichen. Der Winkel, mit dem die Flügel auf den Luftstrom treffen – Anstellwinkel –, bewirkt ebenfalls einen Auftrieb. Für die besten Flugeigenschaften wird er durch den Winkel festgelegt, unter dem die Flügel am Rumpf befestigt sind.

Die Lage der Flügel im Verhältnis zum Schwerpunkt beeinflußt die spätere Stabilität des Flugzeugs. Das eigenstabile Flugverhalten eines Hochdeckers ist bei weitem besser als das eines Tiefdeckers. Ein Flugzeug mit gegen die Waagerechte geneigten Flügeln, deren Spitzen nach oben weisen, hat eine noch bessere Stabilität.

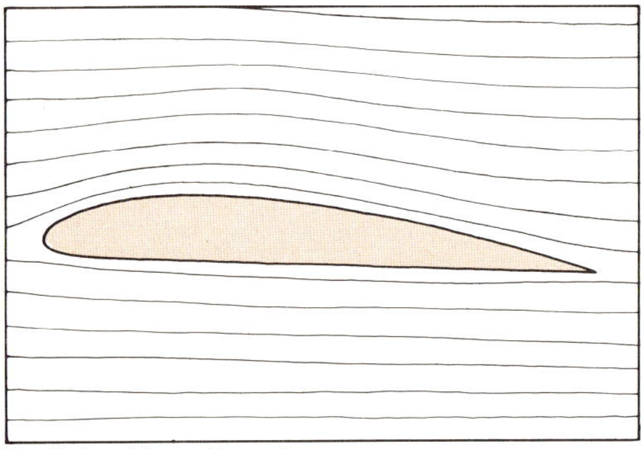
Tragfläche mit flacher Unterseite

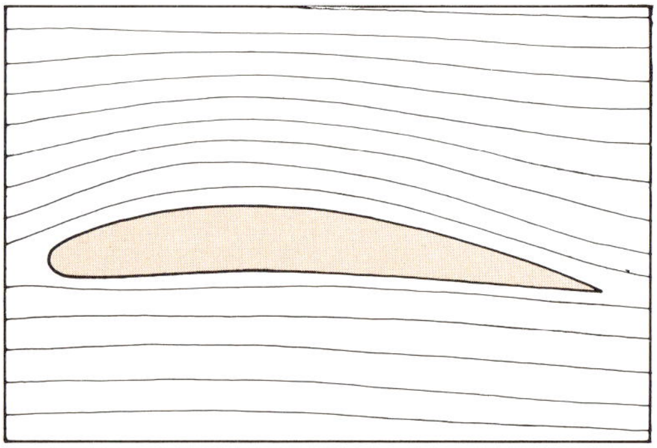
Tragfläche mit gewölbter Unterseite

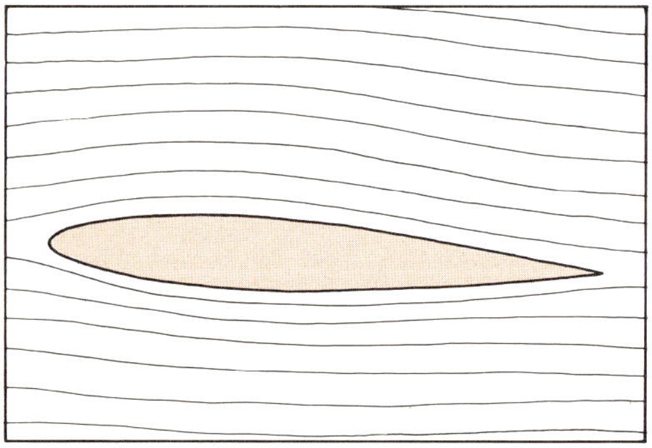
Symmetrische Tragfläche für Kunstflugmodelle

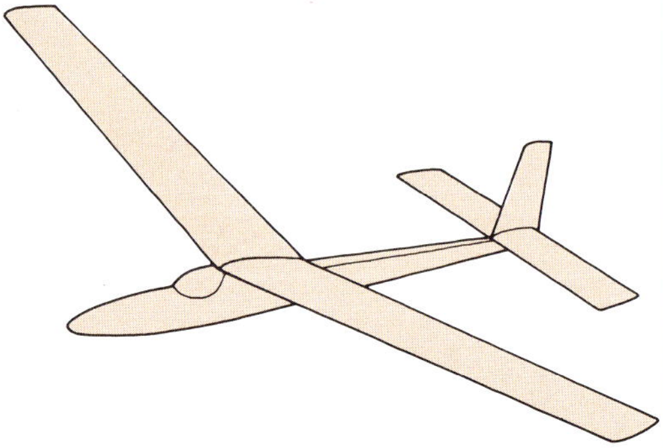
Ein Flugzeug mit nach oben weisenden Flügeln ist sehr flugstabil.

Wie ein Segelflugzeug fliegt

Ein Segelflugzeug erzeugt die Vorwärtsbewegung dadurch, daß es die Neigung der Nase nach unten ausnützt. In dieser Lage gleicht der Auftrieb das Gewicht nicht aus, und eine nach vorn gerichtete Kraft wird erzeugt, die den Luftwiderstand überwindet. Ein Segelflugzeug kann sich so lange in der Luft halten, solange die Luft schneller aufsteigt, als das Flugzeug sinkt. Die aufsteigende Luft kann eine Thermik sein (eine Luftströmung, die durch das Aufsteigen am Boden erwärmter Luft entsteht) oder ein Aufwind (ein Wind, der etwa durch Bergrücken nach oben abgelenkt wird).

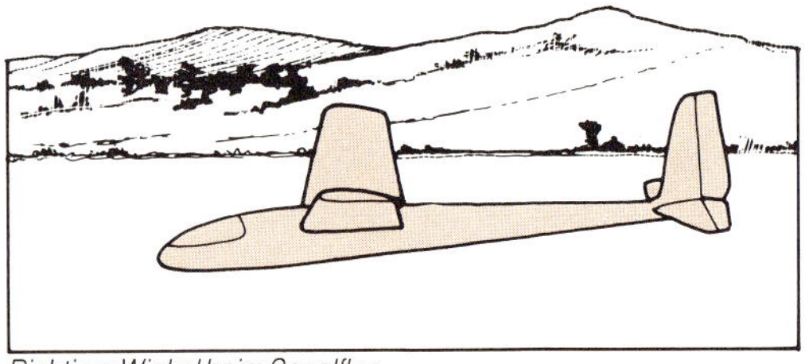
Richtiger Winkel beim Segelflug.

Wie die Steuerflächen arbeiten

Die Fluglage eines Flugzeugs mit starren Tragflächen wird durch bewegliche Klappen – die Steuerflächen – bestimmt. Sie bilden einen Teil der Flügelhinterkanten, des Höhenleitwerks und des Seitenleitwerks und werden als Querruder, Höhenruder und Seitenruder bezeichnet. Eine Steuerfläche leitet den über sie hinwegfließenden Luftstrom um und erzeugt eine Kraft, die entgegengesetzt zur Umlenkrichtung auf das Flugzeug wirkt. Die Steuerflächen sind immer so weit wie möglich vom Schwerpunkt des Flugzeugs entfernt angebracht, damit eine maximale Hebelwirkung erreicht wird.
Die Querruder werden so gekoppelt, daß sie sich in entgegengesetzte Richtungen bewegen. Wenn sie betätigt werden, hebt sich der eine Flügel, während der andere sich senkt, und das Flugzeug geht in Seitenlage. Oft werden sie so eingebaut, daß nach oben ein stärkerer Ausschlag als nach unten erfolgt, so daß der Luftwiderstand am inneren (unteren) Flügel größer als am äußeren Flügel ist. Dadurch wird der innere Flügel abgebremst, der äußere beschleunigt und das Flugzeug beim Kurvenflug unterstützt.
Das Seitenruder läßt das Flugzeug nach rechts oder links fliegen und gleichzeitig seitwärts gleiten – slippen.
Mit dem Höhenruder wird durch Heben oder Senken des Schwanzes die Lage der Längsachse bestimmt.

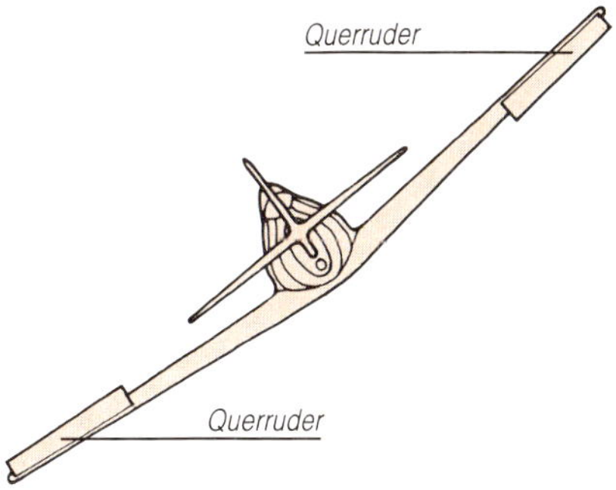

Die Querruder legen das Flugzeug in die Kurve.

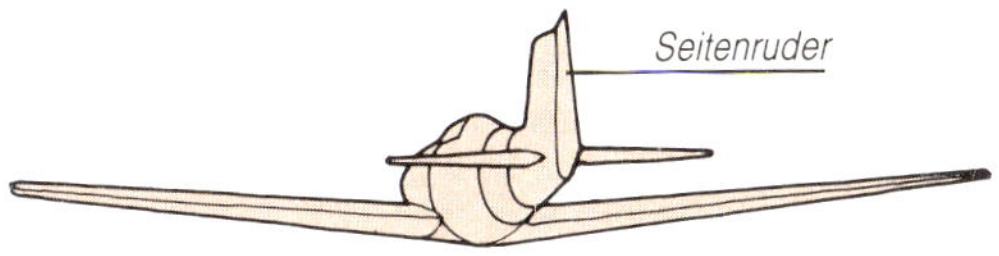

Das Seitenruder bestimmt die Flugrichtung.

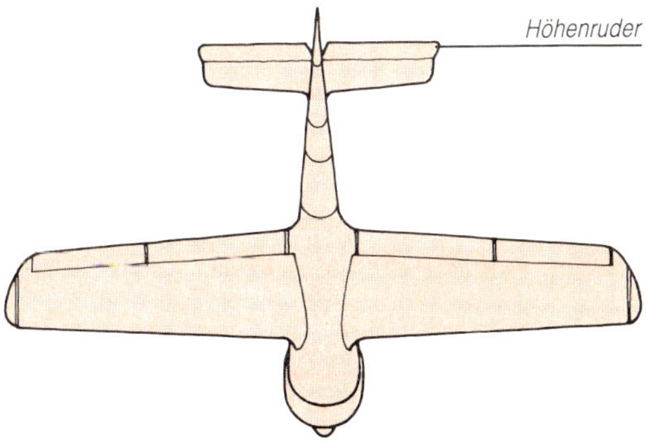

Das Höhenruder läßt die Nase aufsteigen oder absinken.

Bau eines Flugzeugs

Die Konstruktionstechnik richtet sich nach dem Bauplan des Flugzeugs und nach den beim Bau verwendeten Materialien. Auf den folgenden Seiten finden sich Anleitungen zum Bau der häufigsten Modelltypen. Die Anleitung ist in zwei Teile gegliedert: Rumpf und Tragflächen; letztere schließen die Konstruktion des Höhenleitwerks ein, weil sie sehr ähnlich ist.

Rumpf

Es ist wichtig, den Rumpf gut durchzukonstruieren, denn er muß Tragflächen und Höhenleitwerk paßgenau aufnehmen und sicher festhalten können. Er muß stabil genug sein, daß er die Verdrehungs- und Verbiegungskräfte der Tragflächen und bei einem Motorflugzeug auch noch die Zugkräfte des Motors aufnehmen kann. Außerdem muß er auch in der Lage sein, Stöße bei der Landung aufzufangen und, wenn das in manchen Fällen erforderlich sein sollte, die Fernsteueranlage aufzunehmen. Die Rumpfform bestimmt das Aussehen des Flugzeugs in stärkerem Maße als jedes andere Element, aber der Rumpf eines Modellflugzeugs muß nicht unbedingt eine genaue Kopie eines echten Flugzeugs sein. Nur wenige Wettbewerbsmodelle, mit oder ohne Motor, gleichen Flugzeugen in Originalgröße. Normalerweise werden sie so entworfen, daß sie gute Flugeigenschaften haben. Manche Modellbauer verwenden einen Tragflächensatz für mehrere Rümpfe und erhalten dadurch ein „neues" Flugzeug.
Die Rahmenbauweise ist für Flugzeuge aus der Pionierzeit geeignet. Geschnitzte Leisten und Blöcke aus Balsaholz werden häufig verwendet, um Flugzeuge mit gebogenen Metallplatten nachzuahmen. Beide Konstruktionsarten können auch kombiniert werden. Ein kleines Flugzeug, das sehr leicht sein soll, muß fast immer in Rahmenbauweise konstruiert werden. Das gleiche Flugzeug in größerem Maßstab erfordert wahrscheinlich die schwerere, aber stabilere Konstruktionslösung mit Leisten aus Balsaholz.

Materialien

Balsaholz ist seiner Leichtigkeit und Vielseitigkeit wegen das am häufigsten verwendete Baumaterial für Flugzeugrümpfe, aber Plastik wird zunehmend populärer. Hersteller von Bausätzen bieten schon aus geschäumtem Plastik oder Fiberglas geformte Rümpfe an oder auch vakuumgeformte Plastikbauteile für diejenigen, die nicht allzuviel Zeit auf die Konstruktion verwenden wollen. Das Gewicht von Fiberglasrümpfen beschränkt ihre Verwendung auf große Motorflugzeuge oder Segelflugzeuge, die auf Kosten des Gesamtgewichts ein stabiles Baumaterial erfordern. Metall wird für die Konstruktion nur selten verwendet, allerdings findet man in manchen Fällen bei Wettbewerbsmodellen Aluminiumrohr. Für die Motorhaube oder die Außenverkleidung bei maßstabsgetreuen Modellen können dünne Aluminiumplatten verwendet werden. Siehe Grundtechniken zum Schneiden und Formen von Holz und Metall.
Rümpfe aus einem offenen Rahmen müssen verkleidet werden, damit sie eine glatte und luftdichte Oberfläche erhalten. Verkleidungsmaterialien sind Seidenpapier, Leinwand und Plastikfolie.

Einfache Rumpfformen

Die allereinfachste Rumpfart ist der Stabrumpf beim Gummimotormodell. Er besteht aus einer harten Balsaholzleiste mit rechteckigem Querschnitt, an der alle anderen Bauteile befestigt sind.

Der Wurfgleiter besitzt einen geformten Rumpf. Dieser besteht, wie beim Stabrumpfmodell, aus einem harten Balsaholzbrett, das so geformt ist, daß es die Gleitflugeigenschaften des Modells verbessert. Die Nase ist abgerundet, meistens elliptisch, und die Rundung verjüngt sich zum Schwanz hin, um das Gewicht am Flugzeugende gering zu halten. Die Kanten sind gebrochen, damit sie nicht beschädigt werden und um die Handhabung des Flugzeugs zu erleichtern. Ein Bleigewicht in der Nase gleicht das Gewicht des Rumpfendes aus. Als Gegengewicht wird ein Bleistreifen über die Nase oder eine Bleischeibe in ein seitliches Loch geklebt. Man sollte sich vorher überzeugen, ob das Modell gut ausbalanciert ist, bevor das Gewicht an seinem Platz befestigt wird.

Fesselflugmodelle werden manchmal mit einem Profilrumpf gebaut, weil er robust ist und weil das Modell durch seine kreisförmige Flugbahn um den Piloten immer unter dem günstigsten Blickwinkel gesehen wird. Manchmal sind die Rümpfe von Fesselflugzeugen so geformt, daß sie einer echten Flugzeugkontur ähneln, wobei der Maßstab annähernd berücksichtigt ist. Der Motor wird seitlich an Hartholzstreben befestigt, die in den Balsaholzrumpf eingeleimt werden. Mit an beiden Seiten angeleimten Sperrholzstücken kann die Nase wieder verstärkt werden.

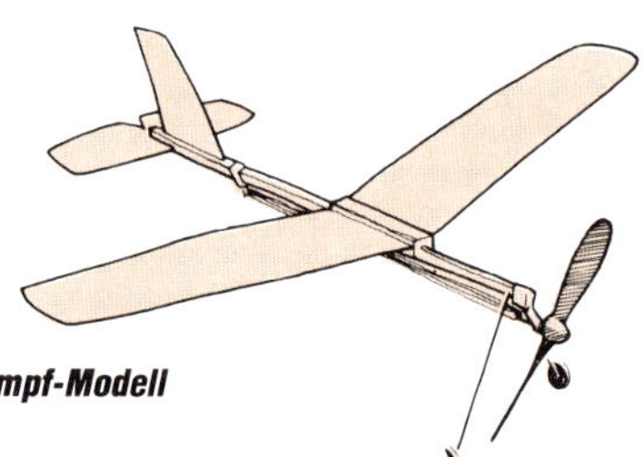

Stabrumpf-Modell

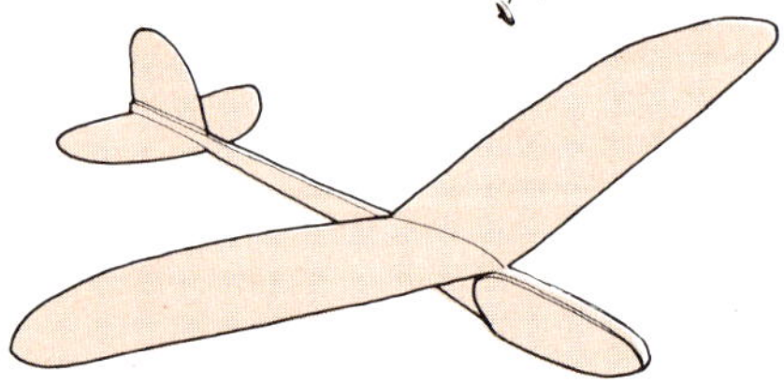

Wurfgleiter

Fesselflugmodell

Rahmenbauweise

Mit dieser Technik wird ein leichter, dreidimensionaler Rumpf gebaut, der die Form einer langen, sich verjüngenden Schachtel hat. Zunächst wird ein stabiler Holzrahmen konstruiert, der anschließend mit einer dünnen, luftdichten Membran überzogen wird. Diese Technik kann sowohl für Anfängermodelle als auch für anspruchsvollere Flugzeuge verwendet werden. Beim Zusammenbau sehr sorgfältig vorgehen, damit keine Krümmung eingebaut wird.

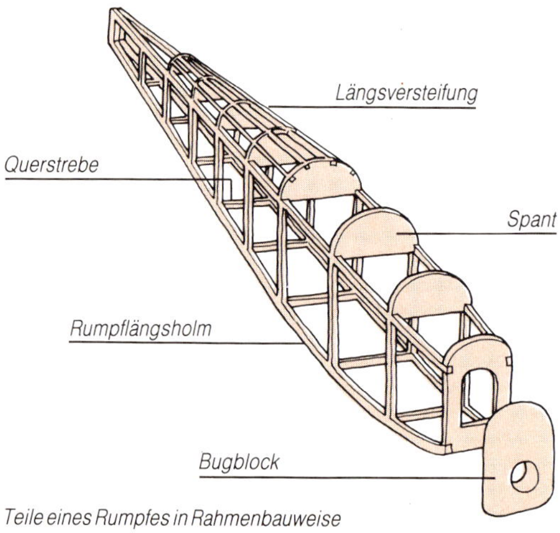

Teile eines Rumpfes in Rahmenbauweise

Stufe 1: Bau der Seitenteile Den Bauplan auf der Arbeitsplatte (Hellingbrett) befestigen und oberflächenbehandeln, wie es auf Seite 21 beschrieben wurde. Die Balsaholzleisten für die Rumpflängsholme müssen sorgfältig ausgesucht werden. Man überprüft durch Durchbiegen, ob sie denselben Elastizitätsgrad haben – sie sollten möglichst gleichartig sein. Obwohl die Bausatzhersteller ihr Balsaholz nach Qualität sortieren, können ein oder zwei Hölzer unterschiedliche Steifheit aufweisen.

Da beide Seitenrahmen genau identisch sein müssen, baut man sie übereinander gelegt direkt auf dem Bauplan. Als erstes werden die Rumpflängsholme mit Nadeln auf beiden Seiten der Leisten auf ihrem Platz festgesteckt. Soll sich die Längsholmkonstruktion laut Bauplan zum Ende hin verjüngen, biegt man die Leisten zu einem leichten Bogen. Dünne Bauteile lassen sich leicht biegen, aber steifere Teile müssen in Wasser eingeweicht oder über Dampf gehalten werden, damit sie sich besser biegen lassen. Das Holz vor dem Verleimen gut trocknen lassen.

Als nächstes werden die senkrechten Leisten ausgeschnitten und paarweise an ihren Platz geleimt. Auf diese Weise können während der Arbeit alle Ungleichmäßigkeiten ausgeglichen werden. Um die Länge und den Gehrungswinkel der Leisten bestimmen zu können, legt man an der richtigen Stelle ein längeres Leistenstück über den oberen und unteren Längsholm. Man schaut senkrecht darauf und markiert die Schnittstellen mit einem Messer. Dann wird die Leiste mit einer Sperrholzfeinsäge auf die richtige Länge zugeschnitten. Die zugeschnittene Leiste wird als Schablone für den entsprechenden zweiten senkrechten Träger verwendet. Hartkleber wird beim Aufeinandersetzen der Leisten leicht aus der Klebefuge gepreßt. Um

eine feste Klebeverbindung zu erreichen, trägt man auf beide Verbindungsstellen einen dünnen Film auf und läßt ihn antrocknen. Dann wird noch eine Schicht aufgetragen und die beiden Teile zusammengedrückt.
Wenn der Zement hart geworden ist, werden die fertigen Rahmen von der Arbeitsplatte entfernt.

Stufe 1

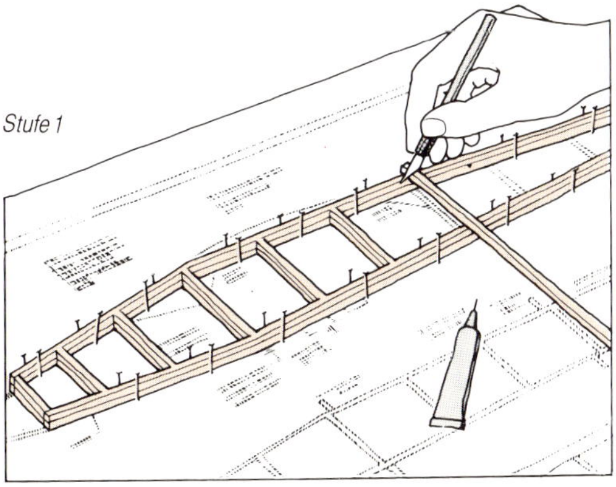

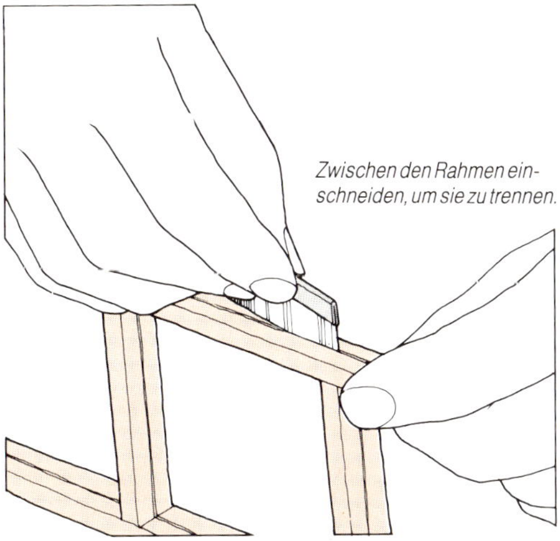

Zwischen den Rahmen einschneiden, um sie zu trennen.

Stufe 2: Verbindung der Seitenrahmen Bei dieser Bauphase ist eine genaue Ausrichtung besonders wichtig. Die Querstreben und die Spanten müssen im rechten Winkel zur Mittellinie der Planzeichnung stehen. Am einfachsten sind Rümpfe mit im Vorderteil parallelen Seitenteilen zu bauen, man beginnt ihre Konstruktion von der Nasenseite her. Bei Rümpfen, die sich nach beiden Seiten verjüngen, werden die Formteile zuerst an den breitesten Stellen angebracht. Unter Zuhilfenahme der Draufsicht werden die Querstreben paarweise zugeschnitten. Die längste(n) Querstrebe(n) an der richtigen Stelle auf dem Bauplan feststecken. An den Enden Zement auftragen und die Seitenrahmen dagegendrücken. Die gegenüberliegende(n) Querstrebe(n) festkleben. Um bei den oberen Querstreben den nötigen Anpreßdruck zu erreichen, steckt man auf beiden Seiten, aber in einiger Entfernung vom Rumpf, Nadeln in das Arbeitsstück, hängt ein dünnes Gummiband ein und spannt es über den Rahmen. Während der Arbeit überprüfen, ob alle Winkel zwischen den einzelnen Bauteilen symmetrisch sind. Vorteilhaft ist, wenn man sich vor dem Zusammenbau nach dem Bauplan Schablonen aus Balsaholz oder Karton zuschneidet. Um den Rahmen zu halten, werden sie an der entsprechenden Stelle angelegt oder vorübergehend mit Cyanocrylat-Klebstoff (Sekundenkleber) am Modell befestigt (später werden sie weggeschnitten, wenn der Rumpf fertig ist). Die rechten Winkel mit einem Anschlagwinkel oder einem Zeichendreieck überprüfen. Falls nötig, wird auf der einen oder anderen Seite des Rumpfes die Spannung des Gummibands verändert, bis der Rahmen senkrecht steht. Dann werden die nächsten Querstreben befestigt.
Bevor die beiden Schwanzenden zusammengeklebt werden, müssen unter Umständen die Innenseiten der Leisten so zugerichtet werden, daß sich eine größere Klebefläche mit möglichst engem Spalt ergibt. Eine Möglichkeit ist, beide Innenflächen gleichzeitig mit einem dazwischengeschobenen beidseitig beschichteten Schmirgelbrett oder einer Feile abzuschmirgeln.
Die Enden zusammenkleben und sicherstellen, daß sie genau ausgerichtet sind und den richtigen Stand haben. Die Verbindungsstelle bis zum Aushärten mit Nadeln, Wäscheklammern oder Zwingen zusammenhalten. Die Verbindung kann noch durch ein innen in die Schwanzspitze geklebtes Balsaholzstück verstärkt werden.
Bei manchen Rümpfen sind die Rumpflängsholme so gekrümmt, daß die Seitenteile das Arbeitsbrett nicht über ihre volle Länge berühren. Diese Rümpfe erfordern eine etwas andere Zusammenbautechnik. Wenn nur die unteren Längsholme gebogen sind, wird der Rumpf mit dem Oberteil nach unten auf dem Bauplan zusammengebaut. Wenn sowohl die oberen als auch die unteren Längsholme gebogen sind, wird immer nur ein Querstrebenpaar auf einmal befestigt. Hat der Kleber abgebunden, wird das Gummiband entfernt und die ganze Konstruktion so verlagert, daß die nächste Klebestelle direkten Kontakt mit dem Bauplan hat. Dieser Vorgang wird über die ganze Rumpflänge wiederholt. In manchen Fällen ist es vielleicht vorteilhafter, die Seitenteile nicht auf dem Bauplan zusammenzusetzen und den Rumpf mit Gummibändern zusammenzuhalten. Dabei werden zuerst die Schwanzenden zusammen- und die Querstreben an der Nase eingeklebt, um dem Rahmen die richtige Form zu geben, dann die dazwischenliegenden Querstangen zwischen die Seitenrahmen geklebt. Während des Zusammenbaus immer die Winkel überprüfen.

Stufe 2

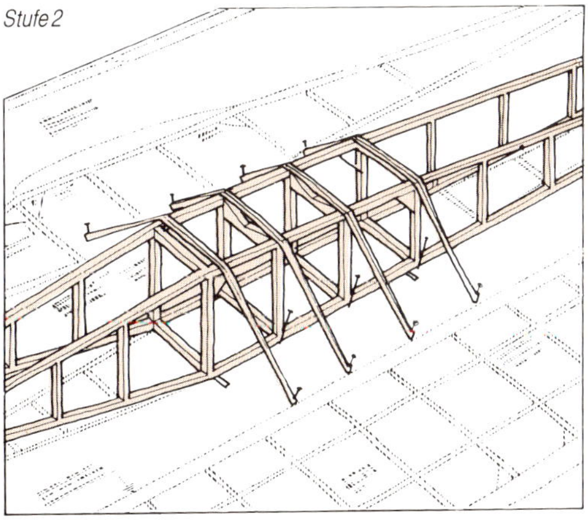

Rahmenkonstruktion mit halben Spanten

Die Form des Rumpfes entsteht durch das Aufleimen von Längsversteifungen auf Spanten. Sie wird meistens bei kleinen maßstabsgetreuen Modellen verwendet. Das Bespannungsmaterial liegt auf den Längsversteifungen auf und erzeugt eine facettierte Oberfläche. Die Längsversteifungen müssen so gut wie möglich zusammenpassen, deshalb vorher auf gleiche Steifheit prüfen.

Um den Zusammenbau zu erleichtern, werden die Spanten waagerecht oder senkrecht in zwei Teile geteilt. Die Längsversteifungen werden in Nuten in den Kanten der Spanten geleimt. Sie sollten aber nie bündig abschließen, weil die Spanten sonst durch das Bespannungsmaterial sichtbar sind. Wenn die Spanten nicht genutet sind, ist besondere Sorgfalt erforderlich, weil dann die Lage der Verbindungsstellen angezeichnet und jede Längsversteifung bis zum Trocknen des Klebers an ihrem Platz festgehalten wird.

Die unten beschriebene Methode erstreckt sich auf den Zusammenbau einer Rumpfhälfte auf dem Arbeitsbrett, bevor sie zum Bau der zweiten Hälfte entfernt wird. Manche Modellbauer ziehen es vor, den Halbrumpf schon vom Arbeitsbrett abzunehmen, nachdem die Hauptlängsversteifung befestigt ist. Danach fügen sie die restlichen Halbspanten und die zweite Hauptverstrebung hinzu. Anschließend die übrigen Längsversteifungen, die diagonal in gegenüberliegenden Paaren befestigt werden, damit sie sich gegenseitig ausgleichen. Diese Methode erfordert besondere Sorgfalt, damit sich der Rumpf nicht verzieht.

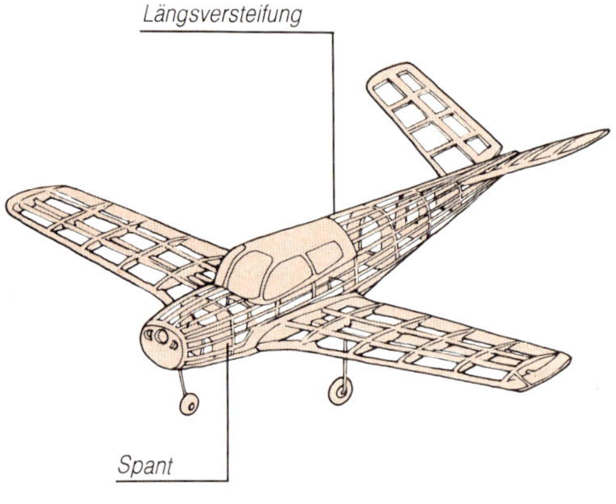

Stufe 1: Bau des Halbrumpfs Die beiden Längsträger, die meistens aus Balsaholzplatten ausgeschnitten werden, steckt man, wenn die Spanten senkrecht geteilt sind, mit Nadeln auf den Seitenaufriß des Bauplanes und auf die Draufsicht, wenn sie waagerecht geteilt sind. Die Halbspanten werden von der Nase aus nach hinten fortschreitend quer über die Längsträger geklebt. Mit einem Anschlagwinkel wird überprüft, ob jeder einzelne im rechten Winkel zu den Längsträgern steht. Den Kleber läßt man gut durchtrocknen. Als nächstes wird die seitliche Hauptlängsversteifung an alle Spanten und am Schwanzende an die Längsträger geklebt. Dann werden die restlichen Längsversteifungen an ihren Platz geklebt, und zwar immer abwechselnd auf verschiedene Seiten der Hauptlängsversteifung. Man beginnt immer damit, daß man das eine Ende der Längsversteifung an die Nasenspante klebt, weil dieses Rumpfende gewöhnlich die stärkste Krümmung aufweist; die Enden müssen etwas überstehen. Den Kleber trocknen lassen, dann die Längsversteifung über ihre gesamte Länge ohne Verwendung von Kleber in die richtige Lage biegen, um ihre Krümmung zu überprüfen. Falls erforderlich, zeichnet man die Stellen an, an denen die Längsversteifung die Spanten berührt, damit beim Kleben dieselbe Krümmung erzielt wird.

Die Längsversteifungen werden normalerweise trocken gebogen und müssen deshalb an ihrem Platz festgehalten werden, bis der Kleber angezogen hat. Dickere Leisten können mit Nadeln festgesteckt und mit langsam trocknendem Klebstoff wie Balsazement oder Weißleim geklebt werden. Dünne Längsversteifungen, die durch Nadeln gespalten werden könnten, werden mit an Nadeln im Arbeitsbrett befestigten Gummibändern gehalten. Es ist aber darauf zu achten, daß die Bänder die richtige Spannung haben, weil sich die Längsversteifungen sonst verziehen.

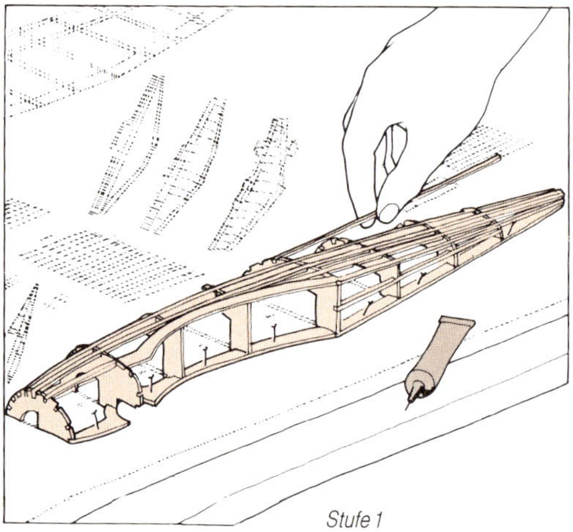

Stufe 1

Stufe 2: Vervollständigung des Rumpfes Die restlichen Spantenteile werden an den fertiggestellten Halbrumpf geklebt, dann die übrigen Längsversteifungen angebracht. Darauf achten, daß beide Hälften dieselbe Krümmung aufweisen, damit der Rumpf symmetrisch wird.

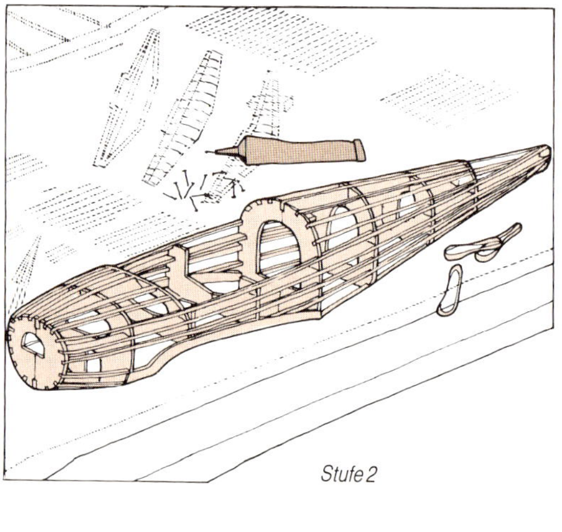

Stufe 2

Rohr-Helling-Bauweise

Diese Konstruktionsart ähnelt der Längsträgerkonstruktion, wobei aber jeder Spant aus einem einzigen Holzstück mit einer Öffnung im Zentrum besteht, das auf eine Röhre geschoben wird, die entlang der Mittelachse durch den Rumpf läuft. Die Röhre hält die Spanten während des Zusammenbaus in der richtigen Lage und kann nach der Fertigstellung entfernt werden. Sie kann aus jedem steifen und geraden Material hergestellt werden.

Einige Bausätze für Modelle mit Gummimotor sind mit einer Pappröhre ausgerüstet, die im Rumpf verbleibt. Sie nimmt den Gummimotor auf. Falls der Motor reißt, bleibt er innerhalb der Röhre und kann die Balsaholzkonstruktion nicht beschädigen.

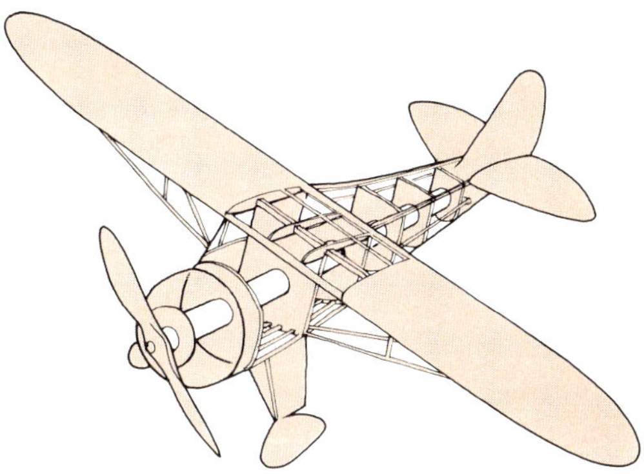

Maßstäbliches Modell mit eingebautem Röhreneinsatz

Kastenrumpf-Bauweise

Ein Rumpf mit Seiten aus einem Stück ist zwar schwerer als eine Konstruktion mit offenem Rahmen, aber er ist auch meistens widerstandsfähiger und einfacher zu bauen.

In den meisten Fällen verwendet man Spanten, um die Rumpfseiten zusammen und im Winkel zu halten. Außerdem erleichtern sie den Zusammenbau. Für die Spanten sind am besten Balsaholzbretter geeignet. Für das Gestänge bohrt man aber nur sehr kleine Löcher, weil größere die Holzfasern verkürzen und damit schwächen. Für einen stabileren Spant mit größerer Öffnung kann man auch vier Balsaholzplatten aufeinanderkleben. Widerstandsfähiger sind Spanten aus Sperrholz. Man kann sie mit größeren Öffnungen versehen, damit sie leichter werden.

Stufe 1: Verbinden der Seiten Wie schon bei der auf den Seiten 246 und 248 beschriebenen offenen Rahmenbauweise müssen auch hier die beiden Seitenteile aus Balsaholz genau gleich groß und gleich schwer sein. Man stellt sie zusammen her, indem man zwei Balsabrettchen gleicher Qualität übereinanderlegt, mit Stecknadeln zusammenheftet, das obere Brett anzeichnet und dann beide in einem Arbeitsgang ausschneidet. Vorgefertigte Seitenteile aus dem Baukasten werden ebenfalls zusammengeheftet und dann auf genau gleichen Umriß gearbeitet. Hierbei benutzt man die Auflagenkanten von Tragfläche und Höhenruder als Bezugslinien zum Ausrichten. Wegen der Bezugspunkte müssen die Seitenteile mit rechts und links bezeichnet werden. Dann nach dem Seitenaufriß des Bauplans an der Innenseite jedes Seitenteils die Lage der Spanten anreißen. Wenn die Seitenteile auf den Bauplan gelegt werden, wird die Position der Spanten verdeckt, deshalb werden die Spantenlinien auf dem Plan nach beiden Seiten verlängert. Dann legt man eine Seite auf den Bauplan und überträgt die nun sichtbaren Markierungen.

Falls der Plan Rumpflängsholme vorsieht, werden sie vor dem Zusammenbau an die Seitenteile geklebt. Ebenso sollten Verstärkungen aus dünnem Sperrholz an die Frontpartie geklebt werden, solange die Seitenteile noch flach liegen. Dabei dürfen die Bezugslinien auf gar keinen Fall verändert werden, weil dies eine Änderung des Anstellwinkels zwischen Tragfläche und Höhenleitwerk mit Beeinflussung der Flugeigenschaften bedeuten würde.

Meistens laufen die Rumpfseiten der Frontpartie von der Nase bis zur Flügelhinterkante parallel. Bis zu diesem Punkt treffen die Spanten im rechten Winkel auf die Seitenteile. Man befestigt sie zunächst auf einer Seite und überzeugt sich mit einem Anschlagwinkel, daß sie senkrecht stehen. Wenn der Kleber trocken ist, stellt man die Konstruktion auf die Planzeichnung und befestigt das zweite Seitenteil. Um die Teile zusammenzuhalten, nimmt man Nadeln oder Gummiband. Zum Schluß wird das Schwanzende zusammengeklebt und die restlichen Spanten oder Querstreben befestigt.

Stufe 1

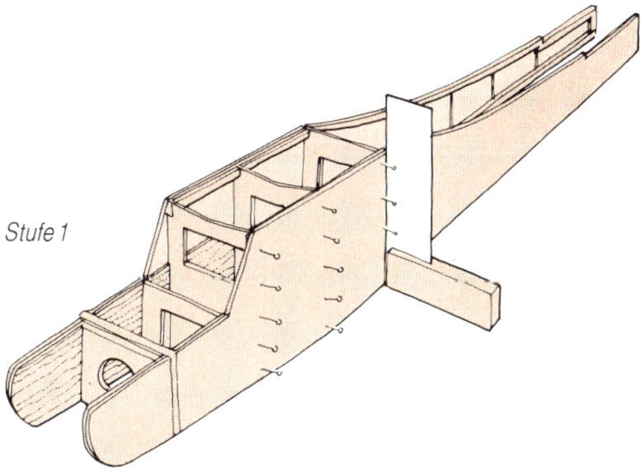

Stufe 2: Anbringen von Ober- und Unterseite Ober- und Unterseite so aus einem Balsaholzbrett schneiden, daß die Fasern quer laufen, weil die Konstruktion dadurch mehr Festigkeit erhält und das Holz leichter dem Kurvenverlauf von der Vorderseite zur Rückseite folgt. Die Bretter werden etwas größer zugeschnitten und nach dem Kleben zugerichtet.

Stufe 2

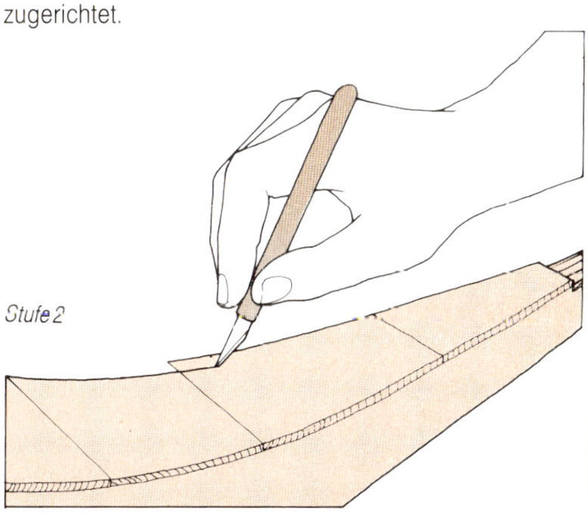

Zurechtgeschnitzte Balsaholzbretter Mit dieser Technik läßt sich jede abgerundete Form herstellen, auch zusammengesetzte Bogenformen. Der Rumpf wird in groben Umrissen aus dicken Balsaholzbrettern zusammengesetzt und anschließend mit Schnitzmesser, Feinhobel und Schleifklotz in die richtige Form gebracht.

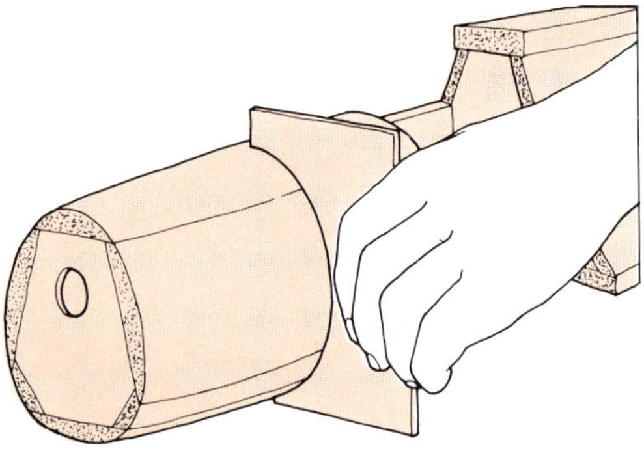

Zurechtschnitzen des Balsaholzes *Die Rumpfform wird mit Schablonen überprüft, deren Krümmung für jede Teilansicht vom Bauplan übertragen wurde. Die Teilansicht wird normalerweise für jeden einzelnen Spant gezeigt, ein praktischer Bezugspunkt zur Überprüfung der Modellform.*

Gebogene Balsaholzbretter Bei einem einfachen Bogen wird ein Brett aus weichem Balsaholz über die Spanten gespannt. Die Brettstärke hängt von der Modellgröße ab. Für engere Bögen braucht man dünnere Bretter. Falls eine stabilere Konstruktion erforderlich ist, werden mehrere dünne Schichten aufeinandergeklebt.

Das Brett etwas größer als die abzudeckende Fläche ausschneiden (die Holzfasern sollten in Längsrichtung verlaufen) und die Außenseite anfeuchten, damit man das Holz biegen kann, ohne daß es splittert. Das Brett am Scheitelpunkt der Krümmung zentrieren und mit Nadeln feststekken. Am Außenrand ringsum die Berührungspunkte mit dem Rumpf markieren. Das Brett wieder abnehmen und zuschneiden oder vorsichtig an Ort und Stelle auf die richtige Größe bringen. Möglicherweise muß man zwei oder drei Teilstücke mit stumpfem Stoß aneinanderreihen, um den ganzen Rumpf abzudecken.

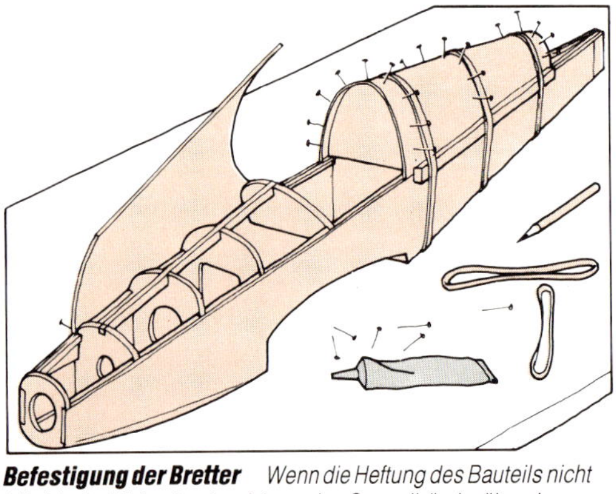

Befestigung der Bretter *Wenn die Heftung des Bauteils nicht hält, bis der Kleber trocken ist, werden Gummibänder über den Rumpf gespannt. Durch einen zwischengeschobenen Holzrest erreicht man zusätzliche Spannung.*

Balsaholzleisten Sie finden bei einfachen Bögen Verwendung. Gleich starke Leisten aus weichem Balsaholz werden nebeneinander über die Rundung der Spanten geklebt, dann wird die Oberfläche glattgeschliffen. Die Kanten der Leisten sollten leicht aufgerauht werden, damit sie dicht nebeneinanderliegen. Je dicker die Leisten, desto kritischer wird diese Technik. Den Querschnitt der Leisten einfach rechteckig zu belassen und die auftretenden Spanten mit Moltofill aufzufüllen, ist keine gute Lösung. Da das Holz arbeitet, sieht man später die Verbindungsstellen durch die Oberflächenversiegelung hindurch.

Jede Leiste muß sich gegen das Ende zu verjüngen, damit sie an den engeren Bogenteilen des Rumpfes gut sitzt. Zu diesem Zweck wird die erste und zweite Leiste auf ihren Platz geheftet, und zwar die zweite so, daß sie die erste am Schwanzende überlappt. Entlang der Unterkante der zweiten Leiste wird die erste markiert. Die Leisten wieder abnehmen und entlang der aufgerissenen Linie abschneiden. Die zugeschnittene Leiste an ihren Platz kleben. Die zweite Leiste wird im stumpfen Stoß neben die erste angeklebte geheftet und eine dritte ebenfalls angeheftet, die die zweite überlappt. Dieser Vorgang wird wiederholt, wobei man von beiden Rumpfseiten aus nach oben und unten arbeitet.

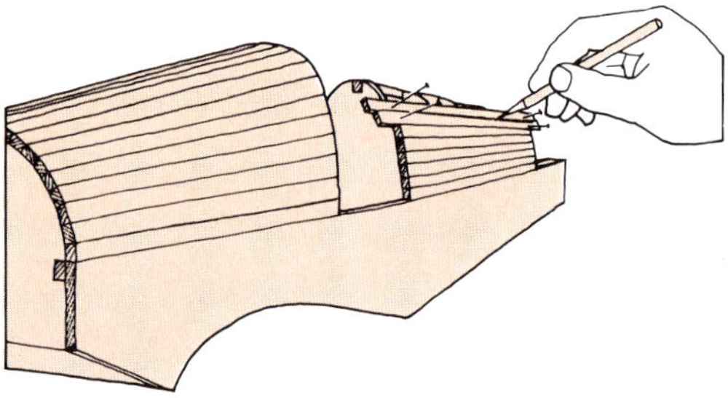

Flugzeugrumpf mit schmalen Seiten

Manche Segelflugmodelle haben einen sehr schmalen Rumpf, der aus dünnen Leisten und Brettern aus Balsaholz gebaut wird. Die Bauteile werden auf dem Bauplan zusammengebaut. Der aus einem dicken Balsaholzbrett ausgeschnittene Bugblock wird an diesen Rahmen angesetzt, dann wird der Rahmen vom Arbeitsbrett abgenommen. Ein größer zugeschnittenes Balsaholzbrett, auf jede Seite geklebt, vervollkommnet den Rumpf.

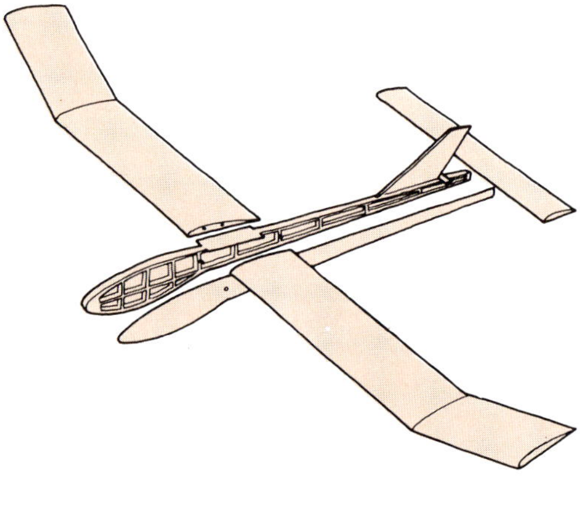

Motorhauben und Bugblöcke

Bei Motormodellen bedeckt eine hohle Motorhaube den Motor. Sie kann Teil des Rumpfes oder ein gesonderter Bauteil sein, der angeschraubt wird. Eingebaute Motorhauben werden meistens aus zurechtgeschnitztem Balsaholz hergestellt. Die anderen Typen sind häufig Bauteile aus Plastik oder Aluminium und werden als Bausatzbestandteil verkauft. Erfahrene Modellbauer treiben ihre metallenen Motorhauben aus dünnen Aluminium- oder Zinkblechen selbst. Komplizierte Hauben sind meistens aus Plastik geformt. Für Modelle mit Sternmotoren gibt es runde Motorhauben aus Metall. Anders als Motormodelle haben Segelflugzeuge einen fest angebauten, massiven Bugblock.

Eingebaute Motorhauben aus Balsaholz

Übungsmodelle mit Fernsteuerung haben keine echte Motorhaube, damit man leicht an den Motor herankommt. Statt dessen wird der Motor senkrecht an einem oben offenen Nasenteil befestigt. Seitlich werden „Wangen" aus Balsaholz angebracht, die sich der Rumpfform anpassen, damit die Nase eine gewisse Form erhält. Die Nasenpartie unter dem Motor wird mit Balsaholz ausgefüllt und auf die richtige Form zurechtgeschnitzt. Damit er realistischer aussieht, hat der Motorraum manchmal eine Luke oder einen Deckel. Die Abdeckung kann, wenn die Oberseite flach sein soll, aus einem dicken Balsaholzbrett geformt oder aus Spanten und dünnem Balsaholz gebaut werden, wenn eine tiefere Form erforderlich ist. Die Abdeckung wird mit selbstschneidenden Schrauben an Hartholzklötze geschraubt, die an die Spanten geklebt sind, oder sie kann, falls man das vorzieht, mit Schnappverschlüssen befestigt werden. Bei „Semi-Scale"-Modellen – das sind Modelle, die einem Originalflugzeug nachgebaut wurden, ohne genaue Kopien zu sein – werden Motor und Schalldämpfer oft seitlich oder mit der Oberseite nach unten befestigt, damit sie weniger auffallen. Der Motor ist meistens nicht vollständig verkleidet wie bei den „Full-Scale"-Modellen. Motorhauben aus Balsaholz unterscheiden sich bei diesem Typ in ihrer Konstruktion. Anstatt Spant und Abstandsstück wie bei Arbeitsschritt 1 an der Luftschraubenhaube zu befestigen, kann man den Spant auch mit Balsaholzstücken abstützen, die an den ersten Rumpfspant geklebt werden. Dann werden die dicken Balsaholzplatten angesetzt.

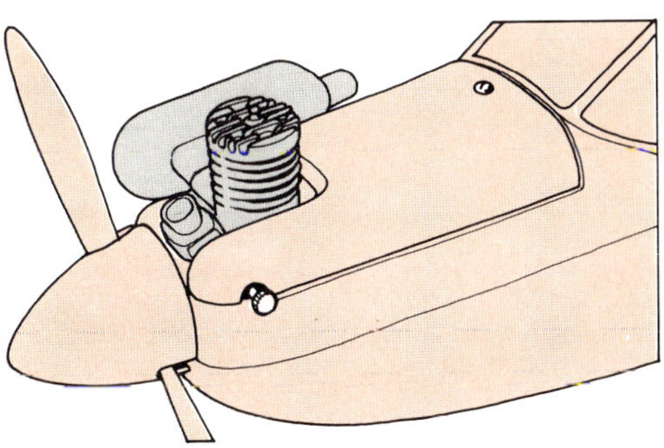

Ferngesteuertes Übungsmodell mit Lukenabdeckung
Bei diesem Modell geht die Lukenabdeckung über den Motorspant hinaus, damit man Zugang zum Kraftstofftank hat. Auf diese Weise läßt sich der Füllstutzen verbergen.

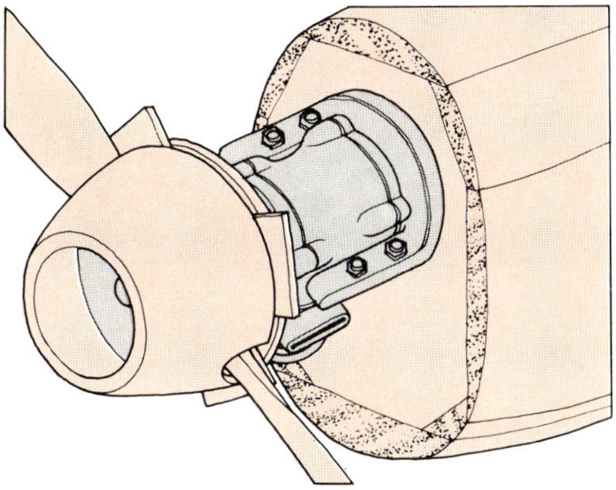

Bau einer Motorhaube für ein halbmaßstabsgetreues Modell *Den Motor einschließlich Propeller und Luftschraubenhaube vorübergehend am Rumpf befestigen. An der Rückseite der Luftschraubenhaube provisorisch einen Spant festkleben, dabei Unterlegstücke dazwischenschieben.*

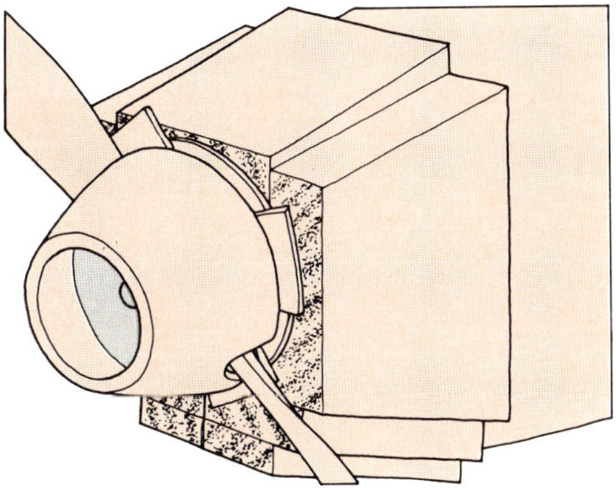

Den Motor mit dicken Balsaholzstücken umgeben, dabei für Zylinder und Schalldämpfer eine Öffnung lassen. Der Teil über der Öffnung muß zur Wartung abnehmbar sein, deshalb werden die Stücke dieses Teils zwar zusammengeklebt, das Teil selbst aber nur provisorisch an den Rumpf geklebt.

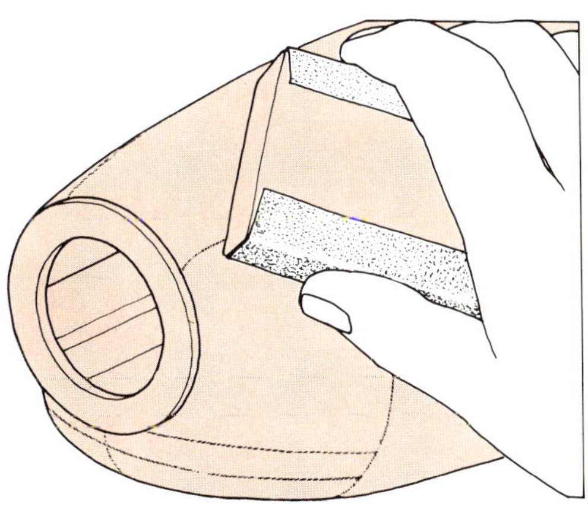

Nach dem Trocknen den abnehmbaren Teil herausschneiden, Motor ausbauen. Nasenpartie zurechtschneiden und abschleifen. In die Unterseite Abflußloch bohren, Innenseite gegen Kraftstoff imprägnieren.

Plastikmotorhauben

Plastikmotorhauben sind zwar nicht so stabil wie Motorhauben aus Balsaholz, dafür sind Motorhauben aus vakuumgeformtem Plastik leicht einzubauen.

Zuerst wird die Motorhaube mit einer Laubsäge auf die richtige Länge zugeschnitten, dann schneidet man in die Vorderseite ein genügend großes Loch für die Propellerachse. Den Motor so befestigen, daß genügend Spielraum zwischen Luftschraubenhaube und Motorhaube ist. Die Motorhaube probeweise an den Rumpf halten. Falls sie den Zylinderkopf und/oder den Schalldämpfer berührt, werden entsprechende Öffnungen in die Seite geschnitten. Man zeichnet ihre Form und die ungefähre Größe an der Außenseite an, bohrt durch die Mitte ein kleines Loch und schneidet das überschüssige Plastik mit einem Schnitzmesser weg. Man kann für die Löcher auch eine runde Schlüsselfeile oder ein elektrisches Schleifwerkzeug verwenden. Zum Schluß wird noch ein kleines Loch gebohrt, damit man an die Düsennadel herankommt.

Plastik neigt zum Splittern, wenn das Modell eine schlechte Landung macht, deshalb wird die Motorhaube nach dem Bohren der Löcher mit Gewebeklebeband verstärkt. Die Innenseite sorgfältig von allen Fettrückständen reinigen und aufrauhen, dann eine dünne Lage Kontaktkleber auftragen. Das Gewebeband ringförmig im Inneren der Motorhaube aufkleben.

Plastikmotorhauben werden meistens durch den rückwärtigen Rand an den Rumpf geschraubt. Das hat den Vorteil, daß sie sich zur Reinigung und Wartung des Motors leicht entfernen läßt.

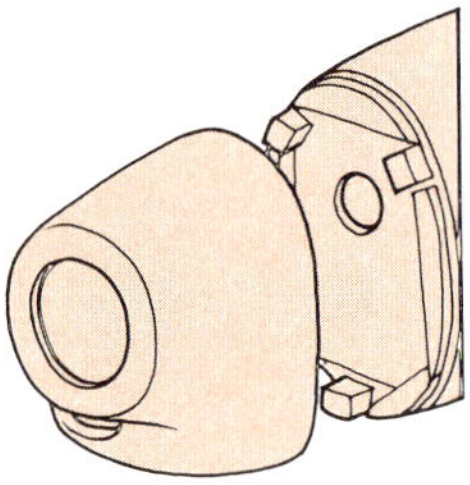

Befestigung einer Plastikmotorhaube *Die Motorhaube in eine Nut setzen oder auf den geformten Rumpf schieben. Mit kleinen Schrauben am Rumpf befestigen.*

Bugblöcke

Bugblöcke werden aus massivem Balsaholz gebaut und sind stabil genug, auch eine schwere Landung auszuhalten. Am besten nimmt man einen einzelnen Balsaholzblock, falls er in der richtigen Größe erhältlich ist. Auf die obere und seitliche Fläche des Blocks werden Kopien von Aufriß und Seitenriß geklebt. Mit einer Schweif- oder Laubsäge am Außenriß der einen Seite entlangsägen, dann den Nasenblock mit dem abgesägten Stück unterstützen und am anderen Außenriß entlangsägen. Das Nasenstück wird an den vordersten Spant geklebt. Nach dem Trocknen die Kanten mit Schnitzmesser und Sandpapier nachbearbeiten, um eine Form zu erreichen, die der Linie des Rumpfes angepaßt ist.

Falls es keinen Balsaholzblock in der richtigen Größe gibt, klebt man dicke Balsaholzscheiben aufeinander. Die einzelnen Stücke werden vom selben Brett abgeschnitten, damit die gleiche Dichte gewährleistet ist, und dann so zusammengeklebt, daß die Holzfasern in derselben Richtung verlaufen, denn das erleichtert die Schnitzarbeit. Man kann die Stücke so anordnen, daß sie einen Quader formen, der dann wie oben beschrieben zugerichtet wird.

Motorhauben aus Metall

Eine maßstabsgetreue Motorhaube aus Metall schließt den Modellmotor meistens vollständig ein. Allerdings muß ein kleines Zugriffsloch für die Düsennadel gebohrt werden. Zusätzlich ist noch eines für den Glühkerzen-Clip bei einem Glühkerzenmotor beziehungsweise für den Kompressionsknebel bei einem Dieselmotor nötig.

Motorhauben aus Metall werden meistens durch innen festgeklebte Metallaschen an den vordersten Spant geschraubt. Drei Laschen rings um die Motorhaube in gleichem Abstand sind ausreichend. Die Laschen werden von gewinkeltem Aluminiumband abgeschnitten oder aus schmalen Aluminiumstreifen zurechtgebogen. In jede Lasche bohrt man ein Loch. Wenn der Rand der Motorhaube im stumpfen Stoß auf den Spant treffen soll, müssen die Laschen mit dem Rand bündig sein. Wird die Motorhaube über den Rumpf geschoben, müssen die Laschen vom Rand nach innen versetzt werden.

Zuerst wird die Innenseite der Motorhaube mit grobem Schmirgelpapier aufgerauht, um die Klebefläche vorzubereiten. Falls erforderlich, die Verbindungsstelle nach dem Trocknen des Klebers mit Fiberglasband und Kunstharz verstärken. Zum Schluß Löcher in den Spant bohren und die Haube durch die Öffnung hindurch festschrauben.

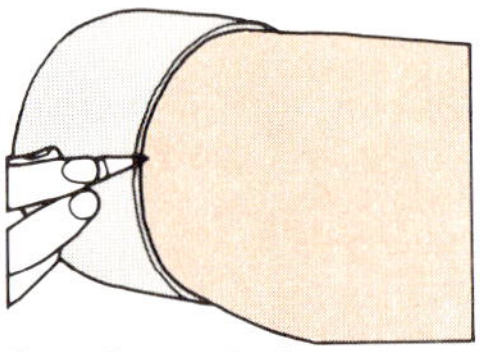

Berechnung der Lage der eingesetzten Laschen *Die Motorhaube auf ihren Platz stecken und ihren Rand am Rumpf anzeichnen. Die Haube wieder abnehmen.*

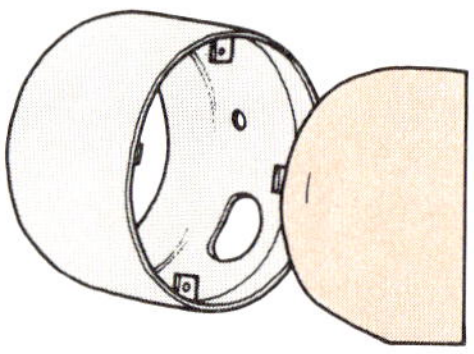

Den Abstand zwischen der Markierung und dem ersten Spant messen. Das Maß auf die Innenseite der Motorhaube übertragen und den Abstand ringsherum anzeichnen. An dieser Linie die Laschen befestigen.

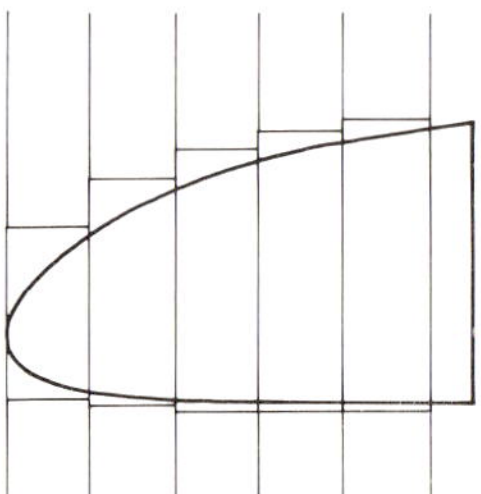

Berechnung der Größe der aufeinandergeklebten Balsaholzscheiben *Auf dem Aufriß und Seitenriß des Bugblocks senkrechte Linien einzeichnen. Ihr Abstand entspricht der Stärke des Balsaholzbretts. Dazwischen waagerechte Linien aufzeichnen.*

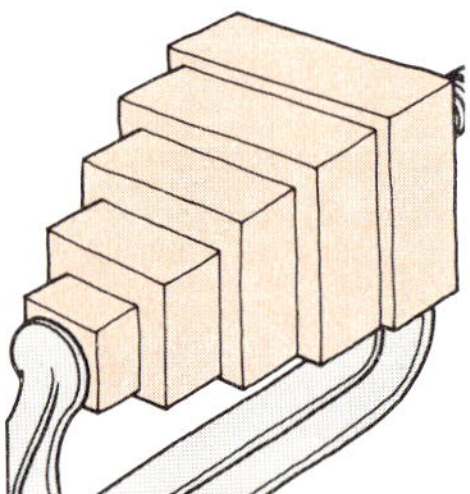

Bau des Blocks *Die Balsaholzscheiben ausschneiden und zusammenkleben. Von den Kanten aus einwärts messen, um zu prüfen, ob sie dieselbe Lage wie auf der Zeichnung haben. Den Block bis zum Trocknen des Klebers zusammenklammern. Auf die richtige Form zurechtschnitzen.*

Befestigung von Motoren und Antriebsmaschinen

Es folgen Anleitungen für die Befestigung eines Explosionsmotors, eines CO_2-Motors und eines Elektromotors. Einbautechniken für Gummimotoren siehe Seite 204/205. Informationen über den Lauf verschiedener Typen können im Kapitel Motoren und Antriebsmaschinen nachgelesen werden.

Verbrennungsmotor

Dieser Motortyp kann mit dem Zylinderkopf nach oben, unten oder seitlich oder in jedem dazwischenliegenden Winkel eingebaut werden. Ein seitlich befestigter Motor wird meistens so angebracht, daß der Zylinderkopf auf der Steuerbordseite liegt. Dadurch ragt die Düsennadel nach oben und ist leicht zugänglich, und der Schalldämpfer ist im unteren Teil recht gut versteckt. Diese Anbringungsart ist für ein Fesselflugmodell gut geeignet, weil das Hauptgewicht des Motors auf der Außenseite des Flugkreises liegt. Bei maßstabsgetreuen Flugzeugen weist der Zylinderkopf oft im 45°-Winkel nach unten. Dadurch liegt die Glühkerze über dem tiefsten Punkt des Motors und wird beim Starten nicht naß.
Verbrennungsmotoren werden durch Ösen an ihrem Platz festgeschraubt. Sie sind meistens seitlich angebracht, damit man den Motor an horizontalen Trägern befestigen kann.
Der Antrieb wird meistens nicht parallel, sondern im Winkel zur Rumpflängsachse eingebaut. Ist die Zugrichtung nach unten geneigt, so spricht man vom „Motorsturz", ist sie nach rechts oder links gerichtet, so nennt man das „Seitenzug"; und dieser wird in Winkelgraden angegeben. Durch den Sturz wird die Kraft des Motors ausgeglichen, die die Nase nach oben ziehen will. Der Versatz gleicht den Linksdrall des Modells aus, der durch das Drehmoment des Motors bewirkt wird. Seitlich angebrachte Motoren haben immer einen Winkel zur Steuerbordseite, wenn ein Versatz notwendig ist. Das Maß von Sturz und Versatz wird immer im Bauplan angegeben.
Die Richtung der Abweichung kann schon beim Bau des Rumpfes berücksichtigt werden, indem man die Motorträger oder den Motorspant im richtigen Winkel einsetzt. Bei geringer Neigung und Schrägstellung werden Träger oder Spant rechtwinklig eingebaut, und der Motor wird durch Unterlegscheiben oder speziell zu diesem Zweck geformte Plastikkeile versetzt. Diese Befestigungsmethode funktioniert nicht, wenn man bei einem an waagrechten Trägern befestigten Motor einen Versatz erzielen will. Statt dessen wird der Motor im richtigen Winkel an eine 3 mm starke Trägerplatte aus legiertem Blech geschraubt, aus der vorher ein Stück herausgeschnitten wurde, damit das Kurbelgehäuse Platz hat. Die Platte wird auf die Träger geschraubt. Bei leichter Abweichung eines auf horizontalen Trägern befestigten Motors werden die Löcher in den Trägern vergrößert, damit man den Motor justieren kann, dabei darauf achten, daß die Löcher nicht zu groß werden.

Normalerweise sind diese Träger aus Hartzholz mit einem Querschnitt von nicht weniger als 9 mm. Die Träger reichen nach hinten in den Rumpf und werden innerhalb des Modells befestigt. Motoren mit Radialbefestigung werden direkt an den Motorspant geschraubt. Im Handel sind Motorhalterungen aus Spritzguß oder Kunststoff erhältlich. Zum Befestigen des Motors verwendet man am besten Zylinderkopfinbusschrauben. Senkkopfschrauben vermeiden, weil sie den Druck auf eine zu kleine Fläche verteilen. Sprengringe verwenden und einen Spezialkleber hinzufügen oder selbstsichernde Muttern benutzen, damit die Schrauben sich nicht lockern. Falls die Konstruktion des Modells es unmöglich macht, hinter den Motorspant zu gelangen, um einen radial befestigten Motor anzuschrauben, werden beim Bau des Rumpfes Blindmuttern an der Rückseite der Mauer befestigt.

Dieser an Trägern befestigte Verbrennungsmotor wurde mit einem Keil justiert, damit er etwas Sturz bekam.

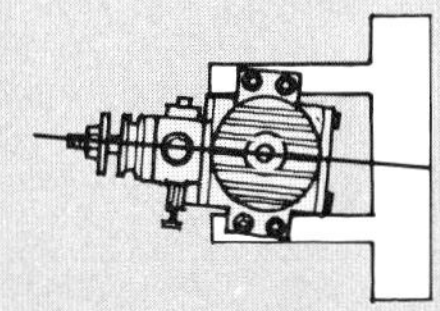

Dieser Motor ruht auf Trägern mit vergrößerten Schraublöchern, um einige Grad Versatz zu erzielen.

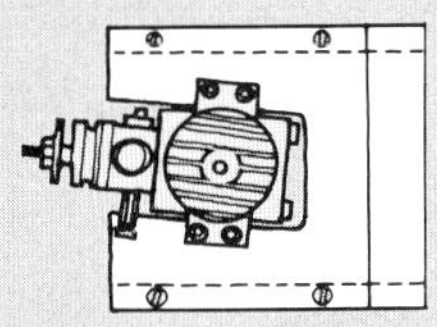

Bei größerem Versatz ist es oft am besten, den Motor auf einer Trägerplatte zu befestigen.

Kohlendioxydmotor (CO_2-Motor)

Dieser Motor hat meistens Ösen für die Radialbefestigung. Er wird in beliebiger Radiallage an einen dünnen Sperrholzspant geschraubt.
Wie beim Verbrennungsmotor muß ein gewisses Maß an Sturz und Versatz eingehalten werden, das genaue Maß wird im Plan angegeben. Falls man ein Modell mit Gummimotor umgebaut hat, müssen die richtigen Abweichungen durch Versuche bestimmt werden. Als Faustregel gilt 2° bis 6° Sturz und 2° bis 4° Versatz.

Elektromotor

Diese zylindrischen Motoren haben manchmal seitliche Flanschen, oder man kann passende Gehäuse mit Flanschen kaufen, die eine Montage auf Motorträgern ermöglichen. Meist sind diese Modellmotoren aber einfache, glatte Zylinder ohne Flanschen. Man baut sie normalerweise zuerst in ein Balsarohr ein (siehe Seite 228), welches man dann in der Rumpfspitze oder unter der Trägerfläche mit Kunstharz befestigt.

Flügel

Sie müssen stabil sein, und sie sind im allgemeinen gerade, obwohl fortgeschrittene Modellbauer manchmal eine sorgfältig geplante Krümmung einbauen, um ein bestimmtes Modell flugstabiler zu machen.
Segelflugzeuge haben meistens lange Flügel mit kurzer Profilsehne (der Abstand zwischen Flügelnase und Flügelhinterkante), während Motorflugzeuge kürzere Flügel mit längerer Flügelsehne haben. Man bezeichnet sie als Flügel mit großer bzw. kleiner Flügelstreckung.

Flügel aus massivem Balsaholz

Sie werden bei kleinen Segelflugzeugen für Hand- oder Katapultstart verwendet und sind am einfachsten zu bauen. Meistens haben sie eine flache Profilunterseite. Die Flügel aus einem Bausatz sind möglicherweise schon ausgeschnitten. Falls nicht oder falls man einen Eigenbau nach Bauplan bevorzugt, wird an der Umrißlinie entlanggeschnitten und der Flügel dann in die richtige Form gebracht (siehe unten). Die Stufen 2 und 3 beschreiben die Befestigung von V-förmig geneigten Flügeln. Das Höhenleitwerk wird auf dieselbe Weise wie die Flügel eingeschliffen. Falls es aus dünnem Material besteht, werden lediglich die Kanten vorsichtig abgerundet.

Stufe 1: Einschleifen des Tragflächenprofils Das ist der schwierigste Teil der Flügelkonstruktion. Man schneidet eine Schablone des Profils aus Papier aus und klebt sie leicht an die Rumpfseite des Flügels. Dann werden über die Flügeloberseite im Abstand von 12 mm parallele Hilfslinien gezogen. Man beachte bei asymmetrischen Flügeln, daß jeder richtig markiert wird.
Die Oberseite des Flügels wird mit einem Feinhobel vorsichtig auf Profilform gebracht, wobei man die Markierungen als Führungslinien verwendet und eine facettierte Oberfläche erhält. Man arbeitet von der Rumpfseite des Flügels zur Spitze und von der Flügelnase und Flügelhinterkante aus zur dicksten Stelle des Profils hin.
Dann wird die Oberfläche mit einem Schleifklotz eingeschliffen. Den Flügel bis an die Kante der Arbeitsplatte vorschieben, damit man den Schleifklotz im richtigen Winkel ansetzen kann. Mit einer schwingenden Bewegung quer zur Holzfaser schleifen und die Profilform immer anhand der Schablone überprüfen. Wenn das Tragflächenprofil die richtige Form hat, den Flügel drehen und die Flügelspitze überstehen lassen. Etwa ein Viertel der Flügellänge, von der Spitze aus gemessen, wird so abgeschliffen, daß es sich verjüngt. Die Flügelspitze muß in die Flügelkante übergehen. Zum Schluß wird die gesamte Oberfläche in Faserrichtung abgeschliffen, dann die Schablonen entfernen.

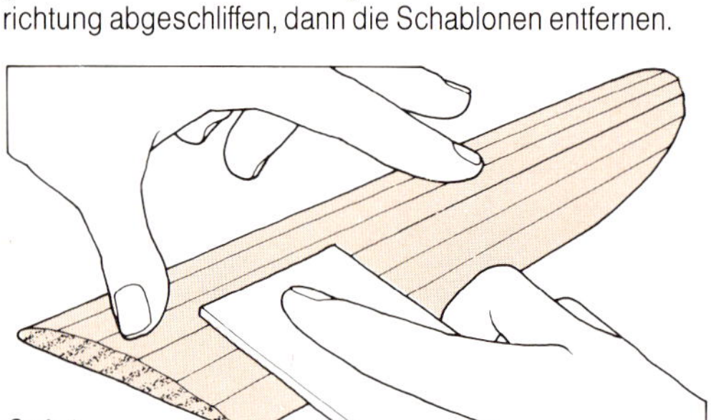

Stufe 1

Stufe 2: Abschrägen der Tragflächenwurzeln Die Rumpfseiten der Flügel müssen so abgeschrägt werden, daß die Flügel beim Zusammenbau den richtigen Winkel zur Waagerechten aufweisen. Den einen Flügel so zurechtlegen, daß die Rumpfseite bündig und parallel zur Kante der Arbeitsplatte abschließt. Das andere Ende so mit einem Holzklotz unterstützen, daß sich der gewünschte Neigungswinkel ergibt. Den Schleifklotz senkrecht halten, die Arbeitsplatte als Führung verwenden, die Kante abfasen.

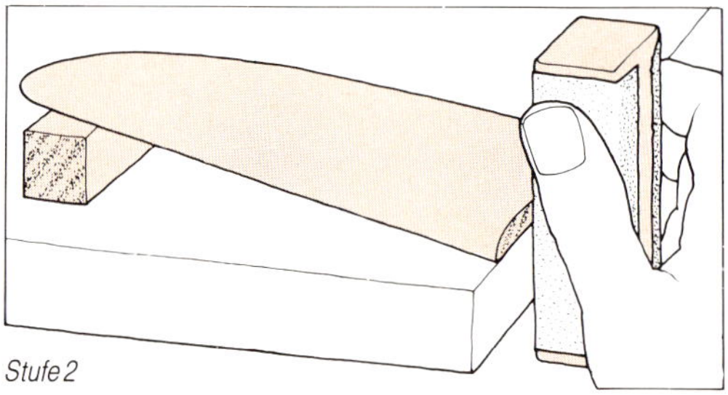

Stufe 2

Stufe 3: Zusammenbau von Tragflächen mit V-Form Die Flügel werden zusammengeklebt. Soll die Verbindungsstelle verstärkt werden, wird sie mit einem Sperrholzstreifen verstrebt, der im selben Winkel zugeschnitten ist. Vor dem Zusammenkleben wird für die Strebe mit einer Feile eine Nut in jeden Flügel eingearbeitet.
Bis der Kleber angezogen hat, können die Flügel auf zweierlei Art abgestützt werden. Eine Möglichkeit ist, den einen Flügel flach auf dem Arbeitsbrett aufliegen zu lassen und den anderen am Flügelende so abzustützen, daß der Winkel zwischen einem Flügel und Arbeitsplatte dem V-Winkel entspricht. Den aufliegenden Flügel mit an Nadeln eingehängten Gummibändern auf der Arbeitsplatte festhalten. Eine andere Möglichkeit: die Verbindungsstelle aufliegen lassen und beide Flügel im richtigen V-Winkel unterstützen.

Flügel in Rahmenbauweise

Diese Methode wird in erster Linie aus Gründen der Gewichtsersparnis angewandt. Der offene Rahmen besteht aus geformten Rippen und einer Art Randbogen, die durch Holme und die Flügelnase (Nasenholm) sowie die Flügelhinterkante (Endholm) miteinander verbunden sind. Die Form der Rippen bestimmt das Profil des Flügels. Die ganze Konstruktion wird mit einer dünnen, luftundurchlässigen Membran überzogen.

Teile eines Flügels in Rahmenbauweise

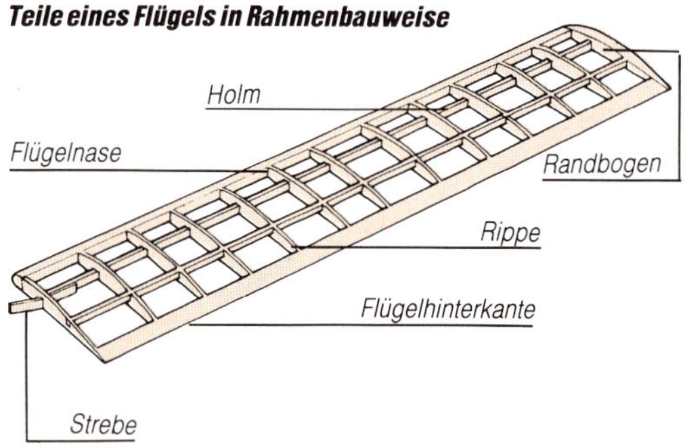

Rippen Ausgestanzte Rippen aus einem Bausatz erfordern wenig oder gar keine Nachbearbeitung. Auf Balsaplatten aufgedruckte Rippen müssen ausgeschnitten werden. Wenn die Rippen passend übereinander aufgedruckt sind, wird an den Enden zur Führung des Messers ein Lineal angelegt und ein Stück mit mehreren Rippen abgeschnitten. Diese Methode garantiert, daß alle Rippen dieselbe Länge haben. Die Kurven werden freihändig ausgeschnitten.
Als nächstes werden die Nuten für die Holme eingeschnitten. Bei einer breiten Nut verwendet man eine Feinsäge oder ein Messer für die Einschnitte und einen Stechbeiteleinsatz in einem Schnitzmesser oder ein Stemmeisen für Holzarbeiten, um das überschüssige Holz herauszuarbeiten. Enge Nuten können mit einer schmalen Flachfeile hergestellt werden, die eine glatte Kante hat.
Sind alle Rippen zugeschnitten, werden sie aufeinandergelegt und auf ein Holmstück gesteckt, um sie abzugleichen. Jede Abweichung von der Form wird deutlich sichtbar. Alle Rippen werden zusammen abgeschliffen, um sie genau gleich zu machen.

Rippen im Eigenbau Die Rippen werden aus gleichmäßig gemasertem Balsaholz mit längs verlaufender Maserung geschnitten. Man kann jede Rippe für sich aufzeichnen. Falls aber viele Rippen nötig sind, stellt man zwei Rippenschablonen aus dünnem Sperrholz oder Aluminiumblech her. Eine Schablone wird aufgezeichnet und dann beide zusammen ausgeschnitten, um sicherzugehen, daß sie genau gleich sind. Während sie noch zusammenliegen, werden zwei Löcher durchgebohrt, die mit Gewinde versehene Metallstangen zum Zusammenklammern der Rippen aufnehmen können. Will man nur einzelne Rippen ausschneiden, legt man eine der Schablonen auf das Balsaholzbrett und schneidet mit einem Schnitzmesser an der Kante entlang. Man zeichnet die Lage der Nut für den Holm an und arbeitet die Nut nach dem Ausschneiden der Rippe heraus. Eine andere Möglichkeit ist, mehrere Balsaholzstücke von der Größe der Rippen zwischen den Schablonen zusammenzuspannen. Dieser Block wird dann mit Feinhobel und Schleifklotz in die richtige Form gebracht, wobei man die Schablonen als Führung verwendet.
Nach dieser Einspannmethode können auch die Rippen eines sich verjüngenden Flügels hergestellt werden, solange der Hauptholm im rechten Winkel zu den Rippen verläuft. Allerdings muß man bei der Anordnung der Schablonen zueinander sorgfältig vorgehen, weil die Rippen an der Rumpfseite des Flügels größer als die an der Flügelspitze sind. Die Holmnuten der Schablonen genau ausrichten. Dies gilt auch für die Unterkanten bei einem Flügel mit flacher Unterseite und für die Mittellinie eines Flügels mit zwei gekrümmten Flächen.

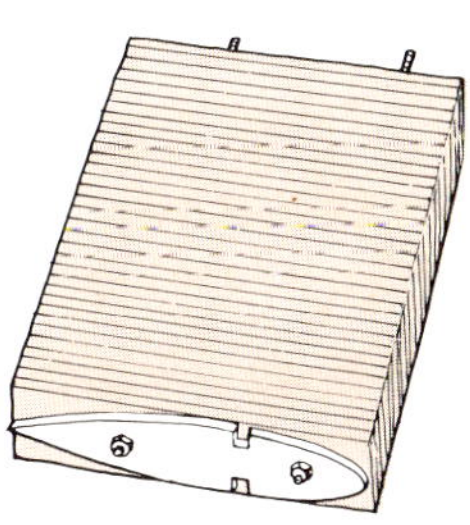

Zusammenspannen der Teile *Die Löcher in den Schablonen als Bohrführung benutzen und alle Balsastücke durchbohren. Die mit Gewinde versehenen Metallstangen durch die Löcher schieben und die Stücke zusammenspannen.*

Nasenleiste Meistens haben die Flügelnasen (Nasenholme) in den Bausätzen schon die richtige Form. Man kann vorgeformte Nasen zusätzlich kaufen oder aus Balsaholzleisten selbst bauen. Flügelnasen müssen stabil, dürfen aber nicht zu schwer sein, deshalb muß die Härte des Balsaholzes für selbstgebaute Flügelnasen sorgfältig ausgewählt werden. Bei schmalen Profilen kann sie aus hartem Balsaholz oder sogar aus Dübelstangen bestehen. Durchschnittliche Holme werden aus mittelhartem, breite aus weichem oder leichtem Balsaholz gebaut.
Schmale Holme werden oft schräg in die Rippen eingesetzt, um eine größere Klebefläche zu erzielen. Größere Nasenholme werden meistens vor dem Zusammenbau auf die ungefähre Form gebracht (siehe unten).

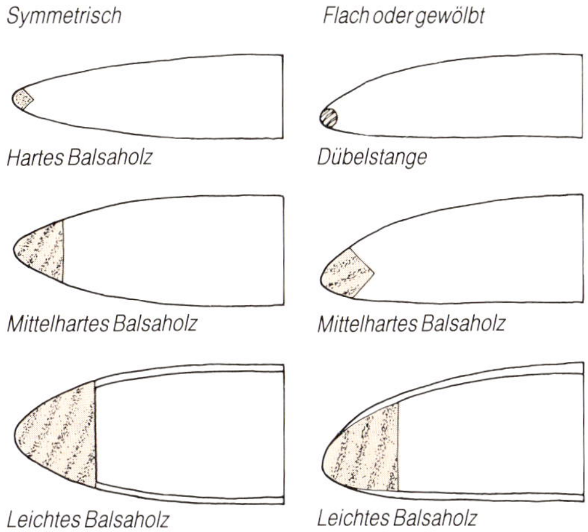

Flügelnasenformen *Flügelnasen werden in zwei Formen gebaut: symmetrisch und flach oder gewölbt. Das Gewicht des Balsaholzes sowie die Befestigungsmethode hängen von ihrer Größe ab.*

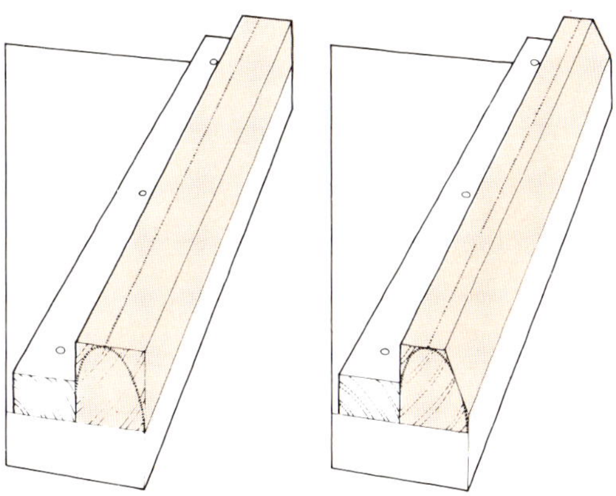

Bau einer großen Flügelnase
Den Nasenholm in einen Anschlag legen, der aus der Arbeitsplatte und einer Balsaholzleiste besteht. An beiden Enden die Krümmung und auf der Oberseite die Scheitellinie anzeichnen.
Die Vorderseite des Holms bis zur Krümmung abhobeln. Den Holm umdrehen und die andere Kante bearbeiten. Nach dem Zusammenbau den facettierten Holm mit einem Schleifbrett auf das genaue Profil zuschleifen.

Die Flügelhinterkante Sie wird aus massivem Balsaholz oder aus Balsaholzbrettern gebaut und sollte so scharf wie möglich sein.
Endholme aus massivem Balsaholz sind am häufigsten. Falls man alles selbst baut, wählt man rechteckige Stücke aus leichtem, Quarter-grain-Balsaholz, größere Endholme werden aus mittelhartem Balsaholz gebaut. Sie werden genauso zurechtgehobelt wie die großen Flügelnasen auf Seite 255, dabei aber darauf achten, daß beide Seiten gehobelt und abgeschliffen werden. Man kann die Rippen im stumpfen Stoß mit dem Endholm verbinden, wenn man zur Verstärkung der Verbindung ein Winkelstück einklebt. Aber meistens werden die Rippen in Nuten des Endholms eingesetzt. Den Endholm auf dem Bauplan feststekken und die Lage der Rippen anzeichnen. Dann den Endholm abnehmen und mit einer dünnen Feile die Nuten ausarbeiten. Manchmal werden die Rippen so zugeschnitten, daß sie über den Endholm geschoben werden können. Wegen der größeren Klebefläche ergibt das eine stabile Verbindung.
Hinterkanten aus dünnen Balsaholzbrettern können aus in das Ende der Rippen eingesetzten Leisten bestehen oder eine Fortsetzung der Flügelabdeckung sein. In jedem Fall erst die eine Seite befestigen und den Überstand mit einem Feinhobel auf den Winkel der Rippe bringen. Dann das zweite Stück aufkleben und mit dem Feinhobel bündig abhobeln.

Holme

Die Holme dienen zur Stabilität der Flügel. Anzahl und Form richten sich nach der Form der Tragfläche. Meistens ist ein Hauptholm vorhanden, der einen größeren Querschnitt als die anderen Holme hat.
Für die Holme immer Holz mit längs verlaufender Maserung verwenden. Das häufigste Material ist Balsaholz, aber wenn besondere Stabilität oder ein schlankes Profil nötig ist, verwendet man trotz des höheren Gewichts Fichtenholz.
Die Holme an den Kreuzungsstellen mit den Rippen niemals einschneiden. Die Rippen mit Nuten versehen oder auch ganz durchschneiden und beide Seiten der Rippen an den Holm kleben.

Befestigungsarten für einen Endholm aus massivem Balsaholz

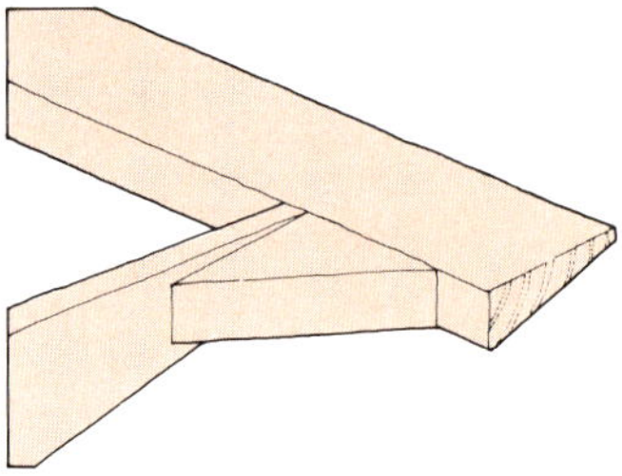

Stumpfer Stoß

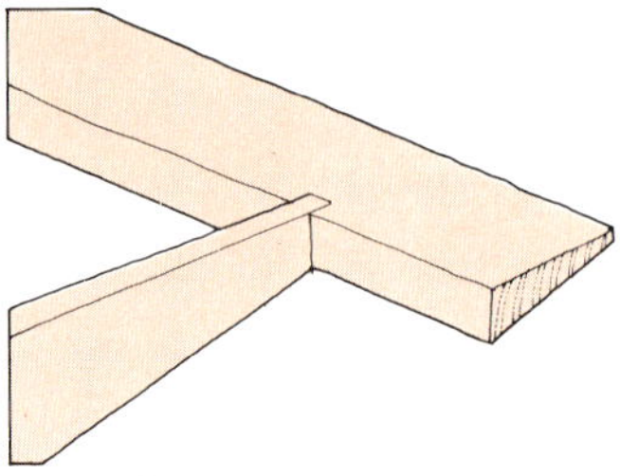

Genutete Verbindung

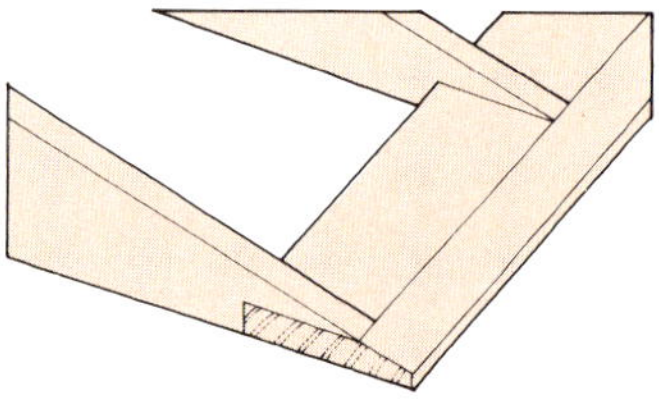

Zugeschnittene Rippe für den Endholm eines Flügels mit flacher Unterseite.

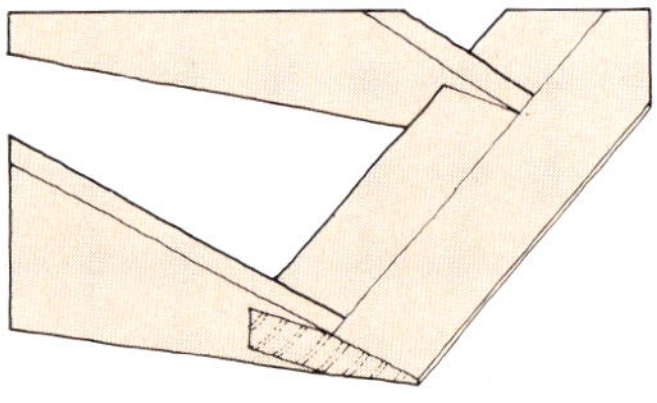

Zugeschnittene Rippe für den Endholm eines symmetrischen Flügels.

Zwei Arten von Flügelhinterkanten aus Balsaholzbrettern

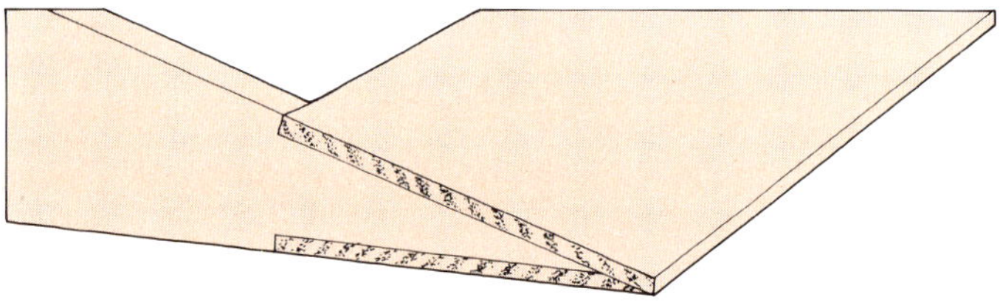

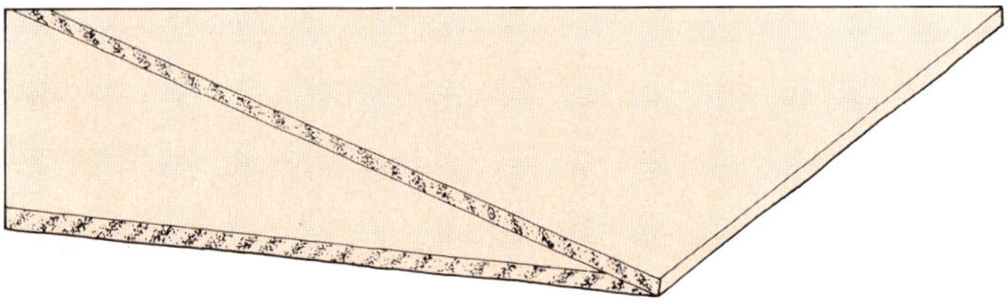

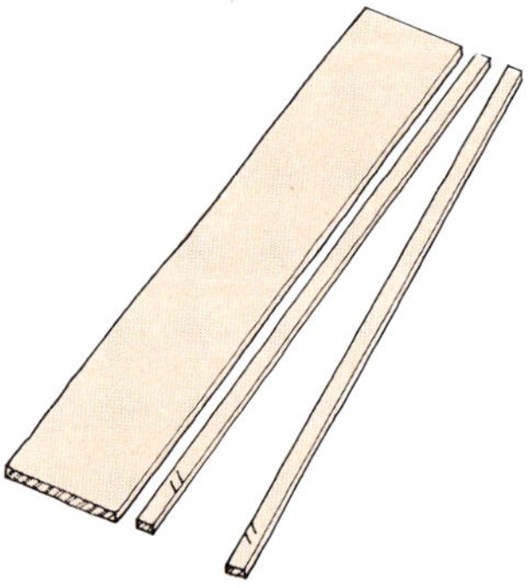

Zuschneiden von Holmen aus Balsaholzbrettern *Um zwei mit Sicherheit gleichartige Sparren zu erhalten, werden sie nebeneinander aus dem Brett ausgeschnitten. Vor dem Ausschneiden die Rumpfseite markieren.*

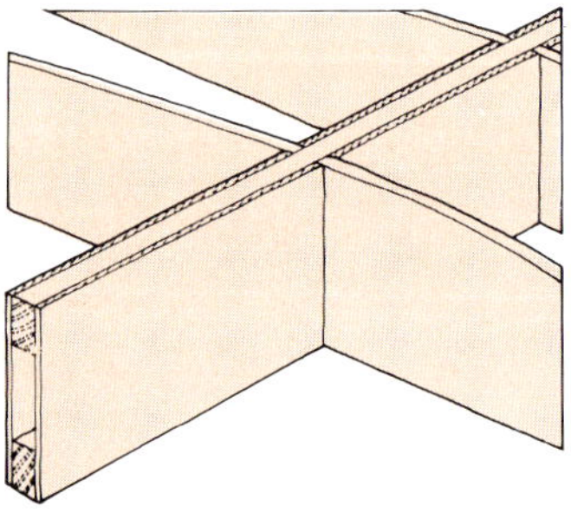

Bau eines Kastenholms *Kastenholme werden zur Gewichtsersparnis bei großen Modellen verwendet. Ein Holm verläuft durch den oberen, der zweite durch den unteren Rand der Rippen. Zwischen den Rippen Balsaholzplatten mit senkrecht verlaufender Maserung an die Holme kleben.*

Tragflächenenden Der zweckmäßigste und stabilste Randbogen ist ein zurechtgeschnitzter Balsaholzblock. Um das Gewicht zu verringern, kann man flache Löcher in die Innenseite bohren. Abgerundete Randbögen werden meistens aus Balsaholzstücken mit Falzverbindung hergestellt. Bei sehr dünnen Randbögen verwendet man übereinandergeklebte Balsa- oder Hartholzstreifen.

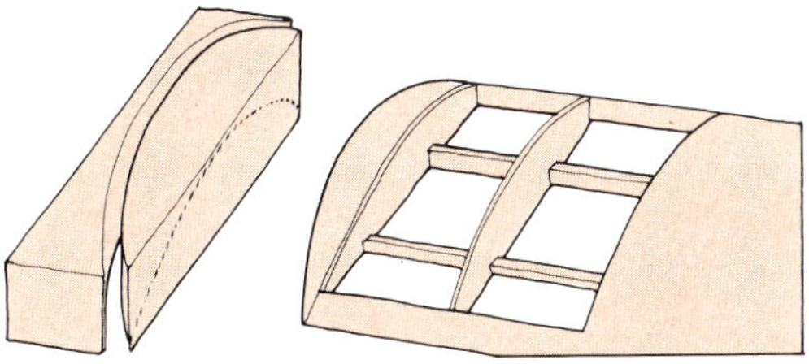

Bau eines Randbogens aus einem Balsaholzblock *Profilform und Aufriß auf den Block zeichnen. Den Aufriß mit der Laubsäge aussägen, das Reststück aufheben. Dann das Reststück als Auflager verwenden und die Profilform ausschneiden. Wenn sich der Block im Reststück bewegt, beide Teile zusammenstecken. Die verbleibenden Kanten mit einem Messer zurechtschnitzen, den Randbogen an seinen Platz kleben und mit Sandpapier einschleifen.*

Bau von Tragflächenenden mit Falzverbindung *Für die Bogenteile leichtes feingemasertes Balsaholz verwenden und darauf achten, daß die Faser in jedem Teil in Längsrichtung verläuft. Für die Holme Nuten einschneiden. Der Hauptholm muß möglicherweise im spitzen Winkel zugeschliffen und etwaige Obergurte an der letzten Rippe gebrochen und gebogen werden, damit sie auf den Randbogen treffen. Die Tragfläche vom Bauplan abnehmen und den Randbogen abschleifen, damit er einen glatten Übergang zum Nasen- und Endholm bildet.*

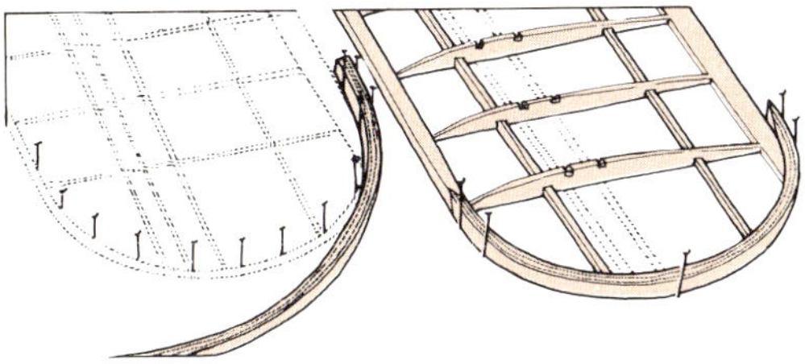

Bau von schichtverleimten Tragflächenenden *Entlang der Innenkurve der Planzeichnung Nadeln in das Arbeitsbrett stecken und senkrecht ausrichten. Dünne Streifen aus Balsaholz oder Hartholzfurnier, länger als benötigt, aufeinanderleimen. Den schichtverleimten Streifen an einem Ende an einer Nadel anlegen und überstehen lassen; mit einer kräftig eingedrückten Nadel den Streifen in dieser Lage festhalten. Den Einspannvorgang über den gesamten Bogen wiederholen und den Leim trocknen lassen. Dann die Nadeln herausziehen und den Randbogen mit Nasen- und Endholm verbinden. Zurechtschneiden und schleifen.*

Zusammenbau eines Rahmenbauflügels Zuerst werden Nasenholm, Endholm und Hauptholm oder Untergurte an den entsprechenden Stellen auf dem Bauplan befestigt. Zur Kontrolle der genauen Holmabstände setzt man vor dem Feststecken drei oder vier Rippen in regelmäßigen Abständen auf die Holme und berücksichtigt dabei geringe Abweichungen der Rippengröße. Die Bauteile eines Flügels mit flacher Unterseite können direkt auf der Arbeitsplatte festgesteckt werden. Unten gewölbte oder symmetrische Flügel können nicht so leicht ausgelegt werden, weil nur ein Teil des Flügels die Arbeitsplatte berührt. In diesem Fall verwendet man Holzleisten, um die erhöhten Teile im richtigen Winkel und in der richtigen Höhe zu halten.

Die Verbindungsstellen von Rippen und festgesteckten Bauteilen mit Balsakleber oder Weißleim bestreichen. Die einzelnen Rippen an ihren Platz drücken und dabei mit Hilfe eines kleinen Anschlagwinkels darauf achten, daß sie senkrecht stehen. Die Rippen auf der Rumpfseite unter Verwendung einer Schablone im richtigen Neigungswinkel einsetzen. Überschüssigen Leim von den Verbindungsstellen entfernen. Ein schmaler Steg aus Leim in den Ecken verstärkt die Verbindung, aber er muß auf beiden Seiten sein, weil sich das Holz sonst verzieht. Ober- und Unterseiten möglichst von Kleber frei halten, weil er in weiches Holz, wie etwa Balsaholz, eindringen kann und es an manchen Stellen härtet. Dadurch wird das Abschleifen schwieriger, weil die weicheren Stellen schneller abgetragen werden und die Oberfläche uneben wird. Zum Schluß können Obergurte eingezogen werden.

Manchmal ist es zweckmäßiger, den größten Teil des Flügels auf dem Bauplan zusammenzubauen und den Nasenholm erst anzusetzen, nachdem die Tragfläche vom Arbeitsbrett abgenommen wurde. In diesem Fall wird der Nasenholm mit Gummiband am Platz festgehalten, bis der Kleber trocken ist. Ebenso kann der Hauptholm eines unten gekrümmten Flügels später eingesetzt werden.

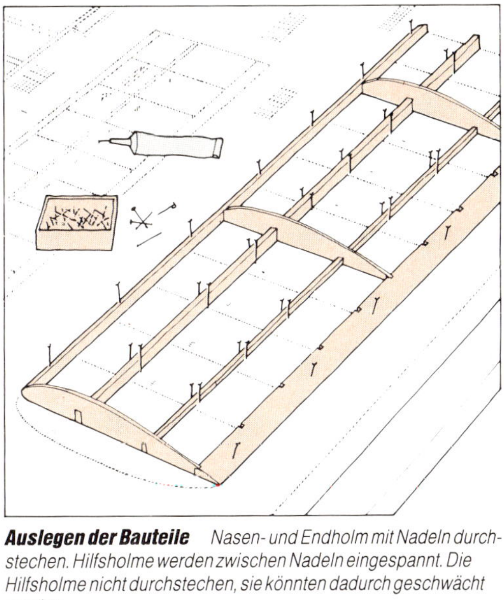

Auslegen der Bauteile *Nasen- und Endholm mit Nadeln durchstechen. Hilfsholme werden zwischen Nadeln eingespannt. Die Hilfsholme nicht durchstechen, sie könnten dadurch geschwächt werden.*

Verbindung von waagerechten Tragflächen
Eine sehr häufig angewandte Methode ist, die beiden Tragflächen durch ein Dübelpaar zu verbinden. Die Dübel stekken in Papierröhren, die durch die ersten zwei oder drei Rippen gesteckt und festgeleimt wurden. Die Röhren werden aus gummierten Papierstreifen hergestellt. Zuerst werden die Dübel eingewachst, damit das Papier nicht an ihnen festklebt. Einen Streifen befeuchten und mit der gummierten Seite nach außen um den Dübel wickeln. Leicht schräg beginnen, damit der Streifen um den Dübel herum eine Spirale formt. Von der anderen Seite her einen zweiten Streifen darüberwickeln, aber mit der gummierten Seite nach innen, damit er am ersten Streifen festklebt. Für eine stabile Röhre den Vorgang wiederholen. Nach dem Trocknen den Dübel herausziehen.
In die Flügelrippen werden Löcher geschnitten oder gebohrt, die die Röhren aufnehmen sollen, nun beide Tragflächen zusammenhalten und die Röhren festkleben. Einen Streifen Polyäthylenfolie zwischen die Tragflächen schieben, damit sie nicht zusammenkleben. Nach dem Trocknen die Röhren mit einer Feinsäge durchschneiden, um die Tragflächen wieder zu trennen. In einem Röhrenpaar werden die Dübel festgeklebt.
Man kann aber auch Aluminiumröhren und starken Draht anstelle der Dübel verwenden.

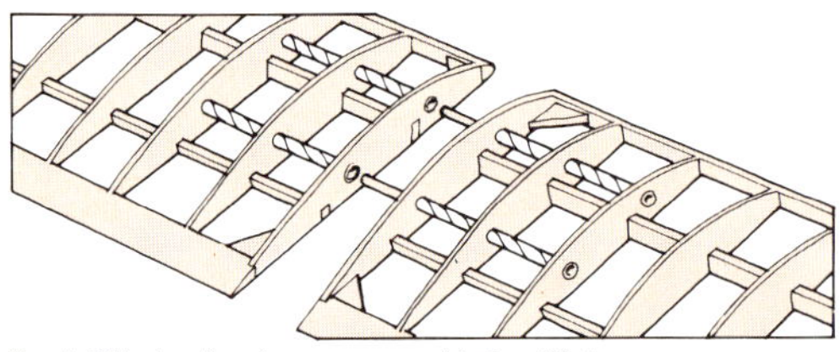

Durch Dübel verbundene waagerechte Tragflächen

Verbindung von V-förmigen Rahmenbau-Tragflächen
Zuerst die Tragflächenenden an der Rumpfseite abschrägen und die äußeren Rippen befestigen, dann diese Rippen wie unten beschrieben zusammenkleben. Die Verbindung mit Sperrholzversteifungen verstärken, die an die Seiten der Hauptholme geklebt werden.
V-förmige Tragflächen müssen nicht unbedingt fest (unlösbar) verbunden sein. Man kann sie so bauen, daß sie wie die waagerechten Flügel zusammengesteckt werden können. Man benutzt dazu die oben beschriebene Methode mit der Aluminiumröhre. Der Draht muß lediglich entsprechend dem V-Winkel gebogen werden.

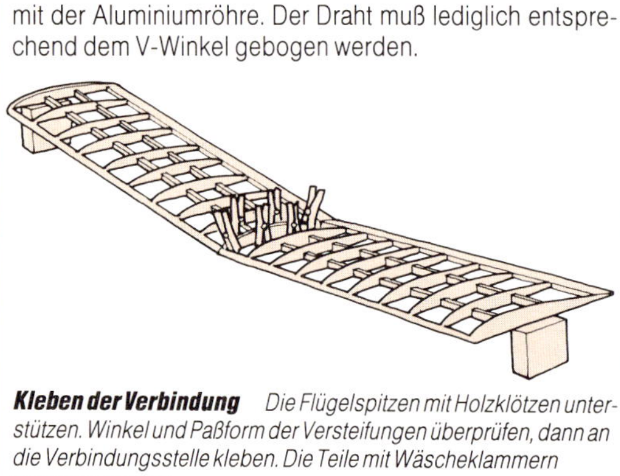

Kleben der Verbindung *Die Flügelspitzen mit Holzklötzen unterstützen. Winkel und Paßform der Versteifungen überprüfen, dann an die Verbindungsstelle kleben. Die Teile mit Wäscheklammern zusammenhalten.*

Aufbringen der Balsaholzverkleidung Um der Tragfläche von größeren Modellen mehr Stabilität zu verleihen, wird die Frontpartie zwischen Nasen- und Hauptholm mit 1 bis 1,5 mm starken Balsaholzbrettern verkleidet. Das Brett mit längs verlaufender Faser wird auf Rippen, Holmen und Nasenholm festgesteckt und festgeklebt. Meistens wird auch das Flügelstück zwischen den beiden ersten Rippen auf der Rumpfseite verkleidet, besonders dann, wenn die Tragflächen später mit Gummibändern am Rumpf befestigt werden. Über die unverkleideten Rippen werden Längsstreifen aus Balsaholz geklebt, um die Brettstärke auszugleichen.
Bei manchen Motormodellen ist Stabilität wichtiger als das Gewicht, deshalb werden die Flügel vollständig verkleidet. Die Balsaholzbretter sind so stabil, daß diese Modelle mit weniger Rippen und Holmen auskommen.

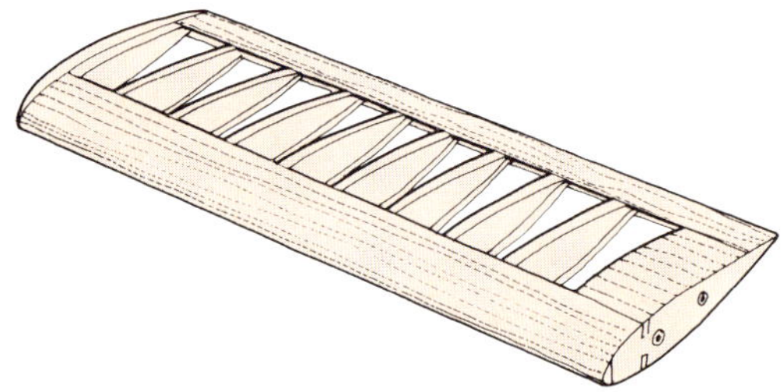

Mit Balsaholzbrettern verkleideter Flügel

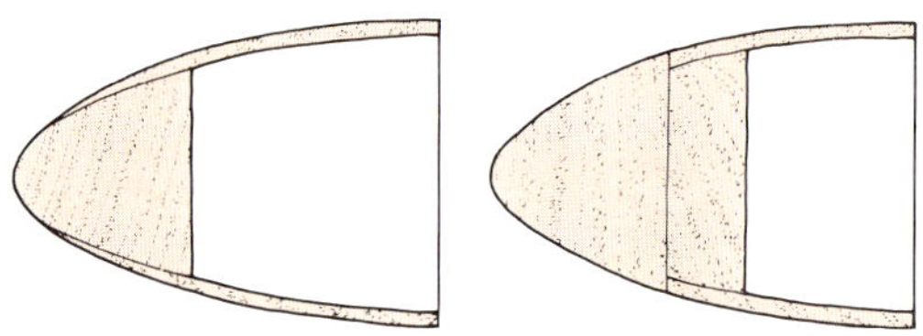

Formung der Flügelnase *Falls die Verkleidung am Nasenholm übersteht, wird sie auf die Profilform zugeschliffen. Bei einem starken Nasenholm wird die Verkleidung zunächst an einen „falschen" Nasenholm geklebt, dann wird der richtig geformte Nasenholm an der Vorderseite befestigt.*

Tragflächen aus Schaumstoff
Ein häufig verwendetes Material für Flugzeuge ist Polystyrolschaum, ein stabiler, aber leichter Kunststoff. Bei manchen Modellen, hauptsächlich bei Flugzeugen mit CO_2-Motor oder kleineren Flugzeugen, sind alle größeren Teile aus geschäumtem Polystyrol.
Hartschaumflügel werden mit einem Hitzedrahtwerkzeug aus Hartschaumblöcken ausgeschnitten und mit einem dünnen Furnier verkleidet, um sie stabiler zu machen und eine harte, glatte Oberfläche zu schaffen. Man erhält sie meistens in zwei Teilen, die nur noch zusammengeklebt werden müssen, obwohl sie bei manchen Nasen- und Flügelholmen getrennt mitgeliefert und nachträglich befestigt werden müssen. Sie können nicht nur leicht und schnell zusammengebaut werden, sondern haben auch eine garantiert glatte und ebene Oberfläche. Ferngelenkte Modelle sind häufig bereits mit der Fahrgestellhalterung und dem Rudergestänge für die Fernsteuerung (meistens Bowdenzüge) ausgerüstet. Man muß die Oberfläche abtasten, um diese Teile unter dem Furnier zu orten.

Zusammenbau von Hartschaumflügeln aus dem Bausatz Diese Methode ist für einen typischen Fernsteuermodellflügel mit Querruder und bereits eingebautem Rudergestänge geeignet. Zuerst werden die Flügel an der Rumpfseite zusammengeklebt. Darauf achten, daß Vorder- und Hinterkanten in einer Linie liegen, die Flügel den richtigen Neigungswinkel haben. Weißleim oder Epoxidharzkleber verwenden – niemals Balsakleber, Cyanoacrylat-Klebstoff oder Fiberglas-Kunstharz, da sie den Kunststoff angreifen. Die Teile mit Klebeband zusammenhalten, bis der Kleber trocken ist. Verbindung mit Fiberglasband und Kunstharz verstärken, aber den Ausschnitt für das Querruder-Servo frei lassen.

Anschließend werden Nasen- und Endholm festgeklebt und mit Nadeln oder Klebeband festgehalten, bis der Kleber trocken ist. Beachten, daß die geklebten Teile eng aneinanderliegen und die Verbindungsstelle vollkommen dicht ist, sonst kann ein später aufgetragener Anstrich in den Schaum einsickern und ihn auflösen.

Wenn die Hartschaumflügel mit Querrudern ausgerüstet sind, muß eine falsche Hinterkante in die Aussparung für das Querruder geklebt werden, die die Scharniere trägt. Die Seite der Aussparung wird ebenfalls mit einem dünnen Balsaholzstreifen verkleidet. Die festgeklebten Teile anschließend zurechtschleifen.

Den Randbogen festkleben und in Form schleifen, dann die Querruder einhängen.

Zum Schluß die Aussparung für das Querruder-Servo als zusätzliche Verstärkung mit dünnen Balsaholzplatten auskleiden und die Löcher für den Bowdenzug einschneiden.

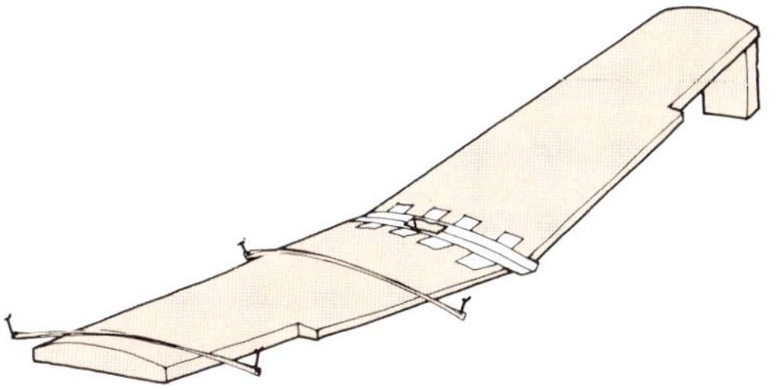

Verbinden der Tragflächen

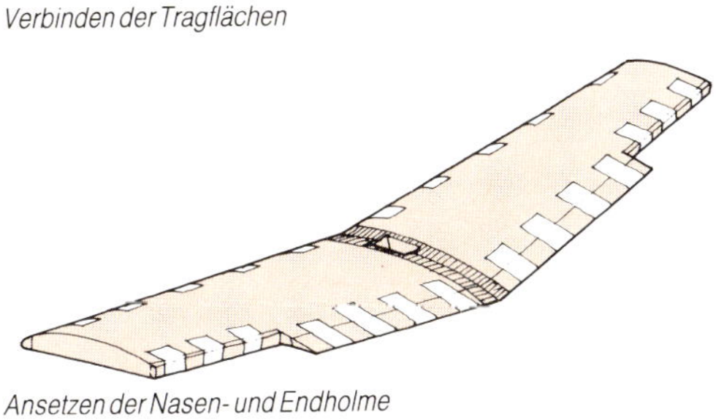

Ansetzen der Nasen- und Endholme

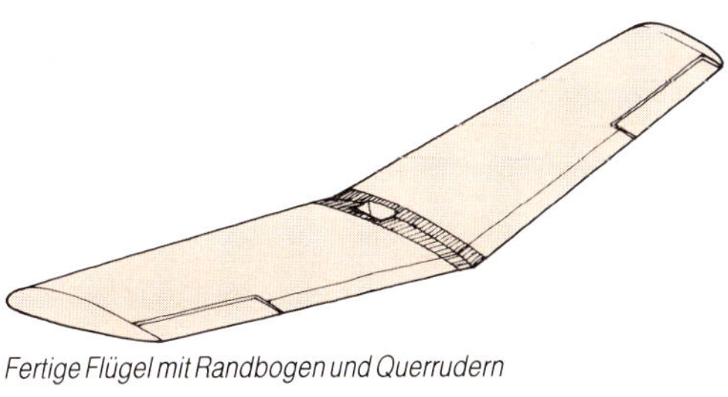

Fertige Flügel mit Randbogen und Querrudern

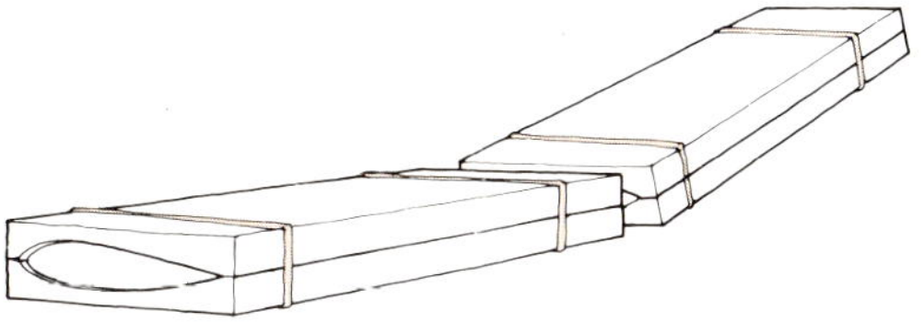

Hartschaumflügel aus dem Bausatz *Die Tragflächen sind in den Reststücken verpackt, die nach dem Ausschneiden aus dem Block übrigbleiben. Diese Teile gut aufheben, denn sie ergeben zum Aufbewahren und Transportieren des fertigen Flügels eine gute Verpackung. Sie wird mit Gummibändern zusammengehalten.*

Schneiden von Aussparungen Manchmal muß man in einen Hartschaumflügel Aussparungen schneiden, die Trägerklötze oder Leitungen für das Rudergestänge aufnehmen können. Für Trägerklötze werden rechteckige Aussparungen herausgeschnitten, bei Leitungen für das Rudergestänge sind sie V-förmig. Zuerst die Aussparung auf der furnierten Oberfläche anzeichnen, dann den Anweisungen unten folgen.

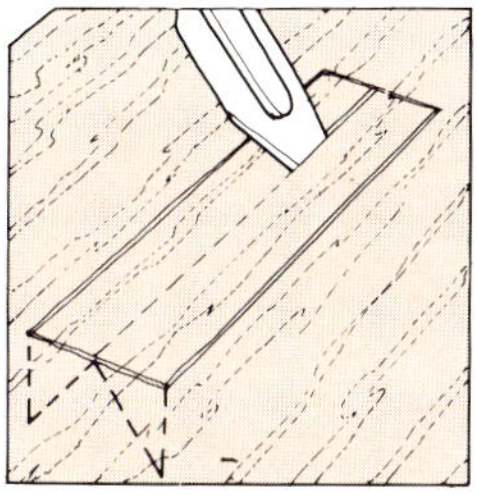

Schneiden einer rechteckigen Aussparung *Mit einem senkrecht gehaltenen Messer entlang der Form einschneiden, dabei immer auf die Schnittiefe achten. Dann durch zwei schräge Schnitte, die von der Mitte nach außen führen, die obere Fläche und einen Teil des Hartschaums herausschneiden.*

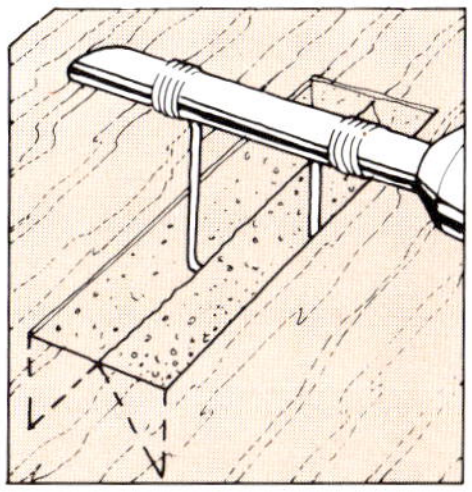

Das verbleibende Hartschaumdreieck wird mit einem erhitzten Schneidewerkzeug entfernt: einen festen Kupferdraht in der Breite der Aussparung zurechtbiegen und mit Draht an die Spitze eines Lötkolbens binden. Nach dem Herausschneiden des Dreiecks bleibt eine Aussparung mit flachem Grund.

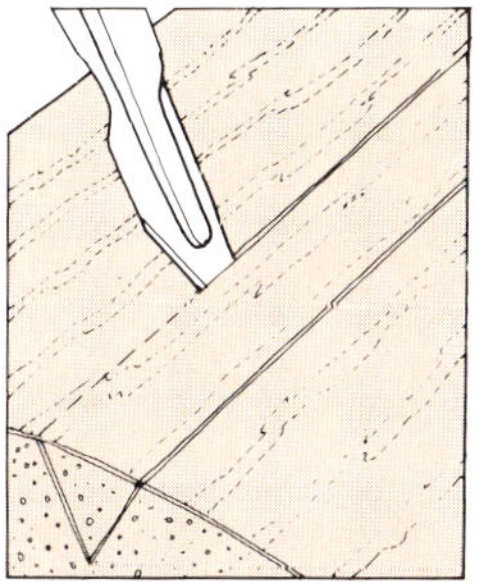

Schneiden einer V-förmigen Aussparung *Zwei schräge Schnitte, die sich in der gewünschten Tiefe treffen, formen eine V-förmige Hartschaumleiste. Die Leiste herausnehmen und das Rudergestänge einlegen.*

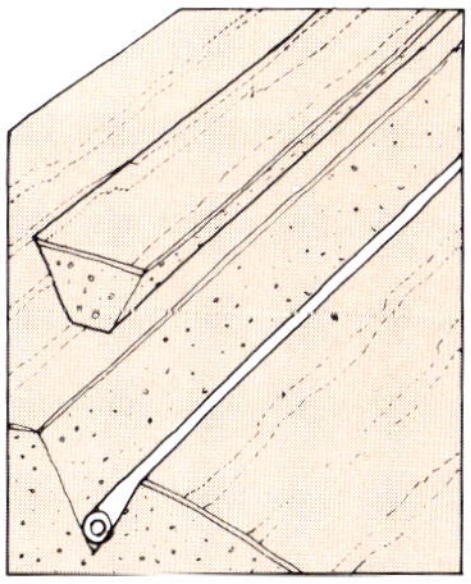

Die untere Kante der Leiste abschneiden, um Platz für das Kabel zu schaffen. Überprüfen, ob der Streifen bündig mit der Oberfläche abschließt, wenn das Gestänge eingelegt ist; die Leiste wieder festkleben.

Herstellung von Flügeln aus Hartschaumblöcken

Die Blöcke (man braucht für jeden Flügel einen) und das Hitzedrahtwerkzeug sind in Spezialläden erhältlich. Das Werkzeug besteht aus einem Nickel-Chrom-Draht, der über einen Rahmen gespannt ist.

Zu Beginn werden zwei Profilschablonen aus Sperrholz ausgesägt, eine für jedes Flügelende. Auf beiden wird eine gleiche Anzahl senkrechter Linien aufgezeichnet. Die Linien sollen dabei helfen, das Werkzeug beim Schneiden immer im rechten Winkel zur Profilsehne zu halten. Hat der Flügel überall dieselbe Breite, sind auch die Schablonen gleich groß und die Hilfslinien haben denselben Abstand voneinander. Bei einem Flügel, der sich verjüngt, ist die Schablone an der Flügelspitze kleiner, die Hilfslinien liegen proportional enger zusammen. Nun auf beiden Schablonen die Profilsehnen anzeichnen. Als nächstes werden Hartschaumblöcke so ausgezeichnet, daß die Schablonen im richtigen Verhältnis angebracht werden können. Zuerst werden waagerechte Linien über die Blockenden gezogen, dann an einem Ende eine senkrechte Linie, die sich mit der Linie auf der Schablone trifft, die durch den Scheitelpunkt des Profils läuft. Diese Linie wird auf der Oberseite des Blocks und am gegenüberliegenden Endstück fortgesetzt. Die Schablonen so feststecken, daß die entsprechenden Markierungen auf der Schablone mit diesen Hilfslinien übereinstimmen. Die Tragfläche mit Gewichten beschweren, damit sie auf der Arbeitsplatte nicht verrutscht.

Beim Ausschneiden der Tragfläche wird das Hitzedrahtwerkzeug lediglich an den Schablonen entlanggeführt. Es ist wichtig, zügig zu arbeiten und die Schneidegeschwindigkeit mit den senkrechten Linien zu kontrollieren. Arbeitet man zu schnell, biegt sich der Draht durch und die Schnittfläche wird unregelmäßig, schneidet man zu langsam, schmilzt der Draht den Hartschaum, und es bilden sich flache Grate (an einigen Resten üben, bis man sich einen glatten Schnitt zutraut). Dann eine zweite, gleiche Tragfläche ausschneiden.

Die Flügelnasen werden sich wahrscheinlich leicht wellen und können leicht beschädigt werden, deshalb schneidet man sie zu und klebt eine Flügelkante aus Balsaholz auf.

Lange, dünne Flügel werden durch einen Holm aus Balsaholz verstärkt, der in die Hartschaumoberfläche eingelassen wird. Einen kurzen Holm verwenden, wenn der Flügel nur an der Rumpfseite stabiler werden soll. Ein langer Holm verhindert ein Durchbiegen des Flügels.

Zum Schluß werden die Tragflächen furniert (siehe unten).

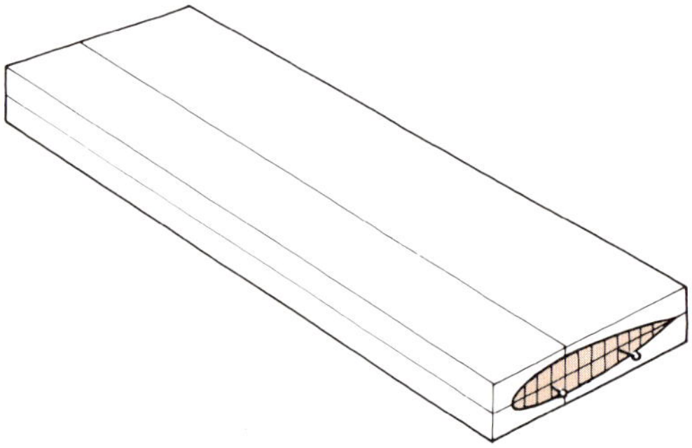

Aufstecken der Schablonen auf den Hartschaumblock
Die Profilsehne jeder Schablone an den waagerechten Linien des Blocks anlegen, die senkrechte Linie durch den Profilscheitelpunkt an den senkrechten Linien des Blocks.

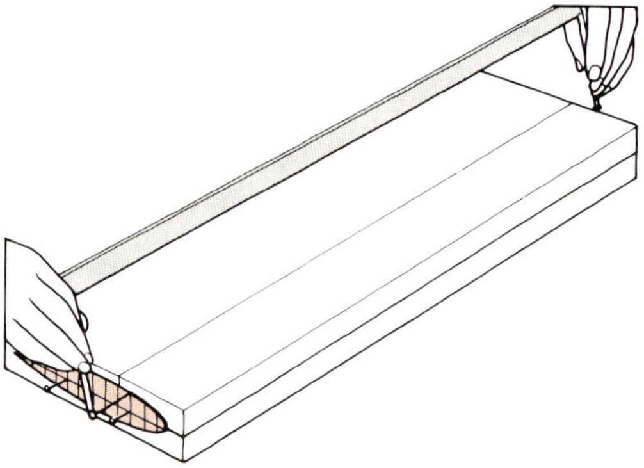

Ausschneiden des Flügels *Ein kleiner Flügel kann von einer Person ausgeschnitten werden, aber ein großer erfordert fremde Hilfe.*

Furnieren eines Hartschaumflügels Zur Verkleidung der Tragfläche kann man dünnes und dichtes Hartholzfurnier oder mittelhartes Balsaholz verwenden. Die Faser sollte auf dem Flügel in Längsrichtung verlaufen. Furnier ist in großen Blättern im Handel, deshalb kann man die Tragflächen in einem Stück verkleiden. Balsaholzbretter werden immer durch Klebeband mit stumpfem Stoß verbunden, gleichgültig, ob man sie vorher auf den Flügel aufklebt oder auch einzeln anbringt. Im letzteren Fall wird das erste Brett um die Flügelnase gebogen. Wenn es sich nicht in die richtige Form biegen läßt, wird eine Flügelnase aus massivem Balsaholz angebracht und daran anschließend je oben und unten ein Balsaholzbrett festgeklebt, wie es im Abschnitt über das Verkleiden einer Rahmenbautragfläche auf Seite 258 gezeigt wurde. Zum Kleben des Furniers verwendet man einen Kontaktkleber auf Latexbasis, keinen auf Mineralölbasis. Die eine Seite des Furniers und beide Seiten des Hartschaumflügels beschichtet man mit Kleber. Dann das Furnier aufbringen. Die rumpfseitigen Anschlüsse entsprechend der V-Form nacharbeiten.

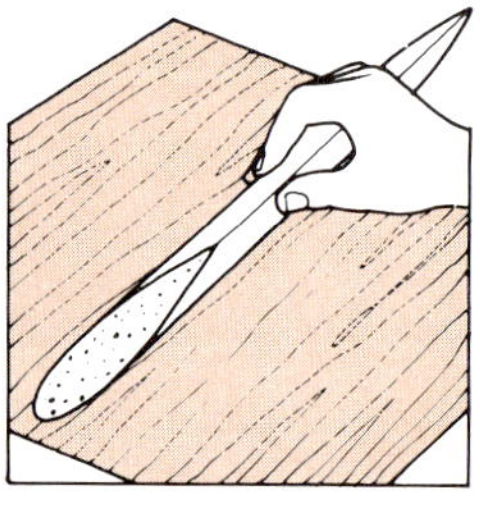

Verkleiden des Flügels
Einen Flügel mit flacher Unterseite flach auflegen, daß die Flügelnase in der Mitte des Furniers zu liegen kommt. Bei einem symmetrischen Flügel zuerst die Flügelnase aufsetzen, dann den Flügel auf dem Furnier abrollen.

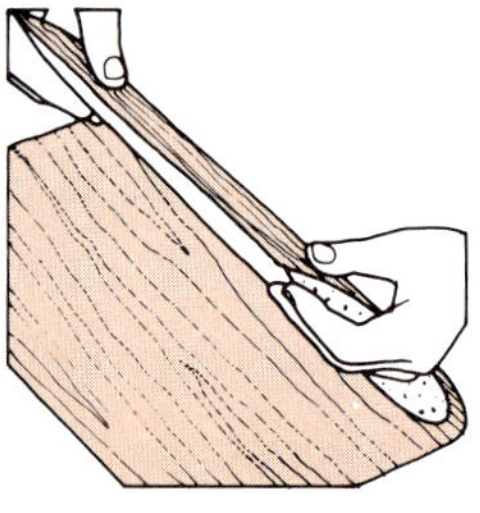

Unter ständigem Druck den halbverkleideten Flügel über die Flügelnase auf die andere Seite abrollen. Auf beiden Seiten das Furnier mit einem Stoffballen gut andrücken. Die Kanten abschleifen.

Befestigung der Tragflächen

Es ist üblich, die Flügel und das Höhenleitwerk mit Gummibändern am Rumpf zu befestigen, die an Dübeln eingehängt sind. Die Gummibänder ermöglichen es den Flügeln und dem Höhenleitwerk, sich im Falle eines Absturzes zu verschieben oder abzuspringen. Dadurch wird ein Teil der Aufprallenergie absorbiert und in manchen Fällen der Flügel vor einem Bruch bewahrt. Das ist eine einfache Technik, sieht aber nicht besonders gut aus und ist schon gar nicht geeignet, wenn man ein maßstabsgetreues Modell bauen will.

Für eine saubere und unauffällige, dabei sehr stabile Verbindung sorgen Nylonschrauben. Die Schrauben werden in Plastikträger oder Holzklötze eingedreht, die innen im Rumpf festgeklebt sind. Meistens wird die hintere Seite des Flügels von zwei Schrauben, die Flügelnase von einem Dübel an ihrem Platz gehalten.

Zuerst den Dübel an der Vorderseite befestigen und darauf achten, daß der Flügel richtig sitzt. Die Lage der Schrauben im Flügel bestimmen und die Schraubenlöcher bohren. Die Schrauben durch die Löcher stecken und an die Klötze oder Träger schrauben. Die Klötze mit Epoxidharzkleber bestreichen und den Flügel auf dem Modell in die richtige Lage bringen. Die Klötze mit einem Rumpfspant oder einem anderen tragenden Teil verbinden. Nach dem Trocknen die Schrauben herausdrehen und den Flügel entfernen. Die Klötze können zusätzlich mit Kleber oder Schrauben befestigt werden. Diese Verbindung sollte stark genug sein, um den Flügel festzuhalten, aber sie sollte auseinanderbrechen, falls das Flugzeug abstürzt.

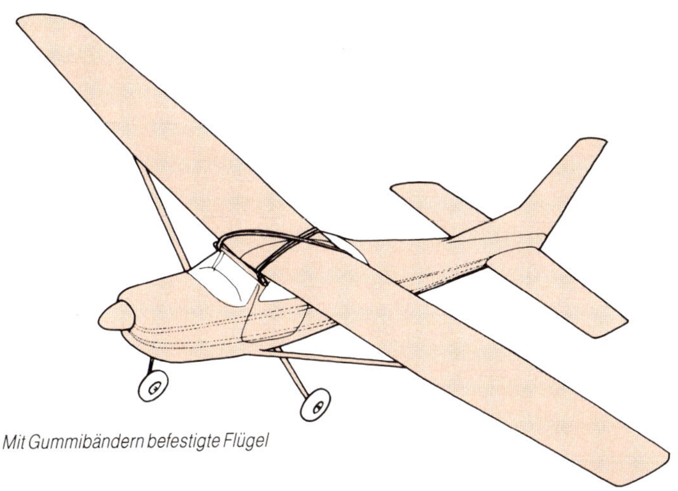

Mit Gummibändern befestigte Flügel

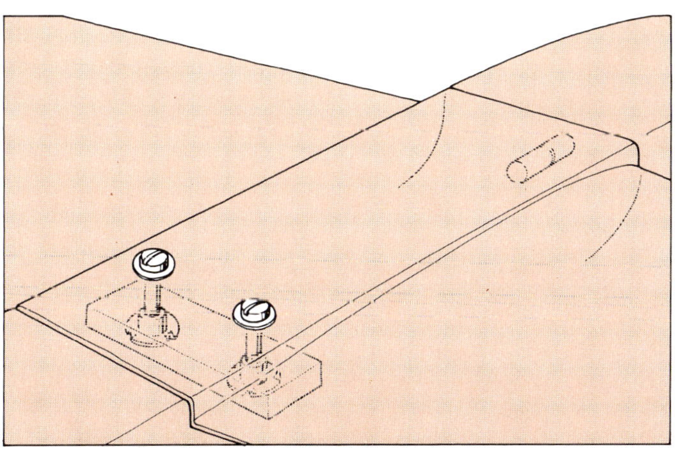

Die Flügel werden von einem Holzdübel und zwei Schrauben gehalten

Drehbare Lagerung (Einhängen) der Steuerflächen

Ein oben angeschlagenes Scharnier kann für Querruder und Höhenruder verwendet werden, während das häufiger vorkommende Mittelscharnier alle Flächen verbinden kann.

Entlang der Scharnierkante muß vom Flächenmaterial etwas abgenommen werden, damit die Steuerfläche beweglich ist. Bei einem oben angeschlagenen Scharnier muß meistens lediglich die Kante der Steuerfläche abgefast werden. Beim Mittelscharnier treffen jeweils zwei abgeschrägte oder abgerundete Kanten zusammen, die Luftwirbel verursachen können. Bei größeren Modellen kann dieses Problem durch eine Verkleidung mit einem Plastikstreifen gelöst werden. Am besten geht es mit einem Zapfenscharnier.

Scharniere müssen sehr genau eingebaut werden. Alle Scharniere sollten genau flüchtend ausgerichtet sein, weil sonst die Bewegung der Verbindung eingeschränkt wird. Der Drehzapfen muß glatt und ohne Verzögerung arbeiten. Besonders mit Klebeband oder Schnur hergestellte Scharniere dürfen nicht zu viel Spiel haben, weil sonst die Steuerfläche aus dem Winkel kommt oder flattert.

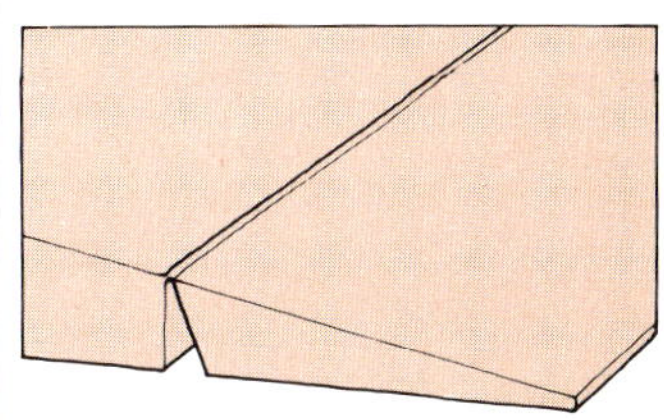

Oben angeschlagenes Scharnier

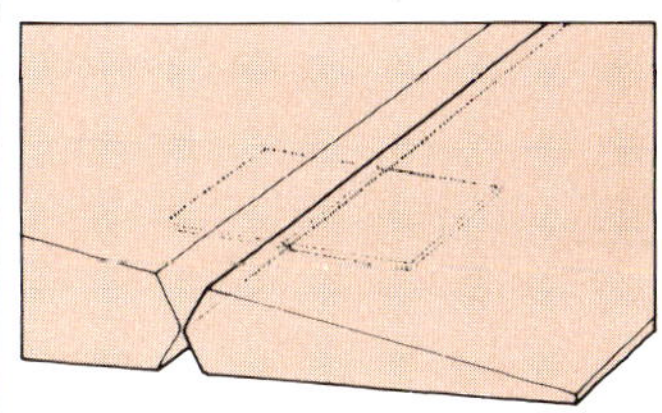

Mittelscharnier

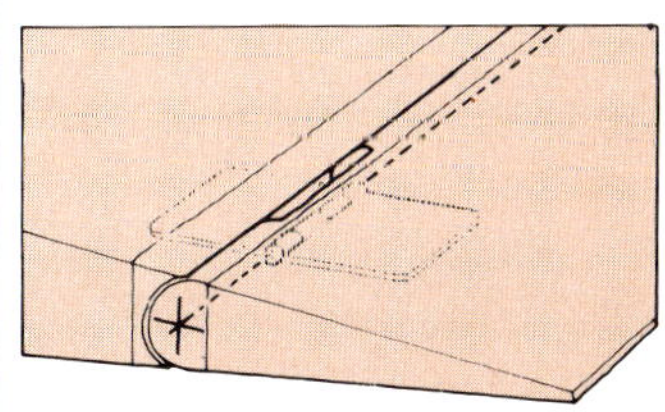

Mittelscharnier mit Verkleidung

Scharnier mit Schnurbefestigung

Das ist ein einfaches, aber wirkungsvolles Mittelscharnier, das mit einer Schnur hergestellt wird, die im Zickzack ober- und unterhalb der feststehenden und der bewegten Fläche verläuft. Man verwendet dazu eine vieladrige Angelschnur und bohrt die Löcher, bevor das Flugzeug bemalt wird.

Zunächst wird auf den oberen Flächen von beiden Teilstükken je eine Hilfslinie gezogen, und zwar im Abstand von 10 mm von der Scharnierkante. Auf jeder Hilfslinie werden im Abstand von 6 mm die Löcher angezeichnet, wobei die Löcher auf der einen Seite in der Mitte zwischen den Löchern auf der anderen Seite liegen sollen. Die Anzahl der Löcher richtet sich nach der Länge der eingehängten Steuerfläche. Die typische Anordnung für ein Höhenleitwerk sind drei oder vier achtlöchrige Scharniere im gleichen Abstand. Ein Seitenruder hat ein Scharnier über die ganze Länge.

Nachdem das Modell bemalt wurde, werden die Teile provisorisch mit Klebeband zusammengehängt, dabei aber einen schmalen Spalt dazwischen lassen. Die Schnur in eine Nadel fädeln und ein Ende mit einem Knoten versehen. An einem Ende beginnen und die Nadel von unten durch das Loch stecken. Nadel und Schnur durch den Spalt nach unten und durch das erste Loch auf der gegenüberliegenden Seite wieder nach oben führen. Auf diese Weise fortfahren und den Faden unter gleichmäßiger Spannung halten. Wenn man das Ende erreicht hat, die Schnur wieder auf den Anfang zu arbeiten. Die Schnur mehrmals durch das letzte Loch ziehen, dicht am Ende abschneiden und durch einen Tropfen Balsakleber versiegeln.

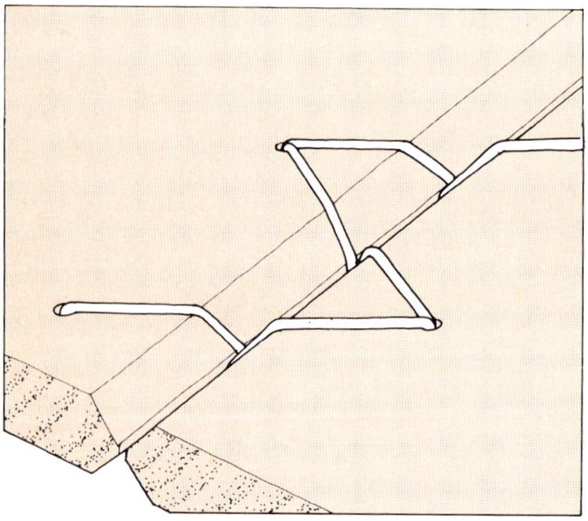

Bandscharnier

Dieses Scharnier wird häufig bei Fesselflugmodellen verwendet und eingebaut, bevor das Modell seinen letzten Schliff erhält. Man verwendet 12 mm breites Band aus Baumwolle oder Seide, das in 40 mm lange Streifen geschnitten wird. Die Streifen können entlang der gesamten Drehachse befestigt werden oder in 75 mm breiten Scharniergruppen. Zwischen den einzelnen Streifen jeder Gruppe etwa 2 mm Abstand lassen.

Die Enden der Streifen mit Balsakleber am Modell befestigen, aber auf keinen Fall den später beweglichen Teil des Bandes mit Kleber verschmieren. Das Modell verkleiden und streichen, aber darauf achten, daß der Stoff entlang der Verbindungsstelle nicht durchtränkt wird.

Bau eines Bandscharniers

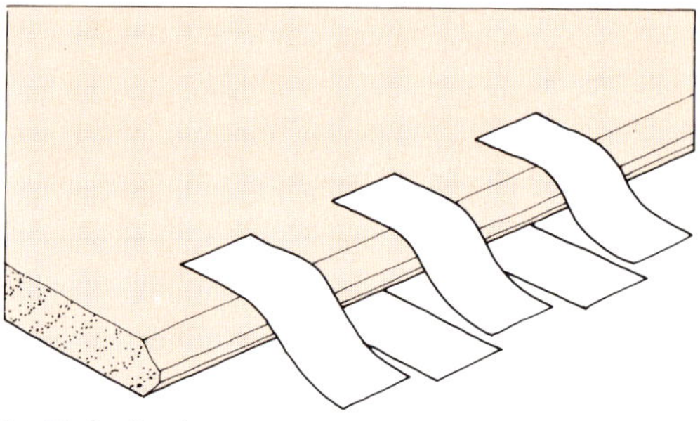

1 *Die Streifen abwechselnd auf beiden Seiten des feststehenden Teils befestigen. Den Teil auf einem flachen Brett feststecken oder beschweren.*

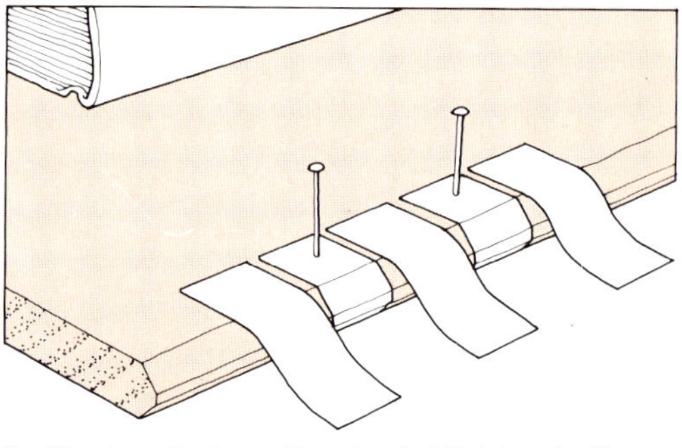

2 *Die unteren Streifen vorübergehend mit Nadeln an der Oberseite feststecken. Die anderen mit Kleber beschichten.*

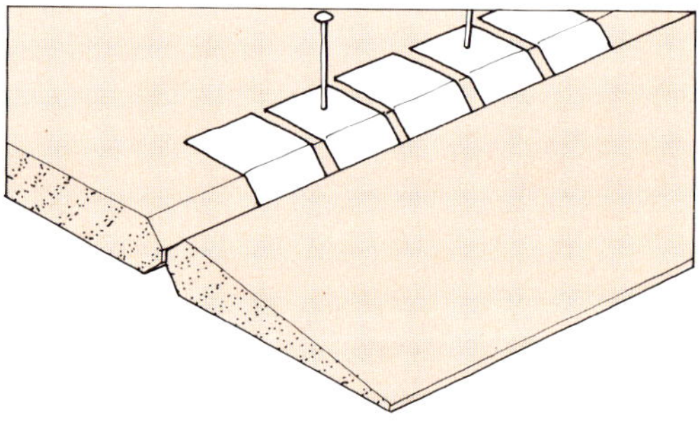

3 *Die Steuerfläche an ihren Platz drücken und darauf achten, daß sie entlang der Drehachse dicht anliegt.*

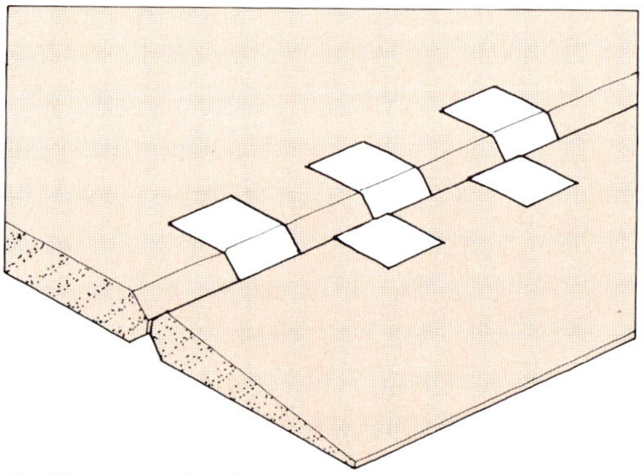

4 *Die festgesteckten Streifen lösen und auf der Oberseite der Steuerfläche festkleben.*

Plastikscharniere

Im Handel ist eine Reihe von Plastikscharnieren erhältlich. Die einfachsten bestehen aus einer dünnen, flachen Zunge mit oder ohne Querfalz in der Mitte. Sie werden mit Kontaktkleber in Schlitze der Scharnierkanten von Flügel und Steuerfläche geklebt.

Die Schlitze müssen sehr genau passen, damit das Scharnier reibungslos funktioniert. Ihre Lage läßt sich leichter anzeichnen, solange die Kanten noch plan sind, deshalb werden sie wegen des Bewegungsspielraumes erst dann abgefast, wenn die Schlitze eingearbeitet sind. Beide Teile an der Oberseite mit Klebeband zusammenhängen und sicherstellen, daß die Kanten, die durch das Scharnier verbunden werden sollen, genau in einer Ebene liegen. Die Schlitze anzeichnen und die beiden Teile wieder trennen.

Wenn der Schlitz herausgearbeitet ist, werden die Kanten abgefast und die Scharniere mit einem Kontaktkleber – schnelltrocknender Epoxidharzkleber oder Cyanoacrylat-Klebstoff – an ihren Platz geklebt. Beim Einschieben der Scharniere wird möglicherweise etwas Kleber abgestreift. Damit die durch das Scharnier verbundenen Teile nicht zusammenkleben, wird zwischen ihnen ein Streifen Polyäthylenfolie über das Scharnier gelegt. Wenn der Kleber trokken ist, wird der Streifen abgezogen.

Zur Verstärkung der Klebeverbindung werden die Enden noch mit durchgesteckten Zahnstochern verdübelt. Durch beide Teile je zwei diagonal versetzte Löcher bohren, deren Durchmesser etwas kleiner als die Stärke der Zahnstocher ist. Kleber in die Löcher geben und die Zahnstocher hineinstecken. Die Enden der Zahnstocher bündig mit der Oberfläche abschneiden. Als Alternative zum Dübeln kann man die Löcher nur durch drei Viertel der Steuerflächendicke ausbohren und sie mit schnelltrocknendem Epoxidharzkleber ausfüllen. Eine dritte Methode zur Verstärkung der Klebeverbindung ist, bis hinunter zum Scharnier ein Loch zu bohren, das umgebende Holz mit Cyanoacrylat-Klebstoff zu bestreichen und dann die Löcher mit Balsaholz zu verdübeln.

Eine andere Art Plastikscharnier ist das Zapfenscharnier. Die beiden Hälften werden durch eine gewöhnliche Gelenkverbindung zusammengehalten, bei der ein metallener Zapfen durch die Gelenkachse geht. Der Zapfen läßt sich meistens herausnehmen. Die Scharnierplatten werden entweder mit Löchern zur Verstärkung der Klebeverbindung hergestellt oder haben Grate, damit sie sich im Schlitz verkeilen. Zapfenscharniere sind zwar leichter beweglich als Zungenscharniere, dafür sind sie aber auch dicker und brauchen einen breiteren Schlitz. Mit einem dünnen Bohreinsatz bohrt man an beiden Enden der Schnittlinie Löcher aus, verbindet dann die beiden Löcher durch zwei parallele Schnitte mit einem Schnitzmesser und verwendet dazu eine hölzerne Auflage (siehe Beschreibung rechts). Notfalls kann man eine spitze Nagelfeile verwenden, um das Holz herauszuarbeiten oder den Schlitz zu vergrößern. Die Scharnierplatten werden in die Schlitze geklebt, wie es oben für das einfache Zungenscharnier beschrieben wurde. Scharniere mit herausnehmbarem Zapfen sollte man auseinandernehmen und beide Teile getrennt befestigen. Eine andere Form dieses Typs ist das Dübelscharnier, wovon manche eingekerbte Halterungen haben. Dübelscharniere sind am einfachsten einzubauen, da die Enden lediglich in vorgebohrte Löcher gesteckt werden.

Ausschneiden eines Schlitzes *Das Messer während des Schnitts auf eine Holzleiste auflegen, die etwas weniger als halb so dick wie das zu bearbeitende Holz ist.*

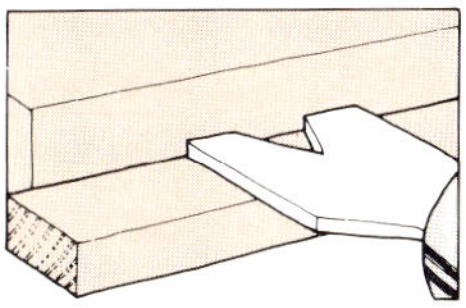

Zum Herausarbeiten eine gekrümmte Klinge verwenden.

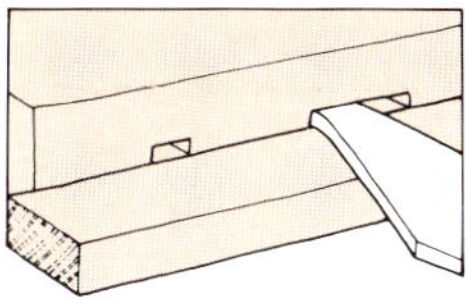

Dübeln eines Zungenscharniers

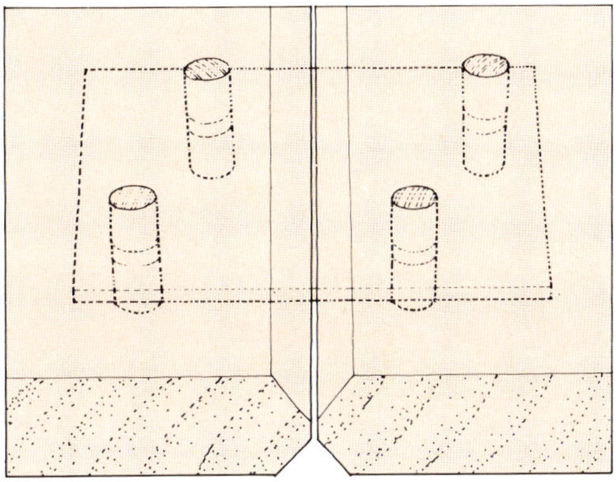

Zapfenscharnier

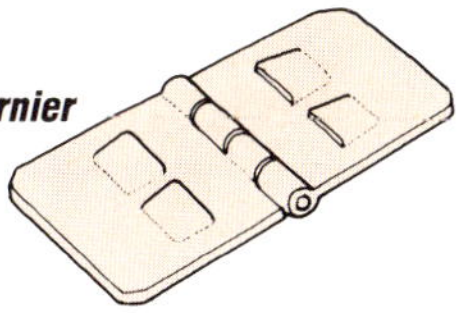

Ausschneiden der Schlitze für ein Zapfenscharnier
Als Führung für das Messer an beiden Enden Löcher einbohren.

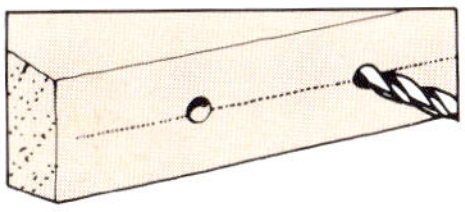

Den Schlitz ausschneiden, dann mit einer spitzen Nagelfeile säubern.

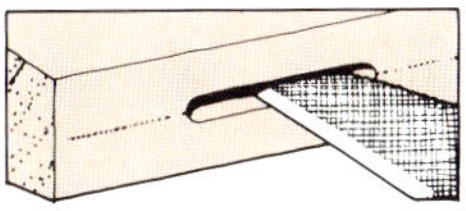

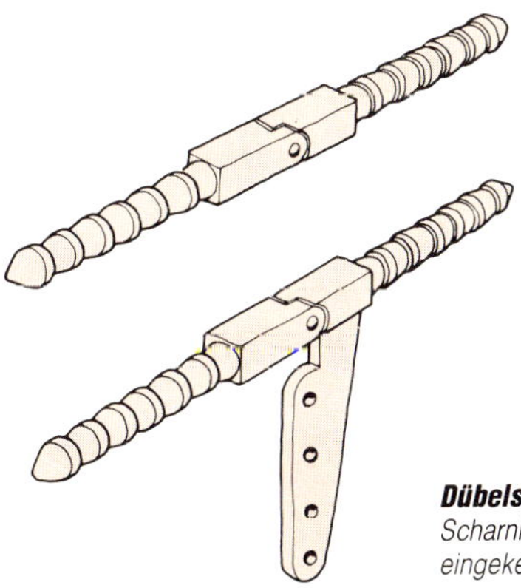

Dübelscharnier *Diese Scharnierart hat manchmal eingekerbte Halterungen.*

Scharniere aus Plastikfolie

Selbstklebende Schrumpffolie, wie Coverite, Monokote oder Solarfilm, ergeben ein aerodynamisch „sauberes" oben angeschlagenes Scharnier, das leicht anzubringen ist und gut funktioniert. Nach dem Einbau der Scharniere wird das Modell mit demselben Material für eine attraktive Fertigbearbeitung verkleidet, wie es auf beschrieben wird.

Bau eines Scharniers mit Folie

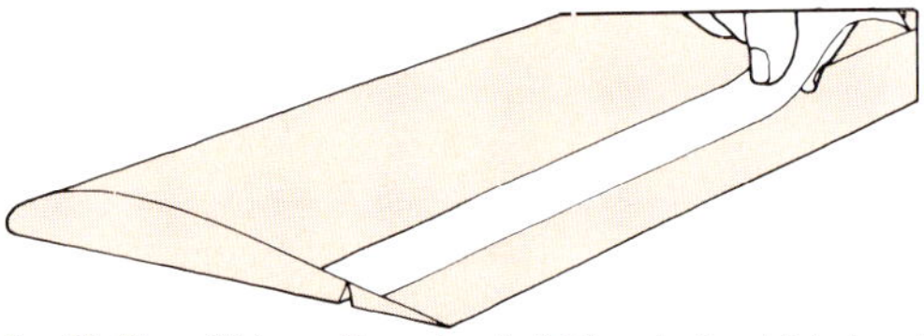

1 Die Steuerfläche vorübergehend mit 2,5 cm breitem Klebeband an ihrem Platz befestigen.

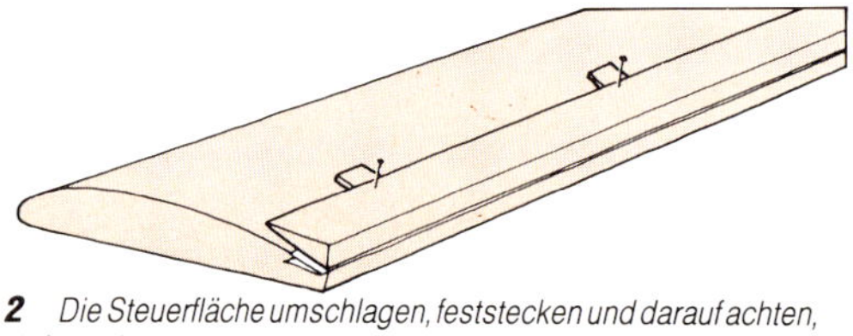

2 Die Steuerfläche umschlagen, feststecken und darauf achten, daß die Kanten bündig abschließen. Einen Folienstreifen in der Länge der Steuerfläche und 1,2 cm breiter als beide Kanten zusammen zuschneiden.

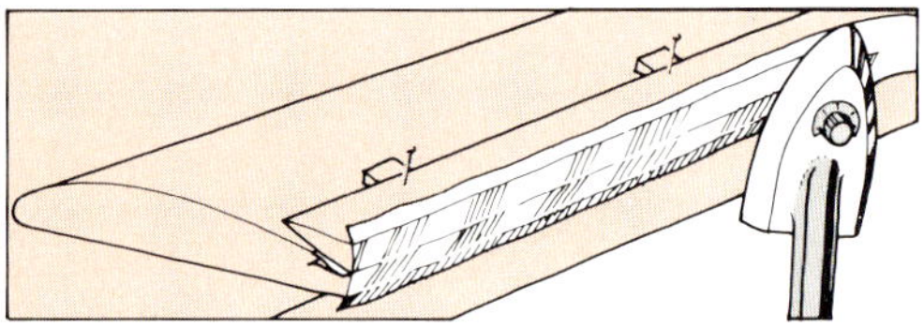

3 Das Bauteil über die Tischkante ragen lassen und den Streifen mit einem Bügeleisen so an den Kanten befestigen, daß er an der oberen und unteren Kante je 6 mm übersteht.

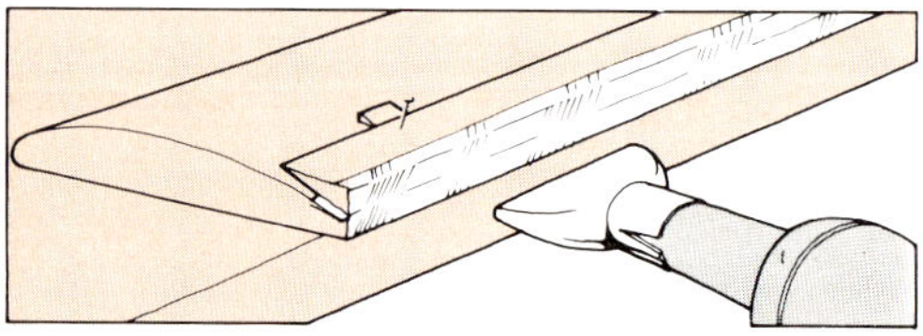

4 Die Folie mit einem Bügeleisen erhitzen, damit sie festschrumpft. Die Nadeln entfernen; die Steuerfläche zurückklappen.

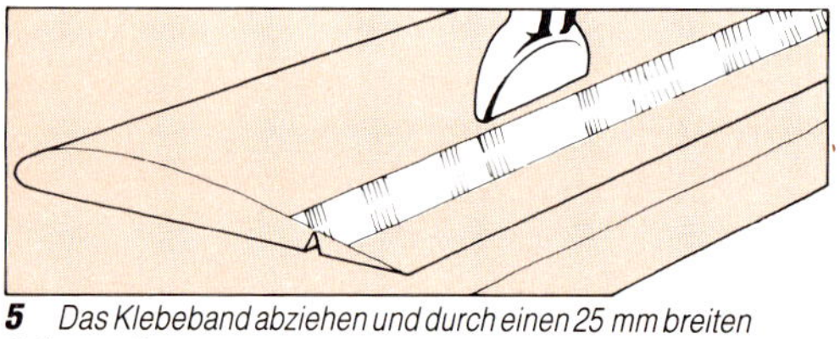

5 Das Klebeband abziehen und durch einen 25 mm breiten Folienstreifen ersetzen. Den Streifen wie beschrieben befestigen und aufschrumpfen.

Verkleidungen

Die Rahmenkonstruktion eines Modells muß verkleidet werden, um eine gleichmäßige Oberfläche zu erzielen. Die häufigsten Materialien sind Seidenpapier, Stoff oder Plastikfolie. Spannlack oder, bei der Plastikfolie, die Hitze werden angewandt, um das Material straffzuziehen und eine luftundurchlässige Haut zu erzeugen. Bei Seidenpapier und Stoff kann auch Wasser den Schrumpfungsprozeß bewirken. Nach dem Durchtrocknen des Materials werden noch einige Lagen Spannlack benötigt, um die Oberfläche zu versiegeln und noch mehr zu spannen.

Das Gewicht oder die Stärke der Verkleidung wählt man immer so, daß sie zu dem Modell paßt, da die falsche Verkleidung den Rahmen verzieht, wenn sie schrumpft. Das trifft besonders auf Verkleidungen zu, die mit Spannlack versiegelt werden. Als Faustregel gilt: leichtes Seidenpapier für leicht gebaute Modelle, Seidenpapier mit mittlerem Gewicht für ein Modell mit durchschnittlich starker Konstruktion, schweres für Modelle aus großflächigem Material. Diese Faustregel gilt auch für Stoffverkleidungen.

Modelle mit Balsaholz- oder Furnieroberflächen können ohne Verkleidungsmaterial gestrichen werden, aber man wird feststellen, daß das Modell stabiler wird und es einen besseren Streichgrund ergibt, wenn man vor dem Streichen Seidenpapier oder Stoff aufbringt.

Seidenpapier ist in verschiedenen Gewichtsklassen erhältlich. Das leichteste wird bei kleinen Modellen mit Gummimotor verwendet. Es wird meistens trocken in einer Lage aufgebracht, mit Wasser geschrumpft und zum Schluß mit Spannlack überzogen. Manchmal erfordert die Stabilität zwei Lagen, bei denen die Fasern in entgegengesetzter Richtung laufen. Bei größeren Modellen nimmt man kräftigeres, geschichtetes Papier. Es kann trocken oder feucht aufgebracht werden. Seidenpapier ist zwar leicht, ziemlich einfach aufzuziehen und macht den Rahmen stabiler, aber es ist anfällig gegen Löcher.

Komplizierte Kurvenformen lassen sich leichter mit Stoff als mit Seidenpapier verkleiden. Für maßstabsgetreue Modelle von stoffbespannten Flugzeugen sind Verkleidungen aus Seide oder Nylon besonders geeignet. Sie werden naß aufgebracht und nach dem Trocknen mit Spannlack versiegelt. Seide ist in leichter und schwerer Webart erhältlich und wird für mittlere und große Modelle verwendet. Sie schrumpft gut und ist stärker als Seidenpapier, aber sie ist auch schwerer, weil zur Oberflächenversiegelung zusätzliche Lagen Spannlack notwendig sind. Nylon ist widerstandsfähig und wird bei größeren Modellen benutzt, bei denen Stabilität wichtiger als die Gewichtszunahme ist. Nylon muß möglichst glatt aufgezogen werden.

Plastikfolie ist das schnellste Mittel, ein Modell fertigzustellen, da weder Spannlack noch ein Anstrich notwendig ist. Sie ist in deckenden, durchscheinenden und metallischen Farben und schimmernder Oberseite im Handel. Die gewebte Sorte hat eine Stoffmaserung. Die klebende Rückseite schrumpft, wenn Wärme zugeführt wird. Plastikfolie ist kraftstoffbeständig, leicht und sehr lange haltbar. Sie paßt sich auch komplizierten Kurvenformen gut an. Allerdings verleiht sie der Konstruktion nicht so viel Stabilität wie mit Spannlack gestrichene Verkleidungen, und große mit Platten abgedeckte Flächen lassen sich damit nicht leicht verkleiden.

Vorbereiten der Oberfläche

Die Konstruktion muß auf schlechte Verbindungsstellen, rauhe Holzfasern, Kerben oder herausgepreßten Klebstoff untersucht werden. Alle rauhen Flächen und Erhöhungen werden mit dem Schleifklotz abgeschliffen. Die Dellen werden durch Wasserzugabe entfernt – durch Wasser richten sich die Holzfasern auf. Alle verbliebenen Spalten oder Vertiefungen werden mit einer feinen Füllmasse wie etwa Moltofill verspachtelt. Nach dem Trocknen der Füllmasse wird die Oberfläche abgeschliffen und mit einem feuchten Tuchballen abgerieben. Jetzt kann das Flugzeug mit Plastikfolie bespannt werden. Bei Seidenpapier- oder Stoffbespannungen allerdings müssen noch alle Flächen, die verkleidet werden sollen, mit zwei Schichten verdünntem Spannlack gestrichen werden.

Aufbringen von Seidenpapier und Stoff

Beide Materialien werden nach demselben Schema aufgebracht. Ein Stück ausschneiden, mit dem ein Teil des Modells verkleidet wird, und das ringsum 25 mm Überstand hat.

Das Verkleidungsstück legt man auf den Rahmen und klebt es nur entlang der Außenkanten des Flügels fest (bei Flügeln mit konkaver Unterseite muß es auch an den Rippen festgeklebt werden). Als Klebstoff kann Spannlack verwendet werden. Er wird mit einem schmalen Pinsel auf die Oberfläche des Bespannungsmaterials aufgetragen, um es zu durchdringen. Bei leichtem Seidenpapier verdünnten Spannlack verwenden, bei schwererer Bespannung unverdünnten Spannlack. Falls notwendig, den Lack mit den Fingern einreiben, damit er durchdringt. Zur Befestigung von trockenem Seidenpapier ist eine dünne Paste im Handel. Für Anfänger ist ihre Verwendung einfacher, weil sie nicht so schnell trocknet. Die Paste wird auf den Rahmen gestrichen und mit dem Finger zu einer dünnen Schicht verteilt. Anschließend bringt man das Material auf.

Wenn man trockenes Seidenpapier verwendet hat, wird das ganze Modell mit Wasser besprüht oder eingepinselt, damit die Bespannung schrumpft. Anschließend zum Trocknen liegen lassen.

Bespannung der Flügel Man sollte nie versuchen, die Flügel in einem Stück zu bespannen. Ober- und Unterteil werden immer getrennt verkleidet, außerdem beginnt man bei jeder Änderung der Richtung oder der Form mit einem neuen Stück. Jedes Stück wird so zugeschnitten, daß die Fasern des Bespannungsmaterials in der Längsrichtung des Flügels verlaufen. Falls sich bei einem Stück Seidenpapier die Faserrichtung nicht erkennen läßt, reißt man es ein – die Faser läuft in der Richtung, in der sich das Papier am leichtesten einreißen läßt.

Zuerst wird die Bespannung für die Flügelunterseite aufgebracht. Sie wird auf ihren Platz gelegt und in der Mitte der Rumpfseite des Flügels befestigt. Dann das Material der Länge nach leicht spannen und in der Mitte der Flügelspitze festkleben. Das Material wieder leicht spannen und in der Mitte von Flügelnase und -hinterkante festkleben. Zum Schluß von der Flügelmitte ausgehend auf die Enden zuarbeiten, dabei diagonal an der Verkleidung ziehen und sie ringsum an Rahmenkanten festkleben. Nach dem Trocknen das überschüssige Material entlang der Flügelnase und auf der Oberseite der Flügelhinterkante abschneiden. Alle lockeren Stellen festkleben. Die Bespannung der Oberseite geht nach demselben Prinzip vor sich. Falls die Flügelspitze abgerundet ist, wird der Flügel bis zur letzten Rippe, dann die Spitze gesondert bespannt. Die obere Bespannung zurechtschneiden, aber einen 3 bis 6 mm breiten Rand lassen, damit sie die untere Bespannung überlappt, dann den Rand festkleben. Wenn man geneigte Flügel mit Seidenpapier bespannt, werden Ober- und Unterseite des zweiten Flügels auf dieselbe Weise bespannt, aber man läßt das Material an der Verbindungsstelle etwas überstehen. Bei Verwendung von Stoff wird der zweite Flügel erst bespannt, wenn der erste trocken ist.

Wenn eine nasse Bespannung zu trocknen beginnt, muß der Flügel wie unten beschrieben eingespannt werden, damit er sich nicht verzieht, wenn das Material schrumpft. Eine trocken aufgebrachte Seidenpapierbespannung wird jetzt angefeuchtet und auf dieselbe Weise eingespannt (jeden Flügel für sich behandeln). Ein stabiler Flügel sollte ebenfalls eingespannt werden.

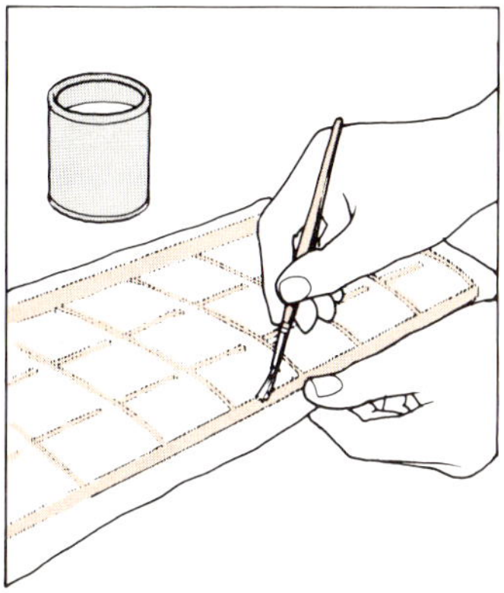

Aufbringen der Bespannung *Zuerst in der Mitte der vier Seiten, dann rings um die gesamte Kante befestigen.*

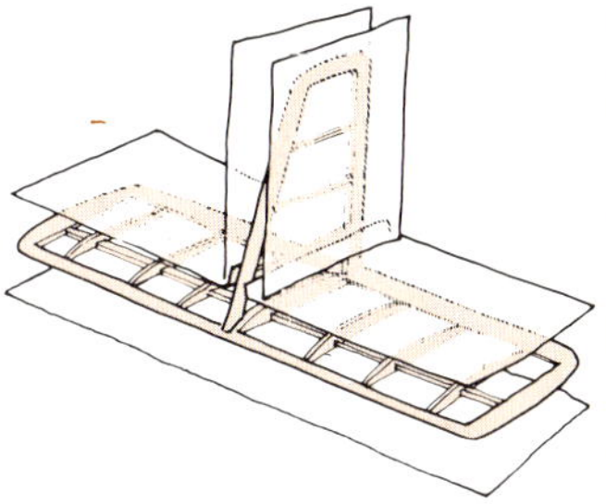

Bespannung von Höhen- und Seitenleitwerk *Das Material wie bei den Flügeln aufbringen, für jede Seite ein eigenes Stück verwenden. Wenn sie als ein Bauteil konstruiert sind, zuerst die Unterseite des Höhenleitwerks bespannen, anschließend die Oberseiten und anschließend beide Flächen des Seitenleitwerks.*

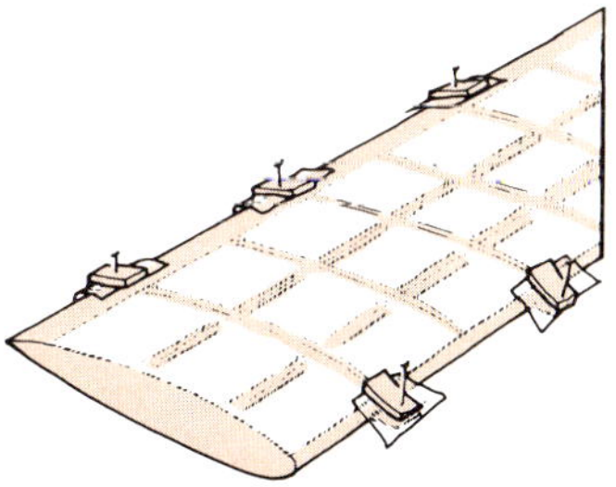

Einspannen des Flügels *Den Flügel auf dem Arbeitsbrett mit gleich dicken Stücken Balsaholz unterstützen. Sie werden mit einer Zwischenlage von Polyäthylenfolie unter die Flügelkanten geschoben. Den Flügel einspannen, indem oberhalb der ersten kurze Balsaholzstreifen an der Arbeitsplatte festgesteckt werden. Die Nadeln niemals durch den Rahmen stecken.*

Bespannen des Rumpfes Beim Bespannen des Rumpfes mit Seidenpapier oder Stoff wird dieselbe Technik angewandt. Ein einfacher rechtekkiger Rumpf kann mit vier Teilstücken verkleidet werden, dazu werden zuerst die Seiten, dann die untere und die obere Seite bespannt. Ein runder Rumpf erfordert mehr Geschicklichkeit. Er wird mit langen Streifen verkleidet.

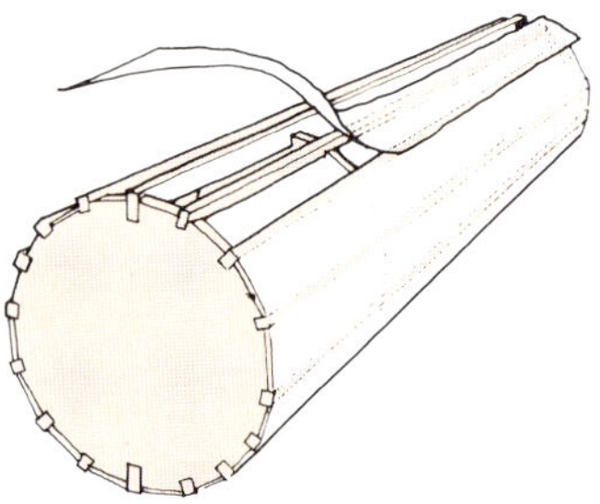

Bespannen des Rumpfes mit Seidenpapier *Die Streifen größer als benötigt zuschneiden und der Reihe nach befestigen und zurechtschneiden. So kleben, daß der vorhergehende Streifen immer überlappt wird.*

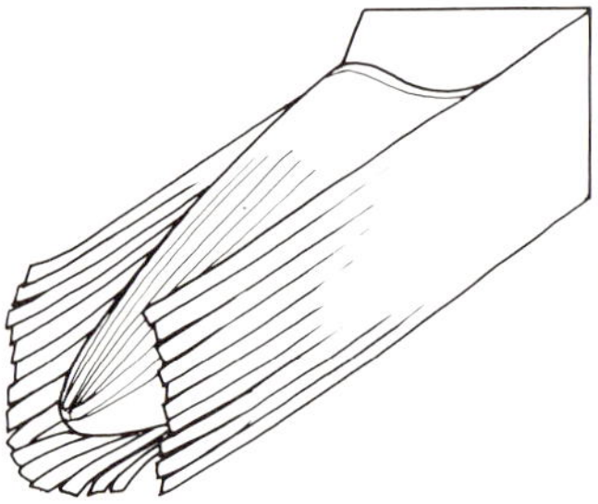

Bespannen der Rumpfnase mit Seidenpapier *Den Rumpf bespannen, aber die Enden nicht befestigen. Das Papier bis zur Klebestelle einschneiden. Von der Mitte ausgehend, die Streifen an der Nase befestigen. Nach dem Spannlackauftrag abschleifen.*

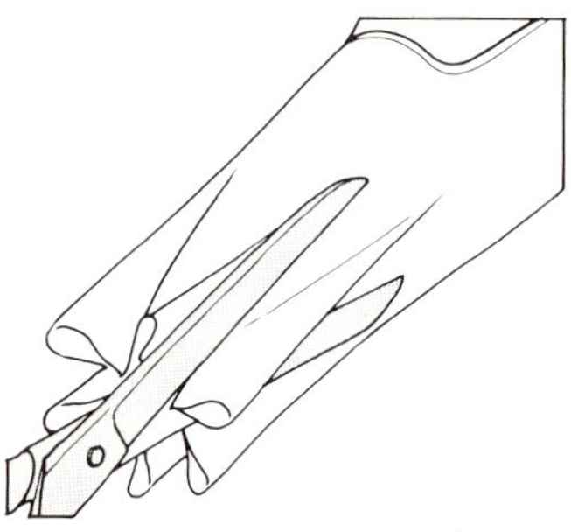

Beim Bespannen der Nase mit Stoff das Material in Falten legen und den Überschuß abschneiden. Die Ränder auf Stoß kleben.

Spannlackauftrag Mit einem weichen, flachen Pinsel werden zwei oder drei Lagen klarer Spannlack auf den mit Seidenpapier oder Stoff bespannten Rumpf aufgetragen. Bei Seidenpapier wird dem Spannlack 50% Verdünnung zugesetzt, bei Stoff unverdünnter Spannlack verwendet. Den Lack gleichmäßig verteilen und nicht zuviel auf einmal auftragen, sonst bilden sich auf der Innenseite Tropfen. Die Tragflächen abwechselnd behandeln und einspannen (siehe Seite 265). Jeden Auftrag gründlich durchtrocknen lassen und die Fläche vor dem nächsten Auftrag leicht mit feinem Naßschleifpapier abschleifen. Darauf achten, daß das Papier an den Rippen und Kanten des Rahmens nicht durchgeschliffen wird. Unter Umständen benötigt das Modell für eine wirklich glatte Oberfläche noch mehr Lackschichten, dabei ist aber zu bedenken, daß jede zusätzliche Schicht das Gewicht erhöht. Farbiger Lack wird nicht zum Schrumpfen, sondern nur für den Schlußanstrich verwendet. Man kann Email-, Epoxidharz- oder Polyurethanlack auf den klaren Spannlack auftragen, falls Farbe gewünscht wird, aber der Lack muß dünn aufgebracht werden. Er sollte gerade so dick sein, daß er die gewünschte Farbe ergibt.

Aufbringen von Plastikfolie

Um die Folie aufzubringen, braucht man ein Bügeleisen zum Hitzeversiegeln, ein Schneidewerkzeug und einen Ballen aus Baumwollstoff.

Plastikfolie zieht den Staub an, den man später vielleicht durch die Bespannung hindurch sieht. Deshalb sollte man nach der Vorbereitung der Flächen, auf denen die Folie aufliegen soll, den gesamten Rahmen mit einem feuchten Tuch abwischen. Mit einem Staubsauger kann der Staub aus den Ecken herausgeholt werden.

Die Folie wird nach demselben Muster wie bei Seidenpapier- oder Stoffbespannungen in einzelnen Stücken aufgebracht. Wegen der Schrumpfung müssen sich die einzelnen Stücke überlappen. Krümmungen können in einem Stück bespannt werden, weil die Folie dehnbar ist. Wenn ein Stück schlecht angebracht ist, wird es einfach erhitzt, dann läßt es sich abziehen. Dieser Streifen sollte dann weggeworfen werden.

Bespannen einer Tragfläche Die Folie mit der rechten Seite nach oben auf eine flache Unterlage legen. Den Rahmen auf das Folienblatt legen und die Folie zurechtschneiden, dabei etwa 25 mm Überstand berücksichtigen. Das Abdeckpapier der Folie abziehen, dann die Folie mit der klebenden Seite nach unten auf den Rahmen legen.

Mit dem Eisen zum Hitzeversiegeln wird die Folie an der Kante von Rumpfseite und Spitze des Flügels befestigt. Ist die Flügelspitze abgerundet, die Folie an der letzten Rippe befestigen. Die Flügelspitze wird erst bespannt, wenn der Hauptteil verkleidet ist.

Als nächstes wird die Folie vorsichtig in der Mitte von Flügelnase und -hinterkante befestigt. Auf Rumpfseite und Spitze des Flügels zu arbeiten und, um Falten auszugleichen, dabei diagonal an der Verkleidung ziehen. Dann die Folie an den Kanten befestigen und um den Rand der Flügelspitze herum ziehen und befestigen. (Durch die Hitze wird die Folie weich und läßt sich, ohne Falten zu schlagen, um die Krümmung herumziehen.) Das Eisen um den ganzen Rahmen herumführen und die Folie befestigen. Den Überstand der Folie bis auf etwa 6 mm abschneiden und die losen Ränder mit dem Eisen andrücken.

Die Folie wird am einfachsten geschrumpft, indem man mit dem Fön heiße Luft darüber hinwegbläst. An der Rumpfseite des Flügels beginnend, arbeitet man an zwei Schotten gleichzeitig und hält die Kanone 75 bis 100 mm über die Folie (wird sie zu tief gehalten, kann sie Löcher in die Folie brennen). Wenn man ein Bügeleisen verwendet, wird es in etwa 3 mm Abstand über die Folienoberfläche geführt; allerdings verdeckt das Bügeleisen die Oberfläche und macht es schwierig, den Zustand der Folie abzuschätzen.

Wenn alle Falten entfernt sind und die Folie noch heiß ist, wird sie mit einem Ballen aus weichem Tuch oder Seidenpapier an den Rahmen gedrückt. Luftblasen auf überspannten Balsaholzplatten werden durch Anstechen mit einer Nadel und nochmaliges Erhitzen und Anpressen entfernt.

Dieselbe Methode wird angewandt, wenn Rumpf, Höhen- und Seitenleitwerk verkleidet werden. Man befestigt dazu zuerst die Folie, läßt es dann schrumpfen und drückt schließlich an.

Verschweißen der Verbindungsstellen An den Verbindungsstellen wird herausgepreßter Klebstoff mit einem mit Zelluloseverdünner angefeuchteten Tuch abgewischt, aber den Verdünner nicht unter die Folienkanten dringen lassen.

Die Verbindungsstellen bei einem Motormodell mit kraftstoffestem Material versiegeln.

Um die Nähte zu verbergen oder auch aus Dekorationsgründen kann man eine farbige Abdeckung verwenden – entweder ein Markenklebeband oder von der Folie abgeschnittene Streifen. Die Abdeckung auf die Grundfarbe aufbügeln und mit einem Lappen glätten. Um Luftblasen unter der Abdekkung zu vermeiden, werden entlang der Linie, die abgedeckt werden soll, mit der Nadel Löcher in die Bespannung gestochen.

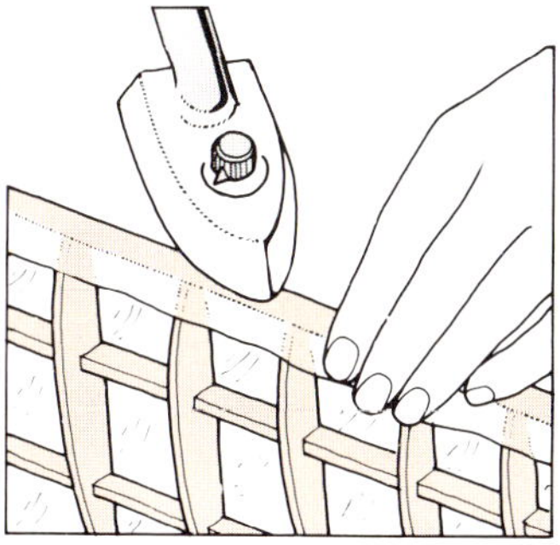

Befestigung der Folie

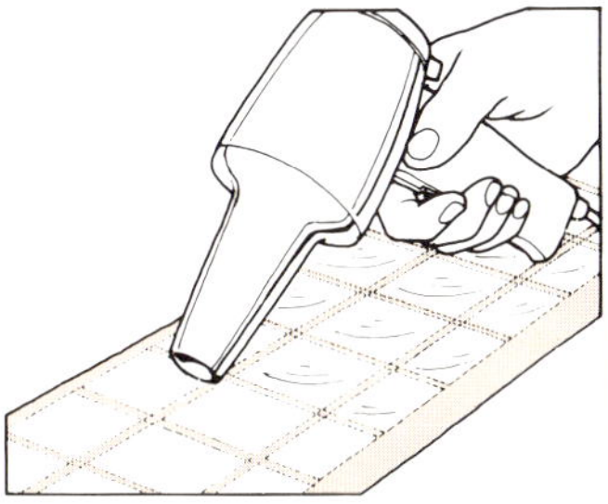

Schrumpfen der Folie

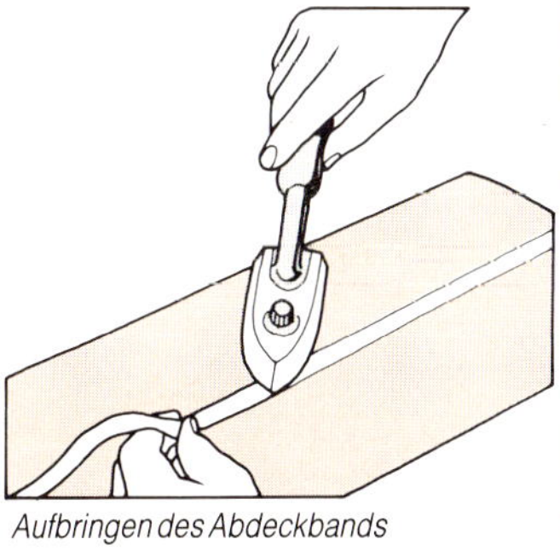

Aufbringen des Abdeckbands

Fahrgestell

Wenn man Wasserflugzeuge nicht berücksichtigt, gibt es zwei Typen von Fahrgestellen: drei- und zweirädrige. Die zweirädrigen haben noch an einem dritten Punkt mit einer Kufe oder einem Rad am Schwanzende Bodenberührung. Ihre wichtigste Funktion ist, das Modell bei Start und Landung zu unterstützen. Die meisten Fahrgestelle werden aus Draht und bei manchen größeren Modellen auch aus legierten Blechen selbst hergestellt. Verschiedene Fahrgestellfabrikate sind auch im Handel erhältlich. Bausatz oder Bauplan gibt Größe und Lage der einzelnen Teile an. Gut ist es aber, wenn man die Faktoren, die zu ihrer Konstruktion führen, versteht.

Die Lage des Fahrgestells im Verhältnis zum Schwerpunkt des Modells beeinflußt das Gleichgewicht. Wenn ein zweirädriges Fahrgestell sehr dicht vor dem Schwerpunkt liegt, kann es passieren, daß das Flugzeug bei der Landung vornüberfällt. Andererseits macht es die Nase schwerer, und man erspart sich Ballast, wenn es ein gutes Stück vor dem Schwerpunkt sitzt. Im allgemeinen ist die beste Lage auf einem Viertel der Strecke zwischen Nase und Schwerpunkt. Ein dreirädriges Fahrgestell ist stabiler. Die beiden rückwärtigen Radbeine sollten dicht hinter dem Schwerpunkt sitzen.

Bei einem dreirädrigen Fahrgestell beeinflußt die Länge des Bugradbeins den Anstellwinkel. Wenn es zu kurz ist, neigen sich die Flügel nach unten und erschweren den Start. Meistens wird das Bein so angelegt, daß die Flügel den Anstellwinkel Null haben oder leicht nach oben geneigt sind.

Es ist zu beachten, daß das Material die passende Stärke hat, zu dünner Draht hält die Belastung nicht aus, während zu starke Beine eine unerwünschte Gewichtszunahme bewirken. Das einfachste Fahrgestell, das am wenigsten zum Verbiegen neigt, wird aus einem einzigen Drahtstück gebogen. Die Elastizität des Drahtes sorgt für die nötige Federung – je länger das Bein und je dünner der Draht, desto größer die Elastizität des Fahrgestells. Bei schwereren Modellen werden die Beine mit dünnem Draht zusammengebunden, damit sie sich nicht spreizen. Der Draht wird in der Mitte leicht aufgebogen, damit die Beine etwas federn können.

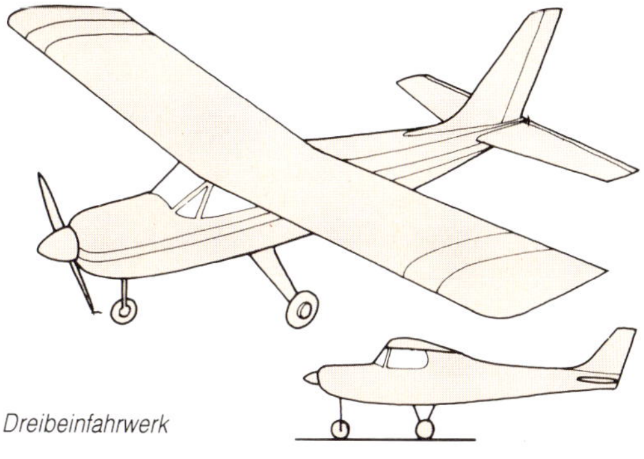

Dreibeinfahrwerk

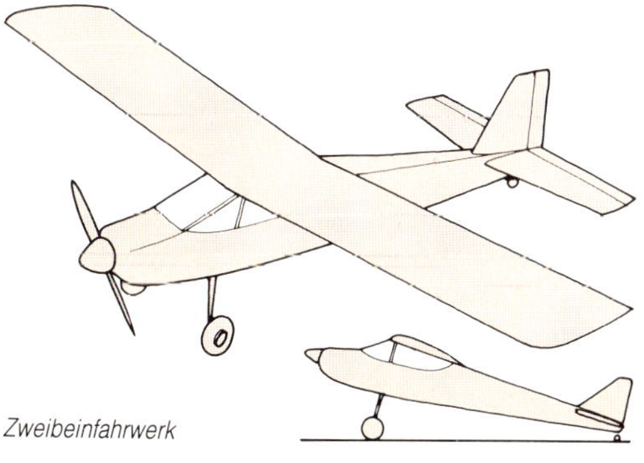

Zweibeinfahrwerk

Befestigung eines zweirädrigen Fahrgestells

Die meisten Fahrgestelle aus Draht sind an einem der Spanten befestigt. Nur bei Modellen mit Gummimotor, bei denen der Innenraum frei bleiben muß, werden die Fahrgestelle meistens nach rückwärts umgebogen und an der Rumpfunterseite befestigt. Es gibt mehrere Möglichkeiten, den Draht zu befestigen. Eine Methode ist, ihn mit feinem Draht oder Faden bei einem leichten Modell an den Spant zu binden. Der Draht oder Faden wird durch kleine Löcher im Abstand von höchstens 6 mm gezogen. Wenn man will, kann die Verbindung noch durch Epoxidharzkleber verstärkt werden. Bei maßstabsgetreuen Dreiecksfahrgestellen ist es manchmal notwendig, den Draht an eine Leiste aus hartem Balsaholz zu binden und die Leiste dann an den Spant zu kleben. Für größere Modelle sind Nylonhalterungen brauchbar. Sie werden mit Holzschrauben oder Schrauben mit Muttern befestigt, die Muttern sichert man mit Klebstoff oder Sprengringen. Eine weitere Möglichkeit ist, den Draht zusammen mit einem hölzernen Unterlegstück zwischen dem Spant und einer Sperrholzplatte einzuspannen. Die Holzlagen werden von Schrauben mit Muttern zusammengehalten.
Fahrgestelle aus legierten Blechen können an Sperrholzplatten festgeschraubt werden, die in der Unterseite des Rumpfes eingebaut wurden. Aber viele Modellbauer befestigen sie mit Gummibändern, damit sie im Fall einer harten Landung abspringen. Die Gummibänder werden an zwei Holzdübeln eingehängt, die an die Spanten oder eine Sperrholzplatte geklebt sind.
Bei Tiefdeckern werden die Füße meistens an den Tragflächen befestigt. Bei leichten Flugzeugen wird das Beinende lediglich in U-Form gebogen und an den Hauptholm gebunden. Bei schwereren Flugzeugen sollte man einen vorgefertigten Fahrgestellbausatz verwenden. Er hat vorgeformte Drahtbauteile und Befestigungsklötze aus Hartholz. Die Beine können sich in den Klötzen verdrehen, um den Aufprall bei der Landung zu dämpfen. Das Schwanzrad wird wie das Hauptfahrgestell auf die selbe Weise mit einem Draht am Rumpf befestigt. Um die Belastung zu verteilen, biegt man das Ende zu einer Schlinge.

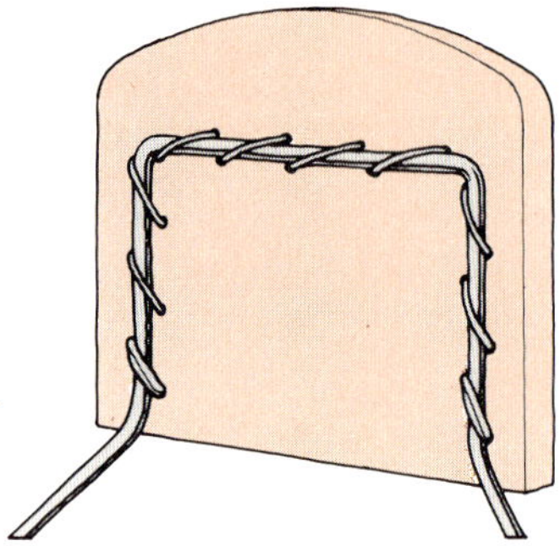

Drahtfahrgestell, mit dünnem Draht am Spant befestigt

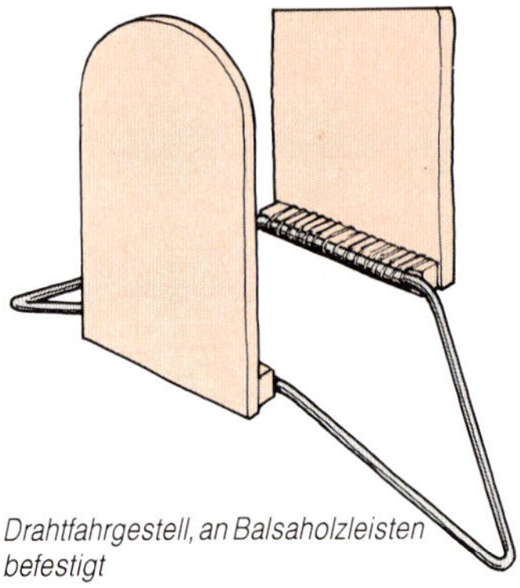

Drahtfahrgestell, an Balsaholzleisten befestigt

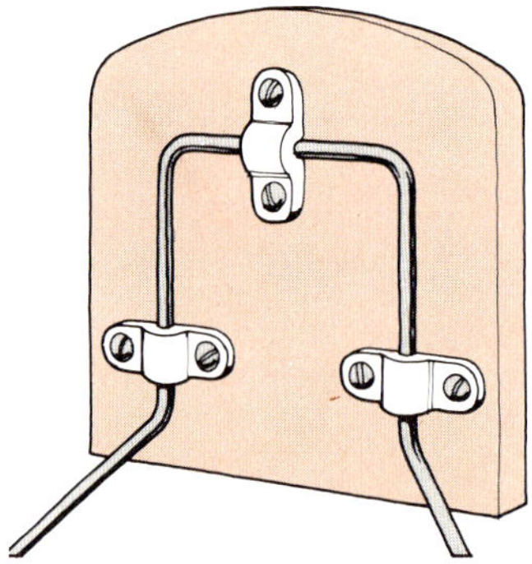

Befestigung eines Drahtfahrgestells mit Nylonhalterungen

Drahtfahrgestell und Sperrholzzwischenlage, eingespannt zwischen Spant und Sperrholzplatte

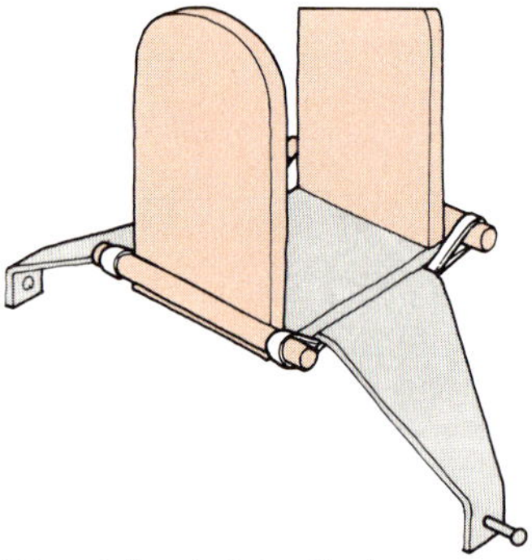

Fahrgestell aus legiertem Blech, von Gummibändern gehalten

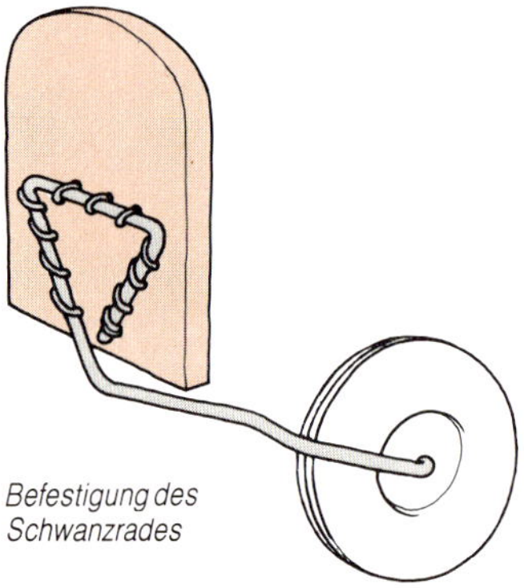

Befestigung des Schwanzrades

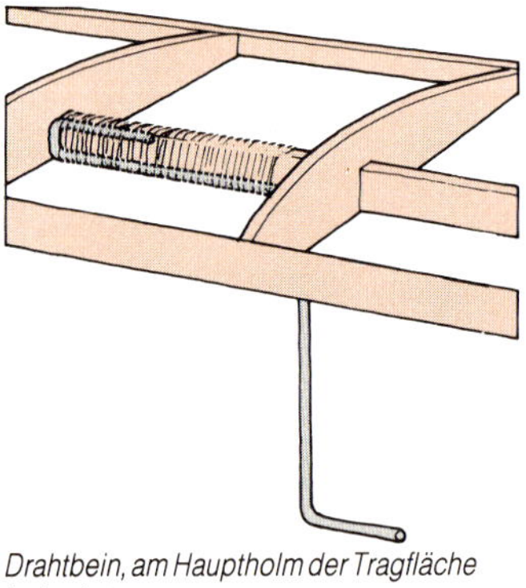

Drahtbein, am Hauptholm der Tragfläche befestigt

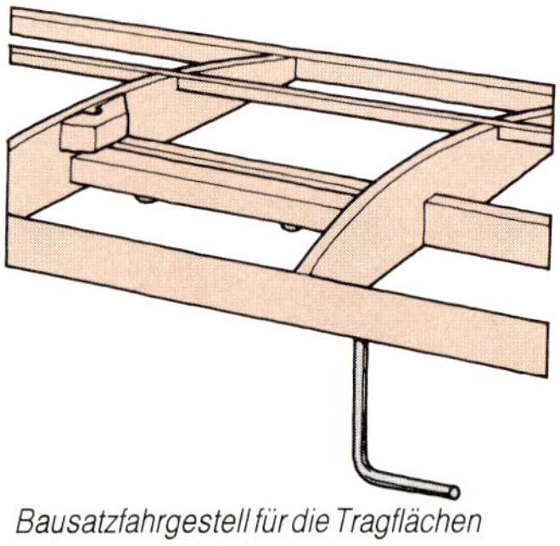

Bausatzfahrgestell für die Tragflächen schwererer Modelle

Befestigung von dreirädrigen Fahrgestellen

Die Hauptbeine werden nach der schon beim zweirädrigen Fahrgestell beschriebenen Methode am Modell befestigt. Das Bugradfahrgestell befestigt man an der Brandmauer. Bei schwereren Flugzeugen verwendet man ein Bugfahrgestell mit stoßdämpfender Feder im oberen Teil.

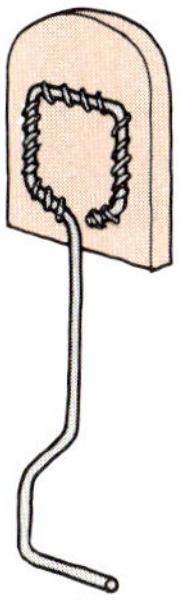

Das einfache Bugradbein aus Draht wird an dem Motorspant befestigt

Gefedertes Bugradbein für schwerere Flugzeuge

Lenkbare Bugräder

Bei einem ferngesteuerten Flugzeug wird dieses Bugrad mit dem Lenkgestänge des Seitenruders verbunden, so daß sich bei einer Betätigung des Seitenruders das Rad automatisch mitbewegt. Meistens wird es so angelegt, daß es sich nur halb so weit wie das Seitenruder dreht.

Das Bein dreht sich in einer Nylonhalterung. Die Steuerstange kann zwei- oder einarmig sein und über oder unter der Halterung liegen. Die meisten Systeme werden an die Brandmauer geschraubt; an der Unterseite befestigte Systeme sind ebenfalls im Handel.

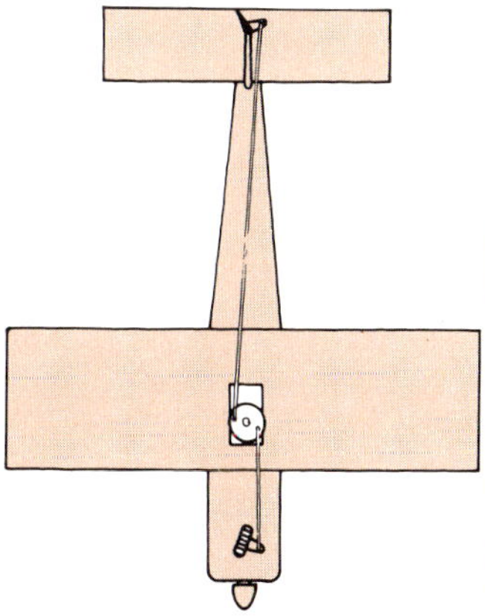

Typisches Bugradsteuergestänge

Lenkbare Heckräder

Zweirädrige Flugzeuge werden über das Heckrad gelenkt. Das Radbein kann mit dem beweglichen Seitenruder verbunden sein, aber bei schwereren Modellen ist eine direkte Verbindung mit dem Lenkgestänge des Seitenruders günstiger und schonender für die Seitenruderscharniere.

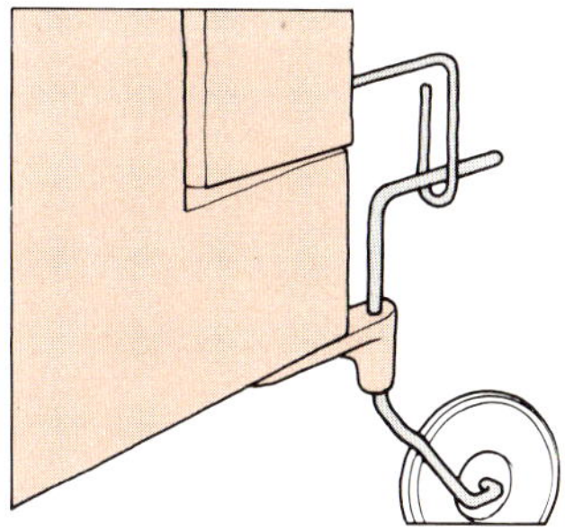

Verbindung des Rads mit dem Seitenruder *Das Bein durch eine am Rumpf befestigte Heckradhalterung aus Nylon oder ein Messingrohr schieben und zu einem Hebelarm umbiegen. Eine Drahtschlinge am Seitenruder festbinden oder mit Epoxidharz festkleben und über den Arm schieben.*

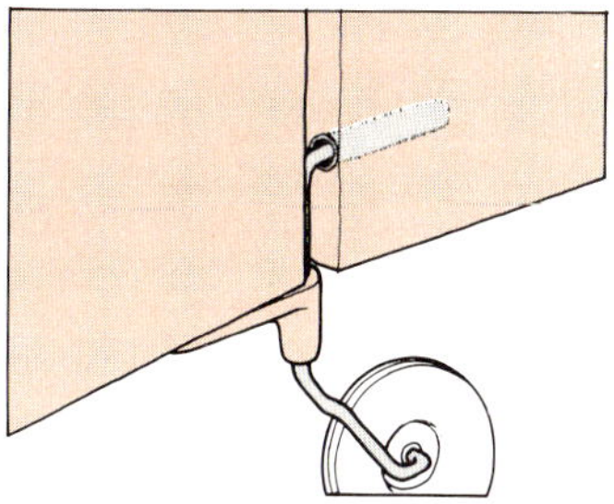

Eine andere Lösung ist, das Messingrohr, das den Hebelarm aufnimmt, in das Seitenruder einzulassen.

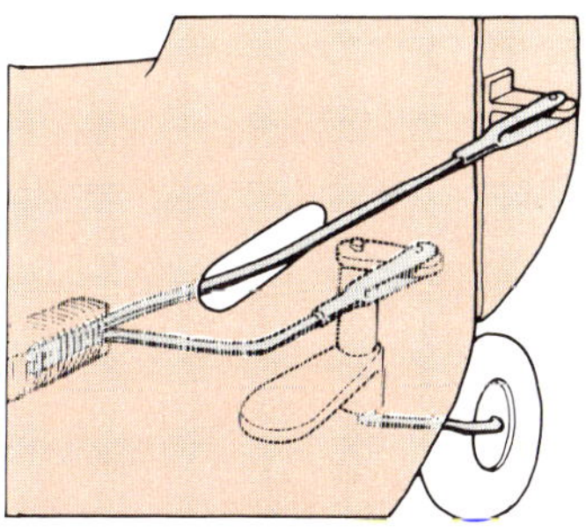

Verbindung des Rads mit dem Lenkgestänge des Seitenruders *Am Drahtbein ein Ruderhorn befestigen und mit dem Lenkgestänge des Seitenruders verbinden. Bei maßstäblichen Modellen mit genügend Platz kann das Ruderhorngestänge im Rumpf eingebaut werden.*

Einziehbare Fahrgestelle

Sie werden für anspruchsvollere Fernsteuermodelle als komplette Bauteile hergestellt. Die meisten werden über mechanisch arbeitende Gestänge betätigt, manche arbeiten mit komprimiertem Gas. Der Handel bietet spezielle „Einzieh"-Servos an. Wegen der starken Belastung haben sie eine niedrige Übersetzung, und der Fahrgestellmechanismus selbst ist meistens mit einer Feder ausgerüstet, um die Belastung des Servos zu verringern. Jedes Fahrgestellbein ist auf einer praktischen Nylonplatte oder in einem Gehäuse befestigt, das in Flügel oder Nase festgeschraubt werden kann.

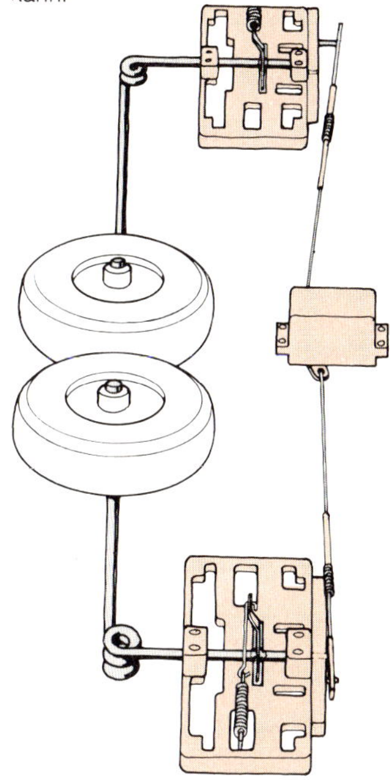

Typische Anlage eines einziehbaren Fahrwerks

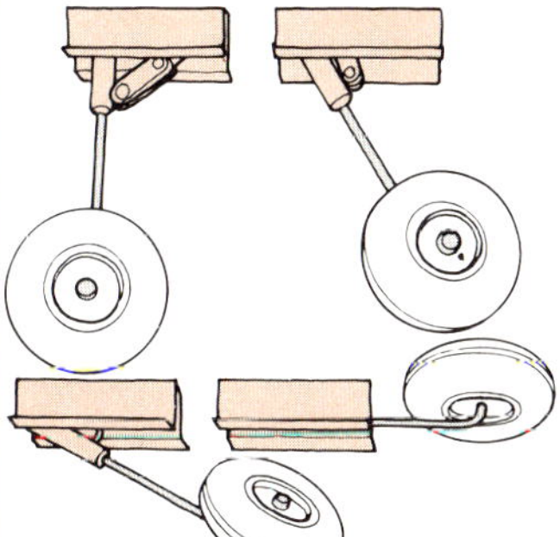

Wegen größerer Wirklichkeitsnähe drehen sich manche Fahrgestelle beim Einziehen um 90°.

Anbringen der Räder

Die Räder sollten sich auf ihren Achsen frei drehen können, aber ohne zuviel seitlichen Spielraum zu haben, damit sie nicht an den Fahrzeugbeinen scheuern. Bei den meisten ist das Mittelloch so groß, daß Drähte mit Standarddurchmesser hindurchpassen. Falls das Loch vergrößert werden muß, wird es mit einem Spiralbohrer ausgebohrt. Damit die Bohrung gerade wird, nimmt man einen senkrechten Bohrständer. Bei einem weichen Ballonreifen unterstützt man besser die Radnabe als den Reifen (ein Kronkork ergibt eine einfache Auflage). Soll das Loch verkleinert werden, setzt man ein Messingröhrchen mit dem ungefähren Innendurchmesser ein und befestigt es mit Epoxidharzkleber. Bei einer Radnabe aus Nylon wird das Röhrchen für einen besseren Sitz auf die Drahtachse des Fahrgestells gelötet.

Bei senkrechten Füßen mit einer scharf im rechten Winkel abgebogenen Achse wird durch Unterlegscheiben oder eine Manschette verhindert, daß das Rad das Bein berührt. Eine Klemmhülse hält das Rad auf der Achse fest. Die Schraube in der Klemmhülse fest anziehen oder die Hülse für immer mit Epoxidharzkleber oder Cyanoacrylat-Klebstoff an der Achse festkleben. Vorbeugend etwas Schmiermittel auf das Radlager geben, damit das Rad nicht klemmt. Bei Flugzeugen mit schrägen Beinen müssen die Unterlegscheiben an ihrem Platz befestigt werden, weil sie sonst leicht in die Biegung rutschen. Die sicherste Methode ist das Festlöten. Um die Unterlegscheibe während des Lötens im richtigen Winkel zur Achse zu halten, verwendet man eine Schablone (siehe unten). Zur Befestigung des Rades auf der Achse kann man eine Klemmhülse verwenden, aber eine festgelötete Unterlegscheibe ist besser, weil sie weniger wiegt. In diesem Fall hält die Radnabe die Unterlegscheibe senkrecht.

Festlöten einer Unterlegscheibe an einem schrägen Bein *Bau einer Schablone: Durch einen Holzklotz ein Loch im Durchmesser des Achsendrahtes bohren. Zuerst die Unterlegscheibe, dann den Block auf die Achse schieben. Den Klotz auf die Arbeitsfläche stellen und die Unterlegscheibe festlöten.*

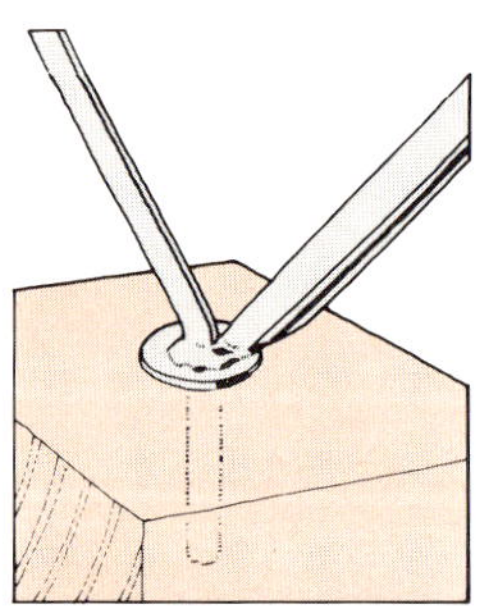

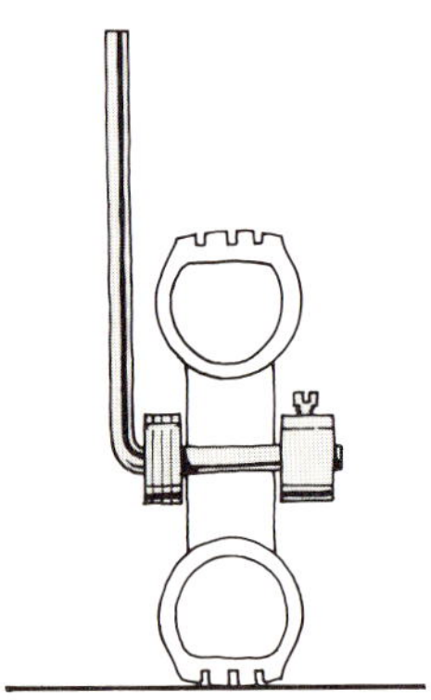

Rad an einem senkrechten Bein

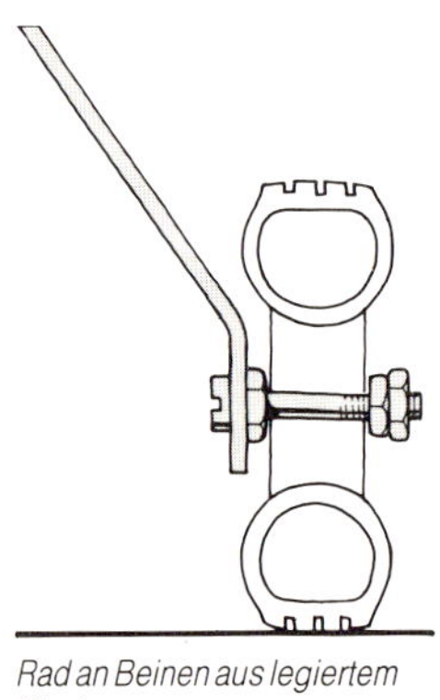

Rad an Beinen aus legiertem Blech

Trimmung und Flug

Ein sorgfältiger Zusammenbau ist keine Garantie dafür, daß das Flugzeug zu einem perfekten Flug gestartet werden kann. Die meisten Modelle, ob für Freiflug oder für Fernsteuerung, müssen getrimmt werden. Man beginnt immer damit, Gleichgewicht und Ausrichtung zu überprüfen.

Der Gleichgewichtspunkt, meistens mit einem Symbol und den Buchstaben SP (Schwerpunkt) gekennzeichnet, wird auf dem Bauplan angegeben. Das Flugzeug auf der Höhe dieses Punkts mit den Fingerspitzen unter den Tragflächen unterstützen. Eine leichte Neigung der Nase nach unten ist annehmbar, aber der Schwanz sollte nie unter die Waagerechte absinken. Ein Gewichtstück nach vorn oder hinten schieben, bis der Gleichgewichtspunkt mit dem auf dem Bauplan übereinstimmt. Bei ferngesteuerten Modellen wird das Gleichgewicht durch Verschieben der Batterie oder der Servos ausbalanciert, bevor sie an ihrem Platz befestigt werden. Bei einem Motorflugzeug sollte der Kraftstofftank beim Gleichgewichtstest leer sein.

Man überzeugt sich, daß Tragflächen und Höhenleitwerk in der richtigen Stellung sind, indem das Flugzeug von vorn und von oben betrachtet wird. Das Modell sollte vollständig symmetrisch sein, denn eine falsche Ausrichtung macht alle später vorgenommenen Einstellungen zunichte. Wenn das Modell sich wie die meisten zum Transport auseinandernehmen läßt, dann achtet man darauf, daß die Gummibänder oder die Schrauben, die die Tragflächen halten, fest sind und überprüft nach jedem Zusammenbau und nach jeder harten Landung die Ausrichtung.

Prüfen des Gleichgewichts *Symbole für den Schwerpunkt oder Gleichgewichtspunkt.*

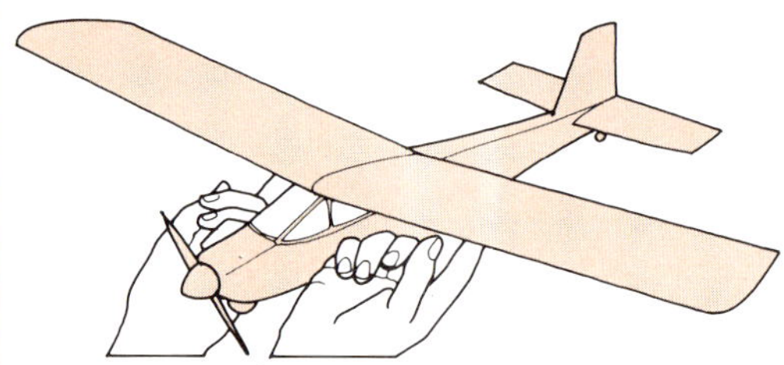

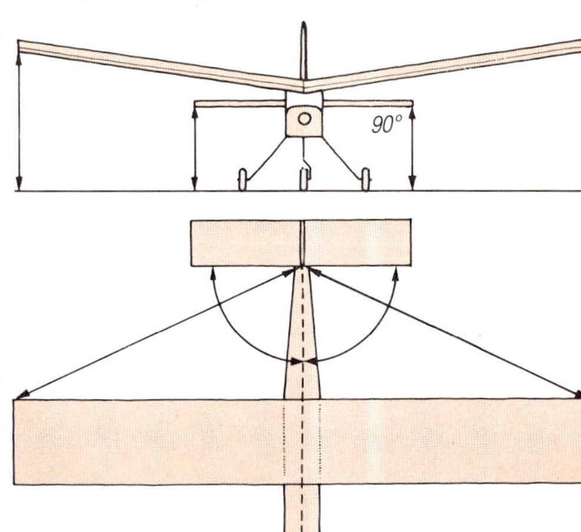

Prüfen der Ausrichtung *Die Winkel und Maße müssen symmetrisch sein.*

Trimmung eines Freiflugmodells

Ein Freiflugmodell ist erst dann flugbereit, wenn es im Gleitflug getestet wurde. Den Probegleitflug immer an einem windstillen Tag über ebenem, grasbewachsenem Grund durchführen. Das Modell wird aus Schulterhöhe gegen den Wind gestartet, die Nase leicht nach unten. Es sollte einen langen, geraden und ruhigen Gleitflug durchführen. Wenn das Flugzeug steil nach unten abtaucht oder die Nase hebt und abrutscht, hat man es möglicherweise mit der falschen Geschwindigkeit gestartet. Man probiert es versuchsweise mit höherer oder niedrigerer Geschwindigkeit, und wenn das Flugzeug dann immer noch nicht im richtigen Winkel fliegt, trimmt man es wie unten beschrieben. (Manche Motorflugzeuge müssen unter Umständen ein kurzes Stück mit Motorkraft geflogen werden.)

Gleitflugtest bei einem Freiflugmodell

Richtiger Gleitwinkel

Wenn das Flugzeug in steilem Winkel abwärts gleitet, entweder die Hinterkante des Höhenleitwerks oder die Flügelnase der Tragfläche durch einen dünnen Unterlegstreifen aus Balsaholz anheben.

Wenn das Modell die Nase hebt und abschmiert, entweder die Flügelnase des Höhenleitwerks oder die Hinterkante der Tragfläche anheben. Wenn ein Motormodell bei laufendem Motor abschmiert, kann man es auch mit größerem Sturz des Motors versuchen.

Ein Modell, das mit Motorkraft nach links abdreht, braucht wahrscheinlich mehr Versatz, um das Drehmoment des Motors auszugleichen. Man kann diese Neigung zur Richtungsänderung ausnutzen, um das Modell Kreise fliegen zu lassen.

Trimmung eines ferngesteuerten Flugzeugs

Bevor man auf das Flugfeld geht, sollte man sich davon überzeugen, daß die Batterien voll aufgeladen sind. Vor dem Start des Modells wird die Fernsteuerung angeschaltet – den Sender zuerst – und überprüft, ob sich die Ruder über ihren ganzen Ausschlag frei bewegen. Es ist auch keine schlechte Idee, die Reichweite der Fernsteuerung zu testen, damit sich herausstellt, wie weit man das Flugzeug fliegen lassen kann. Das ist ganz besonders wichtig, wenn ein neues Modell ausprobiert wird. Deshalb immer nach der Herstellervorschrift vorgehen. Gewöhnlich erfordert der Test zwei Personen. Einer hält den Sender, der andere hält das Modell über den Kopf und geht weg, bis die Steuerung nicht mehr anspricht. Vorher wird eine einfache Folge von Ruderbewegungen vereinbart. Bei einem Motormodell sollte der Reichweitentest bei laufendem Motor erfolgen.

Die Trimmung erfolgt meistens in zwei Phasen. Bei leichten Motorflugzeugen braucht man beide Phasen, während die erste auch bei Segelflugzeugen und die zweite bei schweren Motorflugzeugen angewandt wird.

Bei der ersten Phase wird das Flugzeug im Gleitflug getestet. Ein Anfänger sollte die Kontrollen besser einem erfahrenen Flieger übergeben, damit ein instabiler Flug auch tatsächlich auf das Modell und nicht auf einen Fehler des Piloten zurückzuführen ist. Das Flugzeug gegen den Wind starten, wobei alle Ruder auf neutral gestellt sein sollten. Wenn das Flugzeug steigt, schnell steil nach oben zieht und abrutscht oder nach links oder rechts auswandert, wird die Trimmung von Höhen- und Seitenruder so lange nachgeregelt, bis es geradeaus und waagerecht gleitet. Alle Einstellungen der Trimmungen werden auf das Steuergestänge übertragen, indem die Gabelköpfe an den Ruderhörnern nachgestellt werden, so daß die Trimmungen wieder auf die neutrale Stellung gebracht werden können.

In der zweiten Phase wird ein kurzer Motorflug versucht. Den Motor knapp unter Höchstleistung laufen lassen und das Flugzeug mit einem kräftigen Wurf aus der Hand starten. Das Modell unter Verwendung der Steuerknüppel in sichere Höhe fliegen, dann die Trimmkontrollen einstellen. Nach dem Flug das Steuergestänge nachstellen und die Steuerknüppel auf Neutralstellung bringen. Falls sich eine starke Trimmung als notwendig erweist, wird Sturz oder Versatz des Motors nachgestellt und ein weiterer Versuchflug gestartet. Ein getrimmtes Modell sollte ohne die Fernsteuerung mit Motorkraft geradeaus und waagerecht fliegen und bei ausgeschaltetem Motor einer sanften Gleitflugbahn folgen.

Flug eines ferngesteuerten Modells

Stellungen des Steuerknüppels

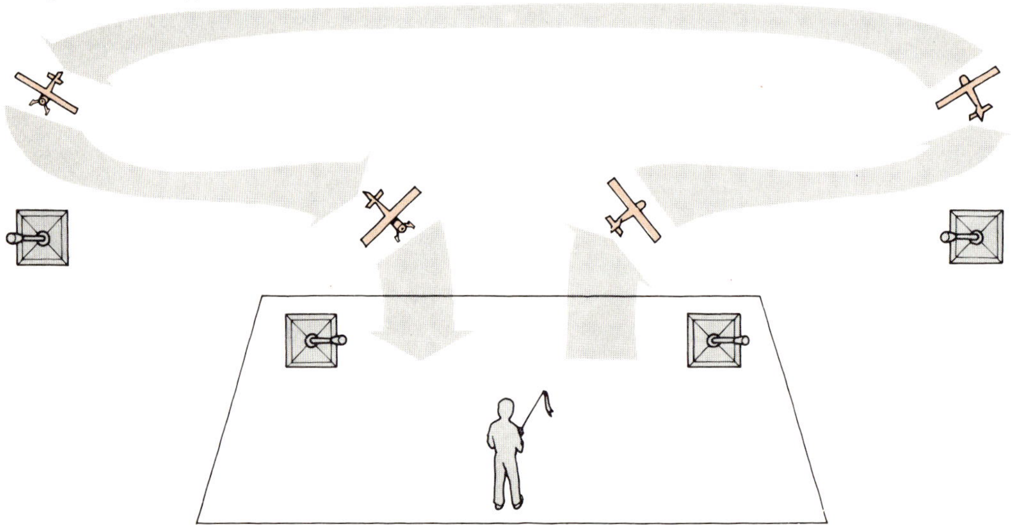

Die Funktion der Steuerflächen wurden auf Seite 245 beschrieben, aber nur durch Erfahrungen lernt man, „wann" und „wieviel" Ruderausschlag notwendig ist. Am besten fängt man mit einem Übungsflugzeug an. Es ist stabil konstruiert und korrigiert seine Flugbahn selbst, wenn der Pilot die Kontrolle verliert und den Steuerknüppel losläßt. Ein Flugzeug wie das Übungsmodell kann mit dem Seitenruder allein geflogen werden, aber für saubere, in Schräglage geflogene Kurven muß man lernen, Seiten- und Höhenruder oder Höhenruder und Querruder ohne Seitenruder gleichzeitig zu bedienen.

Um ein Gefühl für die Steuerknüppel zu bekommen, beginnt man mit einer Trockenübung zu Hause. Man baut das Modell vor sich auf und schaltet die Fernsteuerung ein. Nun die Steuerknüppel betätigen, die Größe des Ausschlags der Steuerflächen beachten und sich die Reaktionen des Modells vorstellen. Den Sender zuerst bedienen, wenn das Flugzeug mit der Rückseite hersteht, als würde es wegfliegen, dann das Flugzeug herumdrehen, als käme es auf einen zu. Die letztere Flugrichtung erfordert im allgemeinen mehr Übung, denn um das Flugzeug in dieser Lage eine Rechtskurve fliegen zu lassen, muß der Steuerknüppel für das Seiten- oder Querruder nach links bewegt werden und umgekehrt.

Erster Flug Beim ersten Mal nimmt man besser einen erfahrenen Modellflugzeugbauer mit, wie etwa den Ausbilder eines Modellflugclubs. Er sollte das Flugzeug in eine sichere Höhe fliegen lassen, erst dann kann man den Sender selbst übernehmen. Eine Lehrer-/Schüler-Schaltung, die dem Ausbilder ermöglicht, sich an den Sender des Schülers anzuschließen und notfalls die Kontrolle zu übernehmen, ist eine gute Lernhilfe.

Das Flugzeug startet man gegen den Wind und läßt es auf einer rechteckigen Flugbahn auf 60 bis 100 m Höhe klettern. Bei dieser Höhe können Fehler korrigiert werden. Das Flugzeug so halten, daß der Wind entgegenkommt, weil es mit dem Rückenwind gleiten kann. Wenn man die Kontrolle verliert, treibt der Wind das Flugzeug zurück. Um zu üben, fliegt man eine rechteckige Flugbahn, 90°-Kurven und einen geraden, waagerechten Flug. Wenn dieses Flugmanöver beherrscht wird, fliegt man in entgegengesetzter Richtung und versucht eine Acht zu fliegen.

Damit das Flugzeug ruhig fliegt, müssen seine Reaktionen auf jeden Steuerbefehl vorausgesehen werden. Dazu bewegt man den Steuerknüppel ein bißchen, und sobald das Modell reagiert, läßt man ihn wieder los, daß er auf die Neutralstellung zurückgeht. Den Steuerknüppel nicht über den vollen Ausschlag bewegen, sonst wird er übersteuern und muß mit einem entgegengesetzten Steuersignal korrigiert werden.

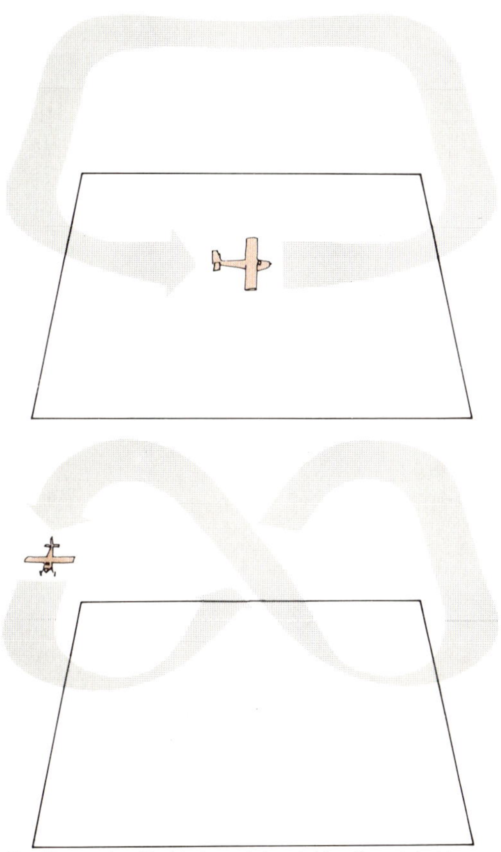

Das Fliegen eines Rechtecks und einer Acht muß man in beiden Richtungen üben.

Landung Eine Landung mit hoher Geschwindigkeit ist riskant. Deshalb sollte man das Flugzeug herunterholen, wenn der Kraftstoff ausgeht, es sei denn, das Modell hat einen Motor mit Drossel. Es ist ganz gut, wenn man den Ausbilder die erste Landung übernehmen läßt und ihm dabei zusieht.

Man folgt der unten angegebenen Flugbahn, läßt das Flugzeug im Gegenwind an Höhe verlieren und dann mit Rükkenwind im leichten Gleitflug fliegen (die Drossel schließen, falls vorhanden). Wenn das Flugzeug vorbeifliegt, auf die Flughöhe achten, damit man abschätzen kann, wann es quer zum Wind gedreht werden muß. Während es immer noch an Höhe verliert, das Modell quer zum Wind und mit einer letzten Kurve in den Wind drehen. Das Modell sollte mit einem flachen Abstieg absinken und sanft aufsetzen. Wenn der Anflugwinkel falsch eingeschätzt wurde und das Modell vor oder hinter der Landebahn aufzusetzen beginnt, sollte man nicht versuchen, diesen Fehler zu korrigieren. Mit einiger Übung kann man den Landeanflug verbessern, indem man etwas Höhenruder gibt, damit das Modell waagerecht oder mit leicht hängendem Schwanz nach unten gleitet.

Mit einer Gegenwindetappe beginnend, läßt man das Flugzeug gleichmäßig an Höhe verlieren, bis es mit einer zweiten Gegenwindetappe zur Landung einfliegt.

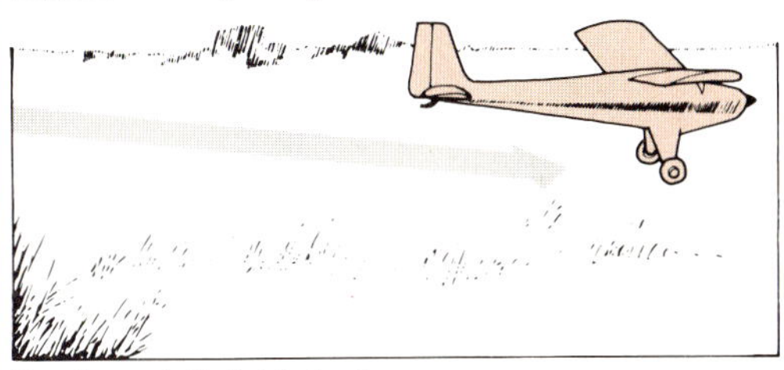

Grundlegende Gleitwinkellandung

Landung mit abgesenktem Heck

Starten eines Segelflugzeugs mit Schleppleine

Hanggleiter sind für einen Handstart von einem Felsen oder einem steilen Hügel herunter gedacht, während Thermikgleiter mit einer Schleppleine aus einer einfasrigen Nylonfischleine in die Luft gezogen werden. Ein Ring am Ende der Leine wird an einem Haken an der Unterseite des Segelflugzeugs eingehängt. Eine Person hält das Segelflugzeug in einem Winkel gegen den Wind, eine zweite läuft mit der Leine, um das Flugzeug hochzuschleppen. Das Segelflugzeug steigt schnell wie ein Drachen, bis die Leine mehr oder weniger senkrecht ist. Dann wird die Leine durch einen kleinen Fallschirm vom Haken unter dem Rumpf gezogen und schwebt zur Erde zurück.

Ein Segelflugzeug kann von einer Person gestartet werden, wenn die Schleppleine durch ein Gummiseil verlängert wird (Gummihochstart). Das Gummiseil wird an einem Pflock im Boden befestigt (korkenzieherförmige Pflöcke, speziell zu diesem Zweck im Handel, halten es sicher fest). Das Seil wird in Windrichtung ausgezogen und am Segelflugzeug befestigt. Modell und Seil loslassen und das Segelflugzeug vom Gummiseil in die Luft ziehen lassen.

Im Handel sind Hochgeschwindigkeitswinden erhältlich, mit denen man das Modell starten und das Seil einrollen kann, wenn es auf die Erde fällt.

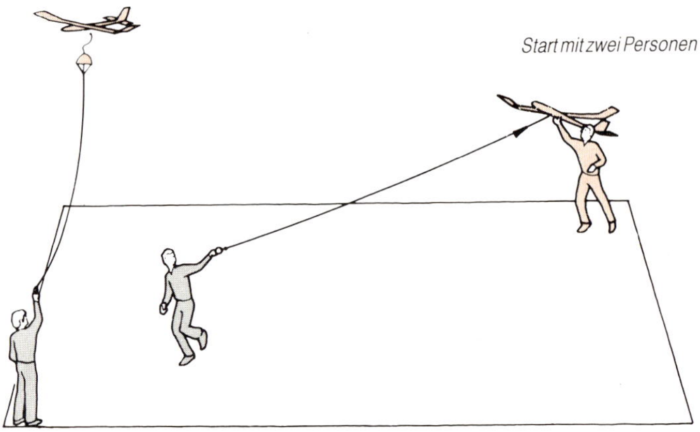

Start mit zwei Personen

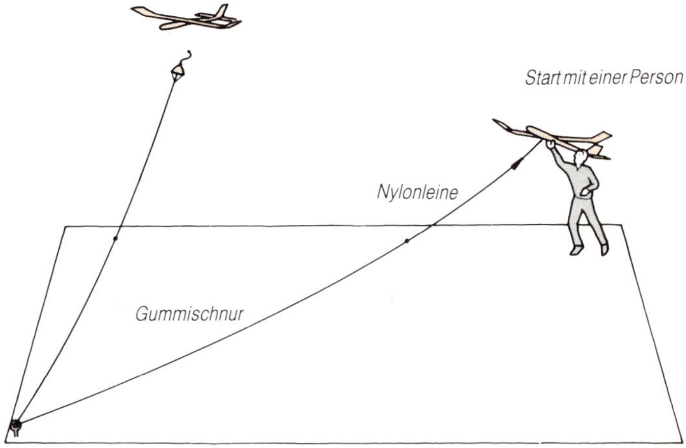

Start mit einer Person

Automatisches Seitenruder Es wird bei Freiflugthermikgleitern verwendet, die leicht verlorengehen, wenn sie einen geraden Kurs einschlagen. Das automatische Seitenruder bleibt beim Start gerade, läßt das Flugzeug aber nach dem Abwerfen der Schleppleine Kreise fliegen.

Für ein automatisches Seitenruder wird die Steuerfläche auf beiden Seiten mit einem Ruderhorn versehen und auf normale Art drehbar am Seitenleitwerk befestigt. Auf beiden Seiten des Ruders steckt man Stifte in den Rumpf. Ein Stift – meistens der linke – hält das Ruder in Mittelstellung, der zweite stoppt das Ruder nach einem bestimmten Ausschlagwinkel. Die Lage des zweiten Stifts wird durch den Radius des Kreises bestimmt, den das Segelflugzeug später fliegen soll. Am rechten Ruderhorn und an einem weiteren Stift wird ein Gummiband so befestigt, daß es das Ruder gegen den Sicherungsstift zieht. Um das Ruder während des Starts gerade zu halten, wird vom linken Ruderhorn aus ein Faden nach vorne gezogen. Man befestigt einen Ring am Faden und schiebt ihn über einen Stift in einem senkrechten Messingrohr, das an der Rumpfseite befestigt ist. Der Stift sollte locker in dem Rohr stecken und nur von der Fadenspannung gehalten werden. Eine Verlängerung der Schleppleine wird an das untere Ende des Stifts geknüpft.

Wenn der Ring am Haken eingehängt ist, ist der Zug gering, aber wenn die Schleppleine abgeworfen wird, zieht ihr Gewicht den Stift aus dem Rohr und befreit damit den Faden, der das Ruder geradehält. Das Ruder wird dann vom Gummiband zur Seite gezogen.

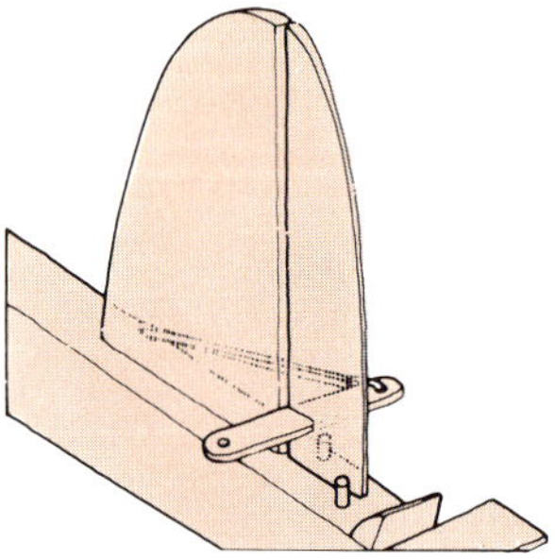

Das automatische Seitenruder

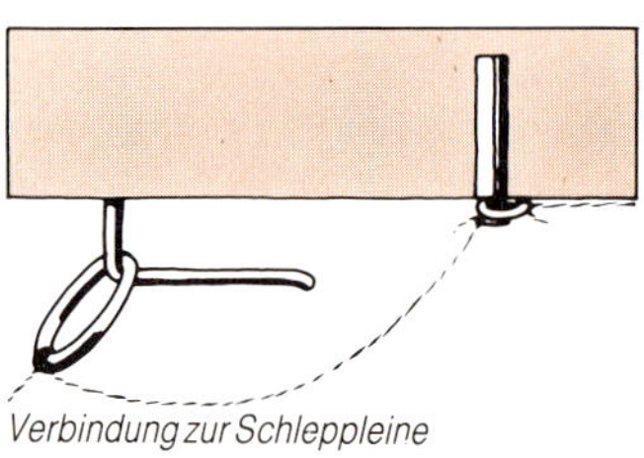

Verbindung zur Schleppleine

Thermikbremsen Auch ein freifliegendes Segelflugzeug mit kreisförmiger Flugbahn geht verloren, wenn es von einer Thermik eingefangen wird und immer höher steigt.

Die Thermikbremse besteht aus einem Zeitschalter – entweder in Form einer Glühschnur oder eines Uhrwerks – und einem Höhenleitwerk, dessen Höhenruder im Winkel von 60° nach oben geht, wenn der Zeitschalter es freigibt. Geht das Höhenruder nach oben, dann sinkt das Segelflugzeug.

Auf der Oberseite des Rumpfs wird ein durchgehendes Höhenleitwerk befestigt und die Flügelnase an einem Klötzchen angeschlagen. Man schlingt ein Gummiband um ein Ruderhorn auf der Oberseite des Höhenleitwerks und zieht es über die Flügelnase und unter dem Rumpf hindurch, so daß das Gummiband das Höhenleitwerk nach oben zieht. Dann wird das Höhenleitwerk nach unten in die Flugposition gedrückt und festgestellt.

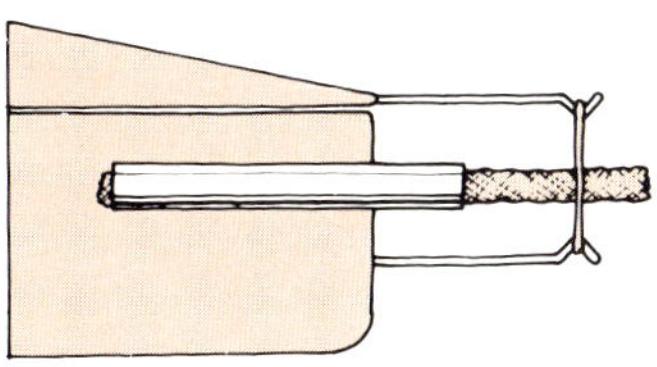

Wie ein Zeitschalter mit Glühschnur funktioniert *Ein Draht ragt aus der Mitte der Hinterkante des Höhenleitwerks, ein zweiter aus der Rückseite des Rumpfs. Ein Faden oder ein Gummiband, über beide Drähte geschlungen, hält das Höhenleitwerk unten. In die Schlinge wird eine langsam brennende Glühschnur gesteckt, die von einem an der Rumpfseite befestigten Metallrohr gehalten wird.*

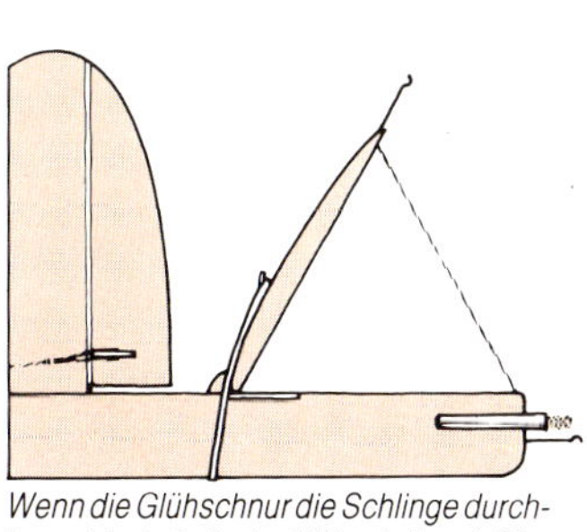

Wenn die Glühschnur die Schlinge durchbrennt, befreit sie das Höhenleitwerk. Die Flugdauer wird deshalb durch die Länge der Glühschnur begrenzt, die bis zur Schleife reicht.

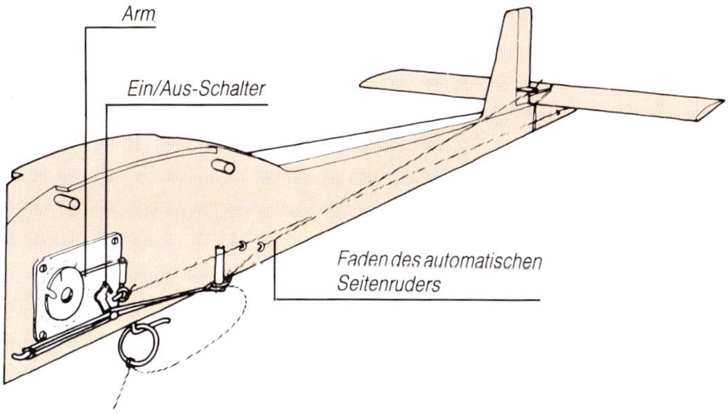

Wie ein Zeitschalter mit Uhrwerk funktioniert *Der Zeitschalter wird an der Seite des Rumpfs befestigt. Er besteht aus einem Ein/Aus-Schalter, einer rotierenden Scheibe und einem Arm. Während das eine Ende des Arms unter der Scheibe festgehalten wird, ragt das andere Ende aus dem Rumpf und hält einen Ring an dem Faden fest, der das Höhenleitwerk unten hält. Der Schalter wird von einem Gummiband in „Aus"-Stellung gehalten, das seinerseits an dem Stift befestigt ist, der das automatische Seitenruder geradehält. Ein zweites Gummiband, weniger gespannt als das erste, das den Schalter in „Aus"-Stellung hält, versucht, den Schalter auf „An" zu ziehen.*

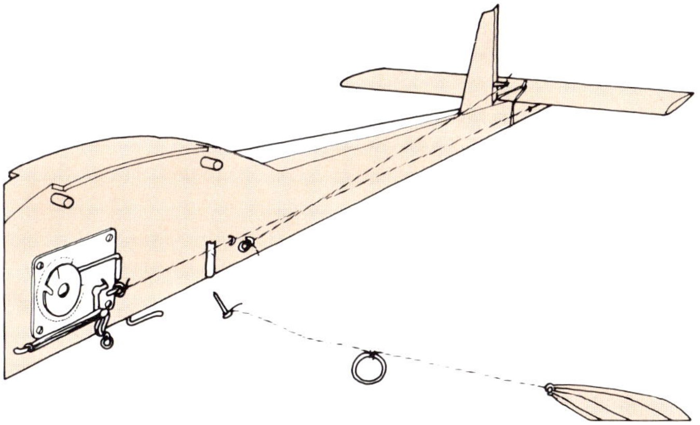

Wenn die Schleppleine abgeworfen wird, wird der Stift herausgezogen, und das „Aus"-Gummiband erschlafft, worauf das zweite den Schalter auf „An" drehen kann. Die Scheibe beginnt sich zu drehen.

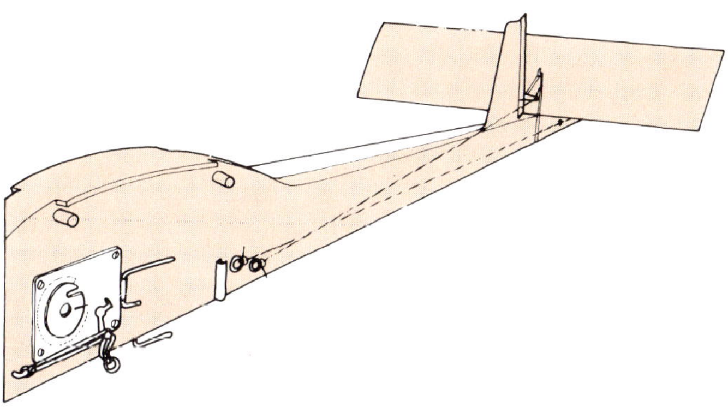

Wenn der Schlitz in der Scheibe den Arm befreit, zieht die Spannung in dem Faden, der das Höhenleitwerk unten hält, den Arm herum und der Ring gleitet ab. Das Höhenleitwerk schwenkt nach oben. An der Seite des Rumpfs wird eine Öse so angebracht, daß sie den Ring am Faden des Höhenleitwerks stoppt, wenn das Leitwerk im 60°-Winkel geneigt ist.

Fesselflugmodelle

Dieser Modelltyp fliegt in einem Kreis um den Piloten herum. Er kontrolliert seine Bewegungen mit einem Steuergriff, der an zwei Leinen des Flugzeugs befestigt ist. Die Entwicklung begann in Amerika um 1940. Fesselflug ist billiger als der Flug mit ferngelenkten Modellen und bei Anfängern meistens der erste Schritt zum gelenkten Flugmodell. Obwohl sich die Flugbahn des Flugzeugs auf Kreise beschränkt, macht die Vielfalt der Manöver – Steigflug, Sturzflug, Loopings und Rückenflug – doch eine Menge Spaß.

Das Zweikampfflugzeug ist im Grunde eine fliegende Tragfläche, an der ein Papierstreifen befestigt ist. Beim Wettkampf fliegen zwei Modelle gleichzeitig im selben Kreis mit dem Ziel, den Papierstreifen des Gegners abzuschneiden. Für jeden Schnitt innerhalb einer festgelegten Zeit werden Punkte verteilt.

Kunstflugzeuge für den Wettkampf fliegen allein und müssen eine Reihe von Flugmanövern ausführen, für deren saubere Ausführung sie Punkte gewinnen. Der Zweikampf und der Kunstflug erfordern geschickte Steuerung.

Für den Geschwindigkeitswettkampf werden die Flugzeuge so entworfen, daß sie so schnell wie möglich gegen die Uhr fliegen können. In diesem Fall sind aerodynamischer Wirkungsgrad und ein leistungsfähiger Motor ganz besonders wichtig.

Das Mannschaftsrennen erfordert einen Piloten und einen oder zwei Mechaniker, die das Modell bei jedem Rennen warten. Meistens reicht ein Mechaniker aus, der das Modell startet und tankt. Bei Flugzeugen mit Glühkerzenmotor ist oft ein zweiter Mechaniker nötig, der die Glühkerzenkabel hält. Ein Mannschaftsrennmodell muß so schnell wie möglich eine bestimmte Anzahl Runden zurücklegen und fliegt dabei gegen ein anderes oder mehrere andere Flugzeuge. Die Länge der Rennstrecke, sie kann zwischen 2 und 16 km betragen, bestimmt die dabei angewandten Taktiken. Man kann das Modell so einstellen, daß es sehr schnell fliegt und mehr Kraftstoff verbraucht, oder man läßt es langsamer fliegen und erspart sich eine Auftankpause. Ein durchschnittlicher Boxenaufenthalt dauert ungefähr 20 Sekunden.

Steuergestänge

Bei diesem Flugzeugtyp kann das Steigen und Sinken entweder durch das Höhenruder allein und bei Kunstflugmodellen auch durch Höhenruder und Flügelklappen gesteuert werden. Eine Schubstange verbindet ein Ruderhorn am Höhenruder mit der Wendedocke an den Steuerleinen. Zwei nach außen führende Drähte laufen von der Wendedocke zu den Steuerleinen. Der Steuergriff am anderen Ende der Steuerleinen vervollständigt das System.

Für ein Kunstflugmodell werden unten zwei Methoden für Steuergestänge zu den Flügelklappen gezeigt. In beiden Fällen wird die Klappe so eingestellt, daß sie sich weniger als das Höhenruder bewegt.

Während das Flugzeug fliegt, müssen die Steuerleinen unter Spannung stehen. Wenn dies nicht der Fall ist, verliert der Pilot die Kontrolle. Um die Leinen gespannt zu halten, liegt der Gleichgewichtspunkt vor dem Drehpunkt der Wendedocke. Dadurch zeigt die Nase des Flugzeugs aus dem Flugkreis hinaus. Ein zusätzliches Gewicht an der äußeren Flügelspitze gleicht das Gewicht der Steuerleinen aus, die das Flugzeug nach innen ziehen. Das Seitenruder wird so eingestellt, daß es immer einige Grad nach rechts zeigt.

Gebräuchliches Steuergestänge

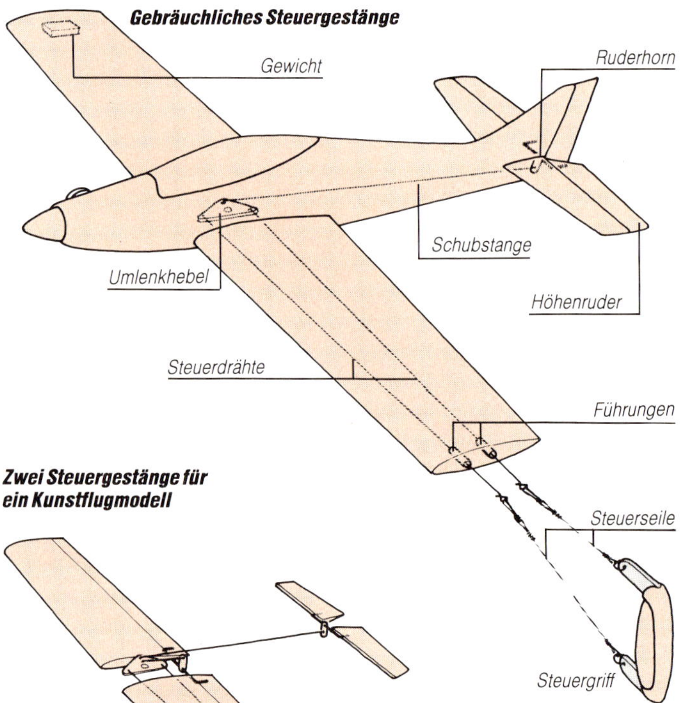

Zwei Steuergestänge für ein Kunstflugmodell

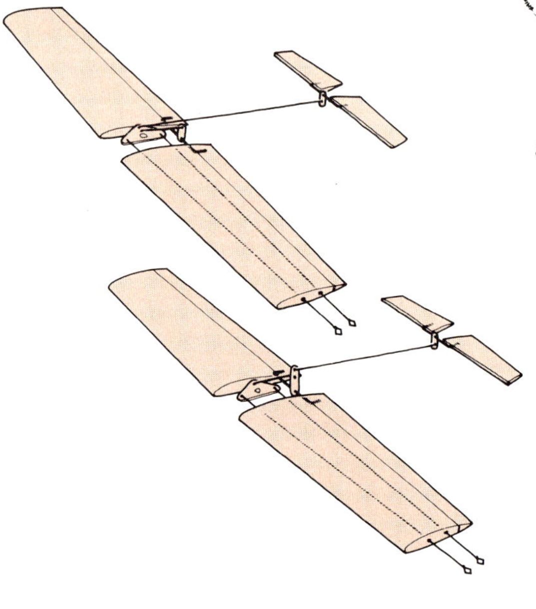

Steuergriffe und Leinen

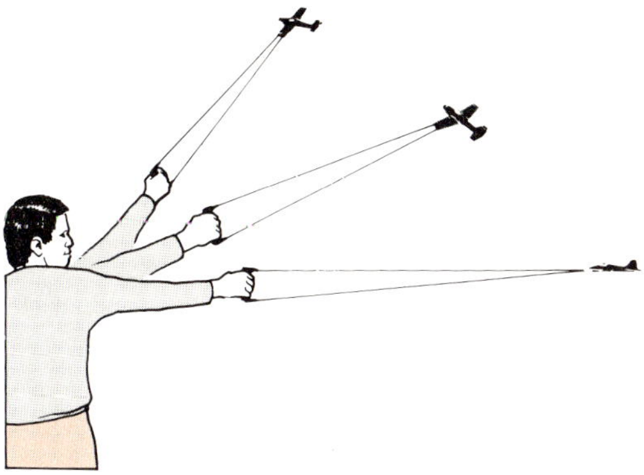

Den Steuergriff mit ausgestrecktem Arm halten und das Flugzeug durch Heben oder Senken des Arms steuern (zur Feinsteuerung wird der Griff aus dem Handgelenk bewegt). Für waagerechten Flug den Griff aufrecht halten, für Steigflug nach oben und für Sinkflug nach unten kippen. Wenn das Modell bei Kunstflugmanövern in Rückenlage fliegt, spricht die Steuerung umgekehrt an. Wenn das Modell nach innen abdreht und die Steuerleinen schlaff werden, rückwärts gehen und Spannung wieder herstellen.

Die Steuergriffe wurden so entworfen, daß man sie bequem in einer Hand halten kann. Manche haben eine Einstellung für die Leinenlänge, andere haben verschiedene Stellungen für die Leinen, damit man die Steuerempfindlichkeit verändern kann. Die Leinen bestehen aus Nylon oder ein- oder vieladrigem Draht und sind in verschiedenen Stärken erhältlich, damit sie zum Gewicht und zur Motorleistung des Modells passen. Es gibt sie gebrauchsfertig in bestimmten Längen und mit Ösen versehen. Um die beste Leistung zu erzielen, sollten sie genau das auf das Modell abgestimmte Gewicht haben. Leinen für Sportflugzeuge sollten etwa 15 m lang sein.

Nylonleinen sind einfach zu handhaben und aufzubewahren. Für einen Anfänger mit einem kleinen, leichten Flugzeug sind sie am besten geeignet. Nylonleinen knicken nicht leicht ab und können deshalb zur Aufbewahrung um den Steuergriff gewickelt werden. Sie sind allerdings ziemlich elastisch, deshalb scheint die Steuerung weich zu reagieren.

Einadriger leichter Klavierdraht ist stärker als Nylon, verursacht weniger Widerstand und gleitet nach einem Looping leichter übereinander. Er ist aber schwieriger zu handhaben und aufzubewahren und für einen Anfänger nicht ratsam. Die Endösen sind schwierig zu schlingen, weil der Draht dem Widerstand entgegensetzt und die Leine leicht abknickt. Ein Knick bewirkt, daß der Draht unter Belastung an der Stelle bricht. Deshalb sollte man nie einen Draht mit Knick verwenden oder einen, der wieder geradegebogen wurde. Eine Leine, die verdreht wurde, legt sich in Schleifen, wenn sie schlaff wird. Falls dies geschieht, sollte man niemals an der Leine ziehen, sonst zieht sich die Schleife zu und der Draht knickt ab.

Vieladrige Leinen rollen sich weniger leicht zusammen, wenn sie von der Rolle abgewickelt werden. Dieser Typ ist zwar teurer, wird aber von Anfängern wie von erfahrenen Piloten gleichermaßen häufig verwendet. Er ist flexibler als der einadrige Draht und kann dadurch ein gewisses Maß an rauher Behandlung aushalten, ohne abzuknicken. Darüber hinaus wird die Leine nicht brechen, wenn sich unbemerkt ein Knick gebildet hat, denn es ist unwahrscheinlich, daß alle Adern gleichzeitig brechen. Man kann jede gebrochene Ader sofort entdecken, wenn man die Leine durch die Hand laufen läßt, während man vom Modell zum Steuergriff geht – dies sollte übrigens vor jedem Flug geschehen. Ähnlich wie die einadrige Leine verklemmt sie sich nicht, wenn sie sich während eines Loopings um sich selbst dreht. Die Endösen sind schwierig zu schlingen, besonders bei einer schweren Leine.

Die Leinen müssen sorgfältig gewartet werden. Immer ihren Zustand überprüfen, beim Einholen Gras und Blätter abstreifen und auf einer Rolle oder Trommel aufbewahren. Nylon kann eng aufgewickelt werden, aber eine Rolle für eine Drahtleine sollte mindestens 75 cm Durchmesser haben. Zum Aufwickeln die Leinen zuerst vom Steuergriff abnehmen und an der Rolle einhängen, dann die Leine auf das Modell zu aufrollen. Die Leinen nicht einfach um die Rolle wickeln, weil sie sich sonst verdrehen könnten. Wenn die Leinen von den nach außen führenden Drähten abgehängt sind, können sie mit einem Gummiband auf der Rolle befestigt werden.

Steuergriffe

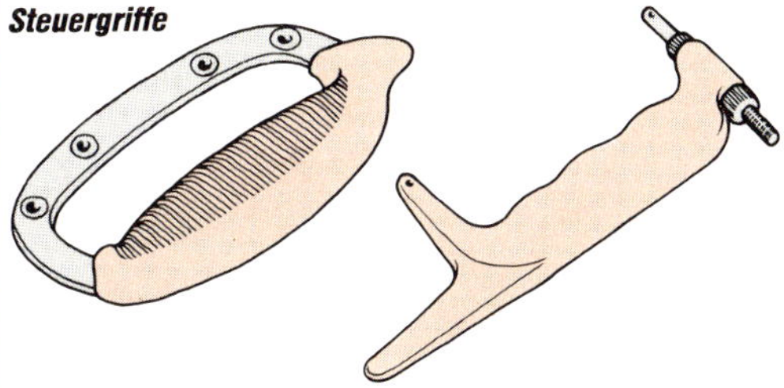

Diese Art hat zwei Positionen für die Leinen. Die inneren Löcher bewirken weniger Querruderausschlag als die äußeren, wenn der Griff bewegt wird. Sie werden von Anfängern verwendet, um eine Übersteuerung zu vermeiden.

Dieser Steuergriff hat eine Schraube, mit der leichte Längenunterschiede der Steuerseile korrigiert werden können. Das spitze Ende kann in den Boden gesteckt werden, um die Leinen auseinander zu halten, und es hilft, oben und unten zu unterscheiden.

Befestigung der Leinen am Steuergriff

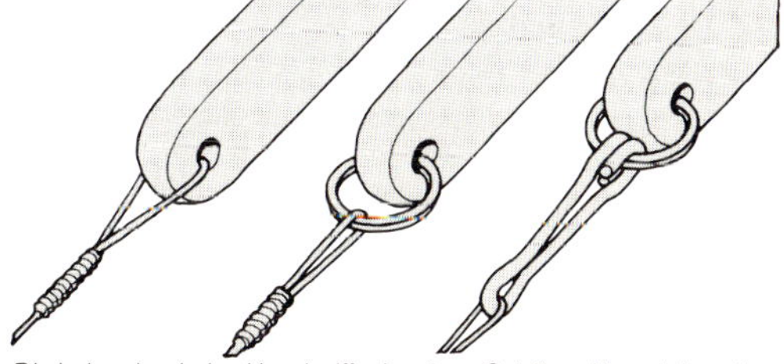

Die Leine durch den Handgriff oder einen Schlüsselring ziehen. Am besten ist eine Leinenkupplung, weil dann ein Steuergriff für mehrere Leinen verwendet werden kann.

Herstellung einer Schlinge Zur Schlingenbildung wird einfach das Ende der Nylonleine verknotet. Ein- oder vieladriger Draht sollte mit dünnem einadrigen Draht zusammengebunden oder in einer Metallhülse festgeklemmt werden. Manche Hersteller bieten eine Öse an, die zusammen mit der Hülsenmethode verwendet wird. Sie wird durch die Leine geschlossen, die fest herumgezogen wird.

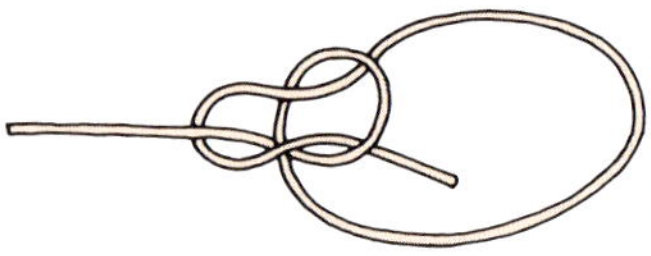

Schlingenbildung bei einer Nylonleine
Die Schlinge am Ende mit einem einfachen Palstek knoten. Den Knoten fest anziehen und das Ende abschneiden.
Die Schlinge über eine passende Befestigung legen, an der Leine ziehen und so die Haltbarkeit der Schlinge prüfen.

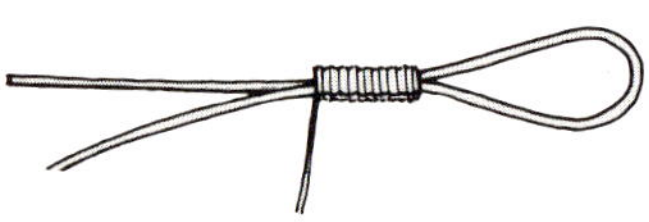

Bindemethode für eine Drahtleine
Die Leine etwa 100 mm vom Ende entfernt zu einer Schlinge legen. Von der Schlinge ausgehend den Draht 25 mm weit mit feinem Draht umwickeln. Das Ende der Leine über das bereits gebundene Stück umlegen und

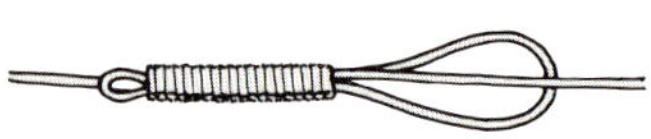

den dünnen Draht wieder zur Schlinge zurück wickeln. Der umgelegte Draht muß an der Biegung wahrscheinlich mit einer Flachzange zusammengedrückt werden. Den Bindedraht verknoten und abschneiden.

Bei einer doppelten Schlinge das Ende der Steuerleine ein gutes Stück überstehen lassen und nach der beschriebenen Methode vorgehen, indem eine zweite Schlinge neben die erste gelegt wird.

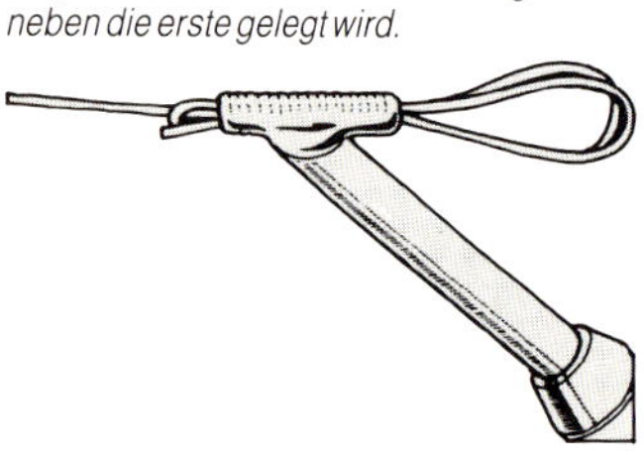

Die Oberfläche mit einem Lösungsmittel entfetten und Kunstharz aufgießen oder verlöten.

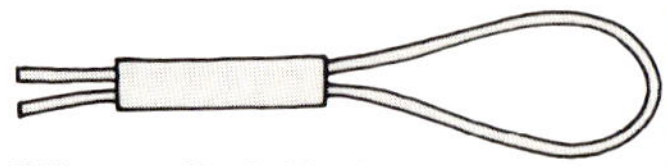

Hülsenmethode für eine Drahtleine
Ein 20 mm langes Messing- oder Kupferröhrchen über das Ende schieben. Die Leine umschlagen und durch die Hülse zurück schieben, um eine 12 mm lange Schlinge zu formen.

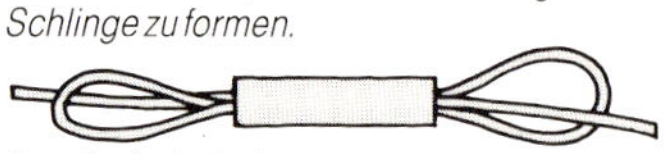

Das Ende der Leine wieder zurück in die Hülse schieben und mit einer Flachzange so weit durchziehen, daß die Umschlagschlinge in der Hülse ist

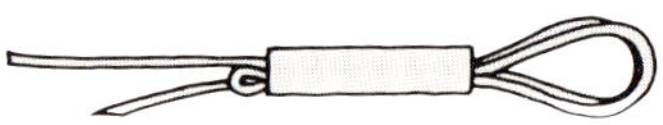

Für eine Doppelschlinge das Ende noch einmal durch die Hülse schieben und durchziehen, bis eine zweite, genauso große Schlinge entstanden ist.

Die Röhre vorsichtig mit den Schneidbakken einer Kombizange zusammendrücken. Die Drahtenden abschneiden, dann die Hülsenenden mit Kunstharz oder Lötzinn verschließen, um die Verbindung zu verstärken.

Wendedocken für Steuerleinen

Sie haben dieselbe Funktion wie Wendedocken bei ferngesteuerten Modellen, nämlich die Richtung der Schubstange so zu verändern, daß sie um eine Ecke herumführt. Die Größe der Wendedocke – sie wird durch das Maß ihrer längsten Seite angegeben – wird wahrscheinlich auf dem Bauplan angegeben sein, oder sie ist bereits im Bausatz enthalten. Die Größe ist wichtig, weil vom Abstand zwischen dem Drehpunkt und den Löchern für die Steuerleinen die Empfindlichkeit der Steuerung abhängt. Je mehr sich das Höhenruder bei einer bestimmten Bewegung des Steuergriffs bewegt, desto empfindlicher ist die Steuerung. Bei einer kleinen Wendedocke liegen die Leinenlöcher dicht beieinander, sie ist deshalb empfindlicher als eine große. Der Abstand zwischen dem Loch für die Schubstange und dem Drehpunkt ändert gleichfalls die Empfindlichkeit: Beim inneren Loch ist der Ausschlag des Höhenruders kleiner, beim äußeren größer.
Die Größe des Ausschlags wird auch durch die Position der Schubstange am Ruderhorn beeinflußt (siehe Ruderhörner, Seite 238/239).
Wie bei den Wendedocken für Fernsteuerung müssen sie sich leicht und ohne Spiel bewegen lassen. Nylonwendedocken sind zum leichteren Einbau mit einer Lagerbuchse versehen. Bei flachen Metalldocken ist es ratsam, aus Messingrohr eine Lagerbuchse zuzuschneiden, die denselben Durchmesser wie die Befestigungsschraube hat. Die Lagerbuchse sollte etwas länger sein als die Wendedocke dick ist. Die Wendedocke an eine im Rumpf befestigte Sperrholzplatte schrauben.

Drahtverbindungen

Unten werden typische Verbindungen von Schubstangen und von nach außen führenden Drähten gezeigt, mehr Informationen zum Thema Steuergestänge findet man auf den Seiten 236 bis 240. Bei Fesselflugmodellen sind die Schubstangen aus Draht. Für die nach außen führenden Drähte dicken Draht oder vieladrige Kabel verwenden.

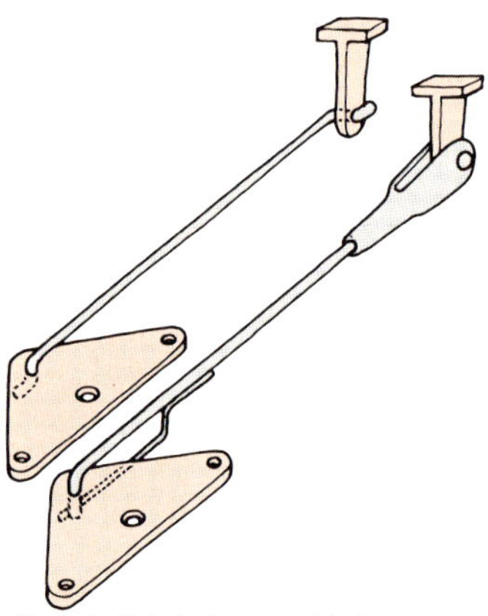

Typische Schubstangenverbindungen

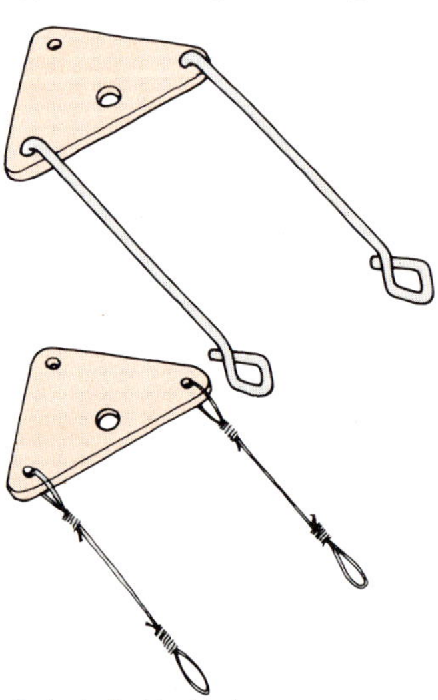

Typische Drahtverbindungen

Boote

Schiffsmodellbau

Beim Schiffsmodellbau unterscheidet man eine ganze Reihe sehr verschiedener Modelle, aus denen man sich je nach Interesse und Erfahrung das geeignete aussuchen kann. Für den fortgeschrittenen Modellbauer gibt es so prachtvolle Schiffe wie großmaßstäbliche Segelboote mit automatischer Steuerung oder ferngesteuerten Segeln und Ruder, die genausogut funktionieren wie die Jachten in Originalgröße. Motorboote erfreuen sich ebenfalls einer großen Anhängerschaft, nicht zuletzt, da die Rennboote fantastische Geschwindigkeiten erreichen. Unter ihnen gibt es so maßstabsgetreue Nachbauten, daß selbst auf dem Wasser jedes Detail so gut wie bei einem Tischmodell ausgebildet ist. Anfänger sollten jedoch zunächst ein möglichst einfaches Modell in Angriff nehmen, etwa ein frei schwimmendes Segelboot oder ein Boot mit selbsttragender Rumpfschale und Elektromotor.

Dieses Segelboot hat eine Windfahnensteuerung, die es in einem konstanten Winkel zum Wind hält.

Zwei maßstabsgetreue Nachbauten eines Kohlendampfers in zwei verschiedenen Maßstäben.

Das Rennboot fährt mit Höchstgeschwindigkeit. Der Fernsteuerbausatz ist wasserdicht im Heck untergebracht.

Wie ein Schiff schwimmt

Ein Schiff schwimmt, weil sein Gewicht geringer als das Gewicht des von ihm verdrängten Wassers ist. Im Gegensatz zum Flugzeug kann ein Schiff ziemlich schwer sein oder eine schwere Zuladung aufnehmen, solange die Zuladung so verteilt ist, daß das Schiff eine stabile Schwimmlage hat.

Je tiefer der Schwerpunkt liegt, desto größer ist die Stabilität des Schiffes. Der Mast eines Segelbootes bringt zusätzliches Gewicht und eine Kippneigung, weshalb ein solches Boot einen tiefgehenden Kiel mit einem Ballastgewicht besitzt, um ein Gegengewicht gegen den Segeldruck und das Mastgewicht zu haben. Auch eine richtige Gewichtsverteilung zwischen Bug und Heck ist wichtig. Um die Stabilität des Modells zu überprüfen, setzt man es vorher einmal ins Wasser. Dabei sollte das Wasser gerade bis an die Wasserlinie reichen, die auf dem Bauplan oder am Bausatzrumpf angezeichnet ist. Falls das nicht der Fall ist, werden einige Ausrüstungsteile verschoben, oder man fügt Ballast hinzu, bis das Schiff richtig im Wasser liegt. Der Ballast sollte immer so tief wie möglich untergebracht werden.

Die Rumpfform beeinflußt ebenfalls die Stabilität des Schiffes, wobei die Regel gilt: je breiter der Rumpf, desto größer ist die Stabilität. Ein Schlepper mit breitem Rumpf ist beispielsweise sehr stabil, während ein Kanu leicht kentert. Ein Katamaran hat zwei getrennte Rümpfe und ist deshalb ganz besonders stabil. Wenn er aber doch einmal umschlägt, dann dreht sich die Oberseite nach unten, und er ist schwer wieder aufzurichten. Um ein Durchkentern eines Katamaranmodells und eine damit eventuell verbundene Beschädigung des Riggs am Grund zu verhindern, ist es angebracht, am Masttop einen Auftriebskörper anzubringen. Dieser hält den Mast dann horizontal, und das Modell kann leichter geborgen werden.

Wie ein Schiff segelt

Die Antriebsenergie liefert der Wind an den Segeln. Wenn sich das Schiff in derselben Richtung wie der Wind bewegt, wird es einfach vorwärtsgeschoben. Wenn es in einen Winkel zum Wind dreht, bewegt es sich wieder mit dem Wind, aber diesmal seitlich und nicht vorwärts – man nennt das Abdrift –, es sei denn, es besitzt eine Art Kiel oder Mittelschwert, das der seitwärts drückenden Kraft einen Widerstand entgegensetzt. Alle Segelboote driften leicht seitlich ab, aber sie sind so konstruiert, daß der Widerstand gegen eine seitliche Versetzung so hoch wie möglich ist.

Um für einen gewünschten Kurs den maximalen Vortrieb zu erzielen, müssen die Segel in einem bestimmten Winkel zur Windrichtung eingestellt werden.

Die verschiedenen Kurse, die ein Boot relativ zum Wind segeln kann, werden seemännisch folgendermaßen eingeteilt: Vor dem Wind, raumer Wind, halber Wind, am Wind, hoch am Wind. Dreht das Boot in den Wind, was man eine Wende nennt, verliert es für einen Augenblick den Winddruck in den Segeln. Dann geht es durch den Wind, der Großbaum schwingt auf die andere Seite, und das Boot segelt auf seinem neuen Kurs weiter.

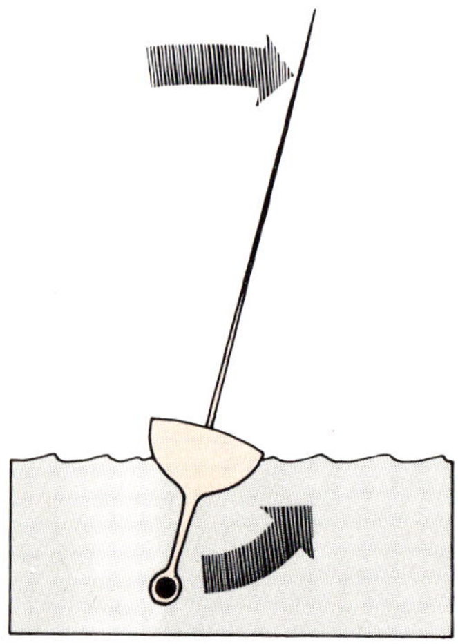

Wie ein Segelboot aufrecht bleibt *Ein Ballast im Kiel gleicht das Mastgewicht und den Winddruck in den Segeln aus. Zunehmende Krängung gleicht der Ballastkiel durch sein Gewicht aus. Ein Kentern ist praktisch ausgeschlossen.*

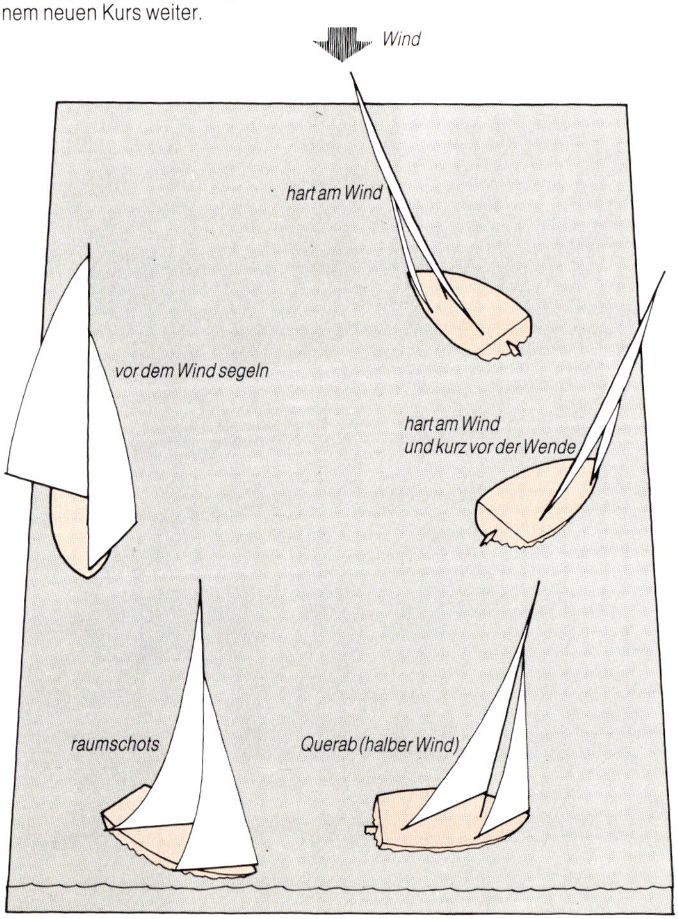

Rumpfkonstruktionen

Bei Schiffen unterscheidet man zwischen zwei generellen Rumpfformen: Verdränger schieben sich durch das Wasser, Gleiter können sich auf die Wasseroberfläche erheben. Verdrängerrümpfe werden deshalb so konstruiert, daß sie dem Wasser möglichst wenig Widerstand bieten. Dabei wird kein oder nur wenig zusätzlicher Auftrieb erzeugt und der Tiefgang ändert sich praktisch nicht, wenn sich das Schiff vorwärtsbewegt.

Gleiterrümpfe haben dagegen einen gewissen Anstellwinkel, wodurch im Wasser bei Bewegung ein zusätzlicher Auftrieb erzeugt wird, welcher den Rumpf anhebt.

Dadurch wird die benetzte Oberfläche verringert, und der Rumpf kann sich sehr schnell vorwärtsbewegen.

Modellbootrümpfe können aus Holz, glasfaserverstärktem Kunststoff und tiefgezogenem Kunststoff hergestellt werden. Vollholzrümpfe sind einfach herzustellen und brauchbar für Segelmodelle, für Rennmodelle mit Motorantrieb sind sie jedoch wegen ihrem relativ hohen Gewicht nicht brauchbar. Eine andere, leicht zu bauende Art von Holzrümpfen sind Knickspanter. Sie sind leicht, können gleiten und eignen sich sowohl für Rennboote als auch für Segeljachten. Aufgeplankte Holzrümpfe verlangen mehr Geschicklichkeit, sie sehen aber auch sehr naturgetreu aus.

Rümpfe aus glasfaserverstärkten Kunststoffen sind nicht sehr schwierig in der Herstellung, man braucht aber ziemlich viel Zeit dafür. Der fertige Rumpf ist glatt und für Rennboote und Segeljachtmodelle geeignet. Tiefgezogene Kunststoffrümpfe sind glatt und leicht und eignen sich ebenfalls für Renn- und Segelmodelle. Die Mehrzahl der Modellbauer kauft sich lieber fertige Rumpfschalen.

Verdrängungsrumpf

Gleitrümpfe

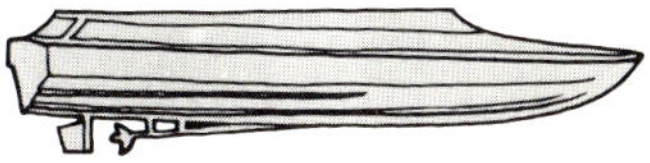

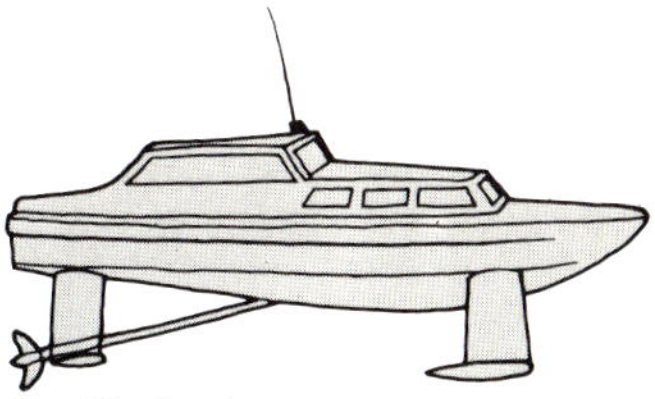

Tragflügelboot

Teile des Rumpfs

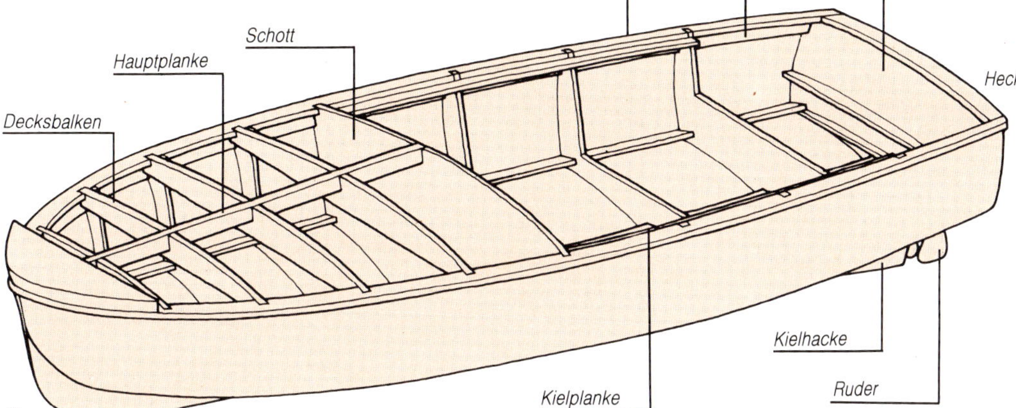

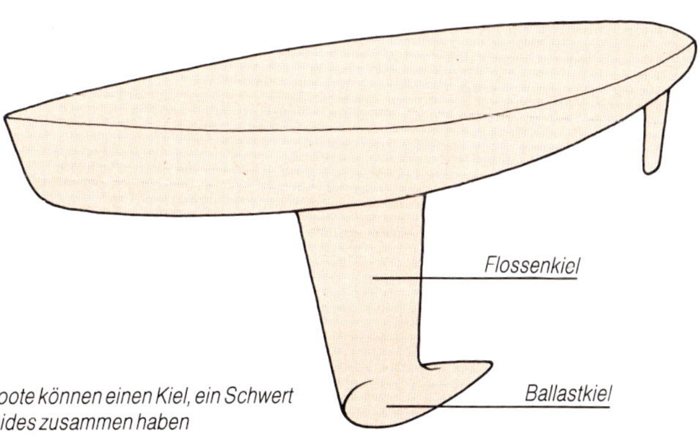

Segelboote können einen Kiel, ein Schwert oder beides zusammen haben

Massivholzrumpf

Normalerweise können nur kleinere Boote aus einem einzigen Holzblock gebaut werden, denn es ist schwierig, für größere Bootsformen ein geeignetes Holz zu finden. Man wählt Fichte, Abachi oder Balsaholz.

Stufe 1 : Zuschneiden und Anzeichnen des Blocks
Einen rechteckigen Block von der Gesamtgröße der Rumpfform zuschneiden und zurechthobeln (wenn ein Kiel in den Rumpf integriert werden soll, muß seine Länge bei der Blockgröße berücksichtigt werden). Entsprechend dem Bauplan auf dem Block die Mittellinie, die Bearbeitungsabschnitte, Auf- und Seitenriß sowie die Hohlräume des Rumpfes anzeichnen.

Stufe 1

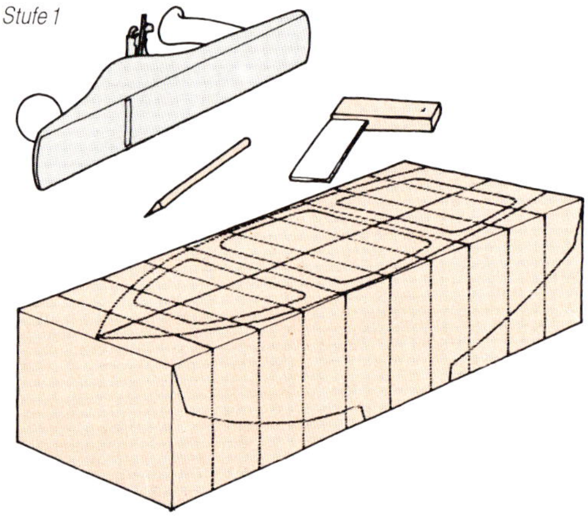

Stufe 2: Aushöhlen des Rumpfes Man verwendet einen Bohrständer und eine Bohrmaschine mit Zentrumsbohrer und bohrt die Hohlräume des Rumpfes aus. Dabei aber sorgfältig auf Tiefe und Lage der Bohrungen achten, damit man nicht zu tief kommt. Außerdem ist wichtig, daß man zwischen den einzelnen Hohlräumen genügend breite Stege stehenläßt, damit man später (Stufe 4) eine Holzleiste daran befestigen kann, an der der Rumpf in einen Schraubstock eingespannt wird. Das Aushöhlen des Rumpfes schafft den nötigen Platz für die Ausrüstung und verringert das Gewicht.

Stufe 2

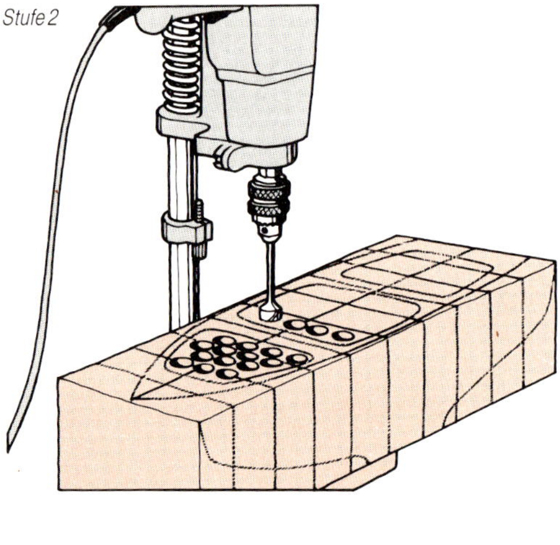

Stufe 3: Aussägen des Rumpfes Mit einer Bügel- oder Bandsäge am Seitenprofil und an der Aufrißlinie der Oberseite des Blocks entlangsägen. Falls man eine Bandsäge verwendet, werden die Seitenprofile wieder mit Klebeband befestigt, damit man beim Sägen entlang der Aufrißlinie eine ebene Auflagefläche hat.

Stufe 3

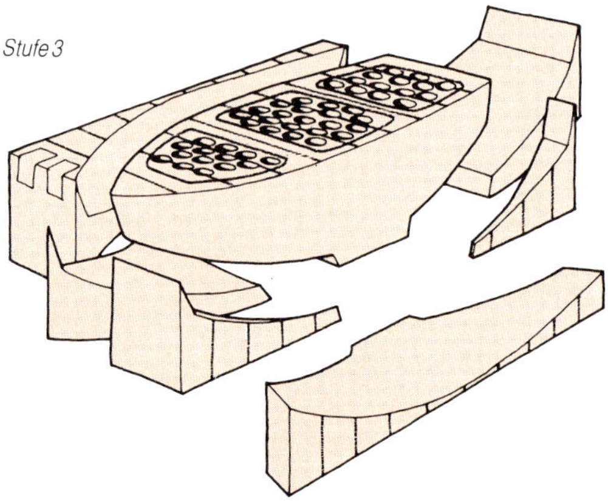

Stufe 4: Durchformen des Rumpfes Die Linien der Bearbeitungsabschnitte mit einem Anschlagwinkel über die Rumpfseiten verlängern. Den Rumpf umdrehen, die Linien über die Rumpfunterseite ziehen und die Mittellinie anzeichnen. Nach der Teilansicht wird eine Schablone für jeden Bearbeitungsabschnitt angefertigt. An der Oberseite des Rumpfes schraubt man eine Holzleiste fest.

Den Rumpf mit der Oberseite nach unten drehen, die Holzleiste in einen Schraubstock einspannen und das überschüssige Holz abtragen. In Richtung der Faser und auf Bug und Heck zu arbeiten. Die Rumpfform immer wieder mit den Schablonen überprüfen und die Linien der Bearbeitungsabschnitte erneuern, wenn sie abgetragen wurden. Solange der Rumpf mit der Oberseite nach unten eingespannt ist, werden gleich sämtliche Löcher für die Befestigung von Kiel, Kielhacke, Ruder oder Propellerwelle gebohrt. Wenn der Kiel durch Nut und Feder mit dem Rumpf verbunden werden soll, wird eine Reihe von Löchern gebohrt und jeder Steg mit dem Stemmeisen herausgearbeitet. Die Innenseite des Rumpfes wird mit einem breiten Hohleisen geglättet.

Um das Deck zu erhalten, die Oberseite des Rumpfes durchformen (siehe Seite 297).

Stufe 4

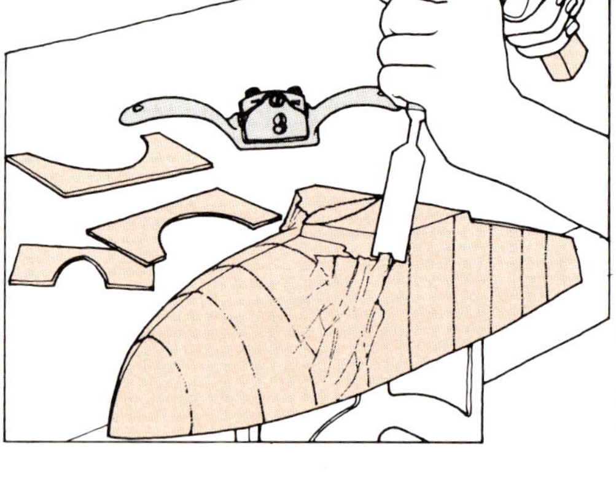

Rümpfe in Schichtbauweise

Man kann einen Rumpf auch aus Holzschichten zusammenbauen, die aus gehobelten Brettern vorgefertigt und zusammengeleimt sind und anschließend mit Stechbeitel und Sandpapier ihre endgültige Form erhalten. Die Fugen können horizontal und parallel zur Wasserlinie oder parallel zu den Seitenrißlinien verlaufen.

Im ersten Fall teilt man normalerweise auch vertikal in der Mittellinie, um das Aussägen der Schichten zu erleichtern. Nun zur Rumpfherstellung mit Wasserlinienschichten. Will man ein Modell mit senkrechtem Schichtbau herstellen, so sollte in Baustufe 2 mindestens eine Wasserlinie auf allen Schichten angezeichnet werden, um den Zusammenbau zu erleichtern. Wenn die Absicht besteht, einen zentralen Einsteckkiel oder einen Propellerschaft zu verwenden, sollte man ebenfalls schon vor dem Zusammenbau die entsprechenden Aussparungen in der Mittelschicht anbringen. Um in Baustufe 3 ein Auseinanderbiegen der senkrechten Schichten zu verhindern, wenn die Verleimungsklemmen angezogen werden, ist es ratsam, in der Mittelschicht ein Verbindungsstück zwischen Bug und Heck stehenzulassen. Man kann es später herausschneiden oder als Decksunterzug stehen lassen.

Eine andere Möglichkeit ist es, für die Mittelschicht Sperrholz zu verwenden und Kielflosse und Skeg gleich miteinzubeziehen.

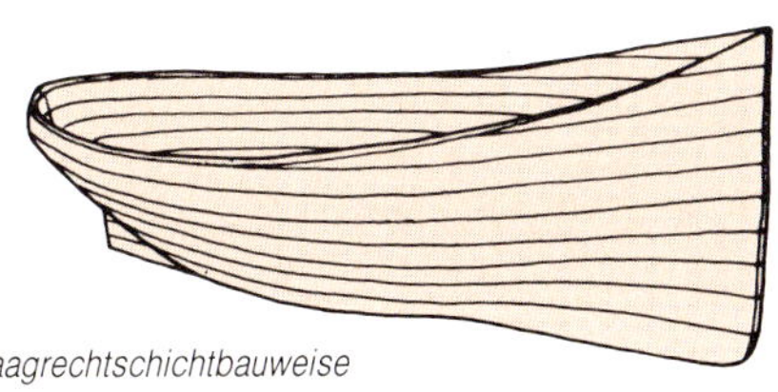

Waagrechtschichtbauweise

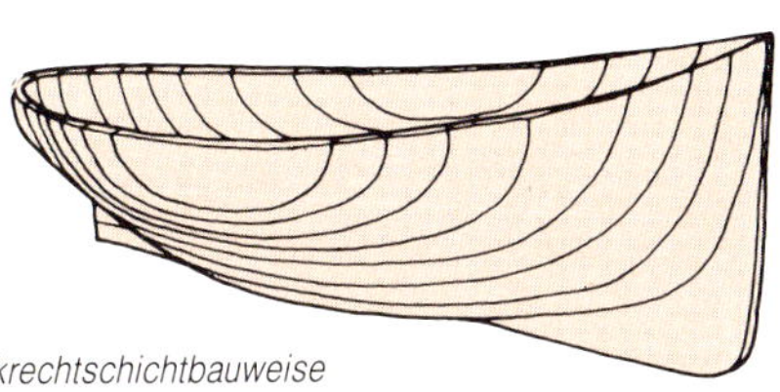

Senkrechtschichtbauweise

Stufe 1: Aufzeichnen der Schichten Man legt über den Spantenriß ein Stück Pergamentpapier und kopiert einen Spantumriß, die Mittellinie und die Wasserlinien. Dann zeichnet man innerhalb des Spantumrisses die Wandstärke des Rumpfes ein. Die Abstände zwischen den Wasserlinien entsprechen der Decke einer Schicht. Die äußere und innere Kante jeder Schicht im Verband liegt dort, wo die äußere Linie des Rumpfes die obere Seite der Schicht schneidet (A) und wo die innere Rumpflinie die Unterseite der Schicht schneidet (B). Für jede Schicht wird eine solche Vorlage durchgepaust. Falls der Abstand zwischen den Wasserlinien nicht mit der zur Verfügung stehenden Holzdicke übereinstimmt, kann man sie neu unterteilen, um aus dem vorhandenen Holz das Beste herauszuholen. Bei der Senkrecht-Schichtbauweise geht die Übertragung nach demselben Schema vor sich, nur um 90° gedreht.

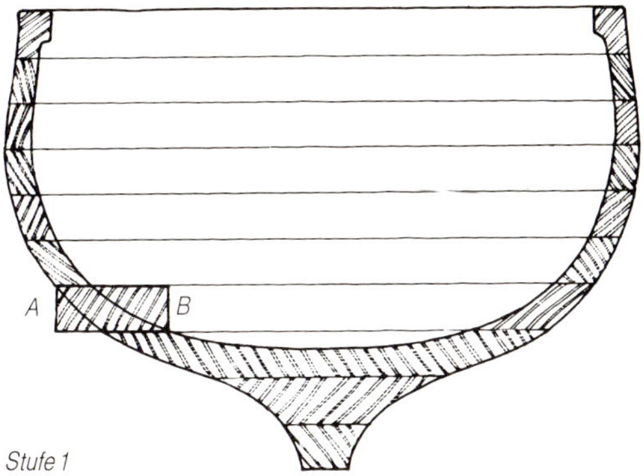

Stufe 1

Stufe 2: Aussägen der Schichten Jede Schicht wird aus zwei Hälften zusammengesetzt. Zunächst werden die Bretter auf die richtige Stärke zugehobelt. Es ist wichtig, daß sie beim Zusammenbau völlig eben sind. Deshalb werden sie mit den Kanten gegeneinander zusammengeklammert und zusammen abgehobelt, bevor die Formen ausgesägt werden; jeder Fehler in der Winkeltreue wird ausgeglichen, solange nicht eines der beiden Bretter umgedreht wird. Diese Methode garantiert einen einwandfreien Sitz.

Zuerst wird die eine Hälfte des Schichtrumpfes hergestellt. Dann werden die Arbeitsabschnitte an der Brettkante angezeichnet, auf das Brett übertragen und durchnumeriert. Die Rißzeichnungen werden mit einem Stechzirkel vom Pauspapier auf die Bretter übertragen – die Mittellinie der Zeichnung fällt dabei mit der Brettkante zusammen. Der Bedarf an (kürzeren) Teilschichten und die Stärke des Rumpfes an Bug und Heck kann nach dem Seitenriß des Plans festgelegt werden. Die Markierungen verbindet man mit einem biegsamen Lineal oder einem Kurvenlineal.

Die Schichten aussägen und an den Enden Laschen zum Zusammenklammern stehenlassen. (Eine andere Möglichkeit ist, entlang der Innenkurve auszusägen, die Bretter zusammenzuleimen und zu klammern und dann die äußere Form auszusägen.) Die Linien der Arbeitsabschnitte um einen ganzen Satz der Halbschichten anzeichnen und ihn dann als Schablone für den zweiten Satz verwenden.

Eine andere Methode zur Markierung der Bretter ist, einen Satz Schablonen aus Karton anzufertigen. Einmal kann man die Schablonen so anlegen, daß das Holz am besten ausgenutzt wird, zum anderen kann man sie für einen zweiten Rumpf verwenden.

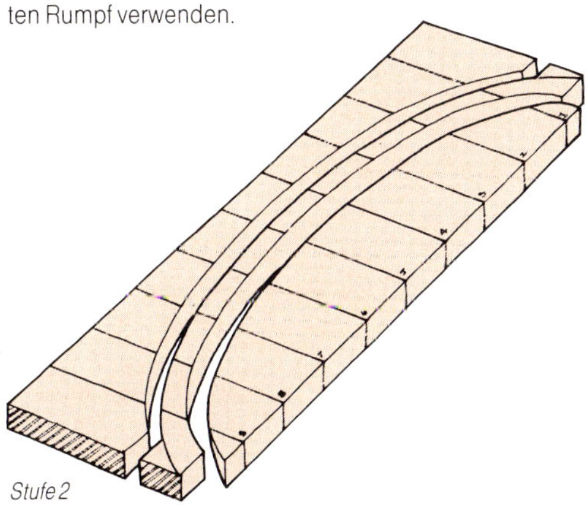

Stufe 2

Stufe 3: Zusammenbau des Rumpfes Die Halbschichten werden mit wasserfestem Leim und Schrauben oder Klammern verbunden. Vor dem Zusammenbauen gut trocknen lassen. Zuerst wird die vollständige Schicht für die Oberseite des Rumpfes auf ein ebenes, festes Brett gelegt, das mit Polyäthylenfolie oder Wachspapier abgedeckt ist. Wenn diese erste Schicht nicht über die gesamte Rumpflänge reicht, wird ein gleich dickes Brettstück als Unterlage in den Zwischenraum geschoben (gut einwachsen, damit es nicht aus Versehen mit festklebt). Die Schicht mit Leim bestreichen und die nächste Schicht auflegen. Etwas hin und her schieben, um Luft und überschüssigen Leim herauszudrücken und Mittellinien und die Linien der Arbeitsabschnitte genau ausrichten. Den Vorgang bei der nächsten Schicht wiederholen. Diese drei Schichten zusammenklammern und trocknen lassen, bevor die restlichen Schichten in Dreiergruppen hinzugefügt werden.
Beim Zusammenklammern vorsichtig vorgehen, denn wenn die Klammern zu fest angezogen werden oder wenn der Druck ungleichmäßig ist, kann sich der Rumpf verziehen. Darauf achten, daß die Markierungen auch nach dem Klammern noch übereinstimmen. Kleine Rümpfe können auf einer Werkbank eingespannt werden. Oben auf die Konstruktion wird ein zweites flaches und starkes Brett gelegt, und beide Bretter werden von den Backen der Werkbank zusammengepreßt. Mit beiden Griffen einen gleichmäßigen Druck einstellen. Statt dessen kann man aber auch Schrauben mit Muttern durch beide Bretter führen oder G-Klammern verwenden. Spezielle Klammern lassen sich aus 25 × 50-mm-Weichholz herstellen, wobei die Schrauben parallel zur 50-mm-Seite durch die Leiste gehen. Notfalls werden in die Leistenenden Stufen geschnitten, um die Schraubenlänge zu reduzieren. U-Eisen aus Stahl oder Aluminium können auch als Klammern verwendet werden. Eine andere Möglichkeit, den nötigen Druck zu erzeugen, ist, Gewichte wie Bücher, Ziegel oder wassergefüllte Dosen auf das obere Brett zu stellen. Auf gleichmäßigen Druck achten.

Stufe 3

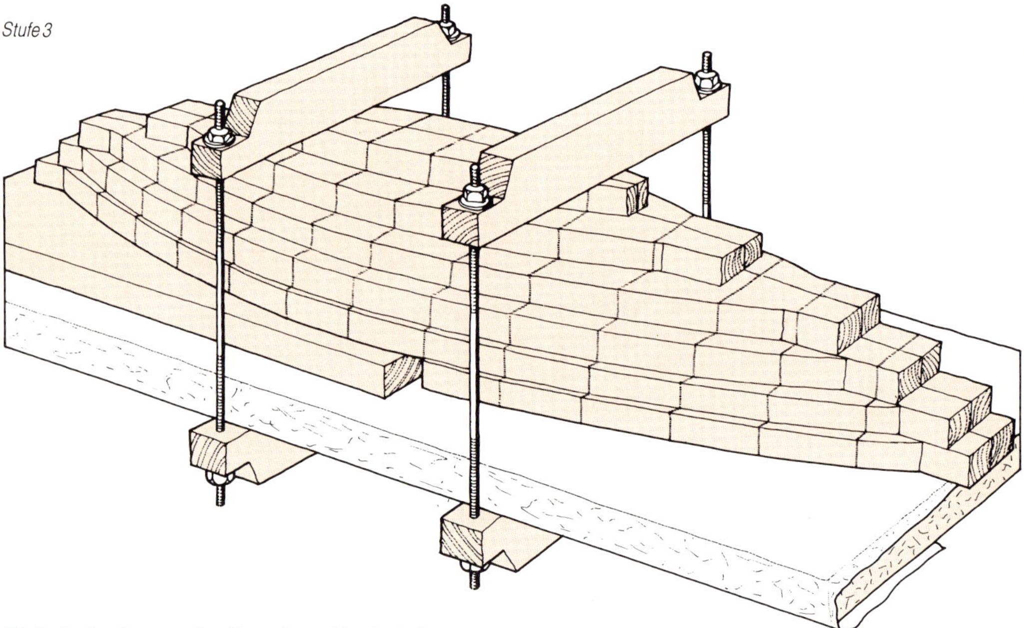

Stufe 4: Ausformen des Rumpfes Hat der Leim angezogen, werden die Klammern entfernt. Wenn die ursprünglichen Berechnungen richtig waren, dann liegen die Linien der Verbindungsfugen zwischen den Schichten genau auf der späteren Oberfläche des Rumpfes, und nur das dazwischenliegende, überstehende Material muß entfernt werden. Zunächst wird der Rumpf aufrecht auf die Werkbank gestellt. Bug und Heck werden mit Holzresten unterstützt. Den Rumpf durch die Unterseite auf die Werkbank schrauben, dabei sollten die Schrauben so weit wie möglich auseinanderliegen. Die Innenseite mit dem Stechbeitel aushöhlen, wie es für den Massivholzrumpf auf Seite 284, Stufe 4, beschrieben wurde.
Zum Schluß den Rumpf umdrehen und mit langen Schrauben oder einem Bankhaken an der Werkbank befestigen. Die Außenseite wie einen Massivholzrumpf bearbeiten. Die Bearbeitung von Bug und Heck ist einfacher, wenn sie über die Kante der Werkbank vorstehen.

Stufe 4a

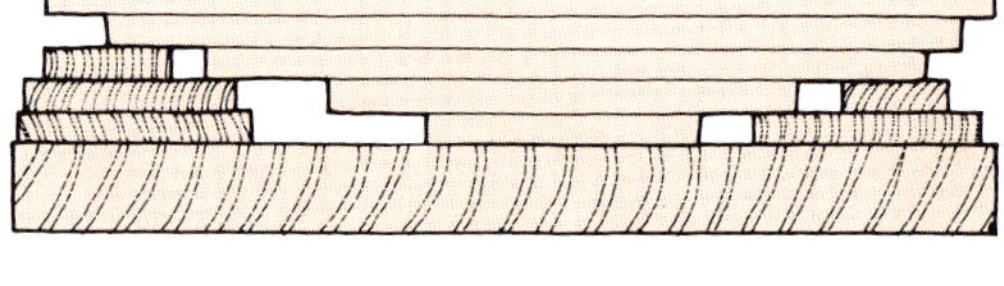

Stufe 4b

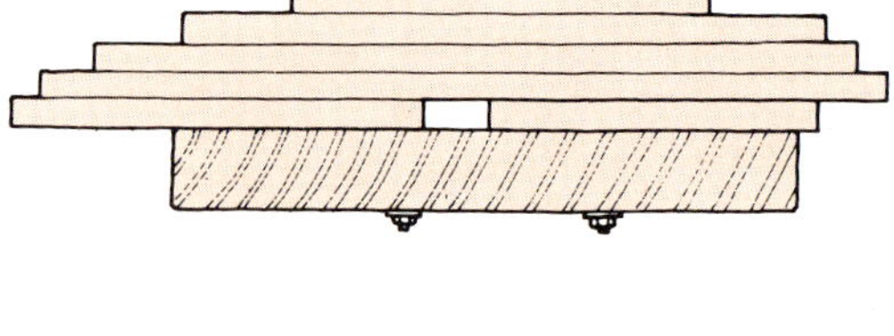

Aufgeplankte Rümpfe

Die Rumpfformen sind leicht und stabil, und ihre Bauweise kommt der Plankenbauweise der echten Schiffe ziemlich nahe. Man biegt Leisten über hölzerne Querrahmen, die vorübergehend auf dem Hellingbrett befestigt werden. Wenn diese Rahmen für immer in den Rumpf eingebaut werden, nennt man sie Spanten. Die Spantenbauweise ist für Anfänger die einfachste Methode. Wenn die Spanten nur als Hilfskonstruktion dienen, nennt man sie Mallen. In diesem Fall dienen sie nur dazu, Kielplanke, Deckstringer und Rippen an ihrem Platz zu halten. Nach dem Beplanken werden sie entfernt. Konstruktionen mit eingebogenen Spanten und Decksbalken sind leichter als solche mit ausgesägten Spanten, und im Rumpf ist wesentlich mehr Platz vorhanden.

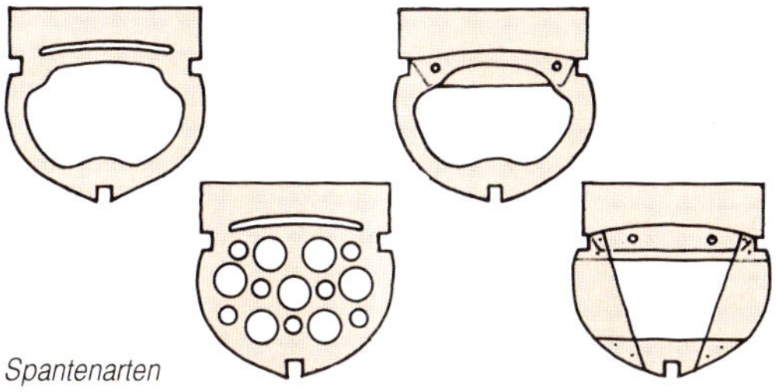

Spantenarten

Spantenbauweise Man zeichnet auf den Teilplänen 2 bis 3 cm über dem höchsten Punkt des Rumpfes eine Linie ein, die das Hellingbrett darstellen soll. Die Linie für jeden Arbeitsabschnitt wird auf ein gesondertes Stück Papier übertragen, einschließlich der Deckslinien und der Linien für das Hellingbrett. Von der Deckskante zur Baukante senkrechte Linien ziehen. Innerhalb der Linie für den jeweiligen Arbeitsabschnitt wird eine weitere Linie gezogen, die die Stärke von Rumpf, Deck, Decksstringer und Kielplanke darstellt. Diese neue Linie plus die Entfernung zur Baulinie ergibt die Spantenform.

Die Spanten werden aus kunstharzverleimtem Sperrholz hergestellt. Die Verlängerungen können an einigen Stellen angeheftet und später abgeschnitten werden, oder man befestigt sie vorübergehend mit Schrauben. In der Mitte werden Löcher herausgesägt oder gebohrt, um das Gewicht zu verringern. Eine andere Konstruktionsmethode ist, Leisten aus Sperrholz oder Massivholz anzubringen. Nun die Mittellinien anzeichnen. Eine Seite von jedem Spant sollte an der Linie des entsprechenden Arbeitsabschnitts anliegen. Die Kante von jedem einzelnen Spant so abschrägen, daß sie der Verjüngung des Rumpfes an dieser Stelle entspricht. Nuten für die Deckstringer und die Kielplanke einsägen.

Als nächstes werden die Spanten auf dem Hellingbrett befestigt. Eine Holzleiste mit quadratischem Querschnitt wird im rechten Winkel und mit der Unterkante abschließend an jede Verlängerung geschraubt. Die Linien der Arbeitsabschnitte und die Mittellinie auf dem Hellingbrett anreißen. Von der Brettrückseite her werden die Spanten durch die Leisten hindurch festgeschraubt. Darauf achten, daß die Spanten genau an den Linien der Arbeitsabschnitte anliegen. Wenn man auf der Brettrückseite eine Holzleiste festschraubt, kann man das Brett leichter in einen Schraubstock einspannen. Für die Bugkonstruktion (auch für das Heck bei einem beidseitig spitz zulaufenden Rumpf) wird ein Steventeil eingesetzt, das vom ersten Spant aus nach vorn läuft. Es sollte eine Nut für die Deckstringer haben und mit der Unterkante der Nut für die Kielplanke abschließen.

Der letzte Schritt vor dem Beplanken ist das Verleimen der Deckstringer und der Kielplanke in den Nuten. Sie können aus Massivholz oder Sperrholz sein oder aus mehreren Schichten Furnier zusammengeklebt werden, wodurch sie der Krümmung besser folgen. Dazu verwendet man zähes Holz mit gerader Faser wie Esche, Fichte oder Buche. Wenn man Furnier nimmt, sollte man immer nur eine Schicht aufkleben und trocknen lassen, bevor die nächste aufgebracht wird. Die Schichten mit Nadeln und Wäscheklammern zusammenhalten. Die Kielplanke in das Steventeil einpassen, auf beiden die Mittellinie anreißen und sie dann abhobeln, bis sie der Form der Spanten folgen.

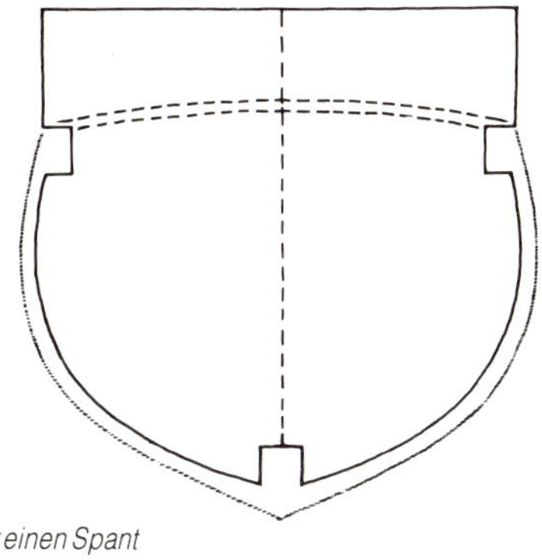

Aufriß für einen Spant

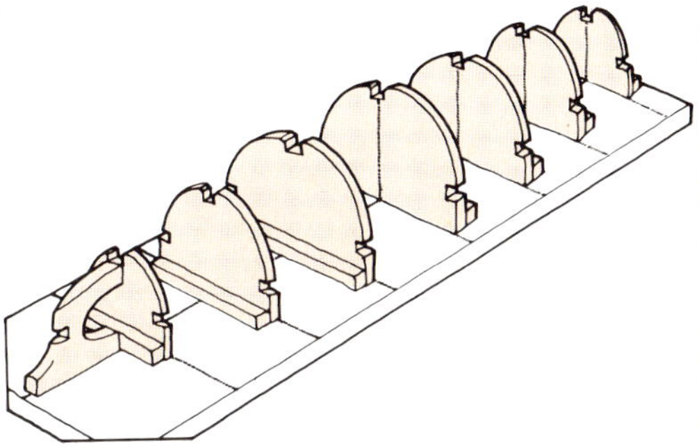

Befestigung der Spanten am Hellingbrett

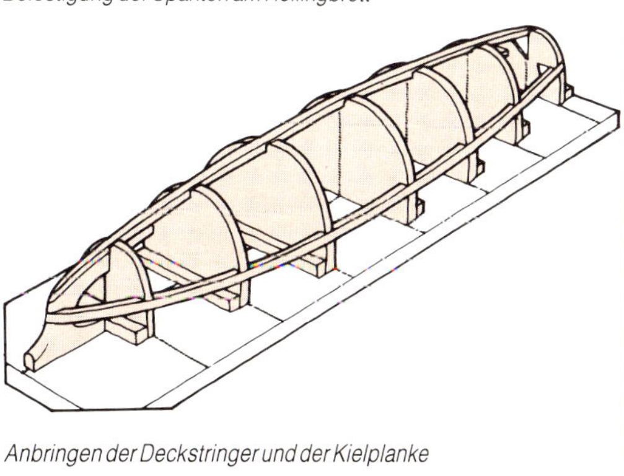

Anbringen der Deckstringer und der Kielplanke

Rippenbauweise Die Rippen sind je nach Bootsgröße 8 bis 13 mm breit und werden meist aus 0,8 bis 1,5 mm starkem Sperrholz ausgeschnitten. Sie können aus einem Stück oder aus zwei Hälften bestehen, wenn der Bootsrumpf am Kiel in einem spitzen Winkel zuläuft. Im Idealfall sollten die Rippen am Bug leicht abgerundet sein, damit sie der Rumpfform ganz genau folgen.
Bei der Rippenbauweise geht man genauso vor, wie es für die Spantenbauweise beschrieben wurde, nur werden statt der Spanten Mallen verwendet. Sie sind um die Stärke der Rippen, die über sie gebogen werden, kleiner als Spanten. Genau wie die Spanten sollten die Mallen in Richtung der Rumpfverjüngung abgeschrägt werden. Sie werden auch auf dieselbe Art am Hellingbrett befestigt, indem von der Rückseite her durchgeschraubt wird. Die Mallen werden eingewachst, damit bei späteren Arbeitsschritten keine Rumpfbauteile an ihnen festkleben. Nun werden Kielplanke und Decksstringer angebracht und Nuten eingearbeitet, damit sie mit den Mallen anschließen und die Rippen aufnehmen können. Die Rippen leimt man an ihren Platz und hält sie bis zum Trocknen mit Nadeln fest. Jetzt kann der Rumpf beplankt werden. Nach dem Beplanken werden die Mallen wieder entfernt, indem sie nacheinander herausgedreht werden.

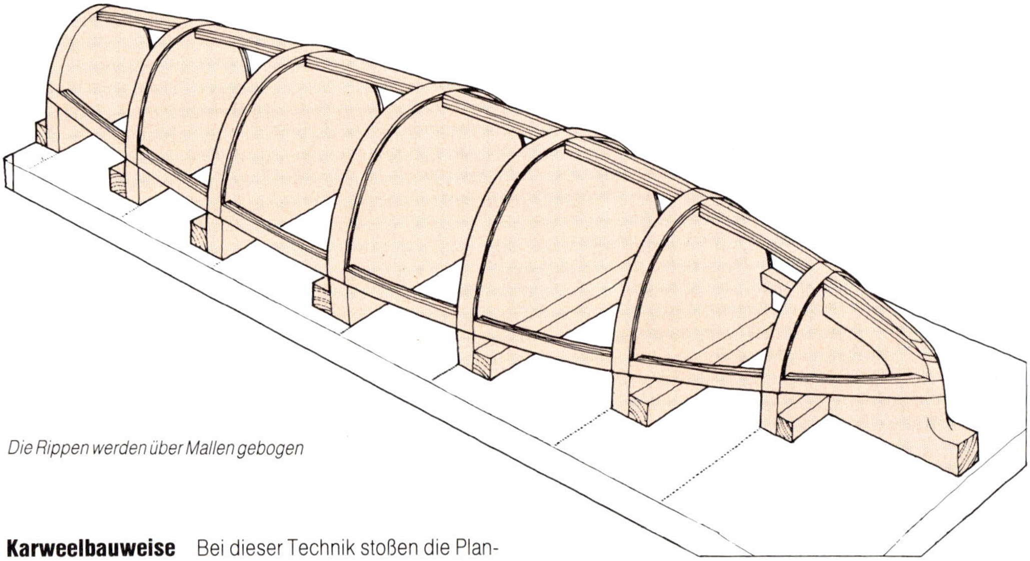

Die Rippen werden über Mallen gebogen

Karweelbauweise Bei dieser Technik stoßen die Planken stumpf zu einer fugenlos glatten Außenhaut aneinander. Man kann dazu Furnier oder Sperrholz verwenden, wobei die Holzstärke von 2 mm bei Hartholz für kleine Boote bis 5 mm bei Weichholz für ein großes Boot variieren kann.
Die Planken sollten möglichst gleich breit sein. Zur Berechnung der Breite wird an einer Spantenhälfte direkt vom oder dicht neben dem Kiel zur Oberseite gemessen und diese Entfernung in gleiche Abschnitte unterteilt – gut sind Längen zwischen 1,2 und 2 cm. Dabei sollte man daran denken, daß die Planken auf nicht mehr als die Hälfte ihrer ursprünglichen Breite verschmälert werden dürfen, wenn sie sich zum Bug und Heck hin verjüngen.
Zur Befestigung einer Planke werden die Spanten oder Rippen, Heckspiegel, Vordersteven und die Kante der Planke, die bereits befestigt ist, mit Leim bestrichen. Die Planke drückt man an ihren Platz und sichert sie bis zum Trocknen des Leims mit Nadeln. Gearbeitet wird vom Schandeck zum Kiel hin. Wo die Planken der einen Seite die der anderen Seite am Bug treffen, wird immer abwechselnd eine Planke bündig gemacht, damit die entsprechende Planke der anderen Seite sie überlappen kann. Eine andere Möglichkeit ist, die Planken nicht bis zum Bug vorzuziehen, sondern Deckstringer, Kielplanke und Planken nur bis zum letzten Spant zu ziehen. Der Rumpf wird dann mit einer Schichtverleimung vollendet. Falls der Schichtbauteil vor der Beplankung fertiggestellt ist, kann man die Planken für einen stabileren Bug noch darüberziehen.

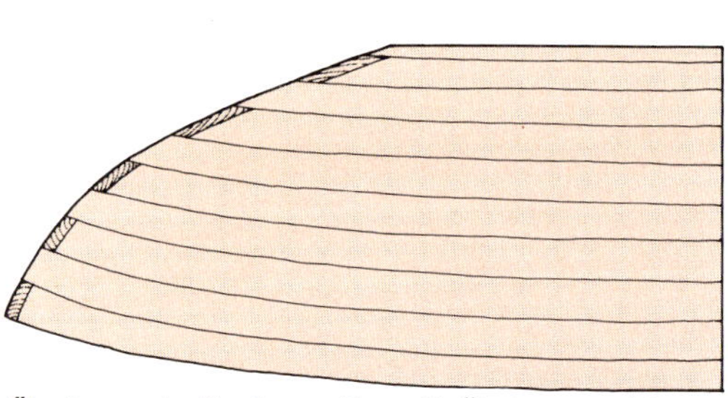

Überlappen der Planken am Bug *Die Überlappung erfolgt abwechselnd von beiden Seiten, die ineinandergreifenden Enden verstärken den Bug.*

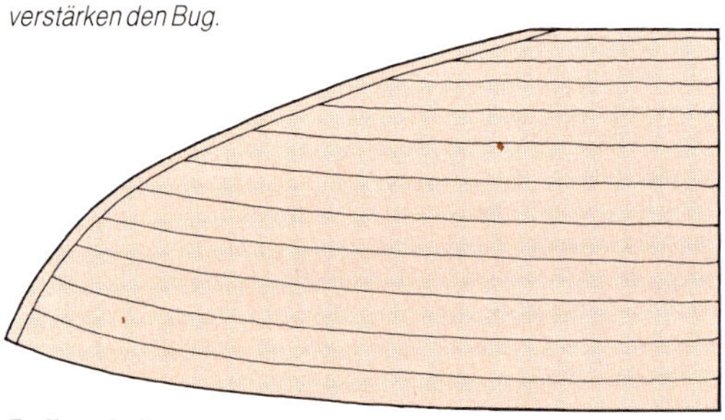

Endbearbeitung des Bugs *Der Bug wird flachgeschliffen und durch Aufleimen einer Leiste verstärkt. Die Leiste bündig mit der Beplankung zuschleifen.*

Klinkerbauweise Die Klinkerbauweise unterscheidet sich von der Karweelbauweise dadurch, daß die einzelnen Planken dachziegelförmig übereinandergreifen und nicht stumpf aneinanderstoßen. Normalerweise werden die Planken sowohl aneinandergeleimt als -genagelt. Bei Booten in Originalgröße werden die Planken vernietet, was dem Rumpf eine außergewöhnliche Stabilität verleiht. Sperrholz ist besser als Massivholz, das leicht aussplittert, wenn es dicht an der Kante vernagelt wird. Man sollte weiche Messingnägel verwenden und die Löcher mit etwas geringerem Durchmesser vorbohren.

Diagonalbauweise Anstatt der üblichen Längsverplankung kann ein Rumpf mit rundem Kielraum nach dieser Technik besonders widerstandsfähig gebaut werden. Dabei liegen zwei oder mehr Plankenlagen diagonal so übereinander, daß sich die Planken im rechten Winkel schneiden. Diese Technik läuft darauf hinaus, daß man einen Rumpf aus gebogenem Sperrholz baut. Längsstringer, in Nuten der Spanten oder Mallen eingelassen, ersetzen die Rippen der herkömmlichen Bauweise. Die Stringer müssen nicht unbedingt Teil des fertigen Rumpfes sein, da durch die Beplankung allein ausreichend Stabilität und Steifheit erreicht wird. Furnier ist für die Beplankung am besten geeignet, man kann aber auch Sperrholz oder Karton verwenden. Die Planken können Überlänge haben und nach dem Trocknen des Leims an Ort und Stelle zugeschnitten werden. Zuerst werden die Planken der Rumpfmitte verlegt, dann auf die Enden zu gearbeitet. Die erste Plankenlage an die Kielplanke, die Decks- und übrigen Stringer kleben, wenn sie im Rumpf verbleiben sollen, dann folgt die zweite Lage.

Überzogene Rümpfe Hierbei handelt es sich um karweel- oder diagonal beplankte Rümpfe, die mit glasfaserverstärktem Kunststoff oder Kunstfaserstoff überzogen sind. Man kann anstelle dünner Hartholzplanken dickere Balsaholzplanken verwenden, was die Beplankungsarbeit stark beschleunigt. (Man braucht dabei auch nicht so genau zu arbeiten wie beim Aufplanken mit Hartholz.) Beim Überziehen achte man darauf, daß möglichst wenig Stoßkanten entstehen, das erleichtert nachher das Erzielen einer glatten Oberfläche.

Man bringt eine oder mehrere Schichten des Überzugsmaterials auf und schleift nach dem Trocknen die Oberfläche mit Naßschleifpapier ab. Alle Vertiefungen werden mit Kunstharzspachtelmasse ausgefüllt. Bei der Endbearbeitung sieht man Unregelmäßigkeiten auf dem Rumpf besser, wenn man ihn in einer einzigen Farbe streicht. Für den Anstrich eignet sich Farbe auf Kunstharzbasis. Der Anstrich füllt zugleich kleinere Löcher aus und bindet die Fasern, die durch das Abschleifen hochstehen. Etwaige Unregelmäßigkeiten entdeckt man auch, wenn man mit der Hand über den Rumpf fährt. Dabei sollte man aber darauf achten, daß man sich nicht an Fiberglassplittern verletzt. Mit der Rumpfinnenseite kann ähnlich verfahren werden, um die Widerstandsfähigkeit des Bootes zu erhöhen und das Balsaholz vor Wasser zu schützen. Zur Verstärkung bestimmter Stellen kann man andere Materialien verwenden, etwa Papiermaché oder Terylene und Kleber. Die Innenseite muß nicht unbedingt abgeschliffen werden, lediglich Splitter sollte man entfernen.

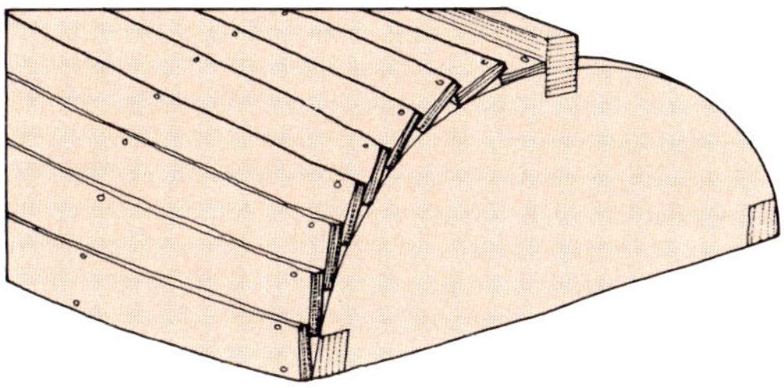

Klinkerverplankung *Die erste Planke direkt an der Kielplanke verlegen, dann über die gesamte Rumpfseite die jeweils nächste Planke überlappend befestigen.*

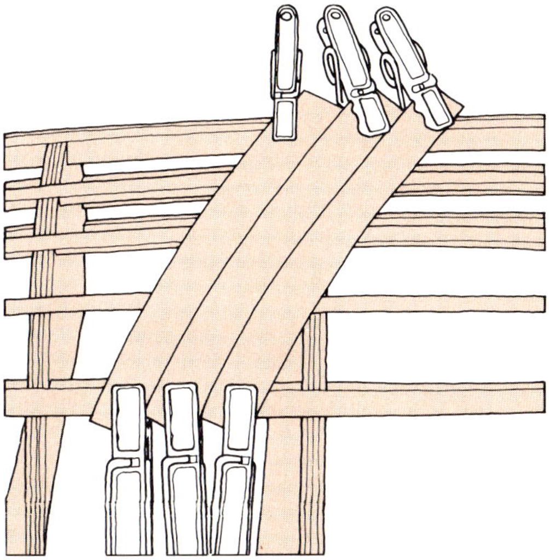

Diagonalverplankung *Bis zum Trocknen des Leims werden die Planken mit Wäscheklammern befestigt.*

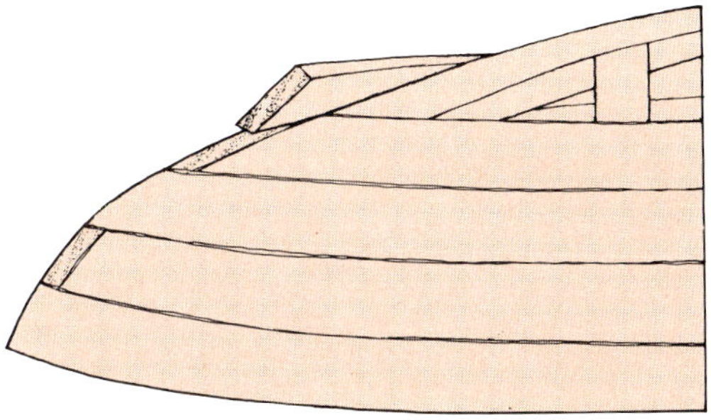

Beplanken des Rumpfes

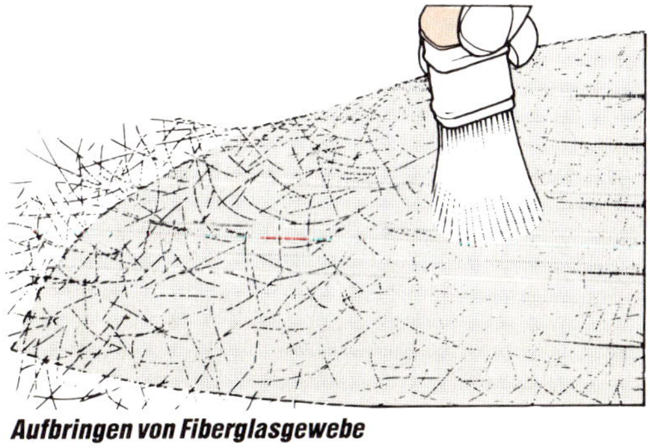

Aufbringen von Fiberglasgewebe

Knickspant-Rümpfe

Diese Rümpfe weisen gebogene oder gerade Flächen auf, welche an ihren Stoßkanten in Längsrichtung verlaufende Knicke aufweisen. Knickspantrümpfe sind beim Segeln quer zum Wind Rundspantrümpfen etwas unterlegen wegen der durch die Knicke erzeugten Wirbel, die eine Verringerung der Geschwindigkeit bewirken. Sonst sind sie den Rundspantern gleichwertig, und bei Hochgeschwindigkeit sind sie ihnen sogar überlegen, weil sie besser gleiten.
Selbsttragende Rümpfe sind meistens leichter und schneller zu bauen als Rümpfe mit rundem Kielraum. Man kann sie aus Fiberglas formen (siehe unten) oder mit Knickspanten oder Mallen bauen (siehe Seiten 287 und 288). Zusätzlich zur Kielplanke und den Deckstringern hat ein selbsttragender Rumpf meistens auch noch Kimmstringer, an denen die Kanten der Plankenplatten befestigt werden, obwohl weder Deckstringer und Kielplanke noch Kimmstringer notwendig wären. Die Planken können größer zugeschnitten, befestigt und dann an Ort und Stelle auf die richtige Größe gebracht werden. Geeignete Materialien für die Platten sind unter anderem Sperrholz, Karton oder Metallbleche. Platten aus Messing- oder Zinnblech können an den Stößen leicht zusammengelötet werden.

Fiberglasrümpfe

Ein Fiberglasrumpf wird aus Schichten von Fiberglasmatten geformt, die mit Kunstharz durchtränkt werden (siehe Seiten 46 bis 48). Der Vorteil dieser Rumpfform liegt in ihrem hervorragenden Verhältnis von Widerstandsfähigkeit zu Gewicht, in den bequemen Ausbesserungsmöglichkeiten und in der praktischen Endbearbeitung, bei der kein Anstrich nötig ist. Von Nachteil ist aber der Zeitaufwand, der zur Herstellung der Form nötig ist (Schablone).
Im Falle eines Knickspantrumpfes ist es am einfachsten, aus Sperrholz oder Hartfaserplatte eine Form zu bauen, und zwar so, als wollte man einen Rumpf mit der Innenseite nach außen bauen. Die Form wird mit Wachs und einem Trennmittel behandelt.
Bei komplizierten Rumpfformen ist es einfacher, die Fiberglasform nach einem Modell herzustellen. Das Modell kann die Form eines vorhandenen Rumpfes haben, es kann aus Massivholz geschnitzt oder als Sandwich-Konstruktion gebaut werden. Eine Möglichkeit ist, das Modell aus Gips, Wachs, Ton oder Plastilin zu modellieren. Wenn man ein Modell aus Massivholz schnitzt, fertigt man nach dem Bauplan Schablonen an, um die Rumpfform während der Bearbeitung überprüfen zu können. Ganz gleich, welche Modellform gewählt wird, sie muß immer sorgfältig vorbereitet werden, da der Zustand der Außenfläche die Leistung des Bootes beeinflußt. Wie auf der nächsten Seite gezeigt wird, kann man auch durch Einbau entsprechender Formteile einlaminierte Balkenweger im Rumpf erzeugen.
Den Rumpf sorgfältig beschichten, dazu eine gelierende Harzschicht aufbringen, dann zur Verstärkung mehrere Lagen Matten hinzufügen. Härten lassen. Spanten, Motorbefestigungen und Mastspuren sollten an ihren Platz geklebt werden, solange der Rumpf noch in der Form ist. Anstatt von einlaminierten Balkenwegern kann man auch solche aus anderem Material einkleben. Die Decks kann man getrennt in Fiberglas formen. Diese Methode ermöglicht gewölbte Kajütdächer und andere komplizierte Konstruktionen.

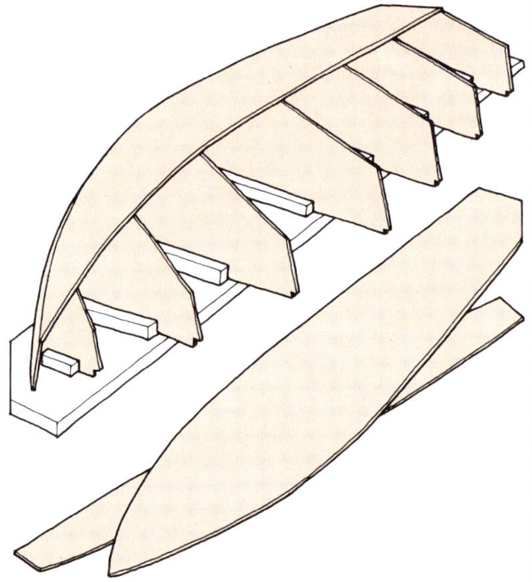

Konstruktion ohne Längsverstrebungen *Die Platten über den Spanten oder Mallen zusammenkleben, dann die Stöße mit Fiberglasstreifen verstärken. Den Rumpf vom Hellingbrett abnehmen und die Dollborde anbauen.*

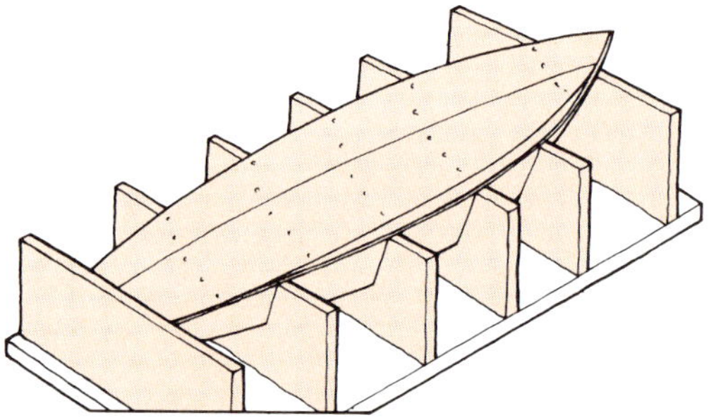

Bau einer Form für einen Knickspantenrumpf *Nach den Bauplänen werden quer verlaufende Spanten zugeschnitten, die die Platten tragen, wobei die Plattenstärke berücksichtigt wird. Die Platten werden an ihrem Platz verleimt und festgenagelt. Die Innenseite glattschleifen und alle Löcher und Risse ausfüllen.*

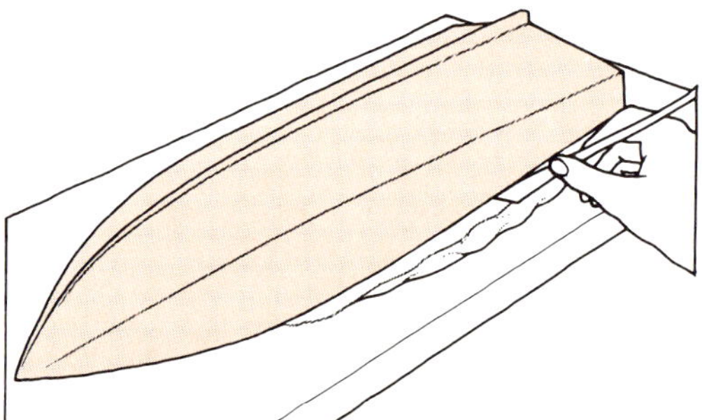

Verwendung eines vorhandenen Rumpfs als Modell für eine Form *Wenn zwischen Grundbrett und Rumpf eine Lücke auftritt, muß sie ausgefüllt werden, damit der Rumpf nicht an der Form festklebt und die Form der Rumpfkante bestimmt werden kann.*

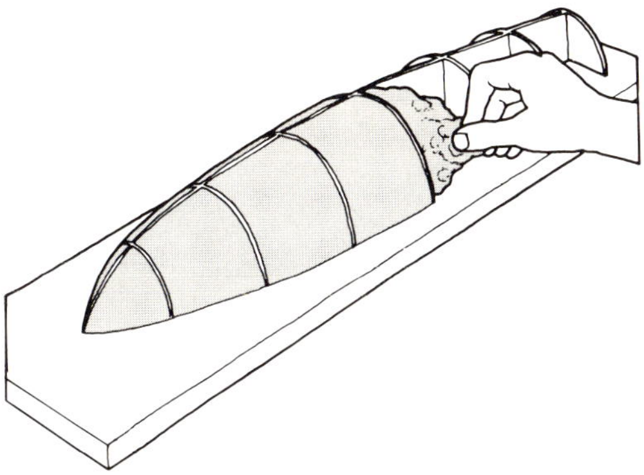

Modellieren eines Formmodells aus Plastilin *Die Profile werden vom Bauplan auf Karton oder Sperrholz übertragen (ausgeschnitten) und auf dem Arbeitsbrett befestigt; die Zwischenräume mit Plastilin ausfüllen.*

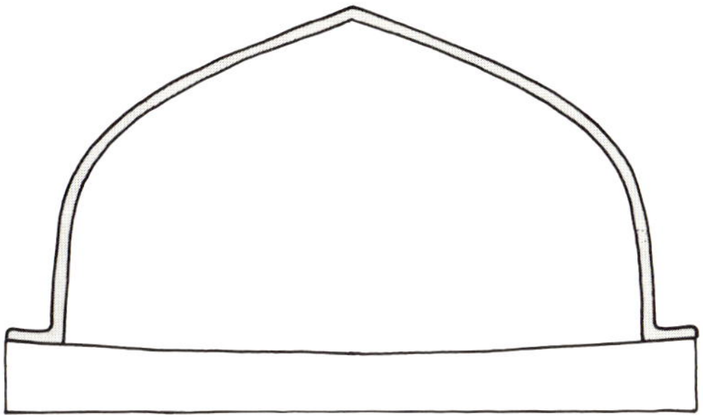

Formen der Dollborde *Am Formmodell zusätzliche Stücke anbringen, um einen außen liegenden Flansch zu erhalten. Darauf achten, daß der Flansch der Deckswölbung angeglichen ist, falls ein Deck vorgesehen ist.*

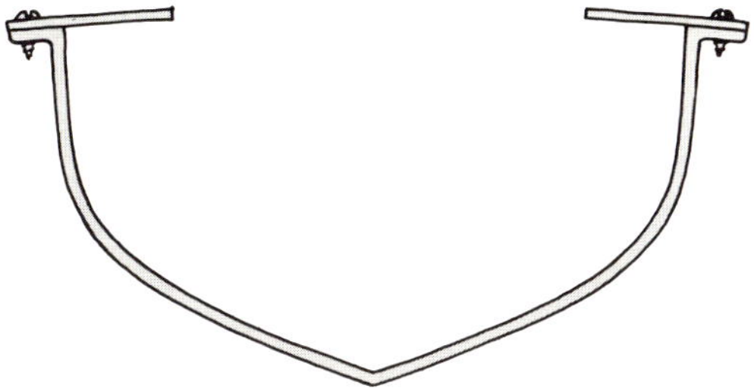

Wenn die Form durchgehärtet ist, an die Kante einen Plastikstreifen schrauben, der nach innen übersteht.

Den Rumpf ausformen und durchtrocknen lassen. Die überstehenden Streifen ergeben die Dollborde.

Tiefgezogene Rümpfe

Tiefgezogene Fertigrümpfe sind in großer Auswahl erhältlich, einschließlich Modelle mit gewölbten Schutzdächern, die nur noch ausgerüstet werden müssen. Sie können zwar auch zu Hause angefertigt werden, aber für den Formprozeß ist eine teure Maschine notwendig.

Beim Einbau von Verstärkungen wie Spanten oder Mastspuren ist Sorgfalt erforderlich, denn Kleben ist bei Polystyrol oder Acrylbutylstyrol (ABS-Rümpfe) (die für Rümpfe am häufigsten verwendeten Materialien) nicht einfach. Es gibt Spezialkleber, um jeden dieser Kunststoffe mit sich selbst zu verkleben. Um anderes Material am Rumpf zu befestigen, verwendet man Epoxidharz- oder Kontaktkleber.

Schwimmkörper für Rennboote

Da bei Motorbootrennen bei hoher Geschwindigkeit Zusammenstöße zwischen Booten unvermeidlich sind, ist es sehr wichtig, Schwimmkörper in die Boote einzubauen, damit die teure Ausrüstung nicht verlorengeht. Eine praktische Methode ist, den Rumpf mit Polyurethanschaum auszugießen, der in zwei mischfertigen Flüssigkomponenten erhältlich ist. Der Schaum verstärkt auch merklich den Rumpf und dämpft den Lärm, wenn das Boot über das Wasser flitzt.

Die Zugangsluke zum Rumpfteil, der ausgeschäumt werden soll, sollte etwa 50 mm Durchmesser haben. Am besten richtet man sich nach den Vorschriften des Herstellers, schätzt den Inhalt des Rumpfabteils ab und mischt etwas mehr von den Flüssigkeiten als nötig. (Falls es schwierig ist, das Volumen abzuschätzen, weil der Rumpf eine komplizierte Form hat, lieber etwas weniger mischen und dann später nachgießen.)

Das Gemisch unmittelbar nach dem Durchmischen in den Rumpfteil gießen. Wenn der Schaum durch die Luke auszutreten beginnt, wird er kurze Zeit durch ein über die Öffnung gelegtes Holzstück zurückgehalten, damit er den darunterliegenden Raum vollständig ausfüllt. Das Holzstück nach ein paar Sekunden wieder entfernen, damit der Schaum sich vollständig ausdehnen kann. Wenn er durchgetrocknet ist, wird der überstehende Teil mit einem Metallsägeblatt abgeschnitten und die Schnittfläche mit einer dünnen Fiberglasschicht abgedeckt, um sie vor Abrieb zu schützen.

Wenn man auf das Rumpfgewicht achten muß, etwa bei einem Rennboot mit Elektromotor, oder falls ein dünner Rumpf aus vakuumgeformtem Plastik durch den sich ausdehnenden Schaum auseinandergedrückt werden könnte, werden Schwimmkörper aus Polystyrol in Form von gebrochenen Schalldämmplatten oder losen Kügelchen oder Verpackungsmaterial aus Polyäthylen-„Blasenfolie“ in den Rumpf gepackt.

Eine andere Möglichkeit, Schwimmkörper einzubauen, ist, aufblasbare Plastikbeutel in die Hohlräume des Rumpfes zu legen und sie aufzublasen.

Kiel

Ein Kiel mit wenig Tiefgang kann zusammen mit dem Rumpf gebaut werden. Dies kann eine einfache Sperrholzflosse oder ein Schichtbau sein mit dem Bleiballast am unteren Ende. Die oberste Schicht des Kiels muß gut mit der untersten Schicht des Rumpfes verbunden werden.

Ein aus Schichten aufgebauter Kiel kann mit Zugankern, Schrauben oder Dübeln im Rumpf befestigt werden. Soll er zum leichteren Transport und zur Entlastung abnehmbar sein, so führt man die Zuganker bis nach innen im Rumpf durch und führt sie in Buchsen oder einem Holzblock; sie werden mit Flügelmuttern gesichert. Die Enden der Buchsen oder Holzblöcke sollten oberhalb der Wasserlinie liegen, um das Eindringen von Wasser zu verhindern. Außerdem sollten sie zur besseren Lastverteilung mit Spanten oder Bodenwrangen verbunden werden. Der Kiel wird noch stärker, wenn man die Zuganker oder langen Schrauben durch den ganzen Kiel bis zum Ballast gehen läßt. Man vergießt sie damit oder verschraubt von unten mit Muttern, die man versenkt anbringt. Am vorteilhaftesten ist es, den Kiel getrennt vom Rumpf zu bauen und ihn in einem im Rumpf eingebauten Kasten zu lagern.

Tiefkiele erzeugen ein starkes Drehmoment, wenn das Boot sich neigt, weshalb man den Kielkasten oder die Tasche mit Deckbalken oder Spanten verbinden sollte, um die auftretenden Kräfte gut zu verteilen. Kasten oder Tasche sollte ebenfalls bis über die Wasserlinie reichen, damit kein Wasser eindringen kann. Der Kiel wird durch einen Keil gesichert, der nach Einsetzen in den Kasten oder die Tasche in einen Schlitz im Kiel quer durchgesteckt wird und auf dem oberen Rand aufliegt; oder man bringt im Kiel einen Bolzen an, auf dessen oberes Ende eine Flügelmutter aufgeschraubt wird. Wenn man will, kann man den Kiel auch permanent am Rumpf befestigen. Man sollte ihn aber dann bis zum Oberdeck hochführen und für gute Lastverteilung sorgen.

Tiefkiele kann man auch aus Bootsbausperrholz oder Vollholz mit der Faser in Längsrichtung des Rumpfes herstellen. Eine Kielflosse aus glasfaserverstärktem Kunststoff wird in zwei getrennten Hälften gebaut, die anschließend verklebt werden, wobei die Haltebolzen gleich mit eingegossen werden können. Eine weitere Konstruktionsmethode besteht darin, daß man zwei dünne Sperrholzplatten um eine Metallkonstruktion verklebt, das Ganze dann im Rumpf befestigt und anschließend an den Durchführungsstellen das Sperrholz mit dem Rumpf verleimt. Ähnlich kann man auch aus Weißblech oder Aluminiumblech eine Kielflosse bauen, wie die Abbildung zeigt. Weißblech kann man löten, Aluminium mit Epoxidharz verkleben.

Man kann sie aber auch mit Bleischrot füllen und die Zwischenräume mit Kunstharz ausgießen. Auch aus dickerem Aluminiumblech, das an der Vorderkante abgerundet wird und dessen Achterkante man zur Stromlinienform anschärft, läßt sich eine Flosse in Messerklingenform bauen. Einen Tiefkiel, aus Sperrholz gesägt, kann man auch, wie die Abbildung zeigt, völlig ins Rumpfprofil integrieren.

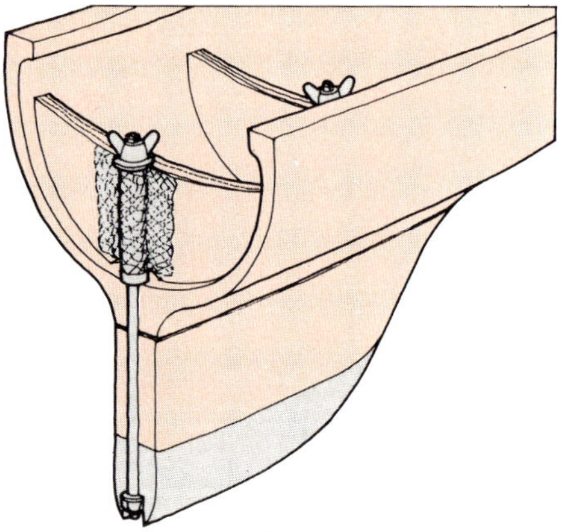

Kurzer Kiel in Schichtbauweise, von Schrauben gehalten

Langer Kiel, mit einer Schraube in einem Kasten befestigt

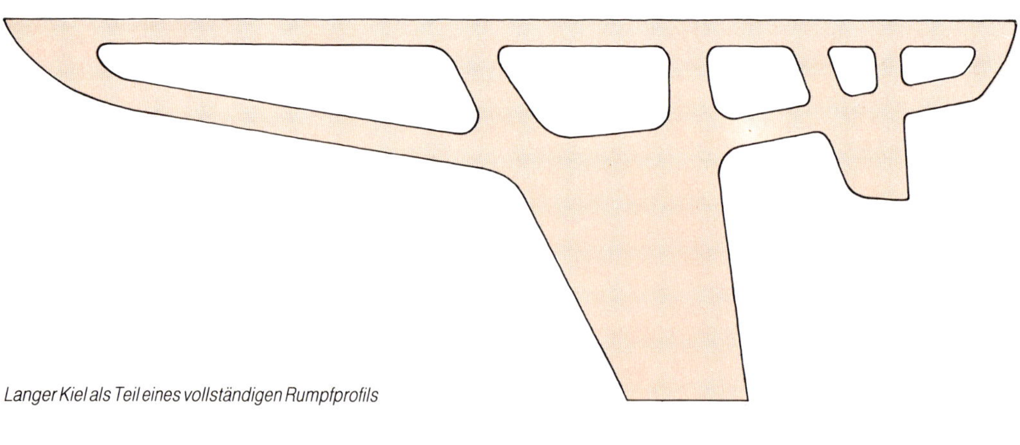

Langer Kiel als Teil eines vollständigen Rumpfprofils

Ballastgewichte

Der Bleiballast soll so tief wie möglich liegen, um den Segeldruck wirksam ausgleichen zu können. Bei Kielen in Schichtbauweise kann dieses Gewicht die Spitze formen. Hohle Fiberglaskiele können innen Bleischrot enthalten. Dünne Kiele müssen mit einer tropfenförmigen Metallbirne an der Spitze versehen werden.

Anbau von Kielgewichten

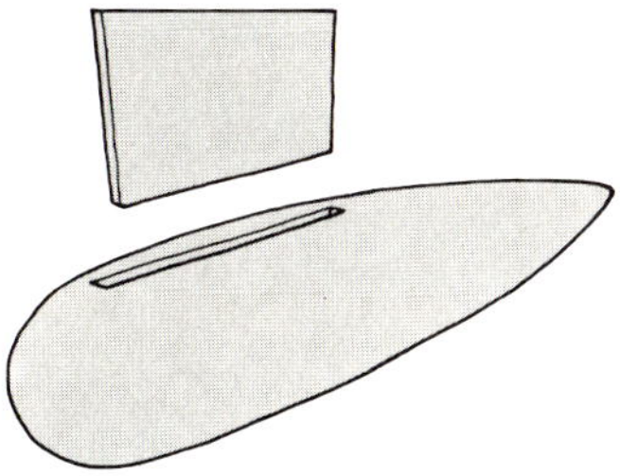

Der Kiel wird mit Epoxidharzkleber in eine Nut des Bleiballastes geklebt

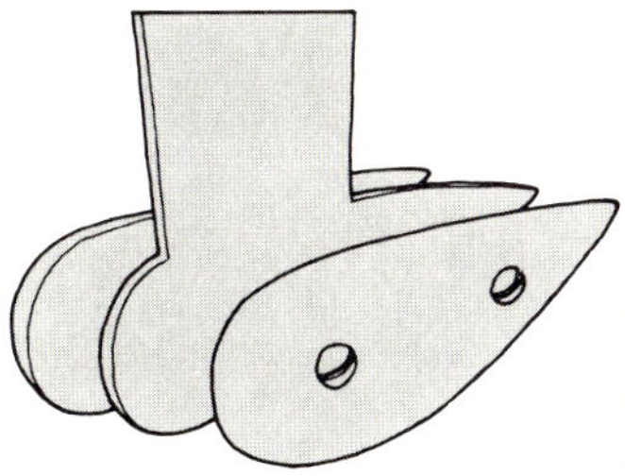

Der Ballastkiel wird in zwei Hälften geformt, dann an den Kiel geschraubt und geklebt

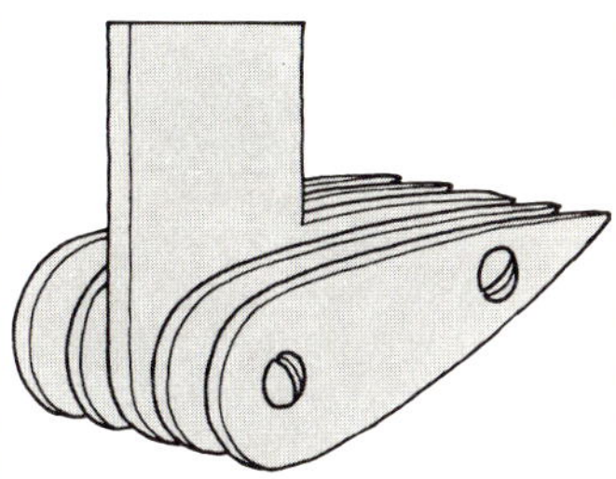

Der Ballastkiel wird aus Bleiplatten geschichtet, zusammengeklebt und durch den Kiel geschraubt

Aus Weißblech gefertigte hohle Kielflosse, die mit dem Ballastkiel aus Blei verlötet wird

Ruder

Das Ruder bestimmt die Richtung des Boots. Es erzeugt eine seitlich wirkende Kraft, wenn es in einem Winkel zum vorbeiströmenden Wasser steht, und bewirkt dadurch eine Drehung des Rumpfes. Schlägt das Ruder nach rechts aus, dreht sich das Boot nach rechts, schlägt es nach links, dreht es sich entsprechend auf diese Seite.

Ruder werden am Rumpfende befestigt, weil sie dort das größte Drehmoment erzeugen können. Sie werden so gebaut, daß der Drehpunkt zwischen Blattvorderkante und Blattmitte liegt, denn ein Ruder, das sich um die Vorderkante dreht, wird durch die Strömung wieder in die Mittelstellung zurückgedreht und zwingt ein Segelboot zu einer Abtrift gegen den Wind. Wenn die Ruderflächen vor und hinter dem Drehpunkt gleich groß sind, wird das Ruder vom Wasser ganz sicher nicht zurückgedrückt. In der Praxis ist aber ein geringes Maß an Selbstzentrierung ganz wünschenswert.

Drei verschiedene Rudertypen werden häufig verwendet: bei ferngesteuerten Motor- und Segelbooten sogenannte „Spaten"-Ruder, bei Segelbooten Ruder mit einer Selbststeueranlage und feststellbare Ruder (mit Ratsche) für frei schwimmende Motor- und Segelboote.

Ferngesteuerte Ruder

Sie können im Rumpf oder außen am Heckspiegel befestigt werden. Bei einem im Rumpf eingebauten Ruder wird die Ruderwelle eng von einem Führungsrohr (Ruderkoker) umschlossen oder durch zwei Lagerbuchsen an den Rohrenden gehalten. Das Führungsrohr wird meistens mit Schmierfett oder Öl ausgefüllt, damit kein Wasser eindringt. Die Ruderwelle kann bis auf Deck reichen oder im Rumpf enden, aber das Führungsrohr sollte bis über die Wasserlinie führen, damit kein Wasser in den Rumpf läuft. Ein Führungsrohr, das unter der Decksebene endet, wird an einem Spant oder einem Querbalken befestigt. Die Stelle, an der das Rohr unten durch den Rumpf austritt, muß vollkommen wasserdicht sein.

Am Heckspiegel montierte Ruder, wie sie bei Motorrennbooten üblich sind, stecken in einer Halterung, die meist auch die Schraubenlager und die Kühlwasser-Eintrittsdüse trägt und am Heck festgeschraubt ist. Bei manchen ist ein Scherbolzen eingebaut, der bei einem Zusammenstoß mit einem Hindernis bricht, wodurch sich das Ruderblatt nach oben dreht und nicht den Rumpf beschädigt. Andere sind mit einem biegsamen Ruderarm oder mit einem austauschbaren Ruderblatt ausgerüstet.

Ferngesteuerte Ruder werden über einen meist mitgelieferten Ruderarm gesteuert, der mit einer eingebauten Klemmschelle am oberen Ende der Ruderwelle befestigt wird. Die Klemmschelle macht es möglich, den Ruderarm für eine wirkungsvolle Verbindung mit dem Servo über eine Steuerstange in einem beliebigen Winkel einzustellen. Die Steuerstange wird in einem der Löcher des Ruderarms befestigt.

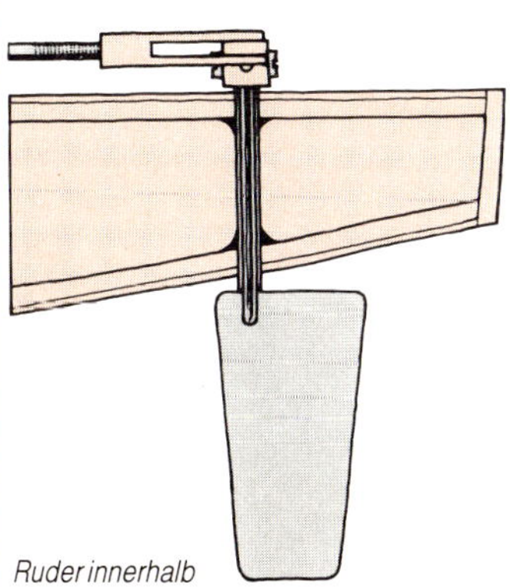

Ruder innerhalb des Rumpfs

Am Heckspiegel befestigtes Ruder

Selbststeueranlage für Segelboote

Durch eine Selbststeueranlage können Segelboote einen geraden Kurs mit einem vorher festgelegten Winkel zum Wind segeln.

Die meisten Selbststeueranlagen arbeiten nach dem Prinzip der Windfahne. Dabei ist die Windfahne, eine flügelähnliche Konstruktion, fast senkrecht auf einem Dreharm gelagert, wodurch sie sich immer in Windrichtung einstellen kann. Sie ist so mit dem Ruder verbunden, daß sich das Ruder, wenn das Boot vom gegenwärtigen Kurs abweicht, automatisch in die entgegengesetzte Richtung bewegt und es so wieder auf Kurs bringt. Der Flügel muß bei jeder Kursänderung neu eingestellt werden – auch beim Wenden. Das Draper-System ist eine Variation der Windfahnensteuerung. Es arbeitet mit zwei Zahnrädern, von denen das eine auf dem Ruderschaft, das andere auf der Drehachse der Windfahne sitzt. Zur Einstellung des gewünschten Kurses hebt man die Windfahne mit Zahnrad hoch, wodurch der Eingriff der Zahnräder unterbrochen wird.

Beim Braine-Selbststeuersystem wird das Ruder durch eine Zugfeder mittschiffs gehalten. Ein System von Umlenkrollen und Seilzügen überträgt die wechselnden Kräfte, die auf das Großsegel wirken, auf die Ruderpinne und beeinflußt so den Kurs. Für Modellsegeljachten ohne Fernsteuerung benötigt man für das Wettbewerbssegeln Selbststeueranlagen, die sich für zwei verschiedene Kurse, je nachdem, auf welchem Bug man segeln will, einstellen lassen. Man braucht dann nur das Boot am Beckenrand von Hand zu wenden, wonach es den eingestellten Kurs segelt. Eine weitere Verfeinerung bieten dabei Systeme mit einer zusätzlichen Feder- oder Gummizugeinrichtung, die bewirkt, daß die Jacht beim Nachlassen des Windes durch Umschalten der Steuerung auf einen anderen Kurs geht.

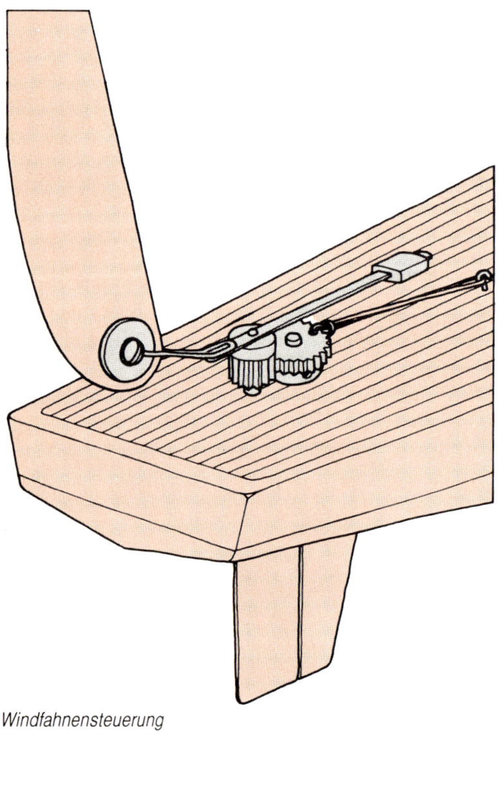

Windfahnensteuerung

Befestigung des Ruders bei Selbststeueranlagen

Die Ruderwelle wird in einem Rohr durch den Rumpf geführt, wobei zwischen Rohr und Welle ein Zwischenraum bleibt. Das Rohr sollte wasserdicht mit dem Rumpf verbunden sein. Die Lagerreibung des Ruders muß so niedrig wie möglich gehalten werden, weshalb man oben und unten mit Nadellagern ausrüstet. Die untere Lagerstelle kann auch auf einem Lagerarm angebracht sein.

Die erfolgreiche Anwendung eines Flügelsteuersystems hängt von dem empfindlichen Gleichgewicht zwischen der Kraft des Windes und der Kraft des Wassers ab. Deshalb sollte man, wenn das Boot krängt, das Gewicht des Flügels und den statischen Auftrieb des Ruders ausgleichen, indem man die Steueranlage mit einem Gegengewicht versieht. (Der statische Auftrieb des Ruders wird normalerweise durch das Gewicht des Ruderarms ausreichend ausgeglichen.) Die Lage des Gewichts wird durch Versuche bestimmt, wenn das Boot im Wasser ist.

Ruder mit Ratsche (feststellbares Ruder)

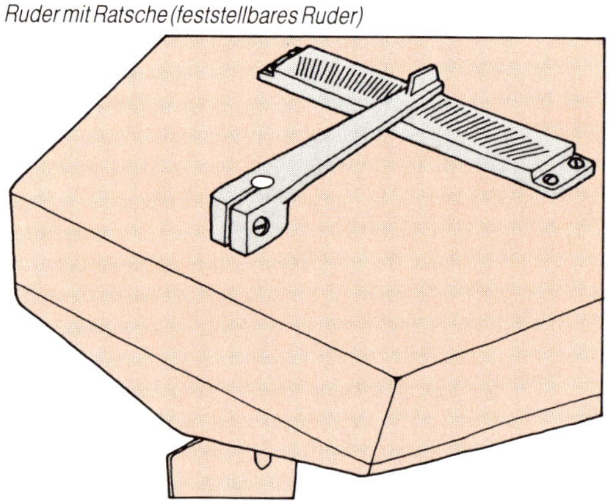

Dieses Ruder wird für frei schwimmende Motor- und Segelboote verwendet. Eine Nase, die am Ende der Ruderpinne unten angebracht ist, greift in eine geriffelte Platte ein. Damit kann das Ruder in der gewünschten Stellung arretiert werden.

Trimmruder

Die Schwimmlage eines gleitenden Motorboots wird durch Trimmruder gesteuert. Sie werden entweder vorher eingestellt oder ferngesteuert und sind an der Unterkante des Heckspiegels befestigt. Sie können einzeln betätigt werden, um der durch das Drehmoment der Schraube verursachten Schlingerbewegung entgegenzuwirken, oder zugleich, um das Boot in der Längsachse zu trimmen.

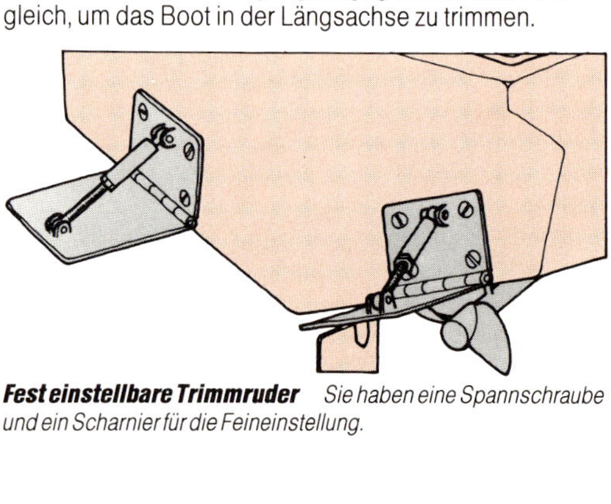

Fest einstellbare Trimmruder *Sie haben eine Spannschraube und ein Scharnier für die Feineinstellung.*

Befestigung von Motoren und Maschinen

Es ist gleichgültig, ob es sich um einen Verbrennungs- oder Elektromotor oder eine Dampfmaschine handelt, sie wird immer am Achterschiff befestigt, damit sie das Modell durch das Wasser schiebt. Sie kann innenbords untergebracht sein und die Schraubenwelle durch den Rumpf nach außen ragen. Sie kann aber auch außenbords befestigt sein, wobei der Motor mit der Schraube drehbar gelagert ist und ein Ruder überflüssig macht. Innenbord-, Außenbord- und Strahlantriebe sind Variationen dieser beiden Typen.

Motoren und Maschinen im Rumpfinneren

Diese Anordnung wird am häufigsten verwendet. Verbrennungs- und Elektromotoren können, Dampfmaschinen aber müssen innenbords befestigt werden.

In jedem Fall ist die Position des Motors von entscheidender Bedeutung. Sein Schwerpunkt sollte genau über der Mittelinie des Rumpfes liegen, weil das Boot sonst aus der Richtung läuft. Allerdings müssen Hochleistungsmotoren manchmal mit leichtem Versatz eingebaut werden, um das Drehmoment des Motors auszugleichen. Ebenso beeinflußt der Einbauwinkel von Motor und Schraubenwelle die Leistung des Boots. Eine schlechte Ausrichtung erzeugt Vibrationen, die die Bauteile beschädigen können.

Verbrennungs- und Elektromotoren können mit seitlichen Laschen am Motorgehäuse gelagert werden. Die Laschen schraubt man entweder an hölzerne Träger oder an eine der vielen verschiedenen im Handel erhältlichen Montageplatten. Eine häufig verwendete Platte aus einer Aluminiumlegierung wird auf einen Holzblock in Rumpfform geschraubt und mit Fiberglas-Kunstharz an ihrem Platz befestigt oder an im Rumpf verleimten Balken festgemacht. Dampfmaschinen müssen mit der Grundplatte auf einer hölzernen Plattform befestigt werden.

Die herkömmliche Schraubenwelle verläuft in einem Führungsrohr mit Wellenlagern an beiden Enden, die die Reibung verringern. Sie ist durch eine Kupplung mit dem Motor verbunden, die ihrerseits wieder die Reibung in den Lagern verringert. Das Führungsrohr ist im unteren Teil des Rumpfes wasserdicht eingelassen. Die Welle selbst sollte mit Öl oder Schmierfett behandelt werden, damit kein Wasser eindringen kann. Für Boote, bei denen der Motor mit einer Neigung eingebaut ist, die Schraube aber waagerecht ausgerichtet sein soll, verwendet man eine spezielle flexible Welle oder zwischen Welle und Schraube ein Kardangelenk. Bei senkrecht eingebauten Dampfmaschinen und schräg verlaufender Welle verwendet man eine flexible Welle oder ein Kardangelenk zwischen Maschine und Welle.

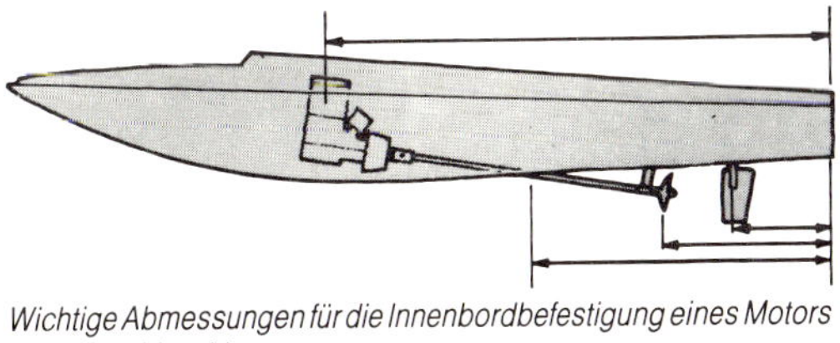

Wichtige Abmessungen für die Innenbordbefestigung eines Motors oder einer Maschine

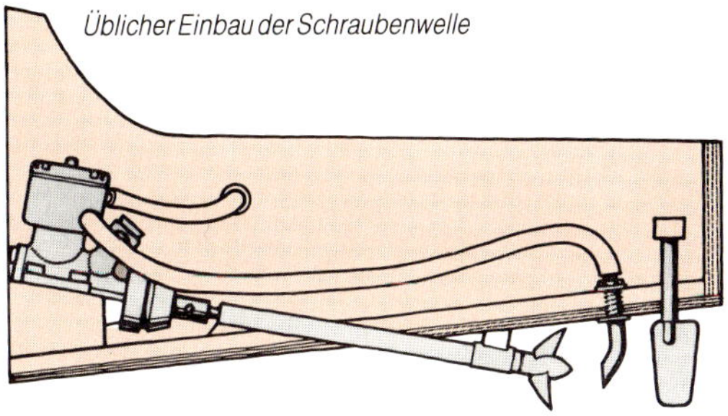

Üblicher Einbau der Schraubenwelle

Befestigungstechnik Wenn man beim Bau des Rumpfes keine Vorkehrungen für die Schraubenwelle getroffen hat, wird nachträglich ein Schlitz in den Rumpf geschnitten. Zuerst werden mit Hilfe des Bauplans Eintritts- und Austrittspunkt des Führungsrohrs angezeichnet, anschließend durch beide Punkte senkrechte Löcher mit dem Durchmesser des Rohrs durch den Rumpf gebohrt. Mit einer Stichsäge wird zwischen beiden Löchern ein Schlitz ausgesägt.

Motor und Propellerwelle (die Welle sollte samt Führungsrohr und Kielhacke, falls vorgesehen, eingepaßt werden) provisorisch zusammenbauen und mit der Motorbefestigung im Rumpf anordnen, um zu prüfen, ob alles zusammenpaßt. Die Anordnung läßt sich leichter genau ausrichten, wenn die einzelnen Teile starr miteinander verbunden sind, deshalb wird ein Kugelzapfen- oder Kardangelenk mit einem Spaltrohr arretiert. Andere Kupplungsglieder werden durch ein Gewinderohr ersetzt. Dann die Motorbefestigung ausrichten oder die Motorbauteile so lange verschieben, bis Motor und Welle im richtigen Winkel liegen. Wenn man eine auf einen Holzblock geschraubte Befestigungsplatte verwendet, wird der Block erst im richtigen Winkel zugeschnitten, dann die Platte am Block befestigt. Den Block so lange probieren und nachbearbeiten, bis der Motor genau im richtigen Winkel befestigt werden kann. Für die letzten Kontrollen wird der Motor an die Platte geschraubt.

Wenn das ganze Aggregat gut angepaßt ist und alles stimmt, werden Fundament, Propellerschaft und Skeg mit glasfaserverstärktem Kunststoffharz am Rumpf befestigt. Vor dem endgültigen Aushärten wird sorgfältig auf richtigen Sitz geprüft. Wenn der Kunstharz fest ist, Motor und Propellerwelle wieder ausbauen und den Schlitz um das Führungsrohr auf der Rumpfunterseite mit Klebeband oder Plastilin verschließen. Die Motorbefestigung und die Durchtrittsstellen des Führungsrohrs mit Fiberglasgewebe und Kunstharz verstärken. Nach dem Aushärten das Klebeband oder Plastilin abziehen und alle Vertiefungen mit Kunstharzspachtel ausfüllen. Motor und Welle mit beweglicher Kupplung wieder einbauen. Danach die Schraube befestigen.

Verbrennungsmotoren für Boote haben wassergekühlte Zylinderköpfe, die mit Wasser versorgt werden müssen. Der Ansaugstutzen wird hinter der Schraube befestigt. Der Stutzen wird über ein Plastikrohr mit der unteren Einlaßöffnung des Mantelkühlers verbunden. Am Auslaß wird ein zweites Plastikrohr befestigt. Dieses Rohr sollte über der Wasserlinie aus dem Rumpf austreten. Die Verbindungsstellen zwischen den Röhren und dem Rumpf werden mit Glasfaser abgedichtet.

Kupplungen

Es ist unmöglich, Schraubenwelle und Motor ganz genau in einer Linie auszurichten. Deshalb werden an der Verbindungsstelle bewegliche Kupplungen verwendet. Sie fangen alle Bewegungen auf, die durch Fluchtfehler entstehen, und verringern Reibung und Belastung der Wellenlager.
Falls zwischen dem Innenbordende der Welle und der Kupplung zuviel Spiel ist, kann die Kupplung sich aushängen, wenn die Maschine in den Rückwärtsgang geschaltet wird. Das Innenbordende der Welle mit einem Distanzstück versehen, das weniger Spiel zuläßt, so daß das Drehmoment der Schraube vom äußeren Wellenlager aufgenommen wird.

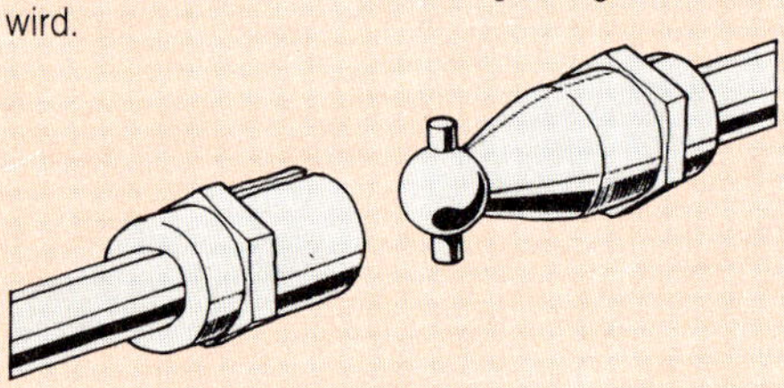

Kugel-und-Stiftkupplung: Dieser Typ wird bei Fluchtfehlern verwendet.

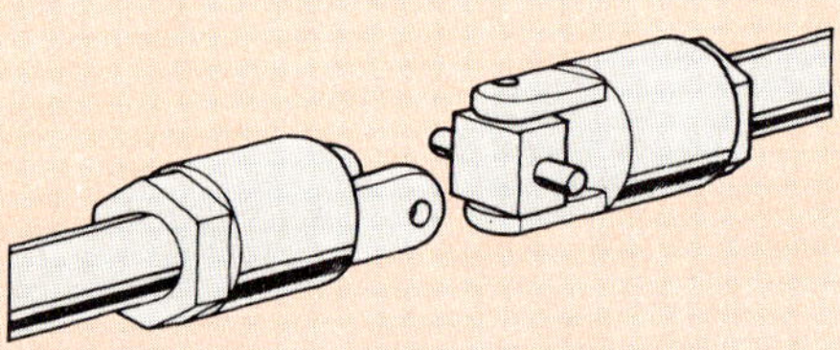

Kardankupplung: Sie sollte in Fällen verwendet werden, bei denen eine Richtungsänderung der Achse eingeplant ist.

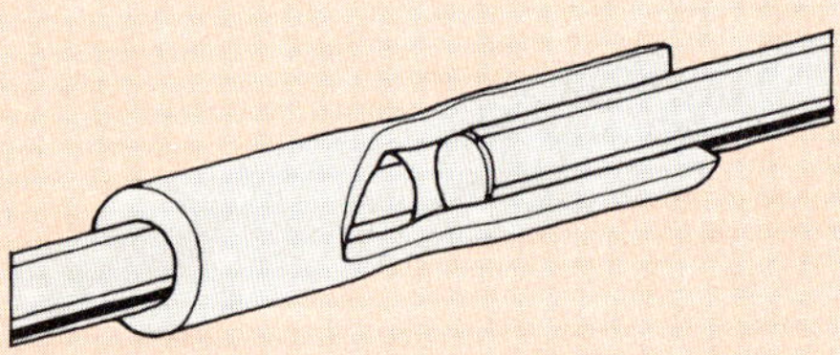

Biegsame Kupplung (Schlauchkupplung): Ein biegsamer Plastikschlauch gleicht radiale und axiale Fluchtfehler aus, Bewegungen in der Längsrichtung aber nur sehr gering.

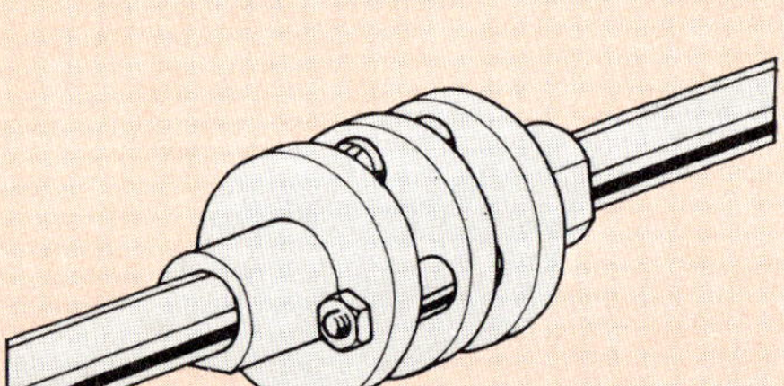

Biegsame Kupplung: In diesem Fall wird eine dünne Gummischeibe mit Metallstiften an den Wellenteilen befestigt. Sie gleicht geringe Fluchtfehler in axialer Richtung und Längsrichtung aus, aber keine radialen.

Innenbord-Außenbord-Motoren

Sie bestehen aus einem Motor (meistens Elektromotor), Übersetzung und lenkbarer Schraube und können am Heckspiegel oder Rumpfboden befestigt werden. Ein Ruder ist nicht notwendig; dies vereinfacht den Einbau und ergibt eine gute Manövrierbarkeit.

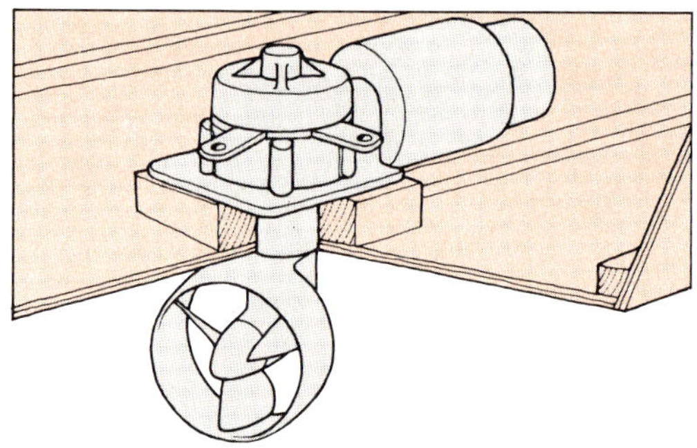

Außenbordmotoren und -maschinen

Außenborder sind meistens Elektro-, können aber auch Verbrennungsmotoren sein. Getriebe und Schraube bilden meistens eine Einheit und werden an der Außenseite des Heckspiegels befestigt. Ein Ruder wird nicht gebraucht. Die Manövrierbarkeit ist so gut wie bei den Innenbord-Außenbord-Motoren. Der Einbau ist sogar noch einfacher, weil man den Rumpf nicht durchbohren muß.

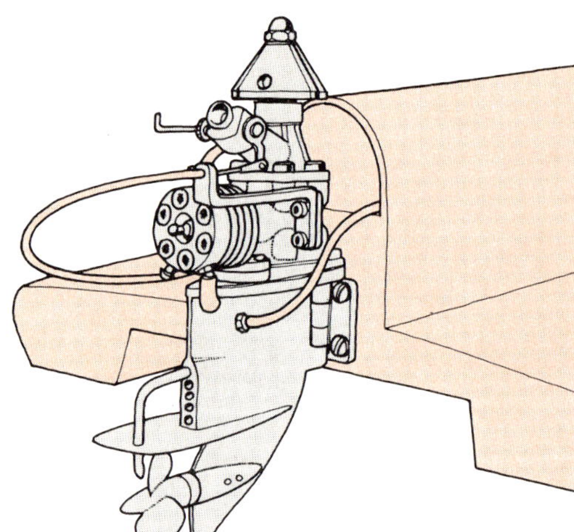

Wasserstrahlantriebe

Diese Systeme haben einen mit Strom oder Gas betriebenen Innenbordmotor, der einen Propeller in einem Rohr antreibt. Unterhalb des Rumpfs tritt Wasser in das Rohr ein, das durch einen Stutzen an der Rumpfrückseite hinausgepreßt wird. Der Rückstoß treibt das Boot an. Zur Steuerung des Bootes kann der Stutzen geschwenkt werden.

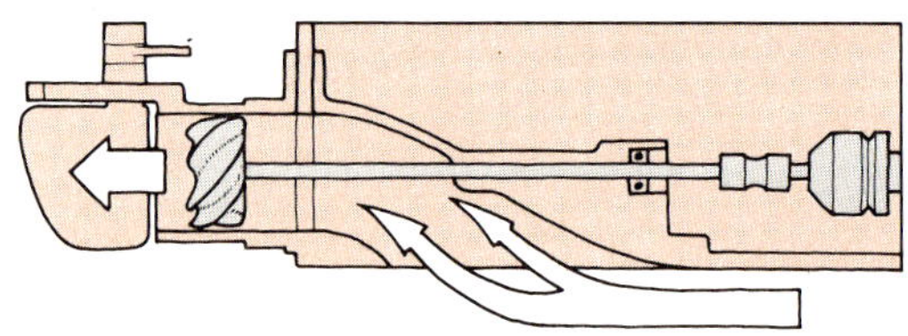

Deck

Die meisten Decksarten benötigen eine innere Abstützung, besonders flache Decks. Falls dies nicht schon von der Rumpfkonstruktion her vorhanden ist, beispielsweise durch die Spanten beim beplankten Rumpf, muß man Decksbalken und Unterzüge einbauen. Man stellt sie aus Sperrholz oder Vollholz her. Aus dem Plan entnimmt man die Form oder ermittelt diese direkt am Rumpf durch Messung der Höhendifferenz zwischen Deckshöhe auf der Mittellinie und den Deckskanten sowie der Abstände zwischen den Dollborden für jede einzelne Balkenposition.

Decks können aus folgenden Materialien hergestellt werden: Konstruktionsfurnier, wasserdicht verleimtes Sperrholz, schichtverklebter Kunststoff, geformtes oder ebenes Fiberglas, Acrylbutylstyrol, Polystyrol oder Aluminium. Wenn die Decksmittellinie gerade ist oder in derselben Krümmung wie die obere Seitenrißlinie verläuft, kann das Deck in einem Stück aus dem Plattenmaterial ausgeschnitten werden. Um die Schnittlinien festzulegen, wird der Decksteil aus dem Material zunächst größer als benötigt ausgeschnitten und vorübergehend mit zwei weit auseinanderliegenden Schrauben am Rumpf befestigt. Dann den Rumpf umdrehen und die Kanten anzeichnen, dabei notfalls das Deck so umbiegen, daß es das Schanzdeck berührt. Vor dem Aussägen entlang der angezeichneten Linie das Deck wieder vom Rumpf abnehmen. Falls das Deck mehrfach gekrümmt ist, muß es geformt oder aus mehreren Platten zusammengesetzt werden. Den Umriß aller Decksöffnungen anzeichnen, dann aussägen. Die Umrisse innenliegender Teile, die mit dem Deck in Berührung kommen, können auf die Decksunterseite übertragen werden, man trägt einfach Farbe auf diese Teile auf und drückt dann das Deck dagegen. Als Wasserabfluß wird ein Loch in den Heckspiegel oder das Deck gebohrt. (Als Verschluß dient ein Gummistöpsel.) Bevor das Deck aufgeklebt wird, befestigt man die gesamte Decksausrüstung, die eine Verstärkung erforderlich macht und nicht von Decksbalken unterstützt wird. Ausrüstungsgegenstände neben einer Luke können auch nachher noch installiert werden, indem man mit der Hand durch die Öffnung greift. Jede Schraubenmutter oder Verstärkung auf der Decksunterseite sollte befestigt werden, damit sie nicht verlorengeht, wenn die Ausrüstung später entfernt und wieder aufgebaut wird. Zuerst wird die Lage der Ausrüstungsgegenstände aufgezeichnet, dann werden 3 mm dicke Sperrholzstücke an die Decksunterseite geklebt, um die Belastung zu verteilen und ein gutes Widerlager für die Schrauben zu erhalten. Eine andere Möglichkeit ist, große Unterlegscheiben oder Metallplatten festzukleben. Die Muttern können darauf verlötet oder geklebt werden, oder man bohrt Löcher für selbstschneidende Blechschrauben vor, um die Belastung des Decks durch das Rigg besser zu verteilen. (Es ist ratsam, die Schrauben schon vorher zur Probe in das Blech zu drehen und wieder zu entfernen.) Wenn es sich um hölzerne Decks und Rümpfe handelt, wird das Deck mit wasserfestem Holzkleber an seinen Platz geklebt. Bei anderen Materialien verwendet man Epoxidharz- oder Kontaktkleber. (Die Verträglichkeit des Klebers vorher an Abfallmaterial ausprobieren.) Die beiden Schrauben eindrehen und das Deck ringsherum mit Klebeband festhalten. Das Klebeband verringert das Risiko, daß der Rumpf sich verzieht.

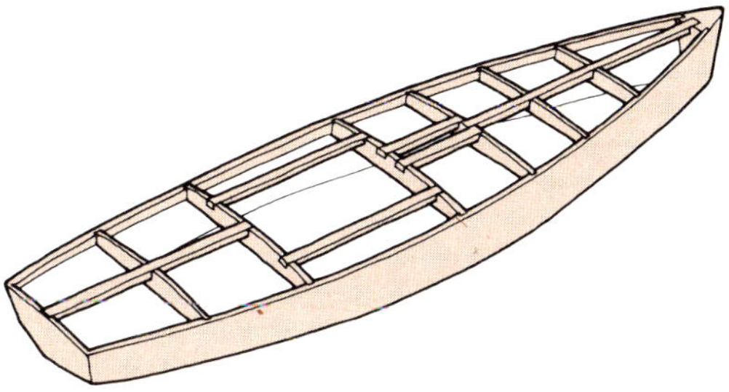

Einbau der Decksbalken und Decksunterzüge *Die Balken in die Decksstringer einkleben, dann die Hauptplanke in die Balken. Für durchgehende Masten oder Luken wird die Hauptplanke unterbrochen und das Gewicht des Decks von Rippen (kurzen Längsträgern) getragen.*

Eine andere Methode ist, kurze Stücke der Hauptplanke in stumpfem Stoß zwischen die Decksbalken zu kleben und die Verbindungsstellen mit dreieckigen Holzklötzchen zu verstärken.

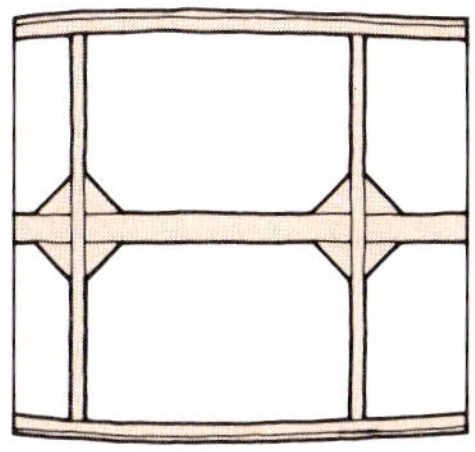

Luken

Man braucht einen Zugang zum Rumpfinneren, um die Maschine warten, das Fernsteuergestänge nachstellen oder einfach nur Wasser aus dem Rumpf entfernen zu können. Bei vielen mit Elektromotor oder Dampfmaschine ausgerüsteten Booten ist die gesamte Deckskonstruktion oder ein großer Teil des Decks abnehmbar. Meistens ist eine Seite fest eingehängt, während die andere von Gummibändern, Kugel- oder Magnetverschlüssen gehalten wird.

Einen einfachen Magnetverschluß stellt man her, indem man je einen Streifen magnetischen Gummis am Luk und an der Auflagestelle befestigt.

Man kann die Deckskonstruktion oder die Abdeckung wasserdicht machen, indem man die Kanten mit selbstklebendem Schaumgummidichtungsband beklebt. Für kleinere Lukendeckel nimmt man transparentes Kunststoffmaterial, das man – unter Zwischenlegung eines Dichtungsgummis – direkt auf das Deck oder in eine Vertiefung, bündig mit dem Deck, festschraubt. Ein solches Luk erlaubt auch die direkte Beobachtung der eingebauten Ausrüstung, ohne daß man öffnen muß. Muß man öfter an die Inneneinrichtung im Rumpf heran, so kann man irgendeinen geeigneten Behälter, dessen Boden man entfernt hat, als Luk einsetzen, wie zum Beispiel eine Frühstücksdose, Tabakdose oder Teebüchse. Am Oberdeck dichtet man den herausragenden Teil gut mit Silikondichtungsmasse ab.

Luke und Deckel können auch selbst aus Sperrholz, Massivholz oder Plastik gebaut werden. Diese Art von Lukendeckel wird mit selbstklebendem Schaumgummidichtungsband abgedichtet, damit die Luke wasserdicht ist. Eine einfache Befestigungsart für den Deckel ist, das eine Ende eines Gummibands oder einer Feder am Deckel, das andere Ende am Boden des Rumpfes zu befestigen. Bei beiden sollte sich das Oberteil leicht entfernen lassen.

Takelage

Diese Einrichtungen tragen die Segel und halten sie in der richtigen Position. Es gibt eine große Anzahl von Konstruktionen, aber obwohl die meisten davon im Handel sind, ziehen es viele Modellbauer vor, sich ihr Rigg aus Einzelteilen nach eigenem Gutdünken aufzubauen. Die Abbildung zeigt eine der verbreitetsten Riggformen, das Bermuda-Rigg. Andere Ausführungen siehe Seite 302.

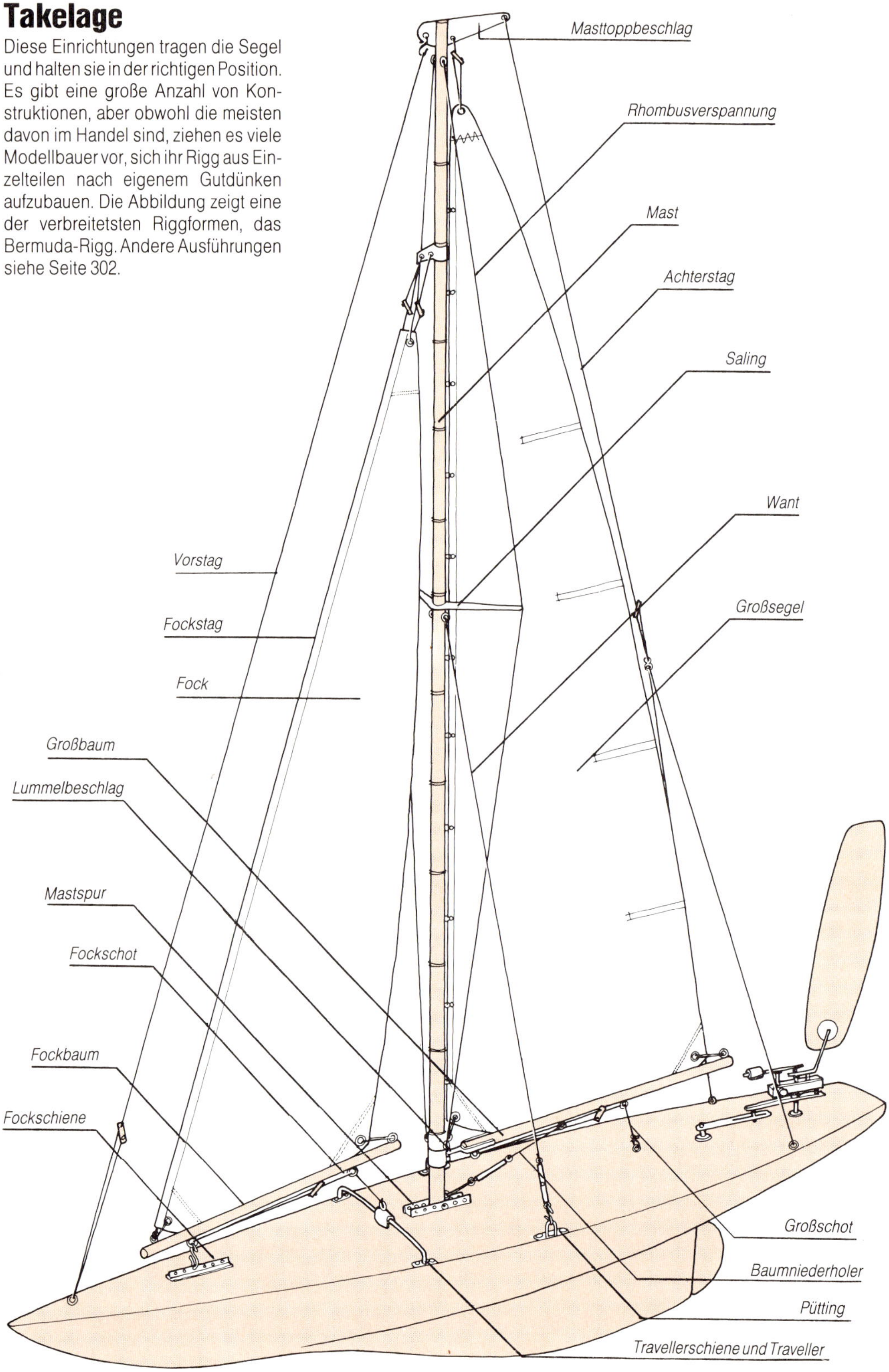

Mast und Baum

Ein Mast muß leicht, steif und stabil sein, damit er den Druck- und Zugkräften von Wanten, Stagen und Segeln widerstehen kann. Boote mit zu schwerem Mast kippen leicht um. Geeignete Materialien für die Mastkonstruktion sind Fichte, ein Rohr aus einer leichten Legierung, Fiberglas oder Kohlenstoffasern.

Die Querschnitte von Masten können rechteckig, quadratisch, rund oder stromlinienförmig sein. Letztere haben an der hinteren Kante eine Nut, in die das Vorliek des Segel eingezogen wird.

Masten können auf Deck oder im Rumpf stehen. Ihr Fuß ruht auf einem Metallbeschlag, der Mastfuß genannt wird, und auf dem sie sich meist nach vorn und achtern verstellen lassen. Der Mastfuß kann ein umgekehrtes T-Stück oder ein U-Profil sein, mit Schlitzen oder Bohrungen, durch welche seitlich ein Bolzen oder Arretierstift gesteckt werden kann, quer durch eine entsprechende Aussparung im Mast. In einer anderen Bauart greift ein Zapfen im Mast in entsprechende Bohrungen in einer Mastfußplatte ein. Die beiden erstgenannten Typen kommen nur für Montage auf Deck in Frage wegen der Schwierigkeit, unter Deck den Arretierstift einzustecken. Die letztgenannte Ausführung kann zum Beispiel auch der Beschlag für einen drehbaren Mast sein. Das Deck unter einem Mastfuß muß verstärkt werden, um die Kraft zum Kiel oder einem im Rumpf eingeleimten Holzblock abzuleiten. Der Mastfuß eines im Rumpf stehenden Mastes muß auf dem Kiel oder dem Boden des Rumpfes auf einer Verstärkung befestigt sein.

Der Großbaum geht vom Mast nach achtern zum Heck hin und ist mit dem sogenannten Lümmelbeschlag mit diesem verbunden. Er muß widerstandsfähig und trotzdem leicht sein und wird aus Holz, Aluminiumrohr, glasfaserverstärktem Kunststoff oder kohlefaserverstärktem Kunststoff hergestellt. Durch den Winddruck auf das Segel würde der Großbaum nach oben gezogen, was durch einen Baumniederholer verhindert wird.

Bei der Modelljacht wird auch die Fock an einem Baum, dem Fockbaum, gefahren. Ist der Mast nach vorn und achtern verstellbar, dann muß auch der Fockbaum verstellbar sein. Einrichtungen hierfür gleichen denen, die als Mastfüße beschrieben wurden, oder es sind verstellbare senkrechte Bolzen mit einem Dreharm, an dem der Fockbaum befestigt ist. Auch hier wird, wie beim Großbaum, ein Baumniederholer benötigt.

Wenn der Fockbaum für die Anbringung eines Baumniederholers zu niedrig steht, kann man ihn mit einem kurz hinter der Halskausch der Fock befindlichen Drahthaken improvisieren. Dieser wird durch eine Bohrung im Baum befestigt und unten am Fockbaumfuß eingehakt. Auch der Spinnaker benötigt einen besonderen Baum (Spinnaker nennt man ein besonderes Vor-dem-Wind-Segel, siehe Seite 302). Auch hier bildet ein Lümmelbeschlag die Verbindung zum Mast.

Wanten und Stage

Wanten und Stage aus Stahldraht oder Stahldrahtlitze stützen den Mast. Wanten sind mit Püttings seitlich, etwas nach hinten versetzt, an den Dollborden befestigt und reichen hinauf zum Masttop oder zum Mast. Gespannt werden sie normalerweise mit Spannschlössern.

Das Vorstag geht vom Bug, das Achterstag vom Heck zur Mastspitze oder einem Masttopbeschlag. Dieser muß kräftig, starr und leicht sein, Leichtmetallblech oder T-Profile sind gut dafür geeignet. (Ein drehbarer Mast benötigt auch noch ein Lager zwischen Mast und Masttopbeschlag.) Am Fockstag wird das Vorliek der Fock befestigt. Zum Spannen von Vorstag, Achterstag und Fockstag genügt meist ein Spannschieber (siehe Seite 300). Diamantstage dienen zur Einstellung der Mastbiegung, wodurch eine besonders günstige aerodynamische Form des Segels erzielbar ist. Sie werden gegen den Mast mit Salingen abgestützt und mit Spannschlössern gespannt.

Manchmal bringt man auch ein besonderes Stag zur Befestigung des Vorlieks des Großsegels am Mast an. Es besteht aus einem Draht oder einer Schnur, welche an der Achterkante des Mastes zwischen zwei Ösen oben und unten straff gespannt und in 5 10 cm Abständen am Mast festgebunden ist. In dieses Stag kann man Häkchen aus rostfreiem Stahl, welche in das Vorliek eingenäht sind, einhängen.

Schoten

Schoten sind Leinen aus geflochtenem, flexiblem Kunstfasermaterial, die zur Einstellung der Bäume dienen. Anders als beim großen Segelboot, bietet es bei der Modellsegeljacht wenig Vorteile, Großsegel und Fock getrennt und unabhängig voneinander zu fahren, weshalb man die Schoten oft miteinander kuppelt.

Bei Modelljachten ohne Funkfernsteuerung wird die Schotlänge mit Spannschiebern eingestellt. Die Schoten von ferngesteuerten Modelljachten werden durch Segelwinden über Ösen und/oder Umlenkrollen bedient.

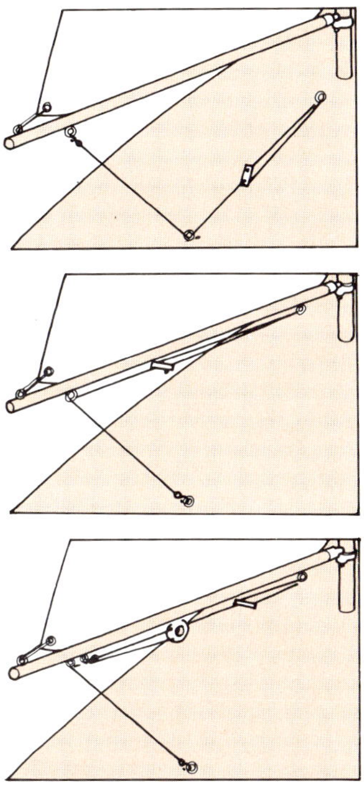

Großschottakelung für freischwimmende Segelboote

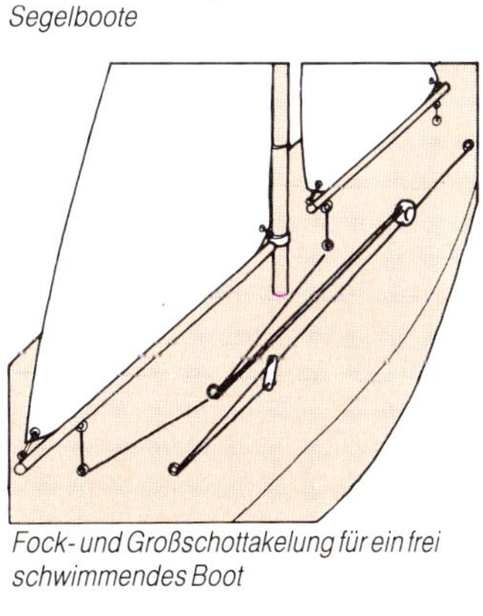

Fock- und Großschottakelung für ein frei schwimmendes Boot

Mast- und Baumbeschläge

Drahtösen und Augbolzen kann man durch Bohrungen in Metallmasten führen. Haken hängt man in Bohrungen im Mast ein. Ein Mastband kann um Holz- und Metallmasten gespannt und Bäume mit Augbolzen daran befestigt werden. Bäume können auch mit Lümmelbeschlägen am Mast sitzen. Klampendienen zum vorübergehenden Belegen (Festmachen) von Leinen.

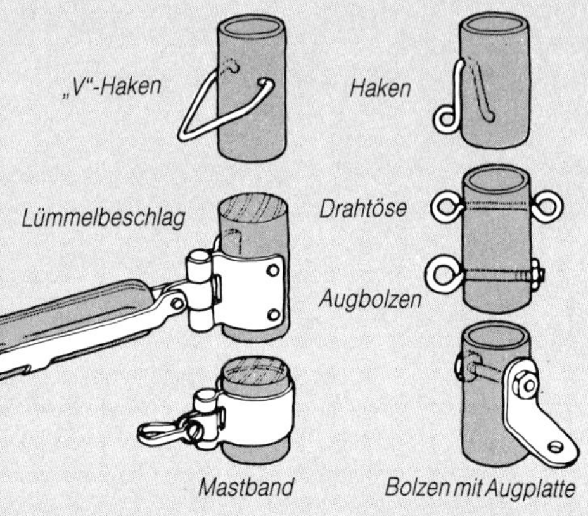

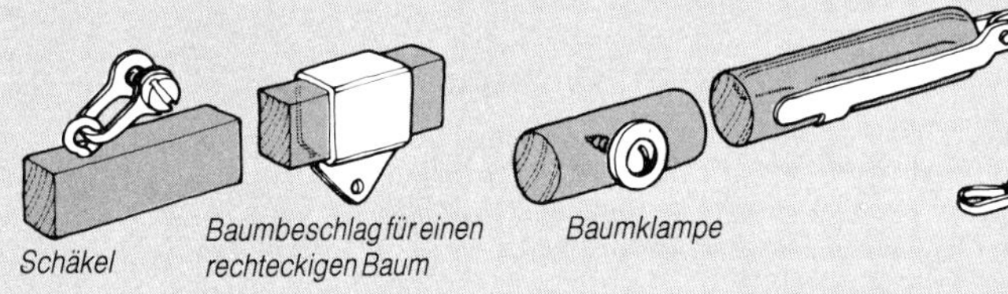

Andere Beschläge

Zur Befestigung von Leinen an Deck benutzt man Haken und Ösen. Die einfachste Form wird in das verstärkte Deck oder in Decksbalken eingeschraubt. Augbolzen werden in unter dem Deck befindliche Muttern oder Gewindeplatten eingedreht. Ösen aus Blech, Draht oder U-Ösen werden mit Holzschrauben oder Maschinenschrauben mit Muttern befestigt. U-Ösen sind am kräftigsten, weil sie mehr als einen Befestigungspunkt haben. Drahtösen kann man durch Zulöten verstärken. Püttings sind noch stärker als Ösen und dienen zur Befestigung der Wanten, die unter starkem Zug stehen. Es gibt die verschiedensten Ausführungen, zwei davon zeigt die Abbildung. Sie werden mit Holz- oder Maschinenschrauben befestigt.

Zur Verbindung von Leinen oder zur Befestigung an Augen verwendet man Schäkel, Leinenverbinder oder Doppelhaken. Leinen spannt man entweder durch Belegen an einem Auge oder einer Klampe oder mit Spannschlössern oder Spannschiebern. Spannschlösser benutzt man für Baumniederholer und Wanten. Sie können nur eine bestimmte kleine Längenänderung bewirken, halten diese aber auch unter starker Belastung sicher. Man verstellt sie durch Drehen des Mittelteils. Spannschieber sind rascher verstellbar und können mehr Längenänderung bewirken, sie vertragen aber weniger Belastung. Spannschieber verwendet man für Stage, Schoten und alle Strecken. Eine Leitschiene (ein Traveller) kann anstelle eines Baumniederholers angebracht werden (siehe Seite 299). Den Läufer kann man aus Abfallmaterial von Vorhangrollern herstellen. Blöcke dienen zur Umlenkung von Schoten und Fallen und erleichtern das Einholen. Segelverstellvorrichtungen von Fernsteuerungen machen deshalb viel Gebrauch davon, um die Last auf den Servos beim Dichtholen zu verringern.

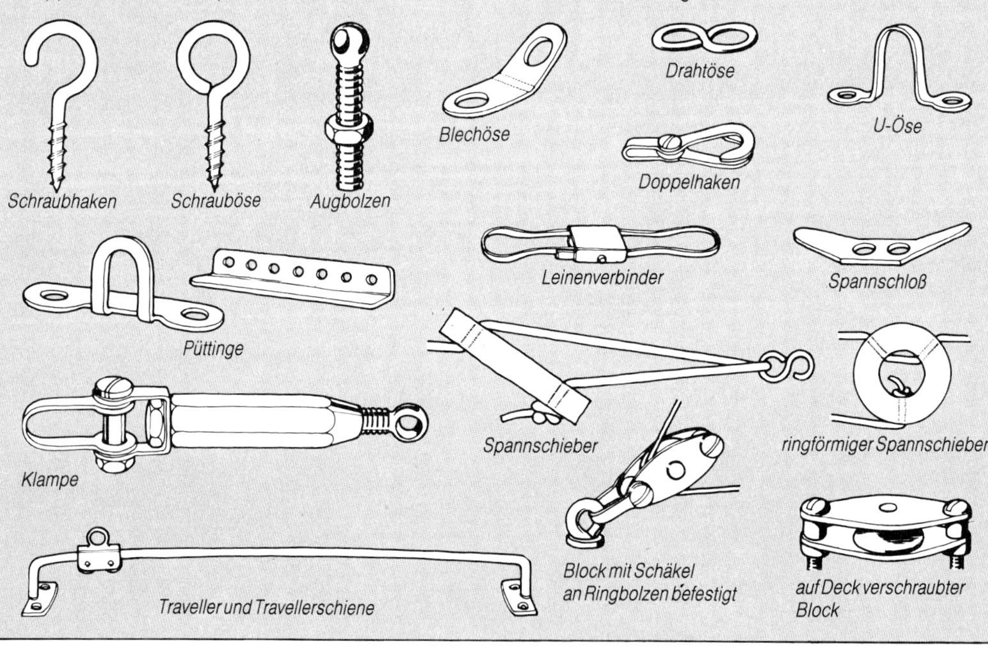

Segel

Es gibt viele verschiedene Möglichkeiten, ein Segelboot aufzutakeln. Einige grundlegende Typen werden unten und auf der folgenden Seite gezeigt.

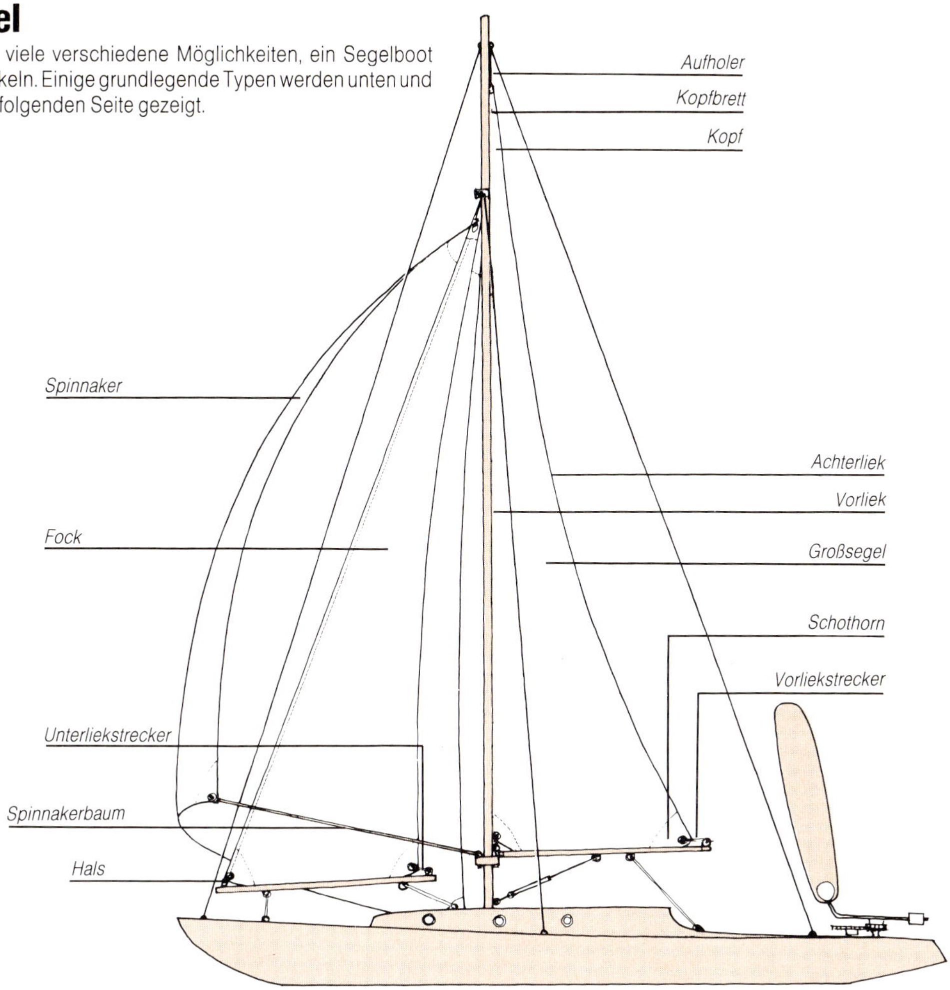

Bermuda-Rigg

Segeljachten und Modellsegeljachten verwenden fast ausschließlich dieses einfache und wirkungsvolle Rigg. Modelljachtsegel stellt man aus leichtem Nylon- oder Terylen-Segeltuch her, ausgenommen Spinnaker, die man aus leichter Polyäthylenfolie anfertigt. Zum Nähen verwende man immer das gleiche Material wie für das Segel.

Das Ausschneiden der Segel erfolgt nach Schnittmustern aus Packpapier in voller Größe unter Zugabe für Säume und/oder Taschen. Schnittmuster stellt man zuerst nach den Originalplänen durch entsprechende Vergrößerung her. Normalerweise wird das Vorliek eines Segels durch Umsäumen oder Aufkleben eines Streifens aus gleichem Material verstärkt, während Achterliek und Unterliek glatt bleiben. Ungesäumte Kanten werden durch Hitze oder mit einem wasserfesten Klebstoff versiegelt. Segelhals und Schothorn kann man mit dreieckigen Flicken verstärken. Der Kopf wird mit einem dreieckigen Stück Kunststoff, Kopfbrett genannt, verstärkt.

Methoden zur Befestigung der Vorlieks am Mast bzw. Fockstag werden nachstehend beschrieben, wichtig ist in jedem Fall, daß sie gut gestrafft werden können. Die Leinen an den Ecken der Segel (Vorliekstrecker, nach oben oder unten wirkend, und Unterliekstrecker), dienen zur Einstellung der Segelwölbung. Diese muß vor dem Wind am größten sein.

Es gibt verschiedene Möglichkeiten, um das Vorliek von Großsegel und Torsegel an Mast oder Vorstag zu befestigen (siehe unten und Seite 302), in jedem Fall muß es aber ganz strammgezogen werden. Zum Spannen der Segel dienen an den Ecken befestigte Leinen – Aufholer, Niederholer und Schoten. Die Schot regelt den Ausschlag, der beim Segeln vor dem Wind am größten sein sollte.

Segel mit Masttasche Ein solches Segel besitzt am Vorliek einen Saum, der von oben nach unten breiter wird und über den Mast paßt. Es ist aerodynamisch anderen Segeln wegen seiner besseren, glatten Strömungsverhältnisse überlegen.

Dabei müssen aber sämtliche Mastbeschläge oberhalb des Großbaums leicht auswechselbar sein zum Anschlagen und Wegnehmen des Segels. Hat das Modell Salinge, muß in der Masttasche eine entsprechende Aussparung angebracht werden, und die Saling muß sich leicht mit dem Segel auf- und abschieben lassen.

Segel mit Einziehnut für das Vorliek Dieser Typ eines Großsegels ist auf Seite 301 abgebildet. In sein Vorliek ist eine Schnur fest eingenäht. Diese Verdickung wird in eine Nut, Keep genannt, im Mast eingeführt. Die Dicke der Schnur verhindert, daß das Segel herausrutscht.

Angereihte oder angeklinkte Segel Das Großsegel kann auch mit Hilfe einer Reihe von Ösen, die entlang dem Vorliek eingeschlagen sind, und einer sogenannten Reihleine am Mast angeschlagen werden. Auch die Befestigung mit Haken oder Reitern an einem besonderen Stag ist möglich. Focks können auch mit Stagreitern, einer Art entlang dem Vorliek festgenähter Karabinerhaken, am Fockstag eingeklinkt werden.

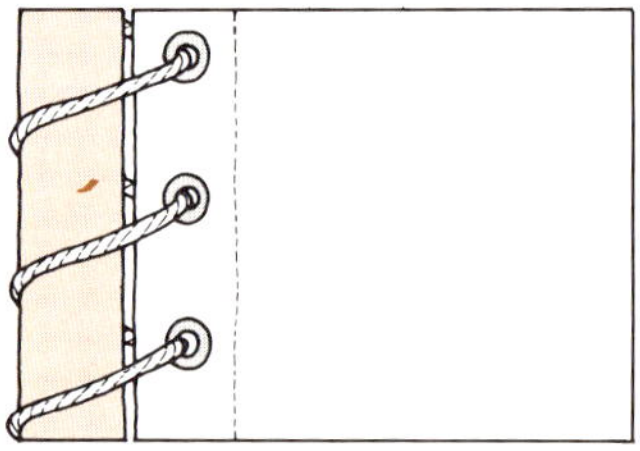

Festgebundenes Großsegel

Spinnaker Er ist ein flaches oder teilweise kugeliges, symmetrisches Dreieck aus Polyäthylen, wird bei Vorwindkurs verwendet und kann mit oder ohne Fock gesetzt werden. Er hängt vom Mast und wird von einem Spinnakerbaum abgehalten, der an der Gänsehals-Halterung gegenüber dem Großbaum angeschlagen ist. Abgerundete Spinnaker müssen aus mehreren einzelnen Stücken verschweißt, mit ein- oder doppelseitig beschichtetem Klebeband oder Kontaktkleber verbunden werden. Zur Verstärkung kann man ebenfalls Klebeband verwenden.

Flügelsegel Flügelsegel sind vollständig starr und erinnern im Aufbau und der Form an eine Flugzeugtragfläche. Ihre Tragflächen sind symmetrisch, denn sie müssen beim Wenden in beiden Richtungen gleich gut funktionieren, wodurch sie aber den Vorteil verlieren, sich durch Biegen dem Winkel des Winds anzupassen. Der Winkel des Segels zum Wind wird auf die übliche Art über eine Schot geregelt.

Rah-Takelung

Quadratische oder rechteckige Segel hängen von waagrechten Spieren, Rahen genannt. Mit dieser Takelung läßt sich nicht gut luvwärts segeln, weil Segel und Rahen sich nicht wie bei der Bermuda-Takelung unter dem Winddruck drehen.

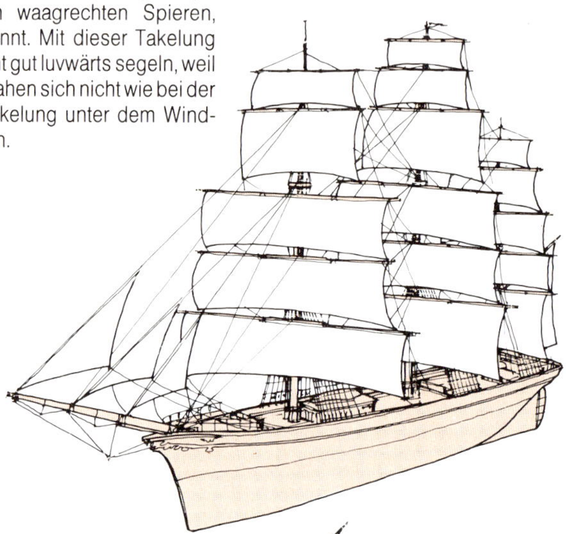

Lateiner-Takelung

Sie ist eine Kombination aus Rah- und Bermuda-Takelung und läßt sich gut luvwärts segeln.

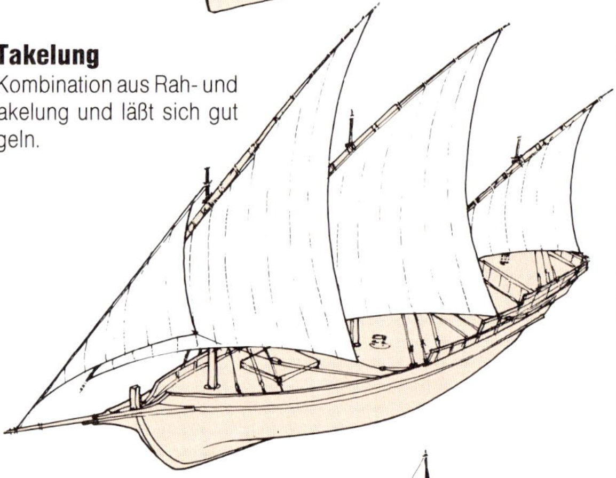

Gaffel-Takelung

Sie ist ähnlich wie beim Lateinersegel, nur daß das Vorliek am Mast befestigt ist. Die obere Spiere nennt man Gaffel. Die freie Fläche zwischen Gaffel und Mast kann mit einem Segel ausgefüllt werden, das dieselbe Wirkung hat wie eine Bermuda-Takelung.

Ferngesteuerte Boote

Bei Motorbooten und Jachten wird meistens eine Zweikanal-Anlage verwendet. Bei Motorbooten ist der eine Kanal für das Ruder und der andere für die Motordrossel. Maßstabsgetreue Motorschiffe brauchen für „Extras" unter Umständen mehr Kanäle, etwa für drehbare Geschütztürme, Rettungsboote oder einen Anker. Bei Jachten wird mit einem Kanal das Ruder, mit dem anderen die Bewegung der beiden Segel zusammen gesteuert. Drei Kanäle werden manchmal verwendet, um Großsegel und Fock getrennt zu bewegen; diese Anordnung ist jedoch sehr schwierig unter Kontrolle zu halten.

Motorisierte Bootsmodelle brauchen meist keine zusätzlichen Servos außer der Steuerung, aber Segeljachtmodelle sind meistens mit einer besonderen Segelwinde zum Dichtholen oder Wegfieren der Schoten ausgerüstet.

Linearservos sind für Boote am besten geeignet – Servos mit Steuerscheibe bewegen das Gestänge von Seite zu Seite, und das macht es schwierig, den wasserdichten Behälter für die Ausrüstung abzudichten. (Wenn man doch ein Servo mit Steuerscheibe verwendet, dann bringt man es weit von den Austrittsöffnungen entfernt unter und nimmt als Steuergestänge Bowdenzüge; der Bowdenzug nimmt schon innerhalb des Behälters einen Teil der seitlichen Bewegung auf.) Schubstangen sollten aus Draht oder Aluminiumrohr mit Drahtenden hergestellt werden. Biegsame Züge sollten möglichst ganz aus Plastik sein, weil Stahlzüge rosten können. Um Stahlzüge zu schützen, trägt man etwas Motoröl auf und dreht dann das Kabel mit Hilfe eines Handbohrers in den Zug, um die Flüssigkeit zu verteilen.

Wie bei anderen ferngesteuerten Fahrzeugen, sollte das Steuergestänge so gerade und direkt wie möglich verlaufen. Wenn das Gestänge einen Umweg machen muß, zum Beispiel, wenn das Rudergestänge einem Treibstofftank ausweichen muß, verwendet man einen Kabelzug oder verändert die Richtung einer Schubstange durch Einbau eines Umlenkhebels. Eine andere Möglichkeit ist, ein Kupferrohr durch den Tank zu führen und festzulöten, damit das Gestänge auf direktem Weg das Ruder erreicht.

Wasserdichter Einbau der Fernsteuerungsanlage

Die gesamte Ausrüstung muß vor Wasser geschützt werden, wenn sie weiterhin gut arbeiten soll. Am besten ist es, Empfänger, Batterien, Ein/Aus-Schalter und Servos in einem wasserdichten Behälter unterzubringen. (Wasserdichte Servos können zwar auch außerhalb des Behälters befestigt werden, sie sind aber leichter zugänglich und zu warten, wenn sie innerhalb untergebracht sind.) Eine Kunststoffschachtel mit durchsichtigem Oberteil ist für diesen Zweck erhältlich, aber eine Brotschachtel aus Plastik tut es genauso.

Die Bauteile werden in dem Behälter so angeordnet, daß das Gestänge am günstigsten verläuft. Die Servos müssen sicher auf Gummitüllen an Servoclips oder in einem Servobehälter befestigt werden. Die Ausrüstung wird durch Schaumgummilagen vor Vibrationen geschützt.

Alle Austrittsöffnungen wasserdicht machen. Die Öffnungen für Ruder- und Drosselschubstange mit einem Gummibalg oder einer Gummitülle abdichten. Etwas Schmierfett verhindert, daß die Schubstange festklemmt, und hält Feuchtigkeit draußen.

Man kann auch ein kurzes Stück Nylon- oder Messingrohr verwenden, das mit einer Silikonkautschuk-Dichtungsmasse am Behälter befestigt wird. Dann einen engsitzenden Gummischlauch über die Schubstange schieben und über das Messingrohr ziehen, damit es gut abgedichtet ist. Diese Methode kann man auch am Ende eines Kabelzugs anwenden.

Die Öffnung, durch die die Antenne austritt, wird mit etwas Silikondichtungsmasse abgedichtet. Nicht vergessen, die Antenne oberhalb des Behälters um ein kurzes Plastikrohr zu einer Schleife zu biegen. Dadurch wird erreicht, daß ein Zug an der Antenne nicht den Empfänger belastet.

Wenn eine Steckverbindung des Empfängers vom Behälter aus zu einem wasserdichten Servo irgendwo im Rumpf führen muß, wird eine große Öffnung ausgeschnitten. Man nimmt eine zur Steckergröße passende Gummischeibe und schneidet ein Loch in der richtigen Größe in den Behälter. Nun in die Scheibe einen Schlitz schneiden und den Stecker durchschieben. Den Litzendraht in dem Schlitz mit Silikonkautschuk-Dichtungsmasse versiegeln. Falls die Scheibe die Öffnung im Behälter nicht wasserdicht abschließt, wird zwischen Behälter und Scheibe Dichtungsmasse aufgebracht. Die Steckverbindung außerhalb des Behälters wird mit wasserdichtem Klebeband oder einem dünnen Gummirohr, das über die Verbindungsstelle gezogen wird, abgedichtet.

In den Behälter wird ein kleiner Beutel mit Silikonkügelchen gelegt, damit alle Feuchtigkeit aufgesaugt wird (der Beutel kann notfalls im Backofen wieder ausgetrocknet werden). Wenn das Boot nicht in Gebrauch ist, wird der Behälter zur Durchlüftung geöffnet. Wenn das Boot in einem trockenen Raum gelagert wird, kann der Behälter offen bleiben.

Befestigung des Servos in einem Behälter *Die Halterung auf einer Platte aus wasserdicht verleimtem Sperrholz befestigen, die auf Behältergröße zugeschnitten ist. Die Platte mit Holzschrauben aus Messing durch den Behälterboden hindurch an Träger im Rumpf schrauben. Zwischen Behälter und Träger Unterlegscheiben aus Gummi verwenden.*

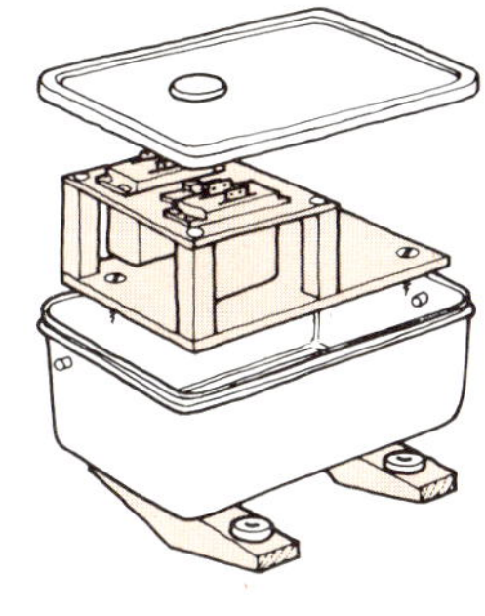

Abdichten von Austrittsöffnungen

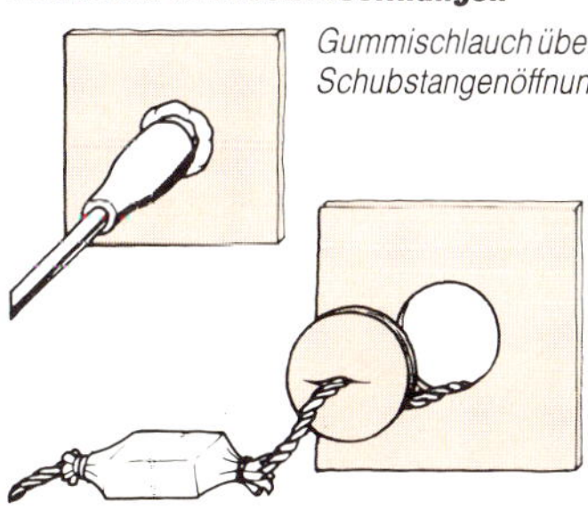

Gummischlauch über einem Messingrohr; Schubstangenöffnung

Gummischeiben-Dichtung für eine Empfängersteckeröffnung

Führung der Segel

Eine Segelwinde ist die einfachste Vorrichtung zum Verstellen der Segel. Sie besitzt eine Seiltrommel, auf der sich etwa 53 cm Schot auf- oder abspulen lassen. Die Spule kann oben an Deck befestigt oder unten in einer wasserdichten Schachtel untergebracht werden. Wenn die Leinenführung oben an Deck befestigt ist, ist sie leichter einzustellen und zu warten, und die einzelnen Teile können leichter ausgehängt und bei einem anderen Modell verwendet werden. Diese Servoart braucht zur Stromversorgung manchmal einen gesonderten Batteriesatz. Wenn Fock und Großsegel gemeinsam angesteuert werden, muß man die Leinen so führen, daß die Schoten die Segel gleich bewegen. Zwei Möglichkeiten der Leinenführung sind unten in der Zeichnung dargestellt. In beiden Fällen laufen die Schoten zum Fock und vom Großsegel zu ihrem eigenen Block oder Auge auf der Mittellinie des Decks, dann werden die Enden zu einer Hauptschot verknotet, die zum Servo führt. Der Abstand zwischen Block oder Auge und der Befestigungsstelle an Fock oder Hauptsegel muß gleich groß sein, und beide Schoten müssen entweder vor oder nach den Decksaugen zur Hauptleine verbunden werden. Andernfalls bewegen sich die Segel nicht zusammen.

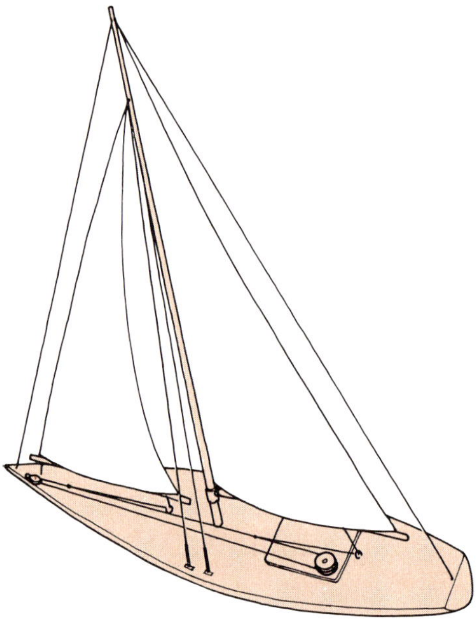

Hier ist die Hauptleine als durchgehende Schleife an einer zweispurigen Winde befestigt. Während das eine Ende nachgelassen wird, wird das andere eingeholt. Die Winde kann an einem Ende der Schleife oder irgendwo dazwischen sein, wie es zur Lage der Fernsteuerung im Rumpf paßt. Im ersten Fall wird die Leine von verschiedenen Seiten auf jede Spur gewickelt, im zweiten Fall von derselben Seite.

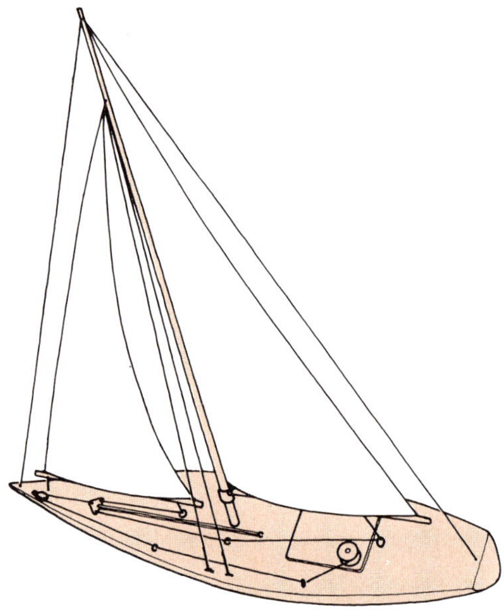

In diesem Fall läuft die Hauptleine von der Winsch über einen Block am Bug und ist an der Spitze einer dreieckigen Platte befestigt. Fock- und Großschot bestehen aus einer durchgehenden Leine, die durch die beiden anderen Ecken der Platte läuft. Ein dünnes Gummiband, zwischen Platte und Deck befestigt, hält die Leinen straff und verhindert ein Durchhängen.

Führungen für Unterdeckservos

Wenn das Servo unter Deck installiert wird, braucht man für die Hauptleine eine möglichst reibungsfreie Führung. Der Keramikeinsatz und die Hartholzkugel rechts sind gute Führungen. Man kann auch ein Messingrohr verwenden, das gebogen wird. Ein senkrechtes Kupferrohr mit erweiterter Öffnung verhindert das Eindringen von Wasser, wenn die Öffnung über dem Deck liegt. In diesem Fall müssen die Decksaugen angehoben werden.

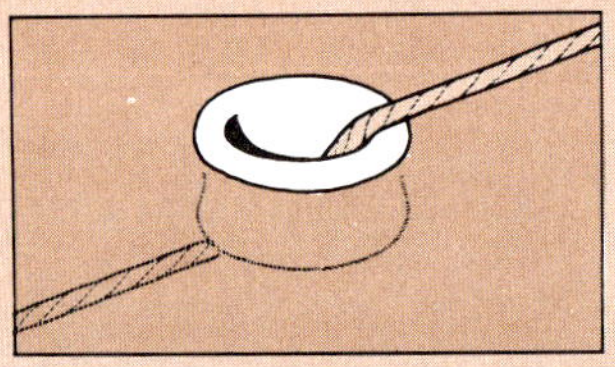

Keramikeinsatz: Das ist eine Führung für eine Angelleine. Sie wird in einem senkrechten Loch im Deck befestigt. Durch die glatten, ausgebogenen Ränder kann die Leine in fast jedem Winkel laufen.

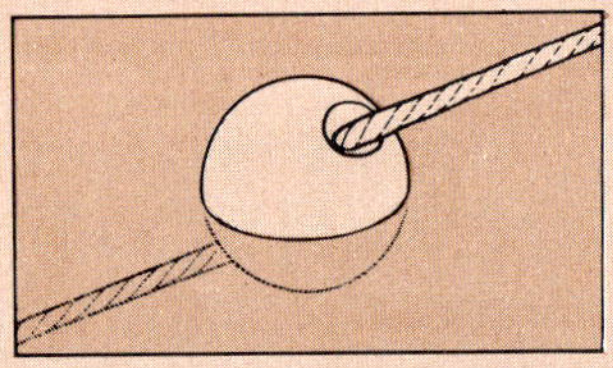

Hartholzkugel: Die Löcher an beiden Seiten ausreiben, dann die Kugel im gewünschten Winkel an ihrem Platz befestigen. Um die Innenwände der Führung zu glätten, wird ein eingewachstes Schnurstück eingeführt und hin und her gezogen.

Autos

Autos mit Funkfernsteuerung

Nummer 3 setzt sich nach dem Start zu diesem Straßenrennen für Elektroautos im Maßstab 1:12 sofort an die Spitze.

Diese Sparte des Modellbaus verzeichnet den größten Zuwachs. Es ist ein herrliches Freizeitvergnügen, mit diesen unglaublich schnellen Wagen Rennen zu fahren. Außerdem ist es ein Hobby, mit dem man sich nicht nur allein zu Hause vergnügen kann, sondern man hat auch die Möglichkeit, einem Club beizutreten und dann seinen Wagen auf speziellen Strecken, auf Parkplätzen, Schulhöfen oder in Hallen fahren zu lassen. Auch auf internationaler Ebene werden Autorennen veranstaltet.

Man unterscheidet zwei Haupttypen von Wagen: Modelle im Maßstab 1:8 mit Verbrennungsmotor und Modelle im Maßstab 1:12 mit Elektromotor. Die größte Anhängerschaft haben Formel-Rennwagen und Sportwagen, obwohl Serienwagen und Geländewagen auch beliebt sind. Der Geländewagen ist so gebaut, daß er über unebenen Grund fahren kann. Er ist deshalb für den Hof zu Hause oder für Querfeldeinrennen geradezu ideal. Immer wird eine Fernsteueranlage mit zwei Funktionen verwendet: eine Funktion für Steuerung, die andere für Drossel und Bremsen.

Modellautos werden aus Bausätzen zusammengebaut, wobei fast alle Bauteile maschinell hergestellt sind und so schon gleich zum Zusammenbau bereitliegen. Vielleicht muß man noch ein bißchen bohren und anmalen, aber im großen und ganzen erfordern sie wenig Konstruktionsarbeit. Teurer sind Modelle, die es schon völlig zusammengebaut im Handel gibt. Zur Ergänzung der Bausätze gibt es eine große Auswahl an Zubehör, von Extrateilen bis hin zu Artikeln für spezielles Tuning.

Autokarosserien bestehen aus geformtem Plastik und werden meistens von Klammern gehalten. Es gibt eine Anzahl verschiedener Typen, die die verschiedenen Wagenklassen im Maßstab 1:8 und 1:12 darstellen. Um ein Auto für ein Rennen in einer anderen Kategorie zu qualifizieren, tauscht man einfach die Karosserie aus. Im Handel sind die meisten Karosserien aus weißem oder hellem Kunststoff, den man noch nach seinen Vorstellungen bemalt.

Der Erfolg bei einem Rennen hängt von der Leistung des Wagens und vom Können des Fahrers ab. Der Wagen muß so getunt und die Strategie des Rennens so ausgearbeitet sein, daß sie sich den speziellen Bedingungen anpassen. Den Motor und das Gestänge stellt man deshalb immer so ein, daß ein glatter Lauf und maximale Leistung, vor allem aber Zuverlässigkeit erreicht wird. Fahrgestell, Reifentyp und -größe wählt man so, daß der Wagen eine gute Bodenhaftung hat. Der Wagen muß gut ausbalanciert sein, damit er sich genau lenken läßt, deshalb sollten die Fernsteuerbauteile gleichmäßig verteilt werden – mehr Gewichtsbelastung auf der Hinterachse verbessert die Straßenlage. Die Fahreigenschaften werden auch durch die aerodynamische Form der Karosserie und durch die Einstellung des Flügels beeinflußt. In diesem Kapitel werden die wichtigsten Bauteile eines Modellautos und ihre Funktion erklärt, außerdem enthält es einen Abschnitt über die Fahrtechnik. Informationen über das Einlaufen und den Betrieb von Motoren und Maschinen findet man im Kapitel über Motoren und Maschinen.

Technik des Zusammenbaus

Wagen mit Verbrennungs- und Elektromotoren haben einige unterschiedliche Bauteile und sind in verschiedenen Stadien der Fertigstellung im Handel erhältlich. Dies spielt aber keine Rolle, da die grundlegenden Komponenten dieselben sind. Beim Zusammenbau kann man sich in etwa an folgende Technik halten.

1 *Fahrgestell und Stoßstangen zusammenbauen.*
2 *Die Achsen einschließlich Achsschenkel, Spurstangenhebel, Räder, Wendedocke und Spurstangen auf dem Fahrgestell befestigen.*
3 *Die Kupplungsanlage eines Wagens mit Verbrennungsmotor mit der Kurbelwelle des Motors verbinden.*
4 *Motor oder Maschine einbauen.*
5 *Empfänger, Batterien und Servos einbauen; die Steuergestänge verbinden.*
6 *Die Karosserie bemalen und am Fahrgestell festklammern.*

Autos mit Verbrennungsmotoren

Von Verbrennungsmotoren angetriebene Wagen werden meistens im Maßstab 1:8 gebaut. In Amerika findet man allerdings auch häufig den Maßstab 1:12. Entsprechend den IFMAR-Regeln kann ein Wagen im Maßstab 1:8 bis 648 mm lang und 267 mm breit sein, das hängt von der Fahrzeugklasse ab. Die Motoren dürfen dann einen Hubraum von 3,5 Kubikzentimeter nicht überschreiten.

Ein Modellwagen mit Verbrennungsmotor hat mit einem originalgroßen Wagen viele charakteristische Eigenschaften gemeinsam, einschließlich des ähnlichen Geräuscheffekts und Abgasgeruchs. Die Motorkraft wird über eine Kupplung auf die Hinterachse übertragen; die Bremsen, meistens Scheibenbremsen, wirken mechanisch. Die besten Wagen mit Verbrennungsmotoren sind bis zu 100 Stundenkilometer schnell und erfordern zur Kontrolle schnelle Reaktionen und gutes Augenmaß.

Autorennen finden wegen der Abgase normalerweise im Freien statt. Hallenveranstaltungen können nur in großen und gut gelüfteten Hallen stattfinden, wobei die Menge der Nitromethan-Beimischung zum Kraftstoff begrenzt wird. Diese Einschränkung begrenzt die Leistung.

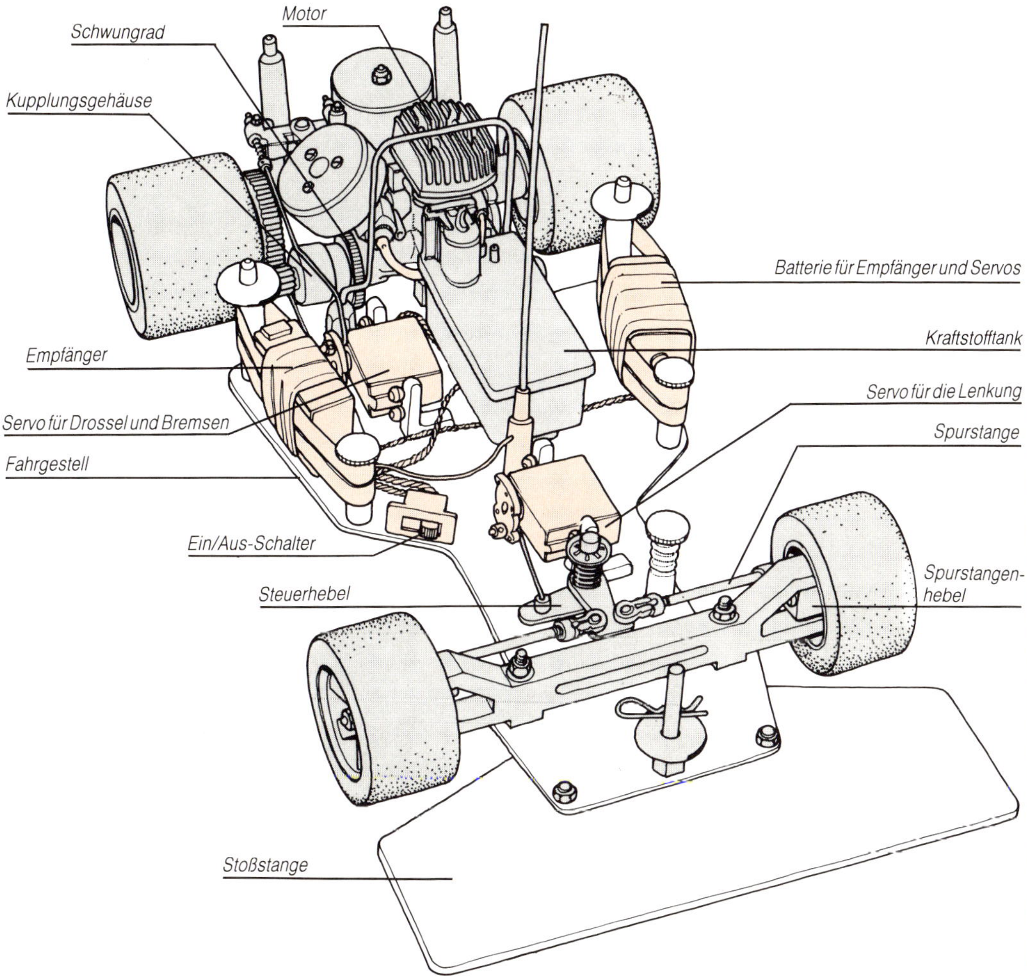

Fahrgestell

Wagen mit Verbrennungsmotor haben ein zweigeteiltes Fahrgestell: Der hintere Teil oder Motorraum besteht aus einer starren Platte aus Metalllegierung, die den Motor und die Übertragungselemente trägt. Der vordere Teil ist aus einer halbflexiblen Platte aus Metallegierung oder Fiberglas, die die Fernsteuerausrüstung und die Lenkung trägt.

Frontplatten mit verschiedener Form und unterschiedlicher Flexibilität sind ebenfalls erhältlich; Platten aus Metalllegierung sind steifer als Fiberglasplatten. Bei glatten Strecken verwendet man ein steiferes, bei unebener Fahrbahn ein biegsames Fahrgestell.

Das Fahrgestell muß gerade sein und zu dem Wagen passen, damit er einwandfrei fährt. Ein Fahrgestell aus Fiberglas kann harte Stöße aufnehmen; bei einem Metallfahrgestell besteht dagegen immer die Gefahr, daß es sich verzieht und die genaue Ausrichtung sich ernsthaft verändert. Wenn der Wagen nach einem Zusammenstoß anders reagiert, überprüft man zuerst das Lenkgestänge und dann das Fahrgestell, um zu sehen, ob es sich verzogen hat. Zur Überprüfung des Fahrgestells wird der Kraftstofftank geleert und der Wagen von allen Ölrückständen gesäubert. Den Wagen mit der Unterseite nach oben drehen und von vorn nach hinten das Fahrgestell genau untersuchen. Wenn Vorder- und Hinterkante nicht parallel aussehen, hat sich das Fahrgestell wahrscheinlich verzogen. Um sicherzugehen, werden sämtliche Bauteile entfernt, und das Fahrgestell wird auf eine ebene Unterlage gelegt.

Kleine Fluchtungsfehler kann man dadurch korrigieren, indem man die Platte in einen Schraubstock einspannt und in der entgegengesetzten Richtung verdreht. Ein Fahrgestell, das sich sehr stark verzogen hat, sollte immer ausgetauscht werden.

Stoßstangen Stoßstangen sind flache Plastikplatten, die vorn und hinten an das Fahrgestell geschraubt werden. Sie sind meistens nicht vorgebohrt, so daß sie jedem Karosseriestil angepaßt werden können. Sie dürfen nicht über die durch die Regeln für bestimmte Klassen festgelegten Längen hinausragen.

Kupplung Die Kupplung wird gegenüber dem Motor auf der anderen Seite des Schwungrades befestigt und überträgt die Motorkraft auf die Hinterachse. Sie besteht aus zwei, drei oder vier Backen aus Kunststoff, Hartfaser oder Metall, die in einem zylindrischen Gehäuse, dem Kupplungsgehäuse, untergebracht sind. Ein Ende jeder Backe ist um einen Zapfen am Schwungrad drehbar gelagert. Wenn der Motor mit hoher Drehzahl läuft, drückt die Zentrifugalkraft die Backen am anderen Ende nach außen, sie werden gegen das Kupplungsgehäuse gepreßt und versetzen das Gehäuse mit dem daran befestigten Zahnrad in Drehung. Sinkt die Motordrehzahl, werden die Backen durch Federn zurückgezogen und die Kupplung dadurch ausgekuppelt.

Die Kupplung kann durch Veränderung der Federspannung oder durch Beschneiden der Backen mit einer kleinen Eisensäge eingestellt werden. Je kürzer die Kupplung, desto schwächer die Kupplungskraft, deshalb darf die Länge höchstens um 50 % verringert werden.

Bei trockenen Fahrbahnverhältnissen ist eine Kupplung mit kräftigem Zugriff vorzuziehen. Man kann durch Versuche herausfinden, welche Kupplungseinstellung dem Fahrstil und den Fahrbahnverhältnissen am besten entspricht. Die getesteten Kupplungsbacken kann man für andere Verhältnisse aufbewahren.

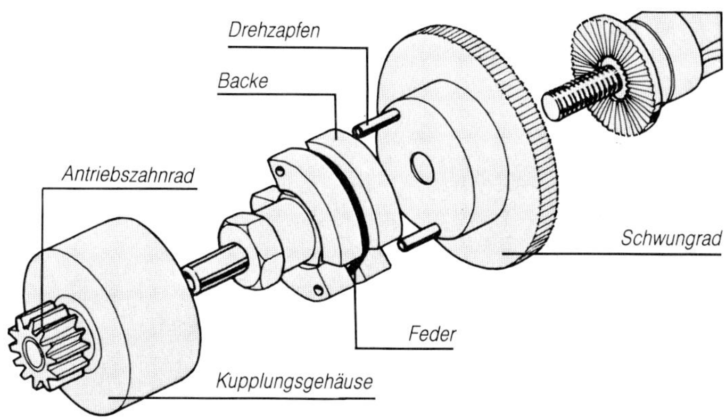

Befestigung des Motors

Der Motor wird auf Metallblöcken befestigt, die, so wie sie sind, an das Fahrgestell geschraubt werden. Die Löcher für die Motorhalterungen sind aber meistens nicht vorgebohrt, so daß die Blöcke für jeden Motortyp verwendbar sind. Um einen Motor zu befestigen, werden zuerst die Blöcke durch die Schlitze im Motorraum mit so viel Abstand voneinander hindurch festgeschraubt, daß genügend Platz für das Kurbelgehäuse bleibt. Den gesamten Motor mit Schwungrad und Kupplung so auf die Blöcke setzen, daß das kleine Antriebszahnrad an der Kupplung genau in den Drehkranz der Hinterradnabe eingreift. Durch die Motorhalterungen hindurch die Löcher für die Motorbefestigung anzeichnen. Motor und Blöcke wieder abnehmen, die Blöcke ausbohren und die Löcher mit Gewinde versehen. Den Motor wieder aufsetzen, Eingriff und Ausrichtung der Zahnräder überprüfen und die Schrauben anziehen.

Nach den Vorschriften für ferngesteuerte Wagen muß jeder Motor mit einem Schalldämpfer ausgerüstet sein. Bausatzschalldämpfer sollten sich nach dem internationalen Standard richten. Manche Schalldämpfer werden direkt an den Motor geschraubt oder geklemmt. Andere, wie der häufig verwendete Topfschalldämpfer (siehe Seite 216), werden an einem an den Motor geschraubten Verteilerstück befestigt. Zwischen Verteilerstück und Schalldämpfer sollte ein kurzer Silikonschlauch zwischengeschaltet werden, um eine Metall/Metall-Verbindung zu vermeiden.

Falls der Motor nicht mit einem speziellen Zylinderkopf mit großen Kühlrippen ausgerüstet ist, wird ein wärmeableitender Kopf befestigt, der die vom Motor erzeugte Hitze verteilt. Es gibt mehrere verschiedene Modelle von Wärmeableitern, die alle gleich gut arbeiten. Man sucht sich einen aus, der zur Form des Wagens paßt.

Bremsen

Bei einem Wagen mit Verbrennungsmotor werden die Bremsen über dasselbe Servo und denselben Steuerknüppel betätigt wie die Drossel. Es ist ein integriertes System, das in einer zeitlichen Abfolge arbeitet. Wenn der Motor gedrosselt wird, wird der Motor ausgekuppelt und läuft im Leerlauf weiter, ohne die Achse anzutreiben. Wird der Steuerknüppel am Sender noch weiter zurückgezogen, beginnt die Bremse zu wirken und hält den Wagen an.

Wenn der Wagen seine volle Leistung erreichen soll, muß die Einstellung sehr genau vorgenommen werden.

Es gibt zwei Arten von Bremsen: Band- und Scheibenbremsen. Eine Bandbremse besteht aus einem innen beschichteten Metallband, das beim Bremsvorgang Druck auf das Kupplungsgehäuse ausübt. Diese Bremse arbeitet zufriedenstellend, kann aber eine Menge Hitze erzeugen, besonders auf einer kurvenreichen Rennstrecke, die viele Bremsungen erforderlich macht.

Die Scheibenbremse hat sich als wirkungsvoller erwiesen. Sie besteht aus einer auf der Antriebsachse befestigten Scheibe, die sich zwischen zwei Bremsbelägen dreht. Wenn das Servo betätigt wird, bewegen sich die beiden Beläge aufeinander zu und klemmen die Scheibe zwischen sich fest. Manche Scheiben weisen eine Reihe von Löchern auf, um die Erwärmung zu verringern.

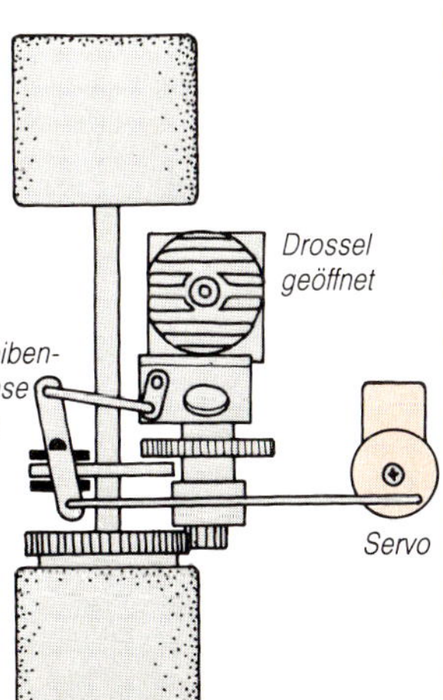

Kopplung von Bremse und Drossel
Wenn die Drossel geöffnet ist, sind die Bremsen offen und umgekehrt.

Autos mit Elektromotor

Autos mit Elektromotor werden im Maßstab 1:12 gebaut und können bis zu 45 cm lang und 17,2 cm breit sein. Sie sind zwar nur 50 Stundenkilometer schnell – halb so schnell wie die schnellsten Wagen mit Verbrennungsmotor –, aber sie können rückwärts fahren und sind deshalb sehr manövrierfähig. Außerdem sind sie beim Fahren sauberer und nicht sonderlich laut und deshalb für Rennen in Innenräumen geeignet. Elektroautos sind leicht zu warten. Gebremst wird elektrisch mit dem Motor; eine Kupplung ist nicht vorhanden. Sie brauchen keinen Kraftstofftank, keine große Batterie für den Anlasser oder für die Zündung der Glühkerze. Alles, was nötig ist, ist ein Ladegerät zum Aufladen der Batterien. Der einzige Nachteil ist eine kurze Laufzeit von etwa zehn Minuten, da sich die Batterien in dieser Zeit entladen. Das Aufladen dauert nur zehn oder zwanzig Minuten, so daß die Wagen schnell wieder betriebsbereit sind.

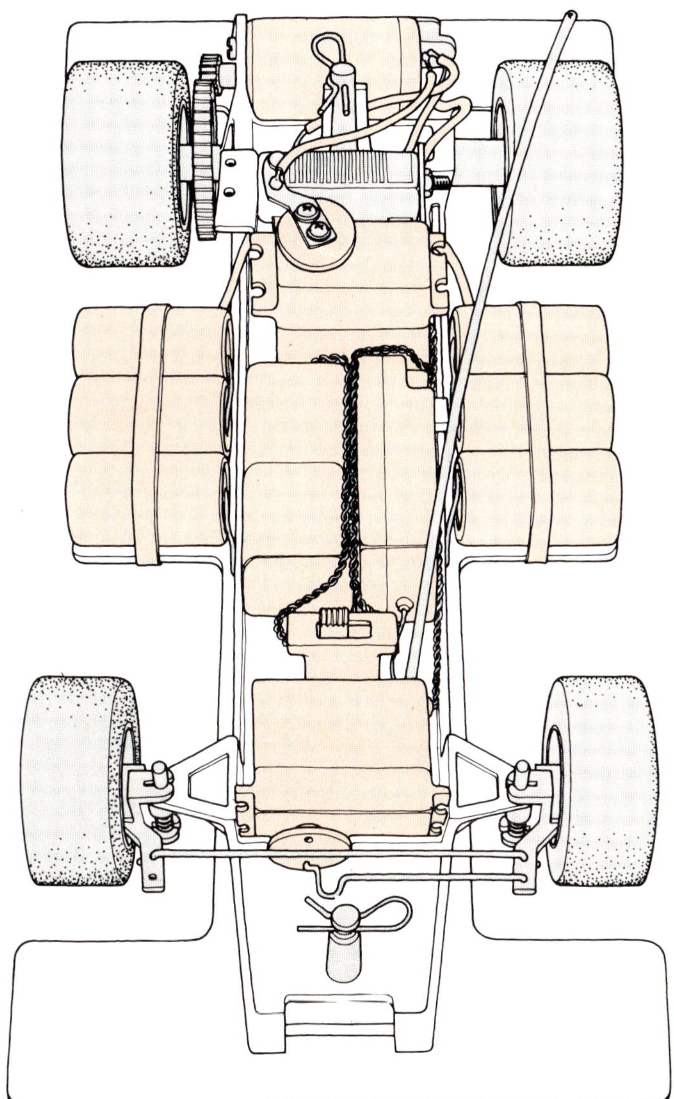

Fahrgestell eines Elektroautos im Maßstab 1:12 mit der eingebauten Ausrüstung.

Fahrgestell

Elektroautos haben meistens ein einteiliges Fahrgestell aus Metall oder Kunststoff. Es muß nicht so stabil wie bei einem Wagen mit Verbrennungsmotor sein, weil Elektroautos leichter sind, auf glatten Rennstrecken in Innenräumen fahren und nicht so rauhen Bedingungen ausgesetzt sind.

Befestigung der Motoren

Automotoren sind meistens glatte Zylinder ohne Befestigungslaschen. Manchmal wird die Vorderseite des Motors auf einer Seite des Fahrgestells an eine eingegossene Halterung geschraubt. Bei anderen Modellen wird der Motor zwischen zwei Endplatten eingespannt.

Bremsen

Anders als bei den mechanischen Bremsen eines Wagens mit Verbrennungsmotor wird ein Elektroauto über einen Widerstand oder einen elektronischen Drehzahlregler gebremst. Bei einem anderen System, der elektrodynamischen Bremse, wird der Wagen durch Kurzschließen des Motors schnell abgebremst.

Getriebe

Ein Automotor, ob Verbrennungs- oder Elektromotor, hat eine viel höhere Drehzahl, als sie für die Antriebsräder benötigt wird. Zur Verringerung der Drehzahl verwendet man Zahnräder.

Bei Wagen liegen die Übersetzungen ungefähr zwischen 4:1 für eine hohe und 6:1 für eine niedrige Übersetzung. Bausatzwagen sind meistens mit einem dazwischen liegenden Getriebe ausgerüstet, aber sie können so umgerüstet werden, daß sie zu einem bestimmten Rennkurs oder zu besonderen Rennbedingungen passen. Durch eine hohe Übersetzung erreicht man auf einem einfachen Rennoval höhere Geschwindigkeiten, eine niedrige Übersetzung ist auf einer kurvenreichen Strecke mit kurzen Geraden besser, weil sie dem Wagen zwar eine niedrigere Höchstgeschwindigkeit, dafür aber eine bessere Beschleunigung verleiht. Um das Übersetzungsverhältnis zu ändern, wird der große Drehkranz ausgewechselt, bei Elektroautos zusätzlich das kleine Zahnrad und bei Wagen mit Verbrennungsmotoren das Kupplungsgehäuse mit dem daran befestigten Zahnrad. Zusätzliche Zahnräder sind als Zubehörteile im Handel. Der Durchmesser der Antriebsräder beeinflußt das Übersetzungsverhältnis ebenfalls: je größer der Umfang, desto höher die Übersetzung.

Im allgemeinen ist das kleine Zahnrad aus Metall, das große aus Kunststoff. Die Verzahnung zwischen beiden ist ein kritischer Punkt, deshalb sollte man die verlangten Toleranzen beachten, die im Bausatz angegeben werden. Sie darf nicht zu fest oder zu locker sein. Man sollte die Feineinstellung vornehmen können, ohne den Motor oder die Maschine ausbauen zu müssen.

Die Getrieberäder regelmäßig nachsehen und alle Schmutzablagerungen mit einer alten Zahnbürste entfernen. Größere Sandkörner können die weicheren Zähne des Plastikdrehkranzes verbiegen oder beschädigen. Kleinere Verformungen kann man mit einem Modellmesser oder einer Nadelfeile ausbessern, aber wenn die Zähne abgenutzt sind, sollte man das Zahnrad austauschen.

Wie eine Achse mit Differential funktioniert

Die meisten Modellwagen haben eine starre Hinterachse, oft ist es aber wünschenswert, zwischen zwei Halbachsen ein Differentialgetriebe einzubauen, damit sich die Räder bei der Kurvenfahrt mit unterschiedlichen Geschwindigkeiten drehen können. Im allgemeinen werden zwei verschiedene Arten von Differentialgetrieben (Planetengetriebe) verwendet.

Das eine Modell ist mit einem Paar Kegelzahnrädern ausgerüstet, die an den inneren Enden der beiden Halbachsen befestigt sind. Sie greifen in zwei leerlaufende Kegelzahnräder (Ausgleichsräder) ein, die im Planetenträger befestigt sind, der das Getriebe umgibt. Der Planetenträger wird vom Motor angetrieben. Wenn der Wagen geradeaus fährt, dreht sich das Ganze als eine Einheit. Fährt der Wagen eine Kurve, läuft die innere Halbachse langsamer, die Leerlaufzahnräder drehen sich und übertragen eine höhere Drehzahl auf die äußere Halbachse.

Stirnradpaare haben denselben Effekt. Am inneren Ende jeder Halbachse ist ein Stirnrad befestigt. Zwei oder drei kleinere Stirnräder greifen in ihre Zähne ein.

Zwei Arten von Differentialgetrieben

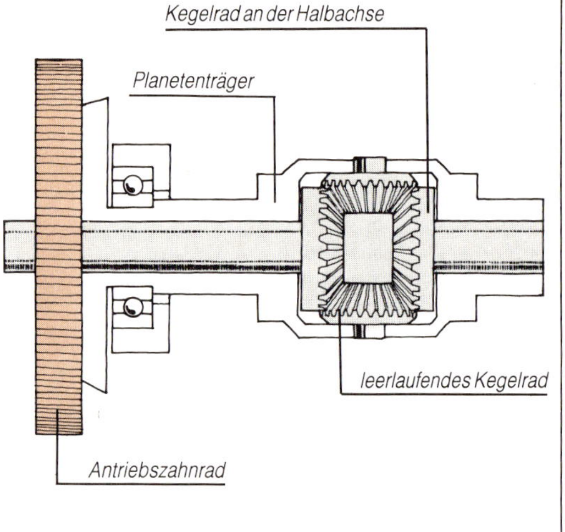

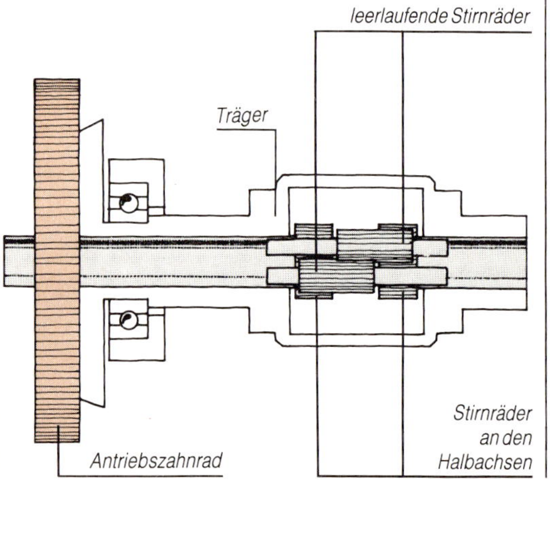

Lenkung

Die lenkbaren Räder müssen so eingestellt sein, daß sie sich auf Kreisen um denselben Mittelpunkt bewegen, damit sie bei der Kurvenfahrt nicht seitwärts rutschen. Die einfachste Anordnung ist die Drehschemellenkung, bei der sich die ganze Achse um ihren Mittelpunkt dreht. Allerdings braucht dieses System eine Menge Platz und kann eine große Kraft auf den Lenkmechanismus ausüben.

Wagen in Originalgröße sind mit dem Ackerman-System ausgerüstet. Jedes Vorderrad dreht sich einzeln an einem Achsschenkel, der über einen Spurstangenhebel an der Spurstange befestigt ist. Wenn die Räder für Geradeausfahrt eingestellt sind, führt eine Linie durch die Drehpunkte von Spurstangenhebel und Spurstange durch den Mittelpunkt der Hinterachse. Fährt der Wagen eine Kurve, treffen sich die Linien durch die Drehpunkte der Vorderachse und die Verlängerungslinie der Hinterachse in einem Punkt.

Die Hersteller von Modellen haben herausgefunden, daß eine Abwandlung der Ackerman-Lenkung die Fahreigenschaften von Modellautos noch verbessert. Sie verlegen den Schnittpunkt leicht vor die Hinterachse.

Ackerman-Lenkung

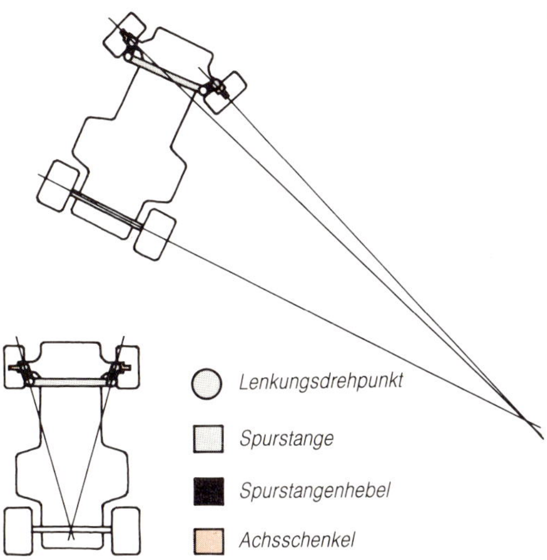

Negativer Lenkrollradius und Nachlauf Damit das Rad besser geradeaus fährt, verlegen die Hersteller häufig den Drehpunkt der Steuerung vor den Achsschenkel (negativer Lenkrollradius) oder neigen ihn nach hinten (Nachlauf). Dieser Winkel verändert die Form des Reifenstücks, das mit der Fahrbahn in Kontakt ist, wenn die Reifen um eine Kurve fahren. Manche Hersteller verwenden den Nachlaufwinkel in Verbindung mit dem negativen Lenkrollradius, um Schlingerbewegungen auszugleichen.

Positiver und negativer Sturz Der Sturz ist ein Maß für die Abweichung der Räder von der Senkrechten. Er bewirkt, daß das Rad in die Richtung abdrehen will, in die es geneigt ist. Vorspur ist die Größe des Vorlaufwinkels an der Vorderkante eines Räderpaars nach innen, wenn man den Wagen von oben betrachtet. Eine kleine Vorspur verbessert die Stabilität.

Verbinden des Lenkgestänges

Die Lenkung sorgfältig zusammenbauen und einstellen: Beide Achsen müssen genau im 90°-Winkel zur Achse des Fahrgestells eingebaut werden. Jeder Fluchtungsfehler läßt den Wagen ausbrechen.

Servogestänge, Umlenkhebel und Spurstangen so miteinander verbinden, daß alle Teile und ihre Bewegungen symmetrisch sind. Bei der Neutralstellung müssen Servoarm und Wendedocke im 90°-Winkel zur Bewegungsrichtung der Schubstange stehen, und die Spurstangen müssen gleich lang sein. Bei der Neutralstellung des Servos dürfen die Räder nicht schräg nach der einen oder anderen Seite stehen. Falls sie doch schräg stehen, die Länge der Schubstange verändern oder das Servo nach vorn oder hinten verlagern.

Wenn die Neutralstellung des Servos nicht stimmt, schlagen die Räder nach der einen Seite mehr aus als nach der anderen. In diesem Fall wird der Arm auf der Servoachse neu auf die Mittelstellung eingestellt und die Länge der Schubstangen verändert oder das Servo weiter nach hinten verlagert. Die Lage der Schubstange am Steuerarm des Servos und an dem Umlenkhebel bestimmt die Größe des Lenkausschlags der Räder. Für den geringsten Ausschlag, der für Anfänger am besten geeignet ist, wird die Schubstange am innersten Loch des Steuerarms und am äußersten des Umlenkhebels eingehängt. Für den größten Ausschlag und damit größere Manövrierbarkeit wird sie im äußeren Loch des Steuerarms und im Inneren des Umlenkhebels eingehängt.

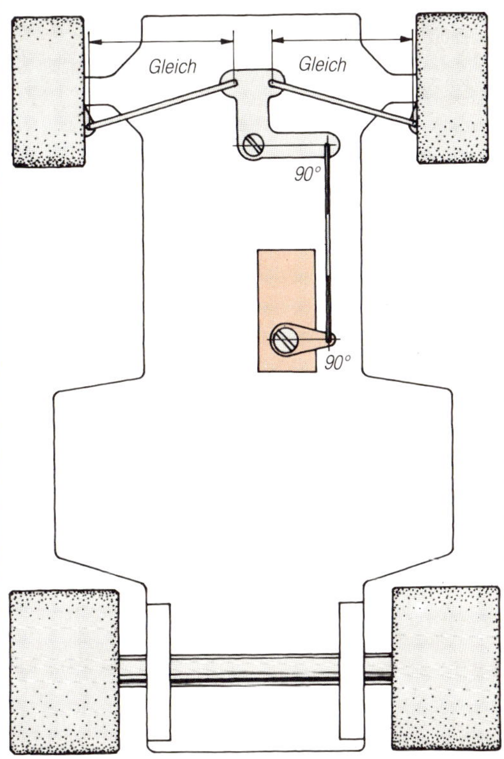

Alle Teile des Gestänges und seine Bewegungen müssen symmetrisch sein.

Räder

Räder müssen in Größe und Form genau ausbalanciert sein, damit der Wagen bei Beschleunigung geradeaus fährt. Ein gutes Rad ist konzentrisch, hat eine flache Lauffläche und leicht abgerundete Kanten. Man kann komplette Räder oder Reifen und Felgen getrennt kaufen, oder auch die Reifen aus laminierten Gummiringen selbst herstellen und sie auf gekaufte Felgen aufziehen.

Reifen werden in einer Anzahl unterschiedlicher Dichten und in verschiedenen Größen hergestellt. Man sollte daher verschiedene Dichten und Größen ausprobieren, um die beste Kombination für Wagen und Rennstrecke herauszufinden. Meistens haben die Antriebsräder einen größeren Durchmesser und sind breiter als die Vorderräder, um die Bodenhaftung zu verbessern. Ferner gilt zu bedenken, daß je glatter die Rennstrecke ist, desto weicher die Reifen sein sollten. Wenn der Wagen zum Übersteuern neigt, versucht man es mit härteren und kleineren Reifen oder mit schmaleren Vorderreifen, um die Bodenhaftung der Vorderräder zu verringern. Wenn der Wagen untersteuert, wechselt man zu weicheren und größeren Reifen über oder nimmt breitere Reifen, um die Bodenhaftung der Vorderräder zu vergrößern.

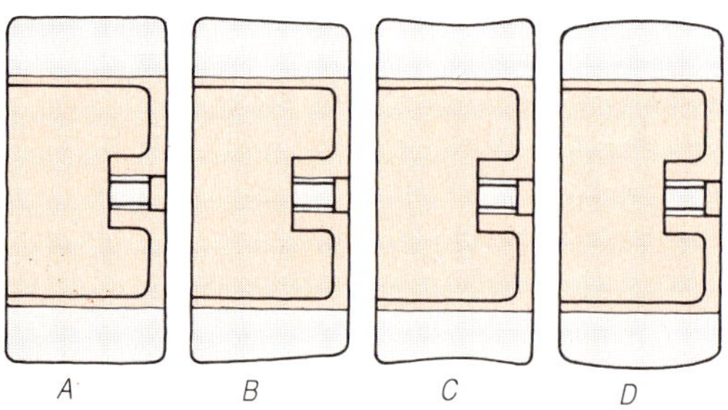

Reifenprofile: A hat die richtige Form. B, C und D sind falsch.

Aufziehen eines Reifens auf eine Felge

Gutes Haftvermögen ist sehr wichtig, damit die Reifen den bei der Kurvenfahrt auftretenden starken Kräften widerstehen können. Wenn die Felge glatt ist, wird sie mit Schmirgelpapier aufgerauht, um für den Klebstoff eine strukturierte Oberfläche zu schaffen. Die Felge bestreicht man ebenso wie die Innenseite des Reifens ringsum mit Kontaktkleber. Solange der Kleber noch feucht ist, die Felge in den Reifen drücken. Herausgepreßten Kleber abwischen und das Rad trocknen lassen (kann einige Zeit dauern).

Nicht warten, bis der Kleber berührungsfest ist, bevor Reifen und Felge zusammengesteckt werden, wie das bei diesem Klebertyp normalerweise verlangt wird, denn sonst klebt der Reifen schon fest, bevor er ganz aufgezogen ist. Falls das passiert, wird rings um die Klebestelle etwas Kleberverdünner aufgeträufelt, um den Klebstoff aufzuweichen.

Wenn sich eine Reifenkante während der Rennsaison abzuschälen beginnt, wird rings um den Rand etwas Cyanoacrylat-Kleber aufgetragen. Wenn eine brüchige Kante nicht befestigt wird, können ganze Gummistücke wegbrechen, und der Reifen bekommt eine Unwucht.

Zurechtschleifen der Reifen

Selbstgemachte Reifen werden leicht unregelmäßig und müssen ausgewuchtet werden, Fabrikreifen haben dagegen häufig gerade Kanten, die den Wagen bei der Kurvenfahrt seitwärts hüpfen lassen. Mit einem Schleifklotz und einer eingespannten Elektrobohrmaschine können die Reifen begradigt und die Kanten abgeschliffen werden.

Zuerst wird eine Einspannvorrichtung gebaut (siehe unten). Damit man die Einspannvorrichtung verwenden kann, wird die Felge auf einen langen Schraubbolzen gesteckt und mit Unterlegscheibe und Mutter befestigt. Dann wird das andere Ende des Schraubbolzens im Bohrfutter angebracht. Die Bohrmaschine laufen lassen und den Schleifklotz an den Reifen schieben. Wenn genügend Gummi abgeschliffen ist, die Lage der Klotzhinterkante auf dem Montagebrett markieren, damit man durch Verschieben des Schleifklotzes bis an die Markierung ein identisches Rad herstellen kann.

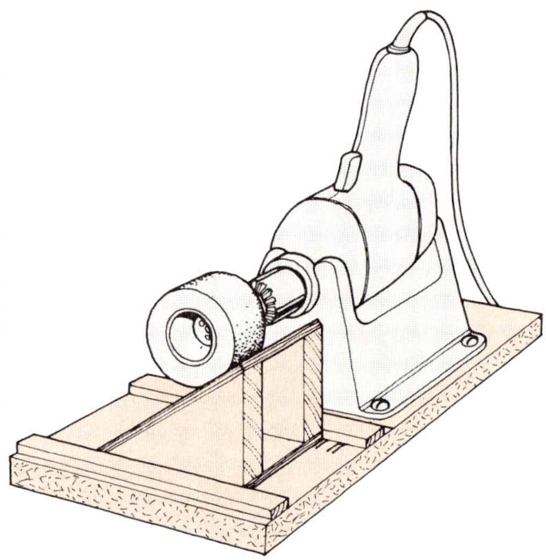

Bau einer Einspannvorrichtung *Die Bohrmaschine waagerecht in eine auf dem Montagebrett befestigte Halterung einspannen. Einen Schleifklotz bauen, der sich zwischen zwei an das Brett genagelten und geleimten Holzleisten verschieben läßt (die Leisten müssen den Klotz im rechten Winkel zur Einspannvorrichtung halten). Ein Schleifpapier mit mittlerer Körnung auf dem Schleifklotz befestigen.*

Verbesserung der Bodenhaftung der Reifen

Unter manchen Rennbedingungen, besonders bei Rennen in Innenräumen mit glatten Böden, haben normale Reifen nicht genügend Bodenhaftung. Zur Verbesserung der Bodenhaftung wird die Lauffläche mit einem Silikon-Dichtungsmittel beschichtet.

Zunächst wird ein Räderpaar an einem Holzdübel oder einer Metallachse befestigt. Dann die Dichtungsmasse (aus der Tube) auf ein Stück Karton drücken und die Räder durch die Dichtungsmasse rollen, um sie gleichmäßig zu beschichten. Die Griffigkeit der Beschichtung hängt von der Menge der auf den Karton aufgetragenen Dichtungsmasse ab und davon, wie stark sie ausgewalzt wurde. Man muß ausprobieren, welche Beschichtungsstruktur das beste Ergebnis zeigt.

Fahrübungen

Geübt wird auf einem weiten, ebenen und offenen Gelände, wie etwa auf einem Parkplatz oder einem Spielplatz. Der Wagen muß zunächst so eingestellt werden, daß er geradeaus fährt, bevor er andere Manöver ausführen kann.

Zunächst beginnt man mit der Drosselsteuerung und läßt die Lenkkontrolle auf neutral stehen. Nun den Wagen beschleunigen und langsamer fahren und verschieden stark abbremsen, um die Reaktionen des Wagens in allen Geschwindigkeitsbereichen zu testen. Wenn diese Kontrolle vertraut ist, wird das Lenken probiert.

Man markiert die Enden eines einfachen Ovals mit einer Blechbüchse oder einem anderen geeigneten Objekt und übt, den Wagen mit niedriger Geschwindigkeit um diesen Kurs zu lenken, um sich mit der Lenkkontrolle vertraut zu machen. Dabei versuchen, immer in derselben Spur zu fahren und auch den Wagen im und gegen den Uhrzeigersinn um den Kurs zu führen.

Als nächstes versucht man auf einem Kurs Rechts- und Linkssteuerung zu verbinden, indem eine Achterschleife gefahren wird. Mit einiger Übung ist man bald in der Lage, bei der Annäherung an alle Kurven die Geschwindigkeit entsprechend zu regeln.

Um eine Rennstrecke mit begrenzter Fahrbahnbreite zu simulieren, wird auf die Fahrbahn in drei Metern Abstand von den Wendemarkierungen ein Kreidestrich gezogen, der mit dem Wagen möglichst nicht überfahren werden soll.

Übungsstrecken

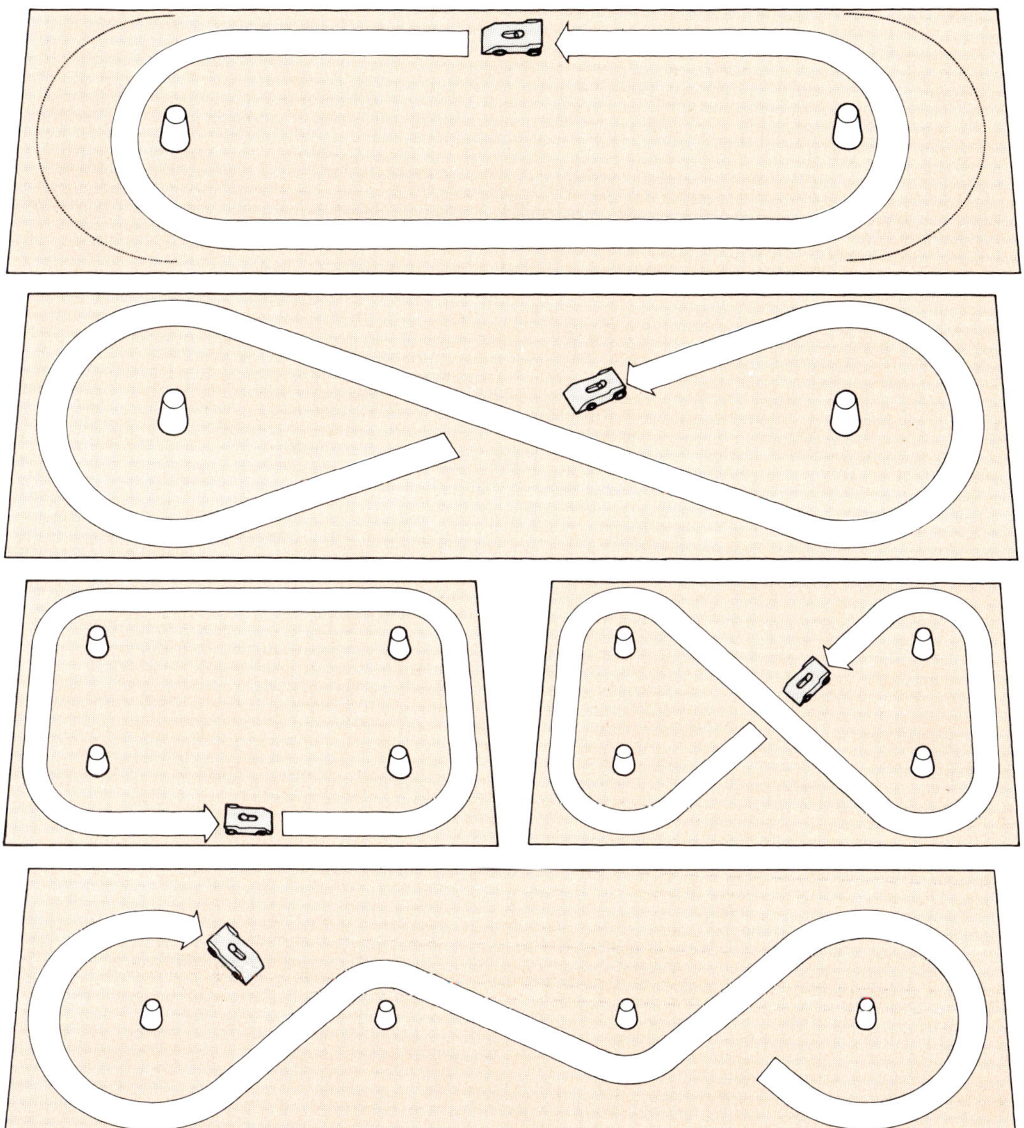

Kurventechnik bei Rennen

Es gibt drei Möglichkeiten, wie ein Modellwagen eine Kurve nehmen kann. Jede erfordert neben geschickter Handhabung der Fernsteuerung auch gutes Urteilsvermögen und Feingefühl, um den Wagen auf der richtigen Linie und mit Tempo um die Kurven zu fahren.

Eine Technik, die auch bei echten Rennwagen angewandt wird, ist, bei Annäherung an die Kurve den Motor zu drosseln oder den Wagen abzubremsen, in die Kurve zu fahren und dann den Wagen aus der Kurve heraus zu beschleunigen, wobei er der flachsten Kurve folgt, die die Begrenzungen der Rennstrecke erlauben. Auf diese Weise kann der Wagen mit der sichersten Höchstgeschwindigkeit fahren.

Die zweite Methode ist, sich an der Innenlinie zu halten, weil das die kürzeste Strecke um die Kurve ist. Dabei muß zwar die Geschwindigkeit weiter herabgesetzt werden, aber Modellwagen beschleunigen außerordentlich schnell, und die verlorene Zeit kann leicht aufgeholt werden. Außerdem kann durch Fahren an der Innenlinie ein Gegner beim Rennen am Überholen gehindert werden. Wenn sich zwei Wagen Seite an Seite einer Kurve nähern, hat der Wagen an der Innenseite Vorfahrt. Wenn der äußere Wagen auf der besseren Linie fährt und einen leichten Vorsprung hat, dann sollte man ihm die Vorfahrt überlassen, um einen möglichen Zusammenstoß zu vermeiden.

Die dritte Art, eine Kurve zu nehmen, ist die Anwendung einer Schleudertechnik, die eher dem Rallyefahren als Formel-I-Rennen entspricht. Die Kurve wird mit hoher Geschwindigkeit angefahren und dann gebremst, wodurch die Antriebsräder nach außen schleudern; gleichzeitig werden die Vorderräder in die Schleuderrichtung eingeschlagen, um die Bodenhaftung wiederherzustellen und den Wagen wieder unter Kontrolle zu bringen. Zu diesem Zeitpunkt ist der Wagen gut in die Kurve eingefahren und auf der richtigen Linie für eine schnelle Kurvenausfahrt.

Dieser Modellwagen nimmt die Kurve wie ein echter Rennwagen.

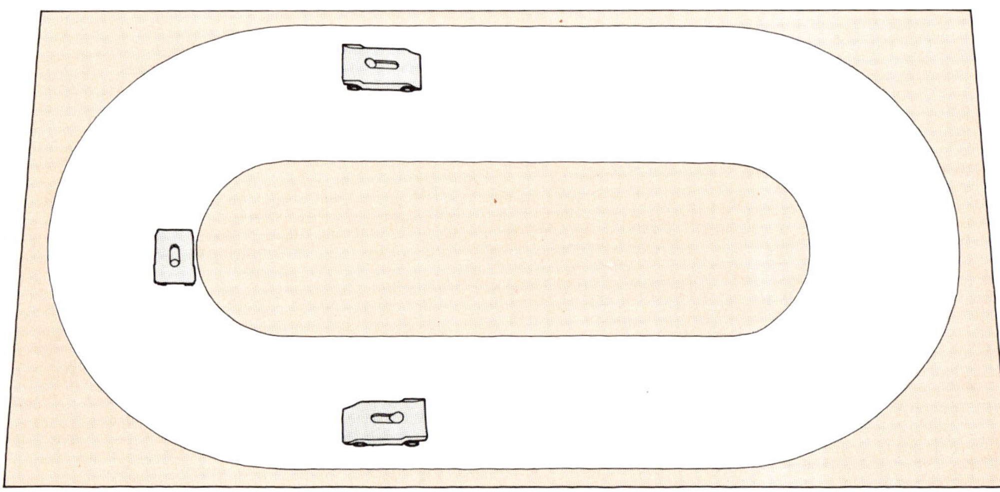

Durch Fahren an der Innenlinie hindert dieser Wagen einen Mitbewerber am Überholen.

Dieser Wagen wendet die Schleudertechnik an.

Auf einem Stuhl oder einer hölzernen Plattform hat man einen guten Überblick über die Rennstrecke.

Adressen

Eisenbahnen

K. Arnold
Deutschherrenstraße 43–47
8500 Nürnberg

BEMO
Stuttgarter Straße 59
7336 Uhingen

BRAWA,
Firma Arthur Braun
Postfach 11 20
7050 Waiblingen

Busch
Heidelberger Straße 26
6806 Viernheim

Faller
7741 Gütenbach

Fleischmann
Kirchenweg 13
8500 Nürnberg

HAG
Parketteriestraße 15
CH-9016 St. Gallen

Herkat
Gibitzenhofstraße 17
8500 Nürnberg

Kibri
Otto-Lilienthal-Straße 40
7030 Böblingen

LGB Lehmann
Saganer Straße 4
8500 Nürnberg

Liliput
Kalvarienberggasse 22
A-1172 Wien

Märklin
7320 Göppingen

Merten
Industriestraße 25
1000 Berlin 42

Mössmer, J. Schaumstoff-Verarbeitung
Postfach 3 45
7992 Tettnang

Noch
7988 Wangen

Roco
Jakob-Auer-Straße 8
A-5033 Salzburg

Trix-Mangold
Kreulstraße 40
8500 Nürnberg

Vollmer
Porschestraße 25
7000 Stuttgart 40

Wiking
Unter den Eichen 101
1000 Berlin 45

Flug- und Schiffsmodellbau

Aeronaut-Modellbau
Postfach 3 84
7410 Reutlingen

Bauer-Modelle
Postfach 14 50
7070 Schwäbisch-Gmünd

Brand-Elektronik
Bahnhofstraße 8
4923 Exertal 1

Carrera Spielwarenfabrik
Postfach 7
8510 Fürth

Gewalt Modellbau
Albstraße 22
7410 Reutlingen

Graupner Modellbau
Postfach 12 42
7312 Kirchheim-Teck

Herold-Modellbau
Schloßplatz 1
8671 Höchstädt 3

Hegi Modellbau
Postfach 12 80
7928 Giengen

Krick Modelltechnik
Postfach 24
7134 Knittlingen

Lanitz Modellbau
Finckensteinallee 34 a
1000 Berlin 45

Multiplex Modelltechnik
Neuer Weg 2
7532 Niefern

robbe – Modellsport
Postfach 11 08
6424 Grebenhain 1

Rödel – Modellbau
Wiesenstraße 1
8939 Ettringen

Roke Modelle
Rosenstraße 2
7415 Wannweil

Rowan GmbH
Riedstraße 26
8930 Schwabmünchen

Topp Fernlenkkörperbau
Fritz-Lürmann-Str. 10
5860 Iserlohn

Wanitschek Modellbau
Scharenstetter Straße 30
7928 Giengen

Webra Modellbau
Industriestraße 287
8581 Weidenberg

Wik-Modelle
Wiesenstraße
7134 Knittlingen

Dampfmaschinen

Metafot-Dampfmaschinen
Karl-Bamler-Straße 40
5600 Wuppertal

Regner, Dampfmodellbau
Erlenweg 3
8801 Aurach 1

Wilesco (Schröder & Co.)
Dampfmodelle
Schützenstraße 8–12
5880 Lüdenscheid

Zimmermann, E.
Maschinenbau
Münzstraße 17
7110 Öhringen

Plastikmodelle

Airfix
Vertrieb:
General Mills
Klöcknerstraße 1
6054 Rodgau 3

Matchbox
Vertrieb:
Lesney International
Siemensstraße 23
8752 Hösbach

Revell Plastics GmbH
Postfach 2609
4980 Bünde

Tamiya
Vertrieb:
Heinz Behringer
Lehrbergerstraße 56
8500 Nürnberg

Dioramen

ESCI
Vertrieb:
Humbrol-Heller
Hobbyprodukte GmbH
Industriestraße 52
6909 Walldorf

Sky Wave
Vertrieb:
Bienengräber & Co.
Kronsaalsweg 29
2000 Hamburg 54

Figuren

Gifor Kittler GmbH
Am Bahndamm 10
7550 Rastatt 15

Paul M. Preiser KG
Postfach 12 33
8803 Rothenburg ob der Tauber

(Die vorstehende Übersicht erhebt nicht den Anspruch auf Vollständigkeit. Sie beschränkt sich auf Firmen, deren Sortiment in den meisten Fachgeschäften in der Bundesrepublik Deutschland erhältlich ist bzw. allgemein bekannt ist.)

Register